AVALIAÇÃO
EM SALA DE AULA

SOBRE OS AUTORES

Michael K. Russell é professor adjunto de educação da Escola de Educação Lynch, na Boston College. Seus interesses de pesquisa e de ensino estão na interseção da avaliação com a tecnologia. O professor Russell conduziu diversos estudos que se focam no uso de tecnologias computacionais para aumentar a validade das provas.

Peter W. Airasian é professor de educação na Boston College, onde atua como diretor do Departamento de Aconselhamento, Psicologia do Desenvolvimento e Métodos de Pesquisa. Suas principais responsabilidades de pesquisa são a instrução de alunos de licenciatura e professores na avaliação em sala de aula. Ele recebeu um PhD pela University of Chicago. É ex-professor de química e biologia do ensino médio.

R961a   Russell, Michael K.
    Avaliação em sala de aula : conceitos e aplicações / Michael K. Russell, Peter W. Airasian ; tradução: Marcelo de Abreu Almeida ; revisão técnica: Nilma dos Santos Fontanive, Suely da Silva Rodrigues. – 7. ed. – Porto Alegre : AMGH, 2014.
    375 p. : il. ; 25 cm.

    ISBN 978-85-8055-312-3

    1. Educação. 2. Avaliação. I. Airasian, Peter W. II. Título.

CDU 37.091.26

Catalogação na publicação: Ana Paula M. Magnus – CRB 10/2052

7ª edição

AVALIAÇÃO
EM SALA DE AULA
conceitos e aplicações

Michael K. **RUSSELL**

Peter W. **AIRASIAN**

Tradução:
Marcelo de Abreu Almeida

Revisão técnica:
Nilma dos Santos Fontanive
Doutora em Educação pela Pontifícia Universidade Católica do Rio de Janeiro (PUC-RJ).
Coordenadora do Centro de Avaliação da Fundação Cesgranrio.
Suely da Silva Rodrigues
Mestre em Tecnologia Educacional pela Universidade Federal do Rio de Janeiro (NUTES/UFRJ).
Assistente de Pesquisa do Centro de Avaliação da Fundação Cesgranrio.

AMGH Editora Ltda.

2014

Obra originalmente publicada sob o título *Classroom Assessment*, 7th Edition
ISBN 0078110211 / 9780078110214

Original edition copyright © 2012, The McGraw-Hill Companies,Inc.,
New York, New York 10020. All rights reserved.

Portuguese language translation copyright © 2014, AMGH Editora Ltda.,
a division of Grupo A Educação S.A.
All rights reserved.

Gerente editorial
Letícia Bispo de Lima

Colaboraram nesta edição:
Editora
Lívia Allgayer Freitag

Capa
Márcio Monticelli

Preparação do original
Cristine Henderson Severo

Leitura final
Adriana Sthamer Gieseler

Editoração eletrônica
Armazém Digital® Editoração Eletrônica – Roberto Vieira

Reservados todos os direitos de publicação, em língua portuguesa, à
AMGH EDITORA LTDA., uma parceria entre GRUPO A EDUCAÇÃO S.A.
e McGRAW-HILL EDUCATION
Av. Jerônimo de Ornelas, 670 – Santana
90040-340 – Porto Alegre, RS
Fone: (51) 3027-7000 Fax: (51) 3027-7070
É proibida a duplicação ou reprodução deste volume, no todo ou em parte,
sob quaisquer formas ou por quaisquer meios (eletrônico, mecânico, gravação,
fotocópia, distribuição na Web e outros), sem permissão expressa da Editora.

SÃO PAULO
Av. Embaixador Macedo Soares, 10.735 – Pavilhão 5
Cond. Espace Center – Vila Anastácio
05095-035 São Paulo SP
Fone: (11) 3665-1100 Fax: (11) 3667-1333

SAC 0800 703-3444 – www.grupoa.com.br

IMPRESSO NO BRASIL
PRINTED IN BRAZIL

Este livro é dedicado a Liana, Darius e Micayla.

PREFÁCIO

Uma abordagem conceitual e aplicada

Este livro foi escrito para alunos de licenciatura que estão cursando sua primeira disciplina de avaliação em sala de aula. Quando alunos do colégio, os estudantes de licenciatura participaram de diversas avaliações. Memórias de atividades de avaliação associam imagens de *quizzes* semanais, deveres de casa, apresentações em sala de aula e provas padronizadas de múltipla escolha. O objetivo desta edição de *Avaliação em sala de aula: conceitos e aplicações* é mostrar que a avaliação em sala de aula é um componente-chave de todos os aspectos do processo instrucional. Também apresentamos novas ferramentas e abordagens da avaliação em sala de aula que resultam da introdução de tecnologias computacionais nas escolas.

Começamos o livro com um panorama geral dos conceitos e princípios essenciais das avaliações em sala de aula e exploramos mudanças recentes na avaliação que surgiram a partir de novas políticas estaduais e nacionais. Então, examinamos como as avaliações se aplicam a cada fase do processo instrucional – desde organizar a sala de aula como um ambiente social, até planejar e dar aulas com base em objetivos sólidos, avaliações formais da aprendizagem dos alunos, atribuição de notas aos alunos e, por fim, interpretar provas padronizadas e avaliações estaduais. Damos especial atenção ao desenvolvimento da habilidade dos estudantes de licenciatura de criar e empregar diversos métodos e ferramentas para alcançar propósitos específicos. A validade das inferências e das decisões baseadas em informações de avaliação é examinada em cada fase da instrução. O objetivo é demonstrar que a avaliação é parte integral do ensino, que não deve ser separada das práticas diárias da sala de aula.

Novidades da sétima edição

Em resposta a vários acontecimentos e inovações recentes, a sétima edição de *Avaliação em sala de aula* foi significativamente expandida.

Design *universal* para a avaliação: O conceito de *design* universal tornou-se uma força motriz para aprimorar o acesso dos alunos aos materiais de ensino. É também essencial que as tarefas de avaliação sejam realizadas de modo a serem acessíveis e possíveis para todos os alunos. Um novo capítulo examina muitas formas pelas quais os princípios do *design* universal podem ser aplicados à avaliação na sala de aula.

Avaliação formativa: Um novo capítulo focaliza métodos e técnicas formais e informais que são úteis para a coleta de informações que podem ser usadas imediatamente para informar a instrução.

***Avaliações comuns e o programa* Race to the Top:** É provável que iniciativas federais recentes modifiquem rapidamente os programas de avaliação estaduais. Foram adicionadas seções que exploram essas mudanças iminentes e discutem o papel cada vez maior que a tecnologia irá exercer para todos os tipos de avaliação.

Características e conteúdos aprovados

Esta edição inclui características que se provaram úteis em edições anteriores. Essas características estão descritas a seguir.

Avaliação realista: O foco do livro está nas realidades das salas de aula e em como as avaliações podem servir a essas realidades.

Validade e confiabilidade: Os conceitos essenciais de avaliação são introduzidos no primeiro capítulo, sendo relacionados em capítulos posteriores a cada tipo específico de informação de avaliação. As questões de validade e confiabilidade da avaliação informal, do planejamento e da execução da instrução, da atribuição de notas, do uso de provas a papel e caneta, das avaliações de desempenho e das provas padronizadas são identificadas. São apresentadas estratégias práticas para aprimorar a validade e a confiabilidade de diversas abordagens de avaliação em cada capítulo.

Orientações práticas: Uma porção significativa de cada capítulo se foca em orientações práticas a seguir e erros comuns a evitar ao usar o tipo de avaliação sendo apresentado. As implicações de ignorar as recomendações também estão descritas. As Tabelas Ferramentas-Chave de Avaliação destacam os recursos práticos e as ferramentas a serem usadas no processo de avaliação.

Ponto de vista do professor: Ao longo do livro, excertos de comentários dos professores sobre a avaliação acrescentam a vivência da prática diária às situações de avaliação. Uma questão "Pensar sobre ensinar" no início de cada capítulo estimula os leitores a aplicarem os tópicos do capítulo no contexto da sala de aula.

Estilo de escrita amigável: O texto é escrito com um estilo claro, amigável e acessível, sendo amplamente apoiado com exemplos e tabelas para envolver o leitor.

Recursos *online*

Entre na página do livro em www.grupoa.com.br e tenha acesso a *quizzes* para testar o conhecimento adquirido (conteúdo em português), além de estudos de caso que ilustrarão o que foi aprendido em cada capítulo (conteúdo em inglês). Basta clicar no *link* "Conteúdo Online").

Na exclusiva Área do Professor, disponível em www.grupoa.com.br, acesse *slides* em PowerPoint® que darão suporte às suas aulas (conteúdo em português), um banco de testes com gabarito e um manual do professor (conteúdo em inglês). Para isso, é só clicar em "Material para o Professor". Esse material é exclusivo para professores universitários que utilizam este livro em suas disciplinas.

Agradecimentos

Por apreciar os seus esforços para aprimorar este livro, agradecemos aos seguintes revisores, que, com suas sugestões francas e detalhadas, acrescentaram muito a esta edição:

Kathy Lee Alvoid, Southern Methodist University;
Bruce F. Brodney, Saint Petersburg College, Gibbs Campus;
Cindy M. Casebeer, University of Texas – Pan American;
Amy Dombach Connelly, Felician College
Karen Eifler, University of Portland;
Dennis M. Holt, University of North Florida
Jerrie Jackson, Our Lady of the
Lake University;
Beth Nason Quick, Tennessee State University;
Gene Schwarting, Fontbonne University;
Bruce A. Shields, Daemen College.

SUMÁRIO

Prefácio vii

1 A abrangência da avaliação em sala de aula 11
2 Aprendendo sobre os alunos: avaliação inicial 34
3 Planejamento das aulas e objetivos da avaliação 60
4 Avaliação formativa 97
5 Avaliações somativas 118
6 Planejar, aplicar e atribuir notas aos testes de desempenho 138
7 *Design* universal para a avaliação 164
8 Avaliações de desempenho 184
9 Atribuição de notas 227
10 Provas padronizadas de desempenho comercializadas 273
11 Tecnologia computacional e a avaliação em sala de aula 303

APÊNDICE A 332
Padrões para a competência docente na avaliação educacional dos alunos

APÊNDICE B 339
Taxonomia dos objetivos educacionais: principais categorias

APÊNDICE C 340
Exemplo de plano de educação individual

APÊNDICE D 348
Aplicações estatísticas para a avaliação em sala de aula

APÊNDICE E 356
Alguns recursos para identificar necessidades especiais

Glossário 358
Índice onomástico 363
Índice remissivo 365

capítulo 1

A ABRANGÊNCIA DA AVALIAÇÃO EM SALA DE AULA

Tópicos-chave

- A importância da avaliação*: como a avaliação mudou nos últimos anos?
- Propósitos da avaliação em sala de aula
- Fases da avaliação em sala de aula
- Avaliação, provas, mensurações e análises
- Três métodos gerais de coleta de dados: produtos dos alunos, observações e questionamento oral
- Avaliações padronizadas e não padronizadas
- Avaliações adequadas: válidas e confiáveis
- Questões éticas e responsabilidades

---

* N. de T.: Tanto o termo *evaluation* quanto ao termo *assessment* podem ser traduzidos pelo termo "avaliação", em português. Porém, esses dois termos da língua inglesa representam conceitos distintos em educação: *evaluation* refere-se à valoração de um curso ou programa, fundamentada em um ou mais critérios de desempenho; já *assessment* refere-se à tentativa de mensuração do desempenho do aluno por meio de instrumentos de verificação, como provas e trabalhos escolares. A fim de evitar confusão, optou-se por traduzir o termo *assessment* como "avaliação", ao passo que *evaluation* ficou traduzido como "análise".

OBJETIVOS DO CAPÍTULO

Após ler este capítulo, você poderá:

- Definir *avaliação, mensurações, provas, padrões educacionais, provas padronizadas, validade, confiabilidade* e outros itens básicos.
- Descrever os diversos propósitos da avaliação.
- Contrastar os três métodos principais de coleta de informações de avaliação e dar exemplos de cada um.
- Explicar o que são validade e confiabilidade e como esses conceitos estão relacionados com a avaliação estudantil.
- Definir três tipos de padrão educacional e descrever como eles influenciam as instruções de sala de aula.
- Dar exemplos de responsabilidades éticas dos professores na coleta e no uso de informações de avaliação.

PENSAR SOBRE ENSINAR

Por que os professores podem pensar na avaliação como um processo contínuo que acontece ao longo de todo o dia letivo?

A **avaliação em sala de aula** é o processo de coletar, sintetizar e interpretar informações que ajudam na tomada de decisões na sala de aula. Ao longo do dia letivo, os professores coletam e utilizam informações continuamente para tomar decisões sobre a administração e a instrução na sala de aula, a aprendizagem estudantil e o planejamento. Este livro explora uma ampla variedade de estratégias de avaliação que os professores usam quando realizam avaliações na sala de aula. O Capítulo 1 estabelece um esquema geral dos tipos de avaliações e seus usos, os quais serão estudados em maior profundidade em capítulos posteriores. Também apresenta três tipos de padrões educacionais que têm exercido um papel cada vez mais importante no modo como se modelam as instruções e as avaliações na sala de aula. Ele explica como a validade e a confiabilidade são centrais para a avaliação efetiva. Este capítulo ainda termina com algumas reflexões sobre as questões éticas relacionadas à avaliação na sala de aula.

> A avaliação é o processo de coletar, sintetizar e interpretar informações que ajudam na tomada de decisões. A avaliação é uma parte contínua da vida na sala de aula.

Todos os dias em todas as salas de aula, professores tomam decisões sobre os seus alunos, o sucesso de suas instruções e o clima da sala de aula. Hoje foi um dia típico na sala de aula da Sra. Lopez. Além de preparar a sala para as atividades do dia, colocar o cronograma de trabalho no quadro negro, rever seu plano de aula, saudar os alunos quando eles entraram na sala, fazer a chamada, distribuir os materiais, lembrá-los da feira escolar do sábado que vem e monitorar o refeitório, a Sra. Lopez também realizou as seguintes tarefas:

- deu notas às provas de ciências dos seus alunos sobre planetas;
- recomendou Aaron ao Departamento de Educação Especial para ser avaliado por conta de sua falta de coordenação motora grossa;
- completou o relatório de progresso escolar mensal sobre cada aluno de sua sala;
- mudou Tamika do grupo de leitores intermediários para o de bons leitores;
- selecionou Rosa, não Sarah, para entregar um bilhete para o Sr. Brown, o diretor da escola;
- decidiu quais tópicos cobrir na lição de matemática de segunda-feira que vem;
- reuniu-se com o professor de educação especial para rever as acomodações de que Maurício precisaria para realizar uma prova de múltipla escolha;
- interrompeu a aula planejada de linguagem no meio do período para rever a lição do dia anterior;

- formou um grupo de leitura para três alunos que estavam progredindo mais devagar do que os colegas;
- reorganizou o lugar dos alunos para separar Jamar e Ramon e mover a Claudia para frente, de onde ela podia ver melhor o quadro;
- chamou Kim para falar duas vezes, apesar de a mão dela não estar levantada;
- estudou os padrões de escrita mais usados para determinar o que enfatizar em suas aulas;
- na aula de estudos sociais, trocou uma discussão por um trabalho;
- encorajou Jing a reescrever seu texto para corrigir erros de gramática e de escrita;
- decidiu criar sua própria prova de estudos sociais em vez de usar a prova do livro didático;
- mandou Antônio para a enfermaria quando ele reclamou de dor de cabeça;
- julgou que as interrupções constantes de Tabita e as vezes em que ela falava muito alto mereciam um bilhete para os pais sobre o problema;
- deu deveres de casa para ciências e estudos sociais, mas não para matemática e português;
- conversou com o conselheiro da escola sobre possíveis motivos para o comportamento cada vez mais desatento de Miguel em sala de aula;
- designou que Kim, uma aluna isolada na aula, deveria realizar o projeto de estudos sociais com Aretha, uma das líderes da turma;
- mandou Ralph para o diretor porque ele xingou uma professora e ameaçou um colega;
- chamou os pais de Ivan para uma reunião, em que ela lhes disse que o aluno era capaz de produzir trabalhos melhores do que ele havia feito até o momento;
- consultou as notas das provas do ano passado para determinar se a turma precisava revisar regras básicas de português.

Como se pode ver, o dia da Sra. Lopez em sala de aula, como o de todos os professores, foi cheio de situações em que ela teve de tomar decisões. Algumas dessas decisões tratavam sobre alunos específicos, e algumas delas tratavam sobre a turma como um todo. Algumas eram instruções sobre trabalhos, outras sobre o clima na sala de aula, algumas sobre as personalidades dos alunos, algumas sobre aprendizagem. Algumas, como a decisão de trocar Tamika de grupo de leitura, eram tomadas com menor frequência. Outras, como o planejamento de certas aulas, chamar a atenção dos alunos durante a aula, e dar notas aos alunos, eram tomadas diversas vezes por dia. Todas as ações da Sra. Lopez eram o resultado de decisões que ela tomava, e todas as suas decisões se baseavam em algum tipo de evidência. Como outros bons professores, ela continuamente observa, monitora e revê o comportamento e o desempenho dos alunos para obter evidências que a ajudem a tomar decisões. Tomadas em conjunto, essas decisões servem para estabelecer, organizar e monitorar qualidades da sala de aula, como aprendizagem estudantil, relações interpessoais, ajuste social, conteúdo das aulas e clima da sala de aula.

> Os professores devem observar, monitorar e revisar continuamente o comportamento e o desempenho dos estudantes de modo a tomar decisões informadas.

As decisões na sala de aula devem ser refletidas e bem pensadas, e não impulsivas e erráticas. As decisões que a Sra. Lopez tomou se baseavam em tipos diferentes de evidências. Como a Sra. Lopez sabia que a melhor forma de acalmar sua turma entediada e dispersiva de estudos sociais era mudar de uma discussão para um trabalho, quando havia muitas outras coisas que ela poderia ter feito para melhorar a aula? O que a fez decidir trocar Tamika para um grupo de leitura mais avançado? Por que ela achou que colocar Kim em uma dupla com Aretha para o projeto de estudos sociais era melhor do que colocar Kim em uma dupla com outra pessoa? Por que ela confiou em Rosa, e não em Sarah, para entregar um bilhete ao diretor Brown? Todas essas escolhas se basearam em informações que ajudaram a Sra. Lopez a escolher o melhor rumo a tomar quando confrontada com a necessidade de tomar uma decisão. Pense em todas as fontes de evidências possíveis que a Sra. Lopez possa ter usado para ajudá-la a tomar uma decisão. Note também que muitas das decisões que ela tomou foram rápidas, orientadas pela prática e focadas tanto em fatores sociais quanto de instrução. Outras envolviam considerações mais refletidas e demoradas.

A IMPORTÂNCIA DA AVALIAÇÃO: COMO A AVALIAÇÃO MUDOU NOS ÚLTIMOS ANOS?

A avaliação é um componente essencial do ensino. Recentemente, contudo, a sua importância aumentou ainda mais. Dez anos atrás, os professores usavam provas para avaliar o desempenho dos alunos e determinar as notas. Eram feitos *quizzes* para motivar os alunos a estudar e para ajudar os professores a determinar quão bem os alunos estavam desenvolvendo novas habilidades e conhecimentos. Atividades eram usadas para oferecer oportunidades aos alunos de desenvolver conhecimento e habilidades, e dar aos professores uma ideia das dificuldades que os alunos estavam encontrando. Durante as instruções, os professores faziam perguntas e envolviam os alunos em atividades específicas para coletar informações sobre o que eles entendiam e com quais ideias e habilidades eles tinham dificuldades. Ocasionalmente, os professores também ministravam provas padronizadas, utilizando seus resultados como um indicador externo do quão bem os alunos estavam desenvolvendo suas habilidades e conhecimento. Apesar de cada decisão tomada com base em cada um desses tipos de avaliação ser importante, suas exigências eram relativamente baixas.

> Nos Estados Unidos, todo estudante da 3ª à 8ª série e em pelo menos uma série do ensino médio deve ser avaliado todos os anos em matemática e inglês.

Todas essas formas de avaliação ainda compõem uma parte importante do ensino em sala de aula. O que está muito diferente é a importância das provas padronizadas e das grandes decisões que são tomadas com base no desempenho dos estudantes nessas provas. Nos Estados Unidos, leis federais, como o No Child Left Behind Act (United States of America, 2002), agora requerem que todo estudante da 3ª à 8ª série e em pelo menos uma série do ensino médio seja avaliado todos os anos em matemática e inglês. Ao contrário das provas padronizadas ministradas 10 anos atrás, esses testes são usados para tomar decisões importantes sobre a qualidade das escolas, dos professores e dos diretores. Em alguns casos, escolas que têm notas baixas persistentes podem entrar em falência ou serem fechadas. Os professores e os diretores podem ser demitidos se os escores nos testes de seus alunos forem persistentemente baixos. E, em alguns casos, os estudantes podem não receber seu diploma ou passar de série se suas notas forem muito baixas. Um programa federal ainda mais novo, chamado Race to the Top Assessment, fornece até US$ 350 milhões para desenvolver testes que serão administrados a estudantes de vários Estados para que seu desempenho possa ser comparado entre Estados. Alguns líderes nacionais querem usar essas comparações para determinar quanto financiamento federal cada Estado irá receber.

Muitos especialistas debateram o mérito dessa ênfase aumentada nas provas padronizadas. Existe desacordo considerável quanto à efetividade dessas políticas na melhoria do nosso sistema educacional. Contudo, uma coisa é certa: a importância e o foco na avaliação estão mais em alta do que nunca.

Apesar de as provas padronizadas serem agora um componente importante da educação, o ensino e a avaliação na sala de aula envolvem muito mais do que preparar os estudantes para provas padronizadas. Conforme veremos neste livro, a avaliação em sala de aula assume muitas formas, sendo um processo contínuo que ajuda os professores a tomar decisões quanto à administração e à instrução na sala de aula, assim como aos seus alunos.

> A avaliação em sala de aula assume muitas formas e ajuda os professores a tomarem muitos tipos de decisões.

PROPÓSITOS DA AVALIAÇÃO EM SALA DE AULA

Os professores fazem avaliações com muitos propósitos, já que devem tomar decisões ao longo de todo o dia escolar. Se revisarmos as decisões que a Sra. Lopez tomou ao longo do dia, teremos uma ideia dos muitos propósitos que os professores têm para a avaliação. Esses propósitos incluem estabelecer o equilíbrio em sala de aula, planejar e conduzir as aulas, organizar os alunos, dar *feedbacks* e incentivos, diagnosticar problemas e deficiências dos estudantes e julgar e dar nota ao seu progresso e desenvolvimento acadêmico.

Muitas pessoas pensam em provas quando ouvem o termo *avaliação*. Como podemos ver com as decisões da Sra. Lopez, contudo, a avaliação em sala de aula engloba muito mais do que provas e *quizzes*. A avaliação em sala de aula ocorre por três domínios principais. O **domínio cognitivo** engloba atividades intelectuais, como memorizar, interpretar, aplicar conhecimento, solucionar problemas e pensar criticamente. O **domínio afetivo** envolve sentimentos, atitudes, valores, interesses e emoções. O **domínio psicomotor** inclui atividades físicas e ações em que os alunos manipulam objetos como uma caneta, um teclado ou um zíper. Quando a Sra. Lopez atribuiu notas às provas de ciências dos seus alunos, ela estava tomando uma decisão de avaliação no domínio cognitivo. Quando a Sra. Lopez mudou a aula de estudos sociais de uma discussão para um trabalho quando a turma ficou entediada, sua decisão se referia ao domínio afetivo. E, quando ela mandou Aaron para o Departamento de Educação Especial para uma avaliação de coordenação motora grossa, a sua decisão de avaliação estava focada no domínio psicomotor. Apesar de o domínio cognitivo geralmente receber mais atenção, os professores tomam decisões de avaliação para todos os três domínios ao longo do ano letivo.

Estabelecendo uma sala de aula que apoia a aprendizagem

Um propósito da avaliação é estabelecer e manter um ambiente de sala de aula que apoie a aprendizagem dos alunos. Salas de aula são ambientes sociais complexos em que as pessoas interagem entre si de diversas formas. Para as salas de aula serem ambientes sociais e de aprendizagem positivos, o respeito, o automonitoramento e a cooperação devem estar presentes. Logo, ajudar os alunos a aprender bem e manter as regras de respeito na sala de aula são atividades intimamente relacionadas. Para ajudar os alunos a desenvolver conforto na sala de aula e antecipar quando as atividades irão ocorrer e determinar quanto tempo elas irão durar, devem-se estabelecer rotinas. Quando a Sra. Lopez selecionou Rosa em vez de Sarah para entregar um bilhete para o diretor Brown e quando alterou os lugares dos alunos para afastar Jamar e Ramon um do outro, ela estava tomando decisões que visavam preservar o ambiente de apoio da sala de aula. Que ela tenha permitido que Antônio fosse sozinho para a enfermaria indicou que ela confiava nele. Por outro lado, as interrupções constantes de Tabita exigiam um bilhete para os pais, e os xingamentos de Ralph e suas brigas o levaram a ser retirado da sala de aula. Os esforços da Sra. Lopez para integrar Kim à sociedade da sala de aula, chamando-a para falar mesmo quando ela não levantava a mão, foi outra tentativa de criar e manter um ambiente social e de aprendizagem viável.

> Um propósito frequentemente ignorado da avaliação é estabelecer e manter a sociedade da sala de aula.

Planejando e conduzindo as aulas

Muitas das decisões que a Sra. Lopez tomou estavam focadas no planejamento e na condução das aulas. Isso não é surpresa, visto que a instrução é central para a atividade da sala de aula. As decisões de instrução que a Sra. Lopez tomou podem ser divididas em dois tipos: decisões de planejamento e decisões de ensino. Quando a Sra. Lopez revisou os padrões de escrita, consultou as notas das provas do ano anterior, selecionou os tópicos para a aula de matemática da segunda-feira seguinte e atribuiu tarefas de casa para uma matéria e não para outra, ela estava planejando atividades de instrução futuras.

> As informações da avaliação são usadas para organizar os alunos em uma sociedade funcional de sala de aula, planejar e executar instruções e monitorar a aprendizagem dos estudantes. A avaliação é muito mais do que dar provas formais de papel e caneta para os alunos.

Além de planejar decisões, o processo de dar uma aula requer constante avaliação e tomada de decisões. Em dois momentos do dia, a Sra. Lopez alterou suas instruções no meio da aula porque seus alunos estavam confusos. Em certo momento, ela interrompeu a aula de linguagem para revisar a lição do dia anterior porque as respostas dos seus alunos indicavam que a turma não havia compreendido o conteúdo. Em outro momento, ela modificou o seu método de instrução de discussão para um trabalho, quando seus alunos ficaram entediados e dispersos.

Classificando os alunos

Os professores também tomam decisões sobre onde os seus alunos devem se sentar. Os professores dividem os alunos em grupos de leitura ou matemática, organizam os estudantes em grupos cooperativos de aprendizagem, dividem os alunos em grupos ou duplas para trabalhos, ou recomendam que um aluno específico seja colocado na turma de um determinado professor no próximo ano. A avaliação é um componente crítico para tomar decisões bem pensadas sobre onde seus alunos devem se sentar. A Sra. Lopez tomou uma decisão sobre o lugar de seus alunos quando trocou Tamika do grupo de leitura intermediário para o grupo de leitura avançado. Ela tomou outra decisão desse tipo quando formou um grupo de leitura especial para os alunos que progrediam mais lentamente do que os seus colegas. Por fim, quando ela colocou Kim, uma das alunas isoladas da turma, em uma dupla com Aretha para o projeto de estudos sociais, tomou outra decisão quanto ao lugar dos alunos. Note que as decisões da Sra. Lopez tinham tanto motivações acadêmicas quanto sociais.

Fornecendo *feedback*

Alunos jovens e seus cuidadores precisam de *feedback* para aprimorar a aprendizagem e melhorar o comportamento dos estudantes. As observações e o *feedback* que têm o propósito de alterar e melhorar a aprendizagem dos alunos são chamados de **avaliação formativa.** Para fornecer esse tipo de *feedback*, os professores devem avaliar constantemente a aprendizagem e o comportamento dos seus alunos. Por exemplo, a Sra. Lopez usou informações de avaliação do primeiro trabalho de Jing para sugerir formas de melhorar a sua redação. Ela conduziu uma reunião entre ela e os pais de Ivan para lhes passar informações sobre o progresso de seu filho para que pudessem auxiliar melhor a sua aprendizagem em casa. Em ambos os exemplos de avaliação formativa, foram usadas informações sobre o desempenho acadêmico para dar *feedback* aos alunos ou aos seus pais com o objetivo de melhorar o desempenho.

Diagnosticando problemas e deficiências dos estudantes

Grande parte das informações de avaliação que os professores coletam é usada para identificar, compreender e trabalhar os problemas e as dificuldades de aprendizagem dos alunos. Os professores devem estar sempre atentos a alunos que estejam passando por problemas emocionais, sociais ou de aprendizagem na sala de aula. Tendo identificado esses problemas, às vezes o professor pode realizar atividades suplementares de aprendizagem ou realizar acomodações, mas, em alguns casos, o aluno deve ser encaminhado para um diagnóstico mais especializado e, até, para uma intervenção fora da sala de aula. Assim, a Sra. Lopez montou seu próprio grupo dentro da turma para trabalhar habilidades básicas, mas ela recomendou que um especialista avaliasse Aaron por sua aparente dificuldade com a coordenação motora grossa. Encaminhar Aaron para o Departamento de Educação Especial foi outra decisão diagnóstica. O Capítulo 2 examina dificuldades e acomodações em mais detalhes.

Resumindo e atribuindo notas à aprendizagem e ao progresso acadêmico

A tarefa de dar notas e tomar decisões finais sobre a aprendizagem dos alunos ao final da aula é chamada de **avaliação somativa**. Diversas decisões da Sra. Lopez envolveram resumir a aprendizagem e o progresso acadêmico dos alunos. Ela atribuiu notas às provas de ciências dos seus alunos, completou um relatório mensal de progresso sobre cada estudante e decidiu criar a própria prova de estudos sociais, em vez de usar a prova fornecida no livro didático. Muito do tempo do professor é gasto coletando informações que serão usadas para dar notas aos alunos ou resumir o seu progresso acadêmico.

FASES DA AVALIAÇÃO EM SALA DE AULA

Os tipos de decisão que os professores tomam com base nas informações de avaliação podem ser categorizados em três fases gerais da avaliação em sala de aula. A Tabela 1.1 descreve e compara essas três fases da avaliação.

> Os professores realizam três tipos de avaliação: avaliações iniciais, instrucionais e somativas.

A primeira fase da avaliação em sala de aula ocorre no início do ano letivo e é realizada para se aprender sobre as características sociais, acadêmicas e comportamentais dos alunos. Com base nessas informações, os professores tomam decisões sobre as necessidades acadêmicas, sociais e comportamentais para criar um ambiente na sala de aula que seja positivo para a aprendizagem. Essas **avaliações iniciais** ajudam os professores a tomar decisões que melhorem a instrução, a comunicação e a cooperação na sala de aula. Uma segunda fase da avaliação é usada para planejar e passar instruções, e inclui decisões sobre o que será ensinado, como e quando, que materiais serão usados, como uma lição está progredindo e que modificações devem ser feitas em atividades planejadas. Essas são as **avaliações instrucionais**. A fase final da avaliação em sala de aula ajuda os professores a tomarem decisões formais e recomendações sobre os objetivos dos alunos e em qual lugar eles devem se sentar. Decisões como dar notas, resumir o progresso, interpretar os resultados das provas, identificar que alunos precisam de educação especial e fazer recomendações de quais alunos promover são todas

TABELA 1.1 Comparação entre as três fases das avaliações em sala de aula

	Avaliação inicial	Avaliação instrucional	Avaliação somativa
Propósito	Dar ao professor uma rápida ideia e conhecimento prático das características dos seus alunos	Planejar atividades educativas e monitorar o progresso da instrução	Realizar os aspectos burocráticos do ensino, como dar notas, agrupar os alunos e decidir seus lugares
Período	Durante a primeira ou segunda semana de aula	Diariamente ao longo do ano letivo	Periodicamente durante o ano letivo
Método de coleta de evidências	Principalmente observação informal	Observação formal e trabalhos dos alunos para planejamento; observação informal para monitoramento	Provas, trabalhos, relatórios, *quizzes* e projetos formais
Tipo de evidências coletadas	Cognitivas, afetivas e psicomotoras	Principalmente cognitivas e afetivas	Principalmente cognitivas
Forma de arquivar as informações	Informações armazenadas na cabeça do professor; poucos relatórios escritos	Planos de aula escritos; monitoramento não escrito de informações	Relatórios formais no livro do professor ou nos arquivos da escola

Fonte: Os autores.

baseadas em informações sistemáticas que costumam ser coletadas ao longo do tempo. Essas são as **avaliações somativas.** Apesar de haver alguma dose de sobreposição entre essas três fases da avaliação, em geral as avaliações iniciais precedem as avaliações instrucionais, e as avaliações somativas se seguem às avaliações instrucionais. Capítulos subsequentes descrevem essas três fases da avaliação em mais detalhes.

> As avaliações instrucionais são usadas para ajudar a planejar e passar instruções.

Apesar de os professores dependerem muito das avaliações para informar decisões sobre como moldar o ambiente da sala de aula, suas instruções e o desenvolvimento dos alunos, outros grupos com papéis importantes na educação também dependem das informações de avaliação coletadas na sala de aula. Esses grupos incluem criadores de políticas públicas nacionais e estatais, administradores de escolas e pais. Veja a Tabela 1.2.

> Os professores estudam seus alunos nas primeiras semanas de aula para poderem organizar suas classes em comunidades sociais de aprendizagem.

AVALIAÇÃO, PROVAS, MENSURAÇÕES E ANÁLISES

Este livro trata do processo que os professores usam para coletar, avaliar e utilizar informações para tomar as decisões apropriadas para a sala de aula. Conforme você for lendo a respeito de cada fase da avaliação e das diversas formas com que os professores coletam informações, tenha em mente que a **avaliação** é um processo de coleta, síntese e interpretação de informações de modo a tomar uma decisão. Dependendo da decisão tomada e das informações que um professor precisa para informar essa decisão, *provas, mensurações* e *análises* costumam contribuir para o processo de avaliação.

TABELA 1.2 Perspectivas e usos variados das avaliações em sala de aula

Criadores de políticas públicas nacionais e estatais

- Estabelecer padrões nacionais e estaduais
- Conformidade com o No Child Left Behind Act (United States of America, 2002)
- Desenvolver políticas baseadas na avaliação
- Acompanhar o progresso dos desempenhos nacionais e estaduais
- Fornecer recursos para aprimorar a aprendizagem
- Fornecer recompensas ou sanções para estudantes, escolas e políticas estatais

Administradores escolares

- Identificar os pontos fortes e fracos dos programas
- Utilizar a avaliação para planejar e aprimorar as aulas
- Monitorar os professores
- Identificar as necessidades de instrução e dos programas
- Monitorar o progresso dos alunos ao longo do tempo

Professores

- Monitorar o progresso dos alunos
- Julgar e alterar o currículo da turma
- Identificar os estudantes com necessidades especiais
- Motivar os alunos a se saírem bem
- Colocar os alunos em grupos
- Fornecer *feedback* a professores e alunos

Pais

- Julgar os pontos fortes e fracos dos estudantes
- Monitorar o progresso dos alunos
- Reunir-se com professores para discutir o desempenho dos alunos em sala de aula
- Julgar a qualidade do professor

Fonte: Os autores.

> Uma prova é um procedimento sistemático formal de coleta de informações.

Quando as pessoas ouvem a palavra *avaliação*, elas costumam pensar em provas. Uma **prova** é um procedimento sistemático formal usado para coletar informações sobre o desempenho dos alunos ou outras habilidades cognitivas. Apesar de as provas serem ferramentas importantes para a coleta de informações de avaliação, a lista anterior de decisões da Sra. Lopez deixa claro que há muitas outras ferramentas de coleta, incluindo projetos, portfólios e observações. Rapidamente, comentaremos um pouco mais sobre as provas escritas, assim como técnicas de **observação** e questões orais.

> A mensuração é o processo de quantificar ou atribuir um número a um desempenho ou traço.

A **mensuração** é o processo de qualificar ou atribuir um número a um desempenho ou traço. O exemplo mais comum de mensuração na sala de aula é quando o professor dá notas a um *quizz* ou prova. Dar notas produz uma descrição numérica para o desempenho: Jackie acertou 17 de 20 itens na prova de biologia; Dennis atingiu uma pontuação de 65% na sua prova de matemática; o escore de Rhonda no teste de QI foi de 115. Em cada exemplo, um escore numérico é usado para representar o desempenho ou um traço de um indivíduo.

> A análise é o processo de julgar a qualidade ou o valor de um desempenho ou curso de ação.

Após as informações de avaliação terem sido coletadas, os professores as utilizam para tomar decisões sobre os alunos, as aulas ou o clima da sala de aula. A **análise** é o processo de realizar julgamentos sobre o que é bom ou desejável. Por exemplo, julgar se um aluno está apresentando desempenho bom o bastante para ser promovido a um nível mais alto de leitura, ou se a turma é capaz de realizar uma atividade determinada, requerem uma análise. Uma análise é o produto da avaliação que produz uma decisão sobre o valor de um desempenho ou atividade baseada em informações que foram coletadas, sintetizadas ou pensadas.

É importante reconhecer que nem todas as decisões de avaliação exigem o uso de provas ou mensurações. Além disso, nem todas as decisões de avaliação resultam na análise ou no julgamento de um aluno. Como vimos na ampla variedade de decisões tomadas pela Sra. Lopez, a avaliação na sala de aula pode resultar em diferentes tipos de decisões.

Imagine uma professora no início do ano que queira *avaliar* o conhecimento matemático de seus alunos para decidir em que ponto começar as aulas. Perceba que o motivo para ela realizar a avaliação é que uma decisão precisa ser tomada. Primeiro, a professora dá uma *prova* de matemática a lápis adequada à sua série. As notas dos alunos na prova fornecem uma *mensuração* de seu conhecimento matemático. É claro que a professora utiliza outros métodos para coletar informações e determinar o seu conhecimento. A professora então pensa sobre todas as informações de avaliação que ela coletou. Ela *analisa*, ou julga, o estágio atual do conhecimento matemático de seus alunos. Sua decisão final, baseada em sua avaliação e análise, é revisar as lições de matemática do ano anterior antes de começar a ensinar os tópicos deste ano.

TRÊS MÉTODOS GERAIS DE COLETA DE DADOS: PRODUTOS DOS ALUNOS, OBSERVAÇÕES E QUESTIONAMENTO ORAL

Os professores utilizam três métodos principais para realizar a coleta de informações de avaliação a fim de tomar decisões na sala de aula: produção dos alunos, técnicas de observação e técnicas de questionamento oral.

> Os professores coletam a maior parte das suas informações de avaliação usando produção dos alunos, técnicas de observação e técnicas de questionamento oral.

Produtos dos alunos

Os estudantes passam grande parte do tempo criando produtos ou objetos. Entre os muitos produtos que os alunos produzem, estão os deveres de casa, os trabalhos escritos completados em aula, as folhas de exercícios, os ensaios, resumos de livros, projetos de ciências, trabalhos de artes e portfólios, assim como provas e *quizzes*. As produções dos alunos incluem qualquer coisa que os alunos precisem produzir ou completar que tenha sido entregue pelo professor. As produções dos alunos geralmente assumem uma de três formas: seleção, respostas construídas ou desempenho. Itens de múltipla escolha, verdadeiro ou falso e perguntas de associação em provas são chamados de **questões de seleção**, ou itens de resposta selecionada. Como o nome sugere, o aluno responde a cada questão selecionando uma resposta entre as escolhas fornecidas. **Questões ou itens de respostas construídas***, ou itens de produção, requerem que o aluno construa uma resposta para uma questão ou pergunta. O tamanho da resposta pode variar substancialmente. Por exemplo, uma questão de ensaio requer que o aluno construa uma resposta longa e detalhada, ao passo que uma questão de resposta curta ou de "preencher as lacunas" pode exigir apenas uma palavra ou frase. O desempenho é uma forma estendida de item de respostas construídas que costuma requerer uma quantidade substancial de tempo para se produzir. Exemplos de **tarefas de desempenho** incluem relatórios, diários, portfólios, experimentos científicos e projetos da classe. Quer as produções dos alunos sejam resultado de itens de seleção, itens de construção de resposta ou tarefas de desempenho, elas dão aos professores amostras concretas de trabalhos dos alunos que podem fornecer informações valiosas sobre as suas habilidades cognitivas e o seu conhecimento.

> As técnicas de seleção exigem que os alunos selecionem uma resposta a partir de escolhas fornecidas; técnicas de respostas construídas requerem que os alunos construam uma resposta para uma questão ou problema.

Técnicas de observação

A observação é o segundo método principal que os professores utilizam em sala de aula para coletar dados de avaliação. Como o termo sugere, a **avaliação** envolve assistir ou ouvir um estudante executar uma atividade específica ou reagir em uma situação determinada. Por meio da observação, os professores ficam cientes de comportamentos estudantis, como pronunciar palavras de forma errada em leitura oral, interação em grupo, falar em sala de aula, *bullying* contra outros estudantes, perda de concentração, olhar confuso, esperar pacientemente a sua vez, levantar a mão em sala de aula e incapacidade de se sentar quieto por mais de 3 minutos.

> As técnicas de observação são aplicadas a atividades e à produção dos estudantes.

Durante o dia escolar, os professores frequentemente passam uma quantidade substancial de tempo diante de seus alunos, trabalhando próximos de alunos específicos ou de pequenos grupos de estudantes. Como os professores e a sua turma se encontram em um espaço fechado, encarando e interagindo uns com os outros de 1 a 6 horas por dia, os professores podem observar grande parte do comportamento e das reações dos seus alunos.

Algumas observações são formais e planejadas de antemão. Em tais situações, o professor observa propositadamente um conjunto específico de comportamentos dos estudantes. Por exemplo, os professores avaliam os alunos quando eles leem em voz alta em um grupo de leitura. O professor pode observar e ouvir a pronúncia clara das palavras, mudanças no tom de voz para enfatizar pontos importantes, olhar para longe do livro periodicamente durante a leitura, e assim por diante. Como essas observações são planejadas, o professor tem tempo de preparar os alunos e identificar de antemão os comportamentos específicos que serão observados.

> Algumas observações dos professores são formais e planejadas de antemão, enquanto outras são informais e espontâneas.

---

* N. de R.T.: A literatura brasileira apresenta uma definição clara entre itens ou questões em que o aluno seleciona a sua resposta, por exemplo, itens de múltipla escolha ou itens e questões em que o aluno constrói a sua resposta (FONTANIVE, 1982).

Outras observações dos professores são espontâneas e informais, como quando o professor vê os alunos conversando quando deveriam estar ouvindo, percebe a expressão de angústia no rosto de um aluno quando um colega zomba das suas roupas, ou observa os alunos mexendo em suas coisas ou olhando pela janela durante uma aula de ciências. Tais observações espontâneas refletem acontecimentos momentâneos não planejados que o professor observa, registra mentalmente e interpreta. Tanto as observações formais quanto as informais dos professores são importantes técnicas de coleta de informações na sala de aula.

Técnicas de questionamento oral

Fazer uma pergunta oral é o terceiro método principal que os professores utilizam para coletar informações de avaliação. "Por que você acha que o autor encerrou a história desse jeito?", "Explique em suas próprias palavras o que é uma fração imprópria.", "Jack, você xingou o Ron?", "Levante a mão quem puder me dizer por que essa resposta está incorreta.", "Quem pode resumir a discussão de ontem sobre o ciclo da água?", "Por que você não trouxe o dever de casa hoje?". Essas são todas perguntas que os professores usam para coletar informações dos estudantes durante a aula e ao seu término. Questionar os estudantes é muito útil durante as instruções, quando essa técnica pode ser usada para revisar um tópico anterior, fazer um *brainstorm*, descobrir como a lição está sendo entendida pelos alunos e envolver um aluno que não está prestando atenção. O professor pode coletar as informações de que necessitar sem interromper uma lição para fazer os alunos trabalharem em um *quiz*, exercício ou trabalho escrito formal. Provas orais formais são usadas em matérias como língua estrangeira e música.

> O questionamento oral fornece grande quantidade de informações formais e informais sobre os alunos. Questões orais são especialmente úteis durante as instruções.

As produções dos alunos, as observações e o questionamento oral se complementam na sala de aula. Imagine ter de tomar decisões na sala de aula sem conseguir observar as reações, os desempenhos, as respostas e as interações dos seus alunos. Agora, imagine como seria se as informações das produções dos alunos não pudessem ser obtidas nas salas de aula, e imagine como seria se os professores não pudessem fazer perguntas orais aos seus alunos. Cada tipo de informação é necessário para realizar as ricas e significativas avaliações que ocorrem nas salas de aula. Como resultado, os professores precisam dominar todas essas abordagens de coleta de evidências.

> Todos os tipos de método de coleta de dados são necessários para coletar todas as informações necessárias para a avaliação em sala de aula.

AVALIAÇÕES PADRONIZADAS E NÃO PADRONIZADAS

As informações que os professores coletam e usam em suas salas de aula vêm de procedimentos de avaliação que podem ser padronizados ou não padronizados.

Avaliações padronizadas

Uma **avaliação padronizada** é administrada, graduada e interpretada do mesmo modo para todos os alunos, independentemente de onde ou quando eles tenham sido avaliados. As avaliações padronizadas devem ser passadas a alunos de diferentes salas de aula, mas sempre sob as mesmas condições, com as mesmas orientações e na mesma quantidade de tempo de todos os outros alunos que estão fazendo a prova naquele momento. Além disso, os resultados das provas receberão uma nota e serão interpretados do mesmo modo para todos os estudantes. O principal motivo para a realização de procedimentos de avaliação padronizados é garantir que as condições de testes tenham efeito similar no desempenho de alunos de diferentes escolas e Estados.

> Avaliações padronizadas devem ser administradas, graduadas e interpretadas do mesmo modo para todos os que fazem as provas.

As provas que o No Child Left Behind Act (United States of America, 2002) requer que os Estados administrem a todos os estudantes são testes padronizados. O Scholastic Assessment Test[*](SAT) e o American College Testing Program Test[**](ACT) também são exemplos de testes padronizados. Assim como os testes de desempenho nacionais, como o Iowa Tests of Basic Skills e o Stanford, Metropolitan; o California e o SRA Achievement Test. Em alguns casos, testes distritais ou escolares, de nivelamento ou de desempenho, também podem ser classificados como testes padronizados. Quando a Sra. Lopez consultou as notas das provas do ano anterior para determinar se a sua turma precisava rever as regras de português, ela estava examinando informações de instrumentos padronizados de avaliação.

Avaliações não padronizadas

As **avaliações não padronizadas** são feitas para serem usadas em uma única sala de aula com um único grupo de alunos. A maioria reflete as áreas de instrução específicas focadas naquela única sala de aula.

---

[*] N. de R.T.: O SAT é um exame educacional padronizado nos Estados Unidos aplicado a estudantes do ensino médio, semelhante ao Exame Nacional do Ensino Médio (ENEM) e que serve de critério para admissão nas universidades norte-americanas.

[**] N. de R.T.: O ACT é um exame que consiste em testes de inglês, matemática, leitura e ciências, cujos resultados são aceitos por todas as faculdades de quatro anos e universidades dos EUA.

> As provas não padronizadas (criadas pelo professor) são desenvolvidas para uma única sala de aula com um único grupo de alunos, e não são usadas para estabelecer comparações com outros grupos.

Quando a Sra. Lopez decidiu criar a própria prova para a unidade de ciências e atribuiu notas aos seus alunos com base na prova, ela estava utilizando informações de avaliação não padronizadas. Muitas das observações espontâneas que a Sra. Lopez fez do comportamento dos seus alunos também são classificadas como avaliações não padronizadas. Essas observações raras e passageiras da sala de aula representam uma forma rica e importante, embora não padronizada, de dados de avaliação. Os professores usam essas observações idiossincráticas para tomar decisões sobre alunos específicos e sobre a turma como um todo.

É importante notar que os testes padronizados não são necessariamente melhores do que os testes não padronizados. A padronização é importante quando as informações de um instrumento de avaliação serão usadas com o mesmo propósito em muitas salas de aula e localidades distintas. Se a decisão que resulta da avaliação não se estender para além de uma única sala de aula, a padronização rigorosa passa a não ser tão importante.

> A padronização é importante quando informações de um instrumento de avaliação serão usadas com o mesmo propósito em muitas salas de aula e localidades distintas.

Aplicação em grupos

Segundo a tradição, praticamente todas as provas administradas em grupo eram feitas a papel e caneta. Contudo, cada vez mais computadores estão sendo usados para administrar e, em alguns casos, atribuir notas aos testes. Em alguns casos, os testes em computadores administrados em grupo também são usados para avaliar a leitura oral, encontrar soluções para problemas complexos e realizar simulações de tarefas como reunir equipamentos ou montar redes de computadores. Quando a tarefa a ser avaliada envolve dar uma palestra, criar um trabalho artístico ou montar uma peça, procedimentos administrados em grupo não são úteis.

> Administrar avaliações em grupo economiza tempo, mas oferece menos *insights* e menos informações sobre alunos específicos.

Avaliações informais em grupo costumam ocorrer na sala de aula, principalmente por meio da observação do professor. Quando a Sra. Lopez viu sua turma ficar entediada e dispersiva durante uma aula, ela estava realizando uma avaliação da sala de aula. De modo semelhante, quando seus alunos mostraram dificuldade em responder a suas perguntas durante uma aula de linguagem, ela parou o que estava fazendo e revisou a lição do dia anterior. Esse é outro exemplo de avaliação informal em grupo.

Provas baseadas em padrões

Desde meados da década de 1980, foram desenvolvidos os **padrões educacionais**. O objetivo dos padrões educacionais é estabelecer objetivos comuns para instruções e critérios comuns de desempenho que são exigidos de todas as escolas e estudantes. Atualmente, praticamente todos os Estados desenvolveram **padrões de conteúdo** e implementaram **padrões de desempenho**. Os padrões de conteúdo, que às vezes são chamados de quadros curriculares ou padrões de aprendizagem, definem o conhecimento e as habilidades que se espera que os estudantes desenvolvam em determinada matéria e série. Os padrões de desempenho definem o quanto se espera que os estudantes conheçam do conteúdo e o quão bem se espera que eles desempenhem as habilidades incluídas nos padrões de conteúdo. Na maioria dos casos, os padrões de desempenho são medidos por **provas baseadas em padrões** administrados pelo Estado. Um terceiro tipo de padrão educacional se foca na qualidade dos professores, na disponibilidade de recursos – como livros didáticos e computadores – e na condição dos locais onde se espera que os alunos tenham aula. Esse tipo de padrão educacional é chamado de **oportunidade de aprender padrões**. Com a aprovação do No Child Left Behind Act, em 2002, espera-se que todos os Estados desenvolvam e cumpram os padrões de conteúdo, desempenho e, em um menor grau, de oportunidade de aprendizagem (United States of America, 2002).

Fontes adicionais de informação

Os professores coletam e consideram informações suplementares úteis fornecidas por antigos professores dos alunos, pela equipe da escola e pelos pais. Os professores consultam constantemente antigos professores para corroborar ou reforçar suas observações atuais. Os pais com frequência dão informações voluntariamente e respondem às perguntas dos professores. Mesmo que seja útil, cada uma dessas fontes suplementares de informação tem suas limitações e deve ser tratada com cuidado ao se tomarem decisões.

> Informações suplementares de avaliação podem ser obtidas com professores anteriores, com a equipe da escola e com os pais.

AVALIAÇÕES ADEQUADAS: VÁLIDAS E CONFIÁVEIS

Para os professores tomarem decisões informadas, as informações de avaliação que são coletadas devem ser adequadas à decisão que será tomada. Validade e confiabilidade são dois conceitos-chave que ajudam os professores a determinar se as informações de avaliação são adequadas para informar uma decisão. Começaremos o nosso exame da validade e da confiabilidade com um exemplo.

> Para as informações de avaliação ajudarem a produzir decisões válidas, elas dependem se as informações das avaliações são adequadas.

O Sr. Ferris recém havia terminado uma unidade de três semanas de matemática sobre como computar longos problemas de divisão com resto. Durante a unidade, ele ensinou seus alunos os passos computacionais envolvidos em resolver os longos problemas de divisão e o conceito de resto. Ele passou tarefas de casa e revisou problemas e exemplos do livro, além de ter administrado alguns *quizzes*. Agora, ao final da unidade, o Sr. Ferris quer coletar informações de avaliação para descobrir se os seus alunos aprenderam a resolver problemas computacionais envolvendo longas divisões com resto para ele poder atribuir uma nota a cada aluno.

> Independentemente de suas outras características, as características mais importantes para determinar a adequação das decisões de avaliação são a confiabilidade das informações de avaliação e a validade das decisões baseadas naquelas informações.

Para coletar as informações necessárias, o Sr. Ferris decide passar uma prova contendo itens semelhantes em conteúdo, formato e dificuldade aos que ele esteve ensinando. Dos milhões de problemas possíveis de longas divisões com resto, o Sr. Ferris seleciona 10 que são representativos do seu ensino. Se o Sr. Ferris pegar 10 itens que cobrem conteúdo diferente, ou que são muito mais difíceis ou fáceis, ou que são apresentados em um formato diferente do que ele ensinou em aula, os resultados do teste *não* irão lhe fornecer informações adequadas para tomar decisões.

O Sr. Ferris evita esse problema ao escrever 10 questões semelhantes em conteúdo, dificuldade e formato ao conteúdo ensinado e aos tipos de problemas matemáticos praticados na sala de aula. Ele reúne as questões em uma prova, administra-a durante um período de aula e gradua as provas em uma escala de 0 a 100. O Sr. Ferris, então, tem as informações de avaliação de que necessita para tomar uma decisão sobre a nota de cada aluno.

Tanto Manuela quanto Joe tiraram 100 na prova e receberam nota A pela unidade. Stuart tirou 50 e recebeu uma nota D. As notas são baseadas na análise do Sr. Ferris acerca da qualidade do seu desempenho na prova de 10 questões. Se o Sr. Ferris tiver de explicar o que a nota A de Manuela e Joe significa, ele provavelmente dirá que "Manuela e Joe podem resolver problemas de longa divisão com resto muito bem". Também é provável que ele diga que a nota D de Stuart é um "indicativo da sua inaptidão em resolver esses problemas bem".

> A essência da avaliação em sala de aula é observar um pouco do comportamento de um aluno e usar essa informação para criar uma generalização ou previsão sobre o comportamento do aluno em situações ou tarefas semelhantes.

Ao dizer isso, o Sr. Ferris ilustra a relação entre as informações de avaliação, a interpretação dessas informações e a decisão resultante do professor. Ele diz que Manuela e Joe "podem resolver problemas de longa divisão com resto muito bem". Ele não diz que "Manuela e Joe podem resolver os 10 problemas que incluí na minha prova muito bem". Ele descreve seu desempenho em termos *gerais* em vez de em termos de sua prova específica com 10 questões. De modo semelhante, o desempenho de Stuart é descrito de maneira geral em vez de em termos específicos à prova. A lógica que o Sr. Ferris e todos os professores usam ao fazer essas inferências é a de que, se um aluno pode se sair bem nas questões da prova, ou se o seu desempenho for de fato avaliado, é provável que o aluno se saia bem em questões semelhantes ou apresente bom desempenho em situações além da prova. Se os alunos se saírem mal nas 10 questões, é provável que também se saiam mal em questões semelhantes além da prova.

A prova de 10 questões do Sr. Ferris ilustra uma característica comum a praticamente todas as avaliações em sala de aula, independentemente se elas se baseiam em informações coletadas por meio de procedimentos formais ou informais, produção dos estudantes, observações ou respostas orais, ou avaliações padronizadas ou não padronizadas. A essência da avaliação em sala de aula é observar uma *amostra* de comportamento ou de desempenho de um aluno e usar essa amostra para fazer uma generalização ou previsão sobre o seu desempenho em tarefas semelhantes não observadas.

Esse processo não está confinado à avaliação da aprendizagem de um aluno. Os professores costumam formar impressões duradouras das personalidades ou das motivações dos seus alunos com base em algumas observações breves feitas durante a primeira semana de aula. Eles observam uma pequena amostra do comportamento do aluno e, com base nessa pequena amostra, fazem inferências ou tomam decisões, como "Ele é desmotivado", "Ela é uma encrenqueira", "Eles não trabalham duro".

Essas são generalizações informais sobre os alunos com base em uma pequena amostra do comportamento de cada aluno na escola.

E se a amostra de comportamento que o professor coletar for irrelevante ou incompleta? E se as questões na prova do Sr. Ferris não forem típicas da instrução em sua sala de aula? E se o aluno tiver um "dia ruim" ou a impaciência do professor não permitir que um aluno mostre o seu "verdadeiro" desempenho? Se essas coisas acontecerem, então é provável que a decisão tomada acerca do aluno seja imprecisa, inadequada e provavelmente injusta.

Agora, vamos considerar um termo relacionado, cientificamente mais preciso do que justiça.

Validade

A característica mais importante de uma boa avaliação é a sua habilidade de ajudar um professor a tomar as decisões adequadas. Essa característica é chamada de **validade**. O grau em que uma decisão é válida depende do grau em que as informações de avaliação são *suficientes* para tomar determinada decisão. A menos que as informações de avaliação sejam adequadas para uma decisão e as informações sejam interpretadas com precisão, não se tomarão decisões válidas. Quando um professor se pergunta, como todos os professores deveriam, "Estou coletando as informações corretas para a decisão que quero tomar?", ele está se perguntando sobre a validade de suas avaliações (Linn, 1997). Para qualquer decisão, algumas formas de evidências levarão a decisões mais válidas do que outras. Por exemplo, o Sr. Ferris poderia tomar uma decisão mais válida sobre o desempenho dos seus alunos baseando sua decisão em uma prova que contivesse questões semelhantes às que ele vinha ensinando do que se ele pedisse aos seus alunos um ensaio sobre como se sentem em relação à matemática. De modo semelhante, uma decisão mais válida sobre as motivações ou habilidades de seus alunos ocorrerá observando a turma trabalhando por um período de tempo, em vez de basear esse tipo de decisão no desempenho dos seus irmãos mais velhos ou no bairro onde vivem. O uso desses indícios provavelmente resultará em decisões menos válidas do que observações mais diretas da turma.

> A validade está relacionada à relevância das informações coletadas para a decisão que precisa ser tomada.

Dado que a validade é o fundamento sobre o qual a boa avaliação se baseia, iremos revisitar esse conceito diversas vezes ao longo deste livro. Nesse momento, é suficiente dizer três coisas sobre a validade. Primeiro, a validade está relacionada com a adequação e com a relevância das informações que estão sendo coletadas para tomar a decisão desejada. Segundo, a validade é a característica mais importante que uma decisão de avaliação pode possuir, visto que, sem ela, a decisão pode ser inadequada ou até prejudicial. Terceiro, preocupações quanto à validade concernem a todas as avaliações em sala de aula, não apenas àquelas que envolvem técnicas de coleta de dados ou informações formais. Cada uma das muitas decisões que a Sra. Lopez tomou durante o dia de aula se basearam em algum tipo de informação de avaliação. É apropriado, portanto, perguntar sobre a validade – isto é, a adequação – das informações de avaliação e interpretação para cada uma das muitas decisões diárias da Sra. Lopez. A Tabela Ferramentas-Chave de Avaliação 1.1 identifica preocupações-chave sobre a validade das decisões de avaliação.

> A validade (a relevância para uma decisão) é tão aplicável a observações informais de um professor quanto a informações formalmente coletadas.

Deve-se mencionar outro cuidado quanto à validade. As decisões que podem causar grande impacto sobre a educação de um aluno não devem ser tomadas com base em uma única observação ou no resultado de apenas uma prova, mesmo que a validade de uma única avaliação pareça alta. É sempre prudente avaliar o comportamento, a habilidade ou o desempenho de um aluno em diferentes ocasiões, usando diferentes meios de coleta de informação para aumentar a adequação geral de uma decisão de grande importância (Moss, 2003).

Confiabilidade

Uma segunda característica importante das decisões adequadas é que elas se baseiam nas informações de avaliação que têm consistência, ou **confiabilidade**. Será que as informações de avaliação para uma pessoa ou turma seriam semelhantes se fossem coletadas em algum outro momento? Se você se pesasse em uma balança, descesse, depois se pesasse na mesma balança, você esperaria que ambos os pesos fossem praticamente idênticos. Se não fossem, você não confiaria na informação passada pela balança. A informação que ela passa não é confiável. De modo semelhante, se as informações de avaliação não produzirem dados estáveis e consistentes, um professor deve ter cautela ao utilizar essas informações para tomar decisões sobre um aluno ou turma.

> A confiabilidade se refere à estabilidade ou consistência das informações de avaliação, isto é, se elas são típicas do comportamento de um aluno.

Para aumentar a confiabilidade das informações de avaliação, é importante coletar diversas informações acerca do comportamento ou desempenho que está sendo avaliado. Lembre-se de que a Sra. Lopez observou as interrupções de Tabita durante a aula e o comportamento desatento de Miguel por um período de tempo antes de decidir o que fazer. Ela fez isso para se certificar de que estava observando um comportamento estável e consistente daqueles alunos. Eles se comportaram da mesma forma em diferentes momentos e em diferentes circunstâncias? Ao observá-los durante um período de tempo, a Sra. Lopez pôde ter fé na confiabilidade das suas observações.

De modo semelhante, o Sr. Ferris incluiu 10 perguntas de divisão longa com resto em sua prova, e não só uma, para que pudesse obter informações confiáveis acerca da compreensão dos seus alunos. Ele pode ter maior

> **FERRAMENTAS-CHAVE DE AVALIAÇÃO 1.1**
> **Aspectos-chave da validade da avaliação**
>
> 1. A validade se refere à seguinte questão geral: "Em que medida essa decisão se baseia em informações de avaliação adequadas?".
> 2. A validade se refere às decisões que são tomadas a partir das informações de avaliação, e não da própria abordagem de avaliação. Não é adequado dizer que as informações de avaliação são válidas a menos que as decisões, o propósito e os grupos para os quais elas são válidas sejam identificados.t As informações de avaliação que são válidas para uma decisão ou grupo de alunos não são necessariamente válidas para outras decisões ou grupos.
> 3. A validade é uma questão de grau; ela não existe em base do tudo ou nada. Pense na validade da avaliação em termos de categorias: altamente válidas, moderadamente válidas e inválidas.
> 4. A validade sempre é determinada por um julgamento feito pelo usuário do teste.
>
> Fonte: Os autores.

certeza quanto à aprendizagem dos seus alunos ao avaliá-los com 10 questões do que com apenas uma ou duas.

> Os professores podem considerar se uma avaliação é válida e confiável.

> Todas as informações de avaliação contêm algum erro ou inconsistência; portanto, a validade e a confiabilidade são ambas questões de grau e não existem em uma base de tudo ou nada.

Visto que nenhuma informação de avaliação sozinha fornece mais do que uma amostra limitada do comportamento de um estudante, não se pode esperar que nenhum procedimento ou instrumento de avaliação forneça informações perfeitas e sem erros. Todas as informações de avaliação contêm alguma inconfiabilidade ou inconsistência devido a fatores como questões ambíguas em provas, interrupções durante testes, diferenças no grau de atenção entre alunos, clareza das diretrizes de avaliação, sorte dos alunos ao "chutar" uma questão, mudanças no humor dos alunos, erros ao dar notas (especialmente a ensaios e a avaliações observacionais) e uso de uma amostra muito pequena de comportamento que não permite que o aluno mostre um desempenho estável e consistente. Obviamente, é importante minimizar a inconsistência. A Tabela Ferramentas-Chave de Avaliação 1.2 revisa aspectos-chave da confiabilidade das informações de avaliação.

Um dos propósitos deste livro é sugerir métodos que podem ajudar a aumentar a confiabilidade das informações usadas para a avaliação em sala de aula. Se um professor não puder confiar na estabilidade e na consistência das informações coletadas durante uma avaliação, ele deve ter cuidado para não basear decisões importantes nessas informações. Assim, junto da validade, que questiona se as informações de avaliação coletadas são relevantes para a decisão a ser tomada, o professor também devem se preocupar com a confiabilidade, que questiona se as informações obtidas são consistentes e estáveis.

Considere a seguinte asserção sobre a relação entre validade e confiabilidade: Uma avaliação válida deve ser confiável, mas uma avaliação confiável não precisa ser válida. A primeira metade da afirmação é bastante direta. Decisões válidas não são possíveis se as informações de avaliação em que elas se baseiam não são consistentes. Assim, para tomar uma decisão válida, deve haver informações confiáveis.

Quanto à segunda parte da afirmação, imagine a seguinte situação. Imagine que você pergunte a um aluno da sua turma quantos irmãos ele tem. Ele diz seis, e você pergun-

> **FERRAMENTAS-CHAVE DE AVALIAÇÃO 1.2**
> **Aspectos-chave da confiabilidade da avaliação**
>
> 1. A confiabilidade refere-se à estabilidade ou consistência das informações de avaliação e foca-se nesta questão: "O quão consistentes ou típicas do comportamento dos estudantes são as informações de avaliação que eu coletei?".
> 2. A confiabilidade não se refere à adequação das informações de avaliação coletadas, apenas à sua consistência, estabilidade ou tipicidade. A adequação das informações de avaliação é uma questão de validade.
> 3. A confiabilidade não existe em uma base de tudo ou nada, mas em graus: alta, moderada ou baixa. Alguns tipos de informações de avaliação são mais confiáveis do que outros.
> 4. A confiabilidade é uma condição necessária, mas insuficiente para a validade. Não se pode confiar que uma avaliação que fornece resultados inconsistentes e atípicos forneça informações úteis para a tomada de decisões.
>
> Fonte: Os autores.

ta novamente. Ele diz seis. Você repete a pergunta diversas vezes, e todas as vezes ele indica seis irmãos. Você mediu o número de seus irmãos consistentemente; a informação de avalição que você coletou dele é confiável. Imagine, então, que você use essa informação confiável para tomar uma decisão sobre em que grupo de leitura colocar o aluno: quanto mais irmãos, mais avançado o grupo. Já que o número de irmãos tem pouca relevância para o desempenho de leitura do aluno, uma decisão baseada nessa informação, não importa o quão confiável ela seja, não será válida. Em suma, as informações de avaliação podem ser confiáveis, mas as decisões baseadas nessas informações não são necessariamente válidas. Nos capítulos seguintes, iremos explorar a relação entre validade e confiabilidade em mais detalhes e oferecer sugestões para melhorar a confiabilidade das informações de avaliação e da validade das decisões.

QUESTÕES ÉTICAS E RESPONSABILIDADES

Até o momento, apresentamos uma introdução técnica geral para a avaliação em sala de aula. Contudo, a avaliação é mais do que apenas uma atividade técnica; é uma atividade humana que influencia e afeta muitas pessoas, incluindo alunos, pais, professores, instrutores e funcionários. Pense a respeito dos diferentes tipos e propósitos de avaliação descritos neste capítulo, e então pense sobre todas as formas que as pessoas podem ser afetadas por eles. Isso lhe dará uma ideia do lado humano da avaliação.

O Apêndice A lista alguns padrões sobre a competência de avaliação dos professores. O ensino é uma profissão que tem uma base tanto educacional quanto ética. Como outros profissionais que têm conhecimentos e *expertises* que os seus clientes não têm e cujas ações e julgamentos afetam seus clientes de muitas formas, os professores são responsáveis por conduzir-se de forma ética. Essa responsabilidade é particularmente importante na educação, já que os alunos não têm escolha quanto a frequentar a escola. Além disso, comparados com os seus professores, os alunos tendem a ter menos experiência e a ser mais impressionáveis. Entre os padrões éticos que perpassam todas as dimensões do ensino, estão a necessidade de tratar cada aluno como um indivíduo, evitar que os alunos sofram abuso físico ou emocional, respeitar a diversidade, ser intelectualmente honesto com os alunos, evitar favoritismo e perseguição, fornecer uma perspectiva equilibrada nas questões levantadas na instrução e dar a melhor aula possível para todos os alunos.

> As avaliações dos professores têm importantes consequências de curto e longo prazo para os estudantes; logo, os professores têm uma responsabilidade ética de tomar decisões usando as informações mais válidas e confiáveis possíveis.

Em termos simples, cada um desses padrões éticos refere-se a algum aspecto da equidade do professor ao lidar com os seus alunos. Claramente, coletar e interpretar dados válidos e confiáveis para a tomada de decisões é fundamental para a equidade das avaliações de um professor. Outros aspectos da equidade incluem

1. informar os alunos sobre as expectativas e avaliações do professor antes de começar a ensinar e a avaliar;
2. esclarecer aos alunos em que eles serão avaliados antes de começar uma avaliação somativa;
3. não fazer julgamentos rasos e não identificar alunos com rótulos emocionais (p. ex., desinteressado, em risco, lento) antes de ter passado algum tempo com eles;
4. evitar estereotipar os alunos (p. ex., "Ele é só um daqueles esportistas desmiolados", "Crianças dessa parte da cidade são encrenqueiras" e "Alunos que se vestem assim não têm interesse na escola");
5. evitar termos e exemplos que possam ser ofensivos para alunos de diferentes gêneros, raças, religiões, culturas ou nacionalidades;
6. evitar ser parcial com alunos com pouco conhecimento da língua ou com experiências culturais distintas ao dar aula ou criar avaliações (BEN-YOSEF, 2003; HOLLOWAY, 2003).

Existem muitas dimensões para a equidade na sala de aula.

Equidade na adaptação de necessidades especiais

Como parte de suas responsabilidades éticas, os professores devem estar alertas a indícios de deficiências que alguns alunos podem ter – e devem estar prontos para participar de um programa de educação individual (PEI), conforme descrito no Capítulo 3, para identificar se esses alunos podem necessitar de ajuda. Tanto a lei quanto a equidade geral para com os alunos com necessidades especiais requerem seis quesitos: (MCMILLAN, 2000):

1. treinamento adequado para quem está administrando uma prova de deficiências;
2. avaliação na língua nativa do aluno;
3. identificação das necessidades especiais de um aluno, não apenas um julgamento geral das suas habilidades;
4. reflexão efetiva sobre as habilidades ou o desempenho de um aluno, independentemente de qualquer deficiência;
5. uso de múltiplas notas ou avaliações antes de se chegar a uma decisão de PEI;
6. uma equipe de avaliação multidisciplinar para avaliar uma deficiência suspeita.

Questões éticas e avaliação

Além disso, há considerações éticas especificamente aplicáveis à avaliação. Os professores estão em uma posição em que podem obter grandes quantidades de informações sobre o passado acadêmico, pessoal, social e familiar dos seus alunos.

Além de ter acesso a essas informações, os professores as utilizam para tomar decisões que podem ter importantes consequências de curto e longo prazo para seus alunos. Como exemplo, o ingresso em uma faculdade e futuras oportunidades profissionais, sem mencionar a autoestima dos alunos, questões que muitas vezes ficam nas mãos das decisões de avaliação dos professores.

> Os professores devem sempre buscar obter informações válidas e confiáveis antes de tomar decisões importantes que podem influenciar os alunos.

TABELA 1.3 Padrões éticos para as relações dos professores com os seus alunos

Compromisso com o aluno

O educador busca ajudar cada aluno a realizar o seu potencial como um membro valioso e efetivo da sociedade. O educador, portanto, trabalha para estimular o espírito investigador, a aquisição de conhecimento e compreensão e a formulação refletida de objetivos dignos.
No cumprimento da sua obrigação em relação ao aluno, o educador:

1. Não irá reprimir, de modo insensato, a ação independente do aluno na busca pela aprendizagem.
2. Não irá negar, de modo insensato, o acesso do aluno aos vários pontos de vista.
3. Não irá deliberadamente suprimir ou distorcer matérias relevantes ao progresso do aluno.
4. Irá fazer esforços razoáveis para proteger o aluno de condições prejudiciais à aprendizagem ou à saúde e segurança.
5. Não irá intencionalmente expor o aluno à vergonha ou ao descrédito.
6. Não irá, com base em raça, cor, credo, sexo, nacionalidade, estado civil, crenças políticas ou religiosas, família, origem social ou cultural ou orientação cultural, injustamente:
   a) excluir qualquer aluno de participação em qualquer programa;
   b) negar benefícios a um aluno;
   c) garantir qualquer vantagem a um aluno.
7. Não irá usar as relações profissionais com os alunos para vantagem própria.
8. Não irá revelar informações sobre os alunos obtidas durante o serviço profissional, a menos que sua revelação sirva a um propósito profissional ou seja exigido por lei.

Fonte: National Education Association (1993).

Claramente, há responsabilidades associadas com a coleta e o uso das informações de avaliação. Além disso, assim que as informações de avaliação forem coletadas, os professores passam a ter a responsabilidade de proteger a sua privacidade, reconhecer suas limitações na tomada de decisões e jamais usá-las para humilhar ou ridicularizar um aluno. A Tabela 1.3 apresenta uma lista de padrões éticos para professores desenvolvida pela National Education Association. A Tabela 1.4 é uma lista relacionada especificamente à avaliação. Note a variação de preocupações e responsabilidades éticas que acompanha o ensino.

RESUMO DO CAPÍTULO

Este capítulo indicou que as salas de aula são ambientes complexos que requerem decisões por parte do professor em muitas áreas. Dentro desse ambiente, não se espera que os professores estejam certos em cada decisão que tomam. Isso seria uma exigência irreal para qualquer um, especialmente em ambientes fluidos e ricos em decisões como as salas de aula, onde sobram incertezas. Contudo, deve-se esperar que os professores sejam éticos e promovam evidências de avaliações defensáveis para sustentar as decisões e ações na sala

TABELA 1.4 Responsabilidades éticas dos professores relacionadas à avaliação

- Tomar decisões justas e imparciais.
- Construir e administrar avaliações justas e transparentes.
- Motivar os alunos a dar o seu melhor.
- Familiarizar os alunos com os tipos variados de avaliação.
- Oferecer oportunidades para os estudantes praticarem abordagens às provas.
- Oferecer acomodações razoáveis a estudantes com deficiências.

Fonte: Os autores.

de aula. Isso é o mínimo que se espera em um ambiente onde as ações do professor têm consequências de tamanha importância para os alunos. Abaixo, estão os conceitos-chave discutidos neste capítulo.

- Políticas federais[*] dos EUA aumentaram a importância da avaliação e, agora, exigem que cada aluno da 3ª à 8ª séries do ensino fundamental e em pelo menos uma série do ensino médio sejam testados em matemática e inglês.
- Todos os dias em todas as turmas, os professores tomam decisões sobre seus alunos, suas aulas e o clima em sua sala. Os professores coletam e interpretam várias fontes de evidências para ajudá-los a tomar decisões sobre os rumos adequados a seguir.
- Existem muitos propósitos para a avaliação em sala de aula: criar um ambiente propício à aprendizagem, planejamento e condução da aula; designar onde os alunos irão se sentar; oferecer *feedbacks* e incentivos; diagnosticar problemas dos alunos e dar notas acadêmicas à aprendizagem e ao progresso.
- Todos os propósitos da avaliação podem ser divididos em três fases gerais: a avaliação inicial, que ocorre no início do ano letivo e é usada pelos professores para conhecer seus alunos; a avaliação instrucional, que inclui tanto planejar quanto dar aulas aos alunos; e avaliações oficiais, como notas, que se espera que os professores deem como parte de seu papel na burocracia escolar.
- A avaliação é o processo geral de coletar, sintetizar e interpretar informações para ajudar os professores no seu processo de tomada de decisão. Uma prova é uma ferramenta formal para coletar informações. A mensuração envolve descrever o desempenho numericamente. Uma análise é fazer julgamentos sobre o que é valioso ou desejável.
- Muitas formas de evidências de avaliação são usadas por professores, incluindo produção dos estudantes, observações, questões orais, entrevistas, comentários de professores antigos e pastas do histórico escolar.
- Testes padronizados devem ser administrados, graduados e interpretados do mesmo modo, não importa quando e onde sejam dados. Essas condições são necessárias porque um dos principais propósitos das avaliações padronizadas é tomar as mesmas decisões em relação aos estudantes de diferentes salas de aula. Avaliações não padronizadas são geralmente desenvolvidas por professores na sala de aula.
- A adequação de uma avaliação é determinada por sua validade e confiabilidade. Validade, a característica mais importante da avaliação, refere-se à adequação de uma decisão baseada nas informações de avaliação usadas para informar a decisão. A confiabilidade refere-se à consistência das informações de avaliação coletadas.
- Apesar de se pensar a avaliação como uma atividade técnica, há preocupações éticas associadas com o processo de avaliação. Já que as decisões dos professores podem influenciar a autopercepção dos alunos e suas oportunidades na vida, os professores devem estar cientes das muitas responsabilidades éticas envolvidas na avaliação.

QUESTÕES PARA DISCUSSÃO

1. Para quais tipos de decisão pode ser melhor coletar informações por meio de observações em vez de produção dos estudantes? Para quais tipos de decisão as produções dos estudantes podem ser mais adequadas?
2. Descreva a relação entre a avaliação inicial, a avaliação instrucional e a avaliação somativa. É útil começar o processo educacional examinando informações da avaliação somativa?

---

[*] N. de R.T.: No Brasil, o Sistema de Avaliação da Educação Básica (SAEB) avalia, bienalmente, alunos do 5º e 9º ano do ensino fundamental de nove anos e da 3ª série do ensino médio em duas disciplinas: língua portuguesa e matemática.

3. Dada a importância do desempenho dos estudantes nos exames do Estado, é apropriado usar versões antigas dos exames estaduais* para criar suas próprias provas para a sua turma? É uma decisão válida para o ensino cobrir o conteúdo de um exame do Estado?
4. As responsabilidades éticas dos professores para com os seus alunos mudam conforme os estudantes amadurecem? Se sim, como? Há responsabilidades éticas que permanecem constantes independentemente da idade?

ATIVIDADES

1. Entreviste um professor acerca das decisões tomadas em sala de aula. Pergunte a ele como coleta informações sobre os seus alunos no início do ano letivo: que características são consideradas, com base em que as decisões sobre os alunos são tomadas, e assim por diante.
2. Imagine que você é um professor de 1ª série. As aulas começam em três semanas. Discuta em grupos pequenos o que você deve fazer para se preparar para o início do ano letivo. Selecione as três coisas mais importantes a fazer e explique por que cada tarefa é importante.

QUESTÕES PARA REVISÃO

1. Quais são os três principais tipos de avaliação em sala de aula? Como eles se diferenciam em propósito, período e tipos de informação que mais provavelmente serão usados para realizar as avaliações?
2. Explique a diferença entre avaliações padronizadas e não padronizadas; itens de respostas construídas e seleção; e validade e confiabilidade.
3. Como você explicaria o conceito de validade para outro professor? Que exemplos você daria para explicar o seu significado?
4. Por que a validade e a confiabilidade são questões importantes na sala de aula? Por que a validade é mais importante?
5. Quais são as três responsabilidades éticas que um professor tem para com seus alunos? Dê um exemplo de como cada responsabilidade pode ocorrer na sala de aula.

REFERÊNCIAS

BEN-YOSEF, E. Respecting students' cultural literacies. *Educational leadership*, v. 61, n. 2, p. 80-82, 2003.

FONTANIVE, N. S. Elaboração de itens de teste para o programa de um curso. In: *SISTEMA de treinamento didático para professores universitários*. Rio de Janeiro: NUTES, 1982. 15 v.

HOLLOWAY, J. H. Managing culturally diverse classrooms. *Educational leadership*, v. 61, n. 1, p. 90-91, 2003.

LINN, R. L. Evaluating the validity of assessments: the consequences of use. *Educational measurement: issues and practices*, v. 16, n. 2, p. 14-16, 1997.

MCMILLAN, J. H. *Essential assessment concepts for teachers and administrators*. Thousand Oaks: Corwin, 2000.

MOSS, P. A. Reconceptualizing validity for the classroom. *Educational measurement: issues and practices*, v. 22, n. 4, p. 13-25, 2003.

NATIONAL EDUCATION ASSOCIATION. *Handbook 1992-1993*. Washington: NEA, 1993.

UNITED STATES OF AMERICA. Department of Education. *No child left behind act, of Jan. of 08 of 2002*. Disponível em: <http://www.edweek.org/ew/issues/no-child-left-behind/>. Acesso em: 23 ago. 2013.

---

* N. de R.T: No Brasil, além das avaliações conduzidas pelo Ministério da Educação (MEC), muitas unidades da federação e seus municípios desenvolveram sistemas próprios de avaliação dos alunos (p. ex., SAEB/Prova Brasil, ENEM). Muitas questões das provas aplicadas são disponibilizadas em relatórios técnicos pedagógicos impressos ou via *web*, possibilitando aos professores a retomada das questões para discutir com os alunos a habilidade ou o conteúdo requerido por elas.

capítulo 2

APRENDENDO SOBRE OS ALUNOS: AVALIAÇÃO INICIAL

Tópicos-chave

- Coletando informações sobre os alunos
- Fontes de aprendizado sobre os alunos
- Formando descrições dos alunos
- Preocupações quanto à precisão e à validade
- Identificando necessidades especiais
- Aprimorando as avaliações iniciais

OBJETIVOS DO CAPÍTULO

Após ler este capítulo, você poderá:

- Identificar características das salas de aula que as tornam ambientes sociais.
- Explicar por que as avaliações iniciais são necessárias para os professores.
- Descrever as fontes de informação acerca dos alunos que estão à disposição do professor no início do ano letivo.
- Diferenciar comportamentos cognitivos, afetivos e psicomotores.
- Distinguir observações formais de observações informais.
- Identificar os pontos fracos na validade e na confiabilidade das avaliações iniciais e sugerir meios de superá-los.
- Identificar os efeitos em potencial que as avaliações iniciais têm sobre os alunos.

PENSAR SOBRE ENSINAR

O que os professores podem fazer para ter um bom início de ano letivo? Quais são as três coisas mais importantes que um professor precisa fazer no início do ano?

Os primeiros dias do ano letivo são importantes tanto para o professor quanto para os alunos. Esses dias dão o tom para o resto do ano. Tanto para o professor quanto para os alunos, esses dias são a única oportunidade de criar uma primeira impressão. É nesses primeiros dias que um grupo de indivíduos diversos começa a se unir e a formar uma turma. Apesar de a maioria dos professores e dos alunos já ter passado pelo início das aulas várias vezes antes, incertezas sempre acompanham o início de todo ano escolar. Cada grupo de alunos tem sua própria mistura especial de origens, habilidades, interesses, problemas, necessidades e personalidades que o tornam diferente de qualquer outra turma que o professor já tenha encontrado.

> As atividades nos primeiros dias de aula dão o tom do quão bem os alunos irão se comportar, frequentar as aulas e aprender ao longo do ano. Nos primeiros dias de aula, os professores e os alunos devem se conhecer e compreender mutuamente.

Neste capítulo, iremos explorar questões que confrontam todos os professores no início do ano escolar: como conhecer os seus novos alunos e o que é necessário saber sobre eles para criar um ambiente de apoio à aprendizagem. Para descobrir essas informações, os professores perguntam e tentam responder a perguntas como as seguintes sobre os seus alunos:

- Eles irão se dar bem e cooperar uns com os outros?
- Eles estão academicamente prontos para o meu currículo?
- Que pontos fortes e fracos intelectuais, emocionais e físicos eles têm?
- Alguns alunos têm deficiências que requerem adaptações na sala de aula?
- Há alunos particularmente indisciplinados na turma?

Como professor, que outras perguntas você adicionaria a essa lista, e por quê?

COLETANDO INFORMAÇÕES SOBRE OS ALUNOS

Nos primeiros dias do ano letivo, os professores tentam aprender sobre cada aluno individualmente e sobre a turma como um todo, tentando organizar uma sociedade em sala de aula que se caracterize pela comunicação, respeito e aprendizagem (GARCIA, 1994). É muito importante entender que uma turma é mais do que um grupo de alunos que estão no mesmo lugar ao mesmo tempo.

> Uma turma é mais do que um grupo de alunos que por acaso se encontra no mesmo lugar ao mesmo tempo. É uma sociedade de pessoas que se comunicam umas com as outras, buscam objetivos comuns e seguem normas de conduta.

Certas realidades básicas se aplicam, como aquelas resumidas na Tabela 2.1, a seguir. Uma turma é uma sociedade, um sistema social, formado de pessoas que se comunicam umas com as outras, buscam objetivos individuais em comum e seguem normas de conduta. Por exemplo, todas as salas de aula têm regras que orientam questões, como quem pode ir ao banheiro e quando, como se trata quem chega atrasado ou não traz os deveres de casa feitos e como as folhas são distribuídas e recolhidas. Também há regras que governam o fluxo de comunicação na sala de aula: "Não converse quando um professor ou outro aluno está falando"; "Levante a mão se tiver uma dúvida"; "Se você souber a resposta para uma pergunta, não diga bruscamente, espere a sua vez"; "Se você não souber a resposta para uma pergunta, fique sentado em silêncio e preste atenção".

Os alunos podem aprender logo que o jeito mais rápido de irritar um professor não é se sair mal em um dever de casa ou em uma prova, mas sim fazer coisas como conversar fora de hora, empurrar na fila, rir do professor ou se envolver em alguma outra violação das regras da sala de aula. Estabelecer um conjunto de regras e rotinas da sala de aula é uma das coisas mais importantes que um professor pode fazer para promover um ambiente social e de aprendizagem positivo. Sem regras e rotinas, os alunos podem ter dificuldades em antecipar como os outros alunos irão se comportar, quanto tempo uma atividade deve durar, o que pode acontecer a seguir, ou quando a sua parte "favorita" do dia irá chegar. A ausência de regras e rotinas pode criar uma ideia de caos, tornando a instrução e o aprendizado mais difíceis. É claro, as salas de aula são mais do que apenas ambientes sociais; elas também são ambientes educacionais, em que os professores planejam e dão aulas e avaliações para os alunos. E, por fim, as salas de aula são locais onde um membro, o professor, tem responsabilidade sobre os outros membros, os alunos, tornando-a, assim, um ambiente ético (MCCASLIN; GOOD, 1996). No início do ano letivo, o professor deve começar a montar sua complexa sociedade social, acadêmica e ética.

Apesar de todas as salas de aula serem ambientes simultaneamente sociais, acadêmicos e morais, as características específicas de turmas em particular apresentam grandes diferenças umas das outras. Por exemplo, as origens acadêmicas e socioeconômicas dos alunos, assim como o seu misto de personalidades, estilos de aprendizagem, necessidades e interesses diferem de turma para turma (DELPIT, 1995; LADSON-BILLINGS, 1994). O professor não pode contar que terá grupos parecidos de alunos de um ano para o outro. Devido a essas diferenças, planejar e dar aulas são atividades muito ligadas ao contexto.

Ou seja, as formas como o professor planeja e ensina dependem de características variadas dos seus alunos. Isso significa que o professor deve desenvolver um conhecimento íntimo dessas características. Tente imaginar planejar e dar uma aula para um grupo de alunos sobre os quais você não tem nenhuma informação. O que interessará aos alunos? Por quanto tempo eles serão capazes de prestar atenção? O que eles aprenderam anteriormente? Que necessidade de aprendizagem eles têm? Que adaptações precisam ser feitas para ajudar os estudantes com deficiências a

TABELA 2.1 As realidades básicas da sala de aula

1. A sala de aula é um ambiente social e cultural, assim como educativo. As dimensões social e cultural exercem grande influência sobre a dimensão educacional. As salas de aula envolvem:
   - Pessoas interagindo com pessoas
   - Pessoas ensinando pessoas
   - Regras/ordem/comunicação/objetivos comuns
2. Cada cultura de sala de aula difere, de algum modo, de todas as outras. Há poucas constantes universais que perpassam todas as salas de aula, exceto, talvez, as responsabilidades morais que os professores têm para com os alunos. Os professores devem compreender as culturas das suas salas de aula e usar essa compreensão para entender quem os alunos são, onde eles estão e do que eles precisam.
3. Devido à singularidade de cada cultura de sala de aula, o julgamento do professor é um ingrediente crítico para o sucesso da sala de aula. A vida nesse ambiente é uma série de julgamentos ou decisões acerca dos alunos, do currículo, das instruções e da aprendizagem; ninguém pode ou deve fazer esses julgamentos em nome do professor da turma.
4. O professor é, simultaneamente, participante e observador da sala de aula, o que dificulta que ele reconheça suas próprias contribuições aos problemas que existem nela.
5. Não é sensato esperar que o professor esteja certo em cada julgamento ou decisão que toma, especialmente levando-se em conta que há pouco conhecimento codificado que oriente suas ações e julgamentos. Contudo, é razoável esperar que os professores possam trazer boas motivações e justificativas para suas decisões e ações.

Fonte: Os autores.

aprender? De modo semelhante, tente imaginar como você disciplinaria alunos que não conhecesse. Que estratégias poderiam funcionar com diferentes alunos? Um aluno está se comportando mal porque está entediado, é incapaz de seguir a lição ou porque está testando o professor? O grau em que um professor pode responder a perguntas como essas determina as chances que ele tem de criar um ambiente, reagir às questões dos alunos e modificar suas aulas de modo a auxiliar o seu aprendizado. Para responder a essas questões, os professores aprendem sobre seus alunos no início do ano em um processo que chamamos de **avaliação inicial**.

Todos os professores devem aprender a respeito dos seus alunos, apesar de os professores poderem coletar diferentes informações dependendo de seus objetivos para o desenvolvimento dos alunos. No ensino fundamental, os objetivos do currículo incluem tanto resultados acadêmicos quanto de socialização. Perguntou-se a professores do ensino fundamental sobre qual a importância dos resultados de socialização nas suas aulas. Aqui estão alguns dos comentários:

Cada minuto que eu posso eu tento enfatizar boa cidadania e cooperação. Se essas questões surgirem durante as aulas, eu paro a lição e relembro os meus alunos sobre o bom comportamento e cooperação na sala de aula. Mesmo que um aluno tenha só pego o lápis de alguém, eu digo: "Você entendeu...?". Eu acho que a boa cidadania, civilidade e cooperação são tão importantes quanto qualquer outra matéria. Alguns deles sequer têm isso em casa.

Eu estou tentando torná-los bons cidadãos na comunidade da sala de aula e além, não só bons estudantes. Eu faço de tudo para que eles saibam o que se espera deles quando tiverem passado da 6ª série, as diferenças entre certo e errado.

Nas séries do ensino fundamental, a maioria dos alunos passa de 5 a 6 horas por dia na mesma sala de aula com o mesmo professor e os mesmos colegas. Frequentemente, grande parte da instrução é passada em pequenos grupos, para que, quando um grupo estiver ocupando a atenção do professor, os outros alunos permaneçam focados e produtivos sem a supervisão constante dele. Nas salas de aula de nível fundamental, as avaliações iniciais do professor tendem a englobar as habilidades acadêmicas dos alunos, sua habilidade de trabalhar produtivamente com outros estudantes e a quantidade de tempo em que eles podem se concentrar por conta própria, além do seu comportamento geral em sala de aula.

Os objetivos das aulas em nível médio são predominantemente acadêmicos e vocacionais. Os estudantes já devem ter se agrupado em torno de interesses comuns, e a maioria já foi socializada com o comportamento apropriado à escola. Em vez de ver 20 a 25 alunos por 6 horas por dia no ensino fundamental, os professores de ensino médio frequentemente veem de 100 a 125 alunos em cinco aulas diferentes com duração de cerca de uma hora cada. Mesmo sendo importante para os professores de ensino médio desenvolver um conhecimento acerca das características afetivas e pessoais dos seus alunos, eles frequentemente não têm tanto tempo para interagir com seus alunos se comparados com professores do ensino fundamental. Consequentemente, para os professores de ensino médio, é muito desafiador desenvolver uma compreensão mais completa dos seus alunos. Em vez disso, os professores de ensino médio tendem a se focar em características como habilidades acadêmicas e conhecimento, hábitos de trabalho, comportamento, interesse em matérias e atitude. Ainda assim, sugerir que os professores de ensino médio não estão preocupados com resultados emocionais e de interesse é um exagero. Um professor de matemática do ensino médio nota: "Eu tento preparar os meus alunos para a vida. Eu quero que eles saibam como balancear e fazer registros, mas estou igualmente interessado em torná-los pessoas honestas, respeitosas, boas cidadãs e assim por diante". Todos os professores se preocupam com as características afetivas e cognitivas dos seus alunos, apesar da ênfase relativa que se dá a essas características diferir em cada série.

Se a avaliação inicial não for bem feita, é provável que se desenvolva uma turma desorganizada, indisciplinada e indiferente, em que a comunicação e o aprendizado sejam inibidos. Todos nós podemos nos lembrar de uma sala de aula específica em que o sistema social era caracterizado pela anarquia, onde o impulso pessoal substituía a consideração pessoal, e onde o ensino e a aprendizagem eram constantemente minados pela incapacidade de se estabelecerem regras de comportamento.

> Ensinar é uma atividade ligada ao contexto e que envolve muitos fatores que os professores não podem controlar, tais como os recursos à sua disposição e as características dos seus alunos.

Apesar de os professores de fato controlarem muitas características da sala de aula (p. ex., regras e rotinas, métodos de instrução, tópicos ensinados e práticas de notas), há outros que eles não controlam. A Tabela 2.2 descreve as turmas de dois professores. Imagine que essas turmas sejam da mesma série. Perceba que todas as características listadas na tabela são aquelas sobre os quais os professores normalmente exercem pouco controle; talvez o professor sequer tenha ciência de algumas delas até que elas, de repente, se mostrem um desafio. Esses são os fatores com os quais cada professor deve lidar.

> No início de cada ano, os professores devem conhecer os seus alunos para que possam organizá-los em uma comunidade de aprendizagem em sala de aula.

Como essas variadas características podem influenciar a forma como os dois professores orientam o comportamento dos alunos; organizam atividades para indivíduos, grupos, ou para a turma como um todo; ou planejam lições específicas? Que características parecem ser mais vantajosas para o professor, e quais parecem mais desvantajosas? Como esses fatores influenciam as abordagens de ensino? Pensar sobre essas questões pode lhe mostrar como as abordagens de ensino dependem sempre tanto dos alunos quanto dos fatores da sala de aula.

TABELA 2.2 Comparação entre duas salas de aula

Sala de aula A	Sala de aula B
30 alunos	16 alunos
Habilidades dos alunos agrupadas em três níveis distintos	Habilidades razoavelmente homogêneas entre os alunos
Diversos alunos com problemas de fala e deficiências físicas	Alguns alunos que exigem atenção e alguns que são extremamente tímidos
Origens socioeconômicas distintas	Uniformemente classe média
Pressão dos pais por aprendizagem multicultural	Pressão dos pais por notas altas
Misto de gêneros equilibrado	Predominantemente meninos
Programas de arte e música separados em outra aula	Não há aula de arte ou música em separado
Sala quieta e espaçosa	Sala pequena com barulho vindo da sala ao lado
Praticamente todos os alunos juntos há vários anos	Mais estudantes se encontrando pela primeira vez
Mesas individuais para cada aluno	Mesas e cadeiras
Auxílio em sala de aula à disposição	Sem auxílio em sala de aula

Fonte: Os autores.

FONTES DE APRENDIZADO SOBRE OS ALUNOS

> Os professores usam uma variedade de informações para compreender os seus alunos, incluindo observações pessoais, registros da escola, comentários de outros professores e avaliações formais.

Durante os primeiros dias do ano letivo, os professores buscam diversas informações sobre os seus alunos. Essas informações se relacionam com características como as habilidades acadêmicas e o conhecimento dos alunos, seu comportamento social, autodisciplina, crenças e interesses, família e sistema de apoio, e atitude para com a escola. Informações sobre essas e outras características vêm de diversas fontes. Algumas dessas fontes de informação resultam de observações diretas dos estudantes na sala de aula. A Tabela 2.3, na página a seguir, lista algumas fontes comuns de informações disponíveis aos professores durante os primeiros dias de aula e os tipos de informações que essas fontes fornecem. Por meio de típicas atividades de aula, como discussões, deveres de casa e redações, os professores podem rapidamente desenvolver uma impressão inicial sobre muitas características acadêmicas, sociais e pessoais importantes.

Fora da sala de aula, os professores podem encontrar fontes adicionais de informação sobre os seus alunos. Registros dos alunos e notas de provas antigas podem revelar informações sobre as características acadêmicas, os comportamentos e as necessidades especiais dos alunos. Os conselheiros e os psicólogos da escola podem fornecer um *insight* sobre as necessidades especiais e as circunstâncias pessoais dos alunos que podem afetar seu desempenho escolar e o seu comportamento. Outros professores também podem servir como uma fonte informal de informações. Para ver um exemplo, sente-se e ouça a sala do professor. Ouça a Sra. Robinson ou o Sr. Rutherford reclamar da constante falta de atenção ou indisciplina de Jim ou de Sheila em aula. Ouça o Sr. Hobbs descrever a cooperação e a inteligência de Marion. Ouça a Sra. Jeffry reclamar que os pais de Mike

TABELA 2.3 Algumas fontes comuns de avaliação inicial e que informações elas podem dar

O que os alunos dizem	O que os alunos fazem	O que os alunos escrevem
Respostas a perguntas	Tarefas de casa	Deveres de casa
Discussões em sala de aula	Tarefas em aula	Diários ou anotações
Interações com os outros		Provas anteriores
Relatórios orais		Portfólios anteriores
Informação potencial	**Informação potencial**	**Informação potencial**
Capacidade de prestar atenção	Capacidade de prestar atenção	Habilidades de organização
Fluência oral	Habilidade de completar o trabalho a tempo	Uso de lógica
Educação		Asseio
Vocabulário	Capacidade de seguir orientações	Caligrafia
Facilidade com que participa	Nível de desempenho	Nível de desempenho
Ansiedade	Habilidade de se dar bem com os outros	
Habilidade de responder a perguntas		
Tendência a falar quando não é sua vez em aula		

Fonte: Os autores.

são muito exigentes e estão sempre interferindo. Não é preciso conhecer Jim, Sheila, Marion ou Mike pessoalmente para começar a formar impressões sobre eles como pessoas e como alunos. Muitas das reputações dos estudantes os precedem na sala de aula, e professores que nunca os viram frequentemente já ouviram falar bastante sobre os seus pontos fortes e fracos.

Diversos professores relatam como as informações que eles coletaram os ajudaram com a avaliação inicial dos seus alunos no início do ano letivo:

> Os registros da escola ficam no escritório e constam sobre todos os alunos. Eu poderia dar uma olhada neles antes de as aulas começarem para ter informações sobre as habilidades dos meus alunos, seu desempenho anterior, sua situação familiar e problemas de aprendizado.
>
> Na minha escola, as turmas são montadas de acordo com o nível. Antes de as aulas começarem, eu já sei se a minha turma está em um nível alto ou baixo.

Às vezes, quando comparo a minha lista de alunos com a de outro professor, o outro professor comenta sobre um aluno, o irmão de um aluno, ou sobre os pais do aluno. O irmão da Susie era um menino legal e tranquilo. A irmã do Sam era indisciplinada e provocadora. Andy é o ultimo de oito filhos da família Rooney, graças a Deus. Tome cuidado, a Sra. Roberts é superprotetora com o Peter e se preocupa muito com as notas dele.

Ao final da minha primeira semana de aula, eu já vou saber qual aluno vai se esforçar, se importar com a escola, se dar bem com os outros alunos, ser responsável o bastante para entregar mensagens para mim e ter uma personalidade agradável. Questões como se um estudante se voluntaria a responder a uma pergunta, faz comentários de boa vontade ou se ele precisa ser chamado para responder a alguma questão me dizem muito sobre o seu tipo de personalidade. Eu observo como eles se dão uns com os outros. O olhar de interesse em seus rostos me diz o quanto eles irão se esforçar.

No início das aulas, os professores ficam com as antenas ligadas, ouvindo e observando constantemente à procura de informações sobre os seus alunos. Às vezes, os professores irão propositalmente atrás dessa variedade de fontes. Em outros momentos, o que chama a atenção do professor é algo que parece, ao menos superficialmente, ter pouco a ver com o propósito da escola: o modo como os alunos se vestem, sua postura e linguagem corporal, as discussões que eles travam nos corredores e na lanchonete, e os colegas com quem eles saem. Por meio de fontes formais e informais de informação, ao final da primeira ou segunda semana de aula, a maioria dos professores já conhece os seus alunos e turmas e é capaz de dar descrições bastante detalhadas sobre as características deles.

> Os professores dependem muito de observações informais quando começam a conhecer os seus alunos.

Dois fatos sobre essas informações iniciais merecem atenção. Primeiro, grande parte delas vem de observações informais. Como a palavra *poderia* – na fala do primeiro professor – indica, a maioria dos professores não se baseia muito em provas ou em outras avaliações formais quando começam a determinar as características dos seus alunos. Se eles buscam informações formais, e muitos não buscam, eles costumam se valer das pastas de registro da escola ou passam pré-provas aos seus alunos. Segundo, como as informações iniciais são obtidas, em grande parte, por meio de observações informais, elas podem não ser representativas do desempenho acadêmico, do comportamento, das atitudes ou das crenças típicas ou atuais dos alunos.

Dois tipos de problemas limitam a validade e a confiabilidade das avaliações iniciais que se baseiam em observações e comunicações informais. Primeiro, devido às limitações da mente e da memória humanas, os professores podem "perder", ou esquecer, informações importantes sobre um aluno ou uma turma. Se suas lembranças estiverem erradas ou incompletas, a adequação ou validade da impressão ficará prejudicada. Um segundo problema se relaciona com a quantidade de informações que os professores obtêm para aprender sobre um aluno ou turma. Visto que os professores só podem observar um estudante uma parte do tempo, é inevitável que suas observações sejam incompletas. As comunicações pessoais frequentemente são breves e focadas, seja em observações gerais ou em um único evento que se destaca na mente de um colega, assim aumentando a possibilidade de que as informações sejam insuficientes para criar interpretações confiáveis sobre as características de um aluno. Os professores precisam reconhecer os problemas que podem resultar de memória seletiva e quantidade insuficiente de informações.

FORMANDO DESCRIÇÕES DOS ALUNOS

Tomando como base as informações que coletam durante os primeiros dias de aula, os professores sintetizam suas avaliações iniciais em descrições gerais dos alunos, como a seguir:

> Jemella (aluna da 2ª série) teve um ótimo início de aulas. Ela faz os deveres de casa bem e no prazo, levanta a mão para responder a perguntas e parece estar gostando da escola. Bem diferente de muitos dos seus colegas.
>
> Josiane (aluna da 5ª série) sempre entra em aula com olhar de cansaço e preocupação no rosto. Elogiar os seus trabalhos, ou mesmo qualquer ação positiva, leva um sorriso ao seu rosto, mas esse resultado é breve. É desatenta, mesmo durante os exercícios que fazemos passo a passo em grupo. É tímida, mas às vezes pede ajuda. Porém, antes de se dar uma chance, ela encosta a cabeça na mesa e fecha os olhos. Eu não

sei por que ela sente tanta falta de motivação. Pode ser algum desequilíbrio químico, ou talvez ela tenha problemas em casa. Ela provavelmente vai ser assim o ano todo.

Alfredo (aluno da 8ª série) é bom de papo, é um *Don Juán*. Ele se veste bem, é um menino bom e inteligente. Infelizmente, é muito desmotivado, provavelmente por causa de onde ele vem. É malandro, adora atenção e tem um bom senso de humor. Pode ser maldoso nos comentários, mas também aguenta quando fazem com ele. Alfredo fala alto na aula, mas não a ponto de atrapalhar; sabe onde estabelecer um limite. Se ao menos ele fosse mais determinado, poderia ir longe.

Larinda (aluna da 3ª série do ensino médio) é atlética e simpática. Flerta com os meninos e, às vezes, com os professores. Não passa dos limites do bom gosto e mostra respeito em sala de aula. Seu intelecto é mediano.

Essas são descrições ricas e detalhadas dos alunos. Cada uma inclui muitas características diferentes deles, depende muito de informações informais e transmite uma noção sobre muitas dimensões do seu comportamento e das suas origens. Perceba que as descrições dos professores incluem fatores tanto acadêmicos como não acadêmicos. Note também que eles costumam fazer uma previsão sobre como o aluno irá se sair no restante do ano letivo. Que os professores analisam os seus alunos não é nada extraordinário; pessoas em qualquer sistema social se avaliam. O que é importante, contudo, é a velocidade com que os professores podem formar impressões sobre praticamente todos os alunos da turma.

As avaliações iniciais produzem um conjunto de percepções e expectativas que influenciam a maneira como o professor planeja, instrui e interage com os seus alunos ao longo do ano letivo (Good; Brophy, 1997). Este é, afinal de contas, o propósito da avaliação inicial: ajudar o professor a conhecer seus alunos de modo que ele possa organizá-los em uma sociedade na sala de aula e saber como interagir com eles, motivá-los e ensiná-los.

Para ter uma ideia do uso e da importância da avaliação inicial, imagine que é metade de janeiro e você foi chamado para substituir a professora regular da 8ª série de uma escola. Você recebe planos detalhados para a matéria que vai ensinar em suas aulas. Assim que bate o sinal e os alunos se sentam, um menino no fundo da sala levanta a mão e pede para ir para o seu armário pegar um livro que ele esqueceu. Você deve deixá-lo ir? Você acredita que ele irá retornar depois de pegar o livro, ou ele vai ficar vagando pelos corredores por uma hora? Qual a política do professor quando se trata de um aluno que esqueceu o livro? Alguns minutos depois, duas meninas se levantam e começam a ir embora da sala. "Sempre vamos à biblioteca dar uma ajuda à Sra. Flanders a esta hora nas quartas-feiras. Iremos voltar em 20 minutos". Elas podem sair? Elas irão voltar? Logo depois, dois alunos começam a discutir pela última cópia do livro de referência. A discussão fica cada vez mais alta e começa a atrapalhar a turma. Como você reagiria? Que estratégia pacificaria esses alunos em particular? A professora da turma conhece as respostas para todas essas perguntas, já que ela é um dos membros fundadores da sociedade da sala de aula. A professora é a pessoa que desenvolveu familiaridade com as características dos alunos e estabeleceu as rotinas. Como substituto, você é um estranho, um estrangeiro nessa sociedade, e, portanto, não conhece seu funcionamento, suas personalidades, regras e rotinas. As avaliações iniciais dão ao professor os tipos de informações práticas e diretas de que ele necessita para estabelecer regras, rotinas e relações funcionais que ajudam a sala de aula a funcionar de forma produtiva.

> Essas avaliações iniciais dão aos professores o tipo de informação prática e direta de que eles precisam para fazer a sala de aula funcionar com eficiência.

A Tabela 2.4 revisa as principais características da avaliação inicial.

Tenha em mente que as avaliações iniciais são uma consequência de uma tendência natural de se observar e julgar as pessoas com base no que é visto e ouvido sobre elas em interações diárias. Essas avaliações facilitam "conhecer" ou "rotular" outros para que não seja mais necessário interagir com eles como se fossem estranhos; elas ajudam a colocar ordem nas situações sociais, incluindo as escolas. Elas oferecem uma grade de referência dentro da qual as interações sociais e instruções significativas podem ocorrer.

PREOCUPAÇÕES QUANTO À PRECISÃO E À VALIDADE

Como as avaliações iniciais criam as bases para muitos julgamentos importantes feitos ao longo do ano letivo, é importante tornar essas impressões iniciais tão válidas e confiáveis quanto possível. Um processo de avaliação que se baseia em evidências rápidas e frequentemente incompletas tem o potencial de produzir decisões incorretas, inválidas e inseguras acerca dos alunos. Apesar de a avaliação inicial ser sempre formada em parte por informações coletadas informalmente, a abrangência com que um professor pode coletar informações de maneira planejada e sistemática irá aumentar a precisão e a validade das avaliações iniciais.

Problema geral

As avaliações iniciais moldam as impressões que os professores formam de seus alunos, suas expectativas para eles, a estrutura das rotinas da sala de aula e as atividades de ensino. Dadas as importantes decisões tomadas com base nas avaliações iniciais, há quatro questões acerca dos efeitos dessas avaliações que os professores devem ter em mente. Primeiro, as impressões iniciais dos professores acerca dos seus alunos tendem a permanecer estáveis ao longo do tempo. Quando o professor forma uma impressão de um aluno, o mais provável é que essa impressão se mantenha, e os professores irão agir de modo a manter suas impressões acerca do aluno, mesmo diante de evidências contraditórias.

Segundo, os professores são bastante precisos nas previsões de início de ano que

---

TABELA 2.4 Características da avaliação inicial

1. **A avaliação inicial é feita no início do ano letivo.** A maioria dos professores pode descrever as características pessoais, sociais e acadêmicas de cada aluno e da turma como um todo após as primeiras duas semanas de aula.
2. **A avaliação inicial é focada no aluno.** Os alunos e suas características são o foco da avaliação.
3. **Usa-se a observação informal.** Grande parte das informações sobre o comportamento e o desempenho dos alunos é coletada por meio de observações informais espontâneas.
4. **As observações são sintetizadas em percepções.** Os professores montam suas observações de modos idiossincráticos para formar uma percepção generalizada dos alunos.
5. **As impressões raramente são registradas.** Ao contrário das notas, que são registradas em um livro de notas ou em cartões de desempenho, as percepções formadas a partir das avaliações iniciais não são escritas, e são seletivamente comunicadas.
6. **As observações são amplas e diversas.** Os professores prestam atenção em uma ampla gama de características cognitivas, afetivas e psicomotoras quando analisam seus alunos.
7. **As impressões iniciais tendem a se tornar permanentes.** Os professores têm muita confiança na precisão das avaliações que fazem nos primeiros dias de aula. As percepções iniciais são muito estáveis desde a primeira semana de aulas até o fim do ano letivo.

Fonte: Os autores.

eles fazem acerca do desempenho acadêmico de seus alunos com base em suas notas, embora mesmo os professores mais precisos não possam estar certos sobre todos os alunos. Entretanto, a precisão dos professores quando eles avaliam as personalidades, os interesses, as emoções, a motivação, os autoconceitos e o ajuste social dos alunos é mais baixa. No geral, as percepções dos professores acerca dessas características emocionais são menos precisas do que as suas percepções acadêmicas, ao menos no início do ano letivo.

> Como as primeiras avaliações iniciais têm importantes consequências para os alunos, os professores têm uma responsabilidade ética de torná-las tão válidas e confiáveis quanto possível.

Terceiro, as avaliações iniciais não só influenciam o modo como os professores percebem, tratam e tomam decisões acerca dos seus alunos, mas são frequentemente transmitidas a eles. Frequentemente, os professores, involuntária e inconscientemente, comunicam as percepções que formaram com base nas avaliações iniciais. Por exemplo, comentários espontâneos podem revelar a indivíduos e à turma muita coisa sobre as percepções do professor: "Ai, Roberto, você não se lembra nem do que acabamos de falar?", "Tudo bem, Sara, você pode dizer ao resto da turma a resposta que eles ainda não sabem?" "Vocês não acham que Ruby foi muito expressiva ao ler esse parágrafo?". As percepções também são comunicadas indiretamente, como quando um professor espera pacientemente que um aluno pense a respeito de um problema, mas só dá alguns segundos quando se trata de outro aluno; quando ele expressa palavras de encorajamento e segurança a um aluno, mas diz "só tente" para outro; ou encoraja um a "pensar", mas outro a "chutar". O tom de voz, a proximidade física, os gestos, o local onde os alunos são colocados e outros sinais revelam aos alunos como eles são percebidos na aula.

> Os professores frequentemente comunicam suas avaliações para os alunos de formas não intencionais, e os alunos podem ser fiéis a suas percepções.

Quarto, as percepções e as expectativas dos professores podem até criar uma **profecia autorrealizável**, em que as expectativas em relação a um aluno levam o professor a interagir com ele de uma maneira específica (GOOD; BROPHY, 1997). O aluno, por sua vez, observa o modo como o professor interage com ele e começa a se comportar do jeito ou no nível que o professor espera, quer a expectativa original seja ou não correta.

É desnecessário dizer que é responsabilidade do professor evitar essas situações, tornando suas avaliações iniciais tão justas e precisas quanto possível para todos os alunos. Dadas as percepções imprecisas que podem resultar das informações limitadas – e frequentemente informais – de que as avaliações iniciais dependem, os professores devem estar cientes de que suas percepções iniciais podem estar erradas. Os professores também precisam ficar cientes de que os seus comentários e as suas ações podem revelar suas impressões iniciais, e de que essas revelações podem afetar o comportamento, a atitude e a percepção dos seus alunos. Visto que as avaliações iniciais podem exercer grande influência sobre as expectativas que se tem, sobre as interações entre professor e alunos, e que afetam o desempenho e a autopercepção dos alunos, é importante examinar mais de perto os perigos inerentes a esse processo e as estratégias que os professores podem usar para aprimorar suas avaliações iniciais.

O problema em termos de validade e confiabilidade

Como apresentado no Capítulo 1, os dois principais critérios da boa avaliação são a validade e a confiabilidade. A validade se refere à coleta de evidências *adequadas* – ou seja, evidências que se relacionem às características dos alunos considerados: A evidência que coletei me dá informações sobre as características que eu desejo avaliar? Já a confiabilidade diz respeito à coleta de evidências *suficientes* para se estar relativamente certo sobre uma decisão com base na característica avaliada: Há evidências o suficiente para tomar uma decisão estável acerca do desempenho, do comportamento, das atitudes ou das crenças dos alunos? A validade e a confiabilidade andam de mãos dadas para garantir que as percepções formadas na avaliação sejam adequadas e justas, levando a boas decisões acerca dos alunos.

Ameaças à validade

Há dois problemas principais que ocorrem durante a avaliação inicial que diminuem a validade das informações que os professores coletam: pré-julgamento e erro lógico. O **pré-julgamento** ocorre quando o conhecimento anterior, a primeira impressão ou preconceitos e crenças pessoais do professor interferem na sua habilidade de fazer avaliações justas e válidas acerca de um aluno. Todos nós temos preconceitos e crenças pessoais; preferimos algumas coisas a outras, e algumas pessoas a outras. Temos crenças, interesses, ideias e expectativas que nos diferenciam dos outros. No entanto, quando esses gostos, crenças e preconceitos interferem na nossa habilidade de realizar avaliações justas dos alunos, então temos um problema.

> O pré-julgamento do observador pode se originar de conhecimento anterior, primeira impressão ou preconceitos pessoais, e frequentemente interfere em avaliações justas e válidas.

O pré-julgamento de alunos tem três fontes principais. A primeira é *informação anterior*, informação que o professor obtém antes de conhecer o aluno. Informações passadas por fofocas no colégio ou o desempenho de um irmão mais velho costumam influenciar e prejudicar as percepções do professor, mesmo antes de o aluno entrar na sua sala de aula: "Ah, então você é o irmão da Sarah! Espero que você se saia tão bem quanto ela, quando ela estava na minha turma".

A segunda é a *primeira impressão,* que tende a influenciar impressões subsequentes. Se as decisões do professor sobre as características de um aluno se baseiam em como ele veio vestido no primeiro dia de aula ou como ela se comportou na biblioteca no ano passado, o professor pode deixar sua impressão inicial ditar inconscientemente as observações e as interpretações subsequentes das características do aluno.

A terceira fonte de pré-julgamento dos professores são *teorias e crenças pessoais* sobre tipos específicos de alunos, que frequentemente geram percepções estereotipadas. Quando um professor pensa "Este estudante é do Centro, e as crianças do Centro têm problemas de aprendizado e de disciplina", ou "As meninas são ruins em matemática", ou "Todo mundo sabe que os membros daquele grupo não têm interesse na escola", ou "Ele é só mais um esportista burro", eles estão expressando suas teorias e estereótipos pessoais sobre o que eles pensam de certas pessoas e de como eles acham que elas se comportam. Ser rotulado com um desses estereótipos sem ter uma chance de mostrar suas verdadeiras características pode machucar os alunos e prejudicar o seu aprendizado.

> Os professores devem cuidar para não interpretar diferenças culturais como déficits culturais.

Isso é especialmente verdade quando se trata dos preconceitos e estereótipos dos professores com relação a raça, cultura, deficiência e língua. As diversas culturas, línguas, raças e deficiências presentes nas salas de aula americanas estão aumentando rapidamente. Ao realizar a avaliação inicial, professores que não estão familiarizados com as línguas e as culturas de seus alunos frequentemente interpretam como *déficits* culturais aquilo que, na verdade, se trata de *diferenças* culturais (DELPIT, 1995; LADSON-BILLINGS, 1994). De modo semelhante, os estereótipos e as crenças pessoais dos professores podem produzir avaliações iniciais relativamente inválidas de alunos que são diferentes do professor. Por exemplo, muitos americanos, incluindo muitos professores, acreditam que a maioria das *colored people** é pobre, vive em cidades grandes, vem de lares com um só pai e vive de assistência social. Como um professor que erroneamente acredita nessas ideias irá perceber esse aluno no primeiro dia de aula? Como as impressões que se baseiam nessas ideias equivocadas podem influenciar o modo como o professor interage com o aluno? Os perigos do pré-julgamento são reais e têm importantes consequências. Os professores devem buscar reconhecer suas crenças pessoais e estereótipos e julgar cada aluno com base em quem ele efetivamente é, e conforme o seu desempenho em sala de aula. Cada aluno tem o direito de ser julgado com base nos seus próprios méritos, e não com base em estereótipos e crenças pessoais.

Muitos professores reconhecem que os pré-julgamentos e os estereótipos podem invalidar as avaliações iniciais, como indicam as próximas declarações.

> Não gosto de ouvir nada do comportamento dos alunos de professores antigos. Cada professor é diferente, assim como cada aluno é diferente. Um aluno pode ter uma experiência negativa com um professor, mas uma experiência positiva com outro. Prefiro tomar as minhas próprias decisões sobre cada criança.

> Eu me lembro de uma vez que estereotipei três alunas minhas como "patricinhas" – não muito inteligentes e muito superficiais – no primeiro dia de aula.

Esse julgamento se deu com base na sua aparência física e em suas contribuições superficiais para a discussão. Só que, quando chegou a hora de fazer uma avaliação mais formal, essas três foram as melhores da turma.

Um **erro lógico** ocorre quando os professores escolhem os indicadores errados para avaliar as características desejadas dos alunos, assim invalidando os seus julgamentos. É tentador tentar fazer uma análise profunda em uma única observação, especialmente no início do ano, quando o professor quer caracterizar rapidamente cada aluno para organizar as turmas. Seria conveniente, por exemplo, fazer toda uma série de inferências sobre motivação, atenção, interesse na matéria, autoconceito e liderança a partir da velocidade com que um aluno levanta a mão. Talvez todas as interpretações se provem corretas, mas é perigoso não reconhecer a diferença entre o que é diretamente observado e as interpretações feitas a partir de uma observação. Quando a observação de uma característica (levantar a mão) é usada para fazer inferências sobre outras características não observadas (motivação, interesse), o potencial para erros lógicos e avaliações inválidas é muito grande.

Uma professora de 3ª série descreveu o primeiro dia de Mateus em aula assim:

> Deu para notar que Mateus ia ter problemas para fazer trabalhos em grupo. Ele não disse uma única palavra na atividade inteira quando eu pedi para ele trabalhar com outros três alunos. Ele só se sentou ali, deixando os outros membros do grupo tomarem todas as decisões e fazerem todo o trabalho.

Nesse caso, baixa capacidade de trabalhar em grupo é a única interpretação do comportamento de Mateus? Quais são as outras? Se Mateus tivesse sido colocado em um grupo com outros alunos, ele teria se comportado da mesma maneira? Se Mateus não tivesse tido uma briga com um dos seus colegas de grupo durante o recreio, ele não poderia ter se

---

* N. de T.: *Colored people*, nos Estados Unidos, refere-se aos afro-americanos, latino-americanos, porto-riquenhos e, genericamente, a todos aqueles que não são oficialmente classificados como "brancos".

comportado diferentemente durante a atividade em grupo?

> Os professores devem cuidar para não rotular os alunos com base em observações que não justifiquem esse rótulo.

Para explicar a questão de outra forma, os rótulos que os professores usam para descrever os seus alunos representam suas interpretações dos comportamentos observados. Os professores não observam diretamente características como motivação, inteligência, liderança, autoconfiança, agressividade, ansiedade, timidez, intolerância, entre outros. Na verdade, os professores observam o aluno se comportando de certa forma, interpretam o que o comportamento significa e dão um nome ao comportamento. Por exemplo, um professor pode ver um aluno dar um empurrão em outro. Com base nesse comportamento, o professor pode concluir que o aluno é fisicamente agressivo – um valentão. Na realidade, contudo, o aluno poderia estar separando a briga de outros dois alunos, em vez de estar começando uma. Apesar de empurrar um aluno para impedir uma briga não ser uma estratégia aceitável, concluir que o aluno é um valentão com base nessa ação resulta em um erro lógico.

Na maioria dos casos, é o nome dado ao comportamento que fica ligado ao aluno, e não o comportamento específico que deu origem ao nome. Os professores lembram que um aluno é valentão, autoconfiante, agressivo, desinteressado, motivado ou tímido, mas raramente se lembram das observações específicas que os levaram a rotular o aluno dessa forma. Como o rótulo dos professores "se gruda" aos alunos, é importante que as observações que levam a rótulos sejam indicadores válidos.

Ameaças à confiabilidade

Enquanto a validade se relaciona com a coleta de informações adequadas para determinar as características dos alunos, a confiabilidade se relaciona com a coleta de informações o bastante para garantir que elas representem o comportamento típico dos alunos. Por exemplo, a observação feita pelo professor sobre o desempenho de Mateus na atividade em grupo foi o suficiente para concluir que ele tem dificuldades para se envolver em trabalhos em grupo? Provavelmente não. Por quê? Quer seja formal ou informal, as avaliações dos professores se baseiam em amostras de comportamento dos seus alunos. Essas amostras são usadas para determinar os padrões mais gerais de comportamento dos alunos. Assim, uma questão importante na avaliação dos professores é do quão bem as amostras observadas fornecem informações consistentes a respeito do comportamento de interesse. Quando as informações não forem confiáveis, os professores formarão decisões diferentes dependendo das informações que forem usadas para formar essas decisões. Informações confiáveis permitem que os professores formem decisões consistentes e estáveis sobre as características dos alunos.

> Os professores devem cuidar para não formar uma percepção permanente do aluno com base em uma ou duas observações que não reflitam o seu comportamento típico.

A natureza das avaliações iniciais cria problemas especiais de confiabilidade. Como notado anteriormente, a espontaneidade de muitas interações entre professor e alunos limita o que os professores são capazes de ver e o que os alunos estão dispostos a mostrar. Além disso, o tempo que se tem à disposição para observar os alunos costuma ser breve, visto que a atenção deve ser distribuída entre muitos alunos e a atividade da sala de aula, especialmente no início do ano letivo. Em suma, as poucas amostras iniciais de comportamento que são observadas nessas circunstâncias podem não fornecer indicadores confiáveis do comportamento típico dos alunos.

Muitos professores reconhecem esse problema, como fica evidente pelas seguintes declarações:

> Primeiras impressões são muito importantes. Elas podem ajudar ou prejudicar uma criança. Tudo depende de quantas oportunidades o professor dá a um aluno para que ele prove quem é antes de fazer um julgamento.
>
> Os primeiros três dias são muito difíceis. Os alunos não irão apresentar o seu comportamento normal de sala de aula nesses primeiros três dias. Eles ficam um pouco intimidados e desconfortáveis; eles não conhecem você. Até mesmo as crianças que se comportam mal nos primeiros três dias estão sentindo quem você é, estão testando você, tentando descobrir até onde elas podem ir.
>
> A Carol termina com o namorado uma semana antes do início das aulas e fica deprimida e desmotivada. A professora de inglês dela sabe o motivo para esse comportamento? A avaliação que ela faz da Carol com um dia de aula é correto?

A implicação desses comentários é que os professores devem ter certeza de que observaram amostras suficientes de comportamento dos alunos antes de solidificarem suas percepções iniciais e usarem-nas para tomar decisões. Há momentos, como o início das aulas, em que o comportamento dos alunos pode não indicar o seu comportamento típico. O comportamento típico não pode ser determinado observando-se o aluno apenas uma vez, especialmente em momentos em que ele pode estar desconfortável em um ambiente novo. A Tabela Ferramentas-Chave de Avaliação 2.1 resume as ameaças à validade e à confiabilidade.

IDENTIFICANDO NECESSIDADES ESPECIAIS

Recentemente, tem-se dado maior ênfase à integração de alunos com necessidades es-

---

FERRAMENTAS-CHAVE DE AVALIAÇÃO 2.1
Ameaças à validade e à confiabilidade das avaliações iniciais

Ameaças à validade
1. Pré-julgamentos do observador que impedem o professor de realizar uma avaliação objetiva dos alunos:
   a. Informações anteriores de fofocas na escola, irmãos, ou experiências fora da sala de aula;
   b. Primeira impressão que influencia impressões subsequentes;
   c. Teorias pessoais ou atitudes que influenciam observações subsequentes (i.e., meninas não são boas em matemática, atletas não têm objetivos acadêmicos sérios).
2. Erros lógicos que levam os professores a julgarem os alunos com base nas características erradas (i.e., observam atenção e julgam aprendizado; observam roupas e julgam habilidade).

Ameaças à confiabilidade
1. Comportamento inadequado, amostras em que há muito poucas observações para aprender sobre o comportamento e as características dos alunos.
   a. Basear decisões sobre um aluno em uma única amostragem de informação;
   b. Observar comportamento em um local (i.e., o pátio) e presumir que o comportamento será o mesmo em outro local (i.e., a sala de aula).

Fonte: Os autores.

peciais em salas de aula regulares. Programas *pull out**, como são conhecidos, que dão aula para alunos com necessidades especiais em salas de aula separadas da maioria dos outros alunos, estão diminuindo. Ao contrário, dá-se cada vez mais ênfase à inclusão de alunos com necessidades especiais à mesma sala de aula de seus pares (Ferguson, 1995). O aumento da inclusão aumentou a responsabilidade e o desafio do professor em sala de aula, de quem frequentemente se cobra que ensine alunos com variadas necessidades especiais (Hoy; Gregg, 1994; Roach, 1995).

No início do ano letivo, os professores precisam se familiarizar com as necessidades especiais que podem ter sido previamente identificadas para cada um dos seus alunos. Além disso, é responsabilidade do professor dar assistência na identificação de necessidades adicionais de alunos individuais. Questões relacionadas à identificação e ao desenvolvimento de planos associados às necessidades especiais dos alunos foram codificadas na lei federal. Nesta seção, iremos examinar brevemente as leis que definem como os alunos com deficiências devem ser diagnosticados e os planos de educação individual (PEI) que são desenvolvidos para os alunos que foram identificados como portadores de necessidades especiais.

Desde a década de 1970, a importância de se ter professores em sala de aula trabalhando com especialistas para cuidar das necessidades especiais de cada aluno em individual aumentou rapidamente. A seguir, fornecemos uma breve introdução a algumas questões importantes e complexas relacionadas à identificação e ao cuidado das necessidades especiais dos alunos. Dada a existência de grande quantidade de recursos de qualidade que auxiliam os professores no planejamento de aulas que levem em conta as diversas necessidades dos seus alunos, os leitores ficam encorajados a consultar essas fontes adicionais para aprender mais sobre as diversas necessidades especiais que os alunos podem ter, estratégias para identificar essas necessidades e os métodos para tratar delas. Alguns desses recursos estão listados no Apêndice E.

Questões legais nos EUA*

A Figura 2.1 resume a legislação federal recente relacionada ao ensino de crianças com deficiências. A declaração do Education for All Handicapped Children Act, de 1975, exigia que fosse dada educação pública gratuita a *todas* as crianças de idade escolar, incluindo as que sofressem de deficiências, muitas das quais haviam sido excluídas da educação pública gratuita. Esse ato também prescrevia procedimentos e práticas de avaliação para alunos identificados como portadores de necessidades especiais. O Individuals with Disabilities Education Act** (IDEA), de 1990, estendeu os direitos dos alunos com deficiências ao requisitar educação gratuita e adequada para alunos da educação infantil com deficiências. Esse ato exigia que esses alunos fossem colocados nos ambientes menos restritivos, exigindo, ao máximo dentro das possibilidades, que estudantes com deficiências fossem educados em salas de aula com outros alunos que não as tivessem. A Seção 504 do Vocational Rehabilitation Act, de 1973, reforçou e expandiu a proteção a aqueles estudantes ao

---

* N. de T.: Os programas *pull out* são programas educacionais em que, ao se identificar um aluno com deficiências, em vez de integrá-lo à turma, retira-se ele do convívio com os seus colegas (daí o termo *pull out*) para colocá-lo em um programa educacional separado.

* N. de R.T.: O leitor brasileiro poderá consultar a legislação específica sobre a inclusão de alunos com necessidades especiais de aprendizagem disponível no *site* da Secretaria de Educação Especial (http://portal.mec.gov.br/).

** N. de R.T.: Individuals with Disabilities Education Act: lei federal dos Estados Unidos que apoia a educação especial para crianças com incapacidades ou atrasos no seu desenvolvimento.

ampliar a definição do que constitui deficiência. Esses atos aumentaram substancialmente as responsabilidades dos professores na identificação, instrução e avaliação de estudantes com deficiências (RACE, 1995; ROACH, 1995). A Figura 2.2 descreve as principais contribuições da IDEA. Discussões mais amplas de questões legais na educação desses estudantes podem ser encontradas em Ordover e Boundy (1991), Rothstein (2000) e Overton (2000).

A lei exige que os sistemas escolares e os professores identifiquem e avaliem todas as crianças que sofrem de deficiências ou que tenham risco de ter a sua aprendizagem debilitada devido a deficiências cognitivas, afetivas ou psicomotoras. O número de condições que se qualificam como deficiências é grande, variando desde deficiências físicas e deficiências auditivas ou visuais a transtornos emocionais, transtornos de aprendizagem e deficiências de fala. Apesar de o modo de identificar esses alunos variar bastante, o professor é uma fonte primária, especialmente na educação infantil, no ensino fundamental e no ensino médio. Esses professores passam grande parte de tempo todos os dias com um pequeno grupo de alunos, e, portanto, estão em uma posição privilegiada para observar e identificar os pontos fortes e fracos, as necessidades e as deficiências em potencial dos alunos. Uma das responsabilidades de avaliação do professor é identificar alunos suspeitos de ter uma necessidade especial ou uma deficiência de aprendizagem.

> Os sistemas escolares devem identificar e avaliar os alunos com deficiências de aprendizagem. O professor em sala de aula é um recurso primário nesse processo.

Quando um professor identifica um aluno que possa ter uma necessidade especial que afete o seu aprendizado, a lei exige que seja feita uma avaliação formal do aluno. A avaliação ajuda a determinar se o aluno tem de fato necessidades especiais, quais são as suas necessidades e como elas podem ser tratadas nas aulas. Indicações para que sejam feitas essas avaliações dos alunos podem vir de professores, pais, psicólogos, médicos e outros. A composição da equipe de avaliação que analisa um estudante indicado varia, mas costuma ser composta de alguns ou de todos os seguintes indivíduos: um ou mais professores de educação especial, o(s) professor(es) do estudante, especialistas em áreas das necessidades percebidas do estudante, pais, defensores dos direitos das crianças, orientadores psicológicos e um assistente social. A conferência de avaliação deve ser realizada de acordo com os seguintes procedimentos e orientações:

- Os pais devem receber um aviso por escrito, em linguagem não técnica e em sua língua nativa, dizendo que o sistema escolar está propondo conduzir uma avaliação. É necessário aviso prévio para uma avaliação de "pré-colocação" para determinar se uma criança necessita de educação especial, assim como avaliações subsequentes.
- Deve ser obtido consentimento dos pais antes dos estudantes serem avaliados.
- As avaliações não devem ser racial ou culturalmente discriminatórias.
- As avaliações devem ser conduzidas na língua nativa do estudante.
- Um único teste ou procedimento não pode servir de base para decidir que um estudante tem uma deficiência e necessita de ajuda para se adaptar às aulas. Em vez disso, múltiplas fontes de evidência devem ser coletadas para confirmar a hipótese.
- As avaliações devem ser conduzidas por uma equipe multidisciplinar, incluindo ao menos um professor que tenha conhecimento da área de deficiência do aluno, e devem tratar de todas as áreas relacionadas à deficiência do estudante, incluindo visão, audição, estado emocional, e assim por diante.
- As avaliações devem ter validade comprovada aplicável à decisão a ser tomada.
- Provas formais e avaliações do estudante devem ser administradas por indivíduos treinados.

1973 Vocational Rehabilitation Act (VRA) (Public Law 93-112, Section 504)
- Define "pessoa deficiente".
- Define "educação adequada".
- Proíbe discriminação contra estudantes com deficiências em programas custeados pelo Estado.

1974 Educational Amendments Act (Public Law 93-380)
- Concede verbas públicas para Estados por programas para alunos excepcionais.
- Oferece a primeira verba federal para programas estatais para alunos dotados e talentosos.
- Concede a alunos e famílias o direito de devido processo legal em programas de educação especial.

1975 Education for All Handicapped Children Act (EAHCA) (Public Law 94-142, Part B)
- Requer que o Estado ofereça educação pública gratuita e adequada a crianças com deficiências (dos 5 aos 18 anos).
- Requer planos de educação individualizada (PEIs).
- Definiu pela primeira vez "ambiente menos restritivo".

1986 Education of the Handicapped Act Amendments (Public Law 99-457)
- Requer que os Estados estendam a educação gratuita e adequada a crianças com deficiências (dos 3 aos 5 anos).
- Estabelece programas de intervenção precoce para crianças e bebês com deficiência (do nascimento aos 2 anos).

1990 Americans with Disabilities Act (ADA) (Public Law 101-336)
- Proíbe discriminação contra pessoas com deficiências no setor privado.
- Garante oportunidades iguais para emprego e serviços públicos, acomodações, transportes e telecomunicações.
- Define "deficiência" para incluir pessoas com Aids.

1990 Individuals with Disabilities Education Act (IDEA) (Public Law 101-476)
- Renomeia e substitui P. L. EAHCA.
- Estabelece *people first language** para se referir a pessoas com deficiência.
- Estende serviços de educação especial para incluir trabalho social e serviços de reabilitação.
- Estende provisões para devido processo legal e confidencialidade para estudantes e pais.
- Adiciona duas novas categorias à deficiência: autismo e lesão cerebral traumática.
- Requer que os Estados ofereçam programas de educação bilíngue para alunos com deficiência.
- Requer que os Estados ensinem alunos com deficiências a fazer a transição para o emprego, e forneçam serviços de transição.

1997 Individuals with Disabilities Education Act (IDEA) (Public Law 105-17)
- Requer que todos os alunos com deficiências continuem a receber serviços, mesmo que tenham sido expulsos da escola.
- Permite que os Estados estendam o uso da categoria de atraso desenvolvimental para estudantes de até 9 anos.
- Requer que as escolas assumam maior responsabilidade para garantir que alunos com deficiências tenham acesso ao currículo de educação geral.
- Permite que profissionais de educação especial que trabalham com o público geral deem assistência a alunos de educação geral quando necessário.
- Requer que um professor de educação geral seja membro de uma equipe de PEI.
- Requer que alunos com deficiências façam parte de avaliações estaduais e distritais.

FIGURA 2.1 História das leis federais norte-americanas para a educação de alunos excepcionais.
Fonte: Vaughn, Bos e Schumm (2003).

---

* N. de T.: A *people first language* foi criada com o intuito de humanizar a discussão de pessoas que sofrem de deficiências, formando assim uma espécie de etiqueta para se referir às deficiências. Em inglês, é comum o uso da estrutura adj. + subst. (p. ex., *autistic children*; crianças autistas); contudo, a *people first language* impõe estruturas frasais que coloquem a pessoa antes da condição da qual ela sofre (p. ex., *children with autism*; crianças com autismo), para enfatizar que elas são pessoas primeiro (daí o nome *people first*).

- Um relatório escrito deve ser apresentado após a avaliação estar completa.

Apesar de esses procedimentos não terem muita relação com o professor da turma, frequentemente é o professor quem identifica a deficiência do estudante. Áreas comuns de deficiência, como expressão oral, compreensão auditiva, expressão escrita, fluência de leitura, compreensão de leitura e déficit de atenção são mais bem identificadas pelo professor em sala de aula.

Apesar de ser responsabilidade do professor estar atento a necessidades especiais em potencial ao longo do ano letivo, as avaliações iniciais oferecem uma importante oportunidade no início das aulas para o professor identificar necessidades especiais que possam ter sido ignoradas em anos anteriores ou que tenham se desenvolvido recentemente. Se uma necessidade em potencial for detectada e uma avaliação formal for conduzida, o professor poderá fornecer informações importantes acerca do desempenho e do comportamento

---

Educação pública gratuita e adequada
Todas as crianças têm o direito a uma educação pública gratuita e adequada, independentemente da natureza ou gravidade de sua deficiência.

Avaliação não discriminatória
Requer planejamento para garantir que provas, materiais de avaliação e procedimentos de avaliação para crianças com deficiências sejam selecionados e administrados de modo que eles não sejam cultural ou racialmente discriminatórios.

Desenvolvimento de um plano de educação individual (PEI)
Requer o desenvolvimento de um PEI para cada criança com deficiência que inclua uma descrição do seu nível atual de desempenho escolar, objetivos anuais e de curto prazo, serviços educacionais específicos a serem oferecidos, datas de iniciação e duração dos serviços e critérios para avaliar o grau em que os objetivos são alcançados.

Devido processo legal
Requer uma oportunidade de apresentar reclamações com respeito a qualquer matéria relacionada à identificação, avaliação ou local onde a criança estuda. Procedimentos específicos do devido processo legal incluem: (a) notificação escrita aos pais antes da avaliação, (b) notificação escrita que se inicia ou se recusa a iniciar uma troca de lugar da criança, (c) uma oportunidade de obter uma análise independente da criança, e (d) uma oportunidade de uma audiência imparcial do devido processo legal.

Privacidade e registros
Requer que os registros educacionais e psicológicos relacionados a uma criança permaneçam confidenciais, salvo para aqueles indivíduos que estejam diretamente envolvidos com a educação da criança e que tenham motivos específicos para rever esses registros. Além disso, a lei oferece a oportunidade, para os pais ou o guardião da criança com deficiência, de examinar todos os registros relevantes com respeito à identificação, avaliação e local de ensino da criança.

Ambiente menos restritivo
Requer, até o máximo possível, que as crianças com deficiências sejam educadas com crianças que não têm deficiências, em um ambiente o mais normal possível.

Serviços relacionados
Requer que serviços de apoio (i.e., psicológico, audiologia, terapia ocupacional, musicoterapia) estejam à disposição para auxiliar as crianças com deficiência a se beneficiar de educação especial.

FIGURA 2.2 Principais contribuições do Individuals with Disabilities Education Act.
Fonte: Adaptado de Individuals with Disabilities Education Act, P. L. 101-476.

de um aluno em sala de aula na conferência de avaliação.

Se um aluno é identificado como portador de deficiência, os resultados da conferência de avaliação serão usados para desenvolver objetivos educacionais, abordagens de instrução e métodos de avaliação adequados ao aluno. Aqui, de novo, as recomendações do professor são importantes para decidir como e o que o aluno irá estudar e ser avaliado. Como a ênfase da avaliação e da instrução está no aluno, e não na deficiência identificada, cada estudante avaliado é tratado como um indivíduo, e o foco primário é o arranjo educacional mais adequado para ele. Dois alunos com a mesma deficiência podem ter objetivos, aulas e estratégias de avaliação diferentes.

O plano educacional específico desenvolvido para um aluno, chamado de **plano educacional individual** (**PEI**), deve incluir informações sobre o nível atual de desempenho educacional, objetivos anuais e de curto prazo, serviços educacionais prescritos, grau de inclusão em programas educacionais regulares e critérios de avaliação para determinar o sucesso dos objetivos do estudante. Um exemplo de PEI completo é apresentado no Apêndice C. Essencialmente, o PEI define as necessidades especiais de um estudante e as formas que o professor deve modificar os objetivos, as estratégias de instrução e os métodos de avaliação para mais bem se adequar às necessidades do aluno e ao seu estilo de aprendizagem. A Tabela Ferramentas-Chave de Avaliação 2.2 lista as partes necessárias de um PEI. Um exame dessas partes mostra como o PEI de um aluno influencia o planejamento, a instrução e a avaliação desse aluno. Quando o PEI tiver sido desenvolvido e acordado, ele não pode ser unilateralmente modificado pelo pessoal da escola ou pelo professor em sala de aula.

Decisões acerca das deficiências e adaptações dos alunos se focam em colocá-los em um ambiente menos restritivo, que permite que eles aprendam no ambiente mais normal que as suas deficiências permitem. O propósito predominante da indicação, do desenvolvi-

---

FERRAMENTAS-CHAVE DE AVALIAÇÃO 2.2
Conteúdos necessários de um plano de educação individual

1. Uma definição acerca dos níveis atuais de desempenho acadêmico da criança, incluindo realizações acadêmicas, adaptação social, habilidades vocacionais e pré-vocacionais, habilidades psicomotoras e habilidades de autoajuda.
2. Uma definição de objetivos anuais que descreva o desempenho acadêmico a ser alcançado ao fim do ano letivo de acordo com o programa de educação individualizado da criança.
3. Uma definição de objetivos de curto prazo da instrução, que devem ser passos intermediários mensuráveis entre o nível atual de desempenho educacional e os objetivos anuais.
4. Uma definição de serviços educacionais específicos necessitados pela criança (determinados desconsiderando a disponibilidade dos serviços), incluindo uma descrição de
   a. todos os serviços de educação especial e serviços relacionados que são necessários para dar conta das necessidades únicas da criança, incluindo o tipo de programa de educação física de que a criança participará, e
   b. qualquer mídia de instrução especial e materiais necessários.
5. A data quando esses serviços irão ter início e o período de tempo durante o qual eles serão prestados.
6. Uma descrição do período de tempo em que a criança irá participar de programas educacionais regulares.
7. Uma justificativa para o tipo de local onde a criança irá estudar.
8. Uma lista dos indivíduos responsáveis pela implementação do plano de educação individual.
9. Critérios objetivos, procedimentos de avaliação e datas para determinar, no mínimo anualmente, se os objetivos instrucionais de curto prazo estão sendo atingidos.

Fonte: North Central Regional Educational Laboratory (1994).

mento do PEI e da colocação em um ambiente menos restritivo é garantir que o estudante receba uma educação adequada a suas necessidades.

APRIMORANDO AS AVALIAÇÕES INICIAIS

A seguir, estão algumas estratégias que podem ser usadas para aprimorar as avaliações iniciais. Já que os professores nunca serão completamente precisos com as suas avaliações iniciais, é de sua responsabilidade fazer todo o possível para minimizar erros e revisar julgamentos quando elas se mostrarem equivocadas.

A efetividade das suas avaliações iniciais irá sempre depender, em parte, de ter uma sala de aula e um ambiente escolar organizados e positivos, onde você pode observar seus alunos para coletar dados sobre eles. Com isso em mente, as Tabelas 2.5 e 2.6 podem ser úteis.

1. ***Tenha consciência das avaliações iniciais e dos seus efeitos sobre os alunos.*** A avaliação inicial é uma parte tão natural do início do ano letivo que muitos professores sequer estão conscientes de estarem fazendo isso. Eles não reconhecem os perigos de formar impressões incorretas dos alunos. Como primeiro passo, então, é importante que os professores tenham ciência desse tipo de avaliação e que sejam sensíveis para com as consequências de tomar decisões incorretas com base em observações incompletas ou inválidas.
2. ***Trate as impressões iniciais como hipóteses que precisam ser confirmadas ou retificadas por observações e informações subsequentes.*** A primeira impressão deve ser considerada uma hipótese que precisa ser confirmada ou refutada por observações e informações subsequentes. Os professores devem evitar julgar ou rotular os alunos com base em rumores, em uma observação breve, ou na raça, cultura, gênero ou língua deles. Eles também devem coletar suas próprias evidências acerca dos alunos, desenvolver hipóteses de tentativa e confirmar hipóteses iniciais com observações e informações subsequentes. Eles também devem estar preparados para modificar primeiras impressões incorretas. Uma forma de tornar suas observações mais completas e de diminuir a probabilidade de serem inconscientemente seletivos é escolher uma ou duas características dos alunos por dia e estruturar as atividades de sala de aula de modo que você possa coletar informações sobre essas características de todos os alunos na aula.

> Os professores devem tratar as impressões iniciais como hipóteses a serem confirmadas ou corrigidas por informações posteriores.

3. ***Use indicadores diretos para coletar informações sobre as características dos alunos.*** Para aprender mais sobre os seus alunos, os professores devem interpretar as observações que coletam. Tomar decisões sobre algumas características com base em observações requer menos interpretações do que outras. Quanto mais próximo o comportamento observado estiver das características dos alunos que o professor deseja descrever, mais válidas serão as informações resultantes e mais confiante o professor poderá estar quanto às verdadeiras características dos alunos. Por exemplo, ouvir atentamente um aluno ler em voz alta oferece mais evidências diretas e válidas sobre as habilidades de leitura oral dele do que as notas de leitura que os alunos receberam de um professor antigo ou do que o seu suposto interesse pela leitura.

Em avaliações iniciais, encontros entre professor e alunos costumam ser breves, e é tentador, para o professor, focar-se em características superficiais indiretas, como roupas, expressão facial, presteza, humor ou aparência geral. Então, os professores enxergam nessas observações superficiais traços complexos e fatores da personalidade como motivação, autoconceito, honestidade, autocontrole e interesse. É provável que essas generalizações indiretas tenham baixa validade. Haverá decisões mais válidas quando a coleta de evidências se focar em observações diretas de comportamentos e habilidades.

TABELA 2.5 Os "doze mandamentos" da disciplina para professores

1. *Seja consistente.* Quando você repreender uma ação em um dia e ignorá-la no seguinte, as crianças não irão saber o que esperar. Como resultado, elas irão fazer de novo para ver se "podem se safar". Elas também são rápidas para ver e se ressentir das injustiças básicas da inconsistência.
2. *Não faça ameaças vazias.* Se você decidir que uma punição é necessária, execute-a, ou as suas palavras não significarão nada.
3. *Procure os motivos por trás do mau comportamento.* Frequentemente, ele se origina da falta de interesse dos seus alunos pelo currículo ou pela abordagem de ensino.
4. *Certifique-se de que eles conhecem as regras.* Se você espera que os seus alunos se comportem de certa maneira, diga isso a eles, explique o porquê. Uma discussão em aula dessas regras pode ser muito esclarecedora, tanto para você quanto para a sua turma. Você pode descobrir que algumas das suas regras não têm propósito algum.
5. *Verifique seus próprios sentimentos para com alunos específicos.* Você tem "favoritos"? É difícil gostar de alunos carrancudos ou rebeldes, e fácil gostar dos conformistas silenciosos. Mas a sua aversão aos rebeldes incita mais rebelião.
6. *Cuide a língua.* "A língua do professor, mais afiada do que uma faca de dois gumes, às vezes apunhala as crianças, deixando feridas que nunca cicatrizam", disse R. L. Frye, supervisor de educação secundária do Departamento de Educação do Estado da Louisiana. Uma língua solta pode acabar uma discussão – mas a que preço?
7. *Não torne o estudo uma punição.* O professor que deixa os alunos depois da aula para estudar aritmética ou soletrar, como punição por mau comportamento, está dizendo: "Estudar é uma coisa desagradável. Não há alegria ou satisfação nisso. É tão doloroso que eu uso como punição". Isso dificilmente cria sede de aprendizado nos jovens.
8. *Faça-os saber que você gosta deles.* Procure coisas para elogiar, especialmente em alunos com problemas de disciplina. Aceite-os como pessoas valiosas apesar do seu mau comportamento. Desaprove o ato, mas não o indivíduo.
9. *Não tente fazer o impossível.* Alguns alunos têm problemas emocionais que apenas uma pessoa mais bem treinada pode resolver. Quando um jovem é seguidamente um encrenqueiro e todos os seus esforços para ajudá-lo falham, chegou a hora de indicá-lo para a equipe ACT* ou para o vice-diretor. Existem limites para o que o professor pode fazer no estudo, diagnóstico e tratamento de crianças.
10. *Controle o seu temperamento.* Perder o controle simplesmente mostra que os alunos atingiram você. Quando você "perde a cabeça", você perde a habilidade de resolver problemas disciplinares de modo sensato, racional e reflexivo.
11. *Não tenha medo de se desculpar se você tratou algum aluno injustamente.* Você irá ganhar, não perder, o respeito da turma por admitir o seu erro.
12. *Reconheça que o que você vê como comportamento delinquente pode ser um comportamento normal na cultura original da criança.* Pode custar tempo, paciência e tato para acabar com esse padrão.

Fonte: Os autores.

---

* N. de T.: O acrônimo ACT vem do inglês e quer dizer *Assertive Community Treatment* (Tratamento Comunitário Assertivo, em tradução livre), e consiste em uma abordagem intensiva e altamente integrada de serviço de tratamento mental. Os programas ACT ajudam pessoas cujos sintomas de deficiência mental causam grandes dificuldades de funcionamento em áreas importantes da vida, como trabalho, relações sociais, independência residencial, administração financeira, saúde, bem-estar e condições semelhantes.

TABELA 2.6 Sugestões para o início das aulas para professores novos

1. Crie planos de aula para os primeiros dias. Planeje pelo menos duas vezes mais do que você acha que vai precisar.
2. Encontre alguém que conheça "o caminho das pedras", provavelmente um professor experiente, que pode servir de mentor.
3. Tenha bom-senso quanto às suas conversas na sala dos professores.
4. Aprenda a usar a fotocopiadora da escola, o escâner, os computadores, e assim por diante.
5. Nunca, jamais, deixe a sua turma sozinha. Encontre alguém para substituí-lo.

Fonte: Os autores.

> Ao realizar as avaliações, os professores devem tentar usar informações que requerem um mínimo de interpretação.

4. ***Suplemente as observações informais com atividades formais mais estruturadas.*** Não existe nenhuma regra que exija que apenas as observações informais sejam usadas para avaliar os estudantes. Bons professores reconhecem essa limitação e suplementam suas observações informais iniciais com atividades mais estruturadas. Por exemplo, eles:

- Administram revisões do livro didático ou pré-provas para avaliar o nível de interpretação dos alunos.
- Pedem que os alunos escrevam um diário durante a primeira semana de aula ou escrevam um ensaio sobre "O que eu fiz no verão passado", para avaliar as experiências, a escrita e os processos de pensamento dos alunos.
- Realizam discussões ou projetos em grupo para avaliar como os alunos interagem e trabalham em conjunto.
- Fazem os alunos trabalharem em grupos, formando-os de forma calculada para observar quais alunos parecem trabalhar bem juntos, quais alunos tendem a ser líderes e quais parecem se distanciar durante o trabalho em grupo.
- Deixam os alunos ler em voz alta para determinar sua facilidade de leitura.
- Jogam jogos em sala de aula baseados em soletrar, matemática, conhecimento geográfico ou eventos atuais para avaliar conhecimento geral, interesse e competitividade.
- Usam jogos relacionados à audição para avaliar a habilidade dos alunos em seguir orientações e processar informações auditivas.
- Dão provas de revisão e pré-provas para os alunos.

> Como as observações informais envolvem comportamento espontâneo que pode não se repetir, os professores devem suplementar suas observações informais com atividades mais estruturadas.

Alguns sistemas escolares coletam amostras de trabalhos dos alunos e montam o que se costuma chamar de **portfólios**. Esses portfólios frequentemente acompanham os alunos em seu progresso de série em série e oferecem aos novos professores exemplos concretos de trabalhos dos estudantes. Ter amostras de seus trabalhos de anos anteriores é muito diferente e mais informativo do que as informações advindas de fofocas que os professores acabam acumulando no colégio. (Portfólios e outros métodos de avaliar o desempenho dos alunos são descritos em mais detalhes mais adiante, começando no Capítulo 6.) As avaliações formais oferecem informações sobre os interesses, estilos e desempenho acadêmico dos estudantes que nem sempre se podem obter de observações informais. As avaliações formais frequentemente também requerem que todos os alunos executem o mesmo comportamento, e, assim, permitem que os professores desenvolvam um conhecimento mais preciso de como esses comportamentos variam entre seus alunos.

> As avaliações formais que exigem que os alunos tenham o mesmo comportamento permitem uma comparação entre alunos.

5. *Observe por tempo o bastante para ter certeza do comportamento típico dos alunos.* Informações confiáveis são aquelas que representam o comportamento *típico* de um aluno. Para obter dados confiáveis, o professor deve buscar *padrões* de comportamento, e não comportamentos singulares demonstrados uma única vez. Quanto maior for a consequência que uma avaliação pode ter sobre os alunos, mais o professor deve buscar coletar informações confiáveis. Uma boa regra a seguir é observar o comportamento *pelo menos* duas vezes, para então se certificar de que o comportamento observado não é atípico. Quanto mais vezes um comportamento é observado, mais confiança o professor pode ter em sua avaliação das características do aluno.

> Avaliações confiáveis requerem múltiplas observações para identificar o comportamento típico dos alunos.

6. *Determine se tipos diferentes de informação confirmam uns aos outros.* Os professores podem ter mais confiança nas percepções dos seus alunos se eles se basearem em dois ou mais tipos de evidências complementares. Por exemplo, as notas das provas se refletem no desempenho em sala de aula? As observações quanto às necessidades de um aluno são consistentes com as necessidades identificadas pelo professor anterior e pelos pais do aluno? Os padrões de comportamento em sala de aula persistem na lanchonete ou no pátio?

> Sempre que possível, os professores devem basear suas decisões em tipos diferentes de informações que se sustentem mutuamente.

Essas perguntas sugerem o uso de múltiplas fontes de informações para corroborar as percepções que o professor tem de um aluno. O grau em que diferentes fontes de informações levam um professor à mesma decisão normalmente aumenta a validade dessa decisão. Contudo, note que é melhor se o professor atual formar sua própria hipótese inicial acerca do comportamento de um aluno *antes* de obter informações corroborativas de outras fontes. Fazendo isso, o professor evita que as suas percepções iniciais sejam prejudicadas pelas percepções de outros.

RESUMO DO CAPÍTULO

- Nos primeiros dias de aula, os professores devem aprender sobre os seus alunos e organizá-los em uma sociedade dentro da sala de aula caracterizada pela comunicação, pelo respeito e pelo aprendizado. Tomar decisões que ajudem a criar um ambiente propício ao aprendizado é um objetivo da avaliação inicial.
- Informações para descrever um aluno vêm de várias fontes, incluindo discussões em sala de aula e observações, comentários dos alunos, pré-provas, linguagem corporal, modo de vestir, registros escolares, fofocas e comentários de outros professores, entre outros.
- Avaliações informais são uma parte natural das interações sociais. Nas salas de aula, elas ajudam os professores a formar e, frequentemente, a comunicar suas expectativas para os alunos. Além disso, as primeiras impressões que os professores têm

dos alunos tendem a permanecer estáveis, apesar de nem sempre estarem certas. Consequentemente, os professores devem pensar com muito cuidado quando consideram essas informações e tomam decisões sobre os alunos no início do ano letivo.
- São dois os principais problemas que afetam a validade das avaliações: pré-julgamento e erro lógico. Os pré-julgamentos ocorrem quando o conhecimento prévio do professor, suas primeiras impressões ou suas crenças pessoais interferem na sua habilidade de realizar avaliações justas e objetivas de um aluno. Isso é especialmente preocupante quando o professor sabe pouco das características raciais, culturais, linguísticas, ou das deficiências de seus alunos. Professores que não estão familiarizados com as diversas culturas e línguas de seus alunos frequentemente interpretam o que não passa de diferenças culturais como déficits culturais quando julgam alunos diferentes deles mesmos. Os erros lógicos ocorrem quando os professores usam o tipo errado de informação para julgar as características dos alunos, como, por exemplo, quando eles julgam o interesse do aluno pelo lugar onde ele se senta em aula.
- A confiabilidade representa um problema especial nas avaliações iniciais, visto que o processo se passa tão rapidamente e se baseia em apenas algumas breves observações; logo, é difícil coletar informações o bastante para servir de base para decisões consistentes sobre o desempenho ou o comportamento de um aluno. Contudo, a confiabilidade é importante nas avaliações iniciais, e os professores não devem tomar decisões sobre seus alunos com base em apenas algumas observações.
- As seis sugestões para aprimorar as avaliações iniciais são
  1. esteja ciente das avaliações iniciais e dos seus efeitos potenciais sobre os alunos;
  2. trate as impressões iniciais como hipóteses que precisam ser confirmadas ou alteradas com base em observações e informações subsequentes;
  3. use **indicadores diretos** para coletar informações informais sobre as características dos alunos;
  4. suplemente suas observações informais com atividades formais mais estruturadas;
  5. observe por tempo o bastante para ter certeza do comportamento típico dos alunos; e
  6. determine se tipos diferentes de informações confirmam uns aos outros.

QUESTÕES PARA DISCUSSÃO

1. Como o fato de que uma sala de aula é um ambiente social influencia o planejamento, o ensino, a atribuição de notas, o gerenciamento e a interação com os alunos?
2. Quais são as vantagens e as desvantagens de examinar o registro (cumulativo) escolar de um aluno antes do início das aulas? Em que circunstâncias você examinaria a pasta de registros de um aluno?
3. O quanto os professores devem realmente saber sobre o lar e a família dos alunos? Quantas informações sobre seu lar e suas origens são absolutamente essenciais para os professores? Por quê? Que informações o professor não tem direito de saber sobre o lar ou a origem de seus alunos?
4. Por que os professores dependem tanto de observações informais quando analisam seus alunos? Os professores podem usar essas observações para rotulá-los?

ATIVIDADES

1. A Tabela 2.2 mostra os recursos disponíveis em duas salas de aula distintas. Em pequenos grupos, compare as duas salas. Como os recursos em cada sala de aula influenciam o planejamento e a instrução dos alunos? Dê exemplos específicos.
2. Entreviste um professor. Encontre as respostas para perguntas como estas: Que informações o professor tem sobre os

seus alunos antes do primeiro dia de aula? Quais as fontes dessas informações? Quanto o professor depende de comentários de outros professores quando conhece uma turma nova? Se o professor só pudesse saber duas características de cada aluno ao final do primeiro dia de aula, quais seriam? Por quê? Que informações são mais úteis para administrar os alunos na sala de aula? Adicione três perguntas de sua própria lista. Por que você selecionou essas perguntas?

QUESTÕES PARA REVISÃO

1. Que fatores tornam uma sala de aula um ambiente social ou uma sociedade? Como esses fatores influenciam as responsabilidades de avaliação do professor?
2. O que é a avaliação inicial? Como ela é feita? Como ela difere de outros tipos de avaliação em sala de aula? Quais são os três perigos que podem reduzir a validade e a confiabilidade da avaliação inicial? Quais são as três estratégias que o professor pode usar para aprimorar suas avaliações iniciais?
3. Quais são os três principais problemas de validade e confiabilidade nas avaliações iniciais e nas avaliações para planejar e dar aulas?
4. Por que as avaliações iniciais são importantes? O que elas ajudam os professores a atingir?
5. Quais são algumas das diferenças entre a observação formal e informal?
6. Quais podem ser os primeiros sinais de deficiência de leitura?

REFERÊNCIAS

DELPIT, L. *Other people's children*: cultural conflict in the classroom. New York: The New Press, 1995.

FERGUSON, D. L. The real challenge of inclusion: confessions of a "Rabid Inclusionist". *Phi Delta Kappan*, v. 77, n. 4, p. 281-287, 1995.

GARCIA, E. *Understanding and meeting the challenge of student cultural diversity*. Boston: Houghton Mifflin, 1994.

GOOD, T. L.; BROPHY, J. E. *Looking in classrooms*. New York: Longman, 1997.

HOY, C.; GREGG, N. *Assessment*: the special educator's role. Pacific Grove: Brooks, 1994.

LADSON-BILLINGS, G. *The dreamkeepers*: successful teachers of African American children. San Francisco: Jossey-Bass, 1994.

MCCASLIN, M.; GOOD, T. *Listening to students*. New York: Harper-Collins, 1996.

NORTH CENTRAL REGIONAL EDUCATIONAL LABORATORY. Individualized education plan. [S.l.]: NCREL, [1994]. Disponível em: <http://www.ncrel.org/sdrs/areas/issues/students/earlycld/ea4lk43.htm>. Acesso em: 23 ago. 2013.

ORDOVER, E. L.; BOUNDY, K. B. *Educational rights of children with disabilities*: a primer for advocates. Cambridge: Center for Law and Education, 1991.

OVERTON, T. *Assessment in special education*: an applied approach. 3rd ed. New York: Merrill, 2000.

RACE, testing and I. Q. *Phi Delta Kappan*, v. 77, n. 4, p. 265-328, 1995.

ROACH, V. Supporting inclusion. *Phi Delta Kappan*, v. 77, n. 4, p. 295-299, 1995.

ROTHSTEIN, L. F. *Special education law*. 3rd ed. New York: Longman, 2000.

VAUGHN, S.; BOS, C.; SCHUMM, J. *Teaching exceptional, diverse, and at-risk students in the general education classroom*. 3rd ed. Boston: Allyn & Bacon, 2003.

capítulo 3
PLANEJAMENTO DAS AULAS E OBJETIVOS DA AVALIAÇÃO

Tópicos-chave

- O processo instrucional
- Planejamento instrucional
- Três níveis dos objetivos de ensino
- Três domínios dos objetivos
- Definição e construção de objetivos
- Planos de aula
- Objetivos e avaliações do livro didático
- Padrões de conteúdo do Estado
- Planejamento, necessidades especiais e adaptações
- Aprimorando a conexão entre planejamento e avaliação

OBJETIVOS DO CAPÍTULO

Após ler este capítulo, você poderá:

- Definir *currículo, instrução, desempenho, habilidade, objetivo educacional* e outros termos básicos.
- Descrever as principais considerações no planejamento de aulas.
- Escrever um plano de aula que comunique propósito, processo e estratégia de avaliação.
- Definir objetivos educacionais, diferenciar objetivos bem formulados de objetivos mal formulados e distinguir objetivos educacionais de nível mais alto de objetivos educacionais de nível mais baixo.
- Citar erros comuns no planejamento de aulas.
- Comparar características da avaliação usada para planejar e dar aulas.
- Sugerir formas de aumentar a validade e a confiabilidade da avaliação durante as aulas.
- Discutir adaptações para alunos com deficiências.

PENSAR SOBRE ENSINAR

Qual é o papel do planejamento no ensino?
Que tipo de planejamento os professores fazem?

O propósito da escola é educar os alunos, mas o que significa educar? **Educar** significa ajudar os alunos a mudar de formas significativas e desejáveis. Quando os professores ajudam os alunos a ler, a identificar partes do discurso em uma frase, a usar o método científico ou a escrever um parágrafo coeso, eles os ajudam a se tornarem educados. Enxergar a educação como um processo de ajudar os alunos a mudar gera uma questão fundamental que todos os professores devem se perguntar: O que eu quero que os meus alunos saibam ou sejam capazes de fazer depois das minhas aulas que eles não sabiam ou faziam antes delas? A educação é o processo de promover essas mudanças importantes e desejadas nos alunos.

> A educação é o processo de ajudar a mudar o conhecimento e o comportamento dos alunos de maneiras desejadas.

É importante apontar, contudo, que existe um debate sobre o quanto a educação deve ser concebida puramente como um processo de modificação pré-planejada do comportamento dos alunos. Alguns educadores acreditam que, a menos que os alunos estejam engajados na criação dos seus próprios programas educacionais, os educadores terão de se preocupar com resultados limitados. Esses educadores sugerem que é importante que os professores aproveitem e acrescentem às experiências anteriores dos seus alunos e busquem resultados múltiplos – não necessariamente predefinidos – para as aulas. Independentemente do quanto o interesse e os desejos educacionais dos alunos ajudem a definir os resultados da aprendizagem, a função principal da educação é ajudá-los a mudar de formas desejadas.

Um **currículo** descreve as habilidades, o desempenho, o conhecimento e as atitudes que se espera que os alunos aprendam na escola. O currículo contém definições do que se deseja que os alunos aprendam e descrições dos materiais que serão usados para ajudá-los nesse aprendizado. Os métodos e os processos usados para ajudar a mudar o comportamento dos alunos são chamados de **instrução**. Aulas demonstrativas, discussões, exercícios, projetos em grupo e dever de casa são apenas algumas das técnicas instrucionais usadas para ajudar os alunos a aprender.

> O desempenho se refere à aprendizagem na escola, ao passo que habilidade e aptidão se referem a aprendizados mais amplos, adquiridos principalmente por meio de fontes não escolares, como pais e grupos de pares.

Os estudantes passam por muitas mudanças durante os anos na escola, e muitas fontes além da escola contribuem para essas mudanças: amadurecimento, grupo de pares, família, leitura e TV, entre outros. O termo **desempenho**[*] é usado para descrever o aprendizado na escola, ao passo que termos como **habilidade** e **aptidão** são usados para descrever aprendizados mais amplos que se originam de fontes não escolares. Já que o foco das aulas é ajudar os alunos a desenvolver comportamentos, hábitos, compreensões e processos específicos, quase todos os testes formais que os alunos fazem na escola têm o objetivo de avaliar seu desempenho. O teste de soletração, a prova sobre a unidade de equações químicas, a prova de matemática sobre o teorema de Pitágoras, um discurso oral, a autobiografia e provas de meio de ano e de final de ano têm todos o foco na avaliação do desempenho dos alunos – ou seja, o que eles aprenderam sobre as coisas às quais eles foram expostos na escola.

O conceito central neste capítulo é que o planejamento e a avaliação devem ser orientados por um conhecimento claro dos objetivos desejados sobre o que os alunos irão aprender e dominar. Algumas pessoas chamam isso de planejamento reverso, visto que se começa definindo os resultados desejados e, depois, desenvolve-se um plano para alcançar esses resultados (Wiggins; McTighe, 1998). Realmente, essas pessoas estão certas; começar definindo os resultados de ensino desejados facilita o bom planejamento instrucional.

---

[*] N. de R.T.: A melhor tradução no Brasil para *achievement* é desempenho. Este é um assunto um tanto delicado, pois, em inglês, o termo desempenho também é usado para traduzir *performance*. Ou seja, os componentes observáveis do desempenho. Decidimos utilizar o termo "desempenho" para a tradução de *achievement*, pois ele é mais usual na literatura brasileira.

O PROCESSO INSTRUCIONAL

O processo instrucional compreende três passos básicos. O primeiro é *planejar a instrução*, que inclui a identificação dos resultados de aprendizagem desejados, a seleção de materiais que ajudem os alunos a alcançar esses resultados, e a organização de experiências de aprendizagem em uma sequência coerente que promova o desenvolvimento dos alunos. O segundo passo é *dar a instrução* aos alunos, ou seja, ajudá-los a mudar. O terceiro passo envolve determinar se os alunos aprenderam ou alcançaram os resultados desejados, ou *avaliar os resultados dos alunos*. Perceba que, para realizar o processo instrucional, os três passos devem estar alinhados um com o outro. Isto é, a instrução planejada deve estar logicamente relacionada com os resultados de aprendizado desejados, a instrução que foi dada deve se focar em ajudar os alunos a alcançar os resultados do aprendizado, e as avaliações devem permitir que os professores avaliem o quão bem os alunos progrediram na direção dos resultados pretendidos.

> O processo instrucional envolve três passos interdependentes: planejamento, instrução e avaliação.

A Figura 3.1 mostra esses três passos e as relações entre eles. Perceba que o diagrama é apresentado como um triângulo, em vez de uma linha reta. Isso indica que os três passos estão inter-relacionados de maneira mais complicada do que uma sequência simples. Por exemplo, no planejamento da instrução, o professor considera as características dos alunos e os recursos e materiais disponíveis para ajudar a obter as mudanças desejadas. De maneira semelhante, as informações adquiridas durante a avaliação dos alunos são úteis para avaliar a efetividade das experiências de aprendizado em que eles se envolvem e a adequação dos resultados pretendidos para eles. Logo, os três passos são peças interdependentes no processo instrucional que podem ser alinhadas em ordens diferentes.

FIGURA 3.1 Passos no processo instrucional.
Fonte: Os autores.

Todos os três passos no processo instrucional envolvem tomada de decisão e avaliação por parte do professor. Obviamente, a avaliação dos resultados dos alunos envolve coletar e sintetizar informações formais sobre o quão bem os alunos estão aprendendo ou aprenderam. Mas os outros dois passos no processo instrucional também dependem das atividades de avaliação do professor. Por exemplo, as decisões de planejamento do professor incorporam informações sobre a preparação dos alunos, a adequação dos métodos instrucionais dadas as características dos alunos, os recursos instrucionais à disposição, os materiais, a cultura dos alunos, sua língua e outras características importantes obtidas a partir de avaliações iniciais. De modo similar, durante a instrução, o professor constantemente "lê" a turma para obter informações que o ajudem a tomar decisões sobre o ritmo da aula, reforço, interesse e compreensão. Assim, todo o processo instrucional depende de decisões que se baseiam em evidências de vários tipos coletadas antes, durante e depois da instrução.

> Todos os três passos do processo instrucional envolvem avaliação e tomada de decisão por parte do professor.

Os processos de planejar e dar a instrução são atividades importantes para os professores em sala de aula. Eles não apenas ocupam uma fatia significativa do seu tempo, mas os professores definem as suas recompensas de ensino em termos do sucesso instrucional dos seus alunos. Os professores gostam de trabalhar com os alunos, de fazer diferença em suas vidas, e sentem-se recompensados quando sabem que a sua instrução ajudou um aluno a desenvolver uma nova compreensão, novas habilidades e comportamentos.

> Os professores definem seu próprio sucesso e recompensas em termos do aprendizado dos alunos.

PLANEJAMENTO INSTRUCIONAL

As verdadeiras recompensas do ensino são identificadas em termos do impacto que a instrução e a orientação do professor têm nos alunos. O orgulho de ensinar não vem de planejar saídas de campo, de cumprimentar os alunos na chegada do ônibus[*], ou das muitas outras tarefas semiadministrativas que os professores realizam. Ele vem de o professor saber que ajudou os alunos a fazer, pensar ou realizar alguma coisa que, de outro modo, eles não teriam conseguido.

Os professores planejam com o objetivo de modificar o currículo para que ele se

---

[*] N. de R.T.: No Brasil, um exemplo equivalente seria aguardar os alunos na entrada ou organizar a formação da turma no pátio antes de se dirigir à sala de aula.

adeque às características singulares dos seus alunos e recursos. Ao planejar, os professores consideram e integram informações sobre os seus alunos, a matéria a ser ensinada, o currículo que eles estão seguindo, sua própria experiência de ensino, os recursos à disposição para as aulas, o ambiente em sala de aula e outros fatores. Ao considerar e integrar esses fatores, os professores chegam a um plano de instrução de aulas. O plano ajuda os professores a distribuir o tempo das aulas, a selecionar as atividades adequadas, a ligar lições individuais à unidade geral ou ao currículo, a montar atividades em que os alunos se envolvam, a ditar o ritmo da instrução, a selecionar o dever de casa que será passado e a identificar técnicas para avaliar o que os seus alunos aprenderam. Planejar ajuda os professores de cinco maneiras básicas:

> O planejamento da instrução é uma atividade dependente de contexto, que inclui levar em consideração os alunos, o professor e os materiais instrucionais.

1. Ajuda os professores a desenvolver um senso de compreensão e controle sobre o que eles planejam ensinar.
2. Estabelece um senso de propósito e foco na matéria de estudo.
3. Dá a chance de revisar e se familiarizar com o material antes de começar a ensiná-lo de fato.
4. Garante que há estratégias estabelecidas para envolver os alunos no tópico da instrução e uma estrutura a seguir durante a aula.
5. Liga lições diárias a objetivos mais amplos, unidades ou tópicos do currículo.

As salas de aula são ambientes complexos mais informais do que formais, mais *ad hoc* do que lineares e mais ambíguos do que precisos. Neste mundo, torna-se necessária alguma forma de planejamento e organização. Uma lição que não consiga levar em conta as necessidades e o conhecimento prévio dos alunos ou que não consiga corresponder aos resultados desejados das atividades instrucionais está destinada ao fracasso. De modo semelhante, uma lição que não leve em conta o contexto em que ela será ensinada também pode acarretar dificuldades.

Os professores têm uma grande quantidade de controle sobre muitas características da sala de aula associadas ao planejamento da lição. Por exemplo, a maioria dos professores tem controle sobre os arranjos físicos da sala de aula, as regras e rotinas que se espera que os alunos sigam, as interações com os alunos, o tipo de instrução planejada e a natureza de sua execução, e os métodos usados para avaliar e dar nota aos alunos. Entretanto, há características importantes que os professores não controlam. Por exemplo, a maioria dos professores tem pouco controle sobre o número e as características dos alunos em suas aulas, o tamanho da sala, a qualidade dos seus recursos instrucionais e as orientações curriculares estaduais e distritais[*]. Na fase do planejamento, os professores devem organizar os fatores que eles controlam em resposta aos fatores sobre os quais eles não têm controle.

A Tabela 3.1 nos permite fazer um exercício parecido com o que fizemos no Capítulo 2, comparando as salas de aula distintas de dois professores. Uma vez mais, imagine que essas salas de aula sejam da mesma série, mas em escolas diferentes. Suponha que os professores estejam ambos planejando uma aula sobre o mesmo assunto. Como as diferentes características de suas turmas influenciam o modo como esses dois professores planejam a instrução? Que características são especialmente influentes no desenvolvimento do plano de aula? Que características são vantajosas para um professor, e quais podem apresentar uma desvantagem? Você acha que os professores montariam planos de aula idênticos? De que formas eles podem ser diferentes? A seguinte discussão examina, em mais detalhes,

---

[*] N. de R.T.: Os padrões curriculares estaduais ou distritais podem também ser encontrados nas propostas curriculares estaduais ou municipais brasileiras.

TABELA 3.1 Comparação entre dois contextos de sala de aula

Sala A	Sala B
22 alunos	34 alunos
Diversos níveis de conhecimento	Principalmente baixo nível de conhecimento
Bom autocontrole dos alunos	Baixo autocontrole dos alunos
Boas habilidades necessárias	Habilidades variadas
Grande interesse dos pais	Moderado interesse dos pais
Livros didáticos publicados há 10 anos	Livros didáticos novos
Currículo distrital obrigatório	Tópicos de ensino escolhidos pelo professor
Biblioteca escolar pobre	Biblioteca escolar excelente
Sala de aula pequena	Sala de aula grande
Mesas individuais para os alunos	Alunos se sentam em mesas para quatro pessoas
Pouco apoio entre colegas	Forte apoio dos colegas

Fonte: Os autores.

como as características dos professores e dos alunos, assim como os recursos instrucionais, podem afetar o planejamento instrucional.

Características dos alunos

Uma consideração inicial e extremamente importante quando se planeja uma aula são o *status* e as necessidades atuais dos alunos. O que eles já estão prontos para aprender? Que tópicos eles dominaram até o momento nessa área? Quais são os seus estilos de aprendizado? Que materiais estão à disposição para ajudar a envolver os alunos em seu aprendizado? O quão bem eles trabalham em grupo? Que deficiências eles têm e como elas são acomodadas?

Qual a variação de línguas e culturas dos alunos em uma determinada sala de aula?[*] As respostas a essas perguntas fornecem informações valiosas e necessárias sobre o que e como ensinar. Note que os professores obtêm muitas informações para responder a essas perguntas a partir das suas avaliações iniciais.

Planejar para turmas de séries do ensino fundamental é mais complexo do que planejar para turmas do ensino médio, porque a variação de características dos alunos em uma turma costuma ser maior em séries mais baixas. Além disso, a maioria dos professores de ensino fundamental é responsável por planejar instruções em muitas matérias, e não só uma ou duas, como é comum em séries do ensino médio. No entanto, apesar de os professores de ensino fundamental e médio frequentemente ensinarem seções múltiplas do mesmo curso, talvez a mesma lição não seja efetiva para todas as turmas. Ao planejar uma instrução, tanto os professores de ensino fundamental quanto os professores de ensino médio devem levar em conta a preparação dos alunos, seu comportamento e seus estilos de aprendizagem. A fluidez das atividades de sala de aula, desde instruções em grupos pequenos até instruções em grandes turmas, torna muito importantes as considerações sobre características dos alunos, como independência, hábitos de trabalho e capacidade de atenção. Quando o professor está trabalhando

---

[*] N. de R.T.: As variações de línguas e culturas em uma mesma sala de aula são características dos bairros americanos em que há imigrantes de diferentes origens e que não dominam necessariamente o inglês (p. ex., hispânicos e asiáticos). No contexto brasileiro, essa questão da diversidade de línguas e culturas se aplica, em particular, às comunidades indígenas.

com um grupo de leitura ou de matemática, os trabalhos para os alunos que não estão nesses grupos devem levar em conta suas necessidades de aprendizado e permitir que trabalhem de maneira independente e em silêncio. Já que os professores trabalham com muitos grupos diferentes de alunos, às vezes dentro da mesma sala de aula, às vezes ao longo de muitos períodos no mesmo curso, os planos para cada grupo diferem de acordo com o nível de habilidade, conhecimento prévio, necessidades e socialização no grupo. O planejamento é uma tarefa complexa e demorada para os professores.

> O planejamento é uma tarefa complexa e demorada para os professores.

No início do ano letivo, a maioria dos professores começa a instrução revisando conceitos da matéria e conhecimentos que os alunos normalmente dominaram na série anterior. As informações adquiridas nessas revisões fornecem as evidências mais diretas sobre o preparo e as necessidades dos alunos. É especialmente importante avaliar o seu preparo e suas necessidades nas matérias que são sequencialmente organizadas, como matemática, língua estrangeira e leitura. Essas matérias são estruturadas de tal forma que conceitos e ideias se somam e se expandem. Por exemplo, para resolver problemas de divisão longa corretamente, um aluno de 4ª ou 5ª série deve conseguir usar os processos de adição, subtração, reagrupamento e multiplicação. Assim, não faria muito sentido que um professor de 5ª série cujos alunos ainda não soubessem reagrupar e multiplicar ensinasse divisão longa, mesmo que fosse normal para uma aula de matemática de 5ª série se focar nessa matéria.

Em outras matérias, como estudos sociais e português, o conteúdo não é tão sequencial e interdependente como em matemática, leitura e língua estrangeira. O foco cada vez mais amplo dos textos de estudos sociais no ensino fundamental, por exemplo, muda de casas e bairros para comunidades e regiões da América para história dos Estados Unidos e história mundial.[*] Em sua maioria, os textos e o conteúdo de cada ano são distintos dos anos anteriores e dos subsequentes. Nesse caso, o professor tem maior controle sobre o que planeja enfatizar.

É óbvio que características dos alunos como deficiência, preparo, independência e autocontrole devem ser levadas em conta quando se planejam atividades instrucionais. Ignorar esses fatores seria irracional. Contudo, é muito importante reconhecer que muito das informações necessárias chega aos professores por meio de suas avaliações iniciais. Consequentemente, é crucial que os professores busquem tornar essas avaliações tão válidas e confiáveis quanto possível.

Características dos professores

A maioria dos professores iniciantes não leva as suas próprias características em conta quando planeja as aulas. Contudo, conhecimento da matéria, personalidade e limites de tempo e espaço são fatores importantes ao planejar e executar uma instrução. É impossível para os professores saberem tudo sobre todas as matérias que ensinam. Nem se pode esperar que eles se mantenham informados sobre todos os avanços no conhecimento da matéria ou da pedagogia. Consequentemente, os assuntos que os professores escolhem cobrir, a precisão e a atualidade da sua aula e seus métodos de ensino são todos influenciados pelos limites do seu próprio conhecimento. Além disso, as personalidades dos professores frequentemente os levam a favorecer certas técnicas instrucionais no lugar de outras. E, apesar de preferências individuais dos professores serem normais, é importante entender que, quando levadas ao extremo, elas

---

[*] N. de R.T.: No Brasil, as disciplinas relacionadas a estudos sociais e história também ampliam gradualmente o objeto de estudo da cidade e do Estado em que a escola está situada para o contexto brasileiro e mundial ao longo dos anos de escolaridade.

podem resultar em um repertório excessivamente reduzido de técnicas de ensino. Isso tem o potencial de limitar as oportunidades de aprendizado para os alunos que poderiam aprender melhor com outras técnicas instrucionais. Por fim, visto que o ensino é uma atividade rigorosa e cansativa, os professores devem considerar suas próprias limitações físicas quando planejam uma aula. Esse cuidado é especialmente apropriado para professores iniciantes, cujo entusiasmo e falta de experiência com frequência os levam a superestimar o que eles podem fazer durante um período de aula. Uma reclamação comum ouvida de universitários durante sua primeira prática em sala de aula é o quão desgastante, mental e fisicamente, um dia de aulas pode ser, e o quão rápido o tempo parece passar quando eles estão interagindo com os alunos.

> Quando planejam uma instrução, os professores devem levar em conta suas próprias características e conhecimento junto das características dos seus alunos e do tempo e recursos à disposição.

Recursos instrucionais

Os recursos instrucionais à disposição do professor influenciam não apenas a natureza da instrução, mas também os possíveis resultados da aprendizagem. O termo *recursos* é usado aqui em seu sentido mais amplo, para incluir equipamentos, espaço, auxiliares ou voluntários, textos e tempo disponíveis. Cada um desses recursos influencia a natureza da instrução e, portanto, os desempenhos que os alunos podem alcançar.

Um professor de 2ª série pode querer que os seus alunos façam capas para livros de feltro, mas não levar o projeto adiante porque a escola não pode fornecer o material. Uma professora de biologia pode desejar que a sua turma aprenda sobre os órgãos internos dos sapos ao pedir que cada aluno disseque um sapo; no entanto, se a escola não tem um laboratório de biologia nem equipamentos de dissecção, a professora deve abandonar esse objetivo. É dessas e de outras maneiras que os recursos materiais importam.

Auxiliares ou voluntários em aula que leem para os alunos, trabalham em grupos pequenos ou servem como "assistentes de computador" podem dar liberdade para que o professor planeje e busque atividades enriquecedoras que, de outro modo, talvez não fossem possíveis. Recursos de todos os tipos são importantes quando se considera o planejamento de instruções.

> Seguir cegamente as lições do livro didático é abdicar de tomar decisões instrucionais.

Outro recurso que tem grande influência sobre o que se planeja, ensina e aprende nas salas de aula é o livro didático. Mais do que qualquer outro recurso, o livro didático determina os planos instrucionais em muitas salas de aula. Uma grande parte do tempo de aprendizagem dos alunos – e uma grande parte do tempo instrucional do professor – é focada no uso do livro didático. A edição dos professores da maioria dos livros didáticos contém muitos recursos que os ajudam a planejar, executar e avaliar a instrução. Além disso, os professores podem encontrar, na internet, muitos planos de aula que foram desenvolvidos e usados por outros professores. Apesar de os livros didáticos e planos de aula desenvolvidos por outros servirem como modelos rápidos, capazes de lhes economizar tempo, os professores não devem abdicar das responsabilidades de tomar decisões sobre o planejamento, o ensino e a avaliação para o livro didático ou para outros professores. Fazer isso reduz o professor de um tomador de decisões profissional para um técnico que executa os programas e os planos instrucionais dos outros. É incumbência de todos os professores avaliar o *status* e as necessidades dos *seus* alunos, os requerimentos do currículo do *seu* Estado ou comunidade, e os recursos disponíveis em *suas* salas de aula quando planejam as instruções para os seus alunos. No fim das contas, as decisões sobre o que enfatizar cabem ao professor daquela sala de aula, que conhece os seus alunos melhor do que ninguém e que está na melhor posição para planejar e executar a instrução que melhor se adequa a suas necessidades.

Um último recurso importante – embora muitas vezes seja ignorado – e que exerce grande influência sobre os planos do professor é o tempo. Como nunca há tempo o bastante para ensinar aos alunos todas as habilidades e conceitos importantes de uma matéria, os professores devem associar cuidadosamente o seu tempo de aulas aos resultados instrucionais pretendidos. A decisão de cada professor sobre que conteúdo enfatizar ou omitir se baseia, em parte, no tempo à disposição. Quando um professor pula um conceito, unidade ou capítulo no livro didático, ele está dizendo: Tudo o mais é constante, eu prefiro gastar o meu tempo limitado de aula me focando em outros tópicos e habilidades que eu julgo serem mais importantes.

Apesar de os professores tomarem decisões sobre em qual instrução passar mais tempo diariamente, com frequência é nas últimas semanas de aula que essas decisões se tornam mais aparentes. O fim do ano letivo sempre parece chegar antes de todos os tópicos planejados terem sido ensinados. É neste ponto que se tomam decisões explícitas sobre como usar o escasso tempo que se tem: Precisamos cobrir subfrações de frações antes do fim do ano, mas podemos omitir problemas de porcentagem, tempo e distância. Se eu não terminar partes do discurso neste ano, o professor do ano que vem vai ficar chateado. Vou usar tempo da unidade de poesia para trabalhar as partes do discurso. O tempo é um recurso limitado que tem importantes consequências na hora de se planejar as aulas. A Tabela 3.2 resume os recursos dos alunos, do professor e da instrução que devem ser considerados quando se planejam as aulas.

TRÊS NÍVEIS DOS OBJETIVOS DE ENSINO

Em nossas atividades diárias, os objetivos nos ajudam a enfocar aquilo que é importante; eles nos lembram do que queremos alcançar. Os objetivos no ensino descrevem os tipos de conteúdo, habilidades e comportamentos que os professores esperam que os seus alunos desenvolvam na instrução.

Outros nomes para objetivos são alvos de aprendizagem, objetivos educacionais, objetivos instrucionais, objetivos comportamentais, resultados estudantis e objetivos curriculares, entre outros. Se os professores não identificarem os seus objetivos, a instrução e a avaliação não terão propósito.

TABELA 3.2 Áreas a considerar no planejamento das aulas

Características dos alunos	Características do professor	Recursos instrucionais
Conhecimento prévio	Conhecimento do conteúdo	Padrões curriculares estaduais
Habilidades e conhecimento exigidos	Preferências por métodos instrucionais	Tempo
Hábitos de trabalho, socialização	Preferências de avaliação	Livro didático
Necessidades especiais de aprendizagem	Limitações físicas	Tecnologia
Estilos de aprendizagem		Apoio escolar e administrativo
Diferenças linguísticas/culturais		Outros recursos (espaço, auxiliares, equipamento)
Deficiências		

Fonte: Os autores.

> Objetivos são importantes para desenvolver planos de aula. O professor não tem como ajudar os seus alunos a alcançar os objetivos que ele tem em mente se eles não souberem quais são estes objetivos.

> Há três níveis gerais de objetivos: globais, educacionais e instrucionais, variando do mais amplo ao mais restrito.

Os objetivos são particularmente importantes para o ensino, visto que o ensino é um ato intencional e normativo. Ele é intencional porque os professores ensinam com um propósito; eles querem que os alunos aprendam algo como resultado do ensino. Também é normativo porque aquilo que os professores ensinam é visto por eles como algo que vale a pena que os alunos aprendam.

Como o ensino é tanto intencional quanto normativo, ele sempre se baseia em objetivos. O ensino normativo se preocupa em selecionar objetivos que sejam valiosos para os alunos aprenderem. O ensino intencional se preocupa com as questões de como os professores irão ensinar os seus objetivos – quais ambientes de aprendizagem eles irão criar e que métodos irão utilizar para ajudar os alunos a aprender os objetivos pretendidos. Apesar de os objetivos dos professores serem, às vezes, implícitos e confusos, é melhor quando os objetivos são explícitos, claros e mensuráveis.

Os objetivos podem variar desde mais gerais até mais específicos. Compare os dois seguintes objetivos: O aluno vai poder fazer somas com três números de um dígito e O aluno vai se tornar alfabetizado matematicamente. Claramente, o primeiro é mais específico do que o segundo. Note como o tempo de instrução, as atividades de ensino e a variedade de avaliações diferentes seriam necessárias para cumprir ambos os objetivos.

Dependendo da sua especificidade, os objetivos podem ser classificados em um de três níveis: global, educacional e instrucional (KRATHWOHL; PAYNE, 1971). Note que, independentemente de tipo ou especificidade, um objetivo deve se focar sempre na aprendizagem e no desempenho do *aluno*, e não em ações do professor ou em atividades de sala de aula.

Os **objetivos globais**, frequentemente chamados de "metas", são resultados amplos e complexos da aprendizagem dos alunos que requerem uma quantidade substancial de tempo e aulas para serem alcançados. Eles são muito gerais e envolvem um grande número de objetivos mais específicos. Exemplos incluem o seguinte:

- O aluno irá se tornar um aprendiz para a vida toda.
- O aluno se tornará alfabetizado matematicamente.
- Os alunos irão usar suas mentes bem, para que possam estar preparados para a cidadania responsável, aprendizagem continuada e empregos produtivos para a economia do país.

Como eles são amplamente inclusivos, os objetivos gerais raramente são usados em avaliações em sala de aula, a menos que sejam repartidos em objetivos mais limitados. Os objetivos globais são compostos, principalmente, de uma chamada que reflete o que é importante na política educacional. A amplitude abrangida pelos objetivos globais torna-os de uso difícil pelos professores ao planejar suas aulas. Devem-se identificar objetivos mais limitados para que haja conexão com as necessidades da sala de aula.

> Diversas diretrizes podem aprimorar o planejamento das aulas: conhecer as necessidades e os pontos fortes dos alunos; certificar-se de que o livro didático inclui todos os tópicos importantes a serem ensinados, incluindo tanto objetivos de nível mais alto como de nível mais baixo; planejar atividades que se enquadrem nas necessidades e na preparação dos alunos; alinhar objetivos, instrução e avaliação; e ter consciência dos próprios limites.

Os **objetivos educacionais** representam um meio-termo de abstração. Aqui vão alguns exemplos:

- O aluno pode interpretar tipos diferentes de dados sociais.
- O aluno pode resolver corretamente problemas de adição que contenham dois dígitos.
- O aluno distingue fatos de hipóteses.
- O aluno pode ler poesia em espanhol em voz alta.

Os objetivos educacionais são mais específicos do que os objetivos globais. Eles são limitados o bastante para ajudar os professores a focar o ensino e amplos o suficiente para indicar a riqueza do objetivo e sugerir diversos resultados de ensino possíveis associados a esse objetivo.

Os **objetivos instrucionais** são o tipo mais específico de objetivo. Exemplos de objetivos instrucionais incluem os seguintes:

- O aluno pode pontuar frases corretamente.
- Dados cinco problemas que exigem que o aluno encontre o menor denominador comum de uma fração, ele conseguirá resolver pelo menos quatro deles.
- O aluno pode listar os nomes dos cinco primeiros presidentes do país.

Os objetivos instrucionais focam o ensino em tópicos relativamente limitados da aprendizagem em uma área do conteúdo. Esses objetivos concretos são usados para planejar lições diárias.

A Tabela 3.3 ilustra a diferença em grau de amplitude entre os três tipos de objetivos e compara seu propósito, alcance e período de tempo. As distinções entre esses três níveis de objetivos são muito mais do que semânticas. O nível em que um objetivo é estabelecido influencia o seu uso no planejamento, na instrução e na avaliação. Por exemplo, as perspectivas de professores planejando instrução

TABELA 3.3 Comparando os três níveis de objetivos do ensino

Nível do objetivo	Global	Educacional	Instrucional
Alcance	Amplo	Intermediário	Limitado
Tempo de realização	Um ano ou mais	Semanas ou meses	Horas ou dias
Função	Oferecer visão	Desenvolver currículo, planejar instrução, definir avaliações adequadas	Planejar atividades de ensino, experiências de aprendizagem e exercícios de avaliação
Exemplos de amplitude	O aluno irá adquirir competência na geografia mundial	O aluno irá ganhar conhecimento de instrumentos e símbolos em mapas e quadros	Dado um mapa ou quadro, o aluno irá definir corretamente 6 dos 8 símbolos representativos nele
	O aluno ficará ciente do papel da educação cívica e do governo	O aluno irá interpretar diversos tipos de dados sociais	O aluno poderá interpretar gráficos em barra descrevendo a densidade populacional
	O aluno saberá como consertar diversos problemas domésticos	O aluno irá usar os procedimentos adequados para encontrar soluções para problemas elétricos em sua casa	Dado um problema caseiro relacionado a uma lâmpada estragada, o aluno saberá resolvê-lo

Fonte: Os autores.

e avaliação para um objetivo global como "O aluno irá ser proficiente em matemática" são muito diferentes das perspectivas de professores planejando instrução e avaliação para um objetivo instrucional como "O aluno irá escrever frações comuns em seus termos irredutíveis". Assim, o nível em que um objetivo é estabelecido – global, educacional ou instrucional – tem um impacto na maneira como processos tais como planejamento, instrução e avaliação serão estruturados e realizados.

TRÊS DOMÍNIOS DOS OBJETIVOS

Agora já deve estar claro que os objetivos estão muito próximos e logicamente conectados à instrução e à avaliação. Além de diferirem em termos de nível, os objetivos da sala de aula (e suas respectivas instruções e avaliações) diferem em termos de três tipos gerais de comportamento humano: os domínios cognitivo, afetivo e psicomotor.

> As avaliações em sala de aula cobrem comportamentos cognitivos, afetivos e psicomotores.

Domínio cognitivo

Os objetivos educacionais ensinados e avaliados mais frequentemente são os que pertencem ao domínio cognitivo. O **domínio cognitivo** inclui atividades intelectuais como memorizar, interpretar, aplicar, resolver problemas, raciocinar, analisar e pensar de maneira crítica. Praticamente todas as provas que os alunos fazem na escola têm como objetivo mensurar uma ou mais dessas atividades cognitivas. A instrução dos professores normalmente se foca em ajudar os alunos a dominar cognitivamente algum conteúdo ou área da matéria. Um teste semanal de soletração, uma folha de exercícios sobre a regência dos verbos, um ensaio sobre oferta e demanda, e uma recitação oral de um poema são todas atividades que requerem comportamentos cognitivos. O Scholastic Assessment Test (SAT), o ACT, a parte escrita de uma prova de autoescola, uma prova de habilidade, um teste de desempenho padronizado como o Iowa Test of Basic Skills, o Stanford, Metropolitan, Special Review Assessment (SRA) e os California Achievement Tests também pretendem avaliar os comportamentos cognitivos dos alunos.

> As avaliações cognitivas envolvem atividades intelectuais como memorizar, interpretar, aplicar, resolver problemas, raciocinar, analisar e pensar de maneira crítica.

No Capítulo 1, a Sra. Lopez dependia principalmente de informações cognitivas sobre seus alunos quando tomava as seguintes decisões: dava notas, mudava Tamika do grupo de leitura intermediário para o avançado, planejava as aulas, identificava alunos que necessitavam de atividades extras e consultava as notas do teste padronizado do ano anterior para definir se ela precisaria revisar as regras básicas da língua. Em cada caso, a Sra. Lopez estava avaliando o pensamento, o raciocínio, a memória ou os comportamentos intelectuais gerais dos seus alunos.

Taxonomia de Bloom

Os muitos processos cognitivos foram organizados em seis categorias gerais. Essa organização é apresentada em *Taxonomy of Educational Objectives: Book 1, Cognitive Domain* (BLOOM, 1956)*. Popularmente conhecida como taxonomia de Bloom, ou como taxonomia cognitiva, ela é amplamente utilizada por professores para descrever e estabelecer objetivos cognitivos (ver Apêndice B). A taxonomia cognitiva de Bloom é organizada em seis níveis, com cada nível sucessivo representando um tipo mais complexo de processos cogniti-

---

* N. de R.T.: Versão em português: BLOOM, B. S. (Ed.). *Taxonomia de objetivos educacionais*. Porto Alegre: Globo, 1973. 2v.

vos. Começando com o mais simples e partindo para o mais complexo, os seis processos taxonômicos são conhecimento, compreensão, aplicação, análise, síntese e avaliação (ver Tabela 3.4). Apesar de a palavra "conhecimento" ou "saber" ser frequentemente usada quando descrevemos as habilidades que os alunos desenvolveram (p. ex., Steven sabe como escrever uma redação persuasiva, Megan sabe como ler com expressão, etc.), na taxonomia de Bloom, "conhecimento" refere-se apenas à memorização, reconhecimento e recordação de informações. A tabela oferece alguns verbos de ação que indicam cada processo cognitivo da taxonomia de Bloom junto de uma descrição geral desse processo. A seguir, estão alguns exemplos de objetivos extraídos da taxonomia de Bloom com a categoria taxonômica entre parênteses:

- Os alunos podem nomear os três primeiros presidentes. (conhecimento; recordar)
- Os alunos podem identificar os sinais da pontuação em uma frase. (conhecimento; reconhecer)
- Os alunos podem traduzir frases do francês. (compreensão; dizer nas próprias palavras)
- Os alunos podem pontuar corretamente uma tarefa escrita. (aplicação; resolver um problema)
- Os alunos podem somar frações próprias não vistas anteriormente. (aplicação; resolver um problema novo)
- Os alunos podem distinguir fatos de opiniões em oito editoriais de jornal. (análise; categorizar)
- Os alunos podem categorizar pinturas de acordo com o seu período histórico. (análise; identificar relações)
- Os alunos podem integrar informações de um experimento de ciências em um relatório do laboratório. (síntese; organizar em um todo)
- Os alunos podem julgar a qualidade de diversas redações persuasivas. (avaliação; julgar a qualidade)

Mais recentemente, um ex-aluno de Bloom desenvolveu uma versão revisada da taxonomia cognitiva (ANDERSON et al., 2001). A taxonomia revisada difere da anterior de dois modos importantes. Primeiro, ela se foca nas ações em vez de nas habilidades. As seis habilidades compreendidas na taxonomia revisada são lembrar, entender, aplicar, analisar, avaliar e criar.

Segundo, a taxonomia foi expandida de uma dimensão para duas, permitindo que os educadores se foquem tanto em ações cognitivas quanto na profundidade do conhecimento. Os níveis do conhecimento incluem conhecimento factual, **conhecimento conceitual**, conhecimento procedimental e conhecimento metacognitivo. A Tabela 3.5 exibe as ações cognitivas revisadas, a profundidade do conhecimento e o que os alunos podem fazer

TABELA 3.4 Tipos de processos cognitivos identificados na taxonomia de Bloom

Nível taxonômico	Verbos relacionados	Descrição geral
1. Conhecimento	Lembrar, recordar, identificar, reconhecer	Memorizar fatos
2. Compreensão	Traduzir, parafrasear, reformular, interpretar, descrever, explicar	Explicar algo em suas próprias palavras
3. Aplicação	Aplicar, executar, resolver, implementar	Resolver novos problemas
4. Análise	Dividir, categorizar, distinguir, comparar	Dividir em partes e identificar relações
5. Síntese	Integrar, organizar, relacionar, combinar, construir, projetar	Combinar elementos em um todo
6. Avaliação	Julgar, avaliar, valorar, apreciar	Julgar qualidade ou valor

Fonte: Os autores.

para demonstrar profundidade de conhecimento para a ação cognitiva. Outros teóricos desenvolveram versões diferentes da taxonomia cognitiva. Como exemplo, a NorthWest Regional Labs ofereceu uma versão condensada da taxonomia de Bloom que incluía recordação, análise, comparação, inferência e avaliação. Uma terceira versão, conhecida como o modelo de Marzano, inclui oito categorias de habilidades cognitivas: focar, reunir informação, lembrar, organizar, analisar, gerar, integrar, avaliar (MARZANO; PICKERING; MCTIGHE, 1993).

> Comportamentos cognitivos de nível mais baixo envolvem memorização de rotinas e recordação; comportamentos cognitivos que envolvem mais do que memorização de rotinas ou recordação são chamados de comportamentos cognitivos de nível mais alto.

Apesar de as taxonomias cognitivas poderem diferir nos níveis específicos ou em quais categorias elas incluem, sua função mais importante é lembrar os professores da distinção entre comportamentos cognitivos mais altos e mais baixos. Em geral, qualquer comportamento cognitivo que envolver mais do que memorização de rotinas ou recordação é considerado um **comportamento cognitivo de nível mais alto**. Portanto, o nível de conhecimento da taxonomia de Bloom representa **comportamento cognitivo de nível mais baixo**, já que o foco se dá na memorização e na recordação. Todos os níveis subsequentes nessas taxonomias representam os comportamentos de nível mais alto, que exigem que os alunos realizem processos intelectuais e de raciocínio mais complexos do que a memorização. Tem se dado ênfase cada vez maior a que a instrução e a avaliação em sala de aula se focem em ensinar aos alunos habilidades cognitivas de nível mais elevado, que vão além da simples memorização de rotinas.

Domínio afetivo

Um segundo domínio do comportamento é o domínio afetivo. O **domínio afetivo** envolve sentimentos, atitudes, interesses, preferências, valores e emoções. Estabilidade emocional, motivação, confiabilidade, autocontrole e personalidade são exemplos de características afetivas. Apesar de os comportamentos afetivos raramente serem formalmente avaliados em escolas e salas de aula, os professores com frequência os avaliam de maneira informal, especialmente quando formam opiniões sobre os alunos. Os professores precisam saber em quem eles podem confiar para deixar trabalhar sozinho e em quem eles não podem, quem pode manter o autocontrole quando o professor precisa sair da sala

TABELA 3.5 Processos cognitivos revisados e profundidades do conhecimento

Profundidade do conhecimento	Processo cognitivo revisado					
	Lembrar	Entender	Aplicar	Analisar	Avaliar	Criar
Factual	Listar	Resumir	Classificar	Ordenar	Graduar	Combinar
Conceitual	Descrever	Interpretar	Experimentar	Explicar	Estimar	Planejar
Procedimental	Tabular	Prever	Calcular	Diferenciar	Concluir	Compor
Metacognitivo	Determinar o uso adequado	Executar	Construir	Realizar	Agir	Efetuar

Fonte: Anderson et al. (2001).

e quem não pode, quem precisa ser encorajado a falar em aula e quem não precisa, quem está interessado em ciência mas não em estudos sociais, e quem precisa ser estimulado para fazer os trabalhos de aula e quem não precisa. A maioria dos professores pode descrever as características afetivas dos seus alunos com base em suas observações informais e interações com eles.

> As avaliações afetivas envolvem sentimentos, atitudes, interesses, preferências, valores e emoções.

A Sra. Lopez baseou-se principalmente nas avaliações que ela fez dos comportamentos afetivos dos seus alunos quando escolheu Rosa, e não Sarah, para entregar um bilhete para o diretor da escola; quando trocou os alunos de lugar para separar Jamar e Ramon, que não conseguiam se concentrar nas atividades de aula quando sentavam juntos; quando mudou sua aula de uma discussão para um trabalho para ajudar a evitar distrações; e quando escolheu alunos para trabalhar juntos em um trabalho em grupo.

> Os professores raramente fazem avaliações afetivas formais, mas estão sempre fazendo avaliações informais.

Não existe uma taxonomia única e amplamente aceita dos comportamentos afetivos, apesar de a taxonomia preparada por Krathwohl e Masia (1964) ser a mais referida e usada. Em geral, as taxonomias afetivas se baseiam todas no grau de envolvimento da pessoa em uma atividade ou ideia. Os níveis mais baixos de taxonomias afetivas contêm comportamentos de baixo envolvimento, como prestar atenção, ao passo que os níveis mais altos contêm comportamentos de alto envolvimento, caracterizados por grande interesse, comprometimento e valorização.

Domínio psicomotor

Um terceiro domínio comportamental é o domínio psicomotor. O **domínio psicomotor** inclui as atividades físicas e manipuladoras. Segurar um lápis, usar um *mouse*, um teclado, arrumar os equipamentos do laboratório, arrumar a estante, tocar um instrumento musical, arremessar uma bola de basquete, abotoar uma jaqueta e escovar os dentes são exemplos de atividades que envolvem comportamentos psicomotores. Apesar de esses comportamentos estarem presentes e serem importantes para todos os níveis da escolarização, eles são especialmente enfatizados na educação infantil e em séries do ensino fundamental, em que tarefas como segurar um lápis, abrir um armário e abotoar ou fechar o zíper das roupas são importantes a serem dominadas. De modo semelhante, com alunos de certas necessidades especiais, uma grande parte da educação envolve habilidades de "autoajuda", como se vestir, cuidar da higiene pessoal e preparar a comida, sendo que todas essas são realizações psicomotoras.

> As avaliações psicomotoras envolvem comportamentos físicos e manipuladores.

Existem diversas taxonomias para o domínio do comportamento psicomotor (HANNAH; MICHAELS, 1977; HARROW, 1972). Assim como ocorre com o domínio afetivo, contudo, não há uma única taxonomia que seja amplamente aceita e que seja usada pela maioria dos professores e das escolas. A organização das taxonomias psicomotoras geralmente varia de alunos demonstrando estar prontos para realizar uma tarefa psicomotora a alunos usando o método de tentativa e erro para aprender uma tarefa, até alunos de fato realizando uma tarefa por conta própria.

A Sra. Lopez estava preocupada com o comportamento psicomotor dos seus alunos quando passou Cláudia para frente da sala para que ela pudesse ver o quadro negro melhor, mandou Antônio para a enfermaria porque ele não estava se sentindo bem e indicou Aaron para o Departamento de Educação Especial porque continuava a exibir baixas habilidades motoras grossas. Em cada caso, a decisão da Sra. Lopez se baseou em uma evidência de avaliação que se relacionava com algum aspecto do comportamento físico ou motor dos alunos.

> As avaliações psicomotoras são particularmente importantes com alunos muito jovens ou com alguns alunos com necessidades especiais.

Como visto anteriormente, as avaliações iniciais englobam os domínios cognitivo, afetivo e psicomotor porque os professores estão interessados em saber como são as características intelectuais, atitudinais e físicas dos seus alunos. Perceba, contudo, que diferentes abordagens de avaliação caracterizam os diferentes domínios comportamentais. Por exemplo, é mais provável que o domínio cognitivo seja avaliado usando provas de papel e caneta ou vários tipos de perguntas orais. É mais provável que os comportamentos no domínio afetivo sejam avaliados por meio de observação ou questionários – por exemplo, que matéria você prefere, inglês ou química? Qual você acredita que forneça mais informações válidas sobre o desenvolvimento de um aluno ao longo do ano: notas das provas, um portfólio contendo os melhores trabalhos do aluno ou o desempenho em uma prova de final de ano? Os comportamentos psicomotores são geralmente avaliados quando se observam os alunos realizando uma atividade física desejada.

DEFINIÇÃO E CONSTRUÇÃO DE OBJETIVOS

Existem muitas formas de se definir um objetivo, mas nem todas elas expressam claramente o que os alunos estão prestes a aprender nas aulas. Para garantir clareza, é necessário estar ciente do que torna a definição de um objetivo completa.

Elementos essenciais da definição

Considere os três objetivos a seguir:

1. Os alunos irão aprender a usar bem suas mentes, para que estejam preparados para desenvolver sua cidadania para a aprendizagem futura e para um emprego produtivo na economia da nação.
2. O aluno poderá ler poesia em espanhol.
3. O aluno poderá pontuar frases corretamente.

Apesar de representarem um objetivo global, educacional e instrucional, respectivamente, esses objetivos têm características em comum. Primeiro, todos são definidos em termos do que os alunos irão aprender com a instrução. Os objetivos descrevem o *aprendizado dos estudantes*, e não o aprendizado dos professores ou as atividades com que o professor ou os alunos se envolvem durante as aulas. Apesar de as atividades serem um aspecto importante do plano de aulas e de precisarem ser descritas, *as atividades instrucionais não são objetivos*. Segundo, cada objetivo especifica o conteúdo ou a habilidade que se espera que os alunos desenvolvam e descreve como se espera que eles usem ou apliquem esse conteúdo ou habilidade. O conteúdo nos três objetivos anteriores é, respectivamente, "cidadania", "poesia em língua espanhola" e "frases". Como se espera que os alunos apliquem esse conhecimento está expresso nos termos "desenvolver", "ler" e "pontuar".

Outra forma de se pensar sobre o conteúdo e o processo dos objetivos é em termos de substantivos e verbos. O conteúdo é o substantivo, e o processo ou habilidade é o verbo. Assim, com um mínimo, o objetivo é definido em termos de conteúdo (substantivo) e processo (verbo) que se espera que o aluno aprenda. Terceiro, perceba que os verbos nos objetivos que examinamos (p. ex., resumir, adicionar, lembrar, categorizar, explicar) *não* se encaixam nos nomes da taxonomia genérica de Bloom (p. ex., conhecimento, compreensão, análise). Em vez disso, os objetivos são descritos usando verbos mais específicos. Esses verbos cognitivos mais específicos e observáveis são preferidos em detrimento dos nomes taxonômicos genéricos, já que eles indicam mais claramente o processo específico (verbo) que se espera que os alunos realizem. A Tabela 3.6 oferece vários desses *verbos mais precisos* para uso em definições de objetivos claros para cada categoria da taxonomia de Bloom.

É importante ser preciso quando se definem objetivos instrucionais. Objetivos instrucionais precisos ajudam os professores a determinar a adequação de uma atividade instrucional em potencial, dados os objetivos da lição. A precisão também ajuda os professores a desenvolver atividades de avaliações que estejam alinhadas com os resultados pretendidos da instrução.

Desenvolvendo definições completas e precisas

Examine os exemplos de atividades na Tabela 3.7 e considere de que formas elas podem ajudar o professor a planejar e orientar as aulas e a avaliação. Lembre-se de que o objetivo de um conteúdo é o de identificar claramente o que se espera que os alunos aprendam para

1. comunicar aos outros o propósito da instrução,
2. ajudar os professores a selecionar os métodos e os materiais instrucionais adequados e
3. ajudar a planejar avaliações que permitam que o professor decida se os alunos aprenderam o conteúdo e as habilidades que são o foco da instrução.

Na Tabela 3.7, os objetivos 1, 2 e 3 têm todos a mesma deficiência. Cada um descreve um corpo de conhecimento que será coberto nas aulas, mas todos omitem informações sobre o que se espera que os alunos façam com

TABELA 3.6 Exemplos de termos usados para escrever objetivos instrucionais para cada categoria da taxonomia de Bloom

Conhecimento	Compreensão	Aplicação	Análise	Síntese	Avaliação
contar	classificar	computar	separar	arranjar	apreciar
definir	comparar	construir	diagramar	combinar	concluir
identificar	contrastar	demonstrar	diferenciar	compilar	criticar
rotular	converter	ilustrar	discriminar	criar	analisar
listar	discutir	resolver	delinear	projetar	graduar
associar	distinguir		separar	formular	julgar
nomear	estimar		subdividir	generalizar	recomendar
citar	explicar			gerar	apoiar
recitar	generalizar			agrupar	
repetir	dar exemplos			integrar	
reproduzir	inferir			organizar	
selecionar	interpretar			relacionar	
declarar	parafrasear			resumir	
	reescrever				
	resumir				
	traduzir				

Fonte: Os autores.

esse conteúdo. Espera-se que eles consigam identificar as causas da guerra, identifiquem que países estiveram envolvidos no conflito, citem os pontos fortes e fracos de cada um dos lados ou expliquem em suas próprias palavras qual o papel que a Inglaterra desempenhou na guerra. O que os alunos devem saber e compreender sobre o governo e sobre as leis de moção? Sem incluir informações sobre o que eles devem saber ou fazer a respeito da Guerra do Paraguai, o governo ou sobre as leis de moção, é difícil escolher os materiais instrucionais, as atividades e as técnicas de avaliação adequados. Por exemplo, fará muita diferença para as aulas e para a avaliação se os alunos tiverem de identificar os países que estiveram envolvidos no conflito (ensinar recordação e avaliação com um item de associação) ou explicar em suas próprias palavras qual o papel que a Inglaterra desempenhou na guerra (ensinar interpretação e avaliação com uma pergunta aberta).

> Objetivos instrucionais escritos claramente especificam o que os alunos devem aprender e como eles demonstram esse aprendizado.

Há ainda um problema adicional nos objetivos 4, 5 e 6. Palavras como *analisar*, *compreender* e *apreciar*, por si só, não são específicas. Elas podem ser interpretadas de muitos modos diferentes e, portanto, não expressam claramente o que os alunos irão aprender. Por exemplo, um professor pode interpretar que o objetivo "compreender as características básicas de uma sociedade" quer dizer que os alunos conseguirão explicar as características nas próprias palavras. Outro professor pode interpretar que o mesmo objetivo significa que os alunos irão dar exemplos da vida real para as características sociais estudadas. Um terceiro professor pode querer que os seus alunos façam a distinção entre aplicações corretas e incorretas das características. Apesar de que cada professor poderia ensinar a compreender as características básicas de uma sociedade, cada um ensinaria e avaliaria resultados completamente diferentes. Esses equívocos podem ser evitados se os professores descreverem os seus objetivos educacionais em termos dos comportamentos ou habilidades que eles esperam que seus alunos tenham desenvolvido após a instrução. Por exemplo, os alunos podem dar exemplos de características em suas próprias palavras, dar exemplos da vida real para as características ou distinguir aplicações corretas e incorretas delas. Esse nível de especificidade distingue claramente as diferentes interpretações de *compreender*.

Os objetivos 7, 8 e 9 também são muito gerais e complicados para serem atingidos por alunos em uma única matéria ou série. Eles são, como visto anteriormente, objetivos globais. Não só esses objetivos levam anos para se desenvolver, mas sua generalidade não oferece muitas orientações para o professor com relação às atividades e aos materiais que ele poderia usar para atingi-los. Objetivos amplos como esses devem ser reduzidos pelo professor antes de poderem ser usados para instruir e avaliar os alunos em sala de aula.

TABELA 3.7 Exemplos de definições de objetivos educacionais pobres

1. A Guerra do Paraguai
2. Governo
3. As leis de moção
4. Analisar
5. Compreender
6. Apreciar
7. Vale como atividade de lazer
8. Buscar aprendizado para a vida toda
9. Tornar-se um bom cidadão

Fonte: Os autores.

Os objetivos 4, 5 e 6 – analisar, compreender e apreciar – não fornecem referências ao conteúdo das matérias. Essas definições exigem a pergunta: analisar, compreender e apreciar o quê? Assim como uma simples descrição do conteúdo não oferece clareza porque não inclui o desempenho estudantil desejado, também em um comportamento por si só falta clareza porque não faz referência ao corpo de conhecimento desejado.

Ao definir os objetivos instrucionais, é melhor descrever claramente o comportamento que o aluno irá realizar do que usar termos mais gerais e ambíguos que estão abertos a muitas interpretações diferentes. Assim, é melhor dizer *explicar* a importância de conservar os recursos naturais do que dizer *perceber* a importância de conservar os recursos naturais; melhor dizer *pode diferenciar* sujeitos e predicados do que dizer *compreende* frases em espanhol; melhor dizer *define* três diferenças entre arte Clássica e Renascentista do que dizer *aprecia* arte. Em cada exemplo, a primeira definição descreve um comportamento que pode ser observado, instruído e avaliado, ao passo que o segundo usa termos menos claros, não observáveis e ambíguos. Ser preciso sobre o que se espera que os alunos aprendam e alinhar essas expectativas com o foco da instrução e da avaliação é necessário para tomar decisões válidas sobre a efetividade da instrução e o grau em que cada aluno alcança os objetivos instrucionais.

Alguns exemplos de objetivos bem definidos

Os requerimentos básicos de objetivos instrucionais bem definidos são que eles

1. descrevam um comportamento estudantil que resulte da instrução;
2. definam o comportamento em termos que possam ser observados e avaliados; e
3. indiquem o conteúdo em que o comportamento será realizado.

Um modelo simples para preparar objetivos instrucionais é "os alunos podem" (comportamento observável) (conteúdo). Aqui estão alguns exemplos de objetivos instrucionais bem definidos:

- Os alunos podem listar três causas da Guerra do Paraguai.
- Os alunos podem resolver problemas matemáticos que envolvam a soma de dois números.
- Os alunos podem escrever cartas de negócios corretamente formatadas e pontuadas.
- Os alunos podem traduzir um parágrafo de francês.
- Os alunos podem contar até 20 em voz alta.
- Os alunos podem listar três diferenças entre os climas do Canadá e do México.
- Os alunos podem escrever equações químicas balanceadas.
- Os alunos podem declarar o tema principal de contos.
- Os alunos podem explicar o ciclo da água em suas próprias palavras.

Perceba como esses objetivos especificam o resultado do aprendizado pretendido dos alunos. Com base nesse resultado pretendido, o professor pode identificar atividades instrucionais e materiais adequados que irão ajudar os alunos a atingir o objetivo. Além disso, esses objetivos esclarecem as habilidades e o conhecimento que devem ser o foco da avaliação durante e após a instrução.

Outras informações podem ser adicionadas para elaborar um objetivo. Por exemplo, alguns professores desejam incluir informações nos seus objetivos sobre as condições do desempenho dos alunos e sobre o quão bem eles devem atingir o objetivo para dominá-lo. Esses objetivos estendidos devem ser escritos assim:

- Dados 10 problemas matemáticos requerendo a soma de dois números, os alunos devem resolver pelo menos oito corretamente.
- Dado um diagrama do ciclo da água, os alunos devem poder explicar em suas próprias palavras o que é o ciclo da água com menos de dois erros.
- Dado um parágrafo em francês com menos de 20 linhas e um dicionário, os alunos devem conseguir traduzir esse parágrafo em 5 minutos com menos de seis erros.

Objetivos estendidos oferecem mais detalhes sobre as condições em que o comportamento deve ser realizado e o nível de desempenho que os alunos devem demonstrar. Objetivos estendidos levam mais tempo para preparar do que suas contrapartes mais simples e, às vezes, são difíceis de definir antes do início da instrução. No entanto, os objetivos estendidos ajudam no desenvolvimento de atividades de avaliação, visto que as condições e o nível de desempenho estão claramente definidos. Apesar dessa vantagem, o modelo mais simples já é o suficiente na maioria das situações instrucionais. A Tabela Ferramentas-Chave de Avaliação 3.1 é um breve lembrete dos critérios para objetivos bem-sucedidos.

Perguntas frequentes sobre objetivos instrucionais

1. *É necessário escrever os objetivos?* Professores iniciantes e estudantes de licenciatura normalmente precisam escrever os objetivos da lição. Mesmo que você seja um professor experiente, listar seus objetivos pode ajudá-lo a lembrar de se focar no que você espera que os seus alunos tirem da instrução, e não apenas em quais serão as suas atividades de ensino. As avaliações anuais de objetivos existentes são uma parte importante das responsabilidades de avaliação de qualquer professor, já que todos os anos os alunos e o currículo mudam.

> Objetivos de nível mais alto incluem atividades cognitivas como análise, aplicação, síntese e avaliação. Esses levam mais tempo para aprender e avaliar do que objetivos de nível mais baixo, que incluem memorização de rotinas.

2. *O que são objetivos de nível mais alto?* Os comportamentos cognitivos podem ser divididos entre comportamentos de nível mais baixo, como memorização e recordação de informações, e comportamentos de nível mais alto, que requerem comportamentos intelectuais mais complexos. Os comportamentos de nível mais alto, ou habilidades intelectuais de ordem mais elevada, incluem atividades como análise de informações, aplicação de informações e regras para resolver problemas novos, comparação e contraste de objetos e ideias, e síntese de pedaços díspares de informação em uma única ideia organizada. Nos próximos exemplos, os objetivos de nível mais baixo exigem memorização e recordação, ao passo que os objetivos de nível mais alto requerem comportamentos mais complexos.

Nível mais baixo: Os alunos podem escrever uma definição de cada palavra do vocabulário.

FERRAMENTAS-CHAVE DE AVALIAÇÃO 3.1
Critérios para objetivos bem-sucedidos

1. Os objetivos têm respostas claras.
2. Os objetivos representam aspectos importantes de uma lição ou capítulo.
3. Os objetivos se centram em um verbo que especifica o desempenho dos alunos.
4. Os objetivos podem ser cumpridos em um limite razoável de tempo.

Fonte: Os autores.

Nível mais alto: Os alunos podem escrever frases usando cada palavra do vocabulário corretamente.

Nível mais baixo: Os alunos podem associar falas de um conto aos seus respectivos personagens.

Nível mais alto: Os alunos podem contrastar as motivações do protagonista e do antagonista no conto.

Nível mais baixo: Os alunos podem escrever a fórmula do teorema de Pitágoras.

Nível mais alto: Os alunos podem usar o teorema de Pitágoras para resolver problemas envolvendo o comprimento de escadas de que o corpo de bombeiros precisa.

Todos os professores devem estar cientes da diferença entre habilidades intelectuais de nível mais alto e de nível mais baixo, e buscar incorporar alguns objetivos de nível mais alto em seus planos e instruções.

3. ***Quantos objetivos eu devo estabelecer em uma matéria?*** A resposta para essa pergunta depende, em parte, do período de tempo em consideração e da especificidade dos objetivos: quanto maior o período da instrução e quanto mais específicos os objetivos, mais objetivos podem ser estabelecidos com a expectativa de que sejam atingidos pelos alunos. Em geral, pode haver muitos objetivos instrucionais e menos objetivos educacionais. Além disso, objetivos de nível mais alto normalmente levam mais tempo para ensinar e aprender, então menos deles podem ser ensinados em um determinado período instrucional; leva mais tempo ensinar os alunos a interpretar gráficos do que a memorizar uma fórmula. Professores que têm centenas de objetivos para o ano letivo estão esperando demais de si e dos seus alunos ou estão estabelecendo objetivos muito restritos. Por outro lado, professores que têm apenas cinco objetivos por ano letivo estão subestimando seus alunos ou estão estabelecendo objetivos muito amplos.

Como os objetivos instrucionais são escritos antes de a instrução começar, os professores devem estar prontos para se desviar deles quando necessário.

4. ***Existem cuidados que eu devo ter quanto aos objetivos?*** Os objetivos normalmente são declarados antes de a instrução começar e têm como propósito orientar a instrução e a avaliação. Entretanto, os objetivos não foram feitos para serem seguidos ao pé da letra quando as circunstâncias sugerem a necessidade de ajustes. Como os objetivos são escritos antes de a instrução começar e por ser difícil antecipar o fluxo das atividades em sala de aula durante a instrução, os professores devem ser prudentes com relação a quão literalmente eles irão seguir os objetivos que estabeleceram antes do início das aulas.

PLANOS DE AULA

A Tabela Ferramentas-Chave de Avaliação 3.2 mostra os componentes do plano de aula. Assim que informações relevantes sobre os alunos, o professor e os recursos instrucionais forem identificadas, essas informações devem ser sintetizadas em um conjunto de planos instrucionais. Quando planejam, os professores tentam se visualizar ensinando, mentalmente vendo e ensaiando as atividades de ensino que planejam usar na sala de aula. De certo modo, um plano de aula serve como roteiro para o que irá acontecer em sala de aula, e inclui elementos como os objetivos da lição, os materiais necessários, as atividades planejadas e os métodos para avaliar o progresso dos alunos durante a lição, assim como o seu desempenho depois dela. Esse ensaio mental oferece uma oportunidade para os professores anteciparem problemas que podem surgir durante a lição e incorporar estratégias que podem ajudar a fornecer orientações durante a instrução.

Muitas abordagens instrucionais

Existem muitas abordagens instrucionais que os professores podem usar quando ajudam os

> **FERRAMENTAS-CHAVE DE AVALIAÇÃO 3.2**
> **Componentes de um plano de aula**
>
> **Objetivos educacionais:** também chamados de "alvos" por alguns: descrição das coisas que os alunos irão aprender na instrução: o que os alunos devem ser capazes de fazer após a instrução (p. ex., os alunos podem escrever o resumo de uma história, os alunos podem diferenciar advérbios de adjetivos em uma determinada passagem).
> **Materiais:** descrição dos recursos, materiais e aparatos necessários para realizar a lição (p. ex., projetor, argila, mapa, bico de Bunsen, vídeo sobre o movimento dos direitos civis).
> **Atividades de ensino e estratégias:** descrição das coisas que irão acontecer durante a instrução; costuma incluir fatores como determinar a preparação dos alunos, identificar como a lição irá começar, rever lições anteriores, fornecer organizadores avançados, identificar técnicas instrucionais específicas a serem usadas (p. ex., discussão, aula demonstrativa, leitura silenciosa, trabalho, jogo, atividades em grupo) especificando a sequência das técnicas, oferecer prática aos alunos e terminar a lição.
> **Avaliação:** descrição de como aquilo que os alunos aprenderam na lição será avaliado (p. ex., dever de casa, questões orais, ensaio).
>
> Fonte: Os autores.

alunos a aprender, tais como o modelo cíclico de criação de aulas de Hunter (1982), modelos cooperativos de aprendizagem (SLAVIN, 2003) e, mais recentemente, o trabalho de Gardner (1995) sobre inteligências múltiplas. A abordagem de Gardner (1995) divide as habilidades intelectuais em sete tipos distintos de inteligência:

1. linguística (uso de palavras);
2. lógica/matemática (uso de raciocínio);
3. espacial (uso de imagens e gravuras);
4. musical (uso de ritmos);
5. interpessoal (uso de interações interpessoais);
6. intrapessoal (uso de meditação ou planejamento);
7. corporal/cinestésica (uso de atividades físicas).

Empregar a abordagem das inteligências múltiplas de Gardner (1995) – ou qualquer outra abordagem da aprendizagem – influencia os objetivos da instrução e as atividades empregadas para ajudar os alunos a atingir esses objetivos. Por exemplo, Gardner (1995) argumentava que a sua abordagem exige que os professores empreguem uma variedade maior de métodos, usando uma variedade maior de estilos que envolvam seus alunos em diferentes inteligências múltiplas. Apesar de ajudar os alunos a desenvolver simultaneamente cada uma das sete inteligências pode ser uma tarefa muito difícil, a teoria de Gardner (1995) relembra os professores de que existe mais de um jeito de os alunos aprenderem e de serem avaliados. De que formas a instrução e a avaliação baseadas em uma abordagem cooperativa de aprendizagem diferem da instrução e da avaliação baseadas em uma abordagem de inteligências múltiplas? Métodos diferentes levam a estratégias instrucionais e a resultados diferentes (WIGGINS; McTIGHE, 1998).

> Métodos diferentes de instrução geram formas diferentes de instrução e de avaliação. Os professores devem conhecer mais de um método para ensinar os seus alunos.

Planejando atividades de avaliação formativa e somativa

Ao planejar atividades de avaliação para uma lição ou série de lições, existe uma tendência de se focar em avaliações somativas em vez de em avaliações formativas. As atividades de avaliação somativa, como fazer um *quiz* ou uma prova, completar o dever de casa ou uma folha de exercícios, produzir um ensaio ou um projeto, são frequentemente incluídas na seção de avaliação do plano da lição. Quando as habilidades e o conhecimento necessários para apresentar um bom desempenho nessas atividades estão alinhados com os objetivos da lição e a instrução dos alunos, essas atividades de avaliação somativa oferecem informações úteis sobre o que os alunos sabem e o que eles são capazes de fazer após a instrução. Apesar de ser importante que os professores examinem o conhecimento dos alunos após a instrução, é igualmente importante, se não ainda mais, que eles coletem e usem informações sobre o aprendizado deles durante a instrução. Essa informação de avaliação formativa permite que os professores modifiquem as atividades instrucionais e alterem o ritmo da instrução para que ela seja mais adequada às necessidades dos alunos.

Durante a instrução, estratégias de avaliação formativa incluem atividades como questionar diretamente os alunos durante discussões em aula, questionar os alunos individualmente durante atividades individuais ou em pequenos grupos, circular entre eles para observá-los trabalhando em uma atividade, pedir que compartilhem seus trabalhos preliminares com o professor ou com a turma toda, observar se os alunos estão realizando as tarefas e revisar o dever de casa, os produtos desenvolvidos durante a aula ou relatórios gerados por *softwares* educacionais para identificar problemas ou equívocos que os alunos estejam apresentando. Cada uma dessas atividades permite que o professor gere uma fotografia do aprendizado dos alunos. Dependendo do que a fotografia revelar sobre um aluno específico, um grupo de alunos ou sobre a turma toda, o professor pode optar por proceder com a lição conforme o planejado ou modificá-la para cuidar de uma necessidade que surgiu.

Apesar de muitas dessas atividades de avaliação formativa ocorrerem naturalmente na sala de aula, é importante que os professores considerem como serão coletadas informações sobre a aprendizagem dos alunos, conforme ela ocorre, para que as atividades de avaliação formativa sejam construídas premeditadamente na lição. Planejar atividades de avaliação formativa também oferece ao professor a oportunidade de antecipar os tipos de problemas e equívocos que podem surgir durante a lição e de desenvolver atividades de avaliação formativa sensíveis a esses problemas e equívocos. Ao criar um plano de aula, os professores devem desenvolver e articular estratégias para decisões tanto de avaliação somativa quanto de avaliação formativa.

Redigindo um plano

Um engano comum, especialmente em alunos de licenciatura que ainda não começaram a dar aulas, é achar que só existe um jeito de desenvolver um plano de aulas. Mas não existe uma forma única (i.e., um formato "correto") de redigir um plano de aula. O formato de um plano de aula é, em grande parte, determinado pelo propósito da lição. Em alguns casos, pode ser mais apropriado se focar no seu comportamento, assim como no dos alunos; outras vezes, você pode decidir que o foco da lição deve ser inteiramente no que os alunos irão fazer. O formato detalhado de um plano de aula não é algo que possa ser determinado por alguém que não esteja familiarizado com a sua turma nem com o seu estilo de ensino. Você deve encontrar o formato que funcione para você e o seu estilo de planejamento e ensino.

> Não existe um único modo correto de escrever um plano de aula.

Apesar de serem detalhados, os planos de aula não são formas imutáveis, eles permitem flexibilidade. Eles podem parecer rígidos se forem desenvolvidos – e seguidos – como se fossem roteiros. Lembre-se de que os planos de aula são guias; o seu propósito é *orientar* a sua instrução, e não *ditá-la*. Eles servem para oferecer um norte, ao mesmo tempo em que permitem que você aja como um profissional, tomando decisões apropriadas e ajustes conforme o andamento da aula.

A chave é sempre que o plano de aula seja escrito com consciência do(s) objetivo(s) instrucional(is).

OBJETIVOS E AVALIAÇÕES DO LIVRO DIDÁTICO

Os livros didáticos modernos e o seu material de apoio oferecem uma grande quantidade de informações para ajudar os professores a planejar, executar e avaliar a sua instrução. A fonte de informações mais rica e mais usada é a edição do professor do livro didático. A Figura 3.2 ilustra a variedade de recursos encontrados nas edições do professor da maioria dos livros didáticos. Apesar de nem todo livro didático ou pacote instrucional oferecer cada um dos recursos listados na figura, podem-se encontrar, no mínimo, objetivos, sugestões de ensino, atividades instrucionais e instrumentos de avaliação. Se você nunca viu a edição do professor de um livro didático ou os recursos que a acompanham, visite a seção com material curricular da biblioteca de uma escola local para examinar algumas. Revise várias edições do professor e compare os objetivos e os recursos oferecidos para o planejamento, ensino e avaliação. Preste muita atenção nas seções introdutórias da edição do professor, que descrevem os recursos e os materiais oferecidos.

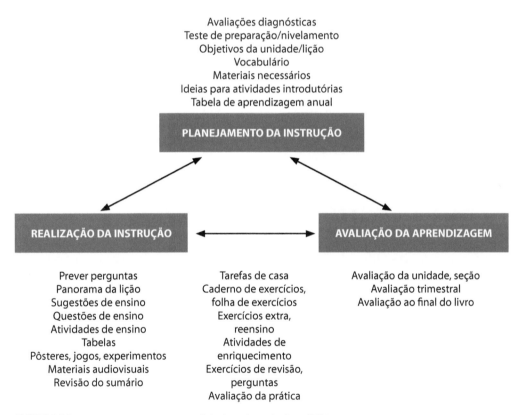

FIGURA 3.2 Recursos instrucionais comuns na edição do professor dos livros didáticos.
Fonte: Os autores.

Avaliando objetivos do livro didático e planos de aula

Os objetivos e outros recursos que acompanham os livros didáticos podem ser muito úteis para o professor em sala de aula – tão úteis que o professor pode se sentir tentado a depender exclusivamente deles. Fazer isso, porém, é abdicar da própria responsabilidade de tomar decisões, o que requer que o professor avalie cuidadosamente a adequação dos objetivos do livro didático e de outros materiais relativos às necessidades dos alunos e recursos à disposição em sala de aula. Além disso, os críticos dos livros didáticos afirmam que muitos desses livros são muito longos e, ao mesmo tempo, superficiais e desorganizados. Seguir estritamente um livro didático para determinar os objetivos da instrução pode resultar em lições que tentem cobrir muitas informações em um período muito curto de tempo e que não se conectem bem com outras lições. Alguns críticos também argumentam que basear os objetivos instrucionais unicamente em um livro didático tende a induzir os alunos a aceitar uma autoridade e um ponto de vista (DANIELS; ZEMELMAN, 2004).

> Objetivos e questões do livro didático podem ser úteis para os professores planejarem a instrução, mas eles não substituem os objetivos cuidadosamente planejados, a instrução e a avaliação do professor.

Independentemente dos méritos de algum livro didático específico, os autores não podem levar o *status*, as necessidades, a preparação e os recursos de todos os professores e turmas em conta quando estabelecem objetivos. Em vez disso, eles oferecem objetivos e materiais que acreditam que a maioria dos professores concordaria e aceitaria. É responsabilidade de todos os professores avaliar se os objetivos e os materiais de um livro didático são adequados para as suas situações específicas. Seguir cegamente as sugestões do livro didático do professor pode minar a responsabilidade deste de determinar objetivos e atividades instrucionais adaptadas às necessidades dos alunos.

> Os autores dos livros didáticos têm como público-alvo a maioria; cabe aos professores avaliar os livros para determinar se eles vão ao encontro das necessidades dos seus alunos.

Os professores devem analisar os objetivos dos livros didáticos usando três critérios:

1. Os objetivos e os textos estão definidos com clareza?
2. Eles são adequados para os alunos desta turma específica?
3. Eles esgotam os tipos de objetivos e atividades a que esses alunos devem ser expostos?

Se os materiais parecem ser úteis após esses critérios terem sido empregados, o professor pode usar o livro para ajudá-lo a focar as instruções e a avaliar aquilo que os alunos aprenderam.

O primeiro critério examina como os objetivos e as lições estão definidos. Eles contêm uma definição clara do processo e do conteúdo que os alunos irão aprender e as atividades instrucionais que permitem o aprendizado? A maioria dos livros didáticos, embora não todos, oferece uma descrição clara do processo desejado e do conteúdo. Na eventualidade de que os objetivos do autor sejam vagos ou ambíguos, o professor deve definir esses termos, reconhecendo que sua definição pode diferir da do autor e, assim, pode não estar refletida nas sugestões instrucionais e nos materiais que acompanham o livro.

O segundo critério examina a adequação do livro para os alunos específicos da turma do professor. Quando os professores desenvolvem seus próprios planos e objetivos, eles levam em conta o *status*, as necessidades e o preparo dos alunos. Não fazer isso é se arriscar a ter instruções irrelevantes. Os autores de livros didáticos, por outro lado, só podem estabelecer um único conjunto de objetivos e planos para todas as turmas e alunos que irão usar o livro. Frequentemente, esses objetivos e planos são mais adequados para algumas turmas do que para outras. Consequentemente, os professores devem perguntar: Os meus alunos têm os pré-requisitos necessários para atingir os objetivos do livro didático? Eles podem aprender esses objetivos em uma quantidade razoável de tempo? As atividades das lições dão conta de todos os objetivos importantes da unidade?.

O critério final examina a completude. Os objetivos do livro didático esgotam o que é importante que os alunos aprendam? Os planos de aula nos livros didáticos tendem a enfatizar métodos didáticos estruturados em que o professor ou diz as coisas para os alunos ou obtém respostas para perguntas que ele mesmo fez a eles. As lições que usam esses objetivos são mais fáceis de montar e apresentar do que as mais complexas, em que os alunos se envolvem em atividades cooperativas práticas. São relativamente poucos os objetivos dos livros didáticos que exigem síntese ou análise de ideias, temas ou tópicos. Apesar de os professores normalmente omitirem tópicos de um livro quando o utilizam nas aulas, eles raramente introduzem tópicos novos, que não estão no livro. Se os professores desejarem incluir ou enfatizar objetivos de nível mais alto nas suas aulas, eles podem ser forçados a quebrar esse padrão e introduzir objetivos adicionais para incrementar os estudos dos seus alunos. A Tabela 3.8 resume as vantagens e as desvantagens dos objetivos e dos planos de aula oferecidos pelos livros didáticos. A Tabela Ferramentas-Chave de Avaliação 3.3, na página a seguir, apresenta fatores a se considerar ao examinar objetivos e planos de aula de livros didáticos.

Analisando os instrumentos de avaliação dos livros didáticos

Os livros didáticos oferecem instrumentos pré-prontos para avaliar os objetivos enfatizados no livro. As provas e os *quizzes* fornecidos por esses livros podem economizar muito tempo para os professores. Contudo, antes de usar essas provas, o professor deve considerar os critérios que permitem que ele utilize a prova do livro didático ou uma prova própria com confiança. A preocupação básica é de se as questões da prova estão alinhadas com os objetivos instrucionais das lições dadas e da instrução dos alunos.

Independentemente de se um professor está construindo sua própria prova ou julgando a adequação da prova de um livro didático, a mesma questão básica de validade deve ser considerada: as questões da prova estão alinhadas com as aulas dadas? Quanto mais um

TABELA 3.8 Vantagens e desvantagens dos objetivos e dos planos de aula de livros didáticos

Vantagens	Desvantagens
Objetivos e planos convenientes e prontamente disponíveis.	Criado para professores e alunos em geral, não necessariamente para um professor ou turma específica.
Poder economizar muito tempo do planejamento.	Grande ênfase em objetivos e atividades de nível mais baixo.
Oferecer um conjunto integrado de objetivos, planos, atividades e avaliações.	Atividades tendem a ser didáticas e focadas no professor.
Contêm muitos materiais auxiliares para planejamento, instrução e avaliação.	Se forem implementados sem uma análise crítica, podem resultar em instruções inadequadas para os alunos.

Fonte: Os autores.

> **FERRAMENTAS-CHAVE DE AVALIAÇÃO 3.3**
> **Fatores básicos a considerar ao examinar os objetivos e planos de aula dos livros didáticos**
>
> **Objetivos do livro didático**
> 1. **Clareza:** Os objetivos foram definidos com clareza, especialmente o processo e o conhecimento?
> 2. **Abrangência:** Os objetivos incluem a maioria dos resultados esperados dos alunos neste tópico?
> 3. **Nível:** Os objetivos incluem tanto comportamentos de nível mais alto como de nível mais baixo?
> 4. **Pré-requisitos:** Os alunos têm as habilidades pré-requeridas necessárias para atingir os objetivos?
> 5. **Tempo:** Pode-se esperar que os alunos atinjam os objetivos no tempo disponível para a instrução?
>
> **Planos de aula**
> 1. **Pertinência:** Os planos ajudam a alcançar os objetivos estabelecidos?
> 2. **Nível:** Os planos incluem atividades para atingir tanto os objetivos de nível mais alto quanto os de nível mais baixo?
> 3. **Realismo:** Os planos são realistas dada a habilidade dos alunos, seu estilo de aprendizagem, nível de leitura, grau de atenção, e assim por diante?
> 4. **Recursos:** Os recursos e os materiais necessários para implementar os planos e atividades estão disponíveis?
> 5. **Acompanhamento:** Os materiais de acompanhamento (p.ex., folhas de exercícios, exercícios de enriquecimento e revisões) estão relacionados com os objetivos e reforçam os planos de aula e atividades?
>
> Fonte: Os autores.

professor alterar e reformar o livro didático, menos válidas serão as suas provas. Como um professor disse: As provas dos livros didáticos parecem boas e podem me economizar muito tempo, mas elas dificilmente avaliam exatamente o que eu estive ensinando em aula. Toda a vez que modifico o que o livro sugere que eu faça e cada vez que deixo uma lição ou seção dele de fora das minhas aulas, tenho de ver cuidadosamente a prova do livro para me certificar de que ela é justa para os meus alunos. Conforme um professor planeja e realiza a instrução, é essencial alinhar as atividades instrucionais e de avaliação com os seus objetivos para que possam ser tomadas decisões válidas sobre o aprendizado após a instrução.

Para resumir, tanto as provas dos livros didáticos quanto as feitas pelo professor devem:

1. avaliar os objetivos e as aulas dadas, e
2. incluir questões o bastante para mensurar todos ou a maioria desses objetivos.

Desse modo, a prova oferece uma amostra válida do aprendizado dos alunos. A Tabela 3.9, na página a seguir, resume os problemas que os professores encontram quando tratam desses dois importantes aspectos.

PADRÕES DE CONTEÚDO DO ESTADO

Nos Estados Unidos, os padrões estaduais de instrução já estão presentes há muitos anos, mas, na última década, o foco e a ênfase da avaliação estadual mudou radicalmente. Praticamente todos os Estados adotaram estruturas curriculares ou padrões de conteúdo próprios.[*] Além disso, praticamente todos os Estados implementaram um programa de avaliação criado para mensurar o desempe-

---

[*] N. de R.T.: No Brasil, ocorreu um processo semelhante a partir da implementação do Sistema de Avaliação da Educação Básica (SAEB), em 1995. Além das avaliações nacionais, como a Prova Brasil e o Exame Nacional do Ensino Médio (ENEM), cada vez mais Estados e municípios estão investindo na avaliação de desempenho de seus estudantes por meio de testes padronizados.

TABELA 3.9 Problemas comuns ao desenvolver ou selecionar provas para avaliar o conhecimento dos alunos

1. Desconsiderar objetivos e ênfases instrucionais ao planejar uma prova.
2. Não avaliar todos os objetivos e tópicos instrucionais importantes.
3. Deixar de selecionar tipos de questões que permitam que os alunos demonstrem o comportamento desejado.
4. Adotar uma prova sem revisar a sua importância para a instrução realizada.
5. Incluir tópicos ou objetivos não ensinados aos alunos.
6. Incluir muito poucas questões para avaliar a consistência do desempenho dos alunos.
7. Usar provas para punir os alunos por sua falta de atenção ou de respeito.

Fonte: Os autores.

nho dos estudantes nesses padrões curriculares (QUALITY COUNTS, 2002). Até 2008, quase metade dos Estados americanos (24) requeriam que os alunos passassem em uma prova que mensurasse seu conhecimento acerca desses padrões para se graduar.

Os padrões de conteúdo estão no centro da reforma educacional estadual. Para ajudar os alunos a atingir esses padrões, é importante que os professores os incorporem nos seus próprios objetivos instrucionais. Ao desenvolver os planos de aula, os professores devem examinar os padrões de conteúdo do Estado e considerar como eles podem ser divididos em objetivos instrucionais específicos. Quando os padrões de conteúdo do Estado tiverem sido traduzidos nos próprios objetivos instrucionais do professor, ele poderá identificar atividades instrucionais e métodos de avaliação que ajudem os alunos a atingi-los.

Os padrões estaduais podem ser expressos de diversas formas. A Tabela 3.10 apresenta termos comuns empregados pelos Estados quando estes apresentam seus padrões de conteúdo. A Figura 3.3, na próxima página, apresenta excertos de um padrão do Estado do Tennessee para o desenvolvimento de conhecimento, habilidades e comportamento para aprimorar o crescimento pessoal. Note os níveis de foco e de detalhes associados a esse padrão:

1. a definição do padrão;
2. as expectativas de aprendizagem – o que os alunos irão aprender;
3. os indicadores de desempenho – evidências de que o padrão foi alcançado; e
4. tarefas de exemplo.

As tarefas ajudam os alunos e os professores a saber como se focar no padrão.

TABELA 3.10 Um pouco de terminologia[*]

Padrão: Uma definição genérica do que um aluno deve saber e ser capaz de fazer em uma matéria.
Marco: Uma definição específica do que um aluno deve saber em um momento específico.
Indicador: Uma definição específica do conhecimento ou habilidades que um aluno deve demonstrar para atingir o marco.
Estrutura: O documento que rege uma matéria, que deve ser usado para desenvolver o currículo nesta área.
Estrutura curricular: Os conteúdos, padrões e marcos estabelecidos pelo Estado para uma matéria.

[*] Esses termos e definições agora são amplamente aceitos e usados nos Estados Unidos.
Fonte: Os autores.

A Tabela 3.11 lista os seis padrões do Colorado para leitura e escrita, e a Figura 3.4 apresenta excertos que elaboram dois deles em termos de expectativas, lógica e de como cada padrão se aplica em três níveis diferentes da escolarização.

A Figura 3.5 (ver p. 91), referente a West Virginia, oferece um vislumbre de uma abordagem diferente dos padrões estaduais. Ela propõe um panorama e objetivos para um curso específico.

O propósito desses exemplos é mostrar os diversos modos como os Estados definem os padrões. Para sua própria edificação, tente descobrir e examinar os padrões que estão sendo usados no Estado onde você planeja ensinar.

A importância cada vez maior dos padrões estaduais, assim como das decisões com base no desempenho dos alunos em provas criadas para mensurar seu domínio dos padrões, aumenta ainda mais a pressão sobre os professores para que eles planejem sua instrução com muito cuidado. Apesar de muitos livros didáticos e materiais instrucionais estarem sendo modificados para cobrir padrões comuns a muitos Estados, a maioria dos recursos produzidos comercialmente não cobre adequadamente todos os padrões dentro de um determinado Estado. Por esse motivo, é importante que os professores comparem regularmente os objetivos instrucionais contidos no livro didático com os padrões de

---

Padrão
1. O estudante irá desenvolver conhecimentos, habilidades e comportamentos que aumentem o seu crescimento pessoal.

Expectativas do aprendizado
O estudante irá:
1. Demonstrar um senso de propósito e direção e tomar decisões baseadas em valores e objetivos positivos (acreditar que ele pode fazer uma diferença significativa; nada é obra da sorte ou do acaso).
2. Demonstrar comportamentos positivos para si e para os outros (respeito por si mesmo, autoconfiança e autoestima; sentimento de autovaloração, confiança e competência).
3. Desenvolver capacidade de resiliência em relacionamentos.
4. Demonstrar autogerenciamento.
5. Escolher cursos éticos de ação (integridade e honestidade).
6. Desenvolver disposição para novas experiências e papéis.

Indicadores de desempenho: padrão de evidência é atingido
O estudante deve ser capaz de:
1. Selecionar, pesquisar e organizar um projeto após identificar e explorar diversas opções.
2. Demonstrar crescimento por meio da reflexão (p. ex., diários, levantamentos atitudinais,...).
3. Usar técnicas de resolução de problemas para interagir com os outros.
4. Estabelecer um objetivo pessoal e criar marcos para alcançar esse objetivo.
5. ... (e assim por diante)

Tarefas de exemplo
O aluno irá:
1. Identificar um problema dentro da escola ou da comunidade e implementar um plano de ação.
2. Criar um vídeo sobre a vida de um estudante de origem cultural diferente.
3. Criar um portfólio de reflexão incluindo uma autoavaliação de final de semestre.
4. Escrever sobre épocas em que passou por conflitos e demonstrar, por meio de atuação, como resolveu o conflito.
5. ... (e assim por diante)

FIGURA 3.3 Padrão do Tennessee para o crescimento pessoal.
Fonte: Os autores.

TABELA 3.11 Modelo dos padrões de conteúdo do Colorado para leitura e escrita

1. Os estudantes leem e compreendem materiais diversos.
2. Os estudantes escrevem e falam com propósitos diversos e para públicos distintos.
3. Os estudantes escrevem e falam utilizando gramática, uso, estruturas, pontuação, capitalização e ortografia convencionais.
4. Os estudantes aplicam habilidades de raciocínio à leitura, escrita, fala, audição e análise.
5. Os estudantes leem para localizar, escolher e utilizar informações relevantes de mídias, referências e fontes tecnológicas diversas.
6. Os estudantes leem e reconhecem a literatura como um registro da experiência humana.

Fonte: Colorado (2013).

PADRÃO 1
Os alunos leem e compreendem materiais diversos.
Para atingir esse padrão, os estudantes irão:
- Usar habilidades de compreensão como prever, predizer, inferir, comparar e contrastar, reler e automonitorar, resumir, etc.
- Estabelecer conexões entre sua leitura e o que eles já sabem, e identificar o que eles precisam saber sobre um tópico antes de ler sobre ele.
- Ajustar suas estratégias de leitura para diferentes propósitos, como ler cuidadosamente ideia por ideia; folhear e fazer leitura dinâmica, etc.
- Usar habilidades de reconhecimento de palavras e recursos como sons, pistas contextuais, imagens, etc.
- Usar informações da leitura para aumentar o vocabulário e aprimorar sua utilização da língua.

Objetivo: O objetivo para estudantes de todas as séries é que eles conheçam e possam usar estratégias – vários modos de descobrir o significado de palavras e blocos maiores de texto – para se tornarem leitores proficientes. As estratégias são aplicadas em materiais de leitura de dificuldade crescente para cada série. Em todas as séries, os estudantes devem ser desafiados a ler literatura e outros materiais que estimulem seus interesses e suas habilidades intelectuais. A leitura de ampla variedade de textos, sejam indicados por outros ou escolhidos pelo próprio estudante, oportuniza experiência no ganho de informação e de prazer a partir de diversos formatos e perspectivas.

Séries 1-4. Nas séries 1-4, o que os estudantes sabem e conseguem fazer inclui uma ampla variedade de estratégias para compreender materiais como orientações, textos de não ficção, rimas, poemas e histórias.

Séries 5-8. Conforme os estudantes nas séries 5-8 aumentam o seu conhecimento, o que eles sabem e conseguem fazer inclui utilizar uma ampla variedade de estratégias para compreender textos de caráter técnico, jornais, revistas, poemas e contos. Os estudantes aumentam suas habilidades de raciocínio e de compreensão.

Ensino médio. À medida que os estudantes do ensino médio aumentam o seu conhecimento, o que eles sabem e conseguem fazer inclui utilizar uma ampla variedade de estratégias para compreender ensaios, discursos e autobiografias.

Para estudantes que aumentam seu estudo de letras para além do padrão, o que eles sabem e são capazes de fazer pode incluir utilizar uma ampla variedade de estratégias para compreender críticas literárias e análises literárias, periódicos profissionais e técnicos.

(continua)

FIGURA 3.4 Elaborações dos padrões 1 e 3 do Colorado.
Fonte: Colorado (2013).

> **PADRÃO 3**
>
> **Os estudantes escrevem e falam utilizando gramática, uso, estruturas, pontuação, capitalização e ortografia convencionais.**
>
> Para atingir esse padrão, os estudantes irão:
> - Conhecer e utilizar a gramática correta na fala e na escrita.
> - Aplicar o uso correto na fala e na escrita.
> - Utilizar estruturas frasais corretas na escrita.
> - Demonstrar o uso correto de pontuação, capitalização e ortografia.
>
> **Objetivos:** Os estudantes precisam saber e ser proficientes no uso padrão da língua. Proficiência nesse padrão tem um papel importante em como aquele que escreve ou fala é compreendido e percebido. Todas as habilidades nesse padrão são reforçadas e praticadas em todas as séries, e devem ser monitoradas tanto pelo professor quanto pelo estudante para desenvolver habilidades de aprendizado para a vida toda.
>
> **Séries 1-4.** Nas séries 1-4, o que os alunos conhecem e são capazes de fazer inclui conhecer e usar a conjugação correta de sujeito/verbo; conhecer e usar modificadores corretamente; conhecer e usar as normas corretas de capitalização.
>
> **Séries 5-8.** Conforme os estudantes nas séries 5-8 aumentam o seu conhecimento, o que eles sabem e conseguem fazer inclui:
> - Identificar partes do discurso como substantivos, pronomes, verbos e advérbios.
> - Usar os pronomes corretos, formas regulares e irregulares dos verbos, e usar a conjugação correta sujeito-verbo envolvendo comparações na escrita e na fala.
> - Usar modificadores, homônimos e homófonos.
> - Usar sentenças simples, compostas, complexas e compostas/complexas.
>
> **Ensino médio.** Conforme os estudantes do ensino médio aumentam o seu conhecimento, o que eles sabem e conseguem fazer inclui:
> - Usar referências pronominais corretamente na escrita e na fala.
> - Usar expressões com o propósito de modificar e criar estruturas paralelas na escrita e na fala.
> - Usar capitalização interna e pontuação de citações indiretas na escrita.
> - Usar formas manuscritas especificadas em diversos manuais de estilo de escrita.

FIGURA 3.4 Elaborações dos padrões 1 e 3 do Colorado. (continuação)
Fonte: Colorado (2013).

conteúdo exigidos pelo seu Estado. Quando não há uma equivalência direta, é importante desenvolver objetivos instrucionais que estejam alinhados com os padrões de conteúdo e incorporá-los nos planos de aula.

PLANEJAMENTO, NECESSIDADES ESPECIAIS E ADAPTAÇÕES

A adequação às necessidades especiais dos alunos é uma questão muito importante, que deve ser levada em conta quando o professor planeja a instrução. Conforme discutido no Capítulo 2, um plano de educação individual (PEI) é desenvolvido para alunos que já tenham sido identificados como portadores de alguma necessidade especial. Quando estão planejando a instrução, os professores devem usar o PEI para alunos em sua turma para identificar que adaptações específicas podem ser necessárias para ajudar esses alunos a atingir os objetivos instrucionais. Em salas de aula que contenham um auxiliar instrucional, o professor deve trabalhar próximo do auxiliar quando planeja uma lição, para que o professor e o auxiliar possam trabalhar de maneira coordenada durante a aula para ajudar os alunos a atingir os objetivos instrucionais. Apesar de uma discussão

Objetivos de Álgebra I
Álgebra I é uma disciplina que oferece uma introdução para todos os cursos de matemática superior. Essa disciplina usa uma abordagem conceitual da matemática e não se foca nos métodos algorítmicos. As representações algébricas serão usadas para generalizar, e o método algébrico será visto como uma ferramenta de resolução de problemas. Ao planejar as aulas, deve-se considerar o quão prontos os alunos estão para conceitos abstratos. Objetos manipulativos, como blocos, devem ser usados para fazer a transição do concreto para o abstrato. Tecnologias disponíveis, como calculadoras, computadores e utilidades gráficas devem ser usadas como ferramentas para aprimorar o aprendizado.
Os estudantes irão:
- demonstrar conhecimento de padrões, relações e funções;
- representar e analisar situações e estruturas matemáticas usando notações algébricas;
- usar os modelos matemáticos.

Objetivos de Álgebra I
Os estudantes irão:
A1.2.1 simplificar e avaliar expressões algébricas usando símbolos de agrupamento, ordem de operações e propriedades dos números reais com justificativa para cada passo;
A1.2.2 resolver equações lineares com uma variável e aplicar suas habilidades na resolução de problemas práticos....
A1.2.3 ...

Descritores de desempenho
- **Distinto** O estudante demonstra desempenho excepcional e exemplar
- **Acima do domínio** O estudante demonstra desempenho competente e proficiente
- **Domínio** O estudante demonstra conhecimento fundamental da disciplina ou da série
- **Domínio parcial** O estudante demonstra desempenho básico, porém inconsistente
- **Novato** O estudante demonstra necessidade substancial de desenvolvimento do conhecimento fundamental

FIGURA 3.5 Padrão de West Virginia para Álgebra I.
Fonte: West Virginia (2013).

exaustiva sobre a variedade de adaptações disponibilizadas aos alunos durante a instrução ir muito além do escopo deste livro, algumas das adaptações mais comuns incluem dar aos alunos mais tempo para completar as tarefas, oferecer ferramentas físicas ou manipulativas com as quais os alunos possam trabalhar, e criar materiais que tornem os textos mais acessíveis (p. ex., texto impresso em folha maior, arquivos eletrônicos que possam ser lidos no computador, livros gravados em CD ou em braile). Em alguns casos, os objetivos instrucionais talvez também precisem ser modificados para alguns dos alunos da turma. Adaptações como essas são especificadas no PEI do aluno.

> Cada vez mais estudantes com deficiências estão sendo colocados em salas de aula de ensino geral. Como os professores precisam acomodar muitos alunos com deficiência em sala de aula, eles devem estar cientes das questões legais relacionadas a esses estudantes e de algumas das adaptações comuns usadas em sala de aula.

Ao planejar atividades de avaliação para uma lição, os professores também devem estar cientes das adaptações específicas requeridas pelos alunos. Na maioria dos casos, os alunos devem receber as mesmas adaptações durante as atividades de avaliação que eles recebem durante a instrução. Isso significa que, se um aluno precisar que um texto seja lido em voz alta por um auxiliar enquanto ele realiza as atividades de sala de aula, ele também poderá precisar que um auxiliar leia os textos em uma prova ou *quiz*. De modo semelhante, se o aluno recebe ferramentas manipulativas, como um teclado, texto em braile ou com cópias aumentadas, mais tempo ou qualquer outra acomodação enquanto trabalha em atividades instrucionais, esses mesmos materiais, tempo e adaptações também devem ser fornecidos quando os alunos estiverem trabalhando em atividades de avaliação. Fornecer as acomodações adequadas exige previdência e é um importante componente do planejamento instrucional. Para aqueles que gostariam de saber mais sobre adaptações instrucionais, o Apêndice E identifica recursos adicionais que se focam especificamente em adaptações.

APRIMORANDO A CONEXÃO ENTRE PLANEJAMENTO E AVALIAÇÃO

Ao planejar uma instrução, há algumas orientações comuns que os professores podem seguir para aumentar a efetividade do seu planejamento.

1. *Realize uma avaliação inicial completa das necessidades e características dos alunos.* Como o propósito da instrução é ajudar os alunos a fazer coisas que eles não conseguiam fazer antes da instrução, planejar lições responsivas requer que as necessidades e as características dos alunos sejam levadas em conta. Ter conhecimento do preparo, das habilidades, das necessidades especiais e da capacidade de atenção dos alunos ajuda o professor a determinar quanto tempo as lições devem durar, se ele deve envolver a turma toda ou se é melhor fazer atividades em pequenos grupos, e se a aula deve ser centrada no professor ou direcionada pelo aluno. Quanto mais válidas e confiáveis forem as avaliações iniciais, mais adequados os planos de aula serão.

2. *Use as informações da avaliação inicial quando estiver planejando.* Um professor pode ter feito um trabalho excepcional na avaliação inicial dos seus alunos, mas, se ele não usar essas informações quando planejar as lições, sua avaliação não servirá de nada. Planejar envolve encaixar a instrução nas necessidades e nas características dos alunos, e é responsabilidade do professor planejar de acordo com esses fatores.

3. *Não confie inteira e indiscriminadamente nos livros didáticos e em seu material de apoio ao planejar.* A edição do professor dos livros didáticos pode oferecer muitas informações necessárias para planejar, executar e avaliar a instrução, mas não são todas que o fazem. É importante considerar o grau em que o planejamento e a avaliação do livro didático se encaixam nas características e necessidades dos alunos. Os guias dos professores devem ser avaliados, adaptados e suplementados de modo que possam oferecer a melhor instrução possível para a turma de cada professor.

4. *Inclua uma combinação de objetivos de nível mais baixo e de nível mais alto.* As atividades instrucionais oferecidas nas edições dos professores são muito voltadas para práticas com a turma toda, como recitações, aulas demonstrativas e trabalhos de aula. Essas práticas normalmente enfatizam objetivos de nível mais baixo. Logo, é importante que os planos de aula e as atividades (sejam do livro didático ou criados pelo professor) incluam *tanto* objetivos de nível mais baixo *quanto* objetivos de nível mais alto.

5. *Inclua uma ampla variedade de atividades e estratégias instrucionais que se encaixem nas necessidades instrucionais dos seus alunos.* Os professores que usam a mesma estratégia (p. ex., aula demonstrativa, trabalho em aula ou trabalho no quadro) todos os dias com poucas modificações ou variedade criam dois problemas.

Primeiro, eles se arriscam a entediar os seus alunos e a reduzir sua motivação para participar dessas atividades repetitivas. Segundo, ao limitar o seu ensino a um repertório de uma ou poucas estratégias, eles podem não conseguir extrair o melhor de outros alunos que se adaptariam melhor a algum outro método (p. ex., instrução em pequenos grupos, jogos de aprendizagem ou trabalhos práticos). É importante incluir estratégias de ensino e atividades variadas nos planos de aula.

6. *Alinhe estratégias de ensino e atividades de avaliação com os objetivos educacionais.* Os objetivos descrevem os resultados desejados da instrução. As estratégias e as atividades de ensino representam os meios de atingir esses resultados. As atividades de ensino oferecem informações que ajudam o professor a decidir o quão bem os alunos estão progredindo ou alcançaram os objetivos. Para alcançar os fins desejados, os meios devem ser relevantes e apropriados. Sem objetivos claros em mente, é difícil julgar a adequação de um plano instrucional ou de uma avaliação. O desenvolvimento de um plano de aula começa com a definição dos objetivos e, então, com o alinhamento da instrução e da avaliação com esses objetivos. A Figura 3.6 apresenta a relação entre a definição dos fins (objetivos) e a definição dos meios (atividades de ensino).

7. *Reconheça as próprias limitações e preferências pedagógicas e de conhecimento.* Os professores avaliam muitas coisas quando planejam a instrução, mas frequentemente negligenciam a autoavaliação. Limitações no conhecimento do conteúdo podem levar o professor a omitir um tópico importante, ensiná-lo de forma negligente ou superficial, ou passar informações erradas aos alunos. Da mesma maneira, preferência por um ou mais métodos de ensino pode privar os alunos de exposição a outros métodos ou atividades que aprimorariam a sua aprendizagem. Quando as limitações de conhecimento e as preferências pedagógicas do professor passam a valer mais do que a consideração dos alunos pelo que deve ou não ser feito em aula, devem-se fazer perguntas sérias sobre a adequação dos planos instrucionais do professor.

8. *Inclua estratégias de avaliação nos planos instrucionais.* O objeto do planejamento e da condução da instrução é ajudar os alunos a aprender novos conteúdos e comportamentos. Consequentemente, os planos de aula devem incluir alguma mensuração formal para determinar se os alunos aprenderam os objetivos desejados e para identificar áreas de desentendimento ou confusão. Apesar de avaliações informais sobre o entusiasmo e a participação dos alunos poderem ser úteis, eles não são substitutos para avaliações mais formais, como trabalhos, deveres de casa, *quizzes* ou questões orais posteriores. A Tabela Ferramentas-Chave de Avaliação 3.4 resume as orientações a se seguir após o planejamento das aulas.

Meio: Ler um conto em silêncio.
Fim: Os alunos podem resumir um conto em suas próprias palavras.

Meio: Mostrar um filme sobre computadores.
Fim: Os alunos podem diferenciar *hardware* de *software*.

Meio: Discutir a organização da tabela periódica.
Fim: Os alunos podem localizar um elemento em seu grupo periódico, dada a descrição das propriedades do elemento.

FIGURA 3.6 Exemplos de meios e fins instrucionais.
Fonte: Os autores.

> **FERRAMENTAS-CHAVE DE AVALIAÇÃO 3.4**
> **Orientações de planejamento da instrução**
>
> - Realize avaliações iniciais completas das necessidades e das características dos alunos.
> - Use as informações da avaliação inicial no planejamento.
> - Não dependa inteira e indiscriminadamente de livros didáticos e do seu material de apoio ao planejar.
> - Inclua uma combinação de objetivos de nível mais baixo e de nível mais alto.
> - Inclua uma ampla variedade de atividades e estratégias instrucionais que se encaixem nas necessidades instrucionais dos seus alunos.
> - Associe os objetivos educacionais com as estratégias, atividades e avaliações planejadas de ensino.
> - Reconheça as suas próprias limitações e preferências pedagógicas e de conhecimento.
> - Inclua estratégias de avaliação nos planos instrucionais.
>
> Fonte: Os autores.

RESUMO DO CAPÍTULO

- A educação é o processo de ajudar os alunos a adquirir novas habilidades e comportamentos. Um currículo é a definição de aprendizados que se esperam que os alunos adquiram na escola ou em um curso. A instrução inclui métodos usados para ajudar os alunos a adquirir as habilidades e os comportamentos desejados. O resultado das mudanças nos alunos geradas pela instrução formal é chamado de desempenho.
- O processo instrucional compreende três passos: identificar os meios desejáveis de os alunos aprenderem, selecionar materiais e oferecer experiências que ajudem os alunos a aprender, e avaliar se os alunos aprenderam. Todos esses três passos requerem que o professor tome decisões e, portanto, envolvem a avaliação.
- Planejar a instrução envolve que os professores compreendam e modifiquem o currículo e a instrução de modo que estes se encaixem nas necessidades e nas características dos seus alunos. Planejar ajuda os professores a abordar a instrução com maior confiança, a revisar e a familiarizar-se com a matéria antes da aula, escolher modos de começar a aula e integrar lições em unidades.
- O planejamento depende do contexto em que a instrução ocorre e deve levar em conta tanto as características de sala de aula que os professores controlam (p. ex., arranjo da sala de aula, métodos de instrução ou estratégias de avaliação) quanto aquelas que eles não controlam (p. ex., características dos alunos, tamanho da turma ou recursos instrucionais).
- Os quatro elementos básicos que os professores devem incluir em seus planos de aula são objetivos educacionais, materiais necessários, estratégias e atividades de ensino, e procedimentos de avaliação. Os planos de aula devem ser escritos antes da instrução.
- Os objetivos são definições que descrevem o que se espera que os alunos aprendam com a instrução e o processo pelo qual eles irão demonstrar esse aprendizado. Os objetivos têm três níveis gerais de abstração – global, educacional e instrucional –, que variam de amplo a moderado a estreito. O ensino em sala de aula depende primariamente de objetivos educacionais e instrucionais.
- Os objetivos se enquadram em três domínios gerais: cognitivo, afetivo e psicomotor. A taxonomia de Bloom descreve importantes processos cognitivos: conhecimento, compreensão, aplicação, análise, síntese e avaliação.
- Os objetivos educacionais de nível mais alto requerem que os alunos façam mais do que simplesmente decorar fatos e regras. Os objetivos de nível mais alto envolvem comportamentos que requerem aplicação, análise, síntese ou avaliação das ideias do conteúdo.

- Apesar de os objetivos educacionais serem úteis para planejar a instrução, o fato de que eles são definidos antes de ela começar significa que talvez precisem ser alterados quando a instrução estiver em andamento. É apropriado fazer tais ajustes com base no preparo dos alunos.
- Podem-se planejar melhor as aulas evitando os seguintes erros: não conhecer as necessidades de aprendizado e as características dos alunos; ignorar essas necessidades e características no planejamento; depender indiscriminadamente do livro didático e de seus materiais de apoio; enfatizar apenas objetivos educacionais de nível mais baixo nos planos; usar apenas uma pequena variedade de estratégias e atividades instrucionais; não alinhar os objetivos às atividades de ensino; ignorar as próprias fraquezas no conteúdo e na estratégia de ensino; e omitir atividades de avaliação formativa e somativa dos planos.
- Uma parte importante ao se planejar a instrução é levar em conta as necessidades dos alunos e suas acomodações.
- Os alunos que sejam identificados como portadores de necessidades especiais podem receber um plano de educação individual (PEI) que defina os serviços e as adaptações que eles precisam receber. O professor deve considerar como cuidar dessas necessidades ao planejar sua aula.

QUESTÕES PARA DISCUSSÃO

1. Que características dos alunos são mais importantes de se ter em conta quando se planeja uma instrução? O quão realista é esperar que o plano de aulas do professor leve em conta as necessidades mais importantes dos alunos?
2. Que matérias são mais difíceis de planejar? Por quê?
3. Que características de turma seriam melhores para se planejar? E quais tornariam planejar a aula mais difícil?
4. Por que você acha que muitos professores descrevem a definição de objetivos como "planejamento reverso"? O "planejamento reverso" é útil? Por quê?
5. O que diferencia um objetivo bem definido de um que seja mal definido?
6. Quais são algumas das estratégias que os professores podem usar para garantir que as suas aulas levem em conta os padrões de conteúdo? Como os professores podem usar os livros didáticos e os padrões na hora de planejar a instrução?
7. Quais são orientações importantes para planejar a instrução?

ATIVIDADES

1. Peça para um professor mostrar e discutir com você um plano de aula que ele tenha usado. Registre os objetivos do professor e como o seu plano levou em conta condições e recursos diversos, assim como o quanto ele, de fato, seguiu o plano durante a lição em si.
2. Desenvolva um plano de aula sobre um tópico de sua escolha. Inclua os quatro componentes dos planos de aula discutidos neste capítulo.
3. Em um grupo pequeno, escolha um aluno imaginário com certa deficiência em uma certa série. Para cada aluno no grupo, atribua os papéis de professor, pai, administrador da escola e, possivelmente, um membro da unidade de necessidades especiais da escola. Vão juntos até o formulário de PEI no Apêndice C, cada um assumindo o seu papel respectivo. Preencham tudo o que conseguirem do formulário. (Talvez você queira consultar as informações de adaptações no Capítulo 4 também.)

QUESTÕES PARA REVISÃO

1. Explique as diferenças entre educação, realização, instrução e currículo.
2. Quais três passos formam o processo educacional?

3. Quais são as diferenças entre os seis processos cognitivos de Bloom e os três tipos de conhecimento do conteúdo?
4. O que define um bom objetivo?
5. Quais são alguns erros comuns quando se planeja a instrução, e como eles podem ser superados?
6. Como os objetivos influenciam as decisões sobre a instrução e a avaliação?

REFERÊNCIAS

ANDERSON, L. W. et al. *A taxonomy for learning, teaching, and assessing*: a revision of Bloom's taxonomy of educational objectives. New York: Longman, 2001.

BLOOM, B. S. (Ed.). *Taxonomy of educational objectives*: handbook I: cognitive domain. New York: Longman, 1956.

COLORADO. Department of Education. *State standards:* reading, writing, and communicating. Denver: CDE, 2013. Disponível em: < http://www.cde.state.co.us/coreadingwriting/statestandards>. Acesso em: 28 ago. 2013.

DANIELS, H.; ZEMELMAN, S. *Subjects matter*: every teacher's guide to content-area reading. Portsmouth: Heinemann, 2004.

GARDNER, H. Reflections on multiple intelligences: myths and messages. *Phi Delta Kappan*, v. 77, n. 3, p. 200-207, 1995.

HANNAH, L. S.; MICHAELS, J. U. *Comprehensive framework for instructional objectives*: a guide to systematic planning and evaluation. Reading: Addison-Wesley, 1977.

HARROW, A. H. *A taxonomy of the psychomotor domain.* New York: McKay, 1972.

HUNTER, M. *Mastery learning.* El Segundo: TIP, 1982.

KRATHWOHL, D. R.; BLOOM, B. S.; MASIA, B. B. *Taxonomy of educational objectives*: handbook II: affective domain. New York: Longman, 1964.

KRATHWOHL, D. R.; PAYNE, D. A. Defining and assessing educational objectives. In: THORNDIKE, R. L. (Ed.). *Educational measurement.* Washington: American Council on Education, 1971. p. 17-41.

MARZANO, R. C.; PICKERING, D.; MCTIGHE, J. *Assessing student outcomes*: performance assessment using the dimension of learning model. Alexandria: Association for Supervision and Curriculum Development, 1993.

QUALITY COUNTS. Building blocks for success. *Education Week,* v. 21, n. 17, 2002.

SLAVIN, R. *Educational psychology*: theory and practice. 7th ed. Boston: Allyn and Bacon, 2003.

WEST VIRGINIA. Department of Education. *21st century mathematics content standards and objectives for West Virginia schools.* Charleston: WVDE, 2013. Disponível em: <http://wvde.state.wv.us/policies/csos.html>. Acesso em: 28 ago. 2013.

WIGGINS, G.; MCTIGHE, J. *Understanding by design.* Alexandria: Association for Supervision and Curriculum Development, 1998.

capítulo 4
AVALIAÇÃO FORMATIVA

Tópicos-chave

- Avaliação informal durante a instrução
- Validade e confiabilidade na avaliação instrucional
- Atividades formais de avaliação formativa
- Acomodações durante a instrução

OBJETIVOS DO CAPÍTULO

Após ler este capítulo, você poderá:

- Diferenciar avaliação de planejamento de avaliação instrucional.
- Descrever o que os professores fazem ao longo da avaliação instrucional.
- Explicar o uso de nível de tolerância e **conhecimento prático**.
- Identificar problemas que influenciam a validade e a confiabilidade na avaliação instrucional.
- Escrever ou fazer perguntas de nível mais alto ou mais baixo e **perguntas convergentes e divergentes**.
- Citar estratégias para o questionamento efetivo.
- Acomodar os alunos com deficiências durante a instrução e a avaliação instrucional.

PENSAR SOBRE ENSINAR

Quais são as atividades mais importantes para as quais o professor deve estar preparado durante a instrução?

As atividades de avaliação que os professores realizam quando planejam a instrução são muito diferentes das que são feitas durante a instrução (ver Tabela 4.1). As avaliações de planejamento são desenvolvidas quando o professor está sozinho, em um momento em que ele pode refletir sobre o que os alunos parecem saber e parecem conseguir fazer e identificar os objetivos apropriados, os tópicos do conteúdo e as atividades de avaliação. As avaliações formativas ocorrem durante a interação com os alunos e se focam na tomada de decisões rápidas e específicas sobre o que fazer a seguir para ajudar os alunos a aprender. As avaliações formativas podem ter muitas formas, mas todas dependem de informações coletadas por meio de atividades estruturadas formais ou de observações informais feitas durante a instrução. As informações formais são coletadas por meio de questões e atividades pré-planejadas que são apresentadas durante a instrução para ajudar o professor a medir o grau de compreensão atual dos seus alunos. As informações informais são usadas para modificar instruções baseadas em evidências menos diretas da compreensão e do envolvimento dos alunos, como atenção, expressões faciais, postura, vontade de participar das discussões em sala de aula e questões levantadas pelos alunos.

> A avaliação instrucional se refere às avaliações feitas durante a instrução que ajudam a indicar *o quão bem a aula está indo.*

Apesar dessas diferenças, os atos de planejar e de executar a instrução estão integralmente relacionados. Executar bem a instrução depende do planejamento efetivo. Durante o estágio de planejamento, a identificação de conceitos, habilidades ou atividades que possam deixar os alunos confusos, frustrados ou entediados permite que o professor desenvolva breves atividades de avaliação para medir o grau de compreensão ou de envolvimento atual do aluno. Ao planejar essas avaliações formativas de antemão, podem-se preparar estratégias, atividades ou abordagens alternativas para explicar conceitos que podem ser preparadas antes da instrução. De maneira similar, uma reflexão sobre componentes mais bem-sucedidos e menos exitosos das lições anteriores permite que os professores evitem estratégias e atividades que não funcionem bem com um grupo de alunos. Ao antecipar os desafios de uma próxima lição e refletir sobre aulas anteriores, os professores podem reduzir a necessidade de adaptar uma lição durante a instrução.

TABELA 4.1 Características das avaliações de planejamento e das avaliações instrucionais

Avaliação de planejamento	Avaliação formativa
1. Ocorre antes ou depois da instrução.	1. Ocorre durante a instrução.
2. É realizada longe da turma.	2. É realizada diante da turma.
3. Permite decisões refletidas.	3. Requer decisões instantâneas.
4. Foca-se em identificar objetivos, conteúdo e atividades.	4. Foca-se em coletar informações para medir o grau de compreensão atual.
5. Baseia-se em muitos tipos de evidências formais e informais.	5. Fornece *feedback* ao aluno sobre como melhorar ou aprofundar a sua compreensão.
	6. Baseia-se tanto em questões e atividades formais quanto em pistas e respostas informais dos alunos.

Fonte: Os autores.

> O bom planejamento reduz a incerteza. Em vez de impedir o professor de tirar proveito de oportunidades imprevistas de ensino, ele deixa o professor livre para encontrar esses momentos e adaptar sua aula.

Apesar de o bom planejamento reduzir a incerteza durante a instrução, ele raramente a elimina. O processo de ensino deve, em algum grau, ser fluido e adaptável, de modo a permitir interrupções, digressões e acontecimentos inesperados. O que o professor faz influencia o que os alunos fazem, o que, por sua vez, influencia o que o professor faz, e assim por diante ao longo de todo o processo instrucional. Para entender os processos formal e informal da avaliação durante a instrução, é necessário ir além do plano de aulas escrito do professor e examinar a sala de aula como uma sociedade de aprendizagem. Este capítulo discute atividades formais e informais de avaliação formativa, e explora como os professores pensam a avaliação instrucional, como eles a executam e como eles podem garantir a qualidade da sua avaliação atual. O capítulo também discute o uso de questionamento, *feedback* e autoavaliações dos alunos para auxiliar na sua aprendizagem. Por fim, ele descreve as acomodações adequadas para alunos com deficiências durante a instrução e em avaliações na sala de aula.

AVALIAÇÃO INFORMAL DURANTE A INSTRUÇÃO

Quando a aula começa, os professores realizam duas tarefas:

1. eles iniciam as atividades instrucionais que haviam planejado e
2. avaliam o progresso e o sucesso dessas atividades instrucionais para modificá-las, se necessário.

Por muitas razões, as coisas nem sempre acontecem de acordo com o plano.

> A instrução efetiva inclui a avaliação precisa do progresso dos alunos e uma adaptação a suas necessidades cambiáveis.

Interrupções, equívocos sobre o preparo e a atenção dos alunos, mudança de interesse dos alunos e eventos inesperados (p. ex., treinos para o caso de incêndio, reuniões e barulho nos corredores) podem alterar as atividades instrucionais planejadas. Como resultado, o professor deve estar constantemente sentindo o humor e a atenção da turma para tomar decisões sobre o que fazer a seguir. Quando o professor tiver começado a instrução, ele se envolve em um processo de constante avaliação do seu progresso e de determinação de como os alunos estão reagindo.

Note que, quando estiver planejando a instrução, o foco estará nas características dos alunos, preparação, objetivos da matéria e atividades de aprendizagem. Quando a instrução começar de fato, o foco irá mudar para questões mais centradas na ação, especialmente em como os alunos estão desenvolvendo suas habilidades e conhecimentos. Durante a instrução, os professores coletam dados de avaliação informal para ajudar a monitorar fatores como os seguintes:

- Nível de interesse de alunos individuais e da turma como um todo.
- Problemas aparentes ou potenciais de comportamento.
- Adequação da técnica ou da atividade instrucional em uso.
- Que aluno chamar a seguir.
- Alunos que podem se desligar da tarefa.
- Adequação das respostas dos alunos.
- Ritmo da instrução.
- Confusão ou equívocos que os alunos podem estar desenvolvendo.
- Facilidade de transição entre um conceito e outro e entre uma atividade e a próxima.
- Adequação dos exemplos usados para explicar conceitos.
- Grau de compreensão por parte do aluno individual e da turma como um todo.
- Conveniência de se começar ou encerrar uma atividade em particular.

Esse tipo de monitoramento, é claro, é uma tarefa complicada, visto que a instrução, a avaliação e a tomada de decisões ocorrem quase simultaneamente. Por exemplo, durante uma discussão em aula, um professor deve ouvir as respostas dos alunos, observar outros alunos para identificar sinais de dúvida ou de compreensão, formular a próxima pergunta e cuidar se não há sinais de mau comportamento. Ao mesmo tempo, o professor deve obedecer ao ritmo da discussão, à sequência de escolha de que alunos vão responder, à relevância da qualidade das respostas, e ao desenvolvimento lógico do conteúdo. Quando a turma é dividida em pequenos grupos, o número de eventos simultâneos aumenta, e o professor deve monitorar e regular diversas atividades diferentes ao mesmo tempo. (DOYLE, 1986)

Certamente, são necessárias muitas decisões durante a instrução, e essas decisões, por sua vez, são informadas pelas avaliações que os professores fazem como parte do processo instrucional.

A Figura 4.1 ilustra esse processo de avaliação em andamento. Quando o *ensino* começa, o professor *avalia* continuamente seu progresso observando as reações dos alunos e fazendo-lhes perguntas. Com base nessas reações e respostas, o professor toma uma *decisão* sobre como a instrução está indo. Se o professor decidir que a lição está progredindo de maneira satisfatória, ele continua o ensino como planejado (caminho A). Se ele perceber um problema, tal como falta de compreensão ou de interesse, a atividade instrucional planejada deve ser *revisada* para amenizar o problema, com outra atividade ou estratégia de ensino iniciada (caminho B). Esse ciclo é repetido muitas vezes ao longo de uma única sessão.

Indicadores informais de avaliação durante a instrução

Dados o ritmo, a complexidade das atividades instrucionais e a necessidade de a instrução ocorrer sem percalços, não é surpresa que os professores usem indicações informais para monitorar a sua instrução. Para determinar que tipos de indicadores os professores usam para monitorar e julgar o sucesso da sua instrução, eles foram questionados sobre como sabiam quando a sua aula era bem-sucedida. Suas respostas incluíam o seguinte:

> Os indicadores informais incluem pistas dos alunos, como atenção, expressões faciais e perguntas feitas por eles.

> É fácil dizer quando as coisas não estão indo de acordo com o plano. As crianças ficam impacientes; as expressões faciais ficam contorcidas; sua linguagem corporal, sua voz e seus olhos contam a história da sua reação à aula.
>
> Se a minha turma está "viajando" – virada sem expressão para a janela, sem reação –, isso me diz alguma coisa. Tem horas em que preciso decidir o que fazer, já que não quero que os alunos achem que, se eles mostrarem desinteresse, eles vão sempre conseguir me fazer mudar meus planos.
>
> Alguns exemplos de uma boa aula são quando os alunos estão ansiosos para serem chamados, levantam a mão, dão respostas entusiasmadas, olham direto pra mim, gritam respostas, mostram animação com o olhar. Durante uma aula ruim, as crianças ficam com a cabeça na mesa, conversam com o vizinho ou saem em grupos para o banheiro.

Reagir às diversas necessidades imediatas da turma dá aos professores pouco tempo para refletir sobre o que eles estão fazendo ou sobre os motivos por trás de suas ações. Ainda assim, a maioria dos professores sente que tem uma boa noção do seu sucesso instrucional, o que implica que eles avaliam muitas pistas ambientais.

Quando monitorar o sucesso de uma lição durante a instrução, será importante não confundir níveis altos de interesse e participação com efetividade. Às vezes, os alunos podem estar muito ansiosos para participar de uma discussão ou para se envolver em uma atividade. Essa ânsia e interesse podem fazer o professor se sentir bem com a lição. Mas, se o foco da discussão ou o aprendizado que resultar da atividade não contribuir para ajudar os alunos a alcançar os objetivos instrucionais dessa lição, ela não será tão efetiva. Conforme iremos explorar mais adiante, é importante considerar a validade das interpretações que os professores fazem durante a instrução acerca da efetividade de uma atividade instrucional, com base em pistas e observações informais.

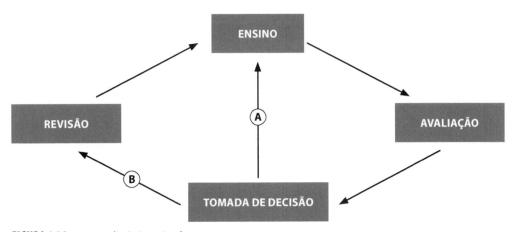

FIGURA 4.1 Passos na avaliação instrucional.
Fonte: Os autores.

> As informações de avaliação que os professores coletam durante a instrução vêm principalmente de observações informais dos seus alunos.

Em suma, a direção, o fluxo e o ritmo da instrução são ditados pela química da turma em dado momento. A tarefa de avaliação do professor durante a instrução é monitorar o progresso e o sucesso da instrução. Na maioria das salas de aula, a tarefa de monitorar se resume a avaliar a adequação dos procedimentos instrucionais e as reações que os alunos apresentam. A maioria das decisões que os professores tomam durante a instrução é induzida por

1. comportamento incomum dos alunos que requer uma resposta ou reação do professor e
2. questões típicas que surgem durante a instrução, como responder à pergunta de um aluno, decidir quem chamar a seguir e decidir se é melhor prosseguir para o próximo tópico.

As informações de avaliação que os professores coletam quando monitoram suas instruções surgem principalmente de observações informais dos alunos. Essas pistas, mais o conhecimento que o professor tem da turma, sustentam avaliações e decisões rápidas que os professores fazem durante a instrução em sala de aula. Avaliações de comportamento atípico ajudam a manter qualquer que seja o nível de tolerância que o professor pretende permitir. Acima de tudo, as avaliações estão enraizadas no conhecimento prático que o professor tem da turma.

O que os professores pensam durante a instrução

Uma grande parte do que os professores pensam durante a instrução está relacionada com a adequação da sua instrução. Os professores descrevem o que eles pensam destas formas:

> Eu estava pensando sobre a necessidade de outro exemplo desse conceito.
>
> Eu estava tentando fazê-lo ver a relação entre o Tratado de Versalhes e a ascensão de Hitler ao poder sem lhe dizer isso diretamente.
>
> Eu estava pensando sobre uma folha de exercícios que reforçaria a ideia. Eu decidi que ela seria necessária para revisar a lição de ontem.

> Os professores tendem a procurar mais sinais de envolvimento do que de aprendizado dos alunos.

Os professores estão particularmente preocupados com o *efeito* da instrução sobre os alunos – ou seja, o grau em que os alunos estão interessados e o quanto eles apreendem dela. Quando os professores deduzem que os alunos estão tendo dificuldades com um conceito, eles tomam decisões deliberadas quanto a suas próximas ações. Essas decisões são capturadas nos seguintes comentários de professores:

> Percebi que eles não entendiam o conceito de corrupção de jeito nenhum. Pensei "pelo menos, todos estão se concentrando no assunto". Achei que era melhor chamar o Larry, só para garantir que ele também estava prestando atenção.
>
> Pedi que Mike explicasse o material porque achei que ele teria o conhecimento e poderia explicá-lo de um jeito que todos os alunos pudessem entender.

Avaliando comportamento normal e anormal

Ao longo do tempo, por meio de observações e experiência, os professores estabelecem **níveis de tolerância** que indicam qual é o comportamento normal de alunos e da turma. Esses níveis de tolerância variam de turma para turma e de professor para professor. Em algumas salas de aula, por exemplo, a tolerância "normal" de barulho quando os alunos estão trabalhando individualmente é muito baixa. Os alunos não podem interagir, conversar ou falar em voz alta. Em outras salas de aula, a tolerância "normal" permite mais barulho, mais movimento dos alunos pela sala de aula e conversação. Níveis de tolerância também são estabelecidos para alunos individuais. Quando ouvimos um professor dizer coisas como: "John se comportou pior do que o normal hoje; ele deve estar chateado ou algo assim", "Anush está brava com os pais, pois estava com a cara amarrada e não disse uma palavra na aula" ou "Eugênio entregou o dever de casa todo desleixado e incompleto – tem alguma coisa errada", estamos vendo a tomada de decisão do professor com base em comportamentos dos alunos que estão "fora da tolerância" com base no comportamento normal deles.

> A avaliação instrucional inclui perceber comportamento anormal de modo a manter o nível certo de tolerância.

Parte do processo de "ler" a turma durante a instrução envolve saber quando a turma ou alguns alunos estão exibindo comportamentos fora da linha de tolerância, que exigem uma resposta do professor. Assim, uma grande proporção das decisões dos professores durante a instrução resulta de monitorar sinais que dizem a ele se o comportamento dos alunos está dentro ou fora da faixa de tolerância.

Mas as decisões dos professores durante a instrução não se baseiam unicamente em percepções de comportamentos incomuns dos alunos. Muitas envolvem rotinas de sala de aula em comum. Por exemplo, muitas decisões dos professores são o resultado de perguntas dos alunos ("Se Pedro não entender, acho melhor revisar o tópico para a turma toda") ou da necessidade do professor de escolher um aluno para responder durante a instrução ("Holly não levantou a mão para responder nada há três dias; vou chamá-la da próxima vez"). De modo semelhante, quando existe um ponto de transição na lição de uma atividade para a outra, quando o professor antecipa um problema para ensinar um conceito, quando não há tempo o bastante para completar as atividades planejadas ou quando há falta de materiais, o professor deve tomar uma decisão sobre o curso e a natureza das atividades instrucionais subsequentes.

VALIDADE E CONFIABILIDADE NA AVALIAÇÃO INSTRUCIONAL

Como os professores têm pouco tempo para refletir sobre o que é observado ou para coletar informações adicionais durante as aulas, eles devem tomar decisões e agir com base em evidências incertas e incompletas. Mesmo assim, bons professores são capazes de coletar e avaliar informações informais para tomar decisões de avaliação instrucional adequadas. É importante, porém, considerar questões relacionadas com a qualidade dessas observações e informações informais coletadas durante a avaliação instrucional.

Problemas que afetam a validade das avaliações informais

Durante a instrução, os professores dependem de observações informais para coletar informações sobre os níveis atuais de interesse e compreensão dos alunos. Com base nessas informações informais, os professores fazem inferências sobre a efetividade das estratégias informais que estão empregando no momento e tomam decisões sobre como modificar essas estratégias ou se é melhor fazer a transição para um tipo diferente de atividade instrucional. Para avaliações instrucionais, a validade está relacionada com a precisão das inferências que os professores fazem com base em observações informais sobre os níveis de interesse dos alunos, sua compreensão atual, o ritmo da instrução e a adequação das decisões subsequentes que os professores fazem sobre a sua instrução. Uma questão importante da validade é esta: as inferências que os professores fazem com base nessas observações são precisas e ajudam a tomar as decisões adequadas para o sucesso da instrução? Duas ameaças em potencial à validade são

1. falta de objetividade dos professores quando julgam sua própria instrução e
2. uso de evidências incompletas na tomada de decisões sobre a instrução e a aprendizagem dos alunos.

Objetividade do professor como observador

> Como os professores querem se sentir bem com a sua instrução, existe o perigo de que eles só procurem reações boas dos alunos.

O fato de o professor participar do processo instrucional pode dificultar a sua tarefa de ser um observador objetivo e distante, capaz de tomar decisões imparciais sobre a sua própria instrução. Os professores têm interesse no sucesso da instrução e extraem suas principais recompensas daí; eles têm um forte investimento pessoal e profissional no processo instrucional. Cada vez que os professores fazem um julgamento favorável sobre a instrução ou sobre a aprendizagem dos alunos, eles também estão se recompensando. Como eles dependem muito das suas observações para avaliar a instrução, existe a possibilidade de eles verem somente aquilo que querem ver – ou seja, somente aquelas coisas que irão lhes dar reforço. Se for esse o caso, as evidências que eles usarem para avaliar a sua instrução serão potencialmente inválidas. Evidências de avaliações de instrução inválidas não são difíceis de encontrar. Por exemplo, os tipos de perguntas que os professores fazem podem influenciar o seu senso de efetividade pessoal. É provável que questões simples e factuais produzam um número maior de respostas corretas dos alunos do que perguntas abertas e complexas. Concentrar-se em habilidades rotineiras, de nível mais baixo, em vez de em habilidades e processos de nível mais alto, pode garantir que mais alunos participem e respondam corretamente. Comentários de professores como: "Este tópico é muito difícil para os meus alunos, então vou pulá-lo", podem ser uma apreciação realista da preparação dos alunos ou podem ser simplesmente uma forma que os professores encontraram de evitar desapontamentos instrucionais. Em suma, o desejo de atingir satisfação no ensino pode influenciar as observações dos professores e produzir conclusões inválidas sobre o sucesso da instrução, com consequências prejudiciais para os seus alunos.

> Às vezes, os professores fazem perguntas fáceis e de nível mais baixo para conseguir as respostas corretas que os fazem se sentir bem com a sua instrução.

Incompletude dos indicadores informais

Os indicadores informais que os professores usam para monitorar a instrução são aqueles mais prontamente disponíveis, mais rapidamente levantados e menos invasivos: reações dos alunos, como expressões faciais, postura, participação, questões e atenção. Ao usar esses indicadores informais, os professores "leem" um aluno ou a turma e julgam o sucesso da atividade instrucional atual. Mas o critério real do sucesso da instrução é a *aprendizagem estudantil*. Apesar de o *processo* da instrução – seu fluxo e ritmo, e as reações dos alunos – ser importante e dever ser avaliado, ele não oferece evidências diretas da aprendizagem estudantil. Ele só lida com eventos intermediários que podem ou não levar a um resultado mais importante – isto é, a aprendizagem.

> A avaliação instrucional deve levar tanto a aprendizagem quanto o envolvimento dos alunos em conta.

Ser atento e envolvido na instrução é desejável, mas não significa necessariamente que a aprendizagem está ocorrendo. Logo, a avaliação válida da instrução deve incluir informações adequadas tanto sobre o envolvimento dos alunos quanto sobre a sua aprendizagem. Se ela se focar apenas o interesse dos alunos e suas expressões faciais, os julgamentos sobre o objetivo principal – o quão bem os alunos estão aprendendo – podem ser inválidos.

> A avaliação instrucional que envolve receber *feedback* de uma ampla variedade de alunos é mais confiável do que as avaliações baseadas nas reações de um ou dois alunos.

Ao coletar informações por meio de observações informais sobre toda a turma ou sobre um grupo de alunos dentro da turma, é importante ter amostras de toda a sala de aula. Frequentemente, devido ao local onde os alunos estão sentados ou a uma preferência inconsciente de certos alunos, os professores tendem a usar uma amostragem excessivamente pequena deles para avaliar o sucesso da instrução. Essa amostragem inadequada, evidentemente, reduz a validade da sua avaliação.

Problemas que afetam a confiabilidade instrucional

A confiabilidade está relacionada com a estabilidade ou consistência dos dados de avaliação que são coletados. Uma das características do ensino é a natureza rapidamente mutável da instrução. Se a mensagem que o professor receber de suas observações mudar cada vez que uma evidência nova for coletada, o professor não poderá confiar nessa evidência para ajudá-lo a tomar decisões. Já que os professores obtêm a maioria das suas informações sobre o sucesso da instrução observando os seus alunos, quanto mais frequentemente eles observarem os comportamentos deles e informalmente monitorarem a sua compreensão, mais confiáveis serão as informações sobre atenção, aprendizagem ou ritmo da instrução. É claro, dada a fluidez dos eventos da aula e o rápido ritmo em que as circunstâncias podem mudar em uma sala de aula, nem sempre é possível coletar múltiplas observações antes de fazer uma inferência ou formar uma decisão. Ainda assim, o grau em que múltiplas observações de múltiplos alunos são feitas afeta a confiabilidade das informações que os professores usam para informar suas decisões instrucionais.

A Tabela Ferramentas-Chave de Avaliação 4.1 resume os problemas de validade e confiabilidade na avaliação instrucional.

ATIVIDADES FORMAIS DE AVALIAÇÃO FORMATIVA

No basquete, diz-se que há jogadores com um "toque" para o arremesso. Além das mecânicas de saber como lançar uma bola de basquete, o jogador tem uma habilidade intangível de acertar a bola na cesta com precisão incomum. Da mesma forma, a habilidade de um ator de "ler" a plateia e reagir a ela vai além dos aspectos técnicos da atuação; envolve uma sensibilidade especial ao público. Assim como o jogador de basquete precisa de um "toque" e o ator deve conseguir "ler" a plateia, o sucesso da avaliação instrucional depende do professor "sentir" o processo de instrução. Esse "sentir" depende, em grande parte, das avaliações

> **FERRAMENTAS-CHAVE DE AVALIAÇÃO 4.1**
> **Problemas de validade e confiabilidade da avaliação instrucional**
>
> **Problemas de validade**
> 1. Falta de objetividade pelo professor da turma.
> 2. Superdependência de objetivos e avaliações que dão ao professor um máximo de reforço, mas mínima instrução para os alunos.
> 3. Foco em indicadores do processo instrucional (p. ex., expressões faciais, postura ou participação) sem consideração dos indicadores de resultado instrucional (p. ex., aprendizagem estudantil).
>
> **Problemas de confiabilidade**
> 1. Coleta de evidências corroborativas inadequadas.
> 2. Foco em um número limitado de alunos para obter informações sobre o processo instrucional e sobre a aprendizagem estudantil.
>
> Fonte: Os autores.

iniciais e do conhecimento prático que o professor tem do comportamento típico dos seus alunos. Ele permite que o professor antecipe os problemas instrucionais, escolha o procedimento instrucional correto dentre as muitas opções disponíveis e use alguns indicadores válidos para determinar como a instrução está indo.

> Os bons professores podem sentir o sucesso ou o fracasso da sua instrução do mesmo modo que um bom ator pode sentir a reação da plateia.

Avaliações feitas durante a instrução dependem, em alguma medida, de um processo intangível e inarticulado. Tentar descrever o processo de avaliação instrucional com uma lista detalhada de regras e procedimentos seria corromper o fluxo natural dos eventos de aula e provavelmente destruir o processo como um todo. Os professores terão sempre de confiar em parte em sua capacidade de "sentir" as situações de aula quando coletam informações de avaliação e tomam decisões durante a instrução. Contudo, isso não significa que o processo não pode se tornar mais válido e confiável para que a tomada de decisão seja aprimorada, e o aprendizado dos alunos, aumentado.

> Os bons professores serão sempre aqueles que conseguem sentir como as coisas estão indo na sala de aula, momento a momento.

Aprimorar a avaliação durante a instrução não requer que o professor se torne um autômato que segue cegamente um conjunto de regras prescritas. Afinal de contas, é como os professores sentem seus alunos e as situações em suas aulas que impossibilita que as máquinas os substituam. Ainda assim, pesquisas mostram que assumir uma abordagem mais sistemática à avaliação formativa e incorporar atividades formais de avaliação formativa na instrução têm efeitos positivos no aprendizado dos alunos (BLACK; WILIAM, 1998).

Atividades formais de avaliação formativa envolvem planejamento reflexivo antes da instrução e ações propostas ao longo dela. Avaliações formativas formais dão aos professores informações específicas sobre o nível de compreensão atual dos alunos, e frequentemente permitem que os alunos forneçam *feedback* para ajudar a refinar seu raciocínio ou as suas habilidades. Evidências formativas formais podem ser coletadas por meio de diversas técnicas, incluindo questões pré-planejadas, atividades formais, autoavaliações dos alunos e *feedback* de pares ou de um instrutor. Atividades formais incluem problemas pequenos, deveres de casa feitos para reconhecer o que os alunos sabem ou sobre o que eles têm dúvidas, *quizzes*, ensaios e observações formais do laboratório ou outras atividades práticas. Em todos os casos, o que separa dados de avaliação formais de informais é a coleta propositada e pré-planejada de informações sobre a aprendizagem dos alunos. Perceba que a avaliação formativa tem grande foco na aprendizagem dos estudantes, ao passo que a avaliação informal se foca nas atitudes, no envolvimento e em outras características afetivas deles.

> Os professores devem suplementar suas avaliações informais da instrução com *feedbacks* formais, como deveres de casa, folhas de exercícios e revisões da lição.

Pesquisas mostraram que três formas de avaliações formativas são particularmente efetivas para ajudar os alunos a aprender (BLACK et al., 2004): questionamento propositado, *feedback* do professor e autoavaliação e avaliação dos pares.

Questionamento efetivo

Os professores fazem muitas perguntas aos seus alunos ao longo da instrução, com alguns professores fazendo de 300 a 400 perguntas por dia (CHRISTENSEN, 1991; MORGAN; SAXTON, 1991). As perguntas são geralmente feitas com um de dois propósitos:

1. manter a atenção dos alunos ou
2. coletar informações sobre o seu nível atual de compreensão.

Perguntas feitas para manter a atenção costumam ser curtas e feitas de modo a exigir respostas factuais de um único aluno. Por outro lado, perguntas feitas para avaliar o nível de conhecimento atual dos alunos costumam ser mais abertas e se focam na compreensão conceitual. Além disso, costumam-se solicitar respostas de vários alunos, e essas respostas formam a base para o julgamento do professor acerca do nível de compreensão deles, servindo como um trampolim para discussões posteriores. Visto que é difícil formar perguntas abertas efetivas durante o ato do ensino, perguntas feitas para avaliar o nível atual de compreensão dos alunos são frequentemente desenvolvidas durante a fase de planejamento da instrução e modificadas durante a instrução em si.

Um componente crítico do questionamento efetivo é o tempo de espera. A maioria dos professores espera apenas alguns segundos após fazer uma pergunta antes de solicitar uma resposta. Apesar de tempos de espera curtos serem apropriados para perguntas factuais, os alunos frequentemente precisam de mais tempo para refletir e desenvolver uma resposta para uma pergunta aberta. Tempos de espera curtos passam aos alunos a mensagem de que as respostas devem estar prontamente disponíveis, que a reflexão não é necessária: seu trabalho é enxergar a resposta certa em vez de descrever sua própria compreensão ou ideias. Apesar de poder parecer uma eternidade, para perguntas abertas os alunos podem precisar de 20 a 30 segundos antes de conseguirem dar respostas bem pensadas.

Ao usar perguntas para avaliar o nível de compreensão atual dos alunos, também é importante obter respostas de diversos estudantes. Isso não só aumenta a quantidade de informação disponível para tomar uma decisão instrucional, mas também dá a eles uma oportunidade de comparar e contrastar suas ideias com as de seus pares. Além disso, múltiplas respostas dão ao professor mais exemplos que podem ser usados para promover discussões em aula e aumentar a compreensão dos alunos.

Ao fazer perguntas, é importante não chamar apenas os alunos que tenham levantado a mão. Em vez disso, considere direcionar uma pergunta relacionada ou de esclarecimento para um aluno cuja mão não esteja levantada e, a seguir, pedir uma resposta adicional a um aluno que tenha sido rápido em levantar a mão. Essa técnica pode ajudar a gerar diferentes perspectivas sobre um assunto e pode levar a um *insight* surpreendente de alunos que não são tão ávidos a compartilhar suas ideias. Prestar atenção apenas aos poucos alunos que sempre compartilham suas ideias ou que são os primeiros a levantar a mão pode levar o professor a perder contato com a turma como um todo.

Feedback para os alunos

Feedback para os alunos ocorre de muitas formas. Os professores dão *feedback* durante a instrução por meio das suas expressões faciais, comentários e reações a perguntas que os alunos fazem e respostas que eles dão. Levantar a sobrancelha sugere que a resposta do aluno foi inesperada ou estava errada. Uma careta indica desaprovação. Um aceno afirmativo assegura ao aluno que ele está no caminho certo e que o professor concorda com ele. Essas formas informais de *feedback* podem impactar os sentimentos do aluno sobre a própria aprendizagem e sua vontade, no futuro, de compartilhar o que ele pensa.

Feedbacks mais formais costumam ter a forma de notas, escores e comentários escritos que o professor dá em resposta a trabalhos dos alunos. Pesquisas em avaliações formativas mostram que esse *feedback* mais formal pode ter um efeito poderoso na aprendizagem dos alunos. Com relação a notas e escores, essas pesquisas indicam que esse tipo de *feedback* é visto como mais importante pelos alunos do que os longos comentários que o professor pode fazer. Em vez de ler os comentários cuidadosamente, os alunos aceitam prontamente notas e escores, e frequentemente estão dispostos a partir para a próxima tarefa. Por outro lado, quando os trabalhos são devolvidos sem uma nota ou escore, os alunos prestam mais atenção aos comentários e têm mais boa vontade de revisar e melhorar o seu trabalho.

Ao fazer comentários escritos, é importante informar os alunos tanto sobre os aspectos positivos do seu trabalho quanto sobre elementos que possam ser melhorados. Uma boa técnica é começar descrevendo pelo menos dois aspectos do trabalho e, então, focar-se em apenas um elemento a ser aprimorado. Pesquisas sobre *feedback* sugerem que os alunos, particularmente os de séries iniciais, têm dificuldade de se concentrar e de melhorar mais de um elemento do seu trabalho por vez.

Para ajudar a focar os comentários em um elemento do trabalho dos alunos, também é bom identificar, de antemão, o objetivo instrucional principal a ser trabalhado na tarefa. Isso é particularmente importante para as tarefas escritas. Analisar trabalhos escritos oferece a oportunidade de comentar muitos aspectos da escrita, incluindo ortografia, uso de letras maiúsculas, estrutura frasal e gramática, assim como características de nível mais alto, tais como fornecer evidências e desenvolver ideias ou argumentos. Apesar de cada um desses elementos ser importante, decidir o propósito principal da tarefa antes da hora ajuda a focar os comentários em um único tópico.

Quando possível, os comentários também devem encorajar os alunos a fornecer mais informações ou fazer perguntas sobre as quais eles devem pensar, em vez de simplesmente instruí-los a melhorar o seu trabalho. Para tarefas escritas, os comentários devem pedir que os alunos forneçam mais evidências para sustentar seus argumentos, descrevam uma situação em mais detalhes ou expliquem por que eles assumiram determinada posição. Em vez de serem instrutivos, comentários efetivos devem incitar os alunos a pensar.

Autoavaliação e avaliação dos pares

Perguntas e comentários refletidos são duas ferramentas poderosas que ajudam a desenvolver a aprendizagem dos alunos. Os professores, contudo, raramente têm tempo de fazer perguntas a todos os estudantes. A quantidade de tempo que os professores têm para dar *feedback* ao trabalho dos alunos também é limitado. A autoavaliação e a avaliação dos pares, contudo, podem aumentar o quanto de *feedback* os alunos recebem. A avaliação dos pares também oferece oportunidades valiosas para os alunos aprenderem sobre suas próprias ideias e a qualidade do seu trabalho ao examinar cuidadosamente amostras de trabalho produzidas pelos seus pares.

Para ajudar os alunos a conduzir autoavaliações e avaliações dos pares, é importante que o professor torne as expectativas e os critérios de avaliação do desempenho claros para os alunos. Quando possível, exemplos concretos de trabalhos de alta qualidade, assim como trabalhos que tenham necessidade de ser mais bem desenvolvidos, também são bons em tornar critérios abstratos algo mais concreto.

Assim como os comentários dos professores devem se focar em um ou dois comentários acerca dos trabalhos dos alunos, os alunos também devem ser orientados a se focar em apenas uma de duas questões quando avaliam seu próprio trabalho ou o trabalho dos seus pares. Na medida do possível, os alunos devem ser encorajados a não fazer julgamentos somativos sobre o trabalho dos seus pares, e sim identificar elementos efetivos, indicar pontos de confusão, pedir exemplos ou evidências adicionais, ou fazer perguntas sobre por que certas decisões foram tomadas.

Além de usar as perguntas para extrair informações de avaliação e manter os alunos envolvidos na aula, os professores devem fazer perguntas que sirvam como modelo para os tipos de perguntas que os alunos precisam se fazer quando forem autoavaliar o seu trabalho (Chappuis; Stiggins, 2002). Desenvolver a habilidade dos alunos de autoavaliar seu próprio trabalho pode lhes dar as ferramentas para identificar os pontos fortes e fracos do seu trabalho e identificar áreas que tenham necessidade de aprimoramento. A autoavaliação também dá aos alunos o poder de determinar se eles preencheram os requerimentos de uma tarefa. Para ajudar os alunos a desenvolver estratégias de questionamento de autoavaliação, os professores devem criar questões modelo que se focam no processo e no trabalho do aluno ("Eu estabeleci um ponto de vista?", "Eu incluí fatos e detalhes para sustentá-lo?", "Eu usei adjetivos para dar descrições dos personagens?"), em vez de perguntas com base em aprovação e desaprovação ("Eu fiz um bom trabalho?"). A Tabela Ferramentas-Chave de Avaliação 4.2 sugere algumas formas de encorajar os alunos a seguir nessa direção.

Propósitos e tipos de questionamentos

Como vimos, os questionamentos são um elemento muito importante da avaliação formativa. Durante a instrução, os professores fazem perguntas por muitos motivos:

> Os professores devem fazer perguntas para reforçar pontos importantes, diagnosticar problemas, manter a atenção dos alunos e promover o processamento mais profundo de informações.

1. *Promover atenção.* Fazer perguntas é uma forma de manter a atenção dos alunos durante uma lição e envolvê-los no processo do aprendizado.
2. *Promover processamento mais profundo.* Fazer perguntas deixa os alunos verbalizarem seus pensamentos e ideias, assim promovendo o pensamento e o raciocínio que levam ao processamento mais profundo de informações.
3. *Promover aprendizado dos pares.* Fazer perguntas permite que os alunos ouçam as interpretações e as explicações de ideias, processos e questões dos seus pares. Frequentemente, outros alunos explicam as coisas de um modo muito mais em sintonia com os seus pares.

4. ***Dar reforço.*** Fazer perguntas é usado por professores para reforçar pontos e ideias. As perguntas que os professores fazem dão pistas para os alunos sobre o que e como eles devem aprender.
5. ***Dar ritmo e controle.*** Perguntas que requerem respostas breves e corretas mantêm os alunos envolvidos na aprendizagem e requerem que eles prestem atenção contínua.
6. ***Fornecer informações diagnósticas.*** As perguntas fornecem informações sobre a aprendizagem individual e sobre a turma ao professor. As perguntas dos professores podem suplementar suas observações informais do aprendizado dos alunos de forma menos intrometida. Além disso, para atividades de ensino em grupo ou cooperativas, questionar os membros do grupo após a tarefa estar completa é uma forma útil de avaliar o sucesso deste.

Nem todas essas razões para fazer perguntas ajudam na avaliação formativa. Fazer perguntas para promover a atenção, para encorajar o processamento mais profundo ou para controlar o ritmo serve mais aos propósitos da avaliação instrucional do que aos da formativa. Por outro lado, fazer perguntas para servir aos propósitos de diagnóstico ou para permitir que os alunos comparem suas ideias com as de seus pares ajuda na avaliação formativa. É um erro presumir que simplesmente fazer qualquer tipo de pergunta significa que um professor está envolvido na avaliação formativa.

As perguntas também diferem em outros aspectos. As perguntas podem ser classificadas como de nível mais baixo ou mais alto. Alternativamente, algumas pessoas referem-se a essas categorias como perguntas convergentes ou divergentes. Perguntas de nível mais baixo, convergentes, têm uma única resposta certa e requerem recordação ou memorização, que são os dois níveis mais baixos do pensamento na taxonomia de Bloom. Perguntas de nível mais baixo, em geral, começam com palavras como: "quem", "quando", "o que" e "quantos": "Quando aconteceu a Guerra de Secessão?", "Quais as definições de *taxonomia*?", "Onde está localizada a cidade de Beijing?", "Quanto é 9 vezes 8?". Essas perguntas se focam em informações factuais que se esperam que o aluno lembre e produza quando questionado.

Perguntas de nível mais alto, ou divergentes, podem ter muitas respostas apropria-

---

FERRAMENTAS-CHAVE DE AVALIAÇÃO 4.2
Encorajando as habilidades de questionamento dos alunos e a autoavaliação do aprendizado

1. Demonstre e encoraje-os a usar as três perguntas básicas de autoavaliação:
   Aonde estou indo?
   Onde estou agora?
   Como chego lá?
2. Dê aos seus alunos exemplos de trabalhos anônimos e ensine-os a fazer e a responder perguntas sobre os atributos do bom desempenho.
3. Envolva os alunos na construção de listas de perguntas ou critérios que servem como guia para dar notas a tarefas específicas. Comece com só uma questão e, gradualmente, aumente o número.
4. Faça os alunos criarem seus próprios conjuntos de perguntas para praticar; discuta os méritos das questões.
5. Faça os alunos se comunicarem com os outros sobre o seu progresso em relação a um objetivo.
6. Exiba os objetivos da aprendizagem em sala de aula e peça aos alunos que os definam nas próprias palavras.

Fonte: Adaptado de Chappuis e Stiggins (2002).

das e requerer que os alunos realizem processos mais complicados do que a simples memorização, tal como entender conhecimento conceitual e aplicar conhecimento procedimental. Essas perguntas de nível mais alto também requerem que os alunos apliquem, analisem e sintetizem o conhecimento factual que eles adquiriram para ajudá-los a resolver novos problemas, e geralmente começam com palavras como "explique", "preveja", "relacione", "distinga", "resolva", "contraste", "julgue" ou "produza": "Explique em suas próprias palavras qual era a ideia principal da história", "Preveja o que irá acontecer com o preço do petróleo se o suprimento aumentar, mas a demanda permanecer a mesma", "Distinga declarações de fato e declarações de opinião na passagem que acabamos de ler", "Dê três exemplos de como a profecia autorrealizável pode funcionar na escola". Perguntas como essas propõem tarefas que requerem que os alunos pensem e vão além da simples memorização de fatos.

> Perguntas convergentes são aquelas que têm uma única resposta correta, ao passo que as perguntas divergentes podem ter diversas respostas apropriadas.

Note que, se as respostas para essas perguntas fossem especificamente ensinadas aos alunos durante as aulas, elas não seriam perguntas de nível mais alto, já que os alunos seriam capazes de respondê-las de memória, em vez de ter de dar uma resposta por conta própria. Também é importante reconhecer que, já que perguntas de nível mais alto, ou divergentes, requerem que os alunos apliquem conhecimento factual que eles já tenham adquirido, é importante usar tanto perguntas convergentes quanto divergentes durante a instrução (Wiggins; McTighe, 1998). Christensen (1991) desenvolveu uma tipologia de perguntas que mostra a amplitude de informações que pode ser obtida de diversos tipos de perguntas:

- Perguntas abertas — Qual foi a sua reação a esse poema?
- Perguntas diagnósticas — Qual é a natureza do problema nessa história?
- Perguntas de informação — Qual foi o último Estado a ser integrado ao Brasil?
- Perguntas de desafio — Que evidências podem sustentar a sua conclusão?
- Perguntas de ação — Como podemos solucionar o problema de abandono do ensino médio?
- Perguntas de sequência — Dados recursos limitados, quais são os dois passos mais importantes a tomar?
- Perguntas de previsão — O que você acha que aconteceria se o governo fechasse por três meses?
- Perguntas de extensão — Quais são as implicações da sua conclusão de que as notas deveriam ser abolidas das escolas?
- Perguntas de generalização — Com base no seu estudo da avaliação em sala de aula, como você resumiria o conceito geral de validade?

A Tabela 4.2 oferece exemplos de perguntas de níveis diferentes da taxonomia de Bloom. Apesar de a taxonomia oferecer um modelo útil, é menos importante fazer perguntas em níveis taxonômicos específicos do que associar as perguntas aos objetivos de ensino do professor.

Apesar de a maioria dos professores quererem que os seus alunos alcancem tanto resultados de níveis mais altos quanto de níveis mais baixos na instrução, eles tendem a se focar em perguntas de nível mais baixo. Somente de 10 a 20% das perguntas que o professor faz em sala de aula são de nível mais alto. Não é sempre que os alunos são requisitados a explicar ideias em suas próprias palavras, a aplicar conhecimento em situações não familiares, analisar os componentes de uma ideia ou história, sintetizar diferentes blocos de informação em uma definição ou conclusão geral,

TABELA 4.2 Exemplos de perguntas para os níveis da taxonomia cognitiva de Bloom

Conhecimento (recordação)	Qual a definição de um substantivo? Quantos planetas há no nosso sistema solar? Em qual governo foi criado o Plano Real?
Compreensão (entendimento)	Resuma a história em suas próprias palavras. Explique o que $E=MC^2$ significa. Parafraseie o objetivo do autor.
Aplicação (uso de informações para resolver novos problemas)	Qual é um uso real desse princípio? Preveja o que aconteceria se invertêssemos os passos desse processo. Como se pode usar o teorema de Pitágoras para medir a altura de uma árvore?
Análise (raciocínio, divisão)	Qual dessas declarações são fatos, e quais são opiniões? Como o personagem principal mudou depois do pesadelo que teve? Explique a hipótese não explícita que subjaz a esse argumento.
Síntese (construção, integração)	O que todas essas imagens têm em comum? Descreva uma generalização que se segue a esses dados. Estabeleça uma conclusão que seja sustentada por esses fatos.
Avaliação (julgamento)	Qual foi o momento mais importante na história, e por quê? Qual é a sua opinião sobre a política da escola quanto a notas e participação extracurricular?

Fonte: Os autores.

ou julgar os prós e os contras de cursos particulares de ação. Essa ênfase em perguntas de nível mais baixo também pode ser encontrada em algumas edições do professor de livros didáticos, padrões estaduais e provas estaduais[*].

Estratégias de questionamento

As próximas estratégias podem ser usadas para aumentar a efetividade do questionamento oral.

1. *Faça perguntas que estejam relacionadas com o tópico da instrução.* As perguntas dos professores comunicam quais tópicos são importantes e como esses tópicos devem ser aprendidos, então deve haver consistência entre objetivos, instrução e questionamento. A consistência é especialmente importante quando objetivos de nível mais elevado são enfatizados. É útil preparar algumas perguntas de nível mais alto antes de a instrução começar e, então, incorporá-las no plano de aula.

2. *Evite perguntas globais e excessivamente genéricas.* Não faça perguntas como: "Todos entenderam isso?", porque muitos alunos ficarão muito envergonhados para admitir que não, e outros irão achar que entenderam o que foi ensinado, quando na verdade não é bem assim. Faça perguntas para sondar o que os alunos entenderam do que está sendo ensinado. De modo similar, evite perguntas que possam ser respondidas com um simples sim ou não, a menos que também se espere que os alunos expliquem as suas respostas.

3. *Envolva a turma toda no processo de questionamento.* Não chame sempre os mesmos alunos. Ocasionalmente, chame não voluntários para manter todos ativos. Organize os alunos em um círculo ou um U, e faça perguntas de diversas formas para adaptá-las aos diversos níveis de habilidades dos alunos. Por fim, dê apoio aos alunos mais fracos que tentam responder e encoraje todos os que tentarem.

---

[*] N. de R.T.: Padrões estaduais e provas estaduais podem ser entendidos aqui como as propostas curriculares das secretarias estaduais de educação e suas avaliações padronizadas, respectivamente.

4. *Cuidado com o padrão em que as perguntas são distribuídas entre os alunos.* Alguns professores chamam os alunos que tiram notas melhores com mais frequência do que os que tiram notas piores, chamam meninas mais do que meninos e chamam os que se sentam na fileira da frente com mais frequência do que os que se sentam na fila de trás. Outros professores fazem o contrário. Seja sensível a esses padrões de perguntas e tente dar oportunidades iguais a todos os alunos de responder.
5. *Dê "tempo de espera" o bastante após fazer uma pergunta.* Os alunos precisam de tempo para processar os seus pensamentos, especialmente em resposta a perguntas de nível mais alto. Lembre-se: silêncio após uma pergunta é bom porque significa que os alunos estão pensando. De três a cinco segundos é tempo o bastante para perguntas de nível mais baixo, enquanto um mínimo de 10 a 30 segundos pode ser necessário para perguntas de nível mais alto. Dar aos alunos tempo para pensar também leva a respostas melhores.
6. *Faça perguntas claras e diretas para evitar confusão.* Evite perguntas vagas ou propostas como "E a história?", ou "Conte-me sobre esse experimento". Para os alunos pensarem do jeito desejado, o professor deve saber fazer perguntas de formas que foquem e produzam esse tipo de pensamento. A clareza foca o pensamento e aumenta a qualidade das respostas. De novo, preparar questões-chave antes de dar uma aula é uma boa prática.
7. *Sonde as respostas dos alunos com perguntas subsequentes.* Perguntas como "Por quê?", "Explique como você chegou a essa conclusão" e "Pode me dar outro exemplo?" indicam aos alunos que os "porquês" ou a lógica por trás da resposta são tão importantes quanto a resposta em si. Essas sondagens irão encorajá-los a articular seu raciocínio.
8. *Lembre-se de que o questionamento instrucional é um processo social que ocorre em um local público.* Consequentemente, todos os alunos devem ser tratados com encorajamento e respeito. Respostas incorretas, incompletas, ou mesmo insensatas, não devem evocar respostas degradantes, sarcásticas ou raivosas do professor. Seja honesto com os seus alunos; não tente enganá-los quando eles fizerem uma pergunta que você não sabe responder. Encontre a resposta e divida-a com seus alunos no dia seguinte.
9. *Dê um tempo para perguntas privadas para alunos que são tímidos ou que têm dificuldades de se envolver no processo de questionamento.* Se possível, permita um momento para perguntas privadas para esses alunos, talvez durante um trabalho ou hora de estudos. Então, quando eles ficarem mais confiantes nas suas respostas privadas, faça-os participar gradualmente de discussões públicas, primeiro com grupos pequenos, e depois com a turma toda.
10. *Reconheça que o bom questionamento também envolve ouvir e responder bem.* Além de fazer boas perguntas, é importante ser um bom ouvinte e um bom respondente para as perguntas dos alunos. Ouvir bem significa identificar o significado e as implicações das respostas dos alunos. Responder bem significa acompanhar as respostas dos alunos com comentários que beneficiem o seu desempenho.
11. *Evite perguntas que requeiram uma resposta de sim ou não.*
12. *Evite fazer sempre os mesmos tipos de perguntas aos alunos.* Pergunte sobre fatos. Mas também peça para os alunos aplicarem, avaliarem ou sintetizarem esses fatos em argumentos, razões ou julgamentos.

ACOMODAÇÕES DURANTE A INSTRUÇÃO

Um aspecto importante de planejar e realizar a instrução é acomodar as necessidades e as deficiências dos alunos. Claramente, essas necessidades e deficiências são muito variadas, há desde alunos com graves deficiências cognitivas, afetivas ou psicomotoras até alunos com leves problemas de atenção (Cegelka; Berdine, 1995; Cartwright, Cartwright; Ward, 1995). Apesar de não ser possível discutirmos todas as estratégias de acomodação disponíveis à instrução, iremos revisar uma amostra de estratégias úteis para ilustrar a amplitude de opções. Para um excelente levantamento profundo de estratégias para acomodar diversas necessidades e deficiências dos alunos, veja Price e Nelson (2003).

> Um instrutor efetivo deve antecipar as necessidades dos alunos e acomodá-las quando planejar ou realizar a instrução.

Deficiências e acomodações comuns

Para um aluno com deficiência auditiva, o professor pode:

- usar orientações escritas, em vez de orais;
- olhar para o aluno quando ele estiver falando;
- falar devagar e pausadamente;
- usar linguagem de sinais.

Para um aluno com deficiência visual, o professor pode:

- usar fonte grande;
- fornecer materiais gravados;
- deixar os outros alunos lerem em voz alta;
- colocar o aluno próximo do quadro negro.

Para um aluno com dificuldade de compreensão, o professor pode:

- passar orientações oralmente e por escrito;
- aumentar o tempo para as tarefas;
- sequenciar as orientações;
- encurtar as instruções.

Para um aluno com dificuldade de atenção, o professor pode:

- repetir os pontos principais;
- alterar o tom de voz;
- chamar o nome do aluno antes de questioná-lo;
- fazer perguntas frequentes;
- fazer o aluno escrever as instruções.

Para um aluno que falta com o respeito, o professor pode:

- informar ao aluno que esse tipo de comportamento é inaceitável;
- deixar claras quais serão as consequências de futuros atos de desrespeito;
- tentar determinar a base para o desrespeito do aluno;
- marcar uma conferência individual ou uma conferência com um mediador como o tutor do aluno;
- dar exemplos de respeito para o aluno.

A Tabela 4.3 oferece sugestões adicionais. Muitas outras estratégias se aplicam a alunos com deficiências específicas. Por exemplo, para alunos que têm dificuldade de manter a atenção, ofereça um lugar ao lado de colegas mais quietos; afaste-os de áreas muito movimentadas da sala de aula; faça mais intervalos ou alterações nas tarefas; e use mais atividades de participação ativa. Para um aluno com dificuldade para começar uma tarefa, faça-lhe um cartão com passos que ele pode marcar quando estiverem completos; vá até o aluno rapidamente no início da tarefa e ajude-o a começar (indique que você irá retornar para checar o progresso); e providencie um colega para ajudá-lo. Para alunos que têm dificuldade de se organizar, liste tarefas e materiais necessários no quadro ou em uma folha; faça os alunos usarem cadernos com bolsos internos; diferencie os materiais necessários para cada matéria por cor; e dê tempo para que peguem os livros e os materiais no começo e no fim da aula (Nissman, 2000; Price; Nelson, 2003).

TABELA 4.3 Intervenções

Problema	Solução
Audição	Forneça materiais visuais (p. ex., fluxogramas, pictóricos, tabelas); pré-leitura de perguntas/termos ao final do capítulo; atribua a leitura; anote palavras-chave.
Distração	Minimize distrações visuais no ambiente; não tenha atividades interessantes ocorrendo em um canto da sala e espere que o aluno faça o seu trabalho; ofereça um "canto silencioso" para quem quiser uma distração.
Capacidade de atenção	Faça um aluno trabalhar em pequenas unidades de tempo com atividades controladas nos intervalos (i.e., pausa para leitura); atividades precisam ser intercaladas ao longo da instrução.
Memória de curto prazo	Ofereça sistemas de revisão em cartões para que os alunos possam praticar com frequência e independentemente; o material pode ter de ser revisado com frequência.
Completar tarefas	Apresente o trabalho em pequenas unidades (i.e., cinco problemas em papel cortado em quatro partes, em vez de em uma folha só); os períodos de tempo devem ser curtos, com prazos claros e pontos de verificação para checar o progresso; tenha um modelo pronto para que o resultado possa ser examinado se não for possível reter as instruções.
Impulsividade	Tenha o mínimo de distrações quanto possível.
Desatenção a detalhes	Mostre ao aluno como fazer o trabalho; tenha uma lista pronta do que o aluno precisa fazer, e crie um sistema de recompensas aliado à conclusão de todos os passos dessa lista.
Fazer provas	Enfatize detalhes por meio de codificação por cores ou isolamento. Faça um aluno revisar os detalhes críticos e as ideias principais em um sistema de cartões para treinar atenção e praticar a recordação específica.

Fonte: Rooney (1995).

Essas acomodações representam apenas alguns exemplos de como as lições podem ser planejadas para ajudar os alunos a extrair o máximo da instrução. Com base no conhecimento adquirido da avaliação inicial e do ensino das lições iniciais, os professores devem começar a identificar necessidades e a planejar e implementar acomodações que os ajudem a aprender. Dessa forma, os professores podem melhorar a validade da sua instrução e das suas avaliações.

RESUMO DO CAPÍTULO

- Durante a instrução, os professores devem realizar duas tarefas simultaneamente. Eles devem passar a instrução aos alunos e devem constantemente avaliar o progresso e o sucesso dessa instrução.
- As avaliações formativas são frequentemente mais espontâneas e informais do que as avaliações de planejamento.
- As avaliações formativas formais requerem planejamento refletido e se focam na coleta de informações de maneira sistemática sobre objetivos de aprendizagem ou equívocos específicos que os alunos possam desenvolver.
- As avaliações formativas informais se focam em indicadores diretos de envolvimento ou compreensão, tais como linguagem corporal, expressões faciais, falta de atenção e perguntas dos alunos.
- Estudos sobre os pensamentos dos professores durante a instrução indicam que a

maior parte da atenção é dada a como os alunos estão participando e aproveitando a instrução, seguido pelos próprios pensamentos dos professores acerca das suas ações instrucionais. Os professores também tentam manter a ordem da turma dentro do seu nível de tolerância.
- Devido à sua natureza espontânea, as avaliações formativas informais devem superar alguns problemas de validade, incluindo uma falta de objetividade do professor com relação ao sucesso da instrução e à tendência de julgar o sucesso instrucional por expressões faciais e participação por meio do que os alunos aprenderam.
- Problemas de confiabilidade durante a avaliação formativa se centram na dificuldade dos professores em observar os alunos, dado o ritmo rápido da instrução e a tendência de observar ou chamar apenas certos alunos da turma, assim limitando a percepção do interesse e da compreensão da turma como um todo.
- As avaliações formativas podem ser aprimoradas observando-se uma amostra mais ampla dos alunos, suplementando as informações das avaliações informais com informações mais formais e usando técnicas de questionamento adequadas durante a instrução.
- Questionar é a estratégia mais útil que o professor pode empregar para avaliar o progresso da instrução. Essa estratégia dá ao professor informações sobre o aprendizado dos alunos, permite que eles articulem os próprios pensamentos, reforça conceitos e comportamentos importantes e influencia o ritmo da instrução.
- Boas técnicas de questionamento incluem fazer perguntas de nível mais alto e de nível mais baixo, fazer perguntas que se atenham aos objetivos da instrução, envolver a turma toda no processo, dar "tempo de espera" o bastante para os alunos pensarem nas suas respostas, sondar as respostas com perguntas subsequentes e nunca humilhar ou envergonhar um aluno por uma resposta errada ou insensata.
- Podem ser feitos diversos tipos de acomodação durante a instrução e a avaliação para os alunos com deficiências.

QUESTÕES PARA DISCUSSÃO

1. Que desafios você vê durante a instrução devido à necessidade tanto de monitorar a aprendizagem dos seus alunos quanto de manter o nível correto de tolerância? O que provavelmente representaria uma dificuldade para você fazer ambos mais ou menos ao mesmo tempo?
2. Em que situações o professor deve modificar a sua instrução em resposta aos interesses dos alunos e à falta de atenção, e em que situações o professor não deve modificá-la?
3. Sob que circunstâncias você chamaria um aluno tímido que nunca levanta a mão para responder a perguntas oralmente?

ATIVIDADES

1. Ao longo das próximas 24 horas, tente perceber que perguntas você costuma ou não fazer aos seus alunos. Por escrito, resuma o quanto as suas habilidades atuais de fazer perguntas podem ajudá-lo na sala de aula. O que você pode fazer para melhorá-las?
2. Entreviste um professor sobre como ele sabe quando uma lição está se saindo bem ou mal. Peça que ele pense em uma lição recente e pergunte no que ele estava pensando durante a lição.

QUESTÕES PARA REVISÃO

1. De que modo a avaliação de planejamento da instrução difere da avaliação feita durante a instrução?
2. Quais são as principais tarefas de avaliação do professor durante a instrução?

3. Como o conceito de "nível de tolerância" se aplica à avaliação instrucional?
4. Quais são os principais tipos de evidência que os professores coletam para avaliar a instrução, e quais são os problemas com esses tipos de evidência?
5. Quais são três formas de aprimorar a avaliação durante a instrução?
6. Quais são os problemas de validade e confiabilidade na avaliação durante a instrução?
7. Quais são os propósitos do questionamento oral?
8. Que estratégias de questionamento oral um professor pode usar para tornar as avaliações durante a instrução mais válidas e confiáveis?
9. Que acomodações podem ser feitas para alunos com deficiências durante a instrução?

REFERÊNCIAS

BLACK, P.; WILIAM, D. Assessment and classroom learning. *Assessment in Education*, v. 5, n. 1, p. 7-74, 1998.

BLACK, P. et al. Working inside the black box: assessment for learning in the classroom. *Phi Delta Kappan*, v. 86, n. 1, p. 9-21, 2004.

CARTWRIGHT, P. G.; CARTWRIGHT, C. A.; WARD, M. *Educating special learners*. 4th ed. Belmont: Wadsworth, 1995.

CEGELKA, P. T.; BERDINE, W. H. *Effective instruction for students with learning difficulties*. Needham Heights: Allyn and Bacon, 1995.

CHAPPUIS, S.; STIGGINS, R. J. Classroom assessment for learning. *Educational Leadership*, v. 60, n. 1, p. 40-43, 2002.

CHRISTENSEN, C. R. The discussion teacher in action: questioning, listening, and response. In: CHRISTENSEN, C. R.; GARVIN, D. A.; SWEET, A. *Education for judgment*: the artistry of discussion leadership. Boston: Harvard Business School, 1991.

DOYLE, W. Classroom organization and management. In: WITTROCK, M. C. (Ed.). *Handbook of research on teaching*. New York: Macmillan, 1986. p. 392-431.

MORGAN, N.; SAXTON, J. *Teaching, questioning, and learning*. New York: Routledge, 1991.

NISSMAN, B. *Teacher-tested classroom management strategies*. Merrill: Upper Saddle River, 2000.

PRICE, K. M.; NELSON, K. L. *Daily planning for today's classroom*: a guide for writing lesson and activity plans. 2nd ed. Belmont: Wadsworth, 2003.

ROONEY, K. J. Teaching students with attention disorders. *Intervention in School and Clinic*, v. 30, n. 4, p. 221-225, 1995.

WIGGINS, G.; MCTIGHE, J. *Understanding by design*. Alexandria: Association for Supervision and Curriculum Development, 1998.

capítulo 5

AVALIAÇÕES SOMATIVAS

Tópicos-chave

- Avaliações formativas e somativas
- A lógica das avaliações somativas
- Planejando uma avaliação somativa
- Preparando os alunos para avaliações oficiais

OBJETIVOS DO CAPÍTULO

Após ler este capítulo, você poderá:

- Contrastar a avaliação somativa com as avaliações inicial e instrucional.
- Diferenciar as avaliações formativa e somativa.
- Explicar quando uma avaliação somativa é uma avaliação oficial.*
- Explicar a diferença entre bom ensino e ensino efetivo.
- Descrever as decisões necessárias para desenvolver e planejar uma avaliação oficial.
- Definir atividades que ajudam a preparar os alunos para as avaliações oficiais.

PENSAR SOBRE ENSINAR

De que formas os professores podem usar os resultados da avaliação para aprimorar a aprendizagem dos alunos? Cite três formas ou mais.

Em capítulos anteriores, vimos que a avaliação exerce um papel importante nas salas de aula e que os professores a usam para ajudá-los a:

- Conhecer seus alunos ainda no início das aulas.
- Estabelecer a sala de aula como uma comunidade de aprendizagem com regras e ordem.
- Selecionar os objetivos educacionais apropriados para os seus alunos.
- Desenvolver um plano de aulas.
- Selecionar e criticar materiais e atividades instrucionais.
- Monitorar o processo instrucional e a aprendizagem dos alunos durante a instrução.

Até o momento, nós nos concentramos em avaliações que ocorrem antes e durante a instrução. Este capítulo se foca na avaliação somativa que se dá após a aprendizagem ter ocorrido. Todos os professores avaliam os desempenhos dos seus alunos com mais de uma abordagem, e as provas oficiais que eles fazem também variam. Por exemplo, uma prova pode tentar medir o quanto os alunos se lembram da instrução, enquanto outra se foca nos pensamentos de nível mais alto. Mas todas as boas provas têm muito em comum. Este capítulo estabelece os fundamentos para preparar você e os seus alunos para a avaliação somativa efetiva.

AVALIAÇÕES FORMATIVAS E SOMATIVAS

Muitas das evidências que sustentam as decisões dos professores durante a instrução são provenientes de avaliações formativas. Essa informação é raramente usada, salvo em registros formais, para orientar as interações dos professores com os seus alunos ao mesmo tempo em que trabalham com eles na sala de aula. Essas observações e percepções ajudam o professor a tomar decisões imediatas sobre problemas específicos dos alunos, controlar a turma, decidir o que fazer na próxima lição e identificar como os alunos estão reagindo à instrução. As avaliações formativas são usadas primariamente para "formar" ou alterar processos ou atividades em andamento na sala de aula. Elas fornecem informações quando ainda é possível influenciar ou "formar" o processo diário que jaz no cerne do ensino.

---

* N. de T.: No Brasil, Estados e municípios aplicam provas nos seus alunos para obter suas proficiências e, em alguns casos, os professores recebem gratificações ou bônus em função do desempenho demonstrado por seus alunos.

> As avaliações formativas são usadas para alterar ou aprimorar as instruções enquanto ainda estão em andamento.

Apesar de as avaliações formativas serem críticas para a tomada de decisões dos professores, elas devem ser suplementadas por avaliações mais formais da aprendizagem. Essas avaliações formais normalmente ocorrem ao final de um processo ou atividade de aula e buscam oferecer um resumo do que os alunos são capazes de fazer como resultado da instrução. Chamados de **avaliações somativas**, esses procedimentos incluem provas ao final da lição, projetos, redações e provas finais. A Tabela 5.1 contrasta as avaliações formativa e somativa.

> As avaliações somativas são usadas para avaliar os resultados da instrução, e assumem o formato de trabalhos, projetos, redações e provas finais.

Além de fornecer informações, os professores podem usá-las para tomar decisões sobre o quanto um aluno sabe ou aprendeu como resultado da instrução, além de também poderem ser usadas para fazer uma **avaliação oficial**. As avaliações oficiais ajudam os professores a tomar decisões que a burocracia escolar requer dele: dar notas e agrupar alunos; recomendar se o aluno deve ser promovido ou colocado em uma seção de honra; e indicar os alunos para serviços de educação especial se eles tiverem necessidades especiais.[*] As formas mais comuns dessas avaliações são provas de meio e de final de ano, e notas no boletim escolar.

Ao contrário de outras avaliações, que se baseiam principalmente em observações informais, as avaliações oficiais são formais, aparecendo em boletins escolares, *folders* do colégio e registros de provas padronizadas, assim como em indicações para grupos de leitura ou níveis de habilidade distintos. Além disso, a maioria das avaliações oficiais envolve alunos individuais em vez de grupos ou turmas. Como elas têm consequências públicas importantes para os alunos e devem, muitas vezes, ser defendidas pelos professores, as avaliações oficiais geralmente se baseiam em evidências somativas coletadas sistematicamente. Na sala de aula, as avaliações oficiais quase sempre se focam no desempenho cognitivo dos alunos, normalmente usando como critério o quão bem eles aprenderam o que foi ensinado.

> As avaliações oficiais são necessárias pela burocracia da escola para propósitos como avaliar, dar notas e identificar o nível dos alunos.

As avaliações somativas oficiais e as suas decisões resultantes costumam ser administradas ao final de uma unidade da instrução ou ao final de um período em que se devem atribuir notas aos alunos. Consequentemente, elas ocorrem com muito menos frequência do que as avaliações formativas.

Os professores têm sentimentos mistos com relação às avaliações oficiais, e especialmente com relação às provas, como demonstram os seguintes comentários.

> Odeio fazer isso. Para mim, essa situação de passar provas é um caso em que estas se tornam expressões públicas do que eu já sabia sobre as crianças e do que as crianças já sabiam a respeito da matéria. Em outras palavras, eu sabia quem iria tirar um A e quem iria tirar um F, porque eu ensinei isso em aula. Eu sabia quem sabia e quem não sabia, então, quando as crianças fazem uma prova, é uma transmissão pública para dizer: "Sim, você sabe" ou "Não, você não sabe".
>
> Preciso usar as provas em álgebra para dar notas aos meus alunos e ter infor-

---

[*] N. de T.: No Brasil, as avaliações bimestrais podem ser consideradas avaliações somativas, uma vez que os alunos são aprovados ou reprovados com notas ou conceitos que expressam a média dessas avaliações.

TABELA 5.1 Comparação entre avaliações formativas e somativas

	Formativa	Somativa
Propósito	Monitorar e orientar um processo enquanto ele ainda está ocorrendo	Julgar o sucesso de um processo que está terminado
Período da avaliação	Durante o processo	Ao final do processo
Tipo de técnica de avaliação	Observação informal, *quizzes*, dever de casa, perguntas e folhas de exercícios	Provas formais, projetos e ensaios
Uso das informações da avaliação	Melhorar e modificar um processo enquanto ele ainda está em andamento	Julgar o sucesso geral de um processo; atribuir nota e nível; promover um aluno

Fonte: Os autores.

mações objetivas para mostrar aos pais quando vêm reclamar das notas dos filhos. Com tanta ênfase nas notas, eu tenho certeza de que os meus alunos se esforçam mais para tirar uma boa nota do que para aproveitar ou compreender o assunto da matéria.

A pressão de se sair bem é muito grande para qualquer um, que dirá para uma criança de 7 anos que ainda está tentando entender o mundo para o qual ele precisa de educação. Já que o sistema escolar exige, eu avalio os meus alunos uma vez por semana em matemática e vocabulário, e a cada duas semanas em ciências, estudos sociais e religião. A única vantagem que eu vejo nas provas é que elas dão um número com o qual o professor pode medir o progresso acadêmico dos alunos.

Cada prova me dá uma resposta sobre o que eu estou fazendo certo e o que eu não estou, assim como o que a turma está aprendendo melhor. Gosto de dar muitas provas para ter essa informação, e porque eu acho que, quanto maior o número de notas, mais indicações eu tenho de como os alunos estão aprendendo.

As minhas provas são úteis, porque oferecem evidências concretas que mostram aos pais se os alunos estão deficientes em alguma área. Eu digo a um pai que o João não sabe somar, e às vezes eles respondem: "Sabemos que ele pode somar quando quer". Então eu mostro para eles uma prova que mostra que o João tem deficiências. Um inconveniente das provas, especialmente nas séries iniciais, é que as crianças às vezes ficam chateadas durante a sua execução, seja porque estão tendo dificuldades com ela ou porque gostariam de estar fazendo algo mais divertido.

Os padrões estaduais devem focar e orientar a minha instrução e a minha avaliação. Em alguns aspectos, eles são úteis porque especificam exatamente o que os alunos devem aprender, mas também é verdade que muitos dos meus alunos não estão suficientemente bem preparados para começar as lições onde os padrões determinam que eles devem começar. Isso causa problemas quando eu vou planejar as minhas aulas.[*]

Claramente, os professores têm visões distintas sobre as avaliações oficiais, mas, independentemente do que eles sentem em relação às provas, eles devem utilizá-las pelo menos alguma parte do tempo em suas aulas.

Apesar de algumas vezes os professores não as acolherem com grande empolgação, seria uma grave erro subestimar a importância das avaliações oficiais. Elas têm consequências importantes para os alunos e devem

---

[*] N. de T.: Algumas secretarias de educação estaduais e municipais no Brasil têm apresentado seus currículos oficiais acompanhados dos padrões esperados do desempenho dos alunos.

ser levadas muito a sério pelos professores, especialmente aquelas que têm grandes consequências para o futuro acadêmico dos alunos, como provas estaduais de habilidades básicas que podem ser requeridas para a graduação*. A atribuição de notas, o nivelamento, a promoção e outras decisões que resultam de avaliações oficiais podem influenciar a vida dos alunos tanto dentro como fora da escola. Elas são registros públicos dos desempenhos deles e frequentemente são a única evidência que um pai tem de como o seu filho está se saindo na escola. Os alunos, seus pais e o público como um todo as consideram muito importantes e as levam muito a sério. Os comentários dos professores a seguir ilustram o grau de importância que os pais e os alunos atribuem às avaliações oficiais.

> Todos os anos, na reunião com os pais, posso contar que pelo menos um pai irá perguntar o quanto as notas das provas contam na nota final e que outro irá me perguntar se eu deixo os meus alunos recuperarem uma nota ruim de algum jeito. As notas das provas são a moeda da sala de aula para muitos deles.

> As crianças estão sempre perguntando "Eu preciso saber disso?", "Isso vai cair na prova?" e "Isso vai ser uma grande parte da prova?". Elas definem o que tem valor e importância em termos do que vai cair na prova.

Para alunos, professores e administradores, as avaliações oficiais são, em alguns aspectos, a "unidade monetária" das avaliações.

> As avaliações oficiais podem ter consequências importantes para os alunos e devem ser levadas a sério pelos professores.

---

* N. de R.T.: No Brasil, um exame oficial padronizado é o Exame Nacional do Ensino Médio (ENEM), aplicado pelo Ministério da Educação (MEC) e que faz parte do processo seletivo de acesso às vagas de todos os cursos da maioria das universidades públicas, federais, estaduais e particulares.

A LÓGICA DAS AVALIAÇÕES SOMATIVAS

Existe uma importante diferença entre bom ensino e ensino efetivo. O bom ensino refere-se a um *processo* de instrução, ao passo que o ensino *efetivo* refere-se aos *resultados* de uma instrução (Os alunos aprenderam?). Entre outras coisas, um bom professor é aquele que faz uma revisão no início de cada lição nova, define objetivos razoáveis, mantém um nível de dificuldade adequado, envolve os alunos no processo de aprendizagem, enfatiza pontos importantes durante a instrução, faz os alunos praticarem aquilo que se espera que eles aprendam, e mantém um ambiente em sala de aula que seja propício ao aprendizado. O bom ensino se foca nos processos e procedimentos que um professor usa enquanto prepara e executa a instrução.

> O bom ensino refere-se ao que o professor faz durante a instrução, enquanto o ensino efetivo refere-se aos resultados da instrução.

Mas o ensino efetivo vai um passo além do processo de ensino, ele se foca no que os alunos de fato aprendem com a instrução. Um professor efetivo é aquele cujos alunos aprendem o que foi ensinado. As avaliações somativas buscam obter evidências sobre a efetividade do ensino, então devem ser ligadas aos objetivos, às atividades e à instrução passados aos alunos. É impossível avaliar o desempenho dos alunos se o que está sendo avaliado não combina com o que foi ensinado.

Refletindo sobre suas próprias experiências como aluno, você pode se lembrar de uma prova ou *quiz* que apresentasse questões do tipo "pega ratão". Ou você pode se lembrar de uma prova que contivesse questões que o fizeram rir ou que tinham a intenção de ser engraçadas. O principal objetivo de se avaliar o desempenho dos alunos é *dar a eles uma oportunidade justa de demonstrar o que eles aprenderam com a instrução que lhes foi dada*. O objetivo principal não é enganar os alunos para que eles se saiam mal, ou garantir que a maioria deles tire A; não é determinar o conhecimento total que os alunos acumularam como resultado das suas experiências de aprendizagem, tanto dentro como fora da escola; é simplesmente deixar os alunos mostrarem o que aprenderam com base naquilo que lhes foi ensinado em sala de aula.

> O principal objetivo de se avaliar o desempenho é dar aos alunos uma oportunidade de demonstrar o que eles aprenderam com a instrução que lhes foi dada.

PLANEJANDO UMA AVALIAÇÃO SOMATIVA

No momento da prova de realização formal, normalmente ao final de uma unidade ou capítulo, o professor deve decidir o seguinte:

1. O que devo avaliar?
2. Que tipos de questões ou tarefas de avaliação devem ser passadas?
3. Qual deve ser a duração da prova?
4. Deve-se usar uma prova feita pelo professor ou uma avaliação disponível no livro didático?

Para explorar como essas questões informam o processo de desenvolver uma avaliação somativa, iremos examinar de perto as decisões que o Sr. Wysocki fez quando estava criando uma prova da unidade. O Sr. Wysocki é um professor de inglês da 7ª série que está dando aula sobre textos dissertativos. Com base em avaliações iniciais, no currículo dos seus alunos, no livro didático e em outros recursos instrucionais à sua disposição, o Sr. Wysocki decide que a unidade irá se focar nos seguintes objetivos, aos quais adicionamos a nomenclatura das taxonomias de Bloom:

1. O aluno pode nomear os três estágios do processo de escrita (isto é, pré-escrita, escrita e revisão). (conhecimento)
2. O aluno pode explicar em suas próprias palavras os propósitos dos três estágios do processo de escrita. (compreensão)
3. O aluno pode escolher os tópicos frasais em determinados parágrafos dissertativos. (aplicação)
4. O aluno pode escrever um tópico frasal para um determinado tópico dissertativo. (análise)
5. O aluno pode escrever um parágrafo dissertativo com um tópico frasal, descrição e conclusão. (síntese)

Para organizar os seus objetivos, o Sr. Wysocki desenvolve uma tabela de especificações que identifica os processos cognitivos que os alunos devem demonstrar, o conteúdo sobre o qual eles devem demonstrar esses processos e quanta ênfase cada objetivo deve receber na instrução (baixa, média e alta). A Tabela 5.2 mostra as especificações do Sr. Wysocki.

Usando uma tabela de especificações

A tabela de especificações tem duas dimensões: conteúdo e processo. A dimensão do conteúdo inclui os principais tópicos da instrução e da avaliação. A dimensão do processo, que você irá reconhecer como as seis categorias da taxonomia de Bloom, lista os processos cognitivos relacionados a cada tópico do conteúdo. Na tabela do Sr. Wysocki, por exemplo, a interseção de conhecimento (dimensão do processo) e estágio da escrita (dimensão do conteúdo), representada pelo X, refere-se ao objetivo: *O aluno pode nomear os três estágios do processo da escrita* (i.e., pré-escrita, escrita e revisão); ou seja, o aluno irá se lembrar dos nomes dos três estágios da escrita. O B depois do X refere-se à quantidade de tempo destinada a esse objetivo. Já que essa é uma simples tarefa de memorização, gasta-se uma baixa (B) quantidade de tempo no seu ensino. A interseção de compreensão (dimensão do processo) e estágios da escrita (dimensão do conteúdo) refere-se ao objetivo: *O alu-*

TABELA 5.2 Tabela de especificações

	Dimensão do processo					
Dimensão do conteúdo	Conhecimento	Compreensão	Aplicação	Análise	Síntese	Avaliação
Estágios da escrita	X (B)	X (M)				
Tópicos frasais			X (M)	X (B)		
Escrita de redação						X (A)

B = BAIXO M = MÉDIO A = ALTO
Fonte: Os autores.

no pode explicar em suas próprias palavras os três estágios do processo de escrita. Note que os estágios da escrita se relacionam a dois objetivos diferentes, já que o Sr. Wysocki está preocupado com dois processos: recordação e explicação. Perceba também que o Sr. Wysocki dá mais ênfase às próprias explicações dos alunos acerca dos três estágios (M) do que a se lembrar dos estágios (B). Ele também poderia ter definido o número planejado de questões de prova a serem usadas com cada interseção do conteúdo e do processo, em vez de usar B, M e A.

O terceiro e o quarto objetivos do Sr. Wysocki indicam que ele quer que os seus alunos selecionem e escrevam seus próprios tópicos frasais. Selecioná-los exige uma análise que diferencie tópicos frasais de outros tipos de frases. Escrever um tópico frasal exige a aplicação de um procedimento. Escrever uma redação, que é o objetivo final, exige a síntese correta dos três estágios da escrita dissertativa. O objetivo da escrita é o resultado mais importante e complexo, então se destina mais tempo a este do que aos outros quatro objetivos.

Após os seus objetivos terem sido identificados e organizados, o Sr. Wysocki desenvolve planos de aula para eles. Ao selecionar as atividades, ele considera os níveis de habilidade dos seus alunos, sua atenção, sugestões feitas pelo livro didático e recursos adicionais disponíveis para suplementar e reforçar o livro didático. Ele também planeja atividades que ofereçam oportunidades aos alunos de praticar cada objetivo. Um dos benefícios de uma tabela de especificações é que ela enfatiza os diferentes processos que cruzam com o conteúdo. Assim, a tabela lembra o Sr. Wysocki de que ele precisa tanto de atividades de recordação quanto de explicação para alcançar seus dois primeiros objetivos.

Com a identificação dos objetivos e das atividades planejadas, o Sr. Wysocki começa a instrução. Primeiro, ele apresenta aos alunos os três passos do processo de escrita:

1. pré-escrita (identificar o público pretendido, o propósito e as ideias iniciais),
2. escrita e
3. revisar o que foi escrito.

Ele diz aos alunos que espera que eles memorizem os nomes desses três estágios. A seguir, ele atribui tópicos aos alunos e deixa que eles descrevam como pretendem passar por cada um dos passos. Ele os faz pensar e dar motivos que expliquem por que cada passo é necessário para a boa redação. A seguir, ele lhes apresenta o conceito de parágrafo, e eles leem parágrafos dissertativos para encontrar uma estrutura comum. Ele nota que o parágrafo é composto de um tópico frasal, frases de detalhamento e uma frase de conclusão. Então, ele faz os alunos identificarem os tópicos frasais em diversos parágrafos. Mais tarde, ele pede que escrevam os próprios tópicos frasais. A instrução deve estar ligada aos objetivos. Técnicas instrucionais diferentes estão ligadas a tipos diferentes de objetivos. Objetivos de nível mais baixo se focam na memorização de informações factuais, e objetivos de nível mais alto requerem aplicação e síntese.

A instrução parece estar se saindo bem, exceto o fato de que os alunos têm dificuldades de encontrar a estrutura comum nos parágrafos. O Sr. Wysocki tem de dar explicações adicionais à turma. Mesmo após a instrução, suas avaliações de final de aula indicam que muitos alunos têm a ideia equivocada de que o tópico frasal é sempre a primeira frase do parágrafo, então ele cria uma folha de exercícios em que muitos dos tópicos frasais não estão no início do parágrafo. Por fim, o Sr. Wysocki pede que os seus alunos escrevam parágrafos dissertativos. Primeiro, pede que escrevam a respeito dos mesmos tópicos, para que possam comparar os tópicos frasais e a quantidade de detalhes no parágrafo de cada um. Ele acha que essa estratégia é útil, porque os alunos podem aprender com os esforços uns dos outros. Os deveres de casa são devolvidos aos alunos com sugestões de melhorias, e os alunos devem revisar e reescrever os seus parágrafos. Mais tarde, eles têm a oportunidade de escrever parágrafos dissertativos sobre assuntos de sua escolha.

Nem todos os professores instruíram os seus alunos dessa forma; professores diferentes têm alunos, recursos e estilos diferentes. Mas o Sr. Wysocki fez o que ele julgou ser melhor para sua turma em particular. Ele instituiu procedimentos instrucionais que deram lições práticas aos alunos acerca dos comportamentos que se esperava que eles aprendessem, ofereceu *feedback* para o desempenho dos alunos durante a instrução e revisou seus planos com base nas suas observações durante a instrução. Ele demonstrou as características de um bom professor.

> A estratégia mais útil para avaliar o progresso da instrução é o questionamento oral, que serve a diversos propósitos, tanto de perspectivas instrucionais quanto de avaliação. Infelizmente, a maioria das perguntas de sala de aula tende a ser de nível mais baixo e convergentes.

O Sr. Wysocki sentiu que ele tinha uma boa noção do quão bem sua turma havia alcançado os objetivos. Apesar de saber algo sobre o desempenho de cada aluno, ele não tinha certeza sobre como cada um havia se saído em todos os cinco objetivos. Ele achava que uma avaliação normal de final de lição forneceria informações sobre o conhecimento de cada aluno em tudo o que ele havia ensinado. Ao conduzir uma avaliação somativa formal, ele não precisaria depender de percepções informais incompletas na hora de atribuir notas aos seus alunos. Para desenvolver a avaliação, contudo, ele tinha de tomar algumas decisões sobre a natureza da prova que ele administraria.

Decisões ao se planejar uma prova

Ao decidir o que ele deveria incluir na sua avaliação somativa formal e qual seria o formato da tarefa de avaliação, o Sr. Wysocki respondeu a quatro perguntas importantes que os professores fazem ao desenvolver avaliações somativas.

> Uma prova válida e justa cobra informações e habilidades semelhantes às que foram dadas em aula.

1. *O que devo avaliar?* A primeira decisão importante ao se preparar para avaliar o desempenho estudantil é identificar as informações, os processos e as habilidades que serão avaliadas. Uma prova de desempenho válida é aquela que dá aos alunos uma oportunidade justa de demonstrar o que eles aprenderam com a instrução. Assim, ao decidir o que avaliar, era necessário que o Sr. Wysocki desse atenção tanto aos objetivos quanto à instrução que ele deu. Normalmente, os dois são muito semelhantes, mas, às vezes, é necessário adicionar ou omitir um objetivo quando se começa a ensinar. Na análise final, aquilo que foi, de fato, apresentado durante a

instrução é o que se torna o mais importante de avaliar.

O Sr. Wysocki sabia, portanto, que tinha de coletar informações sobre o quão bem os seus alunos conseguiam memorizar e explicar, em suas próprias palavras, os três estágios do processo de escrita, selecionar os tópicos frasais de um parágrafo, escrever tópicos frasais adequados e compor um parágrafo dissertativo com o tópico frasal, detalhes descritivos e uma frase de conclusão. Mas e quanto a outras habilidades importantes, como fazer anotações sobre um tópico ou saber a diferença entre um parágrafo descritivo e um expositivo? Elas também são importantes, então não deveriam entrar na prova do Sr. Wysocki?

A resposta para essa pergunta é não! Sempre haverá mais objetivos para ensinar do que tempo para ensiná-los. Sempre haverá tópicos e habilidades úteis que têm de ser omitidos de provas devido à falta de tempo. É por isso que planejar cuidadosamente a instrução em termos das necessidades e recursos dos alunos é tão importante. A inclusão de habilidades que não foram ensinadas em uma prova de desempenho diminui a sua validade, transformando-a em uma avaliação menos verdadeira e justa do que os alunos aprenderam na instrução em sala de aula. Ao limitar as perguntas da prova apenas ao que foi ensinado, o Sr. Wysocki pode dizer: "Eu decidi quais eram os objetivos importantes para os alunos, dei instrução sobre esses objetivos, ofereci atividades práticas para exercitar esses objetivos e fiz uma prova que pedia aos alunos que fizessem coisas semelhantes às que ensinei. Os resultados da prova devem refletir razoavelmente bem o que os alunos fizeram nessa unidade e me permitir atribuir notas com justiça".

> O tipo de procedimento de avaliação escolhido depende da natureza do objetivo que está sendo avaliado.

2. *Que tipos de questões ou tarefas devo passar?* Essa pergunta é respondida vendo-se os objetivos da aprendizagem. Cada objetivo contém um processo ou comportamento-alvo que foi ensinado aos alunos. Por exemplo, três dos objetivos do Sr. Wysocki referiam-se, respectivamente, à compreensão (explicar nas próprias palavras), aplicação (escrever um tópico frasal) e síntese (integrar e escrever um ensaio). Esses três processos são mais bem avaliados por **questões de respostas construídas pelos alunos**, perguntas que requerem que o aluno produza (forneça) uma resposta ou produto. Outro desses objetivos referia-se à análise (selecionar um tópico frasal). Esse tipo de comportamento pode ser avaliado de maneira eficiente por **questões de seleção** (p. ex., múltipla escolha), perguntas que apresentam um conjunto de escolhas aos alunos. E ainda havia um objetivo do Sr. Wysocki que se referia à recordação (nomear os três estágios do processo de escrita). Esse comportamento pode ser avaliado por uma pergunta de resposta construída (listar ou definir oralmente os três estágios) ou uma pergunta de seleção (selecionar os três estágios dentre uma lista de opções). Assim, o formato usado para avaliar a aprendizagem é, em grande parte, determinado pela definição do objetivo.

Muitos professores sentem que apenas redações dão boas provas. Outros usam questões de múltipla escolha o máximo possível, e ainda há outros que acreditam que as provas devem conter diversos tipos de questões. Temos aqui as respostas de vários professores ao serem perguntados acerca dos tipos de questões que eles usam em suas provas:

> Sempre dou redações para as crianças fazerem, porque esse é o único jeito que eu tenho de ver como elas pensam.
>
> Questões de múltipla escolha são fáceis e rápidas de responder, então, na

maioria das vezes, é este o formato que escolho para avaliar os alunos.

Eu me certifico de que cada prova que crio tenha algumas questões de múltipla escolha, algumas perguntas de resposta construída e pelo menos uma questão dissertativa. Acredito que a variedade nos tipos de questão mantenha os alunos interessados e dê a todos a chance de mostrar o que eles sabem da melhor forma para eles.

Cada um desses professores dá um motivo para seguir uma estratégia particular de desenvolver provas. Os motivos não são errados nem inadequados, mas são secundários ao propósito principal da prova oficial, que é *permitir que os alunos demonstrem o quão bem eles aprenderam os comportamentos ou processos que lhes foram ensinados.* Assim, não existe um tipo único de pergunta que seja aplicável em todos os momentos. O que torna um procedimento em particular útil é se ele combina com os objetivos e instrução dada.

> A idade dos alunos, a matéria sendo avaliada e a duração do período de aula são todas características que afetam a extensão da prova.

3. ***Qual deve ser o tempo de duração da prova?*** Visto que o tempo de avaliação é limitado, devem-se fazer escolhas com relação à extensão da prova. Normalmente, questões práticas como a idade dos alunos ou o tempo de aula são as mais relevantes. Já que a energia e a atenção dos alunos jovens são menores do que as dos mais velhos, uma boa estratégia a seguir com alunos das séries iniciais é avaliá-los frequentemente, usando provas curtas que só avaliam alguns objetivos por vez. Devido à sua capacidade típica de atenção, sugerem-se provas de 15 a 30 minutos para alunos do ensino fundamental, dependendo da série e da turma.

Os currículos de algumas matérias como história, estudos sociais e português são compostos de unidades relativamente distintas e restritas. Em outras matérias, como matemática, língua estrangeira e ciências, o conhecimento deve ser construído em uma sequência hierárquica. Apesar de tópicos de história poderem ser ensinados separadamente, tópicos de matemática ou espanhol normalmente não podem ser compreendidos a menos que lições anteriores dessas matérias tenham sido dominadas. Consequentemente, ao dar aulas de uma matéria hierárquica, é útil dar provas mais frequentes para manter os alunos estudando e para se certificar de que eles compreenderam as ideias iniciais, que estabelecem as bases para ideias subsequentes mais complexas. As provas das séries finais do ensino fundamental e do ensino médio costumam ser restritas com base no período de aula. A maioria dos professores nessas séries planeja suas provas de modo que elas durem um período de aulas inteiro.

Os períodos de aula do Sr. Wysocki duram 50 minutos. Ele queria uma prova que levasse 40 minutos para a maioria dos alunos terminar. Com uma prova desse tipo, haveria tempo para entregar e recolher as provas, assim como alguns minutos para aqueles alunos que sempre querem "só mais um minuto" antes de entregar a prova.

> O número de questões em provas por objetivos depende do tempo instrucional gasto em cada objetivo e da sua importância.

Ao decidir quantas perguntas fazer para cada objetivo, o Sr. Wysocki tentou equilibrar dois fatores:

1. o tempo de instrução gasto em cada objetivo e
2. sua importância.

Alguns objetivos costumam ser mais importantes do que outros. Esses objetivos tendem a ser mais gerais e exigem a integração de diversos objetivos mais reduzidos. Apesar de uma grande parte do tempo instrucional ter sido gasta na escrita e na identificação de tópicos frasais, o Sr. Wysocki valoriza essa habilidade menos por seu próprio valor e mais por sua contribuição para o objetivo mais geral de construir um parágrafo dissertativo. Assim, o número de questões na prova que lidam com a escrita e a identificação de tópicos frasais não foi proporcional ao tempo instrucional gasto nisso. Não é necessário incluir um número igual de perguntas para cada objetivo, mas todos os objetivos devem ser avaliados por algumas questões. Com base nesses fatores e na instrução que realizou, o Sr. Wysocki sentiu que uma prova com o seguinte formato seria justa para com os alunos e permitiria uma avaliação válida e confiável do aprendizado:

- Os alunos podem *nomear* os três estágios da escrita. Usar uma pergunta de resposta construída: liste os três nomes.
- Os alunos podem *explicar*, em suas próprias palavras, os três estágios do processo de escrita (i.e., pré-escrita, escrita e revisão). Usar uma questão dissertativa pequena.
- Os alunos podem *identificar* o tópico frasal em determinado parágrafo dissertativo. Usar três questões de múltipla escolha, cada uma consistindo em um parágrafo e uma lista de possíveis tópicos frasais da qual os alunos têm de selecionar a correta.
- Os alunos podem *escrever* tópicos frasais para um tópico dissertativo determinado. Usar três perguntas de resposta curta que forneçam, cada uma, aos alunos um assunto e exijam que eles escrevam um tópico frasal para cada um deles.
- Os alunos podem *escrever* um parágrafo dissertativo usando um tópico frasal, detalhes descritivos e uma frase de conclusão. Use uma questão de dissertação em que cada aluno escreva um parágrafo dissertativo sobre um assunto de sua escolha. O parágrafo não pode ser sobre um assunto que o aluno tenha usado anteriormente durante a instrução ou a prática.

O Sr. Wysocki achou que escrever tópicos frasais era uma habilidade suficientemente importante para defini-la como um objetivo em separado. Como ele havia gasto tempo considerável ensinando esse objetivo, decidiu avaliá-lo separadamente. Quando os professores focam suas provas apenas em objetivos gerais e integrados, os alunos podem responder às perguntas incorretamente porque não conseguem integrar com sucesso as habilidades separadas que aprenderam. Os professores podem concluir que os alunos não entendem ou não aprenderam as habilidades específicas, porque não podem responder a essas questões com sucesso, apesar de talvez terem aprendido todas as habilidades separadas que lhes foram ensinadas.

4. *Deve-se usar uma prova criada pelo professor ou a que é oferecida pelo livro didático?* Os professores são inevitavelmente confrontados com a questão de se é melhor usar uma prova oferecida pelo livro didático ou criar uma própria. A própria disponibilidade das provas do livro didático pode ser sedutora. Os professores podem pensar: "Afinal de contas, a prova vem com o livro didático, parece medir o que está no capítulo que estou ensinando, parece atraente e está à disposição, então por que não usá-la?". O Sr. Wysocki se fez a mesma pergunta.

Perceba que a decisão sobre usar a prova do livro didático ou criar a própria prova não pode ser tomada até *depois* de o professor ter refletido sobre o que foi ensinado e ter identificado quais tópicos e comportamentos devem ser avaliados. A utilidade de qualquer prova de desempenho não pode ser julgada sem a referência dos objetivos planejados e da própria instrução.

As provas de livros didáticos fornecem instrumentos já prontos para avaliar os objetivos enfatizados no material e podem economizar muito tempo para os professores. Os formatos das provas variam de acordo com diferentes editores de livros didáticos em termos de tamanho, composição e tipos de questão.

Dê uma olhada na edição do professor de alguns livros didáticos para ver a variedade de provas à disposição.

Antes de usar essas provas, os professores devem considerar os critérios que permitem que eles usem uma prova própria ou trazida do livro didático com confiança. A preocupação básica é se as questões da prova combinam com as aulas dadas aos alunos.

> A principal consideração ao julgar a adequação da prova de um livro didático é a ligação entre suas questões e o que, de fato, foi ensinado aos alunos em aula.

Independentemente se o professor está elaborando a própria prova ou julgando a adequação da prova de um livro didático, ele deve considerar a mesma questão básica de validade: as questões da prova combinam com a instrução passada aos alunos? Quanto mais o professor alterar e remodelar o currículo do livro didático, menos válidas serão as provas que vêm com ele. Como um professor disse: "As provas dos livros didáticos parecem boas e podem me economizar muito tempo, mas dificilmente avaliam exatamente o que estive ensinando em aula. Toda vez que modifico o que faço do que o livro sugere que eu faça e a cada vez que deixo uma lição ou seção do livro de fora das minhas aulas, tenho de analisar cuidadosamente a prova trazida por ele para me certificar de que é justa para os meus alunos".

> Os professores podem e devem combinar materiais do livro didático com questões próprias para criar questões da avaliação.

Lembre-se de que é possível combinar questões do livro didático e questões do professor em uma mesma prova. Frequentemente, as provas do livro didático têm algumas questões adequadas de avaliação que podem ser usadas junto de questões que o professor criou. Essa abordagem é usada por muitos professores. A questão-chave, contudo, é a relevância que as questões da avaliação têm considerando a instrução que foi dada aos alunos. A Tabela Ferramentas-Chave de Avaliação 5.1 se foca em julgar as provas dos livros didáticos.

FERRAMENTAS-CHAVE DE AVALIAÇÃO 5.1
Pontos-chave a serem considerados ao julgar as provas de livros didáticos

1. A decisão de usar uma prova do livro didático ou uma prova de desempenho pré-pronta deve ser tomada *após* o professor identificar os objetivos que foram ensinados e que ele quer avaliar.
2. O livro didático e as provas padronizadas são criados para uma sala de aula típica, mas, como poucas salas de aula são típicas, a maioria dos professores acaba se desviando um pouco do livro para acomodar as necessidades dos alunos.
3. Quanto mais a instrução da aula se desviar do livro didático, menos válidas serão as provas do livro didático.
4. A principal consideração ao julgar a adequação de um livro didático ou de uma prova de desempenho padronizada é a associação entre as suas perguntas e o que os alunos aprenderam em aula:
    a. As questões são semelhantes aos objetivos e às ênfases instrucionais do professor?
    b. As questões requerem que os alunos realizem comportamentos que lhes foram ensinados?
    c. As questões cobrem todos ou a maioria dos objetivos ensinados?
    d. O nível de linguagem e de terminologia é adequado para os alunos?
    e. O número de questões para cada objetivo oferece uma amostra suficiente de desempenho dos alunos?

Fonte: Os autores.

Para resumir, tanto as provas do livro didático quanto as provas criadas pelo professor devem

1. relacionar claramente os objetivos da instrução,
2. incluir perguntas suficientes para avaliar todos ou a maioria dos objetivos, e
3. usar os métodos de avaliação adequados às origens e às experiências anteriores dos alunos (JOINT ADVISORY COMMITTEE, 2002).

As provas que se adequarem a esses critérios irão fornecer uma indicação válida da aprendizagem dos alunos. A Tabela Ferramentas-Chave de Avaliação 5.2 apresenta um resumo de problemas comuns que os professores encontram ao julgar provas de desempenho.

PREPARANDO OS ALUNOS PARA AVALIAÇÕES OFICIAIS

O restante deste capítulo discute como preparar os alunos para as avaliações oficiais. Muitas dessas práticas podem parecer questões de bom senso, que todos os professores fariam normalmente. No entanto, esse não é o caso. É impressionante quantas vezes essas práticas ligadas simplesmente ao bom senso são ignoradas ou passam batido. A não realização dessas atividades pode arriscar a validade das inferências e das decisões que o professor toma com base no desempenho dos alunos.

Questões de preparação para a prova

Usamos provas e outras avaliações para ajudar a tomar decisões sobre a aprendizagem dos alunos em alguma área do conteúdo. O desempenho de um aluno em uma prova ou avaliação serve para representar o seu domínio sobre um escopo mais amplo de conhecimento e de habilidades, não apenas sobre as questões específicas incluídas na prova ou na tarefa. Lembre-se de que, no Capítulo 1, quando a Sra. Lopez descreveu as notas 100 de Manuela e Chad na prova de divisão longa com resto, ela disse que "A Manuela e o Chad podem resolver questões de divisão longa com resto muito bem". Ela não disse que "A Manuela e o Chad podem resolver as 10 questões específicas de divisão longa com resto que estavam na minha prova". As provas e outras avaliações coletam uma amostra do comportamento do aluno e usam essa amostra para generalizar como seria o desempenho provável de um aluno se ele fosse confrontado com tarefas ou questões semelhantes. Por exemplo, o desempenho de um aluno que acerta 90% em uma prova de análise poética, balanceamento de equações químicas ou regras de português é interpretado como um indicativo de que o aluno dominou cerca de 90% do conteúdo geral que lhe foi ensinado. As tarefas ou questões específicas são selecionadas para representar um grupo maior de tarefas ou questões similares.

FERRAMENTAS-CHAVE DE AVALIAÇÃO 5.2

Problemas comuns ao desenvolver ou escolher provas para avaliar o desempenho dos alunos

1. Deixar de considerar os objetivos e as ênfases instrucionais ao planejar uma prova.
2. Deixar de avaliar todos os objetivos e tópicos instrucionais importantes.
3. Deixar de escolher tipos de questões que permitam que os alunos demonstrem o comportamento desejado.
4. Adotar uma prova sem revisar a sua relevância considerando a instrução fornecida.
5. Incluir tópicos ou objetivos não ensinados aos alunos.
6. Incluir poucos itens para avaliar a consistência do desempenho dos alunos.
7. Usar provas para punir alunos por desatenção ou mau comportamento.

Fonte: Os autores.

> Uma avaliação justa e válida envolve preparar os objetivos adequados, fornecer boa instrução para esses objetivos e determinar a forma como esses objetivos são avaliados.

Os objetivos, a instrução e as questões da prova *devem* estar alinhados uns com os outros. Afinal, o propósito de uma prova de desempenho é determinar o quão bem os alunos aprenderam o que lhes foi ensinado. Por definição, uma prova de desempenho deve ser relacionada à instrução, e a instrução é, em um sentido real, a preparação para a prova. A questão importante, contudo, é esta: Quando a relação entre objetivos, instrução e prova fica tão íntima que se torna inadequada e antiética?

> Uma prova de desempenho deve dar informações sobre o quão bem um aluno pode responder a questões semelhantes, mas não idênticas, às que foram ensinadas em aula.

Existe uma importante diferença ética entre ensinar para a prova e ensinar a própria prova. Ensinar para a prova envolve ensinar habilidades, conhecimentos e processos gerais que os alunos vão precisar dominar para responder às perguntas em uma prova. Essa é uma prática boa e adequada. É a essência do bom ensino e da boa avaliação. Mas ensinar a própria prova – ou seja, ensinar aos alunos as respostas de questões específicas que provavelmente cairão na prova – não é adequado nem ético. Essa prática produz um quadro distorcido e inválido do desempenho estudantil. Uma prova feita sob essas condições passará informações sobre o quão bem os alunos podem se lembrar de questões específicas que foram ensinadas, mas não irá dizer como eles podem se sair em questões semelhantes, mas não idênticas, às que eles aprenderam. Os professores têm uma responsabilidade educacional e ética de não corromper a validade do desempenho dos alunos em provas de desempenho limitando sua instrução aos tipos de habilidades e conhecimentos que acreditam que cairão na prova ou ensinando os alunos a como serem bem-sucedidos em questões específicas da prova. Em vez de usar o conteúdo de uma prova para orientar a instrução, a instrução do professor deve ser orientada pelo conteúdo e pelas habilidades contidas nos objetivos de aprendizagem ou nos padrões estaduais.

> Existe uma importante diferença entre ensinar para a prova e ensinar a própria prova.

Ao trabalhar com um currículo predeterminado, é adequado que os professores enfatizem os objetivos que serão avaliados, contanto que não preparem os alunos para as questões específicas que serão usadas para mensurar esses objetivos. Entretanto, não é adequado que os professores excluam conscientemente objetivos importantes da sua instrução simplesmente porque esses objetivos não são contemplados pela prova do livro ou de outros recursos externos. Em vez de associar a avaliação com os objetivos do currículo, esses professores permitiram que os objetivos da prova definissem o seu currículo.

Mel Levine, MD, professor de pediatria na Faculdade de Medicina da University of North Carolina, em Chapel Hill, sugere uma abordagem do tipo "que não cause danos" para práticas de avaliação que define algumas estratégias úteis e importantes. Veja a Tabela Ferramentas-Chave de Avaliação 5.3.

A próxima seção descreve outras ações que os professores devem realizar para preparar os seus alunos para as provas de desempenho. Ao ler essas seções, tenha em mente a lista anterior de práticas inadequadas. Também tenha em mente que a preocupação com relação à preparação para provas não se restringe a provas de papel e caneta, mas também inclui outras estratégias e tarefas de avaliação.

> **FERRAMENTAS-CHAVE DE AVALIAÇÃO 5.3**
> **Práticas de avaliação "que não causem danos"**
>
> 1. A avaliação pode ajudar a elevar os padrões educacionais, mas não se criar um grande número de alunos considerados malsucedidos. Quando um aluno apresentar mau desempenho, determine que elo da corrente de aprendizado está fraco. Sempre tenha planos de contingência construtivos e não punitivos para alunos que apresentam mau desempenho em uma prova. A prova não deve ser um fim em si mesmo, e sim um sinal para agir.
> 2. Nem todos os alunos podem demonstrar seus pontos fortes da mesma forma. Permita que diferentes alunos demonstrem sua aprendizagem diferentemente, usando os meios à sua escolha (portfólios, redações, apresentações orais e projetos, assim como provas de múltipla escolha).
> 3. Nunca use uma avaliação como justificativa para reprovar um aluno em uma série. A reprovação é ineficaz e seriamente prejudicial aos alunos. Como se pode reprovar uma criança e afirmar que não se está deixando ninguém para trás?
> 4. Alguns alunos que se saem excepcionalmente bem em provas desenvolvem uma falsa sensação de segurança e confiança, deixando de perceber que as carreiras adultas exigem muitas habilidades que nenhuma prova pode mensurar. Certifique-se de promover capacidades vitais que não são avaliáveis.
> 5. Evite os perigos de ter professores ensinando apenas para fazer provas porque o seu trabalho ou escola está sendo avaliado somente com base nas notas dessas provas. Os professores não devem nunca fazer os seus alunos ensaiarem ou explicitamente se prepararem para provas. As avaliações não devem ser anunciadas. Bons resultados nessas provas devem ser o produto do currículo regular e intacto.
>
> Fonte: Levine (2003).

Forneça boa instrução

A coisa mais importante que o professor pode fazer para preparar os alunos para provas de avaliação formal é dar boas aulas. Anteriormente, notamos que o bom ensino inclui atividades como fazer revisões antes do início de uma lição nova, estabelecer um nível de dificuldade adequado, enfatizar pontos importantes durante a instrução, oferecer a possibilidade de os alunos praticarem os objetivos que se espera que eles aprendam e manter um ambiente de aprendizagem ordenado na sala de aula. Essas práticas irão preparar os alunos para avaliações melhor do que qualquer outra coisa que o professor possa fazer. Uma responsabilidade ética primária do ensino, portanto, é fornecer a melhor instrução possível, sem corromper a prova de avaliação das formas descritas anteriormente. Na ausência de boa instrução, todos os aspectos da avaliação ficam muito diminuídos.

> A boa instrução é a preparação mais importante para a avaliação formal.

Faça uma revisão antes da prova

Ensinar uma unidade ou capítulo significa apresentar muitos objetivos diferentes aos alunos, alguns no início e outros no fim da instrução. Como os tópicos dos quais os alunos mais bem se lembram são os que foram ensinados mais recentemente, é bom fazer uma revisão antes de uma prova formal. A revisão pode assumir muitas formas: uma sessão de perguntas e respostas, um resumo oral ou escrito das ideias principais, ou a administração de uma prova de revisão. Revisões servem a muitos propósitos: refrescar a memória dos alunos quanto aos objetivos ensinados no início da unidade, oferecer uma última chance de praticar habilidades e comportamentos importantes e garantir uma última oportunidade de fazer perguntas sobre algo que não esteja claro. Frequentemente, o próprio exercício de revisão provoca perguntas que ajudam os alunos a entender ideias apenas parcialmente compreendidas.

A revisão deve cobrir as ideias e as habilidades principais que foram ensinadas. Muitos professores deixam de fazer revisões porque acham que podem "dar pistas" para os alunos sobre o tipo de coisas que cairão na prova. Essa é uma mentalidade errônea. Uma revisão é o ato instrucional final do capítulo ou da unidade. Ela dá aos alunos a oportunidade de praticar as habilidades e esclarecer equívocos sobre o conteúdo. Se a revisão se focar principalmente em tópicos e comportamentos periféricos, em uma tentativa de "proteger" as áreas que serão avaliadas, os alunos não receberão uma última oportunidade de praticar aquilo que é importante. Eles não terão suas dúvidas sanadas e, após algumas sessões irrelevantes de revisão, irão deixar de levá-las a sério.

> As revisões para as provas frequentemente provocam perguntas que ajudam os alunos a entender ideias apenas parcialmente compreendidas.

O propósito de uma revisão, em especial a revisão para a prova, é preparar os alunos para a prova. Essencialmente, a revisão é a forma que o professor tem de dizer: "Estes são exemplos das ideias, tópicos e habilidades que espero que vocês tenham aprendido. Deem uma olhada nesta revisão e avaliem o seu conhecimento. Pratiquem uma última vez antes que eu lhes peça para demonstrar o que vocês aprenderam na prova que conta para a sua nota. Se vocês têm perguntas ou dificuldades, iremos revisá-las antes da prova. Depois disso, vocês estarão por conta própria". Os exercícios ou as questões de revisão devem ser semelhantes, mas não idênticos, aos exercícios ou questões que estarão na prova final. A maioria dos livros didáticos contém capítulos ou unidades de revisão para uso antes da prova. Vá até a sua biblioteca ou até uma escola local e examine as provas e as revisões de capítulo em diversos livros didáticos.

Uma prova de desempenho não deve enganar os alunos, fazendo-os responder perguntas ou tópicos que não lhes foram ensinados, ou criar uma situação de alta ansiedade. A prova deve dar aos alunos uma chance justa de mostrar o que aprenderam. Uma revisão pertinente antes da prova irá ajudá-los a fazer isso.

Garanta familiaridade com o formato das questões

Se uma prova contiver questões que usam um formato desconhecido, os alunos devem adquirir prática com esse formato antes da prova. A necessidade desse tipo de prática é especialmente importante nas séries iniciais, quando os alunos são apresentados pela primeira vez a questões de associação, múltipla escolha, verdadeiro ou falso, resposta curta e questões dissertativas. Os alunos devem aprender o que se espera deles com cada tipo de questão e entender como registrar as suas respostas. Um momento oportuno de familiarizar os alunos com os formatos das questões é durante os exercícios de revisão antes da prova. Práticas pré-prova com novos formatos de questão e de resposta podem reduzir a ansiedade e permitir uma avaliação mais válida da aprendizagem dos alunos. Além de familiarizar os alunos com novos formatos de questões e de respostas, existe um conjunto de orientações gerais para a prova que pode ajudar os alunos a se saírem melhor nela. Essas orientações não irão ajudar os alunos a superar desvantagens como mau ensino e falta de estudo, mas podem ajudá-los a se concentrarem durante a prova. A Tabela 5.3 lista alguns conselhos que você pode dar aos seus alunos antes da prova (EBEL; FRISBIE, 1991).

> Se os alunos não estiverem familiarizados com os tipos de questões usadas na prova, esta não produzirá uma avaliação válida do que eles aprenderam.

Outro conjunto de habilidades, chamadas de **habilidades de prova,** ajuda os alunos a identificar erros de parte daquele que redigiu a questão que ajudam a fornecer pistas sobre a resposta correta. Por exemplo, ao responder a questões de múltipla escolha, o

TABELA 5.3 Conselhos de estratégias comuns para os alunos usarem durante a prova

- Leia atentamente as orientações da prova.
- Descubra o peso das questões. Todas as questões têm o mesmo peso? Você irá perder pontos por deficiências de gramática, ortografia ou organização?
- Organize-se para garantir que terá tempo de terminar a prova.
- Planeje e organize as respostas de questões dissertativas antes de escrever.
- Tente responder a todas as perguntas. Palpites não são penalizados, então dê um palpite quando não souber a resposta.
- Ao usar uma folha de respostas separada, verifique constantemente para garantir que está marcando suas respostas no espaço certo.
- Esteja em boa condição física e mental na hora da prova, evitando ficar acordado até tarde na noite anterior tentando memorizar todo o conteúdo de uma vez.

Fonte: Os autores.

aluno com habilidades de prova aplica as seguintes probabilidades:

- Se as palavras "alguns" e "frequentemente" ou palavras igualmente vagas forem usadas em alguma das opções, é provável que essa seja a correta.
- A opção mais longa ou mais precisa é provavelmente a correta.
- Qualquer opção que tenha erros gramaticais ou ortográficos provavelmente não é a certa.
- As escolhas que não se alinham bem com a origem da pergunta provavelmente não estão certas.

Os professores devem estar cientes desses erros comuns nas provas para poderem se defender ao criar ou escolher questões. Para aumentar a validade das inferências e das decisões feitas com base no desempenho da prova, garanta que os alunos que responderam às questões corretamente acertaram porque dominam o conteúdo ou a habilidade ensinada em aula, e não porque sabem se aproveitar de possíveis erros na prova.

Existem muitas outras estratégias para se aproveitar da prova que os alunos usam para superar a falta de conhecimento do conteúdo. Com relação às próprias provas, é melhor deixar os alunos cientes dessas habilidades gerais e, então, concentrar-se em criar questões justas e adequadas que não contenham erros que possam ser usados em favor deles. O Capítulo 7 oferece uma descrição mais detalhada dessas estratégias para se aproveitar de erros da prova e descreve como redigir ou selecionar questões que tenham poucos dos problemas dos quais os alunos poderiam se aproveitar.

Agendando a prova

Já foi recomendado que os professores oferecessem aos alunos a oportunidade de revisar, estudar e refletir sobre a matéria antes da prova. Contudo, existem outras considerações quanto ao melhor momento para os alunos mostrarem o seu melhor desempenho. Por exemplo, se um professor fosse marcar a prova no mesmo dia em que o time de futebol do colégio irá disputar uma final de campeonato, no período depois de uma assembleia ou almoço, ou no primeiro dia depois das férias de meio de ano, é provável que o desempenho dos alunos na prova não seja representativo do domínio dos objetivos instrucionais. Da mesma forma, o professor não deve marcar a prova no dia em que estará ausente só para o professor substituto ter algo para manter os alunos ocupados. O professor substituto pode não saber responder às perguntas dos alunos em relação à prova ou ao significado de questões específicas. Além disso, se for uma turma de nível fundamental, a presença de um estranho na sala de aula pode deixar os alunos desconfortáveis e incapazes de dar o seu melhor.

Nas séries iniciais, existe maior flexibilização quanto à data da prova do que em séries mais avançadas ou no ensino médio, em que os períodos de 50 minutos e a divisão por matérias significam que os alunos devem estar em determinado local em determinado momento. A professora de álgebra que tem uma aula imediatamente depois do almoço não tem outra escolha senão aplicar a prova neste período. Apesar de nenhum professor ter controle completo sobre quando agendar a prova, é bom ter em mente que os alunos podem se sair melhor nela em um momento do que em outro.

Passando informações sobre a prova aos alunos

É uma boa prática informar formalmente os alunos quando a prova será dada, que áreas serão cobradas, que tipos de questões cairão, o quanto ela contará para a nota e qual será o seu tempo de duração. Esses fatores, sem dúvida, influenciam a própria prova que você está preparando. Ao fornecer essas informações, o professor pode ajudar a reduzir um pouco da ansiedade que inevitavelmente acompanha o anúncio da prova. Quando são fornecidas informações, a prova se torna um incentivo para os alunos estudarem.

> Para reduzir a ansiedade na hora da prova, os professores devem informar formalmente os alunos quando ela será aplicada, que áreas serão cobradas, que tipos de questão cairão, qual será a sua duração e o quanto ela irá contar para a nota final.

A prova de desempenho mais difícil para os alunos se prepararem é a primeira que eles realizam com um novo professor. Mesmo que o professor tenha fornecido informações sobre os tópicos cobrados, os tipos e a quantidade de questões e outras informações, os alunos sempre terão alguma incerteza em relação à prova. Apenas depois de fazerem a primeira prova é que os alunos entendem como funciona a avaliação daquele professor e se as revisões que ele dá servem como base para se preparar para ela. Quando os alunos conhecem o estilo do professor, eles sabem o que esperar em provas subsequentes e se as informações que o professor passa antes da prova são úteis.

É claro, a menos que o professor tenha pensado sobre a natureza da prova, é impossível fornecer as informações de que os alunos necessitam para se preparar para a prova antes dela. As especificidades do conteúdo, dos tipos de questão e da duração da prova devem ser consideradas muito antes de ela ser aplicada. As provas que são planejadas apressadamente com frequência se focam mais em habilidades de memorização e deixam de cobrir uma amostra representativa da instrução dada aos alunos. Logo, para informar os alunos acerca das características da prova, o professor não pode ficar empurrando o planejamento dela até o último minuto.

> Provas planejadas às pressas se focam em questões de memorização e deixam de cobrir uma amostra representativa da instrução.

RESUMO DO CAPÍTULO

- As avaliações somativas permitem que os professores tomem decisões quanto ao grau em que os alunos alcançaram os objetivos que eram o foco da instrução.
- Ao contrário das avaliações iniciais e instrucionais, as avaliações somativas são baseadas em evidências formais e sistematicamente coletadas ao final da instrução.
- Os tipos principais de instrumentos de avaliação somativa são as provas desenvolvidas pelo professor, as provas do livro didático e as provas padronizadas de alta relevância para o ensino.
- As avaliações somativas se tornam avaliações oficiais quando são usadas para ajudar os professores a tomar decisões que a burocracia escolar exige deles, como atribuir notas, colocar alunos em outras turmas ou

- indicá-los para serviços de educação especial.
- As avaliações oficiais são levadas muito a sério por alunos, pais, administradores escolares e pelo público geral, visto que trazem consequências duradouras para os alunos.
- As boas avaliações somativas têm estas três características:
  1. os alunos realizam o que o professor definiu nos objetivos e na instrução;
  2. as questões oferecem uma amostra representativa daquilo que foi ensinado em aula; e
  3. os procedimentos de criação de perguntas, orientação e atribuição de notas são claros e adequados.

  A incorporação dessas três características nas avaliações somativas ajuda a fornecer informações válidas e confiáveis para a tomada de decisões.
- Como o objetivo das avaliações somativas é dar aos alunos uma oportunidade justa de demonstrar o que aprenderam nas aulas, é muito importante que as avaliações reflitam o que foi ensinado aos alunos. Esse é o requerimento mais básico das avaliações somativas.
- Os métodos usados para coletar informações sobre a aprendizagem dos alunos dependem dos objetivos e da instrução que lhes foi dada. Métodos que permitem que os alunos demonstrem os comportamentos ensinados são essenciais para a validade da avaliação. Use questões de múltipla escolha, associação ou verdadeiro ou falso quando o tema trabalhado tiver sido "escolher" ou "selecionar" respostas; perguntas de resposta curta ou de respostas dissertativas quando tiver sido "explicar", "construir" ou "defender" respostas; e demonstrações do comportamento quando tiver sido "demonstrar" ou "mostrar".
- Pode-se usar uma tabela de especificações para garantir que as questões da prova refletem objetivos específicos.
- O tempo de duração da prova é determinado de acordo com a idade e a capacidade de atenção dos alunos e pelo tipo de questões usadas na prova.
- A decisão de se criar uma prova própria ou de se usar a prova do livro didático depende do quanto a instrução seguiu as orientações do livro. Quanto mais o professor adicionar ou omitir material do livro didático, menor a possibilidade de a prova trazida por ele ser um indicativo válido da aprendizagem dos alunos.
- Preparar os alunos para avaliações somativas requer reflexão e planejamento cuidadosos da parte do professor. Em primeiro lugar, os professores devem oferecer a melhor instrução possível antes da avaliação. As boas instruções devem ser seguidas de uma revisão para dar aos alunos a chance de fazer perguntas e praticar comportamentos e habilidades importantes que serão avaliados. Usar as provas de revisão do livro didático é uma forma de preparar os alunos. Os alunos, especialmente aqueles nas primeiras séries do ensino fundamental, devem poder treinar formatos desconhecidos de perguntas antes da prova. Eles devem ser informados com antecedência acerca da duração, da natureza, da matéria e do formato da prova.
- A prova deve ser marcada, quando possível, em um momento que permita que os alunos apresentem o seu melhor desempenho.
- Ao preparar os alunos para a prova, o professor *não* deve focar a instrução apenas em questões ou em formatos de questões usados na prova, usar exemplos tirados diretamente dela ou fazer os alunos praticarem a própria prova. Essas práticas corrompem a validade das inferências e das decisões baseadas nos resultados da prova. A instrução deve se focar nas habilidades e no conhecimento geral que o professor quer que os alunos aprendam no âmbito uma matéria, e não nas questões específicas que cairão na prova sobre essa matéria.

QUESTÕES PARA DISCUSSÃO

1. Quais são algumas das coisas que o professor pode fazer para ajudar os alunos a se prepararem para a prova? Quais são

alguns dos perigos da preparação para a prova que devem ser evitados?
2. Se o pensamento de nível mais alto requer que os alunos trabalhem com materiais e conceitos que não lhes foram especificamente ensinados, quais são algumas formas de prepará-los para provas que incluam questões de nível mais alto?
3. Quais são os marcos do ensino *efetivo*?
4. Como as avaliações oficiais diferem das avaliações iniciais e das avaliações instrucionais?
5. Quais são os critérios para julgar a qualidade de uma prova de desempenho? Além do conteúdo abordado nela, de que outras informações você precisaria para julgar a validade e a confiabilidade da prova?

ATIVIDADE

Escolha um capítulo da edição do professor de um livro didático. Leia o capítulo e examine os recursos oferecidos para planejar, executar e avaliar a instrução. Compare os objetivos do capítulo às sugestões para a instrução que o autor do livro didático dá. As experiências instrucionais sugeridas ajudariam os alunos a alcançar os objetivos? Existe ligação entre os objetivos e as experiências instrucionais? Examine a prova ao final do capítulo. Seria uma boa prova em termos dos objetivos do capítulo e das sugestões instrucionais? Os tipos de questão usadas na prova combinam com os objetivos? Qual a proporção de questões de nível mais alto e de nível mais baixo na prova?

QUESTÕES PARA REVISÃO

1. Qual é o propósito fundamental de avaliar os alunos? Que decisões o professor deve tomar ao se preparar para avaliá-los?
2. De que forma a validade de uma prova de desempenho deve ser determinada?
3. Liste alguns métodos éticos e antiéticos de preparar os alunos para uma prova de desempenho. O que o levou a considerar antiéticos os métodos que você apontou como tais?
4. Que fatores devem ser considerados ao determinar se é melhor usar a prova do livro didático ou criar uma própria?
5. De que modo os métodos usados para coletar informações sobre a aprendizagem dos alunos dependem dos objetivos do professor e da instrução por ele passada?
6. Quais são as características de uma boa avaliação oficial?

REFERÊNCIAS

EBEL, R. L.; FRISBIE, D. A. *Essentials of educational measurement.* 5th ed. Englewood Cliffs: Prentice-Hall, 1991.

JOINT ADVISORY COMMITTEE. CENTRE FOR RESEARCH IN APPLIED MEASUREMENT AND EVALUATION. *Principles for fair student assessment practices for education in Canada.* Edmonton: University of Alberta, 2002. Disponível em: <http://www.bced.gov.bc.ca/classroom_assessment/fairstudent.pdf>. Acesso em: 07 maio 2013.

LEVINE, M. Celebrating diverse minds. *Educational Leadership,* v. 61, n. 2, p. 12-18, 2003.

capítulo 6

PLANEJAR, APLICAR E ATRIBUIR NOTAS AOS TESTES DE DESEMPENHO

Tópicos-chave

- Questões de seleção e de construção da resposta pelo aluno
- Questões de nível mais alto
- Diretrizes para redigir e criticar questões de prova
- Montando as provas
- Problemas de cola
- Atribuição de notas a provas a papel e caneta
- Análise de validade das questões
- Discussão dos resultados da prova com os alunos

OBJETIVOS DO CAPÍTULO

Após ler este capítulo, você poderá:

- Definir termos básicos da criação de questões, como *questão de seleção*, *questão de resposta construída pelo aluno*, *enunciado da questão* e **determinante específico**.*
- Distinguir entre questões de prova de nível mais alto e de nível mais baixo.
- Montar provas.
- Aplicar provas.
- Identificar métodos de cola e formas de impedi-la.
- Atribuir notas a provas a papel e caneta.
- Analisar a validade das questões.
- Discutir resultados de prova com os alunos.

PENSAR SOBRE ENSINAR

Você sabe redigir uma questão de múltipla escolha, verdadeiro ou falso, de resposta curta ou dissertativa adequada para a série e matéria que você deseja ensinar?

Na maioria das séries, os testes de desempenho são o procedimento mais usado na coleta de evidências formais sobre a aprendizagem dos alunos. Esses testes podem ser desenvolvidos pelos professores, pelas editoras de livros didáticos, redatores de testes estaduais ou editoras de testes padronizados. Vimos que um bom plano de avaliação tem diversos componentes-chave: identificar os objetivos instrucionais importantes, selecionar os formatos de questão que se adequam a esses objetivos, decidir se é melhor criar a própria prova ou usar uma do livro didático, oferecer boa instrução, fazer uma revisão para a prova e dar informações acerca dela. Os efeitos benéficos desses importantes passos preparatórios, contudo, podem ser em vão se as questões da prova não forem uma forma válida de mensurar o conhecimento e as habilidades dos alunos, ou se as notas forem atribuídas de maneira subjetiva. Esses problemas não oferecem uma oportunidade justa para os alunos mostrarem o que eles aprenderam e, consequentemente, não oferecem informações que permitam tomar decisões válidas. Independentemente de as provas terem sido criadas pelo professor, pelo livro didático ou serem testes estaduais ou padronizados, os professores devem usar questões apropriadas para o nível de conhecimento e de habilidade que eles estão avaliando, avaliar as respostas objetivamente, impedir a cola e oferecer *feedback* para os alunos de modo a auxiliar a sua aprendizagem.

Este capítulo examina e contrasta diferentes tipos de questões e oferece orientações para distribuir as questões na prova. Temas como atribuir notas às respostas dos alunos de maneira objetiva, impedir a cola e compartilhar os resultados também são discutidos. As orientações e as práticas exploradas neste capítulo irão ajudar os professores a criar e aplicar provas que lhes permitam fazer inferências válidas sobre a aprendizagem dos alunos.

---

* N. de R.T.: Determinantes específicos referem-se a palavras que, usadas nas questões, fornecem pistas ao aluno para afastar a escolha de uma alternativa, como, por exemplo, todos, sempre, nunca, geralmente, etc.

QUESTÕES DE SELEÇÃO E DE CONSTRUÇÃO DA RESPOSTA PELO ALUNO

Os dois tipos mais comuns de questões de prova são as questões de seleção e as questões de respostas construídas. Conforme os seus nomes sugerem, as **questões de seleção** requerem que o aluno selecione a resposta correta dentre diversas opções. As **questões de respostas construídas** requerem que o aluno forneça e construa sua própria resposta.

> Questões de múltipla escolha, verdadeiro ou falso e de associação são questões de seleção. Questões de respostas construídas são aquelas em que o aluno constrói a própria resposta.

Questões de seleção

Dentro da categoria geral de questões de seleção, estão as questões de múltipla escolha, verdadeiro ou falso e de associação.

Questões de múltipla escolha

Uma questão de múltipla escolha consiste em um **enunciado**, que apresenta o problema ou pergunta ao aluno, e um conjunto de **opções**, ou alternativas, dentre as quais o aluno deve selecionar uma resposta. O formato de múltipla escolha é amplamente usado em provas de todos os tipos, principalmente para avaliar os resultados da aprendizagem nos níveis de compreensão e de conhecimento factual. Contudo, esse formato também pode ser usado para avaliar níveis mais altos de raciocínio envolvendo aplicação, análise e síntese. (A questão 3 do próximo exemplo é uma questão de múltipla escolha que busca avaliar o raciocínio de nível mais alto.) Questões de múltipla escolha são populares porque são fáceis de avaliar e diversas questões podem ser completadas pelos alunos em relativamente pouco tempo. As principais limitações do formato são que ele não permite que os alunos construam, organizem ou apresentem suas próprias respostas, e que é suscetível a palpites.

> Uma questão de múltipla escolha consiste em um enunciado, que apresenta o problema ou pergunta ao aluno, e um conjunto de opções, dentre as quais o aluno deve selecionar uma resposta.

Aqui estão quatro exemplos de questões de múltipla escolha:

1. Você me usa para cobrir rasgos e arranhões. Eu sou feito de pano. O que sou eu?
   A. poleiro **B.** raspagem **C.** remendo **D.** nó

2. Qual é o maior país da América do Sul?
   A. Chile
   B. Brasil
   C. Argentina
   D. Guiana Francesa

3. Leia o seguinte excerto:
   Porque o que os homens dizem é que, se eu sou realmente justo, e não apenas visto como justo, então não há recompensa, mas a dor e a perda, por outro lado é inconfundível. Mas, se visto como justo, adquiro a reputação de justiça, uma vida divina me é prometida. Desde então a aparência é a tirania da verdade e senhora da felicidade, e à aparência devo dedicar-me. Irei descrever ao meu redor uma imagem e sombra de virtude para ser o vestíbulo e o exterior da minha morada; por trás dela, seguirei a sutil e astuta raposa.

   Qual dos seguintes excertos define a principal premissa da passagem?
   A. Porque o que os homens dizem (linha 1)
   B. Se eu sou realmente justo (linhas 1-2)
   C. Não há recompensa, mas a dor e a perda (linha 3)
   D. A aparência é a tirania da verdade e senhora da felicidade (linhas 6-7)
   E. Uma imagem e sombra de virtude para ser o vestíbulo e o exterior da minha morada (linhas 9-10)

Questões de verdadeiro ou falso

O formato de verdadeiro ou falso requer que o aluno classifique uma afirmação em uma de duas categorias: verdadeiro ou falso; sim ou não; correto ou incorreto; fato ou opinião. Questões de verdadeiro ou falso são usadas principalmente para avaliar o conhecimento factual e os comportamentos de compreensão, apesar de também poderem ser usadas para avaliar o raciocínio de nível mais alto (FRISBIE, 1992). Tais quais as questões de múltipla escolha, as questões de verdadeiro ou falso são fáceis de avaliar e apresentam aos alunos, de maneira eficiente, diversas questões que avaliam amplas amostras do domínio de interesse. A principal limitação das questões de verdadeiro ou falso é a sua suscetibilidade aos palpites.

> A principal limitação das questões de verdadeiro ou falso é a sua suscetibilidade aos palpites.

A seguir, estão típicas questões de verdadeiro ou falso:

1. 5 + 4 = 8   V   F
2. Na equação $E=mc^2$, quando m aumenta, E também aumenta.   V   F
3. Leia a afirmação abaixo e circule V para verdadeiro e F para falso. Se a afirmação for falsa, reescreva-a de modo que ela seja verdadeira *modificando apenas a parte destacada da afirmação*.

   O nível da taxonomia cognitiva que descreve a recordação e a memória é chamado de *nível de síntese*.   V   F

> Apesar de serem usadas principalmente para avaliar o conhecimento e a compreensão, tanto as questões de múltipla escolha quanto as de verdadeiro ou falso podem ser usadas para avaliar o raciocínio de nível mais alto.

Questões de associação

As questões de associação consistem em uma coluna de **premissas** e em uma coluna de **respostas** e orientações para ligar uma à outra. O exercício de associação é semelhante a um conjunto de questões de múltipla escolha, exceto o fato de que, em uma questão de associação, o mesmo conjunto de opções ou respostas é usado para todas as premissas. Além de serem fáceis de avaliar, as questões de associação diminuem a quantidade de leitura dos alunos para demonstrar seu conhecimento acerca de diversos temas, pessoas ou fatos. A principal desvantagem desse tipo de exercício é que ele está limitado principalmente à avaliação de comportamentos de nível mais baixo. A seguir está um exemplo de exercício de associação:

> As questões de associação consistem em uma coluna de premissas e em uma coluna de respostas e orientações para ligar uma à outra. Elas avaliam principalmente o raciocínio de nível mais baixo.

Na linha à esquerda de cada invenção na coluna A, escreva a *letra* da pessoa na coluna B que a inventou. Cada nome na coluna B só pode ser usado uma vez ou nenhuma.

Coluna A	Coluna B
(1)_____ telefone	A. Eli Whitney
(2)_____ descaroçador de algodão	B. Henry Ford
	C. Jonas Salk
(3)_____ linha de montagem	D. Henry McCormick
(4)_____ vacina poliomielite	E. Alexander Graham Bell

Questões de múltipla escolha não costumam avaliar efetivamente o raciocínio de nível mais alto, mas questões interpretativas de múltipla escolha podem fazê-lo. Iremos discuti-las mais tarde, na seção de questões de nível mais alto.

Questões de construção da resposta

As questões de completar (também chamadas de "preencha os espaços em branco") consistem em questões de resposta curta, questões dissertativas ou questões que requerem que o aluno crie elementos como diagramas ou mapas conceituais.

Questões de resposta curta e de completar

As questões de resposta curta e de completar são muito semelhantes. Cada uma apresenta ao aluno uma questão que ele deve responder. O formato de resposta curta apresenta o problema na forma de uma pergunta direta (p. ex., "Qual é o planeta mais próximo do sol?"), ao passo que o formato de completar pode apresentar um problema como uma frase incompleta (p. ex., "O nome do planeta mais próximo do sol é ...") ou uma imagem, mapa ou diagrama que precise ser nomeado. Em cada caso, o aluno deve responder com uma palavra, frase, número ou sentença, em vez de usar uma resposta mais extensa. Perguntas de resposta curta são bastante fáceis de criar e diminuem a probabilidade de os alunos "chutarem" as respostas. Contudo, elas tendem a avaliar principalmente o conhecimento factual e a compreensão.

> Questões de resposta curta usam uma pergunta direta para apresentar um problema; questões de completar usam uma frase incompleta. Ambas tendem a avaliar principalmente o conhecimento factual e a compreensão.

A seguir, alguns exemplos de questões de completar e de resposta curta:

1. Cientistas que se especializam no estudo das plantas são chamados de _____ .
2. Em uma única frase, defina um modo como a inflação diminui o poder de compra dos consumidores.

Ao lado de cada Estado, escreva o nome da sua capital.
3. Santa Catarina _____
4. Amazonas _____
5. Pará _____

Questões dissertativas

As questões dissertativas dão aos alunos a melhor oportunidade de fornecer e construir suas próprias respostas, tornando-as as questões mais úteis para avaliar os processos de raciocínio de nível mais alto, como análise, síntese e avaliação (esse tópico é discutido adiante). As questões dissertativas também são o principal meio que os professores utilizam para avaliar a habilidade dos alunos de organizar, expressar e defender ideias. A principal limitação das questões dissertativas é que elas são mais demoradas para responder e avaliar, e premiam alunos com boa redação.

> As questões dissertativas são muito úteis para avaliar as habilidades de raciocínio de nível mais alto, mas são demoradas para responder e para avaliar; além disso, favorecem alunos com boa redação.

Eis alguns exemplos de questões dissertativas:

1. Como as Guerras Napoleônicas influenciaram a vinda da Família Real Portuguesa para o Brasil? Dê a sua resposta em frases completas e corretas. Escreva pelo menos cinco frases.
2. "Para que os governos revolucionários construam e mantenham o seu poder, eles devem controlar o sistema educacional." Discuta a afirmativa acima usando seu conhecimento das revoluções americana, francesa e russa. Você concorda que essa frase está de acordo com os governos revolucionários desses três países? Inclua exemplos específicos para sustentar a sua conclusão. A sua resposta será julgada com base nas semelhanças e diferenças que você identificar nas três revoluções e no quanto ela é sustentada pelos exemplos específicos. Você terá 40 minutos para terminar a sua redação.
3. Descreva, nas suas próprias palavras, como um eclipse solar ocorre.
4. Por que algumas partes do mundo são cobertas por florestas, outras por água, outras por vegetação rasteira, e algumas partes por areia? Discuta alguns dos fatores que tornam um lugar uma floresta, um oceano, uma pradaria ou um deserto.

Comparando questões de construção e de seleção das respostas

> As questões de construção são muito úteis para avaliar a habilidade dos alunos de organizar e apresentar os seus pensamentos, defender as suas posições e integrar ideias.

As questões de construção são muito mais úteis do que as questões de seleção para avaliar a habilidade dos alunos de organizar seus pensamentos, apresentar argumentos lógicos, defender posições e integrar ideias. As questões de seleção, por outro lado, são mais úteis para avaliar habilidades de aplicação e de resolução de problemas. Dadas essas diferenças, não surpreende que saber o tipo de questão que constará em uma prova possa influenciar a forma como os alunos se preparam para ela. As questões de construção encorajam o estudo global e integrado, ao passo que as questões de seleção encorajam um foco mais detalhado em fatos, definições, pessoas e eventos específicos.

Em geral, as questões de construção exigem menos tempo para serem elaboradas do que as questões de seleção. No entanto, as questões de construção normalmente exigem mais tempo para os alunos as concluírem; logo, devem-se exigir menos questões de respostas construídas pelos alunos em determinado período de tempo. As questões de construção também costumam levar mais tempo para serem avaliadas e, às vezes, requerem mais decisões subjetivas por parte da pessoa que está lendo as respostas dos alunos. A Tabela 6.1 resume essas diferenças.

TABELA 6.1 Comparação entre questões de seleção e de construção

	Questões de seleção	Questões de construção
Tipos de questão	Múltipla escolha, verdadeiro ou falso, associação, exercício de interpretação.	Resposta curta, dissertação, conclusão.
Comportamentos associados	Conhecimento e compreensão factual; habilidades de pensamento e raciocínio, como aplicação e análise ao responder exercícios de interpretação.	Conhecimento e compreensão factual; habilidades de pensamento e raciocínio, como organização de ideias, defesa de pontos de vista e integração de ideias.
Principais vantagens	1. Questões podem ser respondidas rapidamente, então se pode avaliar uma ampla amostragem de tópicos instrucionais. 2. As questões são fáceis e objetivas de avaliar. 3. Aquele que monta a prova tem controle total sobre o enunciado e as opções, então o efeito da boa redação é controlado.	1. Preparar as questões é relativamente fácil; são necessárias apenas algumas questões. 2. Dá aos alunos uma chance de construir suas próprias respostas; a única forma de avaliar comportamentos como organização e expressão de informações. 3. Diminui a chance dos alunos adivinharem a resposta correta das questões.
Principais desvantagens	1. Sua elaboração consome tempo. 2. Devem-se criar muitas questões. 3. Chutes e palpites são um problema.	1. Sua elaboração consome tempo. 2. Cobre amostras pequenas de tópicos instrucionais. 3. O blefe* é um problema.

*N de R.T.: O blefe, em uma questão de resposta construída pelo aluno, pode ser entendido como aquela resposta em que o aluno, embora não saiba exatamente o que está sendo pedido, produz uma resposta bem redigida para "enrolar" o professor. Essa situação é bem conhecida nos vestibulares realizados no Brasil, onde os alunos são treinados com frases prontas que caberiam em "qualquer tema" de redação solicitado.
Fonte: Os autores.

> As questões de seleção são muito úteis quando se avaliam habilidades de aplicação e de resolução de problemas.

QUESTÕES DE NÍVEL MAIS ALTO

Existe uma ênfase cada vez maior dada ao raciocínio de nível mais alto no ensino e na avaliação dos alunos. Conforme mostram as seguintes citações, os professores reconhecem a importância de ensinar aos alunos como compreender e aplicar o seu conhecimento. Eles sabem que o conhecimento ganha um significado maior quando pode ser aplicado a situações da vida real.

> É importante que os alunos aprendam fatos em todas as matérias, mas, se eles não aprenderem a compreender e a usar os fatos para ajudá-los a resolver novos problemas, então eles não aprenderam a parte mais importante da instrução.
>
> As crianças precisam ir além da memorização de fatos e de rotinas. Não dá para sobreviver em sociedade se você não entender, pensar, raciocinar e aplicar o que sabe.
>
> O que pode ser mais empolgante para um aluno e o seu professor do que aquele momento em que os olhos do aluno brilham quando ele reconhece que pode resolver um problema novo? Algo que era confuso de repente se torna evidente, e uma habilidade nova nasce. Esse tipo de emoção não surge com muita frequência quando a instrução se foca em rotinas e em atividades de memorização.

> As questões de prova de nível mais alto exigem que os alunos demonstrem habilidades de nível mais alto, não estando limitadas a questões dissertativas.

Muitas pessoas acreditam que a única forma de avaliar as habilidades de raciocínio de nível mais alto são as questões dissertativas, mas isso não é verdade. Qualquer questão de prova que exija mais do que a simples memorização do aluno é uma questão de nível mais alto. Assim, qualquer questão que exigir que o aluno resolva um problema, interprete uma tabela, explique algo em suas próprias palavras ou identifique a relação entre dois fenômenos se qualifica como uma questão que avalia o pensamento de nível mais alto. De modo semelhante, qualquer avaliação que exigir que o aluno demonstre a sua habilidade de executar uma atividade (p. ex., dar uma palestra, criar um objeto, ler um texto em uma língua estrangeira em voz alta) permite-lhe demonstrar o pensamento de nível mais alto.

Questões de interpretação

Os exercícios de interpretação são uma forma comum de questões de múltipla escolha que podem avaliar o pensamento de nível mais alto. Um exercício de interpretação dá aos alunos algumas informações ou dados e, a partir disso, faz uma série de perguntas de seleção baseadas nessas informações. A questão 3 da seção "Questões de múltipla escolha" é um exemplo de **exercício interpretativo**. A Figura 6.1 contém mais dois exemplos. Em geral, questões de múltipla escolha que exigem interpretação de gráficos, leitura de passagens, imagens ou tabelas (p. ex., "Qual seria o melhor título para essa história?", ou "De acordo com o gráfico, que ano apresentou o maior declínio?") são classificadas como exercícios de interpretação. Esses exercícios podem avaliar comportamentos de nível mais alto, como reconhecer a relevância de informações, identificar generalizações justificadas e não justificadas, reconhecer suposições, interpretar achados experimentais e explicar materiais visuais.

> Os exercícios de interpretação avaliam habilidades de nível mais alto ao exigir que os alunos interpretem ou apliquem determinadas informações.

EXEMPLO 1

Use perguntas orais

Que relógio mostra a hora em que as nossas aulas começam?   Ⓐ B C D

Que relógio mostra a hora mais próxima do almoço?   A B Ⓒ D

Que relógio mostra meia hora?   A Ⓑ C D

EXEMPLO 2

1. O desenho ilustra qual das seguintes características do sistema político dos Estados Unidos?
   Ⓐ Costuma faltar disciplina dentro do partido.
   B Os partidos respeitam a vontade dos eleitores.
   C Os partidos estão mais preocupados com política do que com o bem-estar.
   D O bipartidarismo costuma existir apenas em nome.

2. A situação representada no desenho tem *menor* probabilidade de ocorrer em qual época?
   A Durante a primeira sessão de um novo Congresso.
   B Durante a convenção de um partido político.
   C Durante a campanha pelas eleições primárias.
   Ⓓ Durante a campanha pela eleição presidencial.

FIGURA 6.1 Exemplos de exercícios de interpretação.
Fonte: Educational Testing Service (1973).

Para responder às questões, os alunos têm de interpretar, compreender, analisar, aplicar ou sintetizar as informações apresentadas. Os exercícios de interpretação avaliam habilidades de nível mais alto porque contêm toda a informação necessária para responder à pergunta que foi feita. Logo, se um aluno responder incorretamente, é porque ele não tem capacidade de realizar o pensamento ou o raciocínio requerido pela questão, e não porque deixou de memorizar informações anteriores.

Ao avaliar as habilidades de interpretação dos alunos, uma boa prática costuma ser dar a eles as informações necessárias e, então, fazer perguntas que exijam que eles utilizem essas informações. Como veremos nos exemplos a seguir, quando as informações necessárias não são passadas, o professor pode ter dificuldades em determinar por que o aluno não teve sucesso em determinada questão.

Compare o que o professor pode concluir com base nestas duas versões da mesma questão.

VERSÃO 1

Em uma ou duas frases, descreva o que o Velho do Restelo está dizendo para o seu filho nestes versos do Canto IV da obra *Os Lusíadas*, de Camões, que lemos em aula, mas não discutimos.

VERSÃO 2

Em uma ou duas frases, descreva o que o Velho do Restelo está dizendo para o seu filho nestes versos do Canto IV da obra *Os Lusíadas*, de Camões.

"Qual vai dizendo: — Ó filho, a quem eu tinha
  Só para refrigério, e doce amparo
Desta cansada já velhice minha,
  Que em choro acabará, penoso e amaro,
Por que me deixas, mísera e mesquinha?
  Por que de mim te vás, ó filho caro,
A fazer o funéreo enterramento,
  Onde sejas de peixes mantimento!" —

Se um aluno se sair mal na primeira versão, o professor não saberá se é porque o aluno não se lembra do poema ou se é porque, apesar de se lembrar do poema, não conseguiu interpretar o que o Velho do Restelo estava tentando dizer. Na segunda versão, a memória do aluno torna-se irrelevante, visto que os versos do poema são apresentados.

Como nas questões dissertativas, os exercícios de interpretação são uma forma útil de se avaliar o pensamento de nível mais alto. Contudo, ao contrário das questões dissertativas, os exercícios de interpretação não têm como mostrar como os alunos organizam suas ideias ao resolver problemas ou o quão bem eles são capazes de produzir as próprias respostas para as questões. Outras desvantagens dos exercícios de interpretação são a dificuldade de criá-los e sua grande dependência das habilidades de leitura. Alunos que leem rápido e com boa compreensão têm uma óbvia vantagem se comparados com os outros alunos. Essa vantagem fica particularmente evidente quando a prova envolve leitura e interpretação de muitas passagens em uma quantidade limitada de tempo.

Em um exercício de interpretação, devem-se considerar as cinco diretrizes principais antes de usá-lo para avaliar os alunos:

1. *Relevância.* O exercício deve estar relacionado com a instrução passada aos alunos. Se não estiver, não deve ser usado.
2. *Similaridade.* O material apresentado no exercício deve ser novo para os alunos, mas semelhante aos materiais apresentados durante a instrução.
3. *Brevidade.* Deve haver informações o bastante para os alunos responderem às questões, mas os exercícios não devem se tornar provas de velocidade e precisão de leitura.
4. *Respostas não fornecidas.* As respostas corretas não devem ser encontradas diretamente no material apresentado. Deve-se exigir interpretação, aplicação, análise e compreensão para determinar as respostas corretas.
5. *Múltiplas questões.* Cada exercício de interpretação deve incluir mais de uma questão para usar o tempo de modo mais eficiente.

A Tabela 6.2 resume os prós e os contras dos diferentes tipos de questões de prova.

DIRETRIZES PARA REDIGIR E CRITICAR QUESTÕES DE PROVA

Cubra objetivos importantes

Independentemente do tipo de questão que o professor decidir incluir em uma prova, o que importa é que cada questão se foque em objetivos instrucionais importantes, e não em habilidades e conhecimentos triviais. Só porque há uma prova pronta à disposição no livro didático não quer dizer que o professor deve supor imediatamente que ela serve como forma adequada de avaliação para a sua instrução do capítulo ou unidade. Cada professor tem a responsabilidade de determinar a adequação da prova do livro didático para a avaliação de suas próprias ênfases instrucionais. Estudos que examinaram a natureza das questões de prova redigidas por professores descobriram que a maioria avalia comportamentos ao nível da memorização (MARSO;

TABELA 6.2 Vantagens e desvantagens dos tipos de questão de prova

Tipo de questão	Vantagens	Desvantagens
Questões de múltipla escolha	1. Pode-se passar um grande número de questões em um curto período de tempo. 2. Podem-se avaliar objetivos de nível mais alto e de nível mais baixo. 3. A avaliação costuma ser rápida e objetiva. 4. Menos influenciadas pelos palpites.	1. As questões levam muito tempo para serem elaboradas. 2. Não mostra o que os alunos podem criar. 3. Costuma ser difícil encontrar opções adequadas. 4. A habilidade de leitura pode influenciar o desempenho dos alunos.
Questões de verdadeiro ou falso	1. Pode-se passar um grande número de questões em um curto período de tempo. 2. A avaliação costuma ser rápida e objetiva.	1. A possibilidade de o aluno adivinhar a resposta certa é um problema. 2. Difícil achar afirmativas que sejam claramente certas ou erradas. 3. Questões tendem a enfatizar a memória.
Questões de associação	1. Forma eficiente de obter grande quantidade de informação. 2. Fácil de criar. 3. A avaliação costuma ser rápida e objetiva.	1. O foco se dá principalmente em comportamentos de nível mais baixo. 2. São necessários tópicos homogêneos.
Questões de resposta curta	1. Reduz-se a possibilidade de palpites; o aluno deve criar sua resposta. 2. Fácil de criar questões. 3. Pode-se avaliar ampla gama de conhecimento.	1. A avaliação pode ser demorada. 2. Não são uma boa opção para avaliar conteúdos complexos ou extensos.
Questões dissertativas	1. Avalia diretamente comportamentos complexos de nível mais alto. 2. Leva menos tempo para criar do que outros tipos de questões de prova. 3. Avalia matérias integradas e holísticas.	1. A avaliação é difícil e demorada. 2. Fornecem uma amostra profunda, porém pequena do desempenho dos alunos. 3. O blefe e a qualidade da escrita podem influenciar as notas.
Questões interpretativas	1. Avalia matérias integradas e holísticas. 2. Avalia desfechos de nível mais alto. 3. A avaliação costuma ser rápida e objetiva.	1. Dependem muito das habilidades de leitura dos alunos. 2. Difícil de criar questões.

Fonte: Os autores.

PIGGE, 1989, 1991). Desde a escola fundamental até a universidade, questões que enfatizam a recordação e a memória são usadas em quantidade muito maior do que questões que avaliam pensamentos e raciocínios de nível mais alto, principalmente porque questões de resposta curta e de múltipla escolha são mais fáceis de criar. Em muitas instâncias, a riqueza da instrução é minada pelo uso de questões que trivializam a amplitude e a profundidade dos conceitos e das habilidades ensinados.

> As questões da prova devem refletir tópicos e habilidades importantes enfatizados durante a instrução, sendo apresentadas de forma clara e objetiva.

Cada exemplo a seguir define o objetivo ensinado, a questão de prova usada para avaliá-lo e uma questão alternativa que teria oferecido uma avaliação mais adequada ao objetivo. Note que as questões ruins banalizaram os objetivos de nível mais alto ao avaliá-los com uma questão de memorização.

1. **Objetivo:** Dada uma descrição de uma forma literária, os alunos podem classificar a forma como fábula, mistério, caso ou conto de fadas.
   Questão ruim: Que tipos de histórias Esopo contava?
   A. fábulas B. mistérios C. causos D. fantasias
   Questão melhor: Uma história conta sobre o ano de 2020 D.C. e as aventuras de um jovem marciano chamado Zik, que viajava para outros mundos para capturar estranhas criaturas para o zoológico da Cidade Marciana. Essa história pode ser classificada como _____.
   A. fábula B. mistério C. causo D. fantasia
2. **Objetivo:** Os alunos podem descrever semelhanças e diferenças entre compostos químicos e elementos.
   Questão ruim: O cloro e o bromo são ambos membros de um grupo químico chamado de _____.
   Questão melhor: O cloro e o bromo são ambos halogêneos. Que semelhanças eles possuem que os tornam halogêneos? Quais são duas diferenças em suas propriedades químicas?
3. **Objetivo:** Os alunos podem explicar como a vida mudou para os índios Sioux quando eles se mudaram das florestas para as pradarias.
   Questão ruim: Que animal os Sioux caçam nas pradarias?
   Questão melhor: Explique três mudanças na vida dos Sioux que ocorreram quando eles se mudaram das florestas para as pradarias.

São dois os principais motivos para garantir que as questões nos testes de desempenho estejam alinhadas com os tópicos e as habilidades importantes que foram enfatizados durante a instrução. Primeiro, se não houver um bom alinhamento entre a instrução e as questões da prova, o desempenho na prova será um mau indicador da aprendizagem dos alunos. Eles podem ter aprendido o que foi ensinado, mas serem incapazes de demonstrar seu conhecimento porque a prova não continha questões que exigissem esse aprendizado. Utilizar notas de uma prova cujo conteúdo não estava alinhado com os objetivos de aprendizagem irá gerar inferências e decisões inválidas sobre como os alunos alcançaram os objetivos da aprendizagem.

> Questões de prova que não refletem os tópicos importantes da instrução não são indicadores válidos da aprendizagem dos alunos.

Segundo, as provas que não estão alinhadas com a instrução não influenciam positivamente a motivação e o foco do estudo. Se os alunos descobrem haver pouca relação entre a instrução e o conteúdo da prova, eles não irão dar valor à instrução. Tente se lembrar de momentos em que se preparou bem para uma prova com base na instrução e na revisão do professor e descobriu que a prova continha muitas questões que se focavam ou em detalhes isolados ou em materiais que não haviam sido discutidos em aula. Lembre-se de como você se sentiu quando tentou se preparar para a próxima prova daquele professor.

O problema de discordância entre as provas e a instrução pode ser superado, em grande parte, ao revisar os objetivos da aprendizagem antes de desenvolver a prova e continuar a checá-los durante a criação das questões. Ao usar os objetivos de aprendizagem como estrutura para o conteúdo da prova, os problemas de desalinhamento podem ser grandemente reduzidos.

Revise as questões antes da prova

O melhor conselho que se pode dar para aprimorar as provas é revisá-las antes de reproduzi-las e aplicá-las aos alunos. Após redigir ou selecionar as questões para a prova do capítulo ou da unidade, recomenda-se que o professor espere um dia e releia as questões. Ao lê-las, considere se alguma das regras anteriores foi violada. Também tente associar cada questão com um objetivo instrucional. Se uma questão violar uma regra ou não puder ser associada a um objetivo instrucional, então ela precisa ser modificada ou excluída. O professor também deve pedir a um colega, cônjuge ou amigo que revise criticamente as questões.

> É bom pedir a um colega ou amigo que leia criticamente as questões da prova antes de administrá-la aos seus alunos.

A maioria dos elos da corrente das provas de desempenho – a importância de dar boas aulas aos alunos, as decisões que devem ser tomadas ao planejar os testes de desempenho, a revisão instrucional que deve preceder a prova, e a criação ou seleção de questões que deem aos alunos uma oportunidade de demonstrar o que aprenderam – foi examinada.

Dois elos adicionais que influenciam a adequação dos testes de desempenho são

1. montar a aplicar as provas e
2. atribuir notas às provas.

Esses tópicos serão tratados no Capítulo 8. A Tabela Ferramentas-Chave de Avaliação 6.1 resume conselhos relacionados a diferentes tipos de questões.

MONTANDO AS PROVAS

Quando as questões de prova tiverem sido redigidas ou selecionadas e revisadas, elas devem ser organizadas na prova. Na montagem da prova, tipos semelhantes de questões devem ser agrupados juntos e separados de outros tipos de questões. Todas as questões de resposta curta devem ficar juntas e separadas de questões de múltpla escolha, associação, conclusão e dissertação. Agrupar questões de prova por tipo evita que os alunos tenham de mudar de um modo de resposta para outro conforme passam de uma questão para a outra. Isso também significa que o mesmo conjunto de orientações pode ser usado para todas as questões daquela seção, ajudando os alunos a cobrir mais questões em um determinado período. Por fim, agrupar as questões ajuda na hora de atribuir notas.

Outra consideração importante ao se montar a prova é a ordem em que os tipos de questão são apresentados aos alunos. Na maioria das provas, as questões de seleção vêm primeiro, e as questões de construção vêm por último. Dentro da questão de construção, as questões de resposta curta ou de conclusão devem ser colocadas antes das questões dissertativas. As questões de construção de resposta são colocadas no final da prova, para que os alunos não reservem uma quantidade desproporcional de tempo a essa parte da prova.

Ao organizar as questões da prova, lembre-se dessas práticas de bom senso:

1. Disponibilize um espaço onde os alunos devem colocar seu nome e/ou número de identificação.
2. Não divida uma questão de múltipla escolha ou de associação em duas páginas da prova. Isso pode causar erros quando os alunos virarem de uma página para a

FERRAMENTAS-CHAVE DE AVALIAÇÃO 6.1
Redigindo questões de prova

Questões de múltipla escolha
1. Coloque cada questão da prova em uma linha diferente.
2. Coloque o que os alunos devem fazer no enunciado da questão.
3. Coloque termos repetidos no enunciado da questão.
4. Crie pelo menos três escolhas alternativas.
5. Coloque as opções em ordem lógica, se possível.
6. Evite pistas gramaticais para a resposta certa.
7. Certifique-se de que as questões estão de acordo com o nível de leitura dos alunos.
8. Elimine palavras desnecessárias.
9. Se a palavra "não" for usada, sublinhe-a.
10. Releia a questão para identificar erros de ortografia ou outros erros.
11. O enunciado da questão deve definir claramente a pergunta que deve ser respondida.

Questões de verdadeiro ou falso
1. Crie questões claramente verdadeiras ou falsas.
2. Certifique-se de que a questão é importante para a avaliação.
3. Evite determinantes específicos.
4. Crie respostas falsas e verdadeiras de mesma extensão.
5. Não utilize questões em um padrão repetitivo.
6. Não use frases do livro didático.

Questões de resposta curta
1. Certifique-se de que a questão está relacionada com o que foi ensinado.
2. Concentre-se claramente na resposta pretendida.
3. Torne as respostas possíveis em textos curtos; crie as questões de modo que as respostas dos alunos sejam curtas.
4. Peça para os alunos responderem em apenas uma ou duas frases.
5. Certifique-se de que a questão avalia as respostas pretendidas.
6. Dê espaço para a resposta ao final de cada questão.
7. Evite dar pistas gramaticais.

Questões de associação de respostas
1. Certifique-se de que o exercício reflete o objetivo sendo avaliado.
2. Compare tópicos homogêneos.
3. Certifique-se de que as orientações estão claras.
4. Coloque as opções mais longas na coluna esquerda.
5. Numere um dos conjuntos de itens; marque o outro conjunto com letras.
6. Não peça mais de 10 respostas na avaliação. Se forem necessárias mais de 10 respostas, crie outra questão.
7. Ofereça uma ou duas opções adicionais em uma coluna para evitar que a última questão seja acertada por eliminação.

Questões dissertativas
1. Use várias questões dissertativas pequenas, em vez de uma grande.
2. Certifique-se de que o nível de leitura está adequado para os alunos.
3. Certifique-se de que a dissertação reflete os seus objetivos.
4. Baseie a sua questão dissertativa em um exemplo novo, se for necessário usar exemplos.
5. Dê um enfoque claro no objetivo desejado da questão dissertativa.
6. Não use questões dissertativas que necessitem de grande quantidade de memorização.
7. Ajude os alunos orientando-os a "definir e defender o tópico", "aplicar o princípio a", "desenvolver uma conclusão válida", e assim por diante. Esses tipos de instrução orientam os alunos e também ajudam na hora de atribuir notas.
8. Dê orientações claras quanto à extensão esperada das respostas e a quantidade de tempo para respondê-las.
9. Tenha critérios objetivos de avaliação e explique-os aos alunos – por exemplo, ortografia conta?

Fonte: Os autores.

outra para ler a segunda parte da questão de associação ou as últimas opções da questão de múltipla escolha.
3. Numere as questões, especialmente se os alunos precisam registrar as respostas em uma folha separada ou em um local específico da prova.
4. Separe as questões para facilitar a leitura, e certifique-se de deixar espaço o bastante para os alunos completarem as questões de respostas construídas. Lembre-se de que os alunos jovens geralmente têm letras grandes. Não coloque as questões muito perto umas das outras.

Cada seção da prova deve ter orientações que se foquem no que os alunos devem fazer, em como devem responder e onde devem colocar suas respostas. Falta de orientações específicas é um dos erros mais comuns em provas criadas pelos professores, e frequentemente reduzem a validade da prova. Aqui estão algumas orientações de exemplo:

- As questões 1-15 são de múltipla escolha. Leia cada questão separadamente e escreva a *letra* da sua resposta na linha diante do número da pergunta.
- Use palavras das caixas para completar as frases. Use cada palavra apenas uma vez.
- Responda cada questão escrevendo a resposta certa no espaço abaixo da questão. Nenhuma resposta deve ser maior do que uma frase.
- Para as questões 10-15, circule V ou F (verdadeiro ou falso).
- Use a tabela para ajudá-lo a responder às questões 27-33. Escreva suas respostas no espaço disponível após cada questão.

Orientações como essas no começo de uma seção da prova dão foco aos alunos ao dizer a eles onde e como devem responder às questões. Para enfatizar algo que foi dito anteriormente, é especialmente importante que cada questão dissertativa defina claramente o escopo e as características da resposta desejada. Para alunos mais velhos, também é bom indicar o número de pontos que cada seção da prova vale, para que eles possam tomar decisões sobre como organizar o seu tempo.

A Tabela Ferramentas-Chave de Avaliação 6.2 resume as diretrizes para se montar uma prova.

PROBLEMAS DE COLA

Os professores devem estar alertas à possibilidade de cola em provas, projetos, *quizzes* e trabalhos. Infelizmente, a cola é uma ocorrência comum, tanto na escola quanto na vida. Os alunos podem colar por muitos motivos: pressão externa de pais ou professores; falta

---

FERRAMENTAS-CHAVE DE AVALIAÇÃO 6.2
Diretrizes para montar uma prova

Esta lista combina algumas sugestões da discussão com várias outras boas ideias.
1. Organize a prova por tipo de questão: seleção antes de respostas construídas, dissertativas por último.
2. Dê espaço o bastante para as respostas escritas, especialmente nas questões dissertativas das crianças.
3. Não divida questões de múltipla escolha ou de associação em duas páginas.
4. Separe o enunciado das opções nas questões de múltipla escolha.
5. Numere as questões.
6. Dê orientações claras para cada seção da prova; para alunos mais velhos, indique o valor de cada seção ou questão.
7. Dê questões o bastante para garantir a confiabilidade.
8. Releia a prova antes de aplicá-la, e faça cópias a mais.

Fonte: Os autores.

de preparo e estudo para as provas; pressão interna por estar em um curso ou colégio intensamente competitivo, que dê um número limitado de notas altas; risco de perder uma bolsa; e, infelizmente, a crença de que "todo mundo faz isso". Não importa como ou por que se faça isso, colar é um comportamento inaceitável para a sala de aula. Colar é análogo a mentir. Quando os alunos colam e entregam um trabalho ou prova fingindo que o fizeram por conta própria, isso é uma mentira, e deve ser reconhecida como tal.

Tipos de colas nas provas

Como os alunos colam nas provas? Cizek (1999) redigiu um livro útil e abrangente que explora esse tema em profundidade. Ele identifica e dá exemplos de diversas formas com que os alunos colam. Os seguintes exemplos, adaptados do trabalho desse autor, representam uma pequena amostra de formas comuns usadas pelos alunos para colarem. Ele ainda indica muitos outros métodos mirabolantes.

1. Olhar para a prova de outro aluno durante a prova.
2. Largar a própria prova para que outros alunos possam olhar para ela.
3. Largar a prova para que outro aluno possa pegá-la, copiá-la e depois devolvê-la para que o aluno original possa entregá-la.
4. Passar uma borracha entre alunos que escrevem as respostas da prova na borracha.
5. Desenvolver códigos como bater no chão três vezes para indicar que a resposta certa de uma questão de múltipla escolha é "C".
6. Olhar para as provas de outros alunos enquanto caminha até a professora para fazer uma pergunta sobre a prova.
7. Usar notas ou pequenos pedaços de papel para colar.
8. Usar uma camiseta com informações úteis para a prova escritas nela.
9. Mudar as respostas quando os professores permitem que os alunos deem notas para as provas uns dos outros.

Plágio

O plágio é definido como apresentar o trabalho de outra pessoa como se fosse seu, sem dar crédito. Existem quatro tipos:

1. Apresentar o trabalho de outra pessoa como se fosse seu.
2. Deliberadamente copiar de outra pessoa sem indicar citações e sem dar crédito à fonte.
3. Copiar a essência, disfarçando por meio da troca de palavras ou uso de sinônimos.
4. Presumir que a informação copiada é de "conhecimento comum".

Com o acesso à internet e a ferramentas que facilitam que os alunos copiem e colem o trabalho dos outros no seu próprio trabalho, a preocupação com o plágio tem aumentado. Apesar de não estar claro se o plágio ocorre com mais frequência hoje do que antes de a internet ter se tornado amplamente acessível, com certeza ficou mais fácil fazê-lo.

Por que os alunos plagiam? Como dito anteriormente, por diversas razões, incluindo essas:

- Por ignorância de que isso é errado.
- Porque passar é importante para a graduação.
- Porque os alunos acham que não irão ser pegos.
- Porque os professores não se preocupam em investigar se é plágio.
- Devido à pressão dos pais por boas notas.
- Por causa do pânico de última hora.
- Porque "todo mundo faz".

Claramente, várias dessas causas estão pelo menos parcialmente sob o controle do professor.

Impedindo a cola

Os professores devem monitorar a prova para impedir a cola e aumentar a validade da prova. Podem-se usar diversos métodos para impedir a cola, alguns relativamente fáceis de aplicar e outros mais complicados. Duas abordagens que ajudam a eliminar ou reduzir as colas são

1. dar boas instruções e informações aos alunos sobre a prova e
2. observar os alunos durante a prova.

Antes da prova, os livros e outros materiais dos alunos devem ter sumido de vista, sendo guardados embaixo da carteira ou em outro lugar. As carteiras dos alunos devem estar espalhadas pela sala de aula o máximo possível. Alguns professores não permitem que os seus alunos usem bonés durante a prova, porque, quando eles abaixam o rosto e a viseira cobre os seus olhos, o professor não pode ver para onde o aluno está olhando. Durante a prova, o professor deve mover-se silenciosamente pela sala e observar os alunos fazendo a prova. Apesar de essa observação raramente "pegar" um aluno colando, a presença do professor se deslocando pela sala desestimula a cola.

Apesar de a internet facilitar o plágio entre alguns alunos, ela também facilita que os professores o descubram. Como descrito em detalhes no Capítulo 11, diversas ferramentas da rede estão à disposição para ajudar os professores a detectar o plágio. Talvez a ferramenta mais disponível, no entanto, seja o Google. Ao simplesmente digitar ou colar um texto suspeito na ferramenta de busca do Google, o professor pode, com frequência, ser dirigido imediatamente à fonte do texto que foi plagiado.

A Tabela 6.3 mostra uma série de estratégias para desencorajar o plágio e outras formas de cola, e o quanto os alunos de faculdade afirmam que as estratégias são bem-sucedidas.

Muitas escolas e sistemas escolares desenvolvem códigos de honra ou regras de cola que todos os alunos devem respeitar. Esses códigos ou regras definem detalhadamente o que é ou não cola. A Tabela 6.4 traz excertos da política de cola de uma escola na Califórnia.

É responsabilidade do professor desencorajar a cola, mudando os alunos de lugar, vigiando cuidadosamente, e com outras estratégias. Os professores devem desencorajar a cola e penalizar os alunos pegos colando, visto que essa é uma atividade antiética e porque oferece informações inválidas sobre o conhecimento dos alunos. Entretanto, é importante ter evidências contundentes que sustentem a

TABELA 6.3 Percepções dos alunos da efetividade das estratégias de prevenção de cola

Classificação	Estratégia	Classificação da estratégia como "efetiva" ou "muito efetiva" (%)
1.	Folha de respostas embaralhada	81,6
2.	Turmas pequenas	69,8
3.	Usar vários vigias durante as provas	68,4
4.	Usar dois ou mais tipos de prova	66,6
5.	Dar guias de estudo	54,8
6.	Disponibilizar avaliações antigas para revisão	52,4
7.	Atribuir lugares na hora da prova	26,9
8.	Checar anotações nas folhas dos alunos	26,4
9.	Dar mais provas em aula e menos provas para casa	23,7

Fonte: Hollinger e Lanza-Kaduce (2009).

acusação de cola, já que os alunos têm direito de se defender, se forem acusados.

A Tabela 6.5 lista algumas pistas para identificar trabalhos plagiados.

ATRIBUIÇÃO DE NOTAS A PROVAS A PAPEL E CANETA

O processo de atribuir uma nota a uma prova envolve **mensuração** – isto é, atribuir um número que represente o desempenho do aluno. No caso dos testes cognitivos, o desempenho nas questões da prova é traduzido em um escore que é usado para tomar decisões sobre o aluno.

A complexidade de atribuir notas a provas varia com o tipo das questões usadas. Questões de seleção são mais fáceis de avaliar, questões de resposta curta e de conclusão são as mais fáceis depois dessa, e as questões dissertativas são as mais difíceis. O motivo disso é óbvio se pararmos para pensar sobre o que o professor tem de fazer para dar notas a cada tipo de questão. Quanto tempo e julgamento estão envolvidos em cada nota? O que exatamente o professor precisa observar para determinar se uma questão está certa ou errada? Que tipos de questões requerem mais concentração para se atribuir uma nota? As respostas a essas questões ilustram a facilidade e a dificuldade encontradas ao se dar uma nota a diversos tipos de questão.

Atribuindo notas a questões de seleção

Os alunos respondem às questões de seleção escrevendo, circulando ou marcando a letra de sua resposta. Atribuir notas a questões de seleção é basicamente uma tarefa burocrática, em que o professor compara uma **chave** de respostas contendo as respostas certas com as que o aluno deu. O número de respostas coincidentes indica a nota do aluno na prova. Antes de usar uma chave de respostas, é uma boa ideia se certificar de que a chave está correta. De maneira semelhante, se a prova for avaliada por computador, é bom o professor confe-

---

TABELA 6.4 Excertos da política de colas da Huntington Middle School

Você estará colando se:

- Copiar, enviar por fax ou duplicar trabalhos que serão entregues, cada um, como "originais".
- Trocar trabalhos por via impressa, transferência eletrônica ou por *modem*, e entregá-los como "originais".
- Escrever fórmulas, códigos, palavras-chave na sua pele, roupas ou em objetos para usá-los durante a prova.
- Usar folhas de referência escondidas durante uma prova.
- Usar materiais programados como relógios ou calculadoras, quando proibido.
- Trocar respostas com outros (seja dando ou recebendo respostas).
- Tomar o trabalho de outra pessoa e entregar como seu.
- Entregar material (escrito ou criado por outra pessoa) sem dar o nome e/ou a fonte do autor/artista (p. ex., plagiar, ou enviar trabalho criado por familiares, amigos ou tutores).
- Receber crédito por trabalho em grupo, quando tiver dado pouca contribuição.
- Não seguir orientações específicas sobre cola conforme estabelecidas pelo departamento, sala ou professor.

Os alunos pegos colando em qualquer trabalho (dever de casa, provas ou projetos) serão mandados ao nosso vice-diretor. A nota de cidadania escolar será rebaixada em pelo menos um ponto, e os pais serão chamados. Reincidências podem resultar em "D" ou "F" em cidadania, suspensão, afastamento de posições eleitas ou organizações honorárias, impossibilidade de participar em atividades escolares e consequências similares.

Fonte: Huntington Middle School (200--?).

rir algumas provas pessoalmente para garantir que a máquina está dando notas de maneira adequada.

> As questões de seleção podem ser avaliadas objetivamente, visto que costumam ser breves e têm apenas uma resposta certa.

Atribuir notas a questões de seleção é uma tarefa relativamente **objetiva** – isto é, avaliadores independentes irão chegar a notas iguais ou muito semelhantes para as provas dos alunos. Por outro lado, uma avaliação **subjetiva** significa que avaliadores independentes não chegariam necessariamente a notas iguais ou semelhantes para a mesma prova de determinado aluno. Em uma prova subjetiva, o desempenho do aluno depende tanto de *quem* avalia a prova quanto das respostas dos alunos. As questões de seleção produzem notas objetivas porque normalmente há uma resposta claramente certa para cada questão, e essa resposta é identificada por uma única letra. No entanto, conforme as respostas dos alunos aumentam de tamanho e de complexidade – como ocorre em questões de resposta curta, de conclusão e dissertativas –, a ideia do que compõe uma resposta correta ou incorreta torna-se menos clara, e a avaliação, mais subjetiva. Já faz muito tempo que se sabe que, mesmo que a mesma pessoa avalie uma dissertação duas vezes, não há garantias de que as notas serão as mesmas ou parecidas (STARCH; ELLIOTT, 1912, 1913). Isso é um problema, já que, se vamos depender das notas da prova, é importante que elas sejam objetivas. Felizmente, há diversas maneiras de tornar as notas de dissertações menos subjetivas, como veremos mais adiante.

> Notas subjetivas são aquelas em que avaliadores independentes têm dificuldade de chegar a notas iguais ou semelhantes.

Atribuindo notas a questões de resposta curta e de completar

Visto que as questões de resposta curta e de completar são escritas de forma clara, focam os alunos na tarefa e exigem respostas curtas como uma palavra, frase, data ou número, avaliá-las não é tão difícil, e pode ser bastan-

---

TABELA 6.5 Pistas para identificar trabalhos plagiados

1. Estilo de escrita, linguagem, vocabulário, tom, gramática, e assim por diante estão acima ou abaixo do que o aluno normalmente produz. Não se parece com o que o aluno normalmente faz.
2. Ortografia e expressões não são encontradas na língua nativa do aluno – por exemplo, usando a escrita de Portugal em um trabalho brasileiro e vice-versa.
3. Pronomes não combinam com o gênero do autor.
4. Uma dissertação foi impressa do *browser* do aluno.
5. Um endereço da *web* ou outro texto anômalo aparece no início ou no fim da página.
6. Há referências a gráficos, tabelas ou outros materiais que não estão inclusos no trabalho.
7. Citações no trabalho não apresentam referência.
8. Citações na bibliografia ou trabalhos citados não podem ser verificados.
9. Todas as citações foram feitas a materiais com mais de cinco anos.
10. São feitas referências a pessoas ou eventos históricos no tempo presente.
11. O aluno não sabre resumir os pontos principais do trabalho ou responder a perguntas sobre seções específicas do trabalho.

Fonte: adaptada de Fain e Bates (1999).

te objetivo. Contudo, à medida que as questões vão exigindo respostas maiores, a subjetividade da avaliação aumenta, já que terão de ser feitas cada vez mais interpretações sobre o que os alunos sabem ou queriam dizer.

Três diretrizes podem ajudar os professores a superar os problemas de avaliar as questões de respostas construídas pelos alunos:

1. Prepare uma chave de respostas antes de corrigir as provas, para que você saiba o que procurar quando estiver corrigindo as respostas dos alunos.*
2. Determine de que forma fatores como ortografia, gramática e pontuação, que normalmente são secundários ao foco principal da resposta, serão avaliados. Esses fatores descontarão pontos? Decida antes de corrigir as provas e informe sua decisão aos alunos antes de aplicá-las.
3. Se as respostas dos alunos forem tecnicamente corretas, mas não tiverem sido inicialmente consideradas entre as diretrizes da avaliação, dê crédito a cada resposta que for inesperada, mas estiver correta.

Sendo claro quanto às respostas inesperadas de cada questão e determinando o que irá e o que não irá contar antes de aplicar a prova, a avaliação de questões de conclusão e de resposta curta será menos subjetiva.

Atribuindo notas a questões dissertativas

As questões dissertativas representam a forma mais complexa de avaliação, visto que permitem que cada aluno construa uma resposta longa e única à questão proposta. Isso significa que não existe uma chave de respostas definitiva, que possa ser aplicada uniformemente a todas as respostas. Além disso, a resposta a uma questão dissertativa é apresentada de modo que contém muitos fatores de distração que contribuem para a avaliação subjetiva. Esses fatores podem incluir o seguinte:

- letra do aluno;
- estilo de escrita, incluindo estrutura e fluxo frasal;
- ortografia e gramática;
- capricho;
- cansaço;
- identidade do aluno;
- localização da prova na pilha de provas.

Cada um desses fatores pode influenciar a reação do professor a uma resposta dissertativa, apesar de nenhum deles ter nada a ver com o conteúdo da resposta do aluno. Por exemplo, um aluno cuja letra seja tão ruim que ela force o professor a decifrar o que cada palavra rabiscada significa pode frustrá-lo e distrair sua atenção do conteúdo da resposta. A resposta provavelmente ganhará uma nota mais baixa do que a de outro aluno que der a mesma resposta com uma escrita mais legível. O contrário pode acontecer quando algumas dissertações são digitadas e outras são escritas à mão. Respostas digitadas costumam tornar erros de ortografia e pontuação mais óbvios, o que pode levar o leitor a atribuir notas mais baixas. Por outro lado, dissertações manuscritas podem ser mais difíceis de ler, o que pode conduzir alguns leitores a olharem o texto rapidamente para identificar se fatos e argumentos importantes estão ou não presentes. Quando esses fatos e argumentos são detectados, o leitor pode, automaticamente, atribuir uma nota alta, mesmo quando o fato ou o argumento foi apresentado de forma incorreta (RUSSELL; TAO, 2004a, 2004b). Um aluno que usa palavras interessantes em diversas estruturas frasais para produzir respostas que tenham maior fluidez entre seus argumentos provavelmente receberá uma nota maior do que um aluno que afirmar as mesmas coisas

---

* N. de R.T.: O professor deve preparar um padrão da resposta esperada. Ele pode redigir a resposta com os elementos que não podem faltar nela ou definir as palavras-chave que representam a essência da resposta que o aluno deve dar. É importante que o professor defina também os critérios de aceitação da resposta do aluno, estabelecendo o que valerá o ponto inteiro ou os créditos parciais (0,50 e 0,25, por exemplo).

em uma sequência de frases declarativas simples.

Avaliar questões dissertativas é uma tarefa difícil e demorada, então as notas dos alunos podem ser influenciadas pelo quão alerta o professor está quando elas são lidas. As primeiras dissertações que são lidas parecem novas e frescas, e os alunos que as redigiram tendem a ganhar notas melhores. Contudo, após o professor ler a mesma resposta 15 vezes ou mais, a familiaridade e o cansaço começam a atrapalhar, e respostas parecidas com as primeiras costumam receber notas mais baixas.

Saber quem escreveu a resposta também pode influenciar a avaliação. Em quase todas as questões dissertativas, existe pelo menos um ponto em que o professor tem de interpretar o que o aluno estava tentando dizer. Uma forma de evitar essa influência é identificar as provas por número ou fazer os alunos colocarem os seus nomes na última página da prova.

Avaliação holística *versus* analítica

Os professores, de uma maneira geral, usam duas abordagens para avaliar questões dissertativas: avaliação holística e avaliação analítica. A **avaliação holística** reflete a *impressão geral* que o professor tem da resposta como um todo, e resulta em *um único escore ou nota*. A **avaliação analítica**, por outro lado, enxerga a dissertação como uma questão composta de muitos componentes e, assim, oferece *escores separados* para cada componente. Uma questão dissertativa que é avaliada analiticamente pode resultar em escores separados de exatidão, organização, argumentos, gramática e ortografia. A avaliação analítica oferece *feedback* detalhado que os alunos podem usar para aprimorar diferentes aspectos das suas dissertações. Contudo, tentar avaliar mais do que três ou quatro características separadas frequentemente torna a avaliação confusa e demorada. O uso da avaliação analítica ou holística depende do propósito da avaliação do professor. Em casos em que se está fazendo uma avaliação ampla acerca do conhecimento ou do desempenho do aluno, a avaliação holística é mais apropriada. Quando o propósito da avaliação é identificar os pontos fortes e fracos do trabalho dos alunos ou avaliar diversos objetivos que estão integrados na dissertação, então a avaliação analítica é mais adequada. Independentemente de o professor empregar avaliações holísticas ou analíticas, elas devem oferecer sugestões úteis e encorajadoras acerca dos rascunhos e das provas dos alunos.

Passos para garantir a objetividade

Ao avaliar o trabalho dos alunos usando a avaliação holística ou analítica, devem-se seguir certos passos para garantir que as questões dissertativas foram avaliadas objetivamente. Apesar de as seguintes sugestões serem demoradas, elas são necessárias para garantir a validade das notas para a tomada de decisões. Além disso, guias de avaliação são muito úteis (ver Capítulo 9).

1. *Defina o que constitui uma boa resposta antes de administrar uma questão dissertativa.* Quanto menos focada for uma questão dissertativa, mais ampla será a gama de respostas dos alunos, e mais difícil será aplicar um critério uniforme de avaliação da questão. Incluir informações sobre a tarefa específica dos alunos, o escopo da pergunta e os critérios de avaliação nas instruções da questão ajuda o professor a definir que critérios ele irá aplicar para avaliar as respostas dos alunos antes de a questão dissertativa ser administrada a eles.
2. *Decida e diga aos alunos como escrita, ortografia, pontuação e organização serão avaliadas.* Os alunos devem saber de antemão que fatores irão contar na avaliação da questão.
3. *Se possível, avalie os alunos anonimamente.* Isso irá ajudar a manter a avaliação objetiva, eliminando a influência quanto a percepções do esforço, da habilidade,

do interesse e do desempenho dos alunos. Cada aluno deve ser avaliado com base no desempenho atual, e não no passado.
4. *Em provas com múltiplas questões dissertativas, avalie as respostas de todos os alunos para a primeira questão antes de passar para a segunda.* Avaliar as respostas para mais de uma pergunta por vez é desafiador por dois motivos. Primeiro, é difícil mudar de orientação do conteúdo e de critério para cada questão. Segundo, avaliar todas as respostas para uma única questão dissertativa por vez ajuda a se proteger contra o fator "transferência", a tendência de deixar que a sua reação inicial à resposta de um aluno influencie sua percepção das próximas respostas escritas por esse mesmo aluno.
5. *Leia as respostas dissertativas uma segunda vez depois da avaliação inicial.* A melhor forma de verificar a objetividade na avaliação de respostas dissertativas é solicitar que um segundo indivíduo leia e avalie os trabalhos dos alunos usando os mesmos critérios que o professor usou para avaliá-los. Já que isso é normalmente impraticável, exceto ao tomar decisões muito importantes (p. ex., dar uma bolsa de estudos), um procedimento aceitável é o professor reler e, se necessário, reavaliar as respostas antes de atribuir as notas definitivas.

Questões dissertativas permitem a avaliação de muitos processos de pensamento que não podem ser avaliados de outra forma. Um professor deve usar questões dissertativas se estas forem a melhor forma de avaliar o que foi ensinado, mas deve-se separar um tempo para avaliá-las objetivamente, para que os seus resultados possam ser usados com confiança. A Tabela Ferramentas-Chave de Avaliação 6.3 fornece diretrizes para avaliar as provas.

ANÁLISE DE VALIDADE DAS QUESTÕES

Os passos descritos na seção anterior têm como intenção produzir notas para as provas que possam ser usadas com confiança para tomar decisões válidas acerca da realização dos alunos. Apesar de esses passos eliminarem a maioria dos problemas comuns encontrados em testes de desempenho, o professor nunca sabe o quão bem as questões de prova irão funcionar até depois de serem aplicadas aos alunos. É praticamente impossível anteci-

---

FERRAMENTAS-CHAVE DE AVALIAÇÃO 6.3
Diretrizes para avaliar as provas

Esta lista combina sugestões da discussão com outras boas ideias.
1. Baseie as notas da prova em tópicos que foram ensinados e em questões que foram definidas com clareza.
2. Certifique-se de que são usadas as mesmas regras para avaliar todos os alunos.
3. Fique alerta para as seguintes distrações que podem afetar a objetividade da avaliação das questões dissertativas: estilo de redação, gramática e ortografia, capricho, cansaço do avaliador, desempenho anterior e efeito de transferência.
4. Defina o que constitui uma boa resposta antes de administrar uma questão dissertativa.
5. Avalie todas as respostas da primeira questão dissertativa antes de partir para as próximas.
6. Leia as respostas das questões dissertativas uma segunda vez.
7. Faça uma revisão pós-prova para localizar questões problemáticas e, quando necessário, faça ajustes à avaliação.

Fonte: Os autores.

par como os alunos reagirão a uma questão em particular. Logo, fazer uma revisão do desempenho dos alunos após a prova para identificar questões problemáticas é um passo final importante antes de usar os resultados da prova para tomar decisões. Existem dois motivos para realizar essas revisões pós-prova:

1. identificar e ajustar as notas para questões que mostrem que os alunos não entenderam ou nas quais suas respostas foram ambíguas; e
2. identificar formas de aprimorar as questões para usá-las em provas futuras.

A necessidade de fazer revisões pós-prova: dois exemplos

Os seguintes exemplos ilustram a necessidade de se fazer revisão pós-prova. Uma professora de estudos sociais que ensinou uma unidade sobre os Países Baixos (p. ex., Bélgica, Luxemburgo e Holanda) fez a seguinte pergunta de resposta curta:

O que são os Países Baixos?

Ela esperava que os seus alunos respondessem com os nomes dos Países Baixos, apesar de a questão não ter pedido os seus nomes especificamente. Apesar de muitos alunos de fato fornecerem os nomes, muitos outros responderam que os Países Baixos eram "um grupo de países na Europa que se situavam, em grande parte, abaixo do nível do mar". Como a professora deve tratar as respostas desse grupo de alunos?

Uma professora de educação física redigiu a seguinte questão de múltipla escolha:

O principal valor de se exercitar diariamente é:
A. comer menos
B. desenvolver a musculatura
C. aumentar a inteligência
D. manter-se fisicamente saudável

A escolha B era considerada a resposta correta, mas muitos alunos escolheram a opção D como sua resposta. O que a professora deve fazer em relação a estes alunos?

> Ao avaliar respostas inesperadas, os professores devem decidir se as respostas erradas são o resultado de questões problemáticas ou de falta de aprendizagem por parte dos alunos.

Perceba que esses problemas não ficaram aparentes até *depois* de a professora olhar para as respostas dos alunos e perceber padrões de respostas inesperados ou estranhos para algumas questões: quase todos errando uma mesma questão, alguns alunos dando respostas estranhas ou inesperadas para uma questão, e todos os alunos que costumam tirar notas boas se saindo mal em determinada questão. Conforme surgem esses padrões, o professor deve inspecionar as respostas dos alunos para determinar se o problema estava relacionado à construção da prova ou à aprendizagem deles. É importante enfatizar que não se deve automaticamente aumentar as notas da prova só porque muitos alunos responderam a uma questão de forma errada. Em cada caso, o professor deve fazer um julgamento com base na fonte do problema e na forma como ele vai ser corrigido, se é que vai.

Revisão seletiva de questões de múltipla escolha

Problemas nas questões de seleção, especialmente em questões de múltipla escolha, são mais difíceis de detectar, visto que os alunos escolhem uma resposta, em vez de construir a própria, o que não permite identificar o seu processo de raciocínio. Para identificar problemas em questões de múltipla escolha, os professores devem observar os padrões de resposta nas diversas opções à disposição. Apesar de ser desejável rever todas as questões em uma prova de múltipla escolha, as limitações de tempo tornam mais realista revisar apenas as questões a que metade ou mais dos alunos responderam incorretamente. É aqui que a maioria, se não todas, das questões problemáticas podem ser encontradas.

Existem muitas formas de examinar os padrões de questões de múltipla escolha. Podem-se calcular diversos índices estatísticos para descrever cada questão (KUBISZYN; BORICH, 2003). O **índice de dificuldade** de uma questão descreve a proporção de alunos que responderam corretamente. Por exemplo, uma questão de dificuldade de 0,7 (70% da turma responderam corretamente) é mais fácil do que uma de dificuldade de 0,4 (40% da turma responderam corretamente). O **índice de discriminação** descreve como uma questão específica se sai com alunos que tiraram notas altas ou baixas na prova. Uma questão com discriminação positiva é uma das que foram respondidas corretamente com maior frequência por alunos que tiraram uma nota alta na prova como um todo do que por alunos que tiraram uma nota baixa. O índice de discriminação pode variar de +1,0 a -1,0. Um valor positivo é sempre desejado, e valores entre 0,3 e 0,8 são geralmente desejáveis. Uma questão que tenha valor negativo ou menor do que 0,2 merece ser examinada mais de perto, para ver se há problemas com ela.

Como a maioria dos professores não tem tempo nem recursos para realizar as análises requeridas para calcular os índices de dificuldade e de discriminação, eles dependem de métodos simples para compreender e melhorar as questões a que uma grande proporção da turma respondeu de maneira equivocada. A seguir, veremos exemplos de padrões de resposta que os professores podem usar para responder à pergunta: "Qual é o problema, se é que há, com esta questão?". Cada um desses padrões indica um motivo possível diferente para que uma grande proporção dos alunos responda equivocadamente. Em cada caso, um asterisco indica a resposta de acordo com a chave do professor.

Esse primeiro padrão de resposta é típico de questões de múltipla escolha que têm duas respostas certas ou prováveis, semelhante à pergunta de educação física indicada anteriormente. As duas escolhas, A e C, foram raramente escolhidas. A maioria dos alunos se dividiu quase igualmente entre as opções B e D. Apenas os alunos que escolheram a resposta B, marcada na chave de resposta, receberam nota na questão quando ela foi inicialmente avaliada.

Opções	A	*B	C	D
Número de alunos que escolheram a opção	2	8	2	8

Quando a professora viu que a maioria dos alunos errou essa questão, ela olhou para a opção D, decidiu que ela também era uma resposta correta, e optou por dar nota também para quem havia optado por ela. Para a prova, a decisão final sobre se o problema está na questão ou nos alunos cabe ao professor.

O próximo padrão é um em que a maioria dos alunos escolhe uma opção diferente da que consta na chave do professor. No exemplo a seguir, a maioria dos alunos escolheu a resposta C em vez da D, a resposta que estava na chave do professor. Muitas vezes, esse padrão é simplesmente o resultado do professor que marcou a opção errada na chave de respostas. Neste caso, o professor escreveu D para essa questão quando o que ele pretendia era marcar C. Apesar de essa marcação equivocada nem sempre explicar esse padrão de respostas, é um bom ponto de partida. Mas, se a questão não foi marcada errada na chave de respostas, olhar para a opção C mais atentamente pode indicar por que ela foi escolhida com tamanha frequência. Se não for possível identificar um motivo por que os alunos escolheram a opção C, eles devem ser consultados para explicar suas respostas.

Opções	A	B	C	*D
Número de alunos que escolheram a opção	2	1	15	2

Por fim, considere o seguinte padrão, em que todas as opções são selecionadas mais ou menos pelo mesmo número de alunos. Esse padrão pode ser um indicador de que os alunos estão simplesmente "chutando", que eles não fazem ideia de qual é a opção correta. Orientações problemáticas ou algum tópico da matéria que tenha sido deixado de fora da instrução são explicações prováveis para esse tipo de padrão de respostas. Se o conteúdo de uma questão não tiver sido ensinado ou se a orientação da pergunta for a fonte desse padrão inesperado de respostas, o professor deve considerar seriamente eliminar essa pergunta das notas dos alunos.

Opções	A*	B	C	D
Número de alunos que escolheram a opção	5	6	4	5

Revisões pós-prova que utilizam as estratégias explicadas podem ajudar os professores a entenderem melhor o quão bem as suas questões estão funcionando e por que os alunos responderam de certa maneira. Perguntar aos alunos o que eles estavam pensando quando responderam às perguntas também pode produzir informações úteis. Apesar de a decisão sobre como avaliar uma questão caber, no final das contas, ao professor, informações do tipo descrito nesta seção ajudam a tomar essa decisão. Uma revisão pós-prova irá aumentar a precisão das notas e a validade das decisões tomadas com base nelas.

DISCUSSÃO DOS RESULTADOS DA PROVA COM OS ALUNOS

Os alunos querem informações quanto ao seu desempenho na prova. Os professores podem fornecer essas informações por meio de comentários escritos em trabalhos, provas ou projetos que indiquem aos alunos o que eles fizeram bem e o que eles podem melhorar. Também é bom revisar os resultados das provas com os alunos. Isso é especialmente útil quando eles já estão com as suas provas corrigidas em mãos durante a revisão. O professor deve prestar muita atenção a questões que grande parte da turma errou para esclarecer equívocos e indicar a natureza da resposta desejada. Para alunos mais velhos, também é bom explicar quais foram os critérios de avaliação da prova. Por fim, devem-se permitir oportunidades para os alunos tímidos discutirem a prova em particular com o professor.

RESUMO DO CAPÍTULO

- O foco principal dos testes de desempenho é obter um indicativo justo e representativo do que os alunos aprenderam da instrução do professor.
- Os testes de desempenho normalmente são compostos de dois tipos de questão: seleção (múltipla escolha, verdadeiro ou falso e associação) e construção (resposta curta, conclusão e dissertativa). Cada tipo de questão avalia tanto o pensamento de nível mais alto quanto o de nível mais baixo.
- As questões de seleção podem ser respondidas rapidamente, cobrir uma amostragem ampla dos tópicos instrucionais e ser avaliadas objetivamente. Entretanto, elas levam muito tempo para serem desenvolvidas e deixam margem para palpites.
- As questões de construção podem ser preparadas facilmente, dão aos alunos a oportunidade de criar suas próprias respostas e raramente podem ser respondidas com base em palpites. No entanto, elas são difíceis e demoradas de se avaliar, e tendem a cobrir uma amostragem limitada dos tópicos instrucionais.
- Os professores devem tentar incluir questões de nível mais alto na sua instrução e em suas avaliações. As questões de interpretação são uma forma útil de incorporar habilidades de nível mais alto em testes de desempenho.
- As questões da prova devem cobrir os tópicos e os comportamentos importantes que compunham o foco da instrução.
- A maioria das questões em provas preparadas pelo professor e do livro didático são baseadas em questões de recordação ou de memória porque elas são mais fáceis de criar do que questões de nível mais alto. No entanto, para as provas fornecerem infor-

- mações que possam ser usadas para tomar decisões válidas, elas devem refletir todo o conteúdo e todos os processos ensinados, sejam em níveis mais altos ou mais baixos. Provas que não representam a instrução fornecem maus indicadores da aprendizagem dos alunos, e podem ter um efeito negativo na motivação deles em estudar.
- Cada seção da prova deve ter orientações sobre o que os alunos devem fazer, como responder e onde escrever suas respostas. Os alunos mais velhos também podem ser auxiliados sabendo quanto cada questão vale.
- Colar é inaceitável e desonesto; mas também é comum. É responsabilidade do professor estabelecer condições que reduzam a sua ocorrência.
- Os professores podem desestimular a cola embaralhando a folha de respostas, trocando os alunos de lugar, circulando pela sala durante a prova, oferecendo guias de estudo, usando mais questões dissertativas, proibindo os alunos de compartilhar material, e fazendo cumprir as regras e as penalidades por colar, entre outras estratégias.
- A mensuração é uma forma de avaliação em que se atribuem números para descrever o desempenho dos alunos.
- Uma questão objetiva é uma questão em que avaliadores independentes atribuiriam a mesma nota, ou uma nota parecida. Uma questão subjetiva é uma questão que avaliadores independentes não avaliaram da mesma maneira. Fatores que contribuem para a subjetividade incluem caligrafia, estilo, gramática e ortografia, e a percepção que o professor tem do aluno.
- As questões de seleção são fáceis de avaliar objetivamente. As questões de construção tornam-se cada vez mais subjetivas com o aumento da liberdade que os alunos têm de criar suas próprias respostas. As questões dissertativas são o tipo mais subjetivo de questão para se avaliar.
- Os dois métodos comuns de avaliar as provas são a avaliação holística, que produz uma única nota, e a avaliação analítica, que produz diversas notas correspondendo a características específicas da dissertação (p. ex., organização e estilo).
- Para tornar objetivas as notas de questões dissertativas, o professor deve decidir que fatores constituem uma boa resposta antes de aplicar a prova, fornecer esses fatores na questão, ler todas as respostas de uma questão antes de ler as das próximas e reler as questões dissertativas uma segunda vez para corroborar as notas iniciais.
- Após uma prova ter sido avaliada, o professor deve revisar questões que apresentem padrões incomuns de respostas para determinar se elas têm problemas. Se ele julgar que a questão é problemática, devem-se corrigir as notas dos alunos.
- Uma boa prática é realizar uma revisão pós--prova com alunos para
  1. ajudar a identificar quaisquer equívocos;
  2. localizar questões problemáticas e fazer os ajustes necessários às notas e
  3. criar um arquivo permanente de questões.

QUESTÕES PARA DISCUSSÃO

1. Quais são alguns dos objetivos que podem ser mais bem avaliados por questões de construção? Quais são alguns objetivos que podem ser mais bem avaliados por questões de seleção?
2. De que modo a avaliação inicial, os planos de aula e a instrução estão relacionados às provas aplicadas para avaliar a aprendizagem dos alunos?
3. O que pode acontecer de mau se as provas do professor produzirem informações inválidas sobre a aprendizagem dos alunos?
4. Quais são algumas formas de transformar a avaliação de questões dissertativas em uma atividade mais objetiva? Quais são algumas consequências de avaliar subjetivamente as questões dissertativas?
5. Como o professor deve reagir à cola? Todas as formas de cola devem ser tratadas da mesma forma? Que cuidados o professor deve ter em mente antes de acusar um aluno de colar?

ATIVIDADES

1. Reescreva a seguinte questão dissertativa de modo a focar mais a resposta dos alunos. A seguir, estabeleça uma série de critérios que você usaria para julgar a qualidade das suas respostas.
   Compare os partidos Democrata e Republicano dos Estados Unidos.
2. Converse com dois professores sobre como eles lidam e impedem os alunos de colar nas provas.
3. Em um grupo pequeno, converse com outros alunos sobre os tipos de cola que eles já viram e o que se pode fazer para reduzir a sua ocorrência.

QUESTÕES PARA REVISÃO

1. Quais são as diferenças entre as questões de seleção e de construção? Quais as vantagens e as desvantagens de cada uma? Quais são os problemas comuns de cada uma?
2. Quais são as diferenças entre questões de nível mais alto e de nível mais baixo?
3. O que é um exercício de interpretação, e por que ele é um método útil para se avaliar o pensamento de nível mais alto?
4. Como as provas de conhecimento factual diferem de provas de conhecimento conceitual?
5. Quais são algumas das diferenças entre atribuir pontos às questões de seleção e às questões de respostas construídas pelo aluno?
6. Qual é a diferença entre avaliações objetivas e subjetivas? Quais fatores dificultam avaliar as questões dissertativas objetivamente? Que providências o professor pode tomar para tornar a avaliação de questões dissertativas mais objetiva?
7. Que diretrizes devem ser seguidas ao distribuir as questões em uma prova?
8. Quais são algumas estratégias que podem ser usadas para limitar a cola em provas?
9. Como as avaliações holística e analítica diferem? Quando cada uma deve ser usada?

REFERÊNCIAS

CIZEK, G. J. *Cheating on tests*: how to do it, detect it and prevent it. New Jersey: Lawrence Erlbaum, 1999.

EDUCATIONAL TESTING SERVICE. *Making the classroom test*: a guide for teachers. Princeton: Educational Testing Service, 1973.

FAIN, M.; BATES, P. Cheating 101: paper mills and you. In: TEACHING EFFECTIVENESS SEMINARS, 1999, Coastal Carolina. *Proceedings*... Coastal Carolina: Coastal Carolina University, 1999.

FRISBIE, D. A. The multiple true-false item format: a status review. *Educational Measurement: issues and practice*, v. 11, n. 4, p. 21-26, 1992.

HOLLINGER, L. C.; LANZA-KADUCE, L. Academic dishonesty and the perceived effectiveness of countermeasures: an empirical survey of cheating at a Major Public University. *Journal of Student Affairs Research and Practice*, v. 46, n. 4, p. 1137-1152, 2009.

HUNTINGTON MIDDLE SCHOOL. *Cheating policy*. San Marino: [s.n.], [20--?].

KUBISZYN, T.; BORICH, G. *Educational testing and measurement*: classroom application and practice. 7th ed. Hoboken: John Wiley & Sons, 2003.

MARSO, R. N.; PIGGE, F. L. Elementary classroom teachers' testing needs and proficiencies: multiple assessments and inservice training priorities. *Educational Review*, v. 13, p. 1-17, 1989.

MARSO, R. N.; PIGGE, F. L. The analysis of teacher-made tests: testing practices, cognitive demands and item construction errors. *Contemporary Educational Psychology*, v. 16, p. 179-286, 1991.

RUSSELL, M.; TAO, W. Effects of handwriting and computer-print on composition scores: a follow-up to powers, fowles, farnum, and ramsey. *Practical Assessment, Research and Evaluation*, v. 9, n. 1, 2004a.

RUSSELL, M.; TAO, W. The influence of computer-print on rater scores. *Practical Assessment, Research and Evaluation*, v. 9, n. 10, 2004b.

STARCH, D.; ELLIOT, E. C. Reliability of grading work in mathematics. *School Review*, v. 22, p. 254-259, 1913.

STARCH, D.; ELLIOT, E. C. Reliability of the grading of high school work in English. *School Review*, v. 21, p. 442-457, 1912.

capítulo 7
DESIGN UNIVERSAL PARA A AVALIAÇÃO

Tópicos-chave

- Como as questões de prova funcionam
- Acessibilidade
- *Design* universal e avaliação
- Diretrizes para redigir e criticar questões de prova
- Aplicando provas
- *Design* universal e acomodações para a prova

OBJETIVOS DO CAPÍTULO

Após ler este capítulo, você poderá:

- Descrever como uma questão foi criada para mensurar uma habilidade ou conhecimento-alvo.
- Identificar construtos pretendidos e não pretendidos.
- Redigir questões de prova de alta qualidade.
- Criar as condições adequadas para a aplicação das provas.
- Aplicar os princípios do *design* universal para adquirir mensurações mais precisas da aprendizagem dos alunos.
- Descrever de que modo uma questão de prova foi feita para mensurar uma habilidade ou conhecimento-alvo.
- Criar acomodações que reduzam as barreiras entre o desempenho dos alunos.

PENSAR SOBRE ENSINAR

O que é uma prova? Qual é o propósito de uma prova?

As provas são a ferramenta mais comum usada para mensurar o desempenho dos alunos. Na sala de aula, os professores frequentemente estão mais interessados em mensurar habilidades cognitivas e conhecimentos importantes que são o objetivo da instrução. As habilidades cognitivas e o conhecimento, contudo, não podem ser diretamente observados. As provas são usadas para fornecer observações indiretas de habilidades específicas e conhecimentos.

No Capítulo 6, vimos que cada questão da prova fornece uma observação indireta. A qualidade da informação fornecida por essas observações é fortemente influenciada pela qualidade das questões usadas para produzir essas observações. Neste capítulo, examinamos em maiores detalhes como as questões de prova funcionam e exploramos estratégias para criar questões de prova de alta qualidade. Ao reconhecer que cada aluno é um indivíduo único, com seus próprios pontos fortes e necessidades, também aprendemos como os princípios do *design* universal podem ser aplicados para aprimorar a precisão das provas para todos os alunos. Por fim, consideraremos como alguns alunos com necessidades especiais podem ser auxiliados por meio de acomodações para a prova.

COMO AS QUESTÕES DE PROVA FUNCIONAM

Todos nós já vimos e respondemos a milhares de questões de prova como alunos. Mas você já pensou em como essas questões devem funcionar? As questões de prova são feitas para fornecer um contexto em que o aluno deve aplicar uma habilidade ou conhecimento-alvo para produzir uma resposta. Mais tecnicamente, a habilidade ou conhecimento-alvo é chamado de *construto*. Com base no desempenho do avaliado em uma amostra específica de questões ou tarefas, fazem-se inferências quanto à extensão em que ele é capaz de aplicar o construto-alvo a todas as questões e tarefas possíveis que medem essa habilidade ou conhecimento. Dessa forma, a nota de um aluno na prova se trata de uma estimativa do quão bem ele se sairia dada uma população total de questões e tarefas que requeressem a aplicação do construto avaliado.

Já que um construto não pode ser diretamente observado, as questões e as tarefas são feitas para estimular ou ativar o construto de interesse. Para fornecer um registro observável do construto, uma questão ou tarefa também requer que o aluno produza um produto ou resposta observável. Para uma prova de múltipla escolha, o produto observável é a opção escolhida pelo aluno. Para uma questão de resposta aberta, o produto observável é a resposta que o aluno escreve em uma folha de papel usando uma caneta ou em um computador usando o teclado, *mouse* ou qualquer outro aparelho. Para uma prova oral, o produto observável é a resposta dada pelo aluno. Apesar de o foco da interação do aluno com uma questão ou tarefa frequentemente se concentrar na resposta ou no produto, o produto só é útil se ele refletir com precisão o construto de interesse.

Mensurando um construto-alvo

Cada questão de prova deve ser projetada para medir um construto específico. Os construtos de maior interesse, ao se avaliar o desempenho dos alunos, são as habilidades e os conhecimentos-alvo da instrução. Exemplos de construtos incluem a habilidade de fazer operações de soma, a habilidade de decodificar textos, conhecimento de fatos históricos e a habilidade de escrita. Em vez de tentar medir todos os construtos de interesse, a prova se foca em um subconjunto-alvo de construtos que são de interesse imediato para o professor. Ao criar questões de prova, é importante ter em mente o construto-alvo.

> As questões de prova devem mensurar a habilidade dos alunos de realizar ou demonstrar habilidades e conhecimentos específicos com base no objetivo da instrução.

Para mensurar com precisão o construto-alvo, uma questão de prova deve desempenhar três funções com sucesso. Primeiro, a questão deve apresentar informações que ativem o construto-alvo. Informações que estimulem o construto-alvo estão contidas no enunciado da questão. Para que uma questão forneça uma mensuração do construto-alvo, as informações apresentadas no enunciado devem ser compreendidas pelo aluno e estabelecer adequadamente o contexto em que os alunos possam aplicar o construto de interesse.

Segundo, a questão de prova deve oferecer uma oportunidade para que cada aluno aplique o construto-alvo enquanto responde à questão. Para estimular a sua aplicação, muitas questões apresentam informações com as quais os alunos interagem. Exemplos de informações com as quais os alunos podem interagir enquanto aplicam o construto-alvo incluem: o excerto de um texto que acompanha uma questão de compreensão de leitura, um conjunto de números com os quais se devem fazer somas, uma tabela que contenha informações que devem ser interpretadas, e uma tabela periódica usada para fazer equações químicas. Para fornecer uma mensuração precisa do construto, a questão deve ser criada de modo a oferecer a todos os alunos a oportunidade de aplicar o construto-alvo conforme eles interagem com o conteúdo apresentado na questão.

Terceiro, a questão de prova deve dar a cada aluno a oportunidade de produzir uma resposta observável, que é o produto de sua aplicação do construto-alvo. O grau em que as respostas dos alunos refletem o resultado do construto influencia a precisão da observação indireta.

A Figura 7.1 demonstra as três funções que todas as questões de prova devem realizar.

ACESSIBILIDADE

Existem dois jeitos de se pensar sobre a acessibilidade. Primeiro, da perspectiva do aluno, a acessibilidade se foca na facilidade com que o aluno consegue acessar as informações contidas em uma questão de prova. Barreiras para o acesso dos alunos podem incluir incapacidade de ver com clareza as informações apresentadas na questão, incapacidade de decodificar o texto e falta de familiaridade com o vocabulário contido na questão. Da perspecti-

FIGURA 7.1 Modelo de como uma questão de prova funciona.
Fonte: Os autores.

va do aluno, informações que não podem ser vistas ou compreendidas com precisão representam uma barreira para sua habilidade de demonstrar conhecimento ou habilidades.

> Quanto mais bem os alunos entenderem o que se pede que eles façam na prova, maior será a probabilidade de eles demonstrarem suas habilidades e conhecimentos.

Uma segunda forma de pensar sobre a acessibilidade é da perspectiva do criador da prova. Cada questão da prova é feita para mensurar um construto-alvo. A precisão da mensuração depende do quanto cada questão consegue acessar o construto-alvo e produzir um produto observável a partir desse construto. Como mostrado na Figura 7.1, a habilidade de uma questão de acessar um construto é influenciada por três fatores:

1. o grau em que as informações apresentadas na questão estimulam o construto-alvo;
2. o grau em que a questão permite que o aluno aplique o construto-alvo; e
3. o grau em que o produto produzido pelo aluno reflete com precisão a aplicação do construto-alvo.

Da perspectiva do criador da prova, a acessibilidade se foca no grau em que cada um desses três fatores se concretiza no processo de mensuração.

Como uma questão acessa um construto

Para acessar o construto-alvo, a questão deve estabelecer com precisão o contexto para o avaliado, permitir a aplicação desenvolta do construto e permitir a produção precisa de uma resposta. O grau em que uma questão consegue realizar essas três tarefas é influenciado por diversos fatores. Esses fatores podem ser organizados em três categorias amplas, sendo que cada uma delas se relaciona com um passo no processo de mensuração, quais sejam:

1. apresentação,
2. interação e
3. resposta.

Uma quarta categoria, forma representativa, também é relevante em alguns casos.

A apresentação foca-se nas formas em que o conteúdo da questão é apresentado aos alunos. A apresentação do conteúdo pode ser adaptada de várias formas, incluindo: mudanças no tamanho da fonte do conteúdo textual, alteração do contraste do texto e das imagens, aumento do espaçamento e redução da quantidade de conteúdo apresentada por página.

A interação foca-se nas formas em que os alunos se envolvem com o conteúdo da questão. Exemplos de interações incluem auxiliar os alunos com o andamento da prova, enfatizar conteúdo importante e *scaffolding*[*] ao separar os passos na resolução de um problema.

A resposta se foca nos métodos que os alunos usam para fornecer respostas a atividades instrucionais e tarefas de avaliação. Exemplos de modos de respostas incluem ditar um texto ou utilizar programas que convertem voz em texto; apontar as respostas ou utilizar uma tela sensível ao toque em vez de circular, clicar ou sublinhar; e usar aparelhos de comunicação assistida para produzir respostas.

O último aspecto da acessibilidade foca-se nas formas representativas. Como Mislevy et al. (2010) explicam, representações alternativas mudam a forma em que o conteúdo da questão é apresentado aos alunos. Ao contrário da apresentação, que se foca na forma em que o mesmo conteúdo é exibido para o avaliado, as formas representativas possuem versões diferentes do conteúdo da questão aos alunos. Ler o conteúdo em voz alta, apresentar o conteúdo textual em língua de sinais ou em braile, oferecer representações táteis de imagens gráficas e traduzir questões para uma língua diferente são todas formas de representações alternativas.

Tomando decisões sobre a acessibilidade

Decisões sobre representações, interações, modos de respostas e formas representativas devem ser tomadas no contexto do construto que é mensurado pela questão. Uma consideração importante quando se tenta mensurar um construto não são apenas as habilidades e o conhecimento que se tenta mensurar – o *construto pretendido* –, mas também outras habilidades que não se está tentando mensurar – o *construto não pretendido*. Por exemplo, se o professor se interessa pela habilidade do aluno de usar a matemática para resolver problemas, ele pode medir essa habilidade apresentando um problema lógico em forma de texto. Para resolver esse problema, o aluno deve usar tanto sua habilidade de resolução de problemas matemáticos quanto suas habilidades de leitura para compreender e interpretar o que a questão está perguntando. Para esse problema, as habilidades matemáticas são o construto pretendido, e as habilidades de leitura são o construto não pretendido. Exemplos de outros construtos não pretendidos incluem habilidades de decodificação quando se ensina ou se avalia conhecimento científico, percepção visual quando se ensina ou avalia habilidade gráfica e coordenação motora fina quando se ensina ou avalia a habilidade de se comunicar por escrito.

É importante reconhecer que o grau em que um construto é pretendido ou não pretendido depende do tipo de informação que a prova foi projetada para produzir. Contudo, só porque um construto pode ser visto como não pretendido quando se mensura o construto pretendido não quer dizer que o não pretendido não seja valorizado, que não é importante desenvolvê-lo, ou que ele não vale a pena ser avaliado. Por exemplo, compreender o grau em que um aluno desenvolveu habilidades de decodificação é importante, mas, quando o que se quer é avaliar o conhecimento científico, essas habilidades são secundárias ao conhecimento científico que é o alvo da avaliação. Em outros contextos instrucionais e de avaliação, as habilidades de decodificação podem, de fato, ser o alvo da instrução (p. ex., durante aulas de português e literatura) ou da avaliação (p. ex., em uma prova de leitura) e pode representar o construto pretendido. Identificar um construto como pretendido ou não pretendido depende do foco atual da instrução e do propósito da prova.

DESIGN UNIVERSAL E AVALIAÇÃO

O conceito de *design* universal se originou no campo da arquitetura e busca tornar as estru-

---

[*] N. de R.T.: *Scaffolding* significa ajustar a instrução ao nível do aluno, simplificando a linguagem, mas continuando a desafiá-lo.

turas acessíveis ao maior número de pessoas possível. Em vez de reformar uma escada colocando um elevador, rampa ou uma cadeira-elevador depois que uma estrutura já foi construída, o *design* universal busca criar formas homogêneas para que as pessoas com dificuldades de locomoção tenham acesso fácil a todas as áreas da estrutura. Como exemplo, o New England Aquarium contém um tanque de três andares onde diversos tipos de peixes nadam. Em vez de ter diferentes níveis de vista acessados por escadas, o tanque é envolto por uma rampa que vai subindo gradualmente ao seu redor. O tanque de vidro envolto pela rampa permite que pessoas com diversas necessidades ambulatoriais movam-se para cima e para baixo nos níveis do tanque com relativa facilidade. Curiosamente, muitos visitantes sem necessidades ambulatoriais que visitam o aquário também dizem que a rampa em espiral melhorou a sua experiência, permitindo que tivessem maior exposição aos peixes dentro do tanque conforme eles subiam e desciam. O conceito de *design* universal se expandiu do campo da arquitetura para muitas outras áreas, incluindo *design* de produtos, mídia e recreação. Em vez de criar uma única solução, o *design* universal passou a englobar o conceito de permitir que os usuários escolham a partir de diversas alternativas.

> Em vez de criar uma única solução, o *design* universal passou a englobar o conceito de criar abordagens flexíveis que podem ser adaptadas com base em necessidades individuais.

No campo da educação, o *design* universal para a aprendizagem (UDL – Universal Design for Learning) aplica esses mesmos princípios do *design* ao considerar a variedade de necessidades de acessibilidade e de aprendizagem dos alunos ao desenvolver materiais instrucionais. Os três princípios da UDL são os seguintes:

1. oferecer formatos alternativos de apresentar informações (mídias acessíveis múltiplas ou transformáveis);
2. oferecer meios alternativos de ação e de expressão (escrita, desenho, fala, troca, utilização de organizadores gráficos, etc.);
3. oferecer meios alternativos de envolvimento (conhecimento anterior, opções, desafio e apoio, etc.).

Quando aplicado aos testes de desempenho, o *design* universal tem implicações importantes para o desenvolvimento do conteúdo da prova, a apresentação das questões e as condições sob as quais a prova é aplicada. É importante notar que o objetivo do *design* universal não é criar uma única solução que seja acessível para todos os alunos (Rose; Meyer, 2002). Em vez disso, uma avaliação assim criada irá antecipar as necessidades de acessibilidade de alunos em potencial e criar métodos que permitam a todos eles acessar, envolver-se e responder ao conteúdo da prova.

Há dois passos importantes ao se desenvolver uma avaliação utilizando a filosofia do *design* universal. Primeiro, o conteúdo da prova deve ser desenvolvido de forma que antecipe as diferentes necessidades dos alunos e das formas representativas que sejam adequadas a suas necessidades sem violar o construto avaliado. Segundo, a forma com que as questões são apresentadas deve se adequar às necessidades de todos os alunos. Quando executada com sucesso, a avaliação muda a adaptação do conteúdo e das interações da prova, das mudanças *post hoc* necessárias quando se fazem acomodações para a prova, para decisões *a priori* quanto ao *design* e ao desenvolvimento de representações alternativas durante o estágio de desenvolvimento das questões e da prova. Dados os benefícios em potencial de se aplicarem os princípios do *design* universal para a avaliação dos alunos, alguns pesquisadores argumentam que esses princípios devem ser aplicados quando as questões estão em desenvolvimento e as provas estão sendo montadas, e quando a prova está sendo aplicada aos alunos.

DIRETRIZES PARA REDIGIR E CRITICAR QUESTÕES DE PROVA

As provas são compostas de questões ou **itens**. Cada questão deve estabelecer um problema claro sobre o qual o aluno deve pensar. Cada questão também deve ser completa em si mesma e independente de outras questões. Além disso, como os alunos irão debater mentalmente as nuances de cada palavra para se certificar de que não estão interpretando errado o propósito da questão, é crucial que os itens sejam definidos de forma clara e precisa. Quer o professor crie suas próprias questões ou escolha itens preparados por outros, existem três diretrizes gerais que podem ajudá-lo a aumentar a qualidade da prova. Cada questão deve

1. cobrir objetivos importantes,
2. ser definida de forma clara e simples, e
3. não conter afirmações enganosas, formatação confusa ou palavras em excesso.

Esta seção discute e ilustra essas diretrizes.

> As questões de prova devem refletir tópicos e habilidades importantes enfatizados durante a instrução, devem ser definidas de forma breve e apresentadas de forma clara.

Escreva de forma clara e simples: sete regras

Se as questões da prova usarem palavras ou estruturas frasais ambíguas, incluírem vocabulário inadequado ou contiverem pistas para as respostas corretas, a prova não será um indicador válido do desempenho dos alunos. A habilidade mais importante ao redigir ou selecionar boas questões de prova é a habilidade de se expressar de forma clara e sucinta. As questões de prova devem ser:

1. definidas de forma breve para que os alunos não gastem uma quantidade desproporcional de tempo lendo,
2. expressas de forma clara para que os alunos compreendam a tarefa e
3. capazes de ser respondidas sozinhas, visto que cada questão fornece uma mensuração em separado.

A seguir, são apresentadas sete regras para redigir boas questões de prova. Cada uma é ilustrada por algumas questões confusas preparadas por professores que sabiam o conteúdo que queriam avaliar, mas não conseguiram definir claramente as suas intenções. Uma versão melhor de cada questão também é mostrada para critério de comparação.

Regra 1: Evite palavras e estruturas frasais ambíguas e confusas

Os alunos devem entender as questões da prova. Se as palavras ou a estrutura frasal forem confusas e impedi-los de entender o que está sendo perguntado, eles não poderão demonstrar a sua aprendizagem. Considere as seguintes questões de prova:

1. Todos exceto um dos seguintes não é um elemento. Qual deles não é?
   A. carbono **B.** sal **C.** açúcar **D.** plástico
2. A Bolívia não é o único país da América do Sul que não tem saída para o mar. V F

Nesses exemplos, as palavras e a construção frasal são estranhas e confusas. O aluno precisa organizar múltiplas negativas para entender o que está sendo perguntado. É melhor, portanto, definir as questões de forma breve, direta e em tom positivo, como demonstrado nessas versões editadas:

1. Qual desses é um elemento?
   A. carbono **B.** sal **C.** açúcar **D.** plástico
2. A Bolívia tem saída para o mar. V F

Outras questões, como os itens 3 e 4, são mais do que simplesmente confusos. São praticamente incompreensíveis:

3. Qual é o comprimento relativo da menor distância entre Curitiba, São Paulo e Rio de Janeiro?

4. O _____ produzido pelo _____ é usado pelas _____ verdes para transformar _____ e _____ em _____. Esse processo é conhecido como _____.

> As questões de prova devem ser escritas de forma breve, clara e livre de palavras ambíguas, para que compreendê-las não seja um problema.

Qual é uma resposta razoável para cada uma dessas questões? Tomadas individualmente, as palavras no item 3 não são excessivamente difíceis, mas o seu sequenciamento torna sua intenção obscura. O item 4 é tão saturado de espaços em branco que o aluno teria de saber ler mentes para entender o que está sendo perguntado. Nenhum aluno deveria ser confrontado com esse tipo de questão. Os alunos irão responder a questões como os itens 3 e 4 de maneira incorreta, independentemente do seu nível de compreensão das informações e das habilidades que lhes foram ensinadas. As seguintes mudanças superam os problemas desses dois exemplos:

3. Qual dessas cidades fica mais próxima de São Paulo: Curitiba ou Rio de Janeiro?
4. O processo em que plantas verdes usam a energia do sol para transformar água e dióxido de carbono em alimento é chamado de _____.

Se um aluno responder às questões revisadas incorretamente, é razoável supor que ele não sabe a resposta desejada. Lembre-se: o propósito de uma questão de prova não é garantir respostas corretas, mas dar aos alunos uma oportunidade de mostrar o quanto eles sabem sobre o que foi ensinado. Para tanto, as questões de prova devem ser prontamente compreendidas.

Outro fator que impede os alunos de conseguirem se concentrar rápida e claramente nas questões que estão sendo feitas é o uso de palavras ou frases ambíguas. Leia as questões 5, 6 e 7 e tente identificar um problema em cada uma que poderia trazer dificuldades para os alunos decidirem qual a resposta certa.

5. Shakespeare foi o maior dramaturgo do mundo.   V   F
6. A cidade mais importante do nordeste é:
   A. Salvador   B. Fortaleza   C. Recife   D. São Luís
7. Escreva uma redação em que você considere o futuro da energia atômica.

Cada exemplo contém um termo ambíguo que pode confundir os alunos e dificultar a sua resposta. O exemplo de verdadeiro ou falso contém a palavra indefinida *maior*. O professor está perguntando se Shakespeare escreveu mais peças do que as de qualquer outro dramaturgo? Que as suas peças precisavam ser lidas em mais salas de aula do que as de qualquer outro dramaturgo? Até os alunos saberem o que o professor quer dizer com *maior*, eles terão dificuldade em responder. A questão 6 tem o mesmo problema. O que a expressão *mais importante* significa? Cada uma dessas cidades é importante de várias formas. Palavras como *maior*, *mais importante* e *melhor* e palavras ambíguas semelhantes devem ser substituídas por outras mais específicas, independentemente do tipo de questão usada. Note a versão reescrita das questões 5 e 6:

5. As peças de William Shakespeare são leitura obrigatória em salas de aula mais do que as de qualquer outro dramaturgo.   V   F
6. O maior centro de transporte para tráfego aéreo e marítimo do nordeste é:
   A. Salvador   B. Fortaleza   C. Recife   D. São Luís

Na questão 7, o professor quer que os alunos considerem o futuro da energia atômica. O professor quer que os alunos comparem a energia atômica com o combustível fóssil? Discutir os méritos relativos da fissão *versus* fusão como meio de gerar energia? Explicar as consequências positivas e negativas de usar energia atômica? A intenção não está clara. A questão precisa ser mais específica para que os alunos possam responder da forma que o professor deseja, como demonstrado nesta versão revisada:

7. Descreva as vantagens e desvantagens do aumento do uso da energia atômica no processo de fabricação de automóveis.

Na maioria dos casos, os professores que redigiram os exemplos anteriores sabiam o que eles queriam perguntar aos alunos, mas não souberam como redigir as questões de modo que elas indicassem sua intenção de forma clara. Os professores devem dizer precisamente o que querem perguntar, e não presumir ou esperar que os alunos interpretem suas questões da forma pretendida.

Regra 2: Use o vocabulário adequado

O nível de dificuldade da prova pode ser drasticamente influenciado pelo vocabulário. Se os alunos não conseguirem entender as palavras usadas nas questões, suas notas irão refletir mais as suas deficiências de vocabulário do que o quanto eles aprenderam nas aulas. Com base nas avaliações iniciais, todo professor deve levar em conta o nível de vocabulário dos seus alunos quando escreve ou seleciona as questões dos testes de desempenho.

Note a diferença nas duas próximas formas de escrever uma questão de verdadeiro ou falso para avaliar a compreensão dos alunos da capilaridade, um princípio que explica como os líquidos sobem em passagens estreitas:

O postulado para capilaridade promove a elucidação de como substâncias maleáveis ascendem em veios insuficientemente espaçados.   V   F

O princípio da capilaridade ajuda a explicar como os líquidos sobem em passagens estreitas.   V   F

Claramente, o nível de vocabulário pode afetar a capacidade dos alunos de compreender o que está sendo pedido em uma questão de prova.

Regra 3: Faça perguntas curtas e diretas

As questões devem focar rapidamente os alunos no que está sendo perguntado. Examine estes exemplos:

> As questões devem ser curtas, específicas e escritas no nível do vocabulário dos alunos.

8. Suíça
   A. se localiza na Ásia.
   B. produz grandes quantidades de ouro.
   C. não tem acesso direto ao oceano.
   D. é uma terra plana e árida.
9. A mãe de Bernardo queria fazer uma torta para a tia e o tio dele, que estavam vindo visitá-los. Bernardo não os via há muitos meses. Quando a mãe de Bernardo viu que ela não tinha maçãs em casa, mandou Bernardo para o mercado comprar algumas. Sua receita indicava oito maçãs para fazer uma torta. Se as maçãs no mercado custarem 30 centavos por duas, quanto dinheiro Bernardo vai ter de levar para comprar oito maçãs?
   A. R$ 0,30   B. R$ 0,90   C. R$ 1,20   D. R$ 2,40

Na questão 8, o enunciado não define um problema claro para o aluno; isto é, depois de os alunos terem lido o enunciado *Suíça*, eles ainda não fazem ideia de que pergunta será feita. Somente após a leitura do enunciado *e* de todas as opções é que o propósito da questão começa a ficar claro. A questão poderia ter sido definida mais claramente assim:

8. Qual das seguintes afirmações acerca da geografia da Suíça é verdadeira?
   A. Localiza-se na Ásia.
   B. É uma terra plana e árida.
   C. Não tem acesso direto ao oceano.
   D. Tem um clima tropical.

O objetivo da questão 9 é determinar se o aluno pode calcular corretamente o custo de algumas maçãs. As informações sobre a visita dos tios, de quanto tempo faz desde que Bernardo os viu pela última vez, ou da falta de maçãs na casa não são importantes, podem ser distrativas e tiram tempo das informações relevantes da questão. Uma forma melhor de definir a questão é apresentada aqui:

9. Para fazer uma torta de maçã, a mãe do Bernardo precisava de 8 maçãs. Se as maçãs custarem 30 centavos por 2, quanto custam 8 maçãs?
   A. R$ 0,30 **B.** R$ 0,90 **C.** R$ 1,20 **D.** R$ 2,40

Em questões de resposta curta ou de completar, os espaços em branco devem vir ao final da frase para que os alunos saibam que tipo de resposta é necessário. Compare esses dois exemplos, e perceba como colocar o espaço em branco no fim ajuda a compreender sobre o que fala a pergunta:

_____, _____ e _____ são os nomes das três pirâmides do Egito. Os nomes das três pirâmides do Egito são _____, _____ e _____.

Questões de associação também podem ser escritas para ajudar os alunos a se focar mais rapidamente no que está sendo perguntado. Dê uma olhada na questão 10 e sugira uma mudança que foque os alunos mais claramente nas perguntas que eles precisam responder:

10. Trace uma linha para ligar o presidente na Coluna A com o seu feito, na Coluna B.

Coluna A	Coluna B
Getúlio Vargas	Direitos trabalhistas
Juscelino Kubitschek	Plano Real
Itamar Franco	Brasília

A maioria das questões de associação pode ser melhorada colocando-se a coluna com as descrições maiores na esquerda, e a coluna com as descrições menores na direita, como mostrado aqui:

10. Trace uma linha para ligar o presidente na Coluna B com o seu feito, na Coluna A. Um dos feitos não será utilizado.

Coluna A	Coluna B
Consolidação dos direitos trabalhistas	Getúlio Vargas
Implantação do Plano Real	Juscelino Kubitschek
Criação de Brasília	Itamar Franco
Criação do Programa Minha Casa Minha Vida	

Regra 4: Crie questões que tenham apenas uma resposta certa

Com exceção feita a questões dissertativas, a maioria das provas a papel e caneta é feita para que os alunos escolham ou forneçam uma resposta ideal. Com esse objetivo em mente, leia as questões 11 e 12 e veja quantas respostas corretas você pode dar para cada item:

11. Quem foi George Washington?
12. Ernest Hemingway escreveu _____.

Cada uma dessas questões tem mais de uma resposta certa. George Washington foi o primeiro presidente dos Estados Unidos, mas também foi membro do Congresso Continental, comandante do Exército Continental, fiscal, dono de escravos e um homem de dentes falsos. Diante dessa questão, os alunos podem se perguntar: "Qual das muitas coisas que eu sei a respeito de George Washington devo responder?". De modo semelhante, Ernest Hemingway escreveu contos e cartas, na Espanha e na Flórida, escrevia a lápis e escreveu romances famosos como *O velho e o mar*. As questões 11 e 12 podem ser redefinidas de modo que os alunos saibam precisamente o que está sendo perguntado. Perceba como cada questão pergunta algo específico – um nome ou um país –, assim indicando aos alunos a natureza da resposta esperada.

11. Qual é o nome do primeiro presidente dos Estados Unidos? _____.
12. O nome do autor de *O velho e o mar* é _____.

Questões com mais de uma resposta correta ocorrem com muito mais frequência em questões de resposta curta e de completar do que em questões de seleção. A menos que as questões de resposta curta e de completar sejam definidas de forma curta e específica, o professor pode esperar muitas respostas diferentes. O dilema do professor, então, é se ele deve dar crédito para as respostas que, tecnicamente, estão corretas, mas que não são as desejadas.

Regra 5: Dê informações sobre a natureza da resposta desejada

Apesar de a incapacidade de focar os alunos ser comum a todos os tipos de questão de prova, ela é vista com maior frequência nas questões dissertativas. Apesar de a liberdade dos alunos de estruturar suas próprias respostas, as questões dissertativas ainda requerem que eles demonstrem domínio de ideias, princípios ou conceitos-chave que foram ensinados. Uma dissertação, como qualquer outro tipo de questão de prova, deve ser construída para descobrir o quão bem os alunos alcançaram os objetivos instrucionais.

> Com exceção das questões dissertativas, a maioria das questões de prova só tem uma resposta certa.

Aqui estão algumas típicas questões dissertativas criadas por professores em sala de aula:

13. Compare e contraste o nazismo e o fascismo na Segunda Guerra Mundial. Sustente seus pontos de vista.
14. Descreva o que aconteceu com a arte durante a Renascença.
15. Por que você deve estudar ciências?

Em cada uma dessas questões, a tarefa do aluno não está claramente definida. Quando os alunos se deparam com questões globais como essas, eles podem não ter uma ideia definida do que o professor está esperando e acabarem pensando incorretamente na intenção dele. Essa prática produz resultados que não refletem a aprendizagem dos alunos.

> Uma questão dissertativa bem focada deve incluir critérios de avaliação e informações específicas sobre a tarefa do aluno.

Para determinar se os alunos aprenderam o que foi ensinado, as questões dissertativas devem ser especificadas para focar os alunos nas áreas de interesse. Os alunos devem ser informados sobre a natureza e o escopo da resposta esperada. Apesar de questões dissertativas deverem propiciar aos alunos liberdade de selecionar, organizar, definir e defender posições, elas não devem dar a eles liberdade total para escrever o que quiserem. Para desenvolver uma questão dissertativa bem focada, o professor deve pensar bastante no propósito e no escopo da questão antes de, enfim, redigi-la.

> As questões dissertativas focam as respostas dos alunos nos principais pontos cobertos pela instrução.

As questões 13, 14 e 15 foram reescritas para refletir com maior precisão a intenção do professor. Perceba como as orientações vagas e ambíguas (sustente seus pontos de vista; descreva) ficam mais claras para os alunos nas questões revisadas:

13. Que forças deflagraram a Segunda Guerra Mundial? Indique na sua discussão as condições econômicas, a política internacional e as condições sociais na Europa antes da guerra. Quais foram os dois fatores mais influentes para dar início à guerra? Aponte duas razões para sustentar sua escolha de cada fator. Sua resposta será avaliada com base na sua discussão das diferenças entre os Aliados e o Eixo no início da guerra e nos argumentos que você usar para sustentar sua escolha dos dois fatores mais influentes para o início da guerra. (30 minutos)

14. Compare a arte durante a Renascença com a arte antes do movimento em termos da representação da figura humana, do uso de cor e da ênfase em temas religiosos. A sua dissertação será julgada em termos de distinções que você identificar entre os dois períodos e as explicações que você fornecer para dar conta dessas diferenças.
15. Dê dois motivos por que um aluno de 3ª série deve estudar ciência. Quais são algumas das coisas que o estudo das ciências nos ensina? Quais são alguns empregos que usam a ciência? Escreva a sua resposta em pelo menos cinco frases completas.

Com certeza, essa não é a única forma em que essas questões dissertativas poderiam ter sido reescritas, mas essas revisões demonstram a necessidade de se focar essas questões. Quando os alunos leem essas questões revisadas, eles têm uma noção clara do que se espera deles; eles não precisam mais adivinhar o escopo e a direção que as suas respostas devem ter. Note também que seria muito mais difícil para os alunos blefarem em suas respostas para as questões revisadas do que para as questões como elas foram definidas inicialmente, de modo tão amplo. As questões revisadas exigem respostas específicas relacionadas aos objetivos instrucionais e que, portanto, testem o que foi ensinado para facilitar a avaliação. Para redigir essas questões, contudo, o professor deve ter uma noção clara do que está tentando avaliar antes de criá-las.

> Para todos os tipos de questão de prova, os alunos devem ter uma noção clara do que se espera deles.

Para resumir, independentemente de qual seja o tipo de questão utilizada, os alunos devem ter uma ideia clara de qual é a sua tarefa. No caso das questões de múltipla escolha, isso pode significar elaborar um enunciado que esclareça as opções. Nas questões de associação, pode envolver colocar as questões mais longas na coluna da esquerda. Nas questões de resposta curta, pode significar colocar o espaço em branco ao final da afirmação ou especificar precisamente a natureza da resposta desejada. Em questões dissertativas, pode significar elaborar mais para incluir informações sobre o escopo, a orientação e os critérios de avaliação da resposta desejada. Em todos os casos, a intenção é permitir que os alunos respondam de forma válida e eficiente às questões.

> Os criadores de questões de prova devem ter cuidado para não fornecer pistas gramaticais, pistas de opções implausíveis, ou pistas de determinantes específicos.

Regra 6: Não forneça pistas sobre a resposta certa

As regras de redação de questões discutidas até aqui buscavam resolver problemas que inibiam os alunos de demonstrar o que haviam aprendido. Entretanto, o problema oposto surge quando a questão contém pistas que ajudam os alunos a responder às questões corretamente, mesmo que eles não tenham entendido o conteúdo que está sendo testado. Muitos tipos de pistas podem aparecer nas questões: pistas gramaticais, pistas de opções implausíveis e pistas de determinantes específicos. Tente identificar as pistas nas questões 16 e 17:

16. Chamamos uma figura que tem oito lados de um:
    A. esfera **B.** quadrilátero
    C. octógono **D.** ogiva
17. Comparados com os automóveis da década de 1960, os automóveis da década de 1980:
    A. mais cavalos de potência.
    B. consumir mais combustível.
    C. continham mais características de segurança.
    D. era construído com menos frequência em países estrangeiros.

Esses exemplos contêm pistas gramaticais. Na questão 16, usar o artigo indefinido *um* ao fim da pergunta ou do enunciado indica qual o gênero da próxima palavra. O *um* antes dos dois pontos indica aos alunos que a próxima palavra é masculina, então as opções "esfera" e "ogiva" não podem estar corretas. Existem duas formas de corrigir esse problema:

1. substituir o artigo pela forma combinada *um(a)*, ou
2. se livrar do artigo, escrevendo a questão de forma neutra:

16. Figuras que têm oito lados são chamadas de:
    A. esferas B. quadriláteros
    C. octógonos D. ogivas

Na questão 17, apenas a opção C combina gramaticalmente com o enunciado. Independentemente do conhecimento dos alunos, eles podem selecionar a resposta certa por causa da pista gramatical. A questão corrigida poderia ser assim:

17. Comparados com os automóveis da década de 1960, os automóveis da década de 1980:
    A. tinham mais cavalos de potência.
    B. consumiam mais combustível.
    C. continham mais características de segurança.
    D. eram sempre construídos em países estrangeiros.

Agora, tente encontrar as pistas nas questões 18 e 19:

18. Qual das seguintes opções mais bem descreve um elétron?
    A. partícula negativa
    B. partícula neutra
    C. partícula positiva
    D. urna eletrônica

19. Associe o termo correto da Coluna A com o termo na Coluna B. Escreva a *letra* do termo da Coluna B na linha em frente à opção correta na Coluna A.

Coluna A		Coluna B
1. ____	tipo de flor	A. cobra
2. ____	cobra venenosa	B. fissão
3. ____	como as amebas se reproduzem	C. verde
4. ____	cor da clorofila	D. hidrogênio
5. ____	elemento químico	E. rosa

A questão 18 contém uma pista que é menos óbvia do que as questões 16 e 17, mas que é muito comum nas questões de múltipla escolha. Uma das opções é inadequada ou implausível, e, portanto, pode ser imediatamente rejeitada pelos alunos. A opção D, uma urna eletrônica, seria rejeitada como uma resposta improvável por qualquer leitor, exceto os mais incautos. Tanto quanto possível, as opções nas questões de prova devem ser realistas e razoáveis. Uma boa regra geral é ter ao menos três opções incorretas (mas razoáveis), ou **distratores**, em cada questão de múltipla escolha.

> Um distrator é uma opção razoável, porém incorreta, em uma questão de múltipla escolha.

Quanto mais escolhas os alunos tiverem, menor a probabilidade de eles adivinharem a resposta certa. Entendendo isso, os professores às vezes escrevem três ou quatro boas opções por questão, e então adicionam uma quarta ou quinta, tal como "nenhuma das alternativas" ou "todas as alternativas". Costuma ser melhor evitar essas opções gerais.

> Uma questão de associação deve avaliar o conhecimento dos alunos acerca de um único tópico homogêneo.

A questão 19 é uma pergunta muito fácil; os tópicos são tão diferentes um do outro que muitas das opções na Coluna B são associações incompatíveis com as definições na Coluna A. Esse conjunto de itens de associação não avalia uma área homogênea.

Considere a seguinte questão de associação, que testa o conhecimento dos alunos acerca de um único tópico homogêneo. Note a dificuldade de responder a essa questão se comparada com a versão anterior da questão 19:

19. Associe os nomes dos animais na Coluna A à sua classificação correta na Coluna B. Escreva a *letra* da classificação correta na linha na frente do nome de cada animal. As opções na Coluna B podem ser usadas mais de uma vez.

Coluna A	Coluna B
1. ___ crocodilo	A. anfíbio
2. ___ condor	B. pássaro
3. ___ sapo	C. peixe
4. ___ boto	D. mamífero
5. ___ cobra	E. réptil
6. ___ salamandra	

A questão revisada avalia melhor o conhecimento dos alunos de duas formas. Primeiro, ela não inclui associações e discordâncias óbvias que ocorrem quando muitos tópicos não relacionados estão contidos na mesma questão de associação. Ao contrário, a questão revisada se foca em um único tópico: a classificação de animais em grupos. Segundo, a questão revisada tem um número diferente de entradas na Coluna A e na Coluna B. Ter um número diferente de entradas nas duas colunas de uma questão de associação de itens impede que os alunos acertem a última opção pelo simples processo de eliminação.

Procure pistas nas questões 20 e 21:

20. Algumas pessoas pensam que a lua é feita de queijo verde.　　　　　　　　V　　F
21. Nunca se deve escrever uma questão de prova na negativa.　　　　　　V　　F

Essas questões contêm pistas que são chamadas de **determinantes específicos**. Em questões de verdadeiro ou falso, palavras como *sempre*, *nunca*, *todos* e *nenhum* tendem a aparecer em opções que são falsas, e os alunos atentos à prova tendem a responder de acordo. Por outro lado, palavras como *alguns*, *às vezes* e *talvez* tendem a aparecer em frases que são verdadeiras. Assim, na questão 20, é razoável presumir que *algumas* pessoas pensam que a lua é feita de queijo verde, então se deve marcar a opção V. Por outro lado, na questão 21, a opção a ser assinalada é F se houver ao menos uma questão de prova que possa ser escrita na negativa.

Regra 7: Não complique demais as questões de prova

Ocasionalmente, os professores e os livros didáticos complicam demais as questões de prova. Considere a seguinte questão, que foi passada a alunos de 6ª série para avaliar o seu conhecimento sobre a aplicação do procedimento de calcular juros básicos:

João pegou R$117,55 emprestados de Roberto com uma taxa de juros de 9,73% por ano. Quanto de juros simples o João deve pagar para Roberto ao final de 15 meses?

Os números desse exemplo são difíceis e quase garantem que muitos alunos de 6ª série cometerão erros computacionais. A menos que o professor esteja avaliando especificamente a precisão computacional, o seguinte exemplo seria melhor para avaliar a habilidade dos alunos de aplicar o procedimento:

João pegou R$150 emprestados de Roberto com uma taxa de juros de 9% por ano. Quanto de juros simples o João deve pagar para o Roberto ao final de 1 ano?

Essa questão avalia o domínio dos alunos dos juros simples sem complicar os cálculos de forma a induzi-los ao erro.

APLICANDO PROVAS

Quando questões de alta qualidade tiverem sido desenvolvidas e formarem uma prova, ela deve ser aplicada em condições que deem a todos os alunos uma oportunidade de demonstrar com precisão o que eles sabem e podem fazer. O objetivo de aplicar a prova é estabelecer um ambiente propício, física e psicologicamente, para os alunos demonstrarem o seu melhor desempenho. O ambiente também deve facilitar que os alunos tenham controle do tempo.

Ambiente físico

Os alunos devem ter um ambiente quieto e confortável para fazer a prova. Interrupções devem ser mínimas; alguns professores colocam um sinal na porta indicando que a prova está em andamento. Durante a prova, pouco se pode fazer quanto a interrupções como treinos para caso de incêndio ou anúncios da direção. Quando as interrupções ocorrerem, o professor deve julgar se é justo que os alunos prossigam fazendo a prova. Obviamente, uma interrupção de 1 minuto da direção atrapalha menos do que um treino de 20 minutos, durante o qual os alunos podem conversar sobre a prova. Se se julga que uma interrupção atrapalhou o suficiente para diminuir a habilidade dos alunos de fornecer uma indicação justa e representativa do seu conhecimento, a prova deve ser encerrada e repetida em outro momento.

> Uma forma de minimizar as interrupções é colocar um sinal na porta indicando que a prova está em andamento.

As interrupções frequentemente ocorrem quando os alunos estão fazendo perguntas durante a prova. Uma boa forma de minimizar muitas dessas perguntas é reler as questões e as orientações antes de aplicar a prova. Às vezes, erros tipográficos ou questões ambíguas não são detectadas antes do início da prova. Frequentemente, um aluno levanta a mão e se aproxima do professor para fazer uma pergunta ou apontar o problema. Quando surgem essas situações, deve-se fazer um anúncio para a turma toda, informando-a acerca do problema (p. ex., "Por favor, corrijam a questão 17 desta forma", ou "A opção B da questão 29 deve ser alterada para..."). No final, a decisão de se responder e como responder às perguntas dos alunos é de cada professor. Responder a perguntas durante a prova é adequado contanto que o professor seja consistente e responda a todos os alunos que fizerem perguntas.

Ambiente psicológico

Estabelecer um ambiente psicológico produtivo, que reduza a ansiedade dos alunos e estabeleça uma atmosfera adequada para a avaliação, é tão importante quanto fornecer um ambiente físico confortável. Dar aos alunos boa instrução, dizer aos alunos quando será a prova, dar um dia ou dois para se prepararem e fazer uma boa revisão da unidade ou do capítulo irá ajudar a diminuir a ansiedade dos alunos. Mesmo assim, é provavelmente impossível aliviar completamente toda a ansiedade com relação à prova.

> A ansiedade dos alunos pode ser diminuída avisando com antecedência sobre a data da prova e ajudando-os a se preparar com uma boa revisão pré-prova.

Nenhum professor deve começar a prova com um comentário como: "Esta é a prova mais importante que vocês terão neste ano. Sua nota e o seu futuro nesta matéria serão determinados principalmente pelo seu desempenho nesta prova". Uma declaração como essa irá aumentar bastante os níveis de ansiedade dos alunos e prejudicar sua capacidade de demonstrar o que aprenderam. Por outro lado, a prova não deve ser aplicada com comentários como: "Todo mundo sabe que as provas não significam muito; eu só faço provas porque preciso" ou "Não se preocupem com isso – ela conta muito pouco para a sua nota final". Descrever e tratar uma prova como se fosse uma interrupção trivial às aulas irá diminuir a sua habilidade de motivar os alunos a estudar e interferir no seu desempenho na prova.

O limite entre enfatizar demais e enfatizar de menos a importância da prova é difícil de discernir. Os alunos devem levar as provas a sério e devem ser encorajados a dar o seu melhor. O meio-termo adequado entre enfatizar demais e de menos a importância das provas irá variar de acordo com a idade e as características dos alunos. Quanto mais informações os alunos tiverem sobre a prova, mais as chances da sua ansiedade diminuir. Boa instrução, uma revisão aprofundada e saber antecipadamente que tipos de questões irão cair nas provas irão ajudar os alunos a relaxar na hora da prova. É claro, criar questões justas e válidas e não cobrar "provas surpresa", questões desconhecidas ou tópicos que não foram ensinados irá ajudar a baixar a ansiedade na hora da prova. Cada professor deve encontrar o meio termo para a sua turma, sabendo que, o que quer que seja feito, haverá alunos que estarão muito ansiosos com relação ao seu desempenho e outros que não irão se importar.

A Tabela Ferramentas-Chave de Avaliação 7.1 resume as principais preocupações durante a aplicação da prova.

Controlando o tempo

Durante a prova, uma coisa útil que o professor pode fazer, e que frequentemente ajuda os alunos, é avisar quanto tempo eles ainda têm: "Faltam 20 minutos para o fim da prova". Esses avisos podem começar sendo feitos a cada 15 minutos, e depois a cada 5 minutos, quando se estiver mais próximo do final da prova. Esses avisos são mais úteis nas provas das séries finais do ensino fundamental e no ensino médio, que normalmente demoram mais do que um único período de aula para serem aplicadas. Nas séries iniciais do ensino fundamental, quando as aulas não são tão limitadas pelo tempo, o professor tem maior liberdade sobre quando e como começar e terminar a prova.

DESIGN UNIVERSAL E ACOMODAÇÕES PARA A PROVA

Como aprendemos no Capítulo 2, o Individuals with Disabilities Education Act de 1990 (IDEA) exige que alunos com necessidades especiais recebam serviços educacionais apropriados. Dada a importância da avaliação ao longo do processo instrucional, a IDEA tem muitas implicações para a avaliação formativa e somativa. Tradicionalmente, essas implicações se focaram em fornecer acomodações durante a prova para os alunos com necessidades especiais. Uma acomodação da prova ocorre quando um ou mais aspectos dela são modificados para dar aos alunos maior acesso ao seu conteúdo ou para aumentar sua habilidade de registrar respostas às questões. O tipo de acomodação fornecida a cada aluno depende das suas necessidades específicas. Um aluno com baixa visão pode precisar que a prova seja impressa em fonte grande ou em braile. Um aluno com transtorno de déficit de atenção pode necessitar de tempo adicional para fazer a prova, sendo que ela deve ser aplicada em um ambiente com distrações limitadas. Um aluno com dificuldade de leitura pode precisar que provas de matemática, estudos sociais e ciências sejam lidas em voz alta. Um aluno com necessidades relacionadas com coordenação motora fina pode precisar que suas respostas sejam escritas no computador ou por um auxiliar.

Apesar de a variação de acomodações ser extensa, o propósito de todas as acomodações é a mesma: reduzir as barreiras que possam interferir na demonstração dos alunos do conhecimento e das habilidades que estão sendo avaliados. Voltando a pensar sobre a nossa discussão acerca da validade da prova, o objetivo de todas as acomodações é remo-

---

FERRAMENTAS-CHAVE DE AVALIAÇÃO 7.1
Orientações para a aplicação de provas

1. Ofereça um ambiente silencioso e confortável.
2. Tente antecipar e evitar perguntas durante a prova fornecendo orientações claras.
3. Forneça um bom ambiente psicológico, assim como aviso antecipado, revisão e encorajamento para os alunos darem o seu melhor.
4. Desencoraje a cola mudando os alunos de lugar, circulando pela sala e executando regras e penalidades.
5. Ajude os alunos a controlarem o tempo.

Fonte: Os autores.

ver a influência de construtos e habilidades que não estão sendo avaliados para permitir que os alunos demonstrem os construtos e as habilidades que estão sendo avaliados. Para uma prova de matemática que contém questões textuais lógicas, o professor não está interessado em saber se os alunos podem ler as questões, e sim se eles sabem como resolver os problemas descritos nelas. Para alunos disléxicos, que têm baixa visão ou que têm dificuldades de leitura, fornecer acomodações que lhes permitam acessar o texto escrito elimina a influência das habilidades de leitura sobre a sua capacidade de demonstrar habilidades matemáticas.

> Os princípios do *design* universal têm a intenção de remover barreiras da avaliação efetiva, criando provas que possam ser usadas por estudantes independentemente de suas necessidades educacionais específicas.

Ainda que as acomodações durante a prova de fato permitam que muitos alunos demonstrem com maior precisão o seu domínio do conhecimento e das habilidades testadas, recentemente, muitos defensores dos alunos com necessidades especiais passaram a argumentar que essas barreiras devem ser removidas no momento de criação da prova. Em vez de fazer modificações à prova após ela ter sido produzida para fornecer uma acomodação a determinado aluno, essas pessoas sugerem que a prova deve ser criada de modo a se adequar a uma ampla gama de necessidades.

Na prova, os princípios do *design* universal podem ser aplicados para aumentar o acesso dos alunos com diversas necessidades sem ter de realizar alterações no dia em que ela está sendo aplicada. Por exemplo, em vez de fazer os alunos anotarem suas respostas em uma folha separada, o que pode apresentar desafios para alunos com dificuldades de se organizar com muitas folhas, que têm visão ruim ou déficit de atenção, as respostas podem ser registradas diretamente na mesma folha das questões da prova. De maneira semelhante, em vez de usar uma fonte pequena para colocar o máximo de questões possível em uma só página, uma fonte maior e com maior espaçamento entre as questões irá permitir maior acesso a alunos com visão ruim ou outras necessidades de percepção visual. Além disso, o uso de estruturas simples e vocabulário comum em questões escritas pode tornar as questões de matemática mais acessíveis para alunos que falam português como segunda língua ou que têm um nível de leitura inferior.

Assim como a rampa em espiral se mostrou benéfica a todos os visitantes do New England Aquarium, muitas dessas características do *design* das provas podem se mostrar úteis para alunos que não têm necessidades específicas de aprendizagem. Como um exemplo, o uso de fonte maior e de maior espaçamento pode permitir que todos os alunos tomem nota ou trabalhem nos problemas diretamente na folha da prova sem ter de transferir essas informações para uma folha em separado. Fazer todos os alunos anotarem as suas respostas na folha da prova pode economizar tempo que, de outra forma, seria gasto passando da folha da prova para a folha de respostas ou checando para ver se as respostas estão sendo registradas no local adequado. O uso de linguagem simplificada pode ajudar muitos alunos que não estão familiarizados com uma palavra específica a se focar no problema em si, em vez de tentar entender o que a palavra significa.

Apesar de a aplicação dos princípios do *design* universal poder ajudar a fazer as acomodações específicas durante a prova, ainda assim pode ser necessário fazer alterações específicas às condições da prova para um aluno no dia da avaliação. As acomodações específicas de um determinado aluno estarão discriminadas no seu plano de educação individual (PEI). A seguir, diversas acomodações estão organizadas em quatro categorias gerais que se focam no formato da apresentação, no formato da resposta, no tempo de prova e no ambiente da prova. Mantenha essas acomodações em potencial em mente ao criar a prova e ao aplicá-la a alunos com PEIs.

Modificando o formato da apresentação
- Leia as orientações para cada seção da prova, devagar e com clareza.
- Passe orientações em voz alta, caso necessário.
- Apresente as orientações como uma sequência de passos que o aluno deve seguir.
- Faça os alunos repetirem as orientações para garantir que eles compreenderam.
- Leia as questões da prova em voz alta.
- Distribua as questões por toda a página; coloque cada frase em uma única linha.
- Apresente a prova em braile, em fonte grande, em língua de sinais, entre outros.
- Revise ou simplifique o nível da linguagem.

Modificando o formato das respostas
- Permita o uso de dicionários, textos ou calculadoras.
- Permita respostas em braile, fonte grande, linguagem de sinais ou em gravação.
- Forneça uma versão verbal das questões.
- Forneça um auxiliar para escrever as respostas dos alunos.
- Forneça exemplos das respostas esperadas para a prova.
- Dê aos alunos um esboço para as questões dissertativas.
- Inclua definições ou fórmulas para os alunos; permita o uso de anotações.
- Verifique mais de uma vez se os alunos entenderam as questões e as respostas desejadas.
- Faça uma prova semelhante ao que foi ensinado durante as aulas.

Modificando o tempo de prova
- Evite provas cronometradas.
- Ofereça tempo extra.
- Faça a prova ao longo de um período de sessões curtas de avaliação.
- Ofereça intervalos extras durante a prova.
- Não dê um limite de tempo.

Modificando o ambiente da prova
- Aplique a prova em um local silencioso e separado.
- Coloque o aluno longe de distrações.
- Faça avaliações de um para um: um aluno, um administrador da prova.

Essas categorias incluem muitas das acomodações mais comuns utilizadas em sala de aula. Ainda podem ser feitos muitos outros tipos de acomodação para fornecer avaliações válidas dos alunos com deficiências, mas essa lista é um bom início para a nossa exploração nessa área. O PEI do aluno irá orientar o professor na preparação da prova.

> Os professores devem mostrar sensibilidade às percepções que os alunos têm uns dos outros e, portanto, tornar suas avaliações e seus procedimentos modificados o mais acessíveis quanto possível, de forma a não chamar atenção para as diferentes necessidades dos alunos.

Há mais uma questão que exige atenção. Essas acomodações em geral são aquelas que todos os alunos irão perceber durante a prova. Apesar de normalmente estar claro que os alunos com deficiências estão sendo tratados diferentemente dos alunos que não têm deficiências, os professores devem se esforçar para não chamar atenção demais para esses alunos durante a prova. Por exemplo, os professores podem ter uma conversa privada com os alunos com deficiências ao estabelecer as acomodações necessárias. Eles podem deixar a prova modificada semelhante em aparência à prova regular. Eles podem tentar ser discretos ao ajudar os alunos com deficiências durante a prova e tentar monitorar todos os alunos da mesma forma. O objetivo dessas práticas é ser sensível à vergonha que os alunos com deficiências podem sentir durante a prova e tentar evitar isso o máximo possível.

RESUMO DO CAPÍTULO

- Sete regras orientam a redação das questões de prova:
  1. evite palavras e estruturas frasais que sejam ambíguas e confusas;
  2. use vocabulário adequado aos alunos que estão sendo avaliados;
  3. crie questões curtas e objetivas;

4. escreva perguntas que só tenham uma resposta certa;
5. dê aos alunos informações sobre as características da resposta desejada;
6. evite fornecer pistas para as respostas da prova; e
7. não complique demais as questões da prova.

- Ao reunir as questões em uma prova, agrupe os mesmos tipos de questão em um só lugar, com questões de seleção no início da prova e questões de construção de resposta no final. As questões de resposta curta devem ser colocadas antes das questões dissertativas.
- Um clima físico adequado para a prova é aquele em que os alunos estão confortáveis e as interrupções são mínimas.
- Um clima psicológico adequado é mais difícil de obter, porque alguns alunos estão sempre mais ansiosos com a prova do que outros. Avisar sobre a prova com antecedência, revisar os objetivos importantes e encorajar os alunos a darem o seu melhor sem exercer muita pressão irá ajudar a manter um clima psicológico adequado, no qual os alunos podem demonstrar o seu desempenho da melhor forma. Facilite para os alunos e controle o tempo para eles.
- O PEI de um aluno pode especificar que acomodações devem ser fornecidas durante a prova.
- Aplicar os princípios do *design* universal pode ajudar a tornar as provas mais acessíveis para os alunos e a reduzir a necessidade de fornecer algumas acomodações no dia da prova.

QUESTÕES PARA DISCUSSÃO

1. Por que é importante considerar a acessibilidade ao desenvolver questões de prova?
2. Quando é adequado modificar uma questão de prova para superar uma barreira de acesso, e quando não é adequado fazê-lo?
3. O que é o *design* universal, e como ele se aplica ao desenvolvimento de provas?
4. Como você sabe quando um construto é pretendido ou não pretendido?
5. Como o professor pode reduzir a ansiedade dos alunos com a prova e, ao mesmo tempo, mantê-los motivados a se saírem bem?
6. Quando pode ser inapropriado fornecer acomodações da prova?

ATIVIDADES

I. Cada uma das próximas oito questões tem pelo menos um problema. Leia cada questão, identifique o(s) problema(s) e reescreva a questão de modo a corrigir o(s) problema(s). Quando tiver terminado de reescrever as questões, organize-as como em uma prova a ser aplicada aos alunos. Inclua as orientações para questões e agrupe as questões de mesmo tipo em um só lugar.

1. Robert Fulton, que nasceu na Escócia e foi para os Estados Unidos em 1843, é famoso por ter inventado o barco a vapor, que ele chamou *Tom Thumb*.
   V   F
2. Pequenas diferenças entre organismos do mesmo tipo são conhecidas como:
   A. hereditariedade
   B. variações
   C. adaptação
   D. seleção natural
3. A recordação de informações factuais pode ser mais bem avaliada com uma questão de _____.
   A. associação
   B. objetiva
   C. dissertativa
   D. resposta curta
4. Apesar de a pesquisa experimental completa, particularmente a de Hansmocker, dever ser considerada como muito equívoca e as hipóteses como excessivamente restritivas, a maioria

dos especialistas recomendaria que o método mais simples de se aprimorar significativamente a confiabilidade das provas de desempenho feitas a papel e caneta seria:
A. aumentar o tamanho do grupo
B. aumentar o peso das questões
C. aumentar o número de questões
D. aumentar o tempo de prova

5. F. Scott Fitzgerald escreveu _____.
6. Salvador é a cidade mais importante do nordeste.   V   F
7. Um transformador elétrico pode ser usado:
A. para armazenar eletricidade
B. para aumentar a voltagem da corrente alternada (resposta correta)
C. ele converte energia elétrica em corrente direta
D. a corrente alternada é transformada em corrente direta
8. Os Estados Confederados foram admitidos de volta à União pouco tempo depois da Guerra de Secessão.   V   F

II. Foram propostos cinco objetivos a seguir. Para cada objetivo, escreva uma questão de prova do tipo especificado em parênteses para avaliar o objetivo.
1. O aluno pode associar os símbolos dos elementos químicos aos seus nomes. (associação)
2. O aluno pode identificar os substantivos em uma frase que contenha mais de um substantivo. (múltipla escolha)
3. O aluno pode indicar se a frase sobre a Constituição do Brasil está certa ou errada. (verdadeiro ou falso)
4. O aluno pode dizer o nome do Presidente da Câmara dos Deputados. (resposta curta)
5. O aluno pode escrever a definição correta de um advérbio. (resposta curta)

QUESTÕES PARA REVISÃO

1. Qual é o propósito fundamental de avaliar o desempenho dos alunos? Que decisões o professor deve tomar quando se prepara para essa avaliação?
2. Como se determina a validade de um teste de desempenho?
3. Quais são exemplos de pistas a serem evitadas em questões de múltipla escolha, verdadeiro ou falso, de completar e associação?
4. Qual a relação entre os objetivos educacionais, a instrução e os testes de desempenho?

REFERÊNCIAS

MISLEVY, R. J. et al. On the roles of external knowledge representations in assessment design. *Journal of Technology, Learning, and Assessment*, v. 8, n. 2, 2010.

ROSE, D. H.; MEYER, A. *Teaching every student in the digital age*: universal design for learning. Alexandria: ASCD, 2002.

capítulo 8

AVALIAÇÕES DE DESEMPENHO

Tópicos-chave

- O papel geral das avaliações de desempenho
- Avaliações de desempenho nas escolas
- Desenvolvendo avaliações de desempenho
- Registros anedóticos, *checklists* e escalas de classificação
- Rubricas
- Portfólios
- Validade e confiabilidade das avaliações de desempenho

OBJETIVOS DO CAPÍTULO

Após ler este capítulo, você poderá:

- Definir *checklist**, *escala de classificação, rubrica, critérios de desempenho* e outros termos básicos.
- Contrastar processos de desempenho e produtos do desempenho.
- Contrastar avaliação de desempenho com outros tipos de avaliação.
- Contrastar avaliação de desempenho com atividade de aprendizagem.
- Descrever **critérios de desempenho** bem definidos para determinado processo ou desempenho.
- Aplicar abordagens diferentes para atribuir escores* a avaliações de desempenho.
- Construir uma rubrica de escore.
- Discutir portfólios e seu uso na avaliação.
- Identificar estratégias para aprimorar a validade e a confiabilidade das avaliações de desempenho de sala de aula.

PENSAR SOBRE ENSINAR

De que formas os professores podem usar os resultados das avaliações para aprimorar a aprendizagem dos alunos?

A **valiação de desempenho** é um termo geral usado para descrever avaliações que requerem que os alunos demonstrem habilidades e conhecimento, produzindo um produto formal ou um desempenho. A avaliação de desempenho é frequentemente descrita como uma alternativa às provas com tempo limite que empregam questões de múltipla escolha e de resposta curta. Em vez de fazer os alunos demonstrarem suas habilidades e seu conhecimento respondendo a um conjunto pequeno de questões curtas, a avaliação de desempenho geralmente exige que os alunos trabalhem em um produto ou se preparem para um desempenho ao longo de um extenso período. Ao contrário de uma questão de múltipla escolha ou de resposta curta, que se foca em um único objetivo de aprendizagem, o produto ou desempenho costuma exigir que os alunos demonstrem ter atingido múltiplos objetivos simultaneamente. Este capítulo descreve como desenvolver avaliações de desempenho e discute os prós e contras, incluindo questões de validade e confiabilidade.

O PAPEL GERAL DAS AVALIAÇÕES DE DESEMPENHO

Existem muitas situações em sala de aula para as quais a avaliação válida exige que os professores coletem informações informais sobre os desempenhos ou os produtos dos estudantes. Os professores coletam produções dos estudantes como histórias escritas, pinturas, relatórios do laboratório e projetos para a feira de ciências, assim como desempenhos como segurar o lápis, digitar, apresentar um traba-

---

* N. de R.T.: Optou-se por deixar o termo *checklist* por ser amplamente divulgado na literatura brasileira.

* N. de T: Neste capítulo, os autores estabelecem a diferença entre *grade* e *score*. Em português, ambas as palavras podem ser traduzidas como nota, mas isso desvirtuaria a conotação original. Em inglês, o termo *score* é usado para determinar o grau em que um trabalho foi bem feito ou em que um objetivo intermediário foi atingido, ao passo que *grades* são as notas finais. Para dar conta dessa diferença, traduziu-se *score* por escore (significando que essa nota não é final, que será determinada em momento posterior), e *grade* foi traduzida como nota.

lho e cooperar em grupo. Geralmente, os produtos produzem resultados tangíveis – coisas que você pode segurar com as próprias mãos –, ao passo que os desempenhos são coisas que você observa ou ouve. A Tabela 8.1 contrasta as questões de resposta construída e de seleção discutidas no Capítulo 6 com exemplos típicos de avaliações de desempenho e de produtos.

> As avaliações de desempenho permitem que os alunos demonstrem o que eles sabem e podem fazer em uma situação real. As avaliações de desempenho também são chamadas de avaliações alternativas e autênticas.

As avaliações de desempenho também podem ser chamadas de avaliações alternativas ou autênticas. O termo "alternativas" é usado para descrever as avaliações de desempenho porque servem como uma alternativa para as provas de múltipla escolha ou de resposta curta. O termo "autênticas" é usado porque algumas avaliações de desempenho permitem que os alunos demonstrem o que podem fazer em situações reais (WIGGINS, 1992). Em todos os casos, as avaliações de desempenho apresentam aos alunos uma tarefa claramente definida que requer que eles apliquem habilidades e conhecimentos específicos. Em vez de fazer os alunos demonstrarem o seu conhecimento selecionando uma resposta ou descrevendo como uma habilidade deve ser realizada, o estudante precisa, na verdade, aplicar esse conhecimento ou habilidade para completar uma tarefa. Os professores reorganizam essa distinção entre selecionar uma resposta ou descrever uma habilidade *versus* aplicar o conhecimento ou demonstrar a habilidade, como ilustram os seguintes comentários:

> Quero que os meus alunos aprendam matemática pelo seu próprio valor intrínseco, mas também porque a matemática é essencial para o dia a dia. Calcular o troco, equilibrar as finanças, calcular a renda e muitas outras atividades práticas do mundo real exigem que os alunos saibam como utilizar o seu conhecimento matemático.
>
> As crianças precisam aprender a se dar bem em grupos, a respeitar a propriedade dos outros e a esperar a vez delas. Eu não quero que as crianças saibam recitar as normas da sala de aula, quero que elas as pratiquem. Aprender esses comportamentos em aula é tão importante quanto aprender a ler, a escrever e a fazer cálculos.
>
> Só porque elas conseguem escrever uma lista de passos que seguiriam para

TABELA 8.1 Exemplos de quatro abordagens de avaliação

Seleção	Resposta construída	Produto	Desempenho
Múltipla escolha	Compreensão	Dissertação, história ou poema	Desempenho musical, dramático ou de dança
Verdadeiro ou falso	Nomear um diagrama	Relatório de pesquisa	Demonstração do laboratório
Associação	Resposta curta	Portfólio de escrita	Prova de digitação
Mapa conceitual	Diário ou jornal Projeto da feira de ciências Portfólio de artes	Competição atlética Debate Apresentação oral Cooperação em grupos	

Fonte: Costa, Bellanca e Fogarty (1991).

garantir a segurança no laboratório não significa que, em determinada situação, elas poderiam demonstrar esse conhecimento de fato.

Alguns tipos de questões de resposta curta podem ser usados para fornecer informações sobre os processos intelectuais subjacentes ao desempenho dos alunos. Por exemplo, uma questão de matemática em que os alunos precisam demonstrar o seu raciocínio ajuda a esclarecer o processo mental que eles usaram para resolver o problema. Uma questão dissertativa pode demonstrar as habilidades organizacionais dos alunos, os processos intelectuais e a aplicação de regras de pontuação e gramática. Esses dois tipos de questão de prova podem avaliar o que os alunos podem fazer, ao contrário da maioria das questões de múltipla escolha e de resposta curta, que revelam o que os alunos sabem. Com a maioria das questões de seleção e de resposta curta, o professor observa o *resultado* do processo intelectual dos alunos, mas não o processo de raciocínio que produziu esse resultado. Se o aluno responder corretamente a uma questão de múltipla escolha, de verdadeiro ou falso, de associação ou de conclusão, o professor *supõe* que o aluno tenha seguido o processo correto, mas existem poucas evidências que sustentem sua suposição, visto que a única evidência do processo de raciocínio do aluno é uma letra circulada ou algumas poucas palavras escritas. Por outro lado, as questões dissertativas – e outras questões de resposta extensa – fornecem um produto que mostra como os alunos pensam e constroem suas respostas. Elas permitem que o professor veja a lógica dos argumentos, a maneira como a resposta é organizada e a base das conclusões tiradas pelo aluno (BARTZ; ANDERSON-ROBINSON; HILLMAN, 1994). Da mesma forma que histórias, relatórios ou perguntas demonstrativas, as questões dissertativas e de resposta extensa são formas importantes de avaliação de desempenho. A Tabela 8.2 mostra algumas das diferenças entre questões de múltipla escolha e de resposta curta, provas dissertativas, questões orais e avaliações de desempenho.

Os Capítulos 2 e 4 discutiram como os professores observam o desempenho dos seus alunos para aprender sobre eles, bem como para obter informações sobre como a sua instrução está indo. Essas observações são primariamente informais e espontâneas. Neste capítulo, nós nos preocupamos em avaliar desempenhos e produtos mais formais e estruturados, aqueles que o professor planeja com antecedência, ajuda os alunos a fazer e avalia formalmente. Essas avaliações podem ocorrer durante as aulas normais (p. ex., atividades de leitura em voz alta, montagem do equipamento do laboratório) ou em alguma situação especial criada para obter um desempenho (p. ex., dar uma palestra em um auditório). Em qualquer caso, a atividade é formalmente estruturada – o professor arranja as condições em que o desempenho ou o produto é demonstrado e julgado. Essas avaliações permitem que cada aluno demonstre o seu domínio do mesmo processo ou tarefa, algo que é impossível com observações informais de desempenho ou eventos espontâneos em sala de aula.

Apesar de o termo "avaliação" ser usado como parte do termo "avaliação de desempenho", é importante notar que a avaliação de desempenho, na verdade, é um tipo de prova. Lembre-se do Capítulo 1, em que definimos prova como um procedimento formal e sistemático usado para coletar informações sobre a realização, o comportamento ou as habilidades cognitivas dos alunos. Como veremos mais adiante neste capítulo, as avaliações de desempenho são procedimentos formais para coletar informações sobre a habilidade dos alunos em aplicar conhecimento e demonstrar habilidades e comportamentos específicos. Logo, assim como um conjunto de questões de múltipla escolha ou de resposta curta, a avaliação de desempenho é uma espécie de prova.

Também é importante fazer a distinção entre avaliações de desempenho e atividades de aprendizagem. Tarefas como escrever uma dissertação ou uma história, conduzir um experimento de laboratório ou criar um diagrama podem ser usadas para ajudar os alunos

TABELA 8.2 Comparação de vários tipos de avaliação

	Prova objetiva	Prova dissertativa	Questão oral	Avaliação de desempenho
Propósito	Avaliar uma amostragem do conhecimento com máxima eficiência e confiabilidade	Avaliar habilidades de raciocínio e/ou domínio de como um corpo de conhecimento é estruturado	Avaliar conhecimento durante a instrução	Avaliar a habilidade de traduzir o conhecimento e a compreensão em ações
Resposta do aluno	Ler, avaliar, selecionar	Organizar, compor	Resposta oral	Planejar, construir e dar uma resposta original
Principal vantagem	Eficiência – pode aplicar muitas questões por unidade de tempo da prova	Pode avaliar resultados cognitivos complexos	Une avaliação e instrução	Fornece evidências ricas de habilidades de desempenho
Influência sobre a aprendizagem	Ênfase excessiva na recordação encoraja a memorização; pode encorajar habilidades de raciocínio se construídas adequadamente	Encoraja o pensamento e o desenvolvimento de habilidades de escrita	Estimula participação na instrução, fornece *feedback* imediato ao professor sobre a efetividade do ensino	Enfatiza o uso de habilidade e conhecimento à disposição em contextos-problema relevantes

Fonte: Adaptada de Stiggins (1987).

a desenvolver habilidades e conhecimentos. Por exemplo, antes de conduzir uma discussão em aula, o professor pode pedir aos alunos que escrevam um parágrafo sobre algo que eles leram para o dever de casa para estimular suas ideias.

O propósito aqui não é avaliar sua compreensão da leitura, mas ajudar a estimular seu pensamento antes de uma discussão. De maneira semelhante, uma professora de ciências pode pedir que os alunos conduzam um experimento para observar o que acontece quando duas substâncias químicas são combinadas. O propósito aqui é desenvolver a compreensão dos alunos, fazendo-os observar uma reação química. Esses são exemplos de atividades de aprendizagem. Contudo, essas mesmas atividades também podem ser usadas para avaliar o que os alunos compreenderam da leitura ou das reações químicas estudadas. Ao pedir que os alunos se envolvam em uma atividade, é importante que os professores decidam com antecedência se o propósito da atividade é desenvolver a habilidade e o conhecimento dos alunos ou avaliar essas características. Se essa distinção não for feita antes da atividade, o professor pode tomar decisões de baixa validade. Afinal, se os alunos não tiverem recebido uma oportunidade de desenvolver seu conhecimento ou suas habilidades, será injusto tomar decisões sobre o quanto eles são capazes de exibí-los.

AVALIAÇÕES DE DESEMPENHO NAS ESCOLAS

Considerando o tanto de atenção que tem se dado recentemente às avaliações de desempenho nos Estados, nas escolas e nas salas de aula, pode-se pensar que a avaliação de desempenho é uma técnica nova e nunca tentada, e que ela é capaz de resolver todos os problemas com as avaliações em sala de aula. Nenhuma dessas crenças é verdadeira, porém (MADAUS; O'DWYER, 1999). As avaliações de desempenho têm sido extensivamente usadas em sala de aula desde que existem salas de aula. A Tabela 8.3 fornece exemplos de cinco áreas antigas e comuns da avaliação em colégios.

> As avaliações de desempenho refletem a recente ênfase em resolução de problemas do mundo real.

Muitos fatores dão conta da popularidade crescente da avaliação de desempenho (QUALITY COUNTS, 1999; RYAN; MIYASAKA, 1995). Primeiro, as avaliações de desempenho estão sendo propostas ou exigidas como parte de programas estaduais formais de avaliação. Segundo, o aumento da ênfase na resolução de problemas do mundo real, no raciocínio de nível mais alto e nas habilidades de raciocínio aplicadas a situações reais fez aumentar o valor das avaliações de desempenho e de produtos para demonstrar a aprendizagem dos alunos. Terceiro, as avaliações de desempenho podem oferecer a alunos que se saem mal em provas de seleção uma oportunidade de demonstrar o seu conhecimento de formas alternativas.

Desempenho orientado por competências

Todas as escolas esperam que os alunos demonstrem habilidades de comunicação, então leitura, escrita e fala talvez sejam as áreas mais comuns de avaliação de desempenho. Da mesma forma, habilidades psicomotoras simples, como ser capaz de se sentar em uma cadeira ou de segurar um lápis, assim como habilidades mais sofisticadas, como montar equipamento de laboratório ou usar fer-

TABELA 8.3 Cinco domínios comuns da avaliação de desempenho

Habilidades de comunicação	Habilidades psicomotoras	Atividades atléticas	Aquisição de conceito	Habilidades afetivas
Escrever uma dissertação	Segurar um lápis	Fazer arremessos livres	Construir circuitos abertos e fechados	Compartilhar brinquedos
Dar uma palestra	Montar equipamento de laboratório	Pegar uma bola	Escolher as ferramentas adequadas para a tarefa	Trabalhar em grupo
Pronunciar em uma língua estrangeira	Usar a tesoura	Pular	Identificar substâncias químicas desconhecidas	Obedecer às regras da escola
Seguir direções específicas	Dissecar um sapo	Nadar	Generalizar a partir de dados experimentais	Manter o autocontrole

Fonte: Os autores.

ramentas, são parte fundamental da vida escolar. Habilidades intimamente relacionadas a estas últimas são os desempenhos atléticos trabalhados em aulas de educação física.

> Avaliar a compreensão de conceitos pelos alunos por meio de demonstrações práticas está se tornando mais comum.

Existe também uma ênfase cada vez maior no uso das avaliações de desempenho para determinar a compreensão que os alunos têm dos conceitos que lhes são ensinados e para medir sua habilidade de aplicar conhecimento procedimental. O argumento é que, se os alunos compreenderem um conceito ou processo, eles devem ser capazes de explicá-lo e utilizá-lo para resolver problemas da vida real. Por exemplo, após ensinar aos alunos sobre dinheiro e troco, o professor pode avaliar o aprendizado fazendo os alunos calcularem o valor necessário para comprar objetos da "loja" da sala de aula ou agir como o vendedor e calcular o troco para as compras dos alunos. Ou, em vez de passar uma prova de múltipla escolha sobre as reações químicas que ajudam a identificar substâncias desconhecidas, o professor pode dar a cada aluno uma substância desconhecida e fazê-los realizar todo o processo necessário para identificá-la.

Além de mensurar os objetivos da aprendizagem cognitiva, as avaliações de desempenho também são usadas regularmente por professores para avaliar os sentimentos, os valores, as atitudes e as emoções dos alunos. Quando o professor marca a classificação "satisfatório" sob a categoria "esforço" ou "obedece às regras da escola" na caderneta dos estudantes, ele baseia o seu julgamento nas observações do aluno quando ele demonstra esses traços. Os professores dependem de observações do desempenho dos alunos para coletar evidências sobre comportamentos importantes como "se dá bem com os pares", "trabalha de maneira independente", "segue regras" e "mantém autocontrole".

> É importante que os professores equilibrem avaliações de respostas construídas e de seleção com avaliações de desempenho e de produto.

A maioria dos professores reconhece a importância de equilibrar avaliações de respostas construídas e seleção com avaliações de desempenho e de produtos, como indicam os próximos comentários.

> Não é razoável avaliar a leitura sem incluir as habilidades de ler em voz alta ou de compreensão dos alunos. Sempre passo algum tempo, quando é hora de dar as notas, escutando e avaliando a leitura em voz alta e a qualidade da compreensão dos meus alunos.
>
> As minhas crianças sabem que uma grande parte das suas notas depende do quão bem elas seguem os procedimentos de segurança e tomam cuidado com as ferramentas que usam. Elas sabem que eu estou sempre de olho quando elas não o fazem, e que isso irá contar contra elas.
>
> Eu não gostaria que ninguém avaliasse a minha competência de ensino puramente com base nos escores das provas dos meus alunos. Gostaria de ser vista interagindo com as crianças, ensinando e cuidando das suas necessidades. Então, por que eu deveria restringir a avaliação que faço dos meus alunos puramente às provas?

Alunos na segunda infância e com necessidades especiais

Apesar de as avaliações de desempenho perpassarem várias matérias e séries, elas são mais usadas com alunos na segunda infância e com necessidades especiais. Como os alunos de educação infantil e séries iniciais do ensino fundamental são limitados em suas habilidades de comunicação e ainda estão passando pelo processo de socialização na cultura escolar, muitas informações da avaliação são obtidas observando seus desempenhos e produtos. A avaliação nessa idade se foca no desenvolvimento de habilidades motoras grossas e finas, acuidade verbal e auditiva e desenvolvimento visual, assim como comportamentos sociais. A Tabela Ferramentas-Chave de Avaliação 8.1 ilustra alguns dos comportamentos e habilidades importantes da segunda infância que os professores avaliam por meio do desempenho. Esses exemplos dão uma ideia do quanto o currículo da segunda infância dá peso para os resultados do desempenho.

Muitos alunos com necessidades especiais – especialmente aqueles que exibem múltiplas deficiências graves em seu desenvolvimento cognitivo, afetivo e psicomotor – recebem instruções focadas em habilidades de autoajuda, como se vestir, escovar os dentes, fazer um sanduíche e utilizar utensílios domésticos. Os alunos aprendem a realizar essas atividades com muitas e muitas repetições. Observar esses alunos quando eles realizam essas atividades é a principal técnica de avaliação que os professores de educação especial usam para identificar o domínio de atividades ou áreas que necessitam ser mais trabalhadas.

> É importante que os professores equilibrem avaliações de respostas construídas e de seleção com avaliações de desempenho e de produto.

DESENVOLVENDO AVALIAÇÕES DE DESEMPENHO

Uma competição de mergulho é um exemplo instrutivo sobre uma habilidade que é avaliada por meio de uma avaliação de desempenho. Entregar um ensaio escrito descrevendo como realizar diversos mergulhos ou respon-

---

FERRAMENTAS-CHAVE DE AVALIAÇÃO 8.1
Áreas de comportamento da segunda infância

Desenvolvimento motor grosso: Rolar, sentar ereto sem cair, caminhar em linha reta, jogar uma bola, pular em uma ou duas pernas, saltar.

Desenvolvimento motor fino: Cortar com tesoura, traçar uma linha, colorir dentro das linhas, desenhar formas geométricas (p. ex., círculos, quadrados, triângulos), escrever com letra clara e legível, usar progressão da esquerda para a direita na leitura e na escrita, coordenar movimentos dos olhos com o movimento das mãos.

Acuidade verbal e auditiva: Identificar sons, ouvir certos sons e ignorar outros (p. ex., abstrair distrações), discriminar sons e palavras semelhantes (p. ex., "faca" *versus* "vaca"), lembrar números sequenciais, seguir orientações, lembrar a ordem certa dos eventos, pronunciar palavras e letras.

Desenvolvimento visual: Encontrar uma letra, número ou objeto semelhante a outro apresentado pelo professor; copiar uma forma; identificar formatos e figuras; reproduzir um desenho dado pelo professor; diferenciar objetos por tamanho, cor e formato.

Aclimatação social: Ouvir o professor, seguir um cronograma, compartilhar, esperar a vez, respeitar a propriedade dos outros.

Fonte: Os autores.

der uma prova de múltipla escolha acerca das regras de mergulho forneceria poucas informações sobre a habilidade dos alunos de mergulhar. Em vez disso, para uma avaliação da habilidade de mergulho ser válida, é necessário ver a pessoa de fato mergulhando. E, para tornar a avaliação confiável, o mergulhador deve realizar uma série de mergulhos, e não apenas um.

Os juízes das competições de mergulho avaliam os mergulhos usando uma escala que tem 21 escores numéricos possíveis (p. ex., 0,0; 0,5; 1,0 ... 5,5; 6,0; 6,5 ... 9,0; 9,5; 10,0). Eles observam um desempenho muito complicado, composto de muitos movimentos corporais, que, ao todo, leva 2 segundos para ser completo. Eles não têm o benefício da câmera lenta ou do *replay* para rever o desempenho, e não podem discutir o mergulho uns com os outros. Se eles se distraírem por apenas um segundo, perderão uma grande parte da *performance*. Ainda assim, quando os escores são mostrados no placar, os juízes normalmente estão de acordo. Eles raramente dão o mesmo escore para um mergulho, mas raramente existe mais de 1 ponto de diferença entre os seus escores. Esse é um nível impressionante de conformidade entre observadores para uma *performance* tão curta e complicada.

Com esse exemplo em mente, vamos considerar as quatro características essenciais de todas as avaliações formais de desempenho, seja uma competição de mergulho, uma palestra, uma resenha de um livro, um exercício de digitação, um projeto da feira de ciências, ou algo mais. Esse panorama será seguido de uma discussão mais extensa de cada característica. De forma breve, toda avaliação de desempenho deve:

1. Ter um propósito claro que identifique a decisão a ser tomada com base na avaliação de desempenho.
2. Identificar aspectos observáveis do desempenho ou do produto dos alunos que possam ser julgados.
3. Fornecer um ambiente adequado para obter e julgar o desempenho ou o produto.
4. Fornecer julgamento ou escores para descrever o desempenho.

Defina o propósito da avaliação

Os professores usam as avaliações de desempenho para muitos propósitos: atribuir notas aos alunos, elaborar portfólios do trabalho deles, diagnosticar a aprendizagem deles, ajudá-los a reconhecer os passos importantes em um desempenho ou produto, fornecer exemplos concretos de trabalho dos alunos para conferências com os pais, etc. Qualquer que seja o propósito da avaliação de desempenho, ele deve ser especificado no início do processo de avaliação. Em vez de selecionar uma atividade ou tarefa que o professor acredita que será divertida para os alunos e depois tentar definir que informação pode ser extraída dessa atividade, as avaliações de desempenho devem ser desenvolvidas de modo a alcançar um propósito pré-definido. O propósito da avaliação também irá orientar o desenvolvimento de critérios de desempenho e de procedimentos de avaliação adequados.

> Os desempenhos e os produtos normalmente são divididos em critérios específicos e observáveis, sendo que cada um pode ser julgado de maneira independente.

Os professores precisam pensar com antecedência sobre se os propósitos da avaliação de desempenho serão formativos ou somativos, visto que sua tarefa de julgar e seus critérios para atribuir escores irão diferir dependendo do propósito da avaliação. Quando o objetivo da avaliação for formativo, o foco estará em fornecer *feedback* aos alunos sobre seus pontos fortes e fracos. Por esse motivo, os critérios de atribuição de escores irão se focar em aspectos sutis do desempenho, para que seja possível coletar informações detalhadas sobre os pontos fortes e fracos do desempenho dos alunos. Quando o objetivo for somativo, o foco estará em classificar o nível de realização do aluno. Quando for este o caso, os critérios de atribuição de escores irão se focar na qualidade geral do produto ou do desempenho, e frequentemente resultarão em um só escore.

Como as avaliações de desempenho normalmente requerem que os alunos apliquem múltiplas habilidades e conhecimentos, uma avaliação de desempenho é particularmente adequada para avaliações formativas. Ao se focar em aspectos específicos ou componentes de um desempenho ou produto de um aluno, os pontos fortes e fracos do desempenho dele podem ser identificados. Essa informação pode, então, ser usada para focar a instrução em áreas nas quais os alunos revelaram ter dificuldades por meio da avaliação de desempenho. Quer a avaliação seja usada para tomar decisões formativas ou somativas, o primeiro passo para desenvolver uma avaliação de desempenho é responder às seguintes três perguntas: Qual é o meu propósito para essa avaliação? Que decisões irei tomar com base nessa avaliação? De que informações irei necessitar para tomar essas decisões?

> As avaliações de desempenho são particularmente aptas a diagnósticos, visto que fornecem informações sobre como os alunos realizam cada critério específico em um desempenho geral.

Identifique os critérios de desempenho

Critérios de desempenho são os comportamentos específicos que os alunos devem exibir quando realizam adequadamente uma atividade ou quando criam um produto. Os critérios de desempenho estão no centro de uma avaliação de desempenho bem-sucedida, mas esta ainda é a área onde ocorre a maior parte dos problemas.

Quando os professores começam a pensar sobre as avaliações de desempenho, eles tendem a pensar em termos de desempenhos gerais, como leitura em voz alta, apresentação de trabalhos, respeito às regras de segurança no laboratório, caligrafia, resenhas de livros, organização de ideias, digitação ou relacionamento com os pares. Na realidade, esses desempenhos não podem ser avaliados antes de serem divididos em aspectos ou características específicas que os compõem. Esses aspectos e características mais estritos são os critérios de desempenho que os professores irão observar e julgar.

O desafio de criar critérios de desempenho úteis é identificar quais aspectos ou componentes específicos dele estão relacionados com as decisões que o professor irá tomar, com base na avaliação de desempenho. Em uma aula de português, uma avaliação de desempenho pode requerer que os alunos escrevam um texto longo sobre um poema que eles leram. O professor pode, a partir disso, usar a redação para tomar diversas decisões distintas, incluindo o quão bem o aluno:

a) compreende o poema;
b) compreende e é capaz de identificar usos específicos de recursos literários;
c) escreve uma resenha analítica;
d) usa regras de gramática, pontuação e ortografia; ou
e) apresenta suas ideias claramente na escrita.

Os critérios usados para avaliar a redação do aluno dependerão de qual dessas decisões o professor está interessado em tomar.

A Tabela Ferramentas-Chave de Avaliação 8.2 apresenta três conjuntos de critérios para avaliar o desempenho dos alunos quando

1. eles trabalham em grupos,
2. eles tocam piano e
3. eles escrevem uma resenha de livro.

Critérios como esses se focam na instrução e nas avaliações do professor. Note como os critérios de desempenho identificam claramente quais são os aspectos mais importantes do desempenho ou do produto avaliado. Critérios de desempenho bem definidos são centrais para que os esforços da instrução e da avaliação de desempenhos e produtos sejam bem-sucedidos.

> Os critérios de desempenho podem se focar em processos, produtos, ou em ambos.

Para definir os critérios de desempenho, primeiro o professor deve decidir se o que será observado é um processo ou um produto. Serão avaliados processos como digitação ou leitura em voz alta, ou produtos como um texto digitado ou uma resenha de livro? No primeiro caso, os critérios são necessários para julgar o desempenho e os comportamentos-alvo. Em alguns casos, tanto o processo quanto o produto podem ser avaliados. Por exemplo, uma professora de 1ª série avaliou tanto o processo quanto o produto quando ela

1. observou um aluno escrevendo para determinar como aquele aluno segurava o lápis, posicionava o papel e manipulava o lápis e
2. julgou o produto manuscrito final para avaliar o quão bem o aluno formava as letras.

Note que a professora observou coisas diferentes de acordo com o que ela estava interessada: se era no *processo* de escrita do aluno ou se era no *produto* manuscrito. É por esse motivo que os professores devem saber o que eles querem observar antes que os critérios de desempenhos possam ser identificados.

A chave para identificar os critérios de desempenho é separar um desempenho ou produto geral nas partes que o compõem. São essas partes que serão observadas e julgadas. Considere, por exemplo, uma avaliação de produto de parágrafos escritos de alunos da 8ª série. O propósito da avaliação é julgar a habilidade dos alunos de escrever um parágrafo sobre um assunto de sua preferência. Ao se preparar para julgar o parágrafo completo, o professor inicialmente listou os seguintes critérios de desempenho:

- Primeira frase.
- Tópico frasal adequado.
- Bons argumentos.
- Bom vocabulário.
- Frases completas.
- Uso de letras maiúsculas.
- Ortografia.
- Conclusão
- Caligrafia

FERRAMENTAS-CHAVE DE AVALIAÇÃO 8.2
Exemplos de critérios de desempenho

Trabalhando em grupos	Tocando piano	Escrevendo uma resenha de livro
Não demora para se juntar ao grupo	Senta-se ereto com os pés no chão (ou pedal, quando necessário)	Define o autor e o título
Começa a trabalhar por conta própria	Arqueia os dedos nas teclas	Identifica o tipo de livro (ficção, aventura, histórico, etc.)
Compartilha informações	Toca sem pausas ou interrupções	Descreve sobre o que era o livro em quatro frases ou mais
Contribui com ideias	Mantém o ritmo	
Ouve os outros	Toca as notas corretas	
Espera sua vez de falar	Mantém todas as notas pelo tempo determinado	Dá uma opinião sobre o livro
Segue as instruções		Dá três argumentos que sustentem a sua opinião
É cortês com os outros membros do grupo	Segue a dinâmica da partitura (forte, crescendo, decrescendo)	
Ajuda a resolver problemas em grupo	Garante que a melodia seja ouvida acima de outras harmonizações	Usa regras de ortografia e pontuação de forma correta
Considera os pontos de vista dos outros	Articula de acordo com a partitura (*staccato* e *legato*)	
Realiza sua parte das atividades determinadas do grupo	Segue as marcações de uso do pedal	
Completa suas tarefas a tempo		

Fonte: Os autores.

Esses critérios de desempenho identificam áreas importantes de um parágrafo escrito, mas as áreas são vagas e mal definidas. O que, por exemplo, ele quer dizer com "primeira frase"? Em que consiste um tópico frasal "adequado" ou um "bom" vocabulário? O que deveria ser examinado ao se julgar o uso de letras maiúsculas, ortografia e caligrafia? Se o professor não souber responder a essas perguntas, como ele pode dar exemplos adequados ou boa instrução aos seus alunos? Os critérios de desempenho precisam ser específicos o bastante para focar o professor em características bem definidas do desempenho ou do produto. Esses critérios também precisam ser específicos o bastante para permitir que o professor transmita aos alunos, em termos que possam ser compreendidos, as características específicas que definam o desempenho ou o produto desejado. Uma vez definidos, os critérios permitem avaliações consistentes do desempenho e comunicação consistente com os alunos sobre sua aprendizagem.

A seguir, foi proposta uma versão revisada dos critérios de desempenho para um parágrafo bem organizado. Note a diferença de clareza e de como a versão revisada foca o professor e os alunos em características bem específicas do parágrafo – características que são importantes e que serão avaliadas. Antes de começar uma tarefa, o professor sabiamente decidiu compartilhar e discutir os critérios de desempenho com os alunos.

- Escreve a primeira frase com a margem apropriada.
- Tópico frasal estabelece ideia principal do parágrafo.
- Frases seguintes sustentam a ideia principal.
- Frases arranjadas em ordem lógica.
- Usa vocabulário apropriado à idade.
- Escreve frases completas.
- Usa letras maiúsculas para iniciar frases.
- Não comete mais do que três erros de ortografia.
- Conclusão segue frases anteriores logicamente.
- Letra legível.

Cuidados ao desenvolver critérios de desempenho

É bom ter cuidado com três pontos. Primeiro, é importante compreender que o exemplo anterior de critérios de desempenho não é o único que descreve as características de um parágrafo bem escrito. Professores diferentes podem identificar outros critérios que eles acreditem ser mais importantes ou adequados para os seus alunos do que os do nosso exemplo. Assim, não se deve dar ênfase ao melhor ou ao único conjunto de critérios para um desempenho ou produto, e sim em definir critérios que sejam significativos, importantes e que possam ser compreendidos pelos alunos.

> Listas muito longas de critérios de desempenho (mais de 15 itens) tornam-se intratáveis e invasivas.

Segundo, é possível separar a maior parte dos desempenhos e produtos escolares em critérios muito estritos. Uma lista longa de critérios de desempenho torna-se ineficaz, já que os professores raramente têm tempo de observar e avaliar uma grande quantidade de critérios de desempenho muito específicos para cada aluno. Critérios demais tornam o processo de observação invasivo, com o professor passando pelo aluno, rapidamente checando comportamentos e frequentemente interferindo no seu desempenho.

Para a avaliação de desempenho em sala de aula ser manejável e significativa, ela deve estabelecer um equilíbrio entre especificidade e praticidade. A chave para se alcançar esse equilíbrio é identificar critérios *essenciais* associados com um desempenho ou produto; 6 a 12 critérios de desempenho são um número manejável, que a maioria dos professores é capaz de enfatizar.

> A chave para se alcançar o equilíbrio entre especificidade e praticidade é identificar de 6 a 12 critérios de desempenho para enfatizar.

Terceiro, o processo de identificar critérios de desempenho está sempre em andamento, e raramente se completa depois da primeira tentativa. Critérios de desempenho iniciais precisarão ser revisados e esclarecidos, com base na experiência do seu uso, para oferecer o foco necessário para avaliações válidas e confiáveis. Para auxiliar nesse processo, os professores devem pensar sobre o desempenho ou produto que eles desejem observar e refletir com base em seus aspectos-chave. Eles também podem examinar alguns produtos ou desempenhos como base para uma revisão da sua lista inicial de critérios.

A lista a seguir mostra um conjunto inicial de critérios de desempenho que um professor escreveu para avaliar os relatórios orais dos alunos.

- Fala devagar e com clareza.
- Pronuncia as palavras corretamente.
- Estabelece contato visual.
- Exibe boa postura quando se apresenta.
- Exibe bom esforço.
- Interpreta bem o que lê.
- Entende o assunto.
- Exibe entusiasmo.
- Organiza-se.

Note a falta de especificidade em muitos dos critérios: "devagar", "corretamente", "bom", "compreende" e "entusiasmo". Esses critérios escondem mais do que revelam. Depois de refletir e observar algumas apresentações orais, o professor revisou e afinou os critérios de desempenho, como é mostrado na lista a seguir. Note que o professor começou dividindo o desempenho geral em três áreas (expressão física, expressão vocal e expressão verbal) e depois identificou alguns critérios de desempenho importantes dentro de cada uma dessas áreas. Não é essencial dividir os critérios de desempenho em seções separadas, mas, às vezes, isso é útil para garantir o foco do professor e dos alunos.

1. Expressão física
   - Fica ereto e olha diretamente para o público.
   - Muda a expressão facial conforme o tom da apresentação.
   - Mantém contato visual com o público.
2. Expressão vocal
   - Fala com voz clara e regular.
   - Varia tom para enfatizar pontos.
   - Fala alto o bastante para ser ouvido pelo público.
   - Pronuncia as palavras com ritmo regular.
   - Enuncia cada palavra.
3. Expressão verbal
   - Escolhe palavras precisas para passar o significado.
   - Evita repetições desnecessárias.
   - Fala frases com pensamentos ou ideias completos.
   - Organiza a informação logicamente.
   - Resume os pontos principais na conclusão.

Desenvolvendo critérios de desempenho observáveis

O valor e a riqueza das avaliações de desempenho dependem muito da identificação de critérios que possam ser observados e julgados. É importante que os critérios estejam claros na mente do professor e que os alunos saibam quais são esses critérios. As próximas orientações devem ser úteis para esse propósito.

> O valor das avaliações de desempenho depende de identificar os critérios de desempenho que podem ser observados e julgados.

1. *Escolha o desempenho ou produto a ser avaliado e realize-o por conta própria ou se imagine realizando-o.* Pense assim: "O que eu teria que fazer para completar essa tarefa? Que passos eu teria de seguir?". Não é uma má ideia realizar esse desempenho por conta própria, registrando e estudando seu desempenho ou produto.

2. *Liste os aspectos importantes do desempenho ou do produto.* Que comportamentos ou atributos específicos são mais importantes para que a tarefa seja concluída com sucesso? Que comportamentos foram enfatizados na instrução? Inclua aspectos importantes e exclua os irrelevantes.
3. *Tente limitar o número de critérios de desempenho, para que eles possam ser observados durante o desempenho de um aluno.* Isso é menos importante quando se está avaliando um produto, mas mesmo neste caso é melhor avaliar um número limitado de critérios-chave do que um número grande de critérios muito variados. Lembre-se: você terá de observar e julgar o desempenho em cada um dos critérios identificados.

> Quando os professores de uma escola desenvolvem critérios de desempenho semelhantes ao longo das séries, isso serve de reforço aos alunos.

4. *Se possível, faça um grupo de professores pensar sobre quais devem ser os critérios importantes a serem incluídos em uma tarefa.* Já que todos os professores de 1ª série avaliam a leitura em voz alta nas aulas, e como os critérios da boa leitura em voz alta não diferem muito de uma turma de 1ª série para outra, um esforço em grupo para determinar os critérios de desempenho provavelmente irá economizar tempo e produzir um conjunto mais completo de critérios do que os produzidos por um único professor. Esforços semelhantes em grupo são úteis para outros desempenhos ou produtos mais comuns, como resenhas de livros ou projetos para a feira de ciências.
5. *Expresse os critérios de desempenho em termos de características do comportamento ou dos produtos dos alunos.* Seja específico ao estabelecer critérios de desempenho. Por exemplo, não escreva "A criança trabalha". Em vez disso, escreva: "A criança permanece focada na tarefa por pelo menos quatro minutos". Em vez de "Organização", escreva: "As informações são apresentadas em uma sequência lógica".
6. *Não use palavras ambíguas que obscureçam o sentido dos critérios de desempenho.* Os piores culpados nessa questão são advérbios terminados em *mente*. Outras palavras a serem evitadas são "bom" e "adequado". Logo, critérios como "organiza-se adequadamente", "fala corretamente", "escreve claramente" e "apresenta-se elegantemente" são ambíguas e deixam a interpretação do desempenho a cargo do observador. A interpretação do observador pode variar de tempo para tempo e de um aluno para o outro, diminuindo a equidade e a utilidade da avaliação.
7. *Arranje os critérios de desempenho na ordem em que eles provavelmente serão observados.* Assim, você irá economizar tempo ao fazer a observação e irá manter seu foco primariamente no desempenho.
8. *Verifique se já existem critérios de desempenho antes de definir os seus próprios.* Os critérios de desempenho associados à leitura em voz alta, ao uso do microscópio, à escrita de parágrafos dissertativos e a outros comportamentos já foram listados por muitas pessoas. Ninguém que estiver lendo este livro será o primeiro a avaliar esses desempenhos ou outros mais comuns. Não é necessário reinventar a roda toda a vez que a roda é necessária.

Crie situações para obter e observar desempenhos

Quando os critérios de desempenho estiverem definidos, deve-se selecionar ou estabelecer uma situação em que o desempenho ou produto possa ser observado. Dependendo da natureza do desempenho ou do produto, o professor pode observar comportamentos que ocorrem naturalmente na sala de aula ou estabelecer uma situação específica em que os alunos devam realizar um desempenho. Há duas considerações ao decidir se o que se quer é observar comportamentos que ocorrem naturalmente ou estabelecer um exercício mais controlado:

1. a frequência com que o desempenho naturalmente ocorre em sala de aula e
2. a seriedade da decisão a ser tomada.

> Os professores podem observar e avaliar os comportamentos que acontecem naturalmente na sala de aula ou criar situações em que eles possam avaliar desempenhos estruturados.

Se o desempenho não ocorrer com frequência ao longo das atividades normais de aula, pode ser mais eficiente estruturar uma situação em que os estudantes devam realizar os comportamentos desejados. Por exemplo, no fluxo normal das atividades de aula, os alunos raramente têm a oportunidade de dar uma palestra de 5 minutos, então o professor deve criar um exercício em que cada aluno deve desenvolver e dar uma palestra de 5 minutos. Leitura em voz alta, por outro lado, ocorre com bastante frequência em muitas turmas de ensino fundamental, o que permite que esse desempenho possa ser observado como parte do fluxo normal da aula.

> Avaliações de desempenho formalmente estruturadas são necessárias quando os professores estão lidando com comportamentos de baixa frequência e tomando decisões importantes.

A importância da decisão a ser tomada a partir de uma avaliação de desempenho também influencia o contexto em que a observação ocorre. Em geral, quanto mais importante for a decisão, mais estruturado deve ser o ambiente de avaliação. Uma nota final, por exemplo, representa uma decisão importante sobre um aluno. Se as avaliações de desempenho contribuírem para a nota, devem-se coletar evidências em circunstâncias estruturadas e formais de modo que cada aluno tenha uma chance justa e igual de exibir sua própria aprendizagem. A validade das avaliações provavelmente será maior quando a situação for semelhante e familiar a todos os alunos.

Independentemente da natureza da avaliação, evidências obtidas a partir de uma única avaliação descrevem apenas um exemplo do desempenho do aluno. Por diversos motivos, como doença, problemas familiares ou outras distrações, o desempenho de um aluno uma única vez pode não fornecer uma indicação confiável da sua aprendizagem real. Para ter certeza de que se tem um indicativo preciso do que o aluno pode ou não fazer, múltiplas observações e produtos são úteis. Se as diversas observações produzirem desempenhos semelhantes, o professor pode ter confiança nas evidências e usá-las para tomar decisões. Se diferentes observações se contradisserem, então mais informações devem ser obtidas.

> Múltiplas observações dos desempenhos dos alunos fornecem informações mais confiáveis e precisas do que uma única observação.

Desenvolva um escore para descrever o desempenho

O passo final da avaliação de desempenho é atribuir um escore ao desempenho dos alunos. Como em passos anteriores, a natureza da decisão a ser tomada influencia o tipo de escores que serão gerados. Julgar uma avaliação de desempenho pode resultar em um único escore holístico – que fornece um resumo geral do desempenho – ou em múltiplos escores analíticos – que se focam mais em componentes do desempenho. Em situações como nivelamento, seleção ou atribuição de notas, o escore holístico é mais útil. Para tomar essas decisões, o professor busca descrever o desempenho de um indivíduo usando um escore geral único. Por outro lado, se o propósito da avaliação for diagnosticar as dificuldades dos alunos ou se certificar de que eles dominam cada critério de desempenho, então o escore analítico, com um escore ou classificação separada para cada critério de desempenho, é mais apropriado. Em cada caso, os critérios de desempenho ditam a abordagem de avaliação ou de classificação a ser adotado.

> O escore holístico (um escore geral) é bom para tomar decisões quanto ao nível do aluno ou quanto à sua nota final; escores analíticos (escores para critérios individuais) são úteis para diagnosticar dificuldades específicas dos alunos.

Na maioria das salas de aula, o professor é tanto o observador quanto o avaliador. Em situações em que uma decisão importante deve ser tomada, observadores/avaliadores adicionais devem ser acrescentados. É normal que avaliações de desempenho em competições atléticas, musicais, artísticas ou de debate tenham mais do que um único juiz para controlar erros de julgamento, interpretações equivocadas ou problemas de parcialidade. Existem diversas opções para coletar, registrar e resumir observações do desempenho estudantil: registros anedóticos, *checklists*, escalas de classificação, rubricas e portfólios. A próxima seção explora essas opções em detalhes.

> Registros anedóticos, *checklists*, escalas de classificação e portfólios são opções para coletar e registrar observações dos alunos.

REGISTROS ANEDÓTICOS, *CHECKLISTS* E ESCALAS DE CLASSIFICAÇÃO

Registros anedóticos

Registros escritos de comportamentos e eventos significativos e particulares de cada aluno que o professor tenha observado chamam-se **registros anedóticos**. Dentre todos os métodos de registro e relato de informações sobre o desempenho de um aluno, o registro anedótico é o mais detalhado. Contudo, os registros anedóticos são também o procedimento mais demorado. Como acontece com todos os métodos de registro de informações do desempenho dos alunos, é importante identificar aspectos ou critérios claros antes de criar o registro anedótico. Esse registro não deve ser uma descrição livre do desempenho de um aluno. Pelo contrário, ele deve fornecer uma descrição detalhada e propositada dos pontos fortes e fracos do desempenho do aluno com base em critérios de desempenho preestabelecidos. A Figura 8.1 mostra um exemplo de registro anedótico da estudante Lynn Gregory. Note que o registro escrito descreve eventos factualmente e se foca nos critérios (neste caso, a habilidade da aluna de passar a uma nova atividade, seguir orientações e se focar na tarefa à sua frente). Também note a falta de julgamento ou de recomendações sobre como ajudar a Lynn a melhorar o seu comportamento. Um registro anedótico não é um relatório. O seu objetivo, pelo contrário, é documentar um desempenho detalhadamente, de modo que possa ser usado para informar uma decisão. Logo, julgamento e recomendações estão ausentes do registro, sendo feitos apenas mais tarde, quando ele for revisado.

Checklists

Uma **checklist** é uma lista escrita de critérios de desempenho. Quando o desempenho de um aluno é observado, ou quando um produto é julgado, o avaliador determina se esse desempenho ou o produto se enquadra nos critérios de desempenho presentes na *checklist*. Se se enquadrar, marca-se aquele critério, indicando que ele foi observado; se não, o observador não marca nada. A Figura 8.2 apresenta uma *checklist* completa da apresentação oral de Rick Gray. Os critérios de desempenho para essa *checklist* foram apresentados anteriormente neste capítulo.

ESTUDANTE *Lynn Gregory* DATA *22/9/2010*
OBSERVADOR *J. Ricketts*

Lynn entrou na sala organizadamente e dirigiu-se direto para sua mesa. Ela começou a se preparar para a aula tirando o dever de casa e um lápis. Então, Lynn interessou-se por uma conversa que estava acontecendo entre duas alunas ao seu lado. Ela deixou sua mesa e se envolveu na conversa. Ela ficou logo animada e, quando o sinal tocou, teve dificuldades para voltar a se sentar. Durante vários minutos, ela repetidamente mudou o foco de sua atenção da professora para as alunas ao seu lado, às vezes sussurrando para elas. Só depois que a professora lhe chamou a atenção é que ela conseguiu se focar totalmente na aula.

FIGURA 8.1 Registro anedótico de Lynn Gregory.
Fonte: Os autores.

NOME: *Rick Gray* DATA *12/10/2010*

1. Expressão física
   ✓ A. Fica ereto e olha diretamente para o público.
   ___ B. Muda expressão facial conforme o tom da apresentação.
   ✓ C. Mantém contato visual com o público.

2. Expressão vocal
   ✓ A. Fala com voz clara e regular.
   ✓ B. Varia tom para enfatizar pontos.
   ___ C. Fala alto o bastante para ser ouvido pelo público.
   ✓ D. Pronuncia as palavras com ritmo regular.
   ___ E. Enuncia cada palavra.

3. Expressão verbal
   ___ A. Escolhe palavras precisas para passar o significado.
   ✓ B. Evita repetições desnecessárias.
   ✓ C. Profere frases com pensamentos ou ideias completos.
   ✓ D. Organiza a informação logicamente.
   ✓ E. Resume os pontos principais na conclusão.

FIGURA 8.2 Resultados da *checklist* para uma apresentação oral.
Fonte: Os autores.

> Uma *checklist*, que se trata de uma lista escrita de critérios de desempenho, pode ser usada repetidamente ao longo do tempo para diagnosticar pontos fortes, fracos e mudanças no desempenho.

As *checklist*s são diagnósticas, reutilizáveis e capazes de mapear o progresso dos alunos. Elas oferecem um registro detalhado dos desempenhos dos alunos, o qual pode e deve ser mostrado aos alunos para ajudá-los a ver onde eles precisam melhorar. A professora de Rick Gray poderia se sentar com ele depois da sua apresentação e apontar tanto os critérios em que ele teve bom desempenho quanto as áreas em que ele necessita de melhoras. Como a *checklist* se foca em desempenhos específicos, ela fornece informações diagnósticas. A mesma *checklist* pode ser reutilizada com diferentes alunos ou com o mesmo aluno em momentos diferentes. Usar a mesma *checklist* mais de uma vez é uma forma fácil de obter informações sobre o desempenho do aluno ao longo do tempo.

> As *checklists* não podem registrar gradações no desempenho.

Existem, contudo, desvantagens associadas com as *checklists*. Uma desvantagem importante é que elas dão ao professor apenas duas escolhas para cada critério: realizou ou não realizou. Uma *checklist* não fornece meio-termo para a avaliação. Imagine que Rick Gray tenha ficado ereto e olhado para o público a maior parte do tempo durante a sua apresentação oral, ou tenha falado todas as palavras de forma correta, exceto em uma parte da palestra, em que ele falou rápido demais e grudou algumas palavras. Como a professora deve julgá-lo com base nesses critérios de desempenho? A professora deve marcar essas opções para o Rick, ou não escrever nada, já que o seu desempenho apresentou falhas? Às vezes, essa não é uma escolha fácil. Uma *checklist* força o professor a tomar uma decisão absoluta para cada critério de desempenho, mesmo que o desempenho do aluno esteja em algum ponto intermediário.

Uma segunda desvantagem das *checklists* é a dificuldade de resumir o desempenho do aluno em um escore único. Vimos como as *checklists* podem ser úteis para diagnosticar os pontos fortes e fracos dos alunos. Mas e se o professor quiser resumir o desempenho de diversos critérios para chegar a um escore único para propósitos de avaliação?

Uma forma de resumir o desempenho de Rick em um escore único é traduzir o número de critérios de desempenho que ele demonstrou com sucesso em uma porcentagem. Por exemplo, havia 13 critérios de desempenho na *checklist* de apresentação oral, e Rick demonstrou 9 deles durante sua apresentação.

Presumindo que cada critério seja igualmente importante, o desempenho de Rick se traduz em um escore de 69% (9/13 X 100 = 69%). Logo, Rick demonstrou 69% dos critérios desejados de desempenho. (No Capítulo 10, iremos discutir como escores como os 69% de Rick se transformam em notas finais.)

Uma segunda (e melhor) forma de resumir o desempenho seria se o professor estabelecesse padrões para classificar o desempenho dos alunos. Imagine que a professora de Rick tenha estabelecido o seguinte conjunto de padrões:

Excelente	12 ou 13	critérios de desempenho demonstrados
Bom	9 a 11	critérios de desempenho demonstrados
Razoável	5 a 8	critérios de desempenho demonstrados
Ruim	5 ou menos	critérios de desempenho demonstrados

Esses padrões permitem que o professor resuma um desempenho em uma escala que varie de excelente até ruim. Essa escala também poderia variar de A a D, dependendo do tipo de classificação que o professor utilizar. O mesmo padrão seria usado para resumir o desempenho de cada aluno. Rick realizou 9 dos 13 critérios, e os padrões da professora indicam que seu desempenho seria classificado como "bom", ou "B". É claro, muitos padrões desse tipo podem ser estabelecidos, e o que está sendo mostrado aqui é apenas um exemplo. Ao estabelecer padrões, aconselha-se manter as regras de resumo o mais simples possíveis.

> Podem-se resumir desempenhos a partir de uma *checklist*, estabelecendo padrões de classificação ou calculando a porcentagem de critérios atingidos.

Escalas de classificação

Apesar de serem parecidas com as *checklist*s, as **escalas de classificação** permitem que o professor julgue o desempenho ao longo de uma escala contínua, em vez de em uma dicotômica. Tanto as *checklist*s quanto as escalas de classificação se baseiam em um conjunto de critérios de desempenho, e é comum que o mesmo conjunto de critérios seja usado tanto na escala de classificação quanto na *checklist*. Contudo, uma *checklist* dá aos observados duas categorias para julgar, ao passo que a escala de classificação fornece uma gama mais ampla de classificações.

> Os três tipos mais comuns de escalas de classificação são: escalas numéricas, gráficas e descritivas (também chamadas de rubricas de pontuação).

Os três tipos mais comuns de escalas de classificação são as escalas numéricas, gráficas e descritivas. A Figura 8.3 mostra um exemplo de cada uma dessas escalas aplicado a dois critérios específicos de desempenho para uma apresentação oral. Em escalas numéricas, um número equivale a um ponto na escala de classificação. Assim, no exemplo, "1" corresponde ao aluno que *sempre* realiza o comportamento, "2" se refere ao aluno que *normalmente* realiza o comportamento, e assim por diante. Escalas gráficas requerem que o avaliador marque uma posição em uma linha dividida em duas seções com base em uma escala. O avaliador marca um "X" no ponto da linha que melhor descreve o desempenho do aluno. As escalas descritivas de classificação, também conhecidas como **rubricas de escores**, requerem que o avaliador faça uma escolha entre diferentes descrições de desempenho (Goodrich, 1997; Wiggins; McTighe, 1998) (Falaremos mais sobre as rubricas na próxima seção.) Nas escalas descritivas de classificação, descrições diferentes são usadas para representar níveis diferentes de desempenho do estudante. Para atribuir um escore, o professor escolhe uma descrição que mais se aproxima do desempenho do aluno. Um julgamento do professor determina a nota.

> Escalas de classificação descritivas, ou rubricas de pontuação, requerem que o avaliador escolha entre diferentes descrições de desempenhos reais.

Independentemente do tipo de escala de classificação escolhido, duas regras gerais melhoram sua precisão. A primeira regra é limitar o número de categorias de classificação. Existe uma tendência a pensar que, quanto maior o número de categorias de classificação para escolher, melhor será a escala de classificação. Na prática, não é este o caso. Poucos observadores podem realizar distinções confiáveis do desempenho se tiverem mais de cinco categorias de classificação. Adicionar um número maior de categorias em uma escala de classificação provavelmente tornará a classificação menos precisa, e não mais. Atenha-se a três ou cinco pontos distintos e bem definidos na escala de classificação, como é demonstrado na Figura 8.3. A segunda regra é usar a mesma escala de classificação para cada critério de desempenho. Isso nem sempre é possível em escalas descritivas de classificação, em que as descrições variam com cada critério de desempenho. Para escalas numéricas e gráficas, contudo, é melhor escolher uma única escala de classificação e utilizá-la para todos os critérios de desempenho. Usar muitas categorias de classificação diferentes requer que o observador mude seu foco frequentemente, e isso irá diminuir a precisão da avaliação, distraindo a sua atenção.

> Ter muitas escalas tende a distrair o avaliador do desempenho, tornando suas avaliações não confiáveis.

A Figura 8.4 mostra um conjunto completo de escalas numéricas de classificação

Avaliação em sala de aula **203**

Escala numérica de classificação

Orientações: Indique com que frequência o aluno realiza cada um desses comportamentos ao fazer uma apresentação oral. Para cada comportamento, circule **1** se o aluno **sempre** realizar esse comportamento, **2** se o aluno **normalmente** realizar esse comportamento, **3** se o aluno **raramente** realizar esse comportamento, e **4** se o aluno **nunca** realizar esse comportamento.

Expressão física

A. Fica ereto e olha diretamente para o público
    1   2   3   4

B. Muda expressão facial conforme o tom da apresentação
    1   2   3   4

Escala gráfica de classificação

Orientações: Escreva um **X** na linha que mostra a frequência com que o aluno realizou cada um dos comportamentos listados ao dar uma apresentação oral.

Expressão física

A. Fica ereto e olha diretamente para o público

| sempre | normalmente | raramente | nunca |

B. Muda expressão facial conforme o tom da apresentação

| sempre | normalmente | raramente | nunca |

Escala descritiva de classificação

Orientações: Escreva um **X** na linha no lugar que mais bem descreve o desempenho do aluno em cada comportamento.

Expressão física

A. Fica ereto e olha diretamente para o público

| **fica ereto, sempre olha para o público** | **balança, se impacienta, seus olhos se voltam do público para o teto** | **movimenta-se constantemente, se distrai, não estabelece contato visual com o público** |

B. Muda expressão facial conforme o tom da apresentação

| **combina sua expressão facial ao conteúdo e à ênfase** | **a expressão facial costuma combinar com o tom ocasionalmente** | **não há combinação entre expressão facial e tom; falta expressão** |

FIGURA 8.3 Três tipos de escalas de classificação para uma apresentação oral.
Fonte: Os autores.

para a aluna Sarah Jackson, durante uma apresentação oral. Note que seus critérios de desempenho são idênticos àqueles na *checklist* mostrada na Figura 8.2.

A única diferença entre a *checklist* e as escalas numéricas de classificação é a variação de escores disponíveis para cada critério de desempenho.

> Enquanto as *checklists* medem apenas a presença ou ausência de algum desempenho, uma escala de classificação mede o grau em que o desempenho se enquadra nos critérios.

As escalas de classificação oferecem diversas categorias para avaliar o desempenho do aluno, e assim fornecer informações diagnósticas detalhadas. Contudo, quando um desempenho precisa ser resumido por um único escore, múltiplas categorias de classificação complicam o processo de resumi-lo por meio de critérios antes de chegar a um escore geral para o aluno. Com uma *checklist*, o resumo é reduzido a dar crédito para critérios marcados e não dar crédito para critérios não marcados. Isso não pode ser feito com uma escala de classificação, porque o desempenho é julgado em termos de *grau*, e não de presença ou ausência.

O **resumo numérico** é a abordagem mais direta e usada para resumir o desempenho em escalas de classificação. Essa abordagem atribui um ponto de valor para cada categoria na escala e soma os pontos dos critérios de desempenho. Por exemplo, considere a classificação de Sarah Jackson na Figura 8.4. Para obter um escore resumido do desempenho de Sarah, pode-se assinalar 4 pontos a uma classificação de "sempre", 3

NOME: *Sarah Jackson*   DATA: 8/11/2010

Orientações: Indique com que frequência o aluno realiza cada um desses comportamentos ao dar uma apresentação oral. Para cada comportamento, circule **4** se o aluno **sempre** realizar o comportamento, **3** se o aluno **normalmente** realizar esse comportamento, **2** se o aluno **raramente** realizar esse comportamento, e **1** se o aluno **nunca** realizar esse comportamento.

I. Expressão física

④	3	2	1	Fica ereto e olha diretamente para o público.
4	3	②	1	Muda expressão facial conforme o tom da apresentação.
4	③	2	1	Mantém contato visual com o público.

II. Expressão vocal

④	3	2	1	Fala com voz clara e regular.
4	③	2	1	Varia tom para enfatizar pontos.
4	3	②	1	Fala alto o bastante para ser ouvido pelo público.
4	③	2	1	Pronuncia as palavras com ritmo regular.
4	3	②	1	Enuncia cada palavra.

III. Expressão verbal

4	3	②	1	Escolhe palavras precisas para passar o significado.
4	③	2	1	Evita repetições desnecessárias.
④	3	2	1	Profere frases com pensamentos ou ideias completos.
④	3	2	1	Organiza a informação logicamente.
4	③	2	1	Resume os pontos principais na conclusão.

FIGURA 8.4 Tipos de escalas de classificação.
Fonte: Os autores.

pontos para uma classificação de "normalmente", 2 pontos para uma classificação de "raramente", e 1 ponto para uma classificação de "nunca". Os números 4, 3, 2 e 1 equivalem às quatro classificações possíveis para cada critério de desempenho, com 4 representando a resposta mais desejável, e 1 a menos desejável. Para a escala de classificação usada para avaliar o desempenho de Sarah, o escore mais alto possível na escala de classificação é 52; se um aluno recebesse a classificação "sempre" em cada critério de desempenho, o seu escore total seria 52 (4 pontos x 13 critérios de desempenho). O escore total de Sarah, 39, pode ser determinado adicionando-se os números circulados. Assim, Sarah marcou 39 de 52 pontos possíveis. Dessa forma, pode-se determinar um escore total para cada aluno avaliado. Esse escore pode ser transformado em uma porcentagem ao dividi-lo por 52, o número total de pontos à disposição (39/52 x 100 = 75%). Logo, escores altos indicam bom desempenho.

Note que, quando o desempenho de Sarah tiver sido resumido em único escore, esse escore não é mais capaz de passar informações sobre os pontos fortes e fracos do desempenho dela. Dada a riqueza e utilidade das informações fornecidas pelos escores atribuídos a cada critério individualmente, antes de resumir o desempenho de Sarah em um escore único, é importante examinar de perto cada um dos escores e identificar áreas em que ela tenha dificuldades, para que se possa ajudá-la a melhorar suas apresentações orais.

RUBRICAS

Uma rubrica é um conjunto de expectativas ou critérios claros usados para ajudar os professores e os alunos a se focar no que é valorizado em um assunto, tópico ou atividade. Uma rubrica costuma ser semelhante a uma *checklist*, em que ela lista múltiplos critérios de desempenho. Contudo, ao contrário das *checklists*, em que simplesmente se listam os critérios, uma rubrica oferece uma descrição do nível esperado de desempenho para cada critério. As rubricas estabelecem critérios para níveis diferentes de desempenho, que normalmente são descritivos, em vez de numéricos. As descrições ajudam os professores a focar a instrução e a atribuição de escores ao trabalho dos alunos nos aspectos importantes inclusos na rubrica. A descrição também ajuda os alunos a mais bem compreender o que os professores esperam deles para determinado desempenho ou produto.

> As rubricas resumem o desempenho de uma maneira geral, ao passo que as *checklists* e as escalas de classificação fornecem informações diagnósticas específicas sobre os pontos fortes e fracos dos alunos.

Ao fornecer descrições, e às vezes exemplos, de cada nível de desempenho para cada critério de desempenho, as rubricas ajudam a desenvolver uma compreensão comum do que é valorizado em um desempenho. Essa compreensão comum aumenta a confiabilidade dos escores atribuídos por avaliadores diversos, focando-os nos mesmos elementos do desempenho. Além disso, essa compreensão comum ajuda a aumentar a validade das avaliações de desempenho ao ajudar os alunos a determinar os aspectos do desempenho nos quais eles devem se focar. A Figura 8.5 lista como as rubricas podem ajudar tanto os professores quanto os alunos.

Dependendo da decisão a ser tomada com base em uma avaliação de desempenho, uma rubrica pode ser usada para fazer julgamentos holísticos sobre o desempenho de um aluno ou para oferecer informações analíticas que se foquem em aspectos específicos do desempenho. Essa única descrição geralmente se foca no grau em que múltiplos critérios são atendidos durante o desempenho. A Figura 8.6 ilustra o escore holístico de língua estrangeira. São quatro níveis de classificação, cada um incluindo múltiplos critérios. O avaliador seleciona o nível de classificação que mais bem descreve a proficiência linguística geral do aluno.

> **Rubricas ajudam os professores:**
> - especificando critérios para focar a instrução no que é importante;
> - especificando critérios para focar as avaliações dos alunos;
> - aumentando a consistência das avaliações;
> - limitando discussões sobre as notas, uma vez que critérios e níveis de classificação claros reduzem a subjetividade; e
> - fornecendo descrições do desempenho dos alunos que são informativos tanto para eles quanto para os pais.
>
> **Rubricas ajudam os alunos:**
> - esclarecendo as expectativas do professor sobre o desempenho;
> - indicando o que é importante em um processo ou produto;
> - ajudando-os a monitorar e criticar seu próprio trabalho;
> - fornecendo descrições informativas do desempenho; e
> - fornecendo informações de desempenho mais claras do que as tradicionais notas com letras.

FIGURA 8.5 Rubricas auxiliam professores e alunos.
Fonte: Os autores.

Uma rubrica analítica inclui uma descrição separada para cada critério de desempenho, atribuindo um escore separado a cada um deles.

Planejando rubricas

Uma rubrica inclui tanto aspectos ou características de um desempenho que será avaliado quanto uma descrição dos critérios usados para avaliar cada aspecto. A seguinte lista foi desenvolvida para informar os alunos de uma 5ª série sobre os componentes de uma resenha de livro que será avaliada. Note que essa lista *não* é uma rubrica, mas serve como uma *checklist* que os alunos podem usar para garantir que incluíram as características que serão avaliadas.

1. Diga por que você escolheu o livro.
2. Descreva os personagens principais do livro.
3. Explique a trama do livro em três a cinco frases.
4. Descreva o local ou a ambientação principal do livro.
5. Explique em três frases como os personagens principais mudaram ao longo do livro.
6. Escreva em frases completas.
7. Verifique ortografia, gramática e pontuação.
8. Descreva se você gostou ou não do livro, e por quê.

Com base nas características da resenha do livro que será avaliada pelo professor, as rubricas de pontuação são formadas ao descrever os critérios usados para categorizar a resenha de cada aluno em um nível específico de desempenho. Como visto adiante, a rubrica de avaliação holística, construída para a resenha do livro da 5ª série, continha três níveis de desempenho chamados "excelente", "bom" e "ruim". Note como os critérios de cada característica listada acima têm uma descrição sobre cada nível de desempenho.

Excelente: O aluno oferece dois motivos por que o livro foi escolhido; descreve todos os personagens principais com riqueza de detalhes; descreve a trama em uma sequência lógica e linear; dá descrições detalhadas do lugar em que a história ocorre; descreve como cada personagem principal mudou durante a história em cinco frases; todas as frases estão completas; não comete mais do que cinco erros de ortografia, gramática e pontuação; dá sua opinião do livro com base no conteúdo do livro.

FIGURA 8.6 Um exemplo de escore holístico: ACTEL Proficiency Levels.
Fonte: Adaptada de American Council on the Teaching of Foreign Languages (1989).

Bom: O aluno oferece um motivo por que o livro foi escolhido; lista todos os personagens principais, mas as descrições são breves e/ou pouco detalhadas; descreve a trama, mas omite um aspecto central; fornece uma descrição geral do ambiente; brevemente descreve como todos os personagens principais mudaram durante o livro. Uma ou mais frases estão incompletas; comete mais do que cinco erros de ortografia, gramática ou pontuação; dá sua opinião sobre o livro, mas não faz referência ao seu conteúdo.

Ruim: O aluno deixa de dizer por que o livro foi escolhido; nem todos os personagens principais são descritos; fornece uma descrição superficial da trama, com omissão dos aspectos-chave; dá poucas informações sobre onde o livro se situa; descreve incorretamente as mudanças dos personagens principais no livro; inclui algumas frases sem sentido; comete muitos erros de ortografia, gramática ou pontuação; não dá opinião sobre o livro.

Para atribuir um escore à resenha do livro, o professor lê a resenha, reflete sobre o quanto ela atende os critérios para cada nível de desempenho e escolhe o nível que mais bem descreve a sua qualidade. A descrição selecionada determina o "escore" atribuído ao aluno.

Como discutido anteriormente, o número de níveis de desempenho, as características que são examinadas e os critérios desenvolvidos para cada característica irão variar de acordo com cada professor. Frequentemente, a variação depende de quais objetivos de aprendizagem o professor quer avaliar por meio da avaliação de desempenho e que expectativas ele tem quanto ao desempenho dos seus alunos.

Considere a rubrica na Tabela 8.4, que é usada para avaliar as respostas dos alunos

> **TABELA 8.4** Rubrica de pontuação para questões dissertativas da 5ª série
>
> **3—Excelente.** As respostas são muito completas e precisas. A maioria das respostas é sustentada por informações específicas da leitura, incluindo citações diretas. A estrutura frasal é variada e detalhada. As mecânicas do texto são geralmente precisas, incluindo ortografia, uso de letras maiúsculas e pontuação adequada.
>
> **2—Bom.** As respostas são geralmente completas e precisas. Essas respostas são sustentadas com informações específicas da leitura. A estrutura frasal é variada. As mecânicas do texto são geralmente precisas, incluindo ortografia, uso de letras maiúsculas e pontuação adequada.
>
> **1—Precisa melhorar.** As respostas são parcial ou plenamente corretas. Essas respostas talvez precisem de sustentação com informações mais específicas da leitura. A estrutura frasal é variada, com alguns usos de sentenças fragmentadas. As mecânicas do texto podem precisar de ajustes, incluindo ortografia, uso de letras maiúsculas e pontuação adequada.
>
> **0—Ruim.** As respostas são imprecisas ou inexistentes. A estrutura frasal é frequentemente incompleta. As mecânicas do texto precisam ser muito melhoradas.
>
> Fonte: Usado com permissão de Gwen Airasian.

a questões dissertativas. A rubrica tem quatro níveis de pontuação, variando de "excelente" a "ruim". Aplicando os passos da Tabela Ferramentas-Chave de Avaliação 8.3 à rubrica na Tabela 8.4, podemos identificar os passos que levaram ao desenvolvimento dessa rubrica:

Passo 1. Escolha um processo ou produto de desempenho: perguntas dissertativas.

Passo 2. Identifique os critérios de desempenho com base no melhor desempenho dos alunos:
- Respostas completas e precisas.
- Respostas sustentadas por informações extraídas da leitura.
- Respostas incluem citações diretas.
- Respostas compostas de fases variadas e detalhadas.
- Ortografia, uso de letras maiúsculas e pontuação adequada.

Passo 3. Decida o número de níveis de pontuação: quatro.

Passo 4. Defina a descrição dos critérios de desempenho do nível mais alto: veja a categoria "excelente" na Tabela 8.4.

> **FERRAMENTAS-CHAVE DE AVALIAÇÃO 8.3**
> **Passos gerais para preparação e uso das rubricas**
>
> 1. Escolha um processo ou produto a ser ensinado.
> 2. Defina critérios de desempenho para o processo ou produto.
> 3. Decida o número de níveis de pontuação para a rubrica, normalmente de três a cinco.
> 4. Defina a descrição do critério de desempenho do nível mais alto (veja a descrição de "excelente" da rubrica da resenha do livro).
> 5. Escreva as descrições dos critérios de desempenho para os níveis restantes (p. ex., os níveis "bom" e "ruim" na rubrica da resenha do livro).
> 6. Compare o desempenho de cada aluno com cada nível de pontuação.
> 7. Selecione o nível mais próximo do desempenho ou do produto do aluno.
> 8. Atribua uma nota ao aluno.
>
> Fonte: Os autores.

Passo 5. Escreva as descrições dos critérios dos níveis de pontuação restantes: compare a qualidade do nível "excelente" com os níveis "bom" e "ruim".
Passo 6. Compare o desempenho de cada aluno com os quatro níveis de pontuação.
Passo 7. Selecione o nível de pontuação que mais bem descreve o nível de desempenho do aluno.
Passo 8. Atribua uma nota ao aluno.

Um aspecto importante do desenvolvimento e do uso das rubricas é a construção de níveis de desempenho. Ao determinar quantos níveis de desempenho incluir, considere o número de distinções úteis e confiáveis que podem ser feitas para avaliar o desempenho. Se o propósito da avaliação é identificar os alunos que não dominam um conjunto de habilidades, criar dois ou três níveis de desempenho já deve ser o bastante. Contudo, se o propósito da avaliação é informar decisões de nivelamento de um aluno em um curso de matemática, pode ser útil desenvolver de três a cinco níveis de desempenho. Três dos níveis podem refletir as habilidades e o conhecimento necessários para ter um bom desempenho em cada curso de matemática. Podem-se usar dois níveis adicionais para identificar quem possui a maioria, mas não todas, das habilidades e do conhecimento para o próximo curso mais avançado.

Assim que o número de níveis de desempenho tiver sido decidido, os critérios que distinguem cada nível devem ser desenvolvidos. Na maioria dos casos, devem-se estabelecer critérios específicos para cada característica que é avaliada. Por exemplo, na Tabela 8.4, note que, em todos os níveis de desempenho, com exceção do "ruim", são incluídas as mesmas características dos critérios de desempenho: precisão e completude das respostas, suporte das leituras, variação em estrutura frasal e precisão das mecânicas textuais. Até mesmo o nível "ruim" inclui três das quatro características. O que diferencia os níveis de desempenho não são as características por si só. São os critérios usados para descrever cada uma delas. Por exemplo, no nível "excelente", as respostas são *muito* completas e precisas; no nível "bom", as respostas *normalmente* são completas e precisas; no nível "precisa melhorar", as respostas são *parcialmente* precisas; e, no nível "ruim", as respostas são *imprecisas ou inexistentes*.

Mais exemplos de rubricas

As rubricas possuem muitas formas de avaliar diversos processos e produtos. A Figura 8.7 apresenta um pequeno excerto de um boletim de 1ª série que é apresentado como rubrica. O boletim inteiro tem grande quantidade de rubricas, assim como uma folha de instruções que explica o formato do boletim para os pais. Os resultados mostrados para os pais são relacionados às habilidades em ciências humanas e matemáticas que o distrito identificou e determinou como os mais importantes. Note que cada resultado desejado é definido por desempenhos ou produtos específicos em cada um dos três níveis de desempenho: ainda não, estudo em desenvolvimento e estudo atingido.

A Tabela 8.5 mostra uma rubrica usada para avaliar alunos da 3ª série do ensino médio. São cinco níveis de pontuação para cada uma das duas rubricas apresentadas. Você é capaz de identificar os critérios de desempenho para as duas rubricas?

A Tabela Ferramentas-Chave de Avaliação 8.4, na p. 212, apresenta uma rubrica de quatro níveis de escrita persuasiva que pode ser usada em diferentes séries. Note os termos que são usados nessa rubrica para diferenciar os níveis de desempenho dos alunos (p. ex., "claramente", "consistentemente", "inteiramente defendido").

A avaliação analítica divide a descrição geral de um processo ou produto holístico em escores separados para cada critério. Por exemplo, considere a rubrica referente ao texto persuasivo. Ao contrário da avaliação holística, a avaliação analítica dá um escore para cada um dos cinco critérios de desempenho.

AINDA NÃO – 1	2 DESENVOLVENDO – 3	4 ATINGIDO – 5	ESTENDIDO
Exemplo: Muitos demonstram um ou <u>mais</u> dos seguintes: Identifica o tópico, mas não identifica detalhes do livro. Cita informações incorretamente. Tira conclusões apenas da própria experiência, em vez de com base em evidências do livro. Identifica detalhes, mas não o tópico.	*Exemplo:* Muitos demonstram um ou <u>mais</u> dos seguintes: Identifica o tópico e um ou mais detalhes do livro. Identifica diversos detalhes, mas precisa ser estimulado para definir com clareza o tópico principal.	*Critérios:* Demonstra <u>todos</u> os seguintes: Identifica em um livro informativo: tópico do livro, dois ou mais argumentos que o sustentem. *Exemplo:* "Este livro trata de baleias. A baleia azul é o maior animal da Terra. As baleias têm bebês que nascem vivos – e não de ovos chocados."	Identifica ideias principais. Identifica conhecimento anterior. Distingue entre o que já sabia e o que foi aprendido. Identifica tópico e detalhes de um livro informativo <u>lido pelo aluno</u>.

FIGURA 8.7 Rubrica de pontuação usada em boletim da 1ª série.
Fonte: Usada com permissão de Ann Arbor Public Schools.

Assumem uma posição e definem claramente seu ponto de vista:

Completamente
Geralmente
Parcialmente
De forma alguma

Consistentemente usam fatos e/ou informações pessoais para desenvolver argumentos para sua posição:

Extensivamente
Parcialmente
Raramente

Envolvendo os alunos no uso de rubricas

Como vimos anteriormente, o desenvolvimento de rubricas requer que o professor identifique que características do desempenho dos alunos serão valorizadas. Também requer que o professor especifique que critérios distinguem desempenhos de alta e baixa qualidade. Ao usar as rubricas para avaliar os trabalhos, é importante compartilhá-las com os alunos antes de eles se prepararem para o desempenho ou produto. Isso permite que eles se concentrem nas características que serão avaliadas e entendam a qualidade de desenvolvimento esperada.

Já que as rubricas incluem exemplos de respostas desejáveis ou soluções corretas para um problema, o professor pode precisar desenvolver uma segunda rubrica mais geral, a ser compartilhada com os alunos. Desenvolver uma rubrica estudantil impede que os alunos simplesmente copiem soluções, ao mesmo tempo em que lhes é fornecida uma noção clara do nível de detalhes esperado. Rubricas estudantis mais gerais são úteis para avaliações de desempenho que visam avaliar habilidades e conhecimento matemático ou científico.

Além de compartilhar uma rubrica com os alunos, também pode ser útil compartilhar exemplos de respostas de alta e baixa qualidade. Essa prática é mais comum quando as avaliações de desempenho requerem que os alunos criem uma redação ou outro texto mais longo. Tais exemplares permitem que os alunos desenvolvam uma noção melhor do nível de detalhe e qualidade do trabalho que o professor quer que eles produzam.

Compartilhar rubricas e, em alguns casos, exemplares dos alunos ajuda-os a identificar que características constituem um bom

TABELA 8.5 Programa de avaliação da Califórnia – Guia de avaliação de história – ciências sociais, 1990: tarefas de grupo

	Nível I Realização mínima	Nível II Realização rudimentar	Nível III Realização louvável	Nível IV Realização superior	Nível V Realização excepcional
Comunicação de ideias – 20	(1-4) Posição vaga. Apresentação breve e inclui afirmações gerais não relacionadas. Visão geral do problema não é clara. Afirmações tendem a ser vagas ou desviar do assunto.	(5-9) Apresenta posição geral e indefinida. Mínima organização durante apresentação. Usa generalidades para sustentar posição. Enfatiza apenas uma questão. Considera apenas um aspecto do problema.	(8-12) Assume uma posição definida, mas geral. Apresenta argumento razoavelmente organizado. Usa termos gerais com evidências limitadas que podem não ser totalmente precisas. Lida com número limitado de questões. Enxerga o problema dentro de um escopo razoavelmente limitado.	(13-16) Assume uma posição clara. Apresenta um argumento organizado com apenas alguns pequenos erros nas evidências de sustentação. Lida com problemas centrais e demonstra certo grau de compreensão das relações entre eles. Considera examinar mais de uma ideia ou aspecto do problema.	(17-20) Assume uma posição forte e bem definida. Apresenta um argumento bem organizado e persuasivo, com bons argumentos para sustentá-lo. Lida com todas as questões significativas e demonstra profundidade de compreensão das relações importantes. Examina o problema de diversas posições.
Conhecimento e uso de história – 30	(1-6) Reitera um ou dois fatos sem precisão completa. Lida com conceitos ou questões de forma breve e vaga. Mal indica ter conhecimento prévio de história. Demonstra grande dependência das informações fornecidas.	(7-12) Dá apenas fatos básicos com baixo grau de precisão. Dirige-se às informações para explicar ao menos uma questão ou conceito em termos gerais. Uso limitado de conhecimento prévio de história, sem total precisão. Demonstra grande dependência das informações fornecidas.	(13-18) Relaciona apenas os fatos importantes às questões básicas, com grau razoável de precisão. Analisa informações para explicar pelo menos uma questão ou conceito com argumentos substantivos. Usa ideias gerais a partir do seu conhecimento prévio de história com grau razoável de precisão.	(19-24) Faz análise precisa dos documentos. Fornece fatos relacionados às principais questões envolvidas. Usa conhecimento histórico geral prévio para examinar as questões envolvidas.	(25-30) Oferece análise precisa das informações e das questões. Fornece variedade de fatos para explorar questões de maior e menor importância envolvidas. Usa conhecimento histórico prévio de forma extensiva para fornecer uma compreensão aprofundada do problema e relacioná-la com situações passadas e possíveis situações futuras.

Fonte: Usada com permissão de California Department of Education.

trabalho. Conhecer os critérios de um desempenho de qualidade antes de uma avaliação gera diversos benefícios, tanto para os alunos quanto para o professor. Primeiro, conhecer os critérios de desempenho dá informações sobre os alunos a respeito do que se espera do seu trabalho – quais características definem um bom trabalho. Segundo, ajuda a focar e a estruturar os desempenhos e os produtos dos alunos. Eles sabem o que se espera deles e, assim, podem se concentrar em aprender e em demonstrar o conhecimento e os comportamentos desejados. Isso, por sua vez, economiza tempo do professor na hora de atribuir escores aos produtos ou processos dos alunos, já que os critérios diminuem a amplitude de respostas deles.

Muitos professores deixam que os alunos identifiquem quais critérios de desempenho serão importantes para um processo ou produto. Envolver os alunos na identificação de critérios de desempenho dá a eles

---

FERRAMENTAS-CHAVE DE AVALIAÇÃO 8.4
Rubrica genérica para avaliar a escrita persuasiva

Ao descrever comportamentos observáveis para incorporá-los em uma rubrica para avaliar as respostas dos alunos a determinados exercícios, é importante enfatizar todos os critérios específicos que foram incluídos no exercício. Além disso, precisamos considerar a qualidade da resposta e a efetividade com que o autor foi capaz de persuadir. Para ajudá-lo a identificar esses fatores, os seguintes comportamentos observáveis são disponibilizados em níveis variados.

Estudantes no nível 1:
- Assumem uma posição e claramente definem seu ponto de vista.
- Usam fatos e/ou informações pessoais consistentemente para desenvolver ou sustentar sua posição.
- Organizam detalhes em um plano lógico que é efetivamente defendido.
- Melhoram sua escrita consistentemente ao usar a língua propositadamente para criar variação de frases.
- Incorporam mecânicas adequadas (ortografia, capitalização, pontuação). Quaisquer erros que ocorram se devem à tomada de risco.

Estudantes no nível 2:
- Assumem uma posição e tentam esclarecer seu ponto de vista adequadamente.
- Usam fatos e/ou informações pessoais frequentemente para sustentar sua posição.
- Organizam detalhes em um plano lógico que é adequadamente defendido.
- Com frequência, sustentam sua posição fornecendo informações o suficiente.
- Melhoram sua escrita frequentemente ao usar a língua de forma propositada para criar variação de frases.
- Incorporam mecânicas adequadas (ortografia, capitalização, pontuação). A maioria dos erros que ocorrem se devem à tomada de risco.

Estudantes no nível 3:
- Assumem uma posição e tentam esclarecer seu ponto de vista de forma limitada.
- Geralmente usam fatos e/ou informações pessoais que podem ou não sustentar sua posição.
- Organizam detalhes em um plano que pode ou não ser adequadamente defendido.
- Pode ou não sustentar sua posição fornecendo informações o suficiente.
- Pode ou não atender as mecânicas (ortografia, capitalização, pontuação).

Estudantes no nível 4:
- Normalmente fornecem uma posição e informações limitadas para sustentá-la.
- Organizam minimamente detalhes que incluem alguma forma de sustentação para sua posição.
- Raramente levam o público em consideração.
- Ocasionalmente escolhem vocábulos que sustentem de forma suficiente a sua posição.
- Raramente melhoram o que escreveram variando a estrutura frasal e incorporando as mecânicas apropriadas (ortografia, capitalização, pontuação).

Fonte: Os autores.

uma ideia de propriedade sobre a rubrica, assim como uma ideia prévia das características importantes do processo ou produto no qual eles irão trabalhar. Alguns professores fornecem exemplos bons e ruins acerca do processo ou produto que estão ensinando aos alunos, e pedem que identifiquem o que torna um exemplo bom. Ao determinar o que são bons exemplos, os alunos também estão identificando critérios relevantes para o processo ou produto. A Figura 8.5, na p. 206, resumiu algumas das principais vantagens das rubricas para os alunos.

> Para ensinar os alunos a usar rubricas, comece com rubricas simples, explique como e por que elas são usadas, pratique-as e revise-as com base nas respostas dos alunos.

É muito importante entender que existe uma curva de aprendizagem até o domínio da criação e do uso de rubricas. Demora algum tempo até aprender a usá-las bem. Tentativa e erro, assim como prática para os alunos e os professores, são necessários para ajudar a tirar maior proveito das rubricas. Comece com critérios de desempenho simples e limitados – talvez três ou quatro critérios e dois ou três níveis de pontuação. Explique o processo da rubrica para os alunos: o que são rubricas, por que utilizá-las, como elas podem ajudar a aprimorar e esclarecer as notas. Pratique com os alunos. Uma forma de fazer isso é garantir que eles usem uma rubrica para revisar seu trabalho antes da entrega. O professor deve estar ciente de que, possivelmente, será necessário revisar e reavaliar a rubrica algumas vezes antes que ele e seus alunos sintam-se à vontade com ela.

PORTFÓLIOS

A maioria das avaliações de desempenho requer que os alunos criem um único produto ou desempenho. Um **portfólio** é uma avaliação de desempenho estendida que inclui diversos exemplos de produtos ou desempenhos dos alunos. O termo *portfólio* vem das coleções que fotógrafos, modelos e artistas reúnem para apresentar o seu trabalho. Na sala de aula, os portfólios têm o mesmo propósito básico: coletar desempenhos dos alunos para demonstrar o seu trabalho e desenvolvimento ao longo do tempo. Os portfólios não contêm coleções casuais não relacionadas ao trabalho dos alunos. Eles contêm exemplos de trabalho escolhidos intencionalmente. Dependendo do propósito do portfólio, esses exemplos de trabalhos podem demonstrar o domínio de objetivos importantes de aprendizagem, ou podem documentar o crescimento ao longo do tempo. Os conteúdos de um portfólio devem estar intimamente relacionados aos objetivos de ensino do professor, devendo fornecer informações que o ajudem a tomar decisões quanto à aprendizagem dos alunos.

Um portfólio pode ser composto de muitos desempenhos distintos dos alunos, ou de um único desempenho. Por exemplo, um portfólio de escrita com focos diversos pode conter amostras de textos, listas de livros que foram lidos, resenhas sobre os livros lidos, e descrições de poemas preferidos. Por outro lado, um portfólio de foco único pode conter diversas amostras do mesmo processo ou produto, tal como um portfólio que contém apenas resenhas de livros, apenas poemas escritos ou apenas relatórios de laboratórios de química. A Tabela Ferramentas-Chave de Avaliação 8.5 traz uma amostra dos diversos materiais que podem compor um portfólio.

Em uma turma de 1ª série, os alunos desenvolveram um portfólio de leitura. A cada três semanas, eles liam um ou dois parágrafos que eram gravados com gravador para colocar em seu portfólio. A professora monitorou o desenvolvimento dos alunos ao longo do tempo, podendo ouvir suas gravações para mensurar sua melhora de leitura. Além disso, os portfólios dos alunos eram periodicamente mandados para casa para que os pais ouvissem como a leitura dos seus filhos estava melhorando, uma oportunidade que os pais apreciavam.

Portfólios contribuem para a instrução e a aprendizagem de muitas formas:

> **FERRAMENTAS-CHAVE DE AVALIAÇÃO 8.5**
> **O que pode entrar em um portfólio**
>
> **Mídia:** vídeos, gravações em áudio, figuras, trabalhos de artes, programas de computador.
> **Reflexões:** planos, definições de objetivos, autorreflexões, diários.
> **Trabalho individual:** provas, diários, jornais, relatórios, deveres de casa, redações, poemas, mapas, invenções, trabalhos de matemática.
> **Trabalho em grupo:** sessão de aprendizagem cooperativa, desempenhos em grupo, revisões dos pares.
> **Trabalho em andamento:** primeiro e segundo rascunhos, projetos da feira de ciências, trabalhos demonstrativos.
>
> Fonte: Os autores.

- Mostrando o trabalho típico dos alunos.
- Monitorando o progresso dos alunos e seu desenvolvimento ao longo do tempo.
- Ajudando os alunos a analisar seu próprio trabalho.
- Fornecendo avaliações graduais da aprendizagem dos alunos.
- Fornecendo informações diagnósticas sobre o desempenho dos alunos.
- Ajudando os professores a julgar a adequação do currículo.
- Facilitando reuniões e conferências dos professores com os alunos e com os pais.
- Atribuindo notas aos alunos.
- Reforçando a importância dos processos e dos produtos na aprendizagem.
- Mostrando aos alunos as conexões entre seus processos e produtos.
- Fornecendo exemplos concretos do trabalho dos alunos.
- Encorajando os alunos a pensar sobre o que consiste em bom desempenho em matérias variadas.
- Focando-se tanto no processo quanto no produto final da aprendizagem.
- Informando professores subsequentes sobre os trabalhos anteriores dos alunos.

Um portfólio não é um depósito em que todos os trabalhos produzidos por um aluno ficam armazenados. Pelo contrário, ele tem um propósito específico definido que reflete os objetivos da aprendizagem. Esse propósito claramente definido foca as amostras do trabalho que são coletadas no portfólio. Frequentemente, os professores adiam esclarecer qual o propósito dele até *depois* de os alunos coletarem grande quantidade de trabalhos. Nessa hora, o professor provavelmente será confrontado com a questão do que fazer com essa vasta coleção de informações indiferenciadas dos alunos.

> Um portfólio é um registro de trabalhos específicos dos alunos, que demonstra objetivos de aprendizagem definidos. Esses objetivos devem ser determinados antes de o portfólio ser criado.

Talvez a maior contribuição dos portfólios para a aprendizagem seja dar aos alunos – e aos pais deles – a chance de revisitar e refletir acerca dos produtos e dos processos que o aluno produziu. Para muitos alunos, a vida na escola é uma sequência interminável de trabalhos, desempenhos, tarefas e produções. A cada dia, é produzido um novo lote de trabalhos, e as produções do dia anterior são jogadas fora ou perdidas, seja em nível físico ou mental. Coletar as informações do trabalho dos alunos em um portfólio retém esses trabalhos para futura revisão, reflexão, demonstração e avaliação. Por exemplo, pode-se pedir aos alunos que pensem sobre a seguinte questão: Qual desses itens do portfólio representa o maior crescimento, e por quê? De qual você gostou mais, e por quê? Com qual você aprendeu mais, e por quê? Em que áreas o seu progresso foi maior ao longo do ano, e qual foi a natureza do seu progresso? Os portfólios permitem que os alunos vejam o seu progresso e julguem o seu trabalho a partir das perspectivas de tempo e desenvolvimento pessoal.

Como foi visto, para que o portfólio seja bem-sucedido, deve-se fazer muito mais do que simplesmente coletar vários trabalhos dos alunos. A avaliação de portfólio é um tipo de avaliação de desempenho e, portanto, depende dos mesmos quatro elementos que todos os tipos de avaliação de desempenho requerem:

1. um propósito claro,
2. critérios de desempenho apropriados,
3. um cenário adequado e
4. atribuir um escore ao desempenho.

Devem-se responder diversas questões ao desenvolver e avaliar o portfólio. A Tabela Ferramentas-Chave de Avaliação 8.6 lista as principais questões que orientam o uso de portfólios na sala de aula.

Propósito dos portfólios

As questões de prova que entram no portfólio, os critérios usados para julgar as questões e a frequência com que as questões são adicionadas ou removidas do portfólio dependem do propósito dele. Se o propósito é ilustrar o trabalho típico de um aluno em várias matérias para a reunião com os pais, os conteúdos do portfólio provavelmente serão mais variados do que se o seu propósito fosse avaliar o desenvolvimento do aluno em questões matemáticas ao longo de um período determinado. Neste último caso, as questões matemáticas teriam de ser obtidas periodicamente ao longo do período determinado e coletadas no portfólio.

> É importante determinar o propósito e as diretrizes para o conteúdo do portfólio antes de reuni-lo. O objetivo é dar notas, nivelar, instruir ou diagnosticar os alunos?

Se o objetivo do portfólio é mostrar o melhor trabalho do aluno em uma matéria, os conteúdos presentes nele mudariam à medida que mais exemplares do desempenho do aluno ficassem à disposição, e os de menor qualidade fossem removidos. Se o propósito é mostrar o crescimento do aluno, os primeiros trabalhos deveriam ser mantidos, e novos teriam de ser adicionados.

Dados os usos diversos e variados dos portfólios, é crucial considerar e definir qual o seu propósito ao realizar a avaliação. É importante determinar o propósito e as diretrizes sobre que trabalhos entrarão no portfólio *antes* de iniciar a avaliação deste. Também é extremamente importante que todos os trabalhos sejam datados, especialmente no caso de portfólios que buscam avaliar o crescimento ou o desenvolvimento dos alunos. Sem o registro das datas, pode ser impossível avaliar o seu crescimento e seu desenvolvimento.

> Permitir que os alunos ajudem a determinar o que entra nos seus portfólios lhes dá uma noção de propriedade.

FERRAMENTAS-CHAVE DE AVALIAÇÃO 8.6
Questões do portfólio

1. Qual é o propósito do portfólio?
2. O que irá entrar e o que será removido do portfólio durante o seu uso?
3. Quem irá selecionar os trabalhos que entram no portfólio: o professor, os alunos ou ambos?
4. Como o portfólio será organizado e mantido?
5. Como o portfólio será avaliado?

Fonte: Os autores.

Para promover a noção de propriedade dos alunos sobre os seus portfólios, é útil permitir que eles escolham pelo menos algumas das peças que serão adicionadas a eles. Alguns professores desenvolvem portfólios que contêm dois tipos de peças: as requeridas pelo professor e as selecionadas pelo aluno. Também é importante que todas as seleções de portfólio dos alunos sejam acompanhadas de uma breve explicação por escrito do por que o aluno acha que aquela peça, em particular, deve fazer parte do seu portfólio. Isso irá encorajar o aluno a refletir sobre as características da peça e sobre o motivo da sua escolha.

Critérios de desempenho

Critérios de desempenho são necessários para avaliar as peças individuais que compõem um portfólio. Sem esses critérios, a avaliação não será consistente nem no próprio portfólio, nem na comparação entre portfólios. A natureza e o processo de identificar critérios de desempenho para portfólios são os mesmos usados para as *checklists*, escalas de classificação e rubricas. Dependendo do tipo de desempenho contido no portfólio, muitos dos critérios de desempenho discutidos anteriormente neste capítulo podem ser usados para avaliar peças específicas presentes nele.

> Os critérios de desempenho são necessários para analisar cada uma das peças individuais do portfólio.

Caso seja necessário que todos os professores tenham portfólios para os seus alunos em determinada série, ou se for necessário passá-los adiante para o próximo professor, é aconselhável que todos os professores que irão usar as informações do portfólio cooperem na formulação de critérios de desempenho.

> Os critérios de desempenho usados na análise de portfólios devem estar alinhados com os objetivos instrucionais do professor.

Também pode ser bom permitir que os alunos ajudem a identificar critérios de desempenho usados para avaliar os conteúdos do portfólio, já que isso pode lhes dar a noção de propriedade sobre o seu desempenho e ajudá-los a racionalizar a natureza das peças que eles produzirem. Começar uma aula com uma discussão sobre em que consiste uma boa resenha, uma boa leitura, um bom trabalho em laboratório ou um bom soneto também é uma maneira útil de fazer os alunos pensarem sobre as características do processo ou produto que eles terão de desenvolver.

Ambiente

Além de um propósito claro e de critérios de desempenho bem desenvolvidos, as avaliações de portfólio devem levar em consideração o ambiente em que os desempenhos dos alunos serão coletados. Apesar de muitas peças de portfólios poderem ser coletadas pelos professores em sala de aula, outras não podem. Quando os portfólios incluem leitura em voz alta, experimentos de ciências, produções artísticas e atividades psicomotoras, certos arranjos ou equipamentos especiais podem ser necessários para coletar o desempenho estudantil desejado. Muitos professores subestimam o tempo que leva para coletar os processos e produtos que compõem os portfólios e a organização necessária para organizá-los e conservá-los.

Uma dimensão importante do uso de portfólios é a logística de coletar e conservar os portfólios dos alunos. Portfólios precisam de espaço. Eles precisam ser armazenados em um local seguro, mas acessível. Deve-se estabelecer um sistema para os alunos acrescentarem ou retirarem peças dos seus portfólios. Os alunos podem pegá-los a qualquer momento, ou o professor determina um momento específico em que todos os alunos poderão modificá-los? Se o objetivo do portfólio for avaliar a aprendizagem, como fazer para manter as peças em ordem sequencial? Conservar os portfólios requer tempo e organização. Materiais como envelopes, caixas, gravadores, entre outros, serão necessários para juntar e armazenar os materiais dos alunos.

Escores

Atribuir escores aos portfólios pode ser uma tarefa demorada. Não só é necessário avaliar cada peça individualmente, como também as peças resumidas precisam ser avaliadas para se chegar a um desempenho geral no portfólio.

> Atribuir um escore a um portfólio é um processo demorado, que envolve julgar cada peça individualmente e o portfólio como um todo.

Escores somativos

Considere a diferença entre organizar e atribuir escores a portfólios que contêm processos ou produtos variados e portfólios que contêm exemplos de um único processo ou produto. Os portfólios multifocados apresentam uma ampla amostragem de desempenhos estudantis, mas a um custo logístico substancial para o professor. Os portfólios de propósito único não oferecem a amplitude de desempenhos variados do portfólio multifocado, mas podem ser administrados e avaliados mais rapidamente.

A Figura 8.8 é uma descrição narrativa do portfólio de redação de um aluno. Quando o propósito do portfólio é oferecer informações descritivas sobre o desempenho de um aluno em uma reunião de pais e mestres ou passar as informações do aluno para o professor do ano seguinte, não é necessário atribuir um escore ou resumir o conteúdo do portfólio. É o próprio conteúdo quem fornece as informações desejadas. Contudo, quando o propósito do portfólio é diagnosticar, acompanhar o desenvolvimento, avaliar o sucesso da instrução, encorajar os alunos a pensar sobre o seu trabalho ou dar nota aos alunos, aí é necessária alguma forma de resumo ou de avaliação das peças.

> Critérios de desempenho usados para avaliar um portfólio inteiro são diferentes dos usados para avaliar itens individuais do portfólio.

O propósito de avaliar um portfólio inteiro, em contraposição a avaliar as peças individualmente, costuma ser somativo – atribuir uma nota. Essa avaliação holística do portfólio requer o desenvolvimento de um conjunto de critérios de sumarização. Por exemplo, o aprimoramento da escrita pode ser julgado ao se compararem os textos iniciais do aluno com textos posteriores, nos termos dos seguintes critérios de desempenho:

1. Número de erros de ortografia e pontuação.
2. Variedade de estruturas frasais utilizadas.
3. Uso de argumentos de sustentação.
4. Adequação dos argumentos para o propósito do texto.
5. Habilidade de enfatizar e resumir as ideias principais.
6. Conexão e fluxo entre parágrafos.
7. Envolvimento pessoal.

Uma abordagem alternativa seria o professor atribuir um escore aos textos anteriores usando uma rubrica de pontuação geral e comparar o nível dos primeiros desempenhos com os últimos, utilizando a mesma rubrica.

Diferentes portfólios com diferentes propósitos requerem diferentes critérios de sumarização. Por exemplo, como você resumiria um portfólio que tivesse várias gravações dos alunos treinando sua pronúncia em espanhol, ou um portfólio composto de poemas que os alunos escreveram como parte de

Data	Gênero	Tópico	Razão	Tamanho	Rascunhos
??/9	Autorreflexão	Pensar sobre sua escrita	Requisitado	1 página	1 rascunho
17/10	Narrativo/Dramático	Monólogo pessoal	Importante	1 página	2 rascunhos
16/1	Resenha literária	Sobre *O senhor das moscas*	Insatisfatório	1 página	4 rascunhos
??/2	Autorreflexão	Resposta aos comentários dos pais	Requisitado	1 página	1 rascunho
28/2	Narrativo/Dramático	"O coração revelador"	Tema livre	3 páginas	2 rascunhos
22/5	Resenha literária	Sobre *A revolução dos bichos*	Satisfatório	5 páginas	2 rascunhos
??/6	Autorreflexão	Reflexão final	Requisitado	2 páginas	1 rascunho

Ao escrever, Barry demonstra crescimento substancial desde o início do ano, do seu primeiro monólogo pessoal até seu último texto, sobre o livro *A revolução dos bichos*. Inicialmente, Barry parecia ter pouco controle sobre o fluxo e sobre a transição entre suas ideias. Ele não estabelecia conexão entre os tópicos da redação, adiantava-se na sua argumentação, e faltava especificidade a suas ideias. Em janeiro, quando Barry escreveu sua resenha sobre *O senhor das moscas*, ele começou uma discussão interessante sobre as diferenças entre o grupo de Ralph e a tribo de Jack, apesar de encerrar sem sustentar sua afirmação de que ele teria preferido "ficar numa ilha deserta" com Ralph. Barry incluiu três motivos para sua comparação, entrelaçou seus motivos com palavras de transição, mas, ainda mais impressionante, conecta seu parágrafo introdutório com uma frase de transição para o corpo da redação. Nas revisões dessa dissertação, Barry fez modificações principalmente no nível vocabular e frasal, adicionou formatação de parágrafo e aprimorou a coerência local geral do seu texto.

Ao final de fevereiro, quando ele escreveu sua resposta narrativa ao conto "O coração revelador", de Edgar Allan Poe, Barry demonstrou preocupação em tornar sua escrita interessante. "Eu gosto da ideia de que tem tantas reviravoltas na história que realmente acho que isso a torna interessante." Ele realizou mudanças ortográficas em nível superficial, removeu uma frase e substituiu detalhes, apesar de nem sempre ser bem-sucedido (p. ex., "lençóis de seda fina e cama de cobre" foi substituído por "móveis extravagantes"). No geral, este é um texto eficiente, que demonstra a compreensão de Barry da forma narrativa e sua habilidade de manipular as reviravoltas da trama para criar uma história envolvente.

A última seleção no portfólio de Barry é um ensaio excepcional de cinco páginas sobre *A revolução dos bichos*, de George Orwell. Sua escrita é muito bem organizada ao redor do tema do bode expiatório. Usando argumentos do romance e exemplos contemporâneos da política e do esporte, Barry cria um argumento convincente e crível. A intertextualidade efetiva e as múltiplas perspectivas que Barry traz para dentro do seu ensaio são o resultado, em grade parte, de um processo excepcional de revisão. Ele não só tenta corrigir suas convenções e palavras usuais, mas sua revisão é tão bem-sucedida que ele muda parágrafos de lugar e adiciona seções que alteram significativamente seu texto. Esse padrão de revisão demonstra o controle que Barry adquiriu sobre sua escrita.

Na reflexão final de Barry, ele descreveu seu desenvolvimento, demonstrando consciência de questões como organização e conexão de ideias, escolhendo as palavras e os detalhes apropriados, tornando sua escrita acessível aos seus leitores. "Eu tinha muitas falhas na escrita. Um problema é que eu pulava de uma ideia para a outra sem ter clareza de onde queria chegar. [...] Agora, adicionei mais detalhes para que o leitor não precise pensar tanto. Também aperfeiçoei as transições e os formatos dos parágrafos. ... Minha leitura ... melhorou o meu vocabulário e me ajudou a organizar minha escrita, e agora ela tem maior sonoridade e faz mais sentido. [...] Cometi muitos erros ao longo do ano, mas pelo menos aprendi com todos eles." Concordo com ele.

FIGURA 8.8 Descrição narrativa do portfólio textual de um aluno.
Fonte: Moss et al. (1992).

uma unidade sobre poesia? Que critérios você usaria para julgar o progresso ou o desempenho *geral*?

Atribuindo escores às peças

As peças individuais dos portfólios geralmente recebem escores usando os métodos que discutimos: *checklist*s, escalas de classificação e rubricas. A Tabela 8.6 dá exemplos. Logo, cada história, gravação, relatório, amostra de escrita, redação dissertativa ou trabalho em grupo pode ser julgado ao organizar os critérios de desempenho em uma *checklist*, escala de classificação ou rubrica.

> Peças individuais do portfólio geralmente são julgadas usando-se critérios de desempenho que foram organizados em alguma forma de *checklist*, escala de classificação ou rubrica.

Obviamente, o professor nem sempre precisa ser quem avalia as peças. É desejável e instrutivo permitir que os alunos avaliem as peças que estão no seu portfólio para exercitarem a autocrítica com respeito aos critérios de desempenho. Essa abordagem de avaliação encoraja a reflexão e a aprendizagem dos alunos.

> Permitir que os próprios alunos avaliem o seu portfólio encoraja sua reflexão e sua aprendizagem.

Do ponto de vista do professor, existem claramente vantagens e desvantagens para a avaliação de desempenho, produto e portfólio. A Tabela 8.7 resume quais as principais a considerar.

VALIDADE E CONFIABILIDADE DAS AVALIAÇÕES DE DESEMPENHO

Já que as avaliações formais de desempenho são usadas para tomar decisões acerca dos estudantes, é importante que elas sejam válidas e confiáveis. Esta seção descreve as medidas

TABELA 8.6 Avaliando peças individuais do portfólio

Checklist
Seleciona o método correto para chegar à solução	Sim	Não
Desenha e nomeia diagramas	Sim	Não
Mostra o raciocínio que o levou à solução	Sim	Não
Chega à resposta correta	Sim	Não

Escala de classificação
Seleciona o método correto para chegar à solução	Rápido	Devagar	Não consegue
Desenha e nomeia diagramas	Rápido	Devagar	Não consegue
Mostra o raciocínio que o levou à solução	Rápido	Devagar	Não consegue
Chega à resposta correta	Rápido	Devagar	Não consegue

Rubrica
Seleciona o método correto para chegar à solução; desenha diagramas nomeados completos; mostra todo o raciocínio; chega à resposta correta.
Seleciona o método correto para chegar à solução; desenha diagramas completos, mas mal nomeados; mostra parte do raciocínio; chega à resposta parcialmente correta.
Seleciona o método incorreto para chegar à solução; nem desenha nem nomeia os diagramas; mostra pouco do seu raciocínio; chega a uma resposta incorreta.

Fonte: Os autores.

TABELA 8.7 Vantagens e desvantagens das avaliações de desempenho, produto e portfólio

Vantagens
- Mapear o desempenho dos alunos ao longo do tempo.
- Conduzir autoavaliação dos produtos e desempenhos por parte dos alunos.
- Conduzir revisão dos colegas de produtos e desempenhos.
- Fornecer informações diagnósticas sobre desempenhos e produtos.
- Integrar avaliação e instrução.
- Promover a aprendizagem por meio de atividades de avaliação.
- Dar aos alunos a noção de propriedade sobre sua aprendizagem e suas produções.
- Esclarecer lições, tarefas e provas.
- Relatar o desempenho aos pais em termos claros e descritivos.
- Permitir que os alunos reflitam e analisem o seu trabalho.
- Fornecer exemplos concretos para reuniões com os pais.
- Reunir evidências cumulativas do desempenho.
- Reforçar a importância do desempenho dos alunos.

Desvantagens
A maioria das desvantagens associadas com as avaliações de desempenho, produto e, em especial, portfólios envolve o tempo que elas requerem:
- Para preparar os materiais, os critérios de desempenho e os formatos do escore.
- Para administrar, organizar e manter os registros.
- Para os professores e os alunos sentirem-se confortáveis com o uso das avaliações de desempenho e as mudanças de ensino e de aprendizagem que elas envolvem.
- Para atribuir escores e fornecer *feedback* aos alunos.

Fonte: Os autores.

que podem ser tomadas para obter avaliações de desempenho de alta qualidade. Atribuir escores às avaliações de desempenho é uma atividade difícil e, frequentemente, demorada. Ao contrário das questões de múltipla escolha, os desempenhos e os produtos requerem que o professor exerça sua interpretação e seu julgamento. Cada aluno produz ou constrói um desempenho ou produto que é diferente do de outros alunos. Quanto maior for a variação nos produtos ou nos desempenhos que eles produzirem, maior será o número de critérios a avaliar, mais tempo irá consumir, mais fatigante será e maior a probabilidade da avaliação ser inválida.

> Distrações e sentimentos pessoais podem causar erros no processo de observação ou de julgamento, assim reduzindo a validade e a confiabilidade da avaliação.

Além disso, assim como as redações, as avaliações de desempenho também estão sujeitas a muitos fatores secundários, que podem não ser relevantes para o escore, mas que influenciam a forma como o professor julga as avaliações de desempenho. Por exemplo, os escores que o professor atribui a produtos como redações ou resenhas frequentemente são influenciados pela qualidade da letra dos alunos, sua organização, estrutura frasal utilizada, fluxo do texto e conhecimento que o professor tem do aluno que está sendo avaliado. Esses e outros fatores semelhantes não são aspectos-chave do produto, mas frequentemente afetam os escores. Os professores raramente conseguem ser observadores imparciais daquilo que os seus alunos produzem, já que eles os conhecem muito bem e têm um conjunto de predisposições internas com relação a cada um. Em cada caso, há muitos fatores irrelevantes e distraidores que podem influenciar os julgamentos, a validade e confiabilidade das avaliações de desempenho.

A chave para aprimorar sua capacidade de avaliar e atribuir escores é tentar eliminar os fatores distraidores de modo que a avaliação reflita com maior precisão o desempenho dos alunos. Nas avaliações de desempenho, a principal fonte de erro é o observador, que julga tanto o que está acontecendo durante o desempenho quanto a qualidade deste. Para além do problema das distrações, os professores podem preparar bem os seus alunos e garantir a validade e a confiabilidade de vários outros modos.

Preparando os alunos

Há muitos meios pelos quais os professores podem preparar os seus alunos para as avaliações de desempenho. Em primeiro lugar, eles devem dar boas aulas. Os alunos aprendem a montar e focar microscópios, organizar estantes, escrever resenhas de livros, dar apresentações, medir com a régua, realizar seleções musicais e falar francês da mesma forma que aprendem a resolver equações simultâneas, encontrar países em um mapa, escrever o tópico frasal ou equilibrar equações químicas. Eles recebem a instrução e a oportunidade de praticar. Para realizar os objetivos da aprendizagem, eles precisam que lhes sejam ensinados os fatores que serão avaliados. Uma das vantagens das avaliações de desempenho são os seus critérios explícitos, que se focam na instrução e na avaliação.

> A menos que os alunos sejam informados sobre os critérios de desempenho pelos quais eles serão julgados, eles podem não apresentar desempenhos correspondentes a suas habilidades.

Ao preparar os alunos para a avaliação de desempenho, o professor deve informar e explicar os critérios com base nos quais eles serão julgados (MEHRENS et al., 1998). Em muitas salas de aula, professores e alunos discutem e definem, em conjunto, os critérios para um desempenho ou produto desejado. Isso os ajuda a compreender o que se espera deles ao identificar as importantes dimensões do seu desempenho ou produto. Outra forma menos interativa de fazer isso é dar a cada aluno uma cópia da *checklist* ou do formulário de classificação que será usado durante a sua avaliação. Se os critérios de desempenho não estiverem claros para os alunos, eles podem ter um mau desempenho, não porque sejam incapazes, mas porque não estão cientes das expectativas do professor nem dos critérios estabelecidos para um bom desempenho. Nesses casos, as classificações do desempenho não refletem a verdadeira realização dos alunos, e as notas que eles receberem podem resultar em decisões inválidas sobre a sua aprendizagem.

Validade

O conceito de validade está relacionado com a possibilidade de as informações obtidas com a avaliação permitirem que o professor tome uma decisão adequada sobre a aprendizagem de determinado aluno. Como discutido anteriormente, tanto a falha em instruir os alunos sobre os desempenhos desejados quanto a incapacidade de controlar as expectativas pessoais podem produzir decisões inválidas. Outro fator que pode reduzir a validade das avaliações formais de desempenho é a **parcialidade**. Quando algum fator como raça, experiência anterior, gênero ou deficiência diferencia os escores de um grupo dos de outro (p. ex., experiência anterior e inexperiência, deficiência auditiva e audição normal), dizemos que os escores foram parciais. Isto é, os julgamentos relacionados ao desempenho de um grupo de alunos são influenciados pela inclusão de critérios subjetivos irrelevantes.

> Quando fatores subjetivos irrelevantes diferenciam os escores de um grupo de alunos do outro, a avaliação foi parcial.

Quando um instrumento de avaliação fornece informações que são irrelevantes às decisões que ele deveria ajudar a tomar, ele é inválido. Assim, em todas as formas de avaliação, mas especialmente nas avaliações de desempenho, o professor deve escolher e usar procedimentos, critérios de desempenho e cenários que não deem uma vantagem injusta a alguns alunos por causa da sua origem, cultura, deficiência ou gênero. Outras fontes de erro que comumente afetam a validade das avaliações de desempenho são a dependência dos professores em manter registros mentais, em vez de escritos, e a influência que eles sofrem das percepções que eles já desenvolveram dos seus alunos. Quanto maior for o intervalo entre uma observação e o escore escrito, maior a probabilidade de o professor esquecer características importantes dos desempenhos dos alunos.

> Avaliar os alunos com base nas suas características pessoais em vez de no seu desempenho diminui a validade da avaliação.

Com frequência, o conhecimento prévio que os professores têm dos seus alunos influencia a objetividade da sua avaliação de desempenho. Personalidade, esforço, hábitos de trabalho, cooperação, entre outros, são parte da percepção que o professor tem dos alunos em sua turma. Geralmente, essas percepções prévias influenciam a nota que o aluno recebe: o aluno agradável, cooperativo e com personalidade afável pode receber uma nota maior do que o aluno esquivo e agressivo, apesar de terem tido desempenho semelhante. Avaliar os alunos com base nas suas características pessoais, em vez de no seu desempenho, diminui a validade da sua avaliação. Cada uma dessas preocupações ameaça a validade das interpretações e das notas do professor. Essas questões são particularmente difíceis de superar devido à complexidade da avaliação de desempenho.

Confiabilidade

A confiabilidade está relacionada com a estabilidade e a consistência das avaliações. Logo, a maneira lógica de obter informações sobre a confiabilidade do desempenho de um aluno é observar e avaliar um ou mais desempenhos ou produtos do mesmo tipo. Em muitos colégios, contudo, isso não é possível; quando uma avaliação formal tiver sido feita, a instrução se foca em um novo tópico. Poucos professores têm o tempo de aula necessário para obter múltiplas avaliações sobre determinado tópico. Essa realidade levanta um importante problema com relação à confiabilidade das avaliações de desempenho: elas não podem ser generalizadas. Desempenhos, produtos e portfólios são mais complexos e menos numerosos do que questões de seleção ou de resposta curta. Devido a essas discrepâncias na quantidade de informações obtidas de avaliações específicas, o professor que emprega avaliações de desempenho vê menos exemplos da aprendizagem dos alunos do que quando são usadas abordagens de avaliação de menor escopo. Neste caso, a pergunta do professor se torna: "O quão confiáveis são as poucas informações que eu obtive dos alunos?". Uma única avaliação, alguns trabalhos ou um portfólio fornecem evidências o bastante para garantir que os alunos teriam desempenho semelhante em outras redações, trabalhos ou portfólios? Os professores se encontram diante de um dilema. Já que eles querem que os seus alunos aprendam mais do que fatos ou tópicos rasos, eles empregam avaliações de desempenho para garantir que o seu aprendizado seja mais profundo e rico. Contudo, ao empregar uma abordagem aprofundada e demorada, eles frequentemente diminuem a confiabilidade da avaliação. Esse é um dilema encontrado nas próprias avaliações do professor e em avaliações estaduais padronizadas. Não existem muitos modos fáceis de resolver esse dilema. Entretanto, é melhor usar evidências de avaliações imperfeitas de desempenho do que tomar decisões desinformadas sobre a aprendizagem dos alunos.

> Observar um desempenho mais de uma vez aumenta a confiabilidade da avaliação, mas isso pode consumir muito tempo.

A confiabilidade também é afetada quando os critérios de desempenho ou as categorias de classificação são vagas e confusas, forçando o professor a interpretá-las. Como as interpretações frequentemente variam com o tempo e a situação, elas introduzem inconsistência à avaliação. Uma forma de eliminar muito dessa inconsistência é ser explícito quanto ao propósito de uma avaliação de desempenho e definir os critérios de desempenho e as rubricas em termos de comportamentos observáveis dos alunos. A objetividade de uma observação pode ser aumentada se diversos indivíduos observarem e classificarem o desempenho dos alunos de maneira independente. Em situações em que um grupo de professores coopera para desenvolver critérios para o desempenho, produto ou portfólio dos alunos, não é difícil propor que mais de um professor observe e examine alguns produtos ou desempenhos dos alunos para ver se os escores que eles atribuiriam são semelhantes entre si. Nos Estados Unidos, essa prática é seguida em avaliações de desempenho como a College Board English Achievement Essay e na maioria das avaliações estaduais de escrita.

> Quando mais de uma pessoa observa e classifica um desempenho, a objetividade da avaliação é maior.

A Tabela Ferramentas-Chave de Avaliação 8.7 contém orientações para aumentar a validade e a confiabilidade das avaliações de desempenho, produto e portfólio.

RESUMO DO CAPÍTULO

- As avaliações de desempenho requerem que os alunos demonstrem o seu conhecimento criando uma resposta, realizando um pro-

---

FERRAMENTAS-CHAVE DE AVALIAÇÃO 8.7
Aumentando a validade e a confiabilidade das avaliações de desempenho

- Saiba qual é o propósito da avaliação desde o início.
- Ensine e permita que os alunos pratiquem os critérios de desempenho.
- Defina os critérios de desempenho em termos de comportamentos observáveis e evite usar advérbios como *adequadamente*, *corretamente*, ou *bem*, pois sua interpretação pode mudar de aluno para aluno. Use comportamentos claros e bem descritos que possam ser vistos por um observador, e que, portanto, estejam menos sujeitos à interpretação. Informe os alunos desses critérios e foque a instrução neles.
- Escolha critérios de desempenho que estejam em nível de dificuldade adequado aos seus alunos. Os critérios usados para julgar o desempenho oral em um debate de alunos de 3º ano devem ser mais detalhados do que os usados para julgar alunos do 1º.
- Limite os critérios de desempenho a um número razoável. Um número muito grande de critérios torna a observação difícil e causa erros que reduzem a validade das informações de avaliação.
- Mantenha um registro escrito de desempenho dos alunos. *Checklists*, escalas de classificação e rubricas são os métodos mais fáceis de registrar o desempenho dos alunos em critérios importantes, apesar de que o mais desejável e informativo seria um número maior de narrativas descritivas. Gravações podem ser usadas para registrar um desempenho, desde que não intimidem ou distraiam os alunos. Se um instrumento formal não puder ser usado para registrar julgamentos do desempenho dos alunos, então é melhor usar notas informais para registrar seus pontos fortes e fracos.
- Certifique-se de que a avaliação de desempenho é justa para todos os alunos.

Fonte: Os autores.

- cesso ou produzindo um produto, em vez de selecionando uma resposta. As avaliações de desempenho complementam provas a papel e caneta nas avaliações em sala de aula.
- As avaliações de desempenho são úteis para determinar a aprendizagem dos alunos em áreas práticas, como a comunicação, habilidades psicomotoras, atividades atléticas, aquisição de conceitos e características afetivas.
- As avaliações de desempenho têm muitas utilidades. Elas podem mapear o desempenho dos alunos ao longo do tempo, fornecer informações diagnósticas sobre a aprendizagem dos alunos, dar aos alunos a ideia de propriedade sobre a sua aprendizagem, integrar os processos instrucionais e de avaliação, estimular os alunos a avaliar o próprio trabalho e reunir em portfólios tanto evidências cumulativas de desempenho quanto exemplos concretos do trabalho dos alunos. A principal desvantagem das avaliações de desempenho é o tempo necessário para prepará-las, implementá-las e avaliá-las.
- As avaliações de desempenho bem-sucedidas requerem um propósito bem definido para a avaliação; critérios de desempenho claros e observáveis; um ambiente adequado para avaliar o desempenho; e um método de pontuação ou classificação.
- Os comportamentos específicos que um aluno demonstra ao realizar um desempenho ou as características que um produto do estudante deve possuir são chamados de critérios de desempenho. Esses critérios definem os aspectos de um bom desempenho ou produto e devem ser compartilhados com os alunos e usados como base para a instrução.
- A chave para identificar os critérios de desempenho é dividir um desempenho ou produto em suas partes componentes, já que são essas as partes observadas e julgadas. Costuma ser útil envolver os alunos na identificação de critérios para os produtos ou para os desempenhos. Isso os envolve no processo de aprendizagem e lhes apresenta os componentes importantes do desempenho desejado.
- O número de critérios de desempenho deve ser pequeno, não mais do que 15, para focar os aspectos mais importantes do desempenho e simplificar o processo de observação. É aconselhável colaborar com um professor em avaliações de áreas ou desempenhos em comum.
- Palavras ambíguas, que obscurecem o significado dos critérios de desempenho (p. ex., *adequadamente*, *corretamente* e *apropriado*), devem ser evitadas; defina especificamente o que você está procurando em um desempenho ou produto. Os critérios devem ser tão explícitos que outro professor possa usá-los de maneira independente.
- As avaliações de desempenho podem ser classificadas ou resumidas qualitativa ou quantitativamente. Registros anedóticos e narrativas do professor são descrições qualitativas das características e dos desempenhos dos alunos. *Checklists*, escalas de classificação e rubricas de pontuação são avaliações quantitativas do desempenho. Uma rubrica descreve o nível em que o aluno está realizando uma tarefa. Portfólios podem incluir informações qualitativas, quantitativas, ou ambas, acerca do desempenho dos alunos.
- *Checklists* e escalas de classificação são desenvolvidas a partir dos critérios de desempenho esperados para um desempenho ou produto. As *checklists* dão ao observador apenas duas escolhas para julgar cada critério de desempenho: presente ou ausente. As escalas de classificação dão ao observador mais duas escolhas de julgamento; por exemplo: sempre, às vezes, nunca, ou excelente, bom, razoável, insuficiente, ruim. As escalas de classificação podem ser numéricas, gráficas ou descritivas. O desempenho pode ser resumido em uma escala numérica para definir o desempenho ou por meio de uma rubrica de pontuação.
- Os portfólios são coleções de trabalhos dos alunos que apresentam suas mudanças e

seu progresso ao longo do tempo. Os portfólios podem conter produtos ou desempenhos dos alunos.

- Os portfólios podem ter muitos usos: focar a instrução em atividades importantes; reforçar a questão de que os desempenhos são resultados importantes da educação; fornecer aos pais, aos alunos e aos professores uma perspectiva sobre o progresso dos alunos; diagnosticar pontos fracos; permitir que os alunos revisem, reflitam e avaliem o seu trabalho ao longo do tempo; atribuir notas aos alunos; e integrar a instrução e a avaliação.
- As avaliações de portfólio são uma forma de avaliação de desempenho que envolvem quatro fatores: definição de propósito, identificação de critérios claros de desempenho, estabelecimento de um ambiente para o desempenho, e construção de um esquema de pontuação ou classificação. Além dos critérios de desempenho para cada peça específica do portfólio, com frequência é necessário desenvolver um conjunto de critérios para avaliar ou resumir o portfólio inteiro.
- Para garantir a validade das avaliações de desempenho, os alunos devem ser instruídos sobre os critérios de desempenho desejados antes de serem avaliados.
- A validade das avaliações de desempenho pode ser melhorada a partir da definição de critérios de desempenho em termos observáveis; do estabelecimento de critérios de desempenho a um grau de dificuldade adequado para os alunos; da limitação do número de critérios de desempenho; da manutenção de um registro escrito do desempenho dos alunos; e da verificação da influência de fatores externos sobre o desempenho dos alunos.
- A confiabilidade pode ser aumentada realizando-se múltiplas observações do desempenho ou verificando se os observadores estão de acordo com relação ao mesmo desempenho, produto ou portfólio, e se estão usando os mesmos critérios de avaliação.

QUESTÕES PARA DISCUSSÃO

1. Que tipos de objetivos são mais bem avaliados usando a avaliação de desempenho?
2. Como as avaliações formais e informais de desempenho diferem em termos das características dos alunos, da validade e da confiabilidade das informações, e da sua utilidade para as decisões que precisam ser tomadas pelo professor?

ATIVIDADES

1. Escolha uma área da matéria que você goste de ensinar e identifique um objetivo nessa área que não possa ser avaliado por meio de questões dissertativas ou de seleção. Crie um instrumento de avaliação de desempenho ou produto para esse objetivo. Forneça as seguintes informações:

   a) o objetivo e uma breve descrição do comportamento ou produto que você irá avaliar e a série em que será ensinado;

   b) um conjunto de pelo menos 10 critérios de desempenho observáveis para julgar o desempenho ou o produto;

   c) um método para pontuar o desempenho dos alunos;

   d) um método para resumir o desempenho em um único escore.

   Os procedimentos de avaliação usados podem ser na forma de uma *checklist* ou de uma escala de classificação. Um documento de 2 a 3 páginas deve fornecer as informações necessárias. Certifique-se de se focar na clareza e na especificidade dos critérios de desempenho e na clareza e praticidade do procedimento de pontuação.

2. Reescreva os seguintes critérios de desempenho de forma mais clara, para que seja possível avaliar o poema de um aluno. Lembre-se de que você está tentando escrever critérios de desempenho que a

maioria das pessoas irá entender e interpretar da mesma forma.
- Poema é original.
- Significância.
- Contém rimas.
- Tamanho apropriado.
- Bem focado.
- Bom título.
- Nível de vocabulário adequado.

QUESTÕES PARA REVISÃO

1. De que forma as avaliações de desempenho diferem de outros tipos de avaliação? Quais são os benefícios de usar as avaliações de desempenho? E as desvantagens?
2. Quais são os quatro passos que devem ser tomados ao realizar a avaliação de desempenho? O que acontece em cada um desses passos?
3. Por que os critérios de desempenho são tão importantes para a avaliação de desempenho? De que forma eles ajudam o avaliador não só a julgar o desempenho e os produtos dos alunos, mas também a planejar e a conduzir a instrução?
4. Quais são as diferenças entre *checklists*, escalas de classificação e rubricas? Como cada uma é usada para avaliar desempenhos e produtos?
5. Quais são as principais ameaças à validade das avaliações de desempenho? Como fazer para aumentar a validade?
6. De que formas atribuir escores às avaliações de desempenho se assemelha a atribuir escores a questões dissertativas?
7. O que efetiva uma rubrica de pontuação?
8. Quais são alguns dos prós e contras dos portfólios?

REFERÊNCIAS

AMERICAN COUNCIL ON THE TEACHING OF FOREIGN LANGUAGES. *Oral proficiency interview*: tester training manual. [S.l.]: ACTEL, 1989.

BARTZ, D.; ANDERSON-ROBINSON, S.; HILLMAN, L. Performance assessment: make them show what they know. *Principal*, v. 73, p. 11-14, 1994.

COSTA, A. L.; BELLANCA, J. A.; FOGARTY, R. (Ed.). *If minds matter*: a foreword to the future. [S.l.]: Skylight Professional Development, 1991.

GOODRICH, H. Understanding rubrics. *Educational Leadership*, v. 54, n. 4, p. 14-17, 1997.

MADAUS, G. F.; O'DWYER, L. M. Short history of performance assessment: lessons learned. *Phi Delta Kappan*, v. 80, n. 9, p. 688-695, 1999.

MOSS, P. A. et al. Portfolios, accountability, and an interpretive approach to validity. *Educational Measurement: Issues and Practice*, v. 11, n. 3, p. 12-21, 1992.

QUALITY COUNTS. Rewarding results, punishing failure. *Education Week*, 1999.

RYAN, J.; MIYASAKA, J. Current practices in testing and assessment: what is driving the change? *NAASP Bulletin*, v. 79, n. 543, p. 1-10, 1995.

STIGGINS, R. J. Design and development of performance assessments. *Educational Measurement: Issues and Practice*, v. 6, n. 3, p. 33-42, 1987.

WIGGINS, G. Creating tests worth taking. *Educational Leadership*, v. 44, n. 8, p. 26-33, 1992.

WIGGINS, G.; MCTIGHE, J. *Understanding by design*. Alexandria: Association for Supervision and Curriculum Development, 1998.

LEITURA RECOMENDADA

MEHRENS, W. A.; POPHAM, W. J.; RYAN, J. M. How to prepare students for performance assessments. *Educational Measurement: issues and practice*, v. 1, n. 1, p. 18-22, 1998.

capítulo 9
ATRIBUIÇÃO DE NOTAS

Tópicos-chave

- Lógica e dificuldades da atribuição de notas
- Atribuição de notas como julgamento
- Quatro tipos de comparação para a atribuição de notas
- Atribuição de notas para aprendizagem cooperativa e a alunos com deficiência
- Decidindo a que atribuir notas
- Resumindo diversos tipos de avaliação
- Duas abordagens de atribuição de notas
- Outros métodos de reportar o progresso dos alunos

OBJETIVOS DO CAPÍTULO

Após ler este capítulo, você poderá:

- Definir termos básicos como *referenciado a norma*, *referenciado a critério* e *curva de notas*.
- Contrastar as características das notas referenciadas a norma e a critério.
- Identificar princípios de atribuição de notas e explicar sua importância.
- Descrever as abordagens para atribuir notas à aprendizagem cooperativa e a alunos com deficiências.
- Definir estratégias para conduzir reuniões efetivas entre pais e professores.

PENSAR SOBRE ENSINAR

Como você acha que irá se sentir ao ter de atribuir notas aos alunos? Qual será o modelo de atribuição de notas que você irá seguir?

Vimos que os professores usam diversas técnicas para coletar informações sobre a aprendizagem dos seus alunos. Mas os professores devem fazer mais do que simplesmente coletar amostras dos desempenhos dos alunos; eles também precisam realizar julgamentos quanto à sua qualidade. O processo de julgar a qualidade do desempenho de um aluno é chamado de **atribuição de notas**. É o processo que traduz os escores de provas e informações descritivas de avaliações em números ou letras que indicam a qualidade da aprendizagem e do desempenho de cada aluno. Atribuir **notas** a um aluno é uma responsabilidade profissional de excepcional importância, que tem importantes consequências para os alunos. As notas são o produto mais comum e importante da avaliação em sala de aula a que a maioria dos alunos e dos pais tem acesso.

> A atribuição de notas é um processo em que se julga a qualidade do desempenho de um aluno comparando-o a algum padrão de bom desempenho.

Um professor pode fornecer uma nota para uma única avaliação, ou pode usar a nota para resumir um desempenho ao longo de um grupo de avaliações. Quando um aluno diz: "Eu tirei B na minha resenha do livro", ou "Eu tirei A na minha prova de química", ele está se focando na nota para uma única avaliação. As notas do boletim, por outro lado, representam o desempenho de um aluno ao longo de diversas avaliações que foram completadas durante o trimestre ou durante o período específico de avaliação. A atribuição de notas é o processo de julgar a qualidade do desempenho em uma única avaliação ou em múltiplas avaliações ao longo do tempo.

Para julgar a qualidade do desempenho de um aluno, ele deve ser comparado com algo ou alguém. Não é possível atribuir uma nota sem estabelecer uma comparação. Quando o professor atribui uma nota, ele está realizando um julgamento sobre a qualidade do desempenho de um aluno comparando-o com algum padrão de bom desempenho. Imagine que Jamal tenha obtido um escore de 95 em uma prova. O escore *descreve* seu desempenho – 95 pontos. Mas 95 significa que seu desempenho foi excelente, médio ou ruim? Essa é a questão da atribuição de notas – o quanto vale o desempenho de Jamal? Para responder a essa pergunta, precisamos de mais do que o escore da prova de Jamal. Por exemplo, podemos querer saber quantas questões havia na prova que ele fez e quanto cada uma valia. Um escore de 95 não fornece esse tipo de informação. Provavelmente, a forma como julgamos o desempenho de Jamal seria afetada se soubéssemos que ele acertou 95 de 200 itens, em vez de 95 de 100 itens. Ou talvez quiséssemos saber como Jamal se saiu em relação aos outros alunos da turma. Um escore de 95 não nos diz isso. Pode fazer uma diferença na atribuição de notas saber se o escore de Jamal foi o mais alto ou o mais baixo da turma. Por fim, talvez quiséssemos saber se o 95 de Jamal significa uma melhora ou um declínio, comparado com os escores de provas anteriores. Um escore de 95 não nos diz isso. É necessária alguma forma de comparação para formar um julgamento sobre o desempenho e, a partir disso, atribuir uma nota com base nesse julgamento.

LÓGICA E DIFICULDADES DA ATRIBUIÇÃO DE NOTAS

O propósito deste capítulo é fazer os questionamentos que os professores enfrentam quando atribuem notas e ajudar a respondê-los. Apesar de o foco principal se dar no processo de atribuir notas a matérias acadêmicas no boletim, os princípios discutidos também são adequados para atribuir notas a uma única prova ou avaliação. Um ponto lógico para começar a discussão é a pergunta: "Por que atribuir notas?".

Por que atribuir notas?

O motivo mais simples, e talvez o mais persuasivo, por que os professores atribuem notas aos seus alunos é porque eles precisam. Atribuir notas é um tipo de avaliação oficial que praticamente todos os professores são obrigados a realizar. Praticamente todos os sistemas escolares exigem que os professores façam julgamentos periódicos sobre o desempenho dos seus alunos.

> A atribuição de notas é uma avaliação oficial exigida dos professores.

O formato desses julgamentos escritos varia de um sistema escolar para outro, e de uma série para outra. Algumas escolas exigem que os professores registrem o desempenho dos alunos em forma de letras (p. ex., A, A-, B+, B, B-, C+); algumas em forma de categorias de desempenho baseadas em padrões (p. ex., excelente, bom, razoável, ruim); algumas na forma de porcentagem ou de outras notas numéricas (p. ex., 100–90, 89–80); algumas na forma de aprovado-reprovado; algumas na forma de uma *checklist* de objetivos ou habilidades específicas que recebem notas individualmente; e algumas na forma de narrativas escritas dos professores descrevendo as realizações e os pontos fracos dos alunos. O sistema mais comumente usado são as notas em forma de letra, que são a principal forma de nota no final do ensino fundamental, no ensino médio e nas universidades; e classificações por objetivo ou habilidades, que são mais utilizadas na educação infantil e nas séries iniciais do ensino fundamental.

> Independentemente do sistema de atribuição de notas ou do boletim, as notas se baseiam sempre nos julgamentos dos professores.

Alguns sistemas escolares também exigem que os professores escrevam comentários sobre o desempenho de cada aluno no boletim, ao passo que outros exigem que os professores atribuam notas tanto para matérias acadêmicas quanto para áreas de socialização. Há muitas variedades diferentes de formas de atribuir notas, e as Figuras 9.1, 9.2 e 9.3 mostram três exemplos. Nos Estados Unidos, por exemplo, frequentemente há debates acalorados sobre o formato do boletim a ser usado no distrito da escola, com alguns pais querendo notas A, B, C, D mais voltadas aos produtos dos alunos, enquanto outros preferem *checklists* mais voltadas aos processos de aprendizagem. Independentemente do sistema específico ou do formato do boletim utilizado, as notas sempre irão se basear nos julgamentos do professor.

ALLSTON PUBLIC SCHOOL
Séries 1-3

Nome _____ Série _____ Ano _____
Escola _____ Professor _____

Chave	
O Ótimo	**V** denota uma área fraca
S Satisfatório	**M** denota programa modificado
N Necessita melhorar	+ ou − pode ser usado para modificar **S**

Registro de presença

Bimestre	I	II	III	IV	TOTAL
Ausente					
Atrasado					
Dispensado					

LEITURA — SÉRIE	1	2	3	4		ESTUDOS SOCIAIS (3ª série apenas) — SÉRIE	1	2	3	4
Esforço						Esforço				
Conecta literatura com outras experiências						Demonstra consciência geográfica				
Aprende e aplica vocabulário						Entende semelhanças e diferenças culturais				
Compreende seleções lidas pelo professor						Compreende conceitos e ideias históricas				
Compreende estrutura de histórias						**COMPUTADORES — SÉRIE**				
É capaz de compreender uma palavra desconhecida pelo contexto						Esforço				
						Conduta				
Aplica estratégias e habilidades de leitura apropriadas						Compreende conceitos e ideias				
						HÁBITOS DE TRABALHO — SÉRIE				
Lê com fluência						Ouve com atenção				
Lê com compreensão						Trabalha cooperativamente em grupo				
Faz bom uso do tempo de leitura independente						Participa da aula				
LÍNGUA — SÉRIE						Completa o dever de casa				
Esforço						Completa trabalhos de maneira independente				
Organiza e expressa ideias oralmente						Usa o tempo com eficiência				
Expressa ideias por meio da escrita						Tem atitude positiva para com a aprendizagem				
Desenvolve e organiza ideias no trabalho escrito						Segue orientações				
Escreve com o uso e as mecânicas certas						Busca ajuda quando necessário				
Edita e revisa conforme necessidade						Organiza o trabalho e materiais				
ORTOGRAFIA — SÉRIE						Usa habilidades de estudo				
Esforço						**CONDUTA — SÉRIE**				
Domina ortografia das palavras designadas						Segue as normas da sala de aula				
Escreve as palavras corretamente						Segue as normas da escola				
CALIGRAFIA — SÉRIE						Demonstra autocontrole				
Esforço						Respeita direitos, opiniões e propriedade dos outros				
Forma as letras corretamente										
Escreve de maneira organizada e legível										
MATEMÁTICA — SÉRIE										
Esforço										
Compreende conceitos										
Domina fatos básicos										
Trabalha com precisão										
Interpreta informações para resolver problemas										

FIGURA 9.1 Exemplo de boletim de uma escola de ensino fundamental.
Fonte: Os autores.

NOME DO ALUNO		ANO DE GRAD.		ID DO ALUNO			TELEFONE		SALA	SEMESTRE 1 2013-2014
										CRÉDITOS PREVISTOS
										62,00

BOLETIM DO SEMESTRE

No.	CURSO		PROFESSOR	NOTA DOS PERÍODOS				PROVA	NOTA FINAL	CRÉDITOS ADQUIRIDOS
				1º		2º				
				Nota	Perdidos	Nota	Perdidos			
11	SAÚDE	34	Sr. Fleagle	A	1	A-		B	A-	1,00
133	INGLÊS	30	Sr. Turcotte	B	2	B+		B	B+	2,50
221	HIS. EUR. ATU.	30	Sra. Golden	B	1	B+		B	B	2,50
321	GEOMETRIA	30	Sra. Franklin	B	2	C+	1	C+	B-	2,50
433	FÍSICA	31	Sr. Wind	B-		B	2	B-	B	3,00
737	DIREITO INTRO.	34	Sr. Tarot	B+	1	A-		B+	A-	2,50

MÉRITOS 100 100

FELTON HIGH SCHOOL
47 WEST STREET
WILSON, MASS. 01760

CRÉDITOS ATÉ O MOMENTO 76,00

FREQUÊNCIA	NESTE PERÍODO DE AVALIAÇÃO	TOTAL ESTE ANO
Faltas	0	0
Atrasos	0	0
Dispensas	1	1

Frequência registrada a partir de 19/01/13

ORIENTADOR
TELEFONE

PAI/ALUNO
FAVOR VER O VERSO PARA EXPLICAÇÃO DAS NOTAS

FIGURA 9.2 Exemplo de um boletim de ensino médio.
Fonte: Os autores.

BOLETIM DE PROGRESSO DA EDUCAÇÃO INFANTIL Our Lady of Lourdes School 54 Brookside Avenue Jamaica Plain, MA 02130 542-6136	Nome do aluno Nome do professor	FREQUÊNCIA D M J Ausente Atrasado	Ano Letivo CHAVE DE AVALIAÇÃO B – Bom S – Satisfatório M – Precisa Melhorar N – Não se aplica

Preparo para leitura	D	M	J
Reconhece o próprio nome			
Conhece a ordem do alfabeto			
Reconhece letras maiúsculas			
Reconhece letras minúsculas			
Associa sons com letras			
É capaz de transformar sons em palavras			
Trabalha da esquerda para a direita			
Demonstra interesse por livros/histórias			

Desenvolvimento linguístico	D	M	J
Oral			
Fala com clareza			
Expressa ideias e sentimentos bem			
Compartilha ideias e sentimentos bem			
Usa vocabulário adequado			
Fala em frases completas			
Conta histórias em ordem			
Escrita			
Escreve o nome inteiro			
Escreve o alfabeto			

Preparo para a matemática	D	M	J
Pode contar em ordem			
Reconhece números até 10			
Reconhece números acima de 10			
Escreve números com clareza			
Aplica conhecimento dos números			
Identifica formas básicas			
Entende questões matemáticas			
Discrimina visualmente semelhanças e diferenças			

Desenvolvimento físico	D	M	J
Músculos pequenos			
Veste-se			
Abotoa			
Fecha zíper			
Amarra cadarços			
Controla bem o lápis			
Corta bem			
Colore bem			
Usa cola bem			
Músculos grandes			
Corre e pula bem			
Pode pegar, quicar e jogar bola			
Demonstra parcialidade entre esquerda e direita			

Desenvolvimento na arte e na música	D	M	J
Ávido em explorar materiais artísticos			
Imaginativo com materiais artísticos			
Identifica cores, formas e tamanhos			
Demonstra entusiasmo por música			
Gosta de cantar			

Desenvolvimento religioso	D	M	J
Está aprendendo a rezar e a falar com Deus			
Está aprendendo sobre Deus e Sua criação			

Desenvolvimento social	D	M	J
Aceita responsabilidade			
Respeita a propriedade dos outros			
Respeita os sentimentos dos outros			
Respeita autoridade			
Trabalha bem com os outros			
Brinca bem com os outros			
Ouve quando os outros falam			

Hábitos de trabalho	D	M	J
Observa normas e regras			
Ouve com atenção			
Segue orientações			
Presta atenção			
Completa atividades prontamente			
Trabalha bem de maneira independente			
Usa materiais corretamente			
Toma cuidado com os materiais			
Organiza tudo depois do trabalho			
Termina o que começou			
Valoriza o próprio trabalho			
É observador			

Pessoal	D	M	J
Sabe o seu nome completo			
Sabe o seu endereço			
Sabe o seu telefone			
Sabe a sua idade e o seu aniversário			

FIGURA 9.3 Exemplo de um boletim de educação infantil.
Fonte: Reimpresso com permissão de Our Lady of Lourdes School.

O propósito de todas as notas é comunicar informações sobre o desempenho acadêmico dos alunos, aos pais, aos próprios alunos e a outros. Dentro desse propósito geral, estão mais quatro propósitos específicos da atribuição de notas: administrativo, informativo, motivacional e orientação.

Do ponto de vista administrativo, as notas ajudam a determinar coisas como o nível do aluno em determinada aula, créditos para a graduação, e se ele está pronto para a matéria do próximo ano. Elas também podem ser usadas para julgar diferentes abordagens de ensino e a qualidade tanto dos professores quanto dos administradores.

> Razões administrativas para atribuir notas incluem determinar o nível de um aluno na turma, créditos para graduação e preparo para a próxima série.

Informativamente, as notas são usadas para informar os pais, os alunos e outros sobre o desempenho acadêmico dos alunos e seu esforço – ou a falta dele. As notas representam o julgamento resumido do professor sobre o quão bem os alunos dominaram o conteúdo e os processos ensinados em uma matéria durante um trimestre ou período específico de avaliação. Como os boletins só são passados aos pais de três a quatro vezes por ano, os julgamentos que eles contêm são resumidos. As notas raramente fornecem informações diagnósticas sobre as realizações e as deficiências dos alunos. Os professores reconhecem essa limitação (HUBELBANK, 1994), mas ela não diminui a importância das notas para os alunos e para os pais. As notas são importantes, mas tenha em mente que elas são apenas um meio de se comunicar com os alunos e seus pais. Outros métodos, como conferências com os pais, podem oferecer informações mais detalhadas sobre o progresso dos alunos e serão descritos mais adiante, ainda neste capítulo.

As notas também são usadas para motivar os alunos a estudar. Uma nota alta é uma recompensa por um bom desempenho. Esse aspecto motivacional da atribuição de notas é, contudo, uma faca de dois gumes. A motivação dos alunos pode aumentar quando as notas são altas, mas diminuir quando são mais baixas do que o esperado ou quando o aluno tira notas baixas seguidamente. Além disso, não é desejável que os alunos estudem apenas para tirar uma boa nota, então os professores devem tentar equilibrar as recompensas pela nota com outros tipos de recompensa.

Por fim, as notas são usadas como orientação. Elas ajudam alunos, pais, professores e orientadores psicológicos a escolher os cursos e os níveis apropriados onde os estudantes devem ser colocados. Elas ajudam a identificar alunos que possam ter necessidades especiais e fornecem informações para as faculdades quanto ao desempenho acadêmico dos alunos no ensino médio. A Tabela 9.1 resume esses propósitos.

> As notas são usadas para motivar os alunos a estudar e para orientá-los para a escolha de cursos, faculdades e atendimentos especiais apropriados.

Apesar de periodicamente se propor a abolição das notas, é difícil enxergar escolas em que os julgamentos sobre o desempenho dos alunos não sejam feitos por professores e comunicados a várias partes interessadas. A base em que os professores fazem os seus julgamentos pode mudar, o formato no qual as notas são relatadas pode ser alterado, e os julgamentos podem não ser mais chamados de "notas", mas o processo básico de professores julgando e comunicando informações sobre o desempenho dos alunos – ou seja, "atribuição de notas" – ainda irá ocorrer.

Notas em qualquer formato são símbolos potentes em nossa sociedade, símbolos que são levados muito a sério por professores, alunos, pais e o público em geral. Independentemente dos seus sentimentos pessoais sobre o valor e a utilidade das notas, ainda assim é necessário levar o processo de sua atribuição

TABELA 9.1 Propósitos da atribuição de notas

Administrativos	Determinar se o aluno está pronto para o conteúdo da próxima série.
	Determinar o nível do aluno em uma turma.
	Determinar a qualidade dos professores e das abordagens de ensino.
	Determinar a qualidade da administração.
Informativos	Julgar e informar pais, alunos e outros sobre o desempenho acadêmico do aluno.
Motivacionais	Julgar o nível de esforço do aluno.
	Recompensar boa motivação.
	Motivar pais e alunos a aumentar o esforço do aluno.
Orientação	Ajudar alunos, pais e orientadores a escolher as matérias e os níveis adequados[*].
	Ajudar os professores a agrupar os alunos por nível de desempenho ou necessidade.

[*] N. de R.T.: No Brasil, em geral, todas as disciplinas oferecidas são obrigatórias. No entanto, algumas escolas oferecem mais de uma opção de língua estrangeira e/ou aulas de reforço de diferentes disciplinas.
Fonte: Os autores.

a sério. Isso quer dizer que você deve criar um sistema de atribuição de notas que:

1. seja justo para os seus alunos e
2. passe a mensagem sobre o desempenho dos alunos que você deseja.

Os professores têm a responsabilidade de serem objetivos e justos na atribuição de notas, e jamais devem usá-las para recompensar ou punir alunos de quem o professor gosta ou não.

> Como as notas podem afetar as chances dos alunos na vida, os professores têm o dever ético de serem o mais justos e objetivos possíveis ao atribuí-las.

A dificuldade de atribuir notas

Atribuir notas pode ser uma tarefa difícil para os professores por quatro motivos:

1. poucos professores tiveram instrução formal sobre como atribuir notas aos seus alunos (BROOKHART, 1999);
2. os diretores não oferecem muitas diretrizes para os professores com relação a políticas e expectativas específicas das notas (HUBELBANK, 1994);
3. os professores sabem que as notas são levadas a sério por pais e alunos, e que as notas que um aluno tira serão examinadas e, frequentemente, contestadas; e
4. é difícil ignorar a consciência que o professor tem das características e das necessidades de cada aluno (fator essencial para que ele possa dar aulas boas e adequadas ao nível dos alunos) na hora de determinar as notas.

> O papel de orientadores que os professores têm para com os seus alunos torna ainda mais difícil julgá-los de forma completamente objetiva.

Ao determinar as notas, perguntas com relação à justiça delas inevitavelmente surgem. Os professores devem se focar apenas nas notas e nos escores das provas que eles coletaram durante o trimestre para calcular a nota do aluno, ou eles também devem levar em conta as necessidades, as circunstâncias e os problemas únicos de cada aluno? A relação especial de orientação que os professores têm para com os seus alunos dificulta sua tarefa de julgá-los de forma unicamente objetiva ou distante (HUBELBANK, 1994). Isso é perfeitamente aplicável às notas, já que julgamentos feitos sobre os alunos são públicos e podem influenciar o *status* educacional ou ocupacional deles, e ter efeitos em sua casa, com seus pais.

Os seguintes comentários indicam um pouco da ambivalência que os professores sentem sobre a atribuição de notas:

> A hora de fazer os boletins é sempre difícil para mim. Os meus alunos levam as notas a sério e falam sobre elas uns com os outros, apesar de eu pedir para eles não fazerem isso. Eles são jovens (4ª série) e alguns deixam as notas definirem como eles se enxergam, então as notas podem ter um efeito negativo em alguns. Ainda assim, eu acho que não faz muito bem para uma criança deixá-la pensar que os seus trabalhos estão todos ótimos quando isso não é bem verdade... Mas anotar isso em um boletim torna a nota final e permanente... Agonizo pensando nas notas que eu dou.
>
> O primeiro boletim do ano é sempre o mais difícil, porque estabelece expectativas futuras para a criança e seus pais.
>
> Nas séries de ensino médio onde dou aula, damos as notas de forma muito mais objetiva do que no ensino fundamental. Aqui, não conhecemos os nossos alunos tão bem quanto os professores de ensino fundamental, então podemos ser mais objetivos na hora de atribuir notas. Só que preciso admitir que eu reconheço que diferenças no interesse, esforço e educação dos alunos provavelmente influenciam um pouquinho as minhas notas.
>
> Sentar e julgar os alunos é sempre complexo, mas as notas do boletim são especialmente difíceis para mim. As notas nas matérias deveriam afetar apenas o desempenho acadêmico, então algumas qualidades boas e desejáveis dos alunos acabam ficando de fora. Ainda assim, os pais e muitas crianças levam esses indicadores incompletos muito, muito a sério. Eu tento cobrir todas as qualidades não acadêmicas dos meus alunos nos comentários do boletim. Outro motivo por que as notas do boletim são difíceis para mim é que a minha série é a primeira em que os alunos recebem notas nas matérias. Toda a vez que eu entrego um boletim, tenho a consciência de que estou estabelecendo expectativas para o aluno, para os pais dos alunos e para professores futuros.

> Não há estratégias uniformemente aceitas para a atribuição de notas.

Esses comentários indicam que atribuir notas é um processo difícil e demorado, que exige energia mental e emocional consideráveis dos professores. As exigências impostas sobre os professores ao atribuir notas se devem, em parte, ao fato de elas terem importantes consequências para o aluno e outras pessoas. A atribuição de notas é ainda mais complicada pela falta de estratégias uniformemente aceitas. Os sistemas de atribuição de notas não são comparáveis de escola para escola ou de professor para professor, então cada profissional deve encontrar sua própria resposta para as muitas questões associadas com o processo de atribuição de notas. A Tabela 9.2 resume algumas das considerações mais difíceis que os professores enfrentam ao atribuir notas aos seus alunos.

ATRIBUIÇÃO DE NOTAS COMO JULGAMENTO

Apesar de haver diretrizes gerais para ajudar a desenvolver um sistema de atribuição de notas para as aulas, os professores recebem autonomia considerável.

> O aspecto mais importante do processo de atribuição de notas é sua dependência dos julgamentos do professor.

Os julgamentos dos professores requerem duas coisas:

1. informações sobre a pessoa sendo julgada (p. ex., escores das provas, resenhas de livros, avaliações de desempenho) e

TABELA 9.2 Dificuldades da atribuição de notas

- Duplo papel do professor: relação disciplinar e julgadora *versus* relação assistencial.
- Impedir as circunstâncias, características e necessidades pessoais do aluno de distorcer o julgamento com relação ao desempenho acadêmico.
- Natureza crítica e subjetiva da atribuição de notas; evidências são sempre inconclusivas.
- Falta de treinamento formal para atribuir notas.
- Falta de estratégias universalmente aceitas para a atribuição de notas.

Fonte: Os autores.

2. uma base de comparação que possa ser usada para traduzir as informações em julgamentos para as notas (p. ex., que nível de desempenho vale um A, B, C, D ou F).

As informações fornecem a base do julgamento, mas note que julgamento é diferente de adivinhação. Adivinhação é o que se faz quando não há informações ou evidências para ajudar a fazer um julgamento: "Eu não tenho informações, então vou ter de inventar". *Julgar* implica que o professor tem alguma evidência a considerar para realizar o julgamento. Logo, o professor coleta evidências de vários tipos para ajudá-lo a fazer julgamentos e tomar decisões sobre a aprendizagem dos alunos.

> Um julgamento não é nem um palpite nem uma certeza, mas se baseia em evidências que o professor considera válidas e confiáveis.

Mas julgamento também implica incerteza, especialmente no ambiente das salas de aula. Quando há certeza absoluta, não há necessidade de o professor fazer um julgamento. Por exemplo, quando os professores definem que "Guilherme é um menino", que "Os pais de Sílvia são divorciados" ou que "Sílvio tirou a nota mais alta na prova de matemática", eles estão definindo fatos, e não fazendo julgamentos. O julgamento, então, fica entre a adivinhação e a certeza. Como as evidências para atribuir notas raramente são conclusivas ou completas, os professores precisam fazer um julgamento. Usar quantidades maiores de informação pode reduzir – embora raramente elimine – a necessidade de o professor fazer julgamentos ao atribuir notas. Como as evidências de avaliação são sempre incompletas, os professores devem se preocupar quanto à validade e à confiabilidade dos julgamentos que fazem a partir dela.

Para resumir nossa discussão do propósito, o objetivo da atribuição de notas é obter evidências válidas o suficiente sobre as realizações dos alunos para fazer um julgamento de notas que seja válido, que comunique o nível do desempenho acadêmico de um aluno e que possa ser sustentado por evidências. Como as notas são julgamentos públicos importantes, elas devem se basear primariamente em evidências formais como provas, projetos e avaliações de desempenho. A concretude desses tipos de evidência não só ajuda o professor a ser objetivo ao dar notas, mas também ajuda a explicar ou defender uma nota quando esta é contestada. Levando isso em conta, há três perguntas principais que precisam ser respondidas ao se desenvolver um **sistema de atribuição de notas:**

- Com que padrão eu devo comparar o desempenho dos meus alunos?
- Que aspectos do desempenho dos alunos eu devo incluir em minhas notas?
- Como tipos diferentes de evidências devem ser pesados ao atribuir as notas?

Embutidas nessas três perguntas, estão outras questões a que todos os professores devem responder quando atribuem notas. Infelizmente, poucos distritos escolares têm políticas explícitas de atribuição de notas para dizer ao professor como responder a essas questões*.

A maioria dos distritos tem formatos de notas específicos que os professores devem usar (p. ex., A, B, C; bom, satisfatório, ruim), mas os professores devem definir os detalhes específicos dos sistemas de atribuição de notas por conta própria. Eles devem responder a perguntas como: "Que nível de desempenho equivale a uma nota A e qual equivale a uma nota D?", "Qual é a diferença entre desempenho bom e satisfatório?" e "Devo reprovar os meus alunos mesmo se eles estiverem se esforçando?". Mesmo que o professor não faça essas perguntas conscientemente ao atribuir as notas, ele irá respondê-las implicitamente, porque, do contrário, seria impossível atribuir as notas.

QUATRO TIPOS DE COMPARAÇÃO PARA A ATRIBUIÇÃO DE NOTAS

Como visto anteriormente, uma nota é um julgamento quanto à qualidade do desempenho de um aluno. Mas é impossível julgar o desempenho de forma abstrata. Deve-se envolver comparação. Lembre-se da dificuldade que tivemos para julgar o quão bom era o escore de 95 de Jamal quando essa era a nossa única informação. Precisamos buscar informações adicionais que nos permitiriam comparar o desempenho de Jamal com algum padrão de qualidade. Sem comparação, não se pode atribuir uma nota.

> O desempenho de um aluno é mais comumente comparado com o desempenho de outros alunos ou com padrões pré-definidos de desempenho bom e ruim.

Podem-se usar muitas bases de comparação para atribuir notas aos alunos. As mais usadas na sala de aula comparam o desempenho de um aluno com:

- O desempenho de outros alunos.
- Padrões pré-definidos de desempenho bom e ruim.
- O próprio nível de habilidade do aluno.
- O desempenho prévio do aluno (aprimoramento).
- Os padrões de avaliação estaduais.

A maioria dos professores usa uma das duas primeiras comparações para atribuir notas aos seus alunos (BROOKHART, 1999). Notas baseadas na própria habilidade ou desenvolvimento de um aluno frequentemente se mostram problemáticas, já que a base de comparação difere para cada aluno na turma. Além disso, essas estratégias também exigem que o professor defenda tanto a qualidade das informações de avaliação que eles usam quando formam julgamentos sobre as mudanças na habilidade ou no desenvolvimento de um aluno quanto os seus julgamentos sobre o ponto de partida para o nível de habilidade ou desempenho de um aluno.

Atribuição de notas referenciada a norma (comparação com outros alunos)

Atribuir notas aos alunos com base em uma comparação com outros alunos na turma é conhecido como **atribuição de notas referenciada a norma**. Outros nomes para esse tipo de avaliação são "atribuição de notas relativa" e "atribuição de notas na curva". Uma

---

* N. de R.T.: Neste caso, distrito escolar pode ser entendido como rede escolar (p. ex., municipal) ou diretoria regional à qual a escola está subordinada.

nota alta significa que o escore do aluno foi mais alto do que o da maioria dos seus colegas, ao passo que uma nota baixa significa o oposto. Quando um professor diz coisas como "Gabriel é mais esperto do que Omar", "Raquel se esforça mais do que a Tiffany e a Tamika" e "Maria completa as folhas de exercício mais rápido do que qualquer outro na turma", o professor está fazendo comparações referenciadas a norma. Na atribuição de notas referenciada a norma, nem todos os alunos podem tirar nota máxima, não importa o quão bom seja o seu desempenho. O sistema foi criado para garantir que exista uma distribuição de notas ao longo de várias categorias de notas. Na atribuição de notas referenciada a norma, a nota que o aluno recebe não fornece indícios sobre o quão bom ou ruim foi o seu desempenho. Os alunos tiram nota A por ter escores mais altos do que os seus colegas. Se um aluno acertou apenas 40 questões das 100 da prova, mas esse foi o escore mais alto da turma, ele receberá uma nota A na atribuição de notas referenciada a norma, apesar de ter respondido apenas 40 itens corretamente. O oposto pode ocorrer do outro lado da variação de notas: um aluno pode acertar 97 das 100 questões da prova, mas tirar um C porque muitos alunos da turma tiraram 98, 99 e 100. Comparado com esses colegas, um escore de 97 cai no meio do grupo, apesar de, em termos absolutos, ser um desempenho muito bom.

> A atribuição de notas referenciada a norma se baseia na comparação com outros alunos.

Na atribuição de notas referenciada a norma, os professores estabelecem uma **curva de notas** que define que porcentagem dos alunos pode tirar A, B, C e assim por diante. Essa curva, que varia de professor para professor e é estabelecida antes de uma avaliação ser dada, estabelece cotas para cada nota. A seguir, estão dois exemplos de curvas de notas:

A	Primeiros 20% dos alunos	A	Primeiros 10% dos alunos
B	Próximos 30% dos alunos	B	Próximos 40% dos alunos
C	Próximos 30% dos alunos	C	Próximos 45% dos alunos
D	Próximos 10% dos alunos	D	Últimos 5% dos alunos
F	Últimos 10% dos alunos		

> Uma curva de notas estabelece cotas para cada nota.

Se a curva esquerda fosse aplicada para atribuir uma nota a uma prova do capítulo ou da unidade, o professor aplicaria a prova, atribuiria escores e distribuiria os alunos na ordem dos seus escores, do mais alto ao mais baixo. Os 20% dos alunos que tiraram as notas mais altas (incluindo empates) tirariam A; os próximos 30%, nota B; os 30% seguintes, nota C; e assim por diante. Se a mesma curva fosse aplicada ao atribuir notas aos boletins, o professor primeiro precisaria resumir as diversas informações sobre o desempenho do aluno que foram coletadas ao longo de todo o trimestre. A lista de escores sumários para cada aluno seria arranjada em ordem do mais alto ao mais baixo, e as porcentagens na curva seriam aplicadas para estabelecer as notas.

Não existe uma única curva de notas ideal para ser usada em cada situação de atribuição de notas referenciada a norma. Alguns professores dão principalmente A e B, enquanto outros dão principalmente C. Alguns professores não acreditam em dar F aos seus alunos, enquanto outros dão muitos Fs. O critério do professor determina a natureza da curva de notas. Contudo, se a curva de um professor der muitas notas altas para alunos medíocres, os alunos não irão respeitá-la. Se for muito difícil até para alunos brilhantes e esforçados tirarem A, eles irão desistir. No fim das contas, busca-se uma curva de notas que seja justa para os alunos e que represente padrões acadêmicos que o professor entende serem apropriados e realistas para eles.

> A atribuição de notas referenciada a norma torna a nota de um aluno dependente do desempenho dos seus colegas, o que pode reduzir a cooperação.

O tipo de comparação que é usado para atribuir notas aos alunos pode influenciar seu esforço e atitude. Por exemplo, a atribuição de notas referenciada a norma tende a minar a aprendizagem e o esforço dos alunos que, repetidamente, tiram escores abaixo do restante da turma, já que recebem notas baixas continuamente. A atribuição de notas referenciada a norma apresenta uma ameaça menor aos melhores alunos da turma, apesar de incentivar a competição entre alunos por notas altas. Abordagens referenciadas a norma são competitivas e, ao atrelarem o sucesso e o fracasso dos alunos ao desempenho dos colegas, reduzem a cooperação e a interdependência, já que o sucesso de um aluno reduz as chances de sucesso dos outros.

Atribuição de notas referenciada a critério (padrões pré-definidos)

Em vez de atribuir notas comparando um aluno com os outros, o professor pode comparar o desempenho de um aluno com padrões de desempenho pré-estabelecidos. Os **padrões de desempenho** definem o nível ou escore que o aluno deve atingir para alcançar uma nota em particular. Todos os alunos que alcançam um nível determinado atingem a mesma nota, independentemente de quantos alunos alcancem aquele nível. A prova para conseguir a carteira de habilitação de motorista é um exemplo simples de padrão de desempenho. Em geral, essa prova consiste em duas partes, uma seção escrita, cobrindo o conhecimento das regras de trânsito, e uma seção de desempenho, em que o candidato deve dirigir um automóvel em ruas locais. (Note como as provas a papel e caneta *e* as avaliações de desempenho são combinadas nas provas de habilitação para se certificar de que todos os conhecimentos e habilidades importantes para dirigir com segurança serão avaliados. Esse é um bom exemplo para ter em mente durante suas próprias avaliações em sala de aula.)

A porção escrita da prova de habilitação normalmente contém uma série de questões de múltipla escolha que devem ser respondidas antes que se faça a prova prática. A prova escrita é aplicada a grupos de candidatos quase da mesma forma que as provas a papel e caneta são aplicadas nas escolas. Para passar na prova, é necessário acertar, pelo menos, 70% das questões. Neste caso, 70% equivalem ao padrão de desempenho. Para o candidato passar, ele depende apenas de como ele se compara ao padrão de desempenho de 70%. Passar não tem absolutamente nada a ver com o desempenho de outros candidatos que fazem a prova, porque os escores dos candidatos não são comparados uns com os outros. Eles são comparados com o padrão de desempenho predeterminado em 70%. Nesse sistema, é possível que todos ou que nenhum dos candidatos passe.

> Sistemas de atribuição de notas que comparam a realização dos alunos com padrões pré-estabelecidos em vez de com a realização de outros alunos se chamam atribuição de notas referenciada a critério.

A atribuição de notas que compara a realização de um aluno com padrões de desempenho pré-definidos é chamada de **atribuição de notas referenciada a critério**, ou de atribuição de notas absoluta. Como na prova de habilitação, cada aluno recebe uma nota com base em seu próprio desempenho. Já que os alunos não são comparados uns com os outros e não competem por uma porcentagem limitada de notas altas, é possível que todos eles tirem notas altas ou baixas nas provas. A atribuição de notas referenciada a critério é o sistema de atribuição de notas mais usado nas escolas. Os critérios usados para determinar os padrões de desempenho podem tanto se basear em desempenhos quanto em porcentagens.

Critérios baseados no desempenho

Critérios baseados no desempenho definem em detalhes a aprendizagem específica que os alunos devem demonstrar para receber uma nota específica. Por exemplo, em algumas turmas, os professores utilizam a "atribuição de notas por contrato", em que o aluno e o professor negociam a qualidade e a quantidade de trabalho que o estudante deve completar satisfatoriamente para receber uma nota específica. Se o aluno alcançar o padrão de desempenho negociado ao final do semestre, receberá a nota prometida. Por outro lado, poderia se estabelecer um padrão de desempenho mais reduzido para avaliar cada aluno que deve dar um discurso oral. O professor observaria o discurso, concentrando-se nas atividades específicas listadas nos padrões de desempenho do discurso oral. Ao final da apresentação, o professor verificaria os padrões de desempenho ou a rubrica e atribuiria uma nota a cada aluno. Um exemplo de rubrica baseado em padrões de desempenho pré-estabelecidos para um discurso oral é apresentado a seguir. Uma vez mais, veja que a nota de cada aluno depende do quão bom é o seu desempenho em comparação com o padrão, e não em comparação com os outros alunos.

> Na atribuição de notas referenciada a critério, não há limite para o número de alunos que podem receber uma nota em particular.

a) Aluno olha consistentemente para o público, fica ereto e mantém contato visual; projeta sua voz com clareza; variação adequada no tom e no ritmo; argumentos bem organizados logicamente e apresentados completamente; breve resumo no fim.
b) Aluno olha com frequência para o público, fica ereto e mantém contato visual; projeção vocálica boa, mas ritmo e clareza variam durante a apresentação; bem organizado, mas repetitivo; ocasionalmente escolhe palavras equivocadas; resumo incompleto.
c) Aluno irrequieto; um pouco de contato visual, expressão facial muda; projeção vocálica variável, não ouvida em toda a sala, algumas palavras gaguejadas; pouca organização, repetitivo, muitos pensamentos incompletos; resumo ruim.
d) Movimentos corporais do aluno distraem, pouco contato visual ou mudança de voz; palavras gaguejadas, fala sem variação no tom, não projeta a voz para além das primeiras fileiras, sem ritmo consistente ou lógica; apresentação incoerente, pouca organização e sem diferenciação entre questões principais e secundárias; sem resumo.

Critérios baseados em porcentagens

Esse segundo tipo, mais comum, de padrão referenciado a critério usa escores-limite baseados na porcentagem de itens respondidos corretamente. No caso das notas no boletim, determina-se uma porcentagem geral ou média de domínio de várias avaliações individuais. As próximas porcentagens-limite talvez representem o padrão mais utilizado deste tipo:

90 a 100% das questões corretas = A
80 a 89% das questões corretas = B
70 a 79% das questões corretas = C
60 a 69% das questões corretas = D
Menos de 60% das questões corretas = F

Qualquer aluno cujo desempenho estiver em um dos padrões de desempenho acima receberá a nota correspondente. Não há limite para o número de alunos que podem receber uma nota específica, e o professor não tem como saber qual será a distribuição de notas até depois de as provas terem sido corrigidas e das notas terem sido atribuídas. Note que isso não acontece com a abordagem referenciada a norma.

Muitos professores usam escores-limite diferentes dos que mostramos aqui; alguns usam 85% para cima como o limite para a nota A, e reajustam os limites das notas restantes de acordo. Outros se recusam a reprovar os alunos, a não ser que eles acertem menos da metade (50%) das questões. Como a curva na atribuição de notas referenciada a norma, os padrões de atribuição de notas usados na atribuição de notas referenciada a critério se baseiam no julgamento do professor sobre o que é adequado e justo para a sua turma. Os padrões devem ser razoáveis, dada a habilidade da turma e a natureza da matéria, além de academicamente honestos e desafiadores para os alunos.

Interpretando e ajustando notas

O sistema de atribuição de notas referenciada a critério tem como objetivo indicar quanto o aluno aprendeu das coisas que lhe foram ensinadas. Notas baseadas em aulas ruins, avaliações inválidas ou avaliações que deixam de cobrir tudo o que foi ensinado aos alunos irá passar uma mensagem equivocada sobre a sua aprendizagem. É claro, boas aulas e instrumentos válidos que avaliam completamente o que os alunos aprenderam devem sempre ser usados, independentemente da abordagem de atribuição de notas. Entretanto, o foco quanto ao domínio do conteúdo na atribuição de notas referenciada a critério torna especialmente crucial que os professores deem boas aulas e desenvolvam avaliações que sejam justas e que cubram todos os objetivos ensinados.

Na atribuição de notas referenciada a critério, errar uma questão de prova inválida ou ambígua pode ter grandes implicações para as notas dos alunos. Imagine que 2 de 10 questões na prova não tenham sido ensinadas aos alunos, e que, consequentemente, muitos deles responderam errado a essas duas questões. O escore mais alto que os alunos poderiam tirar seria 80%. Se eles não cometessem outros erros e fossem avaliados com base em padrões de desempenho em que 80% ou mais equivale a uma nota B, a nota mais alta que esses alunos receberiam seria B, mesmo que os dois itens que eles erraram não fossem culpa sua.

> Atualmente, os alunos não recebem notas só dos seus professores, mas também das avaliações estaduais ou municipais.[*]

Logo, antes de usar informações de avaliações para atribuir notas aos alunos, deve-se considerar a qualidade das informações. As notas só têm sentido quando as informações em que elas se baseiam são válidas. Se as notas forem atribuídas subjetivamente, se os critérios de atribuição de notas mudarem de um aluno para o outro, se não houver critérios de atribuição de notas estabelecidos, ou se a atenção do professor se dispersar durante a atribuição das notas, elas não irão refletir com precisão a aprendizagem dos alunos. Se as provas da unidade forem injustas para os alunos ou não avaliarem uma amostra representativa do que foi ensinado, os escores que os alunos tirarem não serão indicadores válidos de seu desempenho. É importante que os professores examinem resultados das avaliações que sejam incomuns ou inesperados. De modo geral, resultados surpreendentemente baixos provocam preocupação e atenção do professor. Os professores se perguntam: Essas notas baixas indicam um problema com a prova ou com as aulas, ou um problema com a dedicação com que os alunos se prepararam para a prova? Como esses resultados devem ser tratados na hora de atribuir as notas?

---

[*] N. de R.T.: Dentre as avaliações nacionais, a Prova Brasil divulga o resultado por escola ou município, dependendo do número de alunos nas turmas, ao passo que o ENEM divulga o resultado por aluno. Algumas redes estaduais e municipais divulgam resultados de suas avaliações de desempenho por aluno, ao passo que outras o fazem apenas por turma ou escola.

Imagine que a prova de uma professora tenha produzido escores mais baixos que o normal para a maioria dos alunos. Quando comparou as questões de prova com o que havia ensinado, a professora descobriu que a prova continha questões de uma seção ou unidade que não havia sido ensinada. Assim, não havia boa correspondência entre a prova e a instrução. Os alunos estavam sendo penalizados porque a instrução da professora deixou de cobrir muitos conceitos incluídos na prova. Logo, os escores forneciam uma ideia distorcida da realização dos alunos, reduzindo a validade das suas notas.

Para solucionar essa questão, a professora decidiu modificar os escores dos alunos na prova para melhor refletir o seu desempenho. Ela estimou que cerca de 20% dos itens da prova tratavam de seções que não haviam sido ensinadas. Após determinar que a maioria dos alunos havia se saído mal nessas questões, ela decidiu aumentar o escore de cada aluno na prova em 20 pontos percentuais, como ajuste pelas questões inválidas. Ela raciocinou corretamente que os escores aumentados forneciam uma indicação melhor do que os escores originais acerca do que os alunos haviam aprendido *com a instrução que foi dada*.

É importante reiterar a grande necessidade de se fazerem ajustes quando se usa a atribuição de notas referenciada a critério. Também é importante notar que a professora ajustou os escores baixos na prova somente *depois* de reexaminar tanto a prova quanto a sua instrução. Ela não aumentou os escores para fazer os alunos se sentirem melhor ou para fazê-los gostar mais dela. Nessa instância, os escores da prova foram aumentados para fornecer um indicativo mais válido sobre o quão bem os alunos haviam aprendido com a instrução. As notas maiores refletiram mais o domínio dos alunos sobre a matéria.

> Se um padrão de atribuição ou uma curva de nota se mostrar inadequado ou injusto, ele deve ser modificado antes de as notas serem atribuídas.

Independentemente de se empregar um sistema de atribuição de notas referenciada a critério ou a norma, a curva de notas ou os padrões de desempenho devem ser determinados antes de a avaliação ser realizada. Fazer isso ajuda os professores a pensar sobre o desempenho esperado e lhes permite informar aos alunos sobre o que será necessário para tirar notas altas. Quando definido adequadamente, o sistema de atribuição de notas diz aos alunos o que constitui alto e baixo desempenho. Contudo, mesmo depois de terem sido estabelecidos, os padrões de desempenho e a curva de notas não precisam permanecer fixos. Se, por algum motivo, um padrão ou uma curva de notas se tornar inadequado ou injusto, ele pode ser modificado antes de as notas serem atribuídas. Apesar de mudanças nos padrões de desempenho ou na curva de notas não deverem ser feitos de forma frívola, é melhor fazer mudanças do que dar notas incorretas e inválidas. Normalmente, a experiência com uma turma específica ajuda o professor a chegar a um conjunto de padrões ou a uma curva de notas adequada e justa. O professor pode fazer mudanças na curva de notas e nos padrões quando julgá-los inválidos por algum motivo. A discrição do professor jaz no centro da boa atribuição de notas.

> Justiça significa avaliar o que foi ensinado aos alunos, usando os procedimentos adequados de avaliação e estabelecendo padrões de desempenho ou curvas de notas realistas.

Dito isso, também devemos enfatizar que justiça para com os alunos não significa selecionar padrões ou curvas que garantam que todos tirem notas boas. Baixar os padrões ou as curvas de notas para garantir notas altas desencoraja o esforço dos alunos e diminui a validade das notas. Justiça significa avaliar completamente o que foi ensinado, usando procedimentos de avaliação apropriados à série e ao tipo de instrução usada, e estabelecendo padrões de desempenho ou curvas de notas que sejam realistas se os alunos se dedicarem. Essas são as responsabilidades dos professores ao integrar a instrução, a avaliação e a atribuição de notas. A Tabela 9.3 compara as principais características da atribuição de notas referenciada a critério e a norma.

Comparação com a habilidade de um aluno

Os professores frequentemente fazem comentários como "Diego está dando o máximo de si", "Maurício está aquém do que costuma produzir", ou "Jaqueline continua tirando notas muito mais altas do que eu esperava". Quando os professores fazem essas observações, eles estão comparando o desempenho real de um aluno com o desempenho que eles esperavam com base no seu julgamento da habilidade dele. Muitos professores atribuem notas comparando o desempenho real dos alunos com a sua percepção da habilidade deles.

Nessa abordagem de atribuição de notas baseada na habilidade, alunos com grande habilidade que fazem trabalhos excelentes tiram notas altas, assim como alunos com baixa habilidade que, de acordo com o seu professor, estiverem "realizando todo o seu potencial". Apesar de o desempenho real dos alunos com habilidade baixa poder estar muito abaixo do desempenho dos alunos com habilidade alta, cada grupo receberia a mesma nota, se cada um estivesse realizando toda a sua capacidade. Por outro lado, alunos com habilidade alta que, de acordo com o seu professor, apresentassem desempenho abaixo da sua capacidade, receberiam notas baixas. Um argumento que se dá em defesa dessa abordagem de atribuição de notas é que ela motiva os alunos a darem o seu melhor. Ela também pune os alunos preguiçosos, que não dão tudo de si.

Entretanto, não se recomenda atribuir notas com base na habilidade percebida dos alunos por uma série de motivos (KUBISZYN; BORICH, 2003). Primeiro, a abordagem depende de o professor ter uma percepção acurada da habilidade de cada aluno. Na realidade, os professores raramente conhecem o suficiente dos seus alunos para fazer avaliações válidas e precisas das suas habilidades. Os professores de fato têm uma noção geral das habilidades deles a partir das avaliações iniciais e do desempenho dos alunos em sala de aula, mas essa informação é muito imprecisa para formar uma compreensão acurada das suas habilidades. De modo semelhante, provas formais criadas para mensurar a habilidade raramente são precisas o bastante para prever com exatidão a capacidade de aprendizagem do estudante. Mesmo para especialistas, é praticamente impossível tomar decisões válidas sobre o que um aluno com certa habilidade geral é capaz de realizar em uma matéria determinada.

TABELA 9.3 Comparação entre atribuição de notas referenciada a norma e referenciada a critério

	Referenciada a norma	Referenciada a critério
Comparação feita	Aluno com outros alunos.	Aluno com critérios pré-definidos.
Método de comparação	Curva de notas; porcentagem de alunos que podem tirar cada nota.	Padrão de desempenho; escores que os alunos devem alcançar para tirar determinada nota.
O que a nota descreve	Desempenho do aluno comparado com outros na turma.	Porcentagem de domínio dos alunos sobre os objetivos do curso.
Disponibilidade de uma nota em particular	Limitado pela curva de notas; nem todos os alunos podem tirar A.	Não há limite para a disponibilidade da nota; todos os alunos podem tirar A.

Fonte: Os autores.

> Até mesmo provas formais criadas para mensurar a habilidade raramente são precisas o bastante para prever com precisão a capacidade de aprendizagem de um aluno.

Segundo, os professores frequentemente têm dificuldades para diferenciar a habilidade de um aluno de outras características dos estudantes, como autoconfiança, motivação e receptividade. Isso é especialmente problemático à luz de teorias recentes, de acordo com as quais os alunos têm diversos tipos de habilidades ou inteligências, e não só uma (GARDNER, 1995). Dadas essas múltiplas habilidades ou inteligências que ajudam os alunos a aprender e a desempenhar em diferentes modalidades (p. ex., oral, visual, escrita), em quais delas o professor deve se focar para julgar a habilidade de um aluno?

> Os professores não devem atribuir notas comparando o desempenho real de um aluno com sua percepção do nível de habilidade dele.

Terceiro, notas comparando o desempenho real contra as expectativas de desempenho são confusas para pessoas fora da sala de aula, especialmente os pais. Por exemplo, um estudante de habilidade elevada que tirou uma porcentagem de 80% de domínio sobre o conteúdo da instrução pode receber uma nota C, se for percebido que ele não deu o seu máximo, ao passo que um aluno de habilidade baixa que tenha dominado 60% do conteúdo pode receber uma nota A por superar as expectativas. Uma pessoa de fora que visse essas duas notas provavelmente pensaria que o estudante de baixa habilidade aprendeu mais com o curso, já que tirou a nota mais alta. Ainda assim, quando as notas se baseiam em uma comparação com a habilidade percebida de um aluno, há pouca correlação entre as notas e o domínio do aluno sobre o conteúdo da matéria.

Juntos, esses motivos são um forte argumento contra o uso de um sistema de atribuição de notas que compare a aprendizagem real com a esperada. Alguns boletins deixam espaço para julgamentos separados sobre a realização e a habilidade do aluno. O professor pode registrar uma nota baseada na realização real do aluno e, em um espaço separado no boletim, indicar se ele acha que o aluno está dando o melhor de si. Normalmente, o professor escreve comentários ou marca observações para mostrar que o aluno "precisa melhorar", "está melhorando" ou "está dando o seu melhor" com relação a sua habilidade. Mesmo nessa abordagem, os professores devem ter cuidado para não colocar fé demais em suas estimativas da habilidade e do potencial dos alunos.

Comparação com o progresso do aluno

Basear as notas no progresso do aluno ao longo do tempo cria problemas semelhantes aos vistos quando se atribui uma nota com base na comparação entre o desempenho do aluno e sua suposta habilidade. O progresso dos alunos é determinado ao se comparar o desempenho inicial do aluno com seus desempenhos posteriores. Alunos que demonstram maior progresso ou crescimento recebem notas altas, e aqueles que apresentam pouco progresso ou crescimentos recebem notas baixas. Uma dificuldade óbvia com essa abordagem é que os alunos que se saem bem no início no período de avaliação têm poucas oportunidades de melhorar e, portanto, poucas chances de conseguir boas notas. Alunos que tiram notas baixas no início do trimestre têm a melhor oportunidade de demonstrar progresso, e assim tendem a tirar notas altas. Não é de surpreender que os alunos que são avaliados com base no seu progresso logo percebam que é de seu interesse se sair mal nas primeiras provas. Eles intencionalmente têm um desempenho ruim no início para que possam demonstrar progresso facilmente depois.

Assim como acontece nas comparações entre desempenho real e desempenho previsto, atribuir notas com base no progresso causa problemas com a interpretação da nota. Um aluno que comece com um desempenho ruim e depois alcance desempenho regular pode tirar um A, ao passo que um aluno que teve bons desempenhos no começo e que, por isso, demonstrou pouco progresso pode tirar um B ou um C, quando foi justamente esse aluno que dominou maior parte do conteúdo da matéria na qual o outro aluno tirou a nota A.

> Existe pouca correlação entre as notas e o domínio dos alunos sobre o conteúdo da matéria em sistemas de atribuição de notas baseados em habilidade.

Alguns professores reconhecem essa dificuldade e propõem a seguinte solução: dar aos alunos que consistentemente têm desempenhos bons ao longo do trimestre uma nota A, mas também dar nota A aos alunos que aprimoraram o seu desempenho ao longo do tempo. Apesar de essa sugestão superar o problema visto acima, ela cria um novo problema. Em essência, esses professores estão propondo usar dois sistemas de atribuição de notas bem diferentes, um baseado em bom desempenho e outro em bom progresso. Essa abordagem dá recompensas para ambos os grupos de alunos, mas confunde o significado das suas notas, já que elas podem significar coisas diferentes: desempenho ou progresso. Assim, sistemas de atribuição de notas baseados no progresso e na habilidade, e sistemas de atribuição de notas baseados na combinação desses dois não são recomendados. As notas só serão capazes de passar uma mensagem consistente e compreensível se a mesma abordagem for aplicada a todos os alunos.

> O mesmo sistema de atribuição de notas deve ser aplicado a todos os alunos na turma para transmitir uma mensagem consistente e compreensível sobre os padrões da sala de aula.

ATRIBUIÇÃO DE NOTAS PARA APRENDIZAGEM COOPERATIVA E A ALUNOS COM DEFICIÊNCIA

Atribuição de notas na aprendizagem cooperativa

Salas de aula em todos os níveis educacionais estão enfatizando cada vez mais estratégias de aprendizagem grupais ou cooperativas. Na aprendizagem cooperativa, pequenos grupos de dois a seis estudantes recebem uma tarefa ou uma situação-problema que devem resolver em conjunto. O problema passado a um grupo cooperativo pode pertencer a praticamente qualquer matéria.

> O principal propósito da aprendizagem cooperativa é fazer os alunos aprenderem a trabalhar juntos para chegar a uma única solução do grupo.

Ao atribuir notas à aprendizagem cooperativa, os professores normalmente se preocupam em avaliar três resultados importantes:

1. os processos interativos e cooperativos que ocorrem dentro do grupo,
2. a qualidade da solução do grupo e
3. a contribuição e o entendimento de cada membro do grupo daquela solução.

Apesar de a avaliação dos processos grupais ser importante, a avaliação da aprendizagem da matéria também é. Contudo, conduzir a avaliação de cada membro do grupo individualmente é difícil, porque o grupo se torna um produto único, atingido em cooperação. A questão é como o professor deve atribuir notas individuais com base em uma única produção do grupo.

A prática mais comum de atribuição de notas na aprendizagem cooperativa é atribuir uma nota única à solução do grupo e dar aquela nota a cada um dos membros participantes. A dificuldade com essa estratégia é que ela presume que cada membro do grupo teve a mesma contribuição e entendimento. Tanto o aluno que contribuiu e que aprendeu muito quanto o aluno que contribuiu e aprendeu muito pouco recebem a mesma nota. Por outro lado, exigir muitas soluções e contribuições individuais dos alunos pode destruir muitos dos benefícios da resolução de problemas em grupo. Assim, para muitos professores, atribuir notas em situações de aprendizagem cooperativa cria problemas não encontrados ao atribuir notas ao desempenho de alunos individuais.

> Os professores devem decidir como atribuir uma nota ao projeto do grupo: todos os membros recebem a mesma nota, ou cada membro recebe uma nota individual.

Não existe uma única solução aceitável para esses problemas. Muitos professores não veem dificuldade em supor que cada membro do grupo contribuiu e aprendeu igualmente, e dão notas idênticas a todos. Outros professores combinam essas avaliações do processo em grupo com a avaliação do produto do grupo, confiando em suas observações e nas interações com os alunos como indicativo da contribuição e da compreensão de cada membro do grupo. Então, os professores ajustam as notas individuais de acordo com as suas observações da participação, contribuição e compreensão dos alunos. Ainda assim, outros professores deixam os alunos avaliarem sua própria contribuição e compreensão se dando uma nota. Essa abordagem está longe do ideal, já que, nas suas autoavaliações, a autopercepção e a autoconfiança do aluno frequentemente têm o mesmo peso que as suas contribuições para o trabalho e o seu aprendizado.

> Os professores podem usar atividades posteriores com alunos individuais para determinar o quão bem eles entenderam os processos usados em uma solução do grupo.

Outra estratégia que tem algumas vantagens sobre as precedentes combina notas individuais e notas em grupo. Todos os membros do grupo recebem a mesma nota pelo produto ou pela solução do grupo. Para avaliar a contribuição e a participação de cada indivíduo, pede-se que os alunos avaliem suas próprias contribuições e dos membros do seu grupo. Essas avaliações feitas pelos próprios alunos e pelos seus colegas, então, são usadas em conjunto com as próprias observações do professor para formar uma nota de participação ou de contribuição individual. Subsequentemente, se o professor quiser avaliar a aprendizagem de cada indivíduo, ele pode exigir que os alunos respondam ou realizem atividades posteriores relacionadas ao problema ou tarefa do grupo. O propósito dessas atividades é determinar o quão bem o aluno compreende e é capaz de aplicar a solução do grupo para resolver tipos de problemas semelhantes. Essa abordagem combina tanto a participação quanto a contribuição com a aprendizagem da matéria de forma que ajude o professor a saber o que cada aluno aprendeu.

Atribuindo notas a estudantes com deficiência

Nos capítulos anteriores, discutimos questões relacionadas a instruir e avaliar alunos com deficiências. Vimos que cada vez mais estudantes com deficiências estão sendo integrados ou "incluídos" em salas de aula regulares. Apesar de algumas deficiências de aprendizagem dificultarem que esses alunos apresentem desempenho em um nível semelhante ao de seus colegas sem deficiências em algumas áreas, os benefícios intelectuais e sociais da inclusão justificam essa integração. No entanto, por causa das disparidades no desempenho acadêmico que frequentemente ocorrem entre alguns alunos com e sem deficiência, a atribuição de notas pode criar uma série de preocupações para os professores. De fato, uma das perguntas feitas com maior frequência pelos professores é: "Como devo atribuir notas aos meus alunos com deficiências?".

A natureza do problema

Está embutida nesta questão uma série de outras perguntas. Por exemplo, quem deve ser o responsável por atribuir notas a um aluno incluído: o professor da turma, um professor de educação especial, ou esses dois em conjunto?

Deve-se usar o mesmo padrão para avaliar alunos com e sem deficiência? Como o plano de educação individual (PEI) do aluno incluído entra no processo de atribuição de notas? Qual é a melhor forma de registrar o desempenho dos alunos com deficiências? O professor que deve atribuir notas a esses estudantes deve responder a essas e a muitas outras perguntas (GUSKEY; BAILEY, 2001). Nesta seção, examinaremos questões associadas com a atribuição de notas a alunos com deficiências incluídos em salas de aula regulares. Iremos considerar diversas formas possíveis de atribuir notas e as limitações desses métodos. Também iremos identificar o principal problema que confronta os professores que devem atribuir notas a alunos com deficiências e sugerir formas de tornar essa tarefa mais manejável e informativa.

Considere as questões de quem deve ser o responsável por atribuir notas aos alunos com deficiências. A resposta a essa pergunta depende do grau de inclusão do aluno na sala de aula. Alunos com diversas deficiências normalmente passam quantidades diferentes de tempo em salas de aulas regulares – desde inclusão em tempo integral à inclusão de meio período para instrução em matérias específicas, até inclusão nenhuma. Em geral, o professor que ensina uma matéria específica se responsabiliza pela nota do aluno nessa matéria. Assim, alunos com deficiência totalmente incluídos devem receber notas do professor da turma, assim como alunos parcialmente incluídos que têm aulas de matérias específicas com o professor. Matérias ensinadas por professores de educação especial em salas de aula separadas devem ser avaliadas pelo professor de educação especial. O nosso foco aqui se dá nas questões relacionadas à atribuição de notas a alunos com deficiências que estão inclusos em tempo integral ou parcial em sala de aula.

O principal problema que os professores podem enfrentar ao atribuir notas aos alunos com deficiências é a disparidade de realização entre alguns alunos com deficiências e outros alunos sem deficiências. Nem todas as deficiências dificultam a habilidade do aluno de atingir um nível comparado aos seus pares sem deficiências, mas algumas deficiências dificultam. Os professores frequentemente fazem duas perguntas:

1. "Os padrões de atribuição de notas devem ser os mesmos para todos os alunos na minha classe?" e
2. "Como eu posso levar em conta a deficiência de um aluno quando atribuir notas à minha classe?".

Se o professor aplicar o mesmo padrão de atribuição de notas a todos os alunos, muitos dos alunos com deficiências receberão notas baixas. Se o professor usar padrões diferentes para alunos com e sem deficiências, a mesma nota irá significar coisas diferentes dependendo de que padrão de atribuição de nota for aplicado a determinado aluno. Perceba que esse é um problema, quer seja usado um sistema de atribuição de notas referenciado a norma ou referenciado a critério. Contudo, isso é especialmente problemático para alunos com deficiências na atribuição de notas referenciada a critério, quando os padrões de desempenho são rígidos e inflexíveis (POLLOWAY et al., 1994). E o problema fica ainda maior porque os alunos que saem de salas de educação especial e vão para salas de aula regulares recebiam notas com base em padrões diferentes dos que são usados nas salas de aula regulares (VALDES; WILLIAMSON; WAGNER, 1990), assim criando mais confusão no significado da nota.

Algumas estratégias possíveis

Muitas estratégias alternativas para atribuir notas foram adotadas para dar notas a alunos com deficiências (Salend, 2001). Todas as abordagens se baseiam nos objetivos e nas estratégias de aprendizagem descritas no PEI do aluno. A maioria das abordagens se baseia em estabelecer e aplicar padrões que são únicos a cada aluno, para que ele seja, assim, comparado consigo mesmo de alguma forma. Estratégias para atribuir notas a um aluno específico costumam ser desenvolvidas por uma equipe, que pode incluir o professor da turma, o aluno, seus pais e especialistas em educação especial (Munk; Bursuck, 2003). A seguir estão algumas explicações para essas estratégias alternativas.

- **Notas por contrato:** O professor e o aluno determinam em conjunto o tipo e a qualidade de trabalho que o aluno irá completar para receber uma nota específica. O contrato especifica a quantidade de trabalho em determinado nível de qualidade que é necessário para o aluno receber A, B, C, e assim por diante. A quantidade e o nível de trabalho exigido irão variar de acordo com o aluno. Conforme o aluno progredir ao longo do ano, os termos do contrato podem evoluir, de modo que se espere que ele realize mais trabalhos em um nível mais alto.
- **Notas baseadas no PEI:** Os alunos recebem notas com base na porcentagem de objetivos do seu PEI que eles alcançam em um trimestre ou período de avaliação. Os padrões de atribuição de notas seriam referenciados a critérios, sendo que diferentes porcentagens de conclusão dos objetivos resultariam em diferentes notas (i.e., 80% ou mais de conclusão equivale a A, de 70 a 79% de conclusão a B, e assim por diante). Essa abordagem é semelhante a atribuir notas aos alunos com base no seu progresso ao longo do tempo.
- **Múltiplas notas:** O aluno recebe notas diferentes por desempenhos diferentes, em vez de uma única nota geral. Por exemplo, o aluno pode receber notas separadas por esforço, participação, realização e progresso. Tal abordagem permite que o professor faça algumas distinções no desempenho geral do aluno e veja áreas de facilidade e de dificuldade. Uma abordagem semelhante é ajustar os pesos das notas para alunos diferentes, por exemplo, contando trabalhos ou projetos escritos mais do que resultados da prova. Boletins semelhantes a *checklists* ou escalas de classificação permitem descrições mais detalhadas do desempenho dos alunos e permitem que os professores estabeleçam distinções entre o nível de esforço, de participação na aprendizagem e de desempenho dos alunos.
- **Notas baseadas no nível:** Os alunos recebem notas que indicam tanto o seu nível de realização quanto o seu nível curricular. Essa estratégia é particularmente útil para alunos que têm desempenho abaixo do nível da série e que estão se focando em padrões de desempenho e objetivos de uma série anterior. Por exemplo, um aluno que apresente desempenho considerado nota B no currículo da 4ª série pode receber a nota B(4), ao passo que um aluno que apresentar desempenho nota B de uma série abaixo do nível do currículo pode receber a nota B(3). O número entre parênteses representa o nível da série do currículo que o aluno está seguindo. Essa abordagem permite que o professor aplique padrões e expectativas consistentemente para todos os alunos, distinguindo o nível da série em que o aluno está cumprindo as expectativas.
- **Notas narrativas:** O professor não atribui uma nota propriamente dita, mas fornece uma descrição escrita ou oral substancial do desempenho, das realizações e dos pontos fortes e fracos do aluno com base nas observações e nas avaliações que o professor faz dele. Note que essa é uma abordagem informativa, mas muito demorada.

Um levantamento com professores de educação não especial (Bursuck et al., 1996) indica que os professores usam muitas dessas estratégias para atribuir notas *tanto* para alunos com deficiências *quanto* para alunos sem. O levantamento também mostrou que os professores usam algumas estratégias mais do que outras para atribuir notas a alunos com deficiências. Entre as estratégias mais comumente usadas, estão a atribuição de notas com base no progresso dos objetivos do PEI; atribuir notas separadas para processo (esforço, realização) e realização (resultados das provas); dar mais peso ao processo dos alunos do que ao produto; e usar o contrato para estabelecer os critérios para as notas. Para alunos com deficiências, os professores se mostravam menos propensos a modificar seus padrões de atribuição de notas, aprovavam os alunos apenas pelo esforço ou os aprovavam independentemente do seu desempenho. Apesar de todas as estratégias descritas anteriormente serem usadas por professores, nenhuma evita os problemas de mensuração do progresso, determinação da habilidade e aplicação de padrões diferentes de atribuição de notas.

A necessidade de mensagens diferentes

O principal problema que a maioria dos professores enfrenta ao atribuir notas a turmas que contêm alunos com e sem deficiências é a incapacidade de qualquer tipo de nota transmitir as muitas mensagens importantes aos muitos públicos diferentes interessados nas notas.

O sistema de atribuição de notas usado nas escolas dos Estados Unidos é o sistema de letras A, B, C, D, F (Friedman; Frisbie, 1993; Polloway et al., 1994). Esse sistema limita as informações que podem ser transmitidas em uma nota, porque tudo o que o professor pode registrar acerca da nota do aluno é uma única letra, talvez com a adição de um sinal de mais ou de menos. As notas A, B, C, D, F transmitem pouco das especificidades do que cada aluno pode ou não fazer e aprendeu ou não. Notas com letras criam problemas específicos para os professores que querem levar a deficiência de um aluno em conta ao dar uma nota. Como visto anteriormente, independentemente de os professores usarem um sistema de atribuição de notas referenciado a norma ou a critério, muitos alunos com deficiências irão receber notas baixas. Por outro lado, se o professor aumentar uma nota por causa da deficiência do aluno, ele fica restrito a fazer isso dentro do sistema de notas por letras. Isso quer dizer que, apesar de o aluno com deficiência não ter tido um desempenho tão bom quanto o de outro aluno, ambos os alunos terão recebido a mesma nota. Pessoas que virem as duas notas irão presumir que elas representam o mesmo nível de desempenho. Contudo, se o professor não levar a deficiência em conta, muitos alunos com deficiências irão receber notas baixas continuamente. Esse é o dilema de atribuição de notas do professor.

Sistemas de registro que permitem que o professor forneça mais informações sobre a nota de um aluno do que uma única letra ou número podem ajudar os professores com esse dilema. Sistemas como as abordagens baseadas no nível e narrativas permitem que o professor forneça informações importantes sobre o significado do desempenho do aluno. A habilidade de descrever os resultados específicos de aprendizagem, o nível da série do desempenho do aluno, o grau de progresso, o peso dado a esforço e realização, a disponibilidade de um auxiliar para o aluno, ou outros fatores pertinentes relacionados ao desempenho dele podem ajudar o professor a atribuir notas a alunos com deficiência. Empregar essas informações leva a deficiência do aluno em conta nas notas dadas, além de fornecer a perspectiva desejada sobre o significado da nota.

DECIDINDO A QUE ATRIBUIR NOTAS

Assim que a base comparativa para a atribuição de notas tiver sido decidida, é necessário escolher os desempenhos e produtos específicos dos alunos que serão usados para essa atribuição. Se o professor estiver atribuindo notas a uma prova ou trabalho, então obviamente só há um desempenho a ser considerado. Se estiver atribuindo as notas finais no boletim, então muitos tipos de desempenho e comportamento podem ser considerados. Entre eles, podem-se incluir tanto os desempenhos acadêmicos formais quanto a área menos formal do "desempenho afetivo" – motivação, comportamento, interesse e assim por diante.

A quantidade e a natureza das informações de avaliação disponíveis ao professor variam dependendo do nível da série e da matéria. Por exemplo, para atribuir uma nota trimestral à ortografia, só é necessário combinar os resultados do desempenho dos alunos nos testes de ortografia semanais. Por outro lado, em história ou estudos sociais, o professor pode ter informações de *quizzes*, provas, deveres de casa, projetos, relatórios, portfólios e folhas de exercício. Professores de matemática do ensino médio têm deveres de casa, *quizzes*, portfólios e provas a considerar para atribuir as notas, ao passo que professores de português têm provas, redações, relatórios orais, *quizzes*, portfólios, projetos e discussões em aula a considerar. Além desses indicadores formais de desempenho, os professores têm percepções informais do esforço, interesse, participação em discussões em aula, motivação, presteza, comportamento dos alunos. Cada professor deve decidir qual das informações à disposição será usada para determinar as notas dos boletins. Essa decisão é crítica, visto que os desempenhos que estão incluídos definem o que a nota realmente significa.

> Os professores devem escolher muitas fontes, formais e informais, de informação ao determinar a nota do boletim.

Já que as notas servem de motivação para muitos alunos, determinar quais desempenhos e comportamentos estão inclusos nelas passa uma mensagem importante sobre o que o professor valoriza. Ao incluir comportamentos como participação em discussões ou pontualidade para a aula, o professor pode encorajar os alunos a participar mais ativamente ou a serem mais pontuais. Por outro lado, ao excluir comportamentos, o professor pode inadvertidamente passar a mensagem de que aquele comportamento não é valorizado. Assim, decidir o que incluir e o que excluir de uma nota dá uma importante oportunidade para o professor transmitir os seus valores e encorajar os alunos a adotar ou modificar comportamentos específicos ou tipos de desempenhos.

Três perguntas que os professores precisam fazer sobre as notas são: "O que eu quero que as minhas notas transmitam sobre o desempenho dos alunos?", "Que tipos de comportamentos e desempenhos eu quero promover ou desencorajar?" e "As avaliações que eu incluí na nota refletem o que eu quero transmitir?". Ao responder a essas perguntas, o professor pode perceber que nem todos os desempenhos, atividades ou tipos de comportamento que os alunos exibem na sala de aula são necessários para a nota. Na maioria das vezes, contudo, o sistema de atribuição de notas do professor irá incluir uma combinação de desempenho acadêmico e comportamentos afetivos.

Desempenho acadêmico

As notas costumam ser vistas como um indicativo do quanto os alunos aprenderam da instrução. Avaliações formais da realização dos alunos acerca dos objetivos da aula devem ser o principal componente das notas da matéria. Desempenhos afetivos *não* devem ser um determinante importante para as notas, já que características afetivas referem-se aos processos dos alunos, e não à sua aprendizagem. Para julgar a realização acadêmica dos alunos, precisamos olhar para os *resultados* do afeto (esforço, motivação, interesse), para como ele é demonstrado em avaliações formais.

> Notas das matérias refletem o desempenho acadêmico do aluno em vez de questões como motivação, cooperação e presença.

Avaliações formais, como provas feitas pelo professor ou do livro didático, redações, *quizzes*, deveres de casa, projetos, folhas de exercícios, portfólios e assemelhados são o melhor tipo de evidência para usar ao atribuir as notas no boletim. Elas são adequadas por dois aspectos. Primeiro, fornecem informações sobre o desempenho acadêmico dos alunos, que é o que as notas devem descrever. Segundo, como produtos tangíveis do trabalho dos alunos, elas podem ser usadas para explicar ou defender uma nota, se necessário. É defensável dizer a um aluno: "Eu lhe dei uma nota C porque, quando comparei os escores da sua prova, dos seus projetos e dos seus deveres de casa, seu desempenho se enquadrava na categoria C, de acordo com os critérios que eu estabeleci". É indefensável dizer: "Eu lhe dei uma nota C porque tinha uma forte *sensação* de que você não estava se esforçando tanto quanto costuma fazer, e porque tenho uma *percepção geral* negativa do seu desempenho diário em sala de aula". Seria difícil defender ou explicar esse segundo raciocínio a alunos, pais ou diretores.

> Avaliações formais, como provas feitas pelo professor ou deveres de casa, fornecem evidências físicas que ajudam a explicar ou a defender uma nota.

Como as avaliações formais da realização dos alunos devem ter grande peso para a nota final, é importante enfatizar que as notas só serão boas se a instrução e as avaliações formais em que elas se baseiam também forem. A atribuição de notas como processo não pode ser separada da qualidade da instrução e das informações de avaliação que os professores coletam antes de passar as notas. Assim como boas aulas podem ser minadas por avaliações inválidas, a boa atribuição de notas pode ser minada por avaliações mal construídas, inválidas ou não confiáveis. Evidências inválidas e irrelevantes sobre a realização dos alunos irão produzir notas inválidas e irrelevantes. As orientações para construir avaliações válidas descritas do Capítulo 5 ao Capítulo 8 devem fundamentar as avaliações que os professores constroem e usam em suas notas.

> Os alunos recebem mais oportunidades de demonstrar seu desempenho quando as notas se baseiam em diversos tipos de informação de avaliação.

Como passo final no processo de avaliar a realização acadêmica dos alunos, a atribuição de notas deve se basear em um conjunto variado de evidências válidas e confiáveis. Uma regra geral para a atribuição de notas é utilizar diversos tipos de informação, em vez de depender de um tipo único, já que, assim, é possível ter uma compreensão mais minuciosa do que os alunos aprenderam. Ao incluir informações de provas, trabalhos de aula, redações, projetos e outras atividades que requerem que os alunos demonstrem o que aprenderam, a probabilidade da nota final ser influenciada por um tipo único de tarefa, que pode distorcer o desempenho do aluno, é menor. Por exemplo, alguns alunos simplesmente não conseguem se sair bem em provas formais, mas conseguem demonstrar melhor sua aprendizagem por meio de projetos, redações e outros tipos de trabalhos em aula. Ao incluir diversos tipos de desempenhos à sua avaliação, os professores podem garantir que desempenhos ruins em provas que não representam bem o nível de aprendizagem do aluno sejam balanceados por outros tipos de informação. Além disso, já que os alunos precisam lembrar, compreender e aplicar a maioria das áreas da matéria, procedimentos variados são necessários para avaliar todos os resultados importantes da instrução.

Desempenhos afetivos

As características afetivas não devem ser fatores decisivos nas notas do boletim, mas as percepções que os professores têm dessas características em seus alunos frequentemente entram nas decisões de que nota atribuir. Uma situação comum em que a motivação, o interesse e o esforço do aluno entram na nota é quando alunos no limite recebem o benefício da dúvida. Quando o professor dá B+ a um aluno cujo desempenho acadêmico o situa entre uma nota B e um B+, mas que é motivado, participa da aula e trabalha diligentemente, ele está levando em conta mais do que avaliações formais de desempenho.

> O esforço e a participação do aluno podem ser usados para ajudar uma nota, mas não devem ser o seu determinante principal.

Os professores frequentemente aumentam as notas que dão a alunos conscienciosos e participativos para mantê-los motivados. Estritamente falando, esses ajustes distorcem o significado pretendido da nota, mas a maioria dos professores o faz com base no seu conhecimento das características e das necessidades específicas de um aluno. Atribuir notas é um processo crítico humano, e é praticamente impossível evitar esses tipos de ajuste. Essas decisões normalmente funcionam para benefício do aluno.

O professor não deve permitir que esforço, motivação, interesse ou personalidade tornem-se os fatores determinantes na atribuição de notas. Se isso acontecer, as notas serão distorcidas, fornecendo poucas informações úteis sobre o desempenho acadêmico dos alunos.

Por exemplo, dar um A para um aluno cujo desempenho acadêmico é marginal, mas que é muito esforçado e simpático seria enganoso para o aluno, seus pais, e outros que interpretarem a nota como um indicativo de grande aprendizagem. Alunos que se esforçam, são cooperativos e demonstram grande motivação e interesse são desejáveis de se ter em aula e merecem ser recompensados, mas as notas da matéria não são a área adequada para tais recompensas. As notas também não devem ser usadas para punir alunos por problemas de comportamento ou de pontualidade, a menos que estes sejam parte dos critérios formais de desempenho. Apesar de poucos professores conseguirem ignorar evidências não acadêmicas da habilidade, esforço e progresso dos alunos quando atribuem notas, a maioria usa essas evidências corretamente, como base para ajustes nelas, e não como os determinantes centrais (Brookhart, 1993; Griswold; Griswold, 1992; Nava; Loyd, 1992).

Como vimos neste capítulo, os professores devem decidir quais padrões de comparação usar ao atribuir notas. Isso significa decidir entre um padrão referenciado a norma ou a critério. Quando essa decisão tiver sido tomada, ele deve estabelecer uma curva de notas na abordagem referenciada a norma ou um conjunto de padrões de desempenho na abordagem referenciada a critério. A seguir, o professor deve determinar que desempenhos serão incluídos na nota. Como a intenção principal das **normas** é passar informações sobre o domínio dos alunos sobre a matéria em vez de suas qualidades pessoais, as notas devem se basear primariamente em avaliações formais de desempenho dos alunos. Apesar de as percepções subjetivas dos professores e seus *insights* inevitavelmente exercerem algum grau de influência sobre o processo de atribuição de notas, elas não devem distorcer muito a nota final.

Seja criterioso ao atribuir notas

Se as notas finais fossem atribuídas por computadores, seria fácil fazer essa atribuição com base puramente em avaliações formais da realização dos alunos. Poderíamos simplesmente determinar que desempenhos seriam incluídos na nota e quais seriam os seus respectivos pesos, e, a partir disso, um computador calcularia as notas. Apesar de o sistema de atribuição de notas do professor frequentemente especificar que tipos de desempenhos e comportamentos serão incluídos na nota final e qual o peso deles, os professores sabem muito mais sobre os seus alunos do que esse conjunto limitado de desempenhos e comportamentos pode revelar. Os professores conhecem os seus alunos como pessoas, e não como escores ou aprendizes unidimensionais. Eles entendem a origem dos alunos e sabem que efeitos as notas terão sobre eles e seus pais. Por causa disso, eles raramente conseguem ser completamente objetivos e distantes ao passar as notas para os boletins. Em vez disso, conforme ilustram os seguintes excertos, os professores muitas vezes se debatem acerca de como ajustar as notas de modo que elas reflitam outras informações que ele sabe sobre um aluno individual.

> Pedro se esforça mais do que qualquer outro aluno na minha turma, mas ele não consegue superar sua falta de habilidade. Ninguém dá tão duro quanto ele, mas suas provas e projetos acabam em fracassos. Mas eu não posso em boa consciência reprovar o Pedro, porque ele se esforça tanto que uma nota F acabaria com ele.

> Beatriz teve um trimestre terrível. Suas notas caíram, sua atenção durante as aulas foi baixa, e ela deixou de fazer muitos deveres de casa. O motivo desses comportamentos é a sua situação em casa. Seu pai saiu de casa, a mãe dela teve de achar um emprego, e Beatriz precisou assumir a maioria das responsabilidades domésticas, incluindo cuidar dos irmãos, já que ela é a mais velha. Como é que eu posso não levar isso em conta quando lhe der a nota desse trimestre?

> Jorge é um grande problema: não para quieto, é desatento, conversa pela sala toda em horas impróprias. Ele me deixa maluca. Mas entrega os trabalhos bem feitos e no prazo. Quando eu me sento para lhe dar uma nota, eu tenho de me impedir de dizer: "Tudo bem, Jorge, agora eu é que vou te pegar por ter sido tão incômodo". Eu tenho dificuldades de separar seu desempenho acadêmico do seu comportamento em sala de aula.

Determinar como incorporar informações específicas sobre um aluno em uma nota requer prudência. O professor deve pesar como a inclusão dessas informações irá afetar o significado e a interpretação das notas que eles irão receber, além do efeito que a nota pode ter sobre os alunos.

No caso do Pedro, no texto anterior, a professora deve pesar o efeito potencial de desencorajá-lo de se esforçar se ele receber um F contra a possibilidade de que algumas pessoas interpretem que Pedro alcançou um nível adequado se ele receber uma nota mais alta, que leve em conta o seu grau de esforço. De modo semelhante, a professora deve decidir se a situação domiciliar de Beatriz contribuiu para um desempenho anômalo e como o seu nível de esforço no futuro será afetado se ela der uma nota baixa com base em uma anomalia. Por outro lado, se a situação domiciliar de Beatriz continuar e ela for o tipo de pessoa que dá conta dos desafios, então lhe dar uma nota mais baixa, que reflete o seu grau de desempenho, pode servir como uma motivação para ajudá-la a superar os desafios que ela está enfrentando em casa. Por fim, apesar de Jorge ter um bom desempenho, a professora deve considerar se permitir que seu mau comportamento em aula continue pode passar a mensagem de que esse tipo de comportamento é aceitável e se ele pode ter efeitos negativos para ele a longo prazo. Dependendo da resposta da professora para essas perguntas, pode ser aconselhável ignorar o comportamento ao atribuir uma nota ou levá-lo em consideração no cálculo final, de forma a motivar Jorge a modificar seu comportamento em aula. Em todos os casos, os professores devem ser criteriosos ao incorporar informações adicionais à nota dos alunos e considerar os efeitos tanto de curto quanto os de longo prazo que uma nota ajustada pode ter no desempenho futuro dos alunos.

RESUMINDO DIVERSOS TIPOS DE AVALIAÇÃO

As notas do boletim requerem que os professores resumam o desempenho de cada aluno nas avaliações coletadas ao longo do trimestre. Para ajudar a acompanhar o desempenho dos alunos ao longo de um período de tempo, é muito importante que os professores tenham livros de notas, e que estes sejam guardados com muito cuidado, para manter as notas dos alunos confidenciais. Independentemente de o livro de notas ser mantido em papel ou no computador, recomenda-se que os professores mantenham duas cópias dele, uma na sala de aula, a outra em casa. Perder sua única cópia do livro de notas acarretaria a difícil tarefa de reconstruí-lo para atribuir as notas.

A Figura 9.4 apresenta uma página do livro de notas de um professor de 5ª série para as primeiras cinco semanas do segundo trimestre de geografia. No final da figura, consta uma lista de todas as avaliações que os alunos precisaram fazer. Cada aluno recebe uma nota para cada avaliação. As notas que têm um círculo vazio indicam que o aluno ainda não devolveu essa avaliação. Os tópicos de avaliação

Matéria Geografia Seção 02	Tarefa			+3 1		2		+2 3		4				+3 5						6	7		Sit Report ↓	8				9		10		
				√		√		√		√				√						√	√	√ Term 2						√		√		
Mês...			1ª semana						2ª semana						3ª semana						4ª semana						5ª semana					
Data...																																
Alunos...			s	t	q	q	s		s	t	q	q	s		s	t	q	q	s		s	t	q	q	s		s	t	q	q	s	
Abra, G.		1		70		92		79		99		'		91		'		√+		81		60		47		√		80		82		85
Avakian, P.		2		50		95		79		92		'		90		'		√+		100		60		86		√+		100		91		100
Bornstein, E.		3		40		82		47		○		'		74		'				○		80		40		'		80		64		55
Brooks, P.		4		70		76		89		86		'		82		'		√+		93		80		79		√+		90		99		100
Chang, M.		5		54		84		47		(88)	88	'		67		'-10				(39)	39			62				55		(96)		80
Chou, C.		6		60		91		84		100		'		85		'		√+		91		70		87		√		100		100		95
Davis, L.		7		49		67		47		○		'		(55)		'		√+		59		40		58		√				(98)		80
Garcia, G.		8		70		94		89		100		'		86		'		√+		92		40		93		√+		97		100		
Haley, N.		9		69		68		100		83		'		88		'		√+		89		80		87		√+				100		90
Katz, W.		10		(30)		73		74		100		'		99		'		√+		0		20		73				80		77		80
Morgan, J.		11		39		73		47		98		'		(62)				√+		90		70		46				70		100		80
Nguyen, T.		12		70		76		89		92		'		78		'		√+		88		70		67		√		80		99		100
Ortiz, J.		~~13~~		———																												
Rodriguez, H.		14		68		62		79		81		ab		69		'		√+		31		ab		59		√		70		94		80
Schmitt, O.		15		63		79		74		98		'		79		'		√+		77		80		60		√		95		99		
Vance, N.		16		59		~~34~~	60	58		92		'		75		'-10		(√+)		86		100		67		'				82		80
Winston, D.		17		(71)		87		100		85		'		95		'-10				89		100		59		√+		100		100		75
Zang, E.		18		80		79		100		83		'		74		'-10		√+		6		100		53		√+		95		80		95
		19																														
		20																														
		21																														
		22																														
		23																														
		24																														
		25																														
		26																														
		27																														
		28																														
		29																														
		30																														
		31																														
		32																														
		33																														
		34																														
		35		Geo semanal #8 (10)		Evento atual – Out		Quiz de ditonições (19)		Geo semanal #9 (14)		A Volta ao mundo em 26 letras (25)		Evento atual – Nov		Cartão postal misterioso		Praças americanas		Geo semanal #10 (18)		Quiz Sec 2 (10) p26-30		Geo semanal #11 (15)		Cidades de dezembro		A Volta ao mundo em 20 cartões		Geo semanal #12 (11)		

FIGURA 9.4 Livro de notas de um professor da 5ª série.

Fonte: Os autores.

que não têm notas listadas para todos os alunos, como "A volta ao mundo em 26 letras", indicam avaliações que estão em processo, mas que ainda não foram concluídas.

Ao final do trimestre, os professores devem sintetizar as informações que eles mantêm em seus livros de notas em uma única nota. Na maioria das vezes, os professores começam o processo de determinar as notas usando informações do livro de notas para calcular um escore que resuma cada desempenho específico dos alunos. Em algumas matérias, o resumo do trimestre é fácil e direto. Por exemplo, para determinar uma nota de ortografia, basta calcular o escore médio que o aluno recebeu em todas as provas semanais de ortografia ao longo do trimestre. Contudo, para uma área mais complexa, como estudos sociais, o professor pode precisar combinar informações de deveres de casa, *quizzes*, provas e projetos para formar uma única nota. Ao passo em que uma estratégia é calcular o escore médio ao longo de todos esses trabalhos, o professor de estudos sociais pode querer dar mais peso a provas e projetos, assim tornando o processo de sintetizar os desempenhos dos alunos mais complexo.

O cálculo do desempenho geral dos alunos foi facilitado com o uso de planilhas e programas de computadores variados. A Tabela 9.4 mostra os resultados de um programa de atribuição de notas. Os escores de cada avaliação são mostrados nas colunas numeradas de 1 a 13. A média das avaliações de cada aluno é mostrada à esquerda da tabela, abaixo de "Média". Os escores em negrito na coluna "Média" indicam alunos que ainda não concluíram todas as avaliações. Note que sintetizar o desempenho do aluno ao longo do trimestre como demonstrado não produz notas. O professor ainda precisa aplicar padrões de atribuição de notas para determiná-las.

TABELA 9.4 Programa de atribuição de notas, 2004, Geografia, 1º trimestre

Nome do aluno	Média	13	12	11	10	9	8	7	6	5	4	3	2	1
Achebe, K.	85.40	95	95	100	100	83	49	35	91	91	96	88	88	88
Ansary, T.	92.20	95	95	88	100	87	100	80	90	91	100	88	95	94
Chapman, G.	**85.16**		95		80	58	88	85	94	82	89	50	85	94
Cunningham, P.	94.40	95	95	100	100	82	88	85	98	100	100	88	95	94
Garcia, W.	86.53	92	92	88	90	75	98	80	83	55	100	100	85	94
Gaspari, F.	95.40	95	95	100	100	92	98	85	100	87	96	94	95	94
Griffiths, C.	74.93	85	95	88	65	82	88	25	76	36	71	88	85	88
Hussein, K.	94.87	95	95	100	100	92	100	85	92	100	100	94	92	94
Jones, T.	91.33	95	95	100	100	88	88	85	83	87	100	94	95	94
Jones, W.	77.67	95	88	100	90	87	63	85	45	64	82	88	88	100
Kelley, W.	77.60	95	95	87	50	58	87	95	63	73	100	56	85	94
Lee, J.	89.13	95	95	100	90	83	75	80	89	73	96	88	95	100
Mulera, R.	80.13	95	92	74	90	81	67	70	75	60	71	88	95	94
Pitzer, S.	82.13	95	95	100	70	83	100	60	65	64	100	88	82	100
Schell, M.	**75.01**		85	100	70	49	56	40	72	73	100	63	85	94
Sickafoose, T.	**89.24**	95	95	99	100	81	99	85	72	91	100	88		100
Stockbridge, J.	90.40	95	100	100	80	91	100	75	80	96	100	100	88	91

Fonte: Os autores.

Voltando à tarefa de atribuir notas de boletim à ortografia, imagine que foram 11 provas de ortografia por aluno, cada uma com escores até 100 pontos. Calcula-se a média para os escores de cada aluno e o número resultante é usado para dar uma nota no boletim. Essa é uma tarefa relativamente simples, já que cada prova tinha escores até um total de 100 pontos e o mesmo peso. Para calcular o escore médio, somam-se as 11 provas e divide-se o resultado por 11.

Vamos imaginar que o professor tenha decidido atribuir as notas de ortografia usando uma abordagem referenciada a critério com os seguintes padrões de desempenho: 90 a 100 = A, 80 a 89 = B, 70 a 79 = C, e abaixo de 70 = D. O professor também decidiu não reprovar nenhum aluno no primeiro trimestre e não usar os símbolos de + ou –, usando apenas as letras A, B, C e D como notas possíveis. É importante reconhecer que nem todos os professores teriam tomado as mesmas decisões. Alguns poderiam ter usado um sistema de atribuição de notas referenciado a norma, selecionado padrões de desempenho diferentes ou feito ajustes com base em esforço e motivação. Não existe um método que seja melhor para atribuir notas a todas as turmas; só podemos discutir o assunto em termos de exemplos que nos permitam observar as questões básicas a serem consideradas em todas as situações de atribuição de notas. Neste exemplo, o professor compararia a média de cada aluno com os padrões de desempenho e, então, atribuiria a nota correspondente: todos os alunos cujo escore médio se situou entre 90 e 100 receberia um A, todos entre 80 e 89 um B, e assim por diante.

Esse exemplo fornece um quadro de referência básico para compreender o processo de atribuição de notas. Ele mostra qual o papel dos padrões para essa atribuição, como as evidências da avaliação formal são registradas em um livro de notas, e como escores individuais têm sua média calculada para fornecer um resumo do desempenho estudantil para propósito do boletim. Contudo, a maioria das situações de atribuição de notas não é tão simples quanto esse exemplo. Considere o exemplo mais típico do livro de notas de estudos sociais da Sra. Fogarty, mostrado na Figura 9.5. Note duas diferenças importantes entre as informações que a Sra. Fogarty tem à disposição para atribuir notas a estudos sociais e as informações que estavam à disposição no exemplo da ortografia. Na ortografia, as únicas avaliações formais eram as provas semanais acerca do tópico. Em estudos sociais, a Sra. Fogarty coletou muitos tipos distintos de informações de avaliação. Quatro trabalhos para casa, dois *quizzes*, quatro provas e dois projetos compõem as informações que ela pode usar para atribuir notas em estudos sociais. Em ortografia, os resultados de todas as provas eram expressos numericamente, em uma escala de 0 a 100. Em estudos sociais, foram usados formatos diferentes de notas para cada avaliação: trabalhos de casa variam entre + ou –; *quizzes* e provas são avaliados em uma escala de 0 a 100; e os dois projetos foram registrados usando letras como notas. Atribuir uma nota aos estudos sociais será um processo mais complicado do que atribuir uma nota à ortografia.

Apesar das suas diferenças, ambos os processos de atribuição de notas começam com as mesmas preocupações. Primeiro, que padrões de comparação serão usados para atribuir as notas? Segundo, que desempenhos específicos serão incluídos na nota? Vamos presumir que, em estudos sociais, a Sra. Fogarty deseja usar uma abordagem de atribuição de notas referenciada a critério, e que deseja usar os sinais de mais e menos. Tomada essa decisão, a seguir ela deve determinar quais dos quatro tipos de informação de avaliação à disposição serão incluídos na nota. Ela deve decidir não apenas quais incluir, mas determinar qual o peso de cada avaliação para as notas. Por exemplo, um projeto deve ter o mesmo peso de uma prova? Será que dois *quizzes* têm o mesmo peso de uma prova ou dos trabalhos para casa? Essas são questões que todos os professores enfrentam quando tentam combinar os diferentes tipos de informações de avaliação em um único indicador. As seções seguintes contêm sugestões de como responder a essas perguntas.

O que deve ser incluído na nota?

A Figura 9.5 apresenta quatro tipos diferentes de indicadores formais do desempenho acadêmico dos alunos da Sra. Fogarty: deveres de casa, *quizzes*, provas e projetos. Além desses indicadores formais, a Sra. Fogarty também tem muitas percepções informais não registradas sobre o esforço, a participação em aula, o interesse, o comportamento e a situação domiciliar de cada aluno. Todas as informações formais e informais devem ser incluídas nas notas?

Quase todos os professores incluiriam os resultados das provas e dos projetos nas notas dos seus alunos. Esses são indicadores somativos formais da realização deles que devem ser refletidos na nota que recebem. A maioria dos professores corretamente atribui notas com base principalmente em avaliações formais. Muitos professores também incluiriam resultados de *quizzes* e deveres de casa, apesar de menos professores concordarem com isso. Para alguns deles, o propósito de passar *quizzes* e deveres de casa é oferecer aos alunos atividades práticas mais ligadas à instrução do que à avaliação. Para outros, o propósito de ambos é avaliar o quão bem os alunos aprenderam suas lições diárias. Se o propósito dos deveres de casa e dos *quizzes* se foca nas atividades instrucionais, faz sentido não contá-los como parte da nota. Entretanto, quando o propósito de passar deveres de casa e *quizzes* é fornecer informações de avaliação, então é lógico incluí-los no cálculo da nota.

> Alguns professores acham que *quizzes* e deveres de casa estão mais ligados ao processo instrucional do que ao processo de atribuição de notas.

Vamos imaginar que a Sra. Fogarty decidiu incluir três tipos de informação das avaliações formais nas notas de estudos sociais dos seus alunos: provas, projetos e *quizzes*. Vamos imaginar, também, que ela decidiu não incluir uma classificação formal do esforço, da participação, do interesse e do comporta-

ESTUDOS SOCIAIS

1º trimestre

Avadis, P.	✓	✓	✓	✓-	85	90	80	85	50	80	B+	B
Babcock, W.	✓	✓	✓	✓-	90	90	85	80	60	80	B	B
Cannata, T.	✓	✓-	✓	✓	80	75	70	70	45	75	C-	C
Farmer, P.	✓+	✓+	✓+	✓	100	95	90	85	70	95	A-	A-
Foster, C.	✓+	✓+	✓	✓	90	80	85	90	65	80	B	B+
Gonzales, E.	✓	✓-	✓-	✓-	70	75	60	70	55	70	C	B-
Grodsky, F.	✓-	✓-	✓-	✓-	65	65	65	60	35	60	C	C
Miarka, S.	✓	✓	✓	✓	80	90	70	85	65	85	C	B
Picardi, O.	✓	✓	✓	✓	75	80	85	75	65	80	B	B-
Ross, O.	✓+	✓	✓	✓	85	80	90	90	75	95	A	A-
Sachar, S.	✓-	✓	✓	✓+	80	85	75	80	40	80	B+	B
Saja, J.	✓	✓	✓	✓	75	80	85	85	50	80	B	B+
Stamos, G.	✓	✓+	✓+	✓	70	60	75	85	50	70	B-	B
Whalem, W.	✓	✓	✓	✓	70	70	50	60	60	70	B-	B-
Yeh, T.	✓+	✓+	✓+	✓+	95	100	95	95	75	95	A	A-
	DC #1	DC #2	DC #3	DC #4	Quiz	Quiz	Prova da 1ª unidade	Prova da 2ª unidade	Prova da 3ª unidade	Prova da 4ª unidade	Proj. explor.	Proj. colon. amér.

FIGURA 9.5 Livro de notas para avaliações de estudos sociais.
Fonte: Os autores.

mento de cada aluno. Tendo decidido quais desempenhos estudantis serão incluídos, agora ela deve determinar se cada tipo de informação terá o mesmo peso ou se algumas terão mais peso do que outras.

Escolhendo os pesos para as informações de avaliação

Uma preocupação imediata ao resumir o desempenho dos alunos em tipos diferentes de evidências é decidir qual será o peso de cada um. Em geral, os professores devem dar mais peso aos tipos mais importantes de desempenho dos alunos (p. ex., provas, projetos e portfólios) do que aos *quizzes* e aos deveres de casa, já que aqueles fornecem uma visão mais completa, integrada e válida da aprendizagem dos alunos. A Sra. Fogarty decidiu que as provas e os projetos devem ter o mesmo peso, e ambos devem valer mais do que os resultados dos *quizzes*. Ela estava bastante certa de que havia usado provas válidas, capazes de refletir os aspectos importantes da instrução, e de que os projetos exigiram que os alunos integrassem seu conhecimento sobre o tópico. Logo, ela estava confiante em usar as provas e os projetos como os componentes principais da sua nota de estudos sociais. Por fim, ela decidiu que os dois *quizzes* teriam o mesmo peso de uma prova.

Apesar de muitos professores não contarem os deveres de casa diretamente na hora de determinar as notas, eles frequentemente avisam os alunos de que, se eles não entregarem mais de três ou quatro dessas atividades, a sua nota no boletim será rebaixada. Usado assim, o dever de casa torna-se mais um indicador de esforço ou cooperação do que de domínio da matéria. Isso diminui a validade e a clareza da nota. Alguns professores não chegam a computar a média dos deveres de casa, mas utilizam um "senso" ou "intuição" informal do desempenho do aluno. Apesar de economizar tempo, essa prática permite que fatores subjetivos, como o comportamento ou o interesse do aluno na matéria, influenciem o julgamento do professor. Não se recomenda nem baixar as notas dos alunos por deixarem de fazer deveres de casa nem determinar as notas com base em uma intuição informal do desempenho.

> Métodos para pesar os diversos tipos de informação de avaliação devem ser simples.

Independentemente de como o professor pesa cada tipo de informação de avaliação, sugere-se fortemente que a pesagem seja simples. É melhor dobrar o peso de algumas coisas em relação a outras do que aumentar o peso de algumas cinco vezes e de outras sete vezes. Exceto em casos raros, quando o desempenho de um aluno varia muito de um tipo de avaliação para o outro, as notas finais usando-se um sistema simples de pesos não irão diferir muito das notas usando-se um sistema de pesos mais complexo e trabalhoso.

Após decidir o peso dos *quizzes*, das provas e dos projetos, a Sra. Fogarty identificou sete informações que ela deve combinar para determinar as notas do boletim dos seus alunos de estudos sociais:

- uma avaliação geral dos resultados dos *quizzes*;
- quatro escores das provas;
- duas notas dos projetos.

Nos pesos finais, os resultados dos *quizzes* dão conta de um sétimo da nota, as provas dão conta de quatro sétimos e os projetos dão conta de dois sétimos. A seguir, a Sra. Fogarty teve de combinar as informações à disposição de acordo com os pesos selecionados.

Combinando diferentes informações de avaliação

A Figura 9.5 mostra que o desempenho dos alunos em diferentes avaliações é frequentemente representado de formas diferentes. De alguma forma, a Sra. Fogarty precisa combinar os formatos selecionados dos escores em um único escore resumido que inclua desempenho em provas, projetos e *quizzes*. Uma parte das informações mostradas na Figura 9.5 terá de ser trocada de formato, provavelmente por um numérico. Isso significa que as notas em letra dos projetos terão de ser convertidas em escores numéricos em uma escala de 0 a 100, para que possam corresponder aos escores dos *quizzes* e das provas.

É importante enfatizar que todos os indicadores de desempenho devem ser expressos em termos da mesma escala, para que possam ser combinados adequadamente. Como outro exemplo, imagine que um professor tenha passado duas provas, uma com 50 questões e outra com 100 questões, e que ele gostaria que ambas tivessem o mesmo peso para a nota final do aluno. Agora imagine que dois alunos, Teresa e Marcus, tenham tirado nota máxima em uma das provas e zero na outra: Marcus teve nota máxima na prova de 50 questões e Teresa na de 100 questões. Como as provas devem ter o mesmo peso, podemos imaginar que as notas dos alunos seriam iguais, independentemente do número de questões em cada prova. Contudo, se o professor calcular o desempenho médio para Marcus e Teresa usando o número de questões que esses acertaram nas duas provas, as médias resultantes serão bem diferentes: a média de Marcus seria de 25 (50 + 0)/2 = 25), e a de Teresa seria 50 (0 + 100)/2 = 50). Teresa tiraria uma nota maior do que Marcus, apesar de cada um ter tirado nota máxima em uma prova e zero na outra e de ambas as provas supostamente terem o mesmo peso. Claramente, combinar escores brutos (ou números de questões corretas) e encontrar a sua média não dá peso igual a cada prova.

> Cada tipo de informação de avaliação deve ser expresso em termos de alguma escala, para que possa ser combinado em um escore composto.

O problema do exemplo anterior é que o professor não levou em conta a diferença no número de questões das duas provas; ele não as pôs na mesma escala antes de computar a média. Se o professor tivesse trocado o escore de número de questões corretas para porcentagem de questões corretas *antes* de calcular a média, Marcus e Teresa teriam tido o mesmo desempenho geral [Marcus = (100 + 0)/2 = 50; Teresa = (0 + 100)/2 = 50]. Ou, se ele tivesse expressado o desempenho em ambas as provas com 100 questões, as médias teriam sido as mesmas, já que a nota máxima de Marcus na prova de 50 questões valeria 100 pontos em uma escala até 100. Uma vez mais, se os escores não forem expressos em uma escala comum, o desempenho dos alunos ficará distorcido, e as notas não irão refletir seu desempenho de fato.

Voltando à tarefa de atribuição de notas da Sra. Fogarty, deve-se encontrar um meio de expressar o desempenho nos projetos em uma escala que corresponde à escala percentual – de 0 a 100 – usada para os *quizzes* e para as provas. Ela decidiu que, para as notas dos projetos, seria usada a seguinte escala para atribuir escores numéricos: 95 = A, 92 = A-, 88 = B+, 85 = B, 82 = B-, 78 = C+, 75 = C, 72 = C-, 68 = D+, 65 = D, 62 = D-, abaixo de 60 = F. Se, por exemplo, um aluno tirou B- em um dos projetos, o escore numérico do aluno no projeto seria 82. Quando a Sra. Fogarty aplicou esses valores aos projetos, ela acabou com as informações apresentadas na Tabela 9.5. É importante notar que o método da Sra. Fogarty não é a única forma em que escores diferentes podem ser postos na mesma escala. Mas ele é, contudo, uma forma pela qual ela conseguiu cumprir sua tarefa com um método que ela se sentiu confortável usando. Com essa tarefa completa, a Sra. Fogarty tem de confrontar uma questão adicional antes de computar as notas.

Validade das informações

Antes de combinar as informações de avaliação em uma nota, deve-se considerar a qualidade delas. As notas só serão significativas se as informações em que elas se baseiam tam-

TABELA 9.5 Escores das avaliações de ciências sociais postos na mesma escala. Estudos sociais, 1º trimestre

	Quiz 1	Quiz 2	Prova 1	Prova 2	Prova 3	Prova 4	Proj. 1	Proj. 2
Avadis, P.	85	90	80	85	50	80	88	85
Babcock, W.	90	90	85	80	60	80	85	85
Cannata, T.	80	75	70	70	45	70	72	70
Farmer, P.	100	95	90	85	70	95	92	92
Foster, C.	90	80	85	90	65	80	85	88
Gonzales, E.	70	75	60	70	55	70	75	82
Grodsky, F.	65	65	65	60	35	60	75	75
Miarka, S.	80	90	70	85	65	85	75	85
Picardi, O.	75	80	85	75	65	80	85	82
Ross, O.	85	80	90	90	75	95	95	92
Sachar, S.	80	85	75	80	40	80	88	85
Saja, J.	75	80	85	85	50	80	85	88
Stamos, G.	70	60	75	85	50	70	82	85
Whalem, W.	70	70	50	60	60	70	82	82
Yeh, T.	95	100	95	95	75	95	95	92

Fonte: Os autores.

bém forem. Se as notas dos projetos foram atribuídas subjetivamente, sem critérios claros em mente e com baixa atenção por parte do professor, elas não irão refletir com precisão a realização dos alunos. Se as provas foram injustas para os alunos ou não avaliarem uma amostragem representativa do que foi ensinado, os escores obtidos pelos alunos não serão indicadores válidos da sua realização. Em relação a isso, a Sra. Fogarty deve examinar os resultados da prova da 3ª unidade, já que foram muito mais baixos do que os escores das outras provas (ver Figura 9.5). Esses escores indicam um problema com a prova ou um problema com o esforço dos alunos ao se prepararem para ela? Como lidar com esse tipo de resultado na hora de atribuir as notas? Essas perguntas devem ser respondidas antes que as informações possam ser combinadas e usadas para atribuir as notas.

> As notas são tão significativas (válidas) quanto as informações em que elas se baseiam.

A Sra. Fogarty percebeu o desempenho ruim na prova da 3ª unidade quando corrigiu as provas, e certamente deve ter se perguntado por que os escores foram tão baixos. Normalmente, questões sobre a compatibilidade entre o instrumento de avaliação e aquilo que foi ensinado aos alunos ocorre *antes* de se usar um instrumento de avaliação. Às vezes, contudo, algumas incompatibilidades são ignoradas ou não se tornam aparentes até depois de o instrumento ter sido aplicado e corrigido. Quando a Sra. Fogarty olhou as questões da prova da 3ª unidade (uma prova do livro didático) e comparou as questões com os tópicos e as habilidades que ela ensinou na unidade, descobriu que um grande número de questões havia vindo de uma seção do livro que ela havia decidido não ensinar. Por descuido, ela deixou de remover essas questões. Assim, o conteúdo dessa prova e a instrução em sala de aula não foram compatíveis, e os seus alunos foram penalizados ao terem de responder a questões sobre um material que não lhes foi ensinado. Claramente, os escores da prova da 3ª unidade não refletem a aprendizagem real dos alunos, e, se forem usados como critério para atribuir as notas, irão reduzir a sua validade.

> A maioria dos professores presume que escores de provas inesperadamente baixos são o resultado de um instrumento de avaliação problemático, ao passo que escores inesperadamente altos são o resultado de ensino qualificado.

Para evitar isso, a Sra. Fogarty decidiu mudar os escores dos alunos nessa prova para melhor refletir sua aprendizagem. Essa mudança possibilitou que suas notas refletissem o domínio dos alunos sobre a matéria. Escores baixos de avaliações não devem ser aumentados simplesmente porque são baixos ou porque o professor está desapontado com eles.

> Se escores inesperadamente baixos em alguma parte da prova indicarem incompatibilidade com a instrução, então será necessário fazer ajustes às notas.

Computando escores gerais

Tendo decidido acerca dos escores equivalentes para as avaliações de projetos e tendo ajustado escores para a prova da 3ª unidade para corrigir a incompatibilidade parcial entre instrução e avaliação, a Sra. Fogarty está pronta para computar as notas de estudos sociais dos seus alunos. Para fazer isso, ela deve

1. dar a cada tipo de avaliação informações sobre os pesos que ela decidiu,
2. somar os escores e
3. dividi-los por 7, que é o número de critérios de avaliação que ela está usando para atribuir as notas (uma nota geral para os *quizzes*, quatro escores para as provas das unidades e dois escores para os projetos).

Esse cálculo irá fornecer um escore médio de estudos sociais para cada aluno. A Tabela 9.6 mostra os sete componentes a serem incluídos na nota de cada aluno, seu total e sua média. Para facilitar a sua tarefa, a Sra. Fogarty decidiu que todas as frações seriam arredondadas para o número inteiro mais próximo.

Falando estritamente, o peso real de uma avaliação específica para a determinação da nota depende do conjunto de escores daquela avaliação comparada com o conjunto de escores das outras avaliações (FRISBIE; WALTMAN, 1992). Quanto maior o conjunto de escores de uma avaliação, maior a influência que essa avaliação terá sobre a nota final, quando for calculada a média das avaliações. Técnicas bastante simples e diretas estão à disposição para igualar a influência das avaliações que têm um grande conjunto de escores. Entretanto, esse não é um grande problema para a maioria das avaliações porque elas têm formatos semelhantes, são dadas ao mesmo grupo de alunos, cobrem tópicos ensinados nas aulas e são corrigidas da mesma forma. Nessas condições, o conjunto de escores sobre avaliações diferentes será próximo o bastante para garantir que não será necessário fazer ajustes. A Tabela 9.6 mostra que a diferença entre o escore mais alto e o mais baixo para cada uma das sete avaliações é 33 para o escore dos *quizzes*; 45, 35, 40 e 35 para as quatro provas; e 23 e 22 para os dois projetos. Essas variações são semelhantes o bastante para permitir que os sete componentes sejam somados e que sua média seja calculada para determinar um escore geral para os alunos.

A Tabela 9.6 apresenta a média final de cada aluno após cada informação ter sido pesada conforme a Sra. Fogarty decidiu. Considere os escores de P. Avadis na tabela. Esse aluno recebeu um escore total de 88 no *quiz*, com base na média de dois *quizzes* arredondada para um número inteiro. Os escores das quatro provas – com 20 pontos adicionados ao escore da prova da 3ª unidade – estão na tabela. As duas notas dos projetos estão expressas em termos dos equivalentes numéricos que a Sra. Fogarty selecionou. A soma desses escores dá um total de 576, que, quan-

TABELA 9.6 Computação das notas de estudos sociais dos alunos. Estudos sociais, 1º trimestre

	Quizzes	Prova 1	Prova 2	Prova 3	Prova 4	Proj. 1	Proj. 2	Escore Total	Média
Avadis, P.	88	80	85	70	80	88	85	576	82
Babcock, W.	90	85	80	80	80	85	85	585	84
Cannata, T.	78	70	70	65	70	72	70	495	71
Farmer, P.	98	90	85	90	95	92	92	642	92
Foster, C.	85	85	90	85	80	85	88	598	85
Gonzales, E.	73	60	70	75	70	75	82	505	72
Grodsky, F.	65	65	60	55	60	75	75	455	65
Miarka, S.	85	70	85	85	85	75	85	570	81
Picardi, O.	78	85	75	85	80	85	82	570	81
Ross, O.	83	90	90	95	95	95	92	640	91
Sachar, S.	83	75	80	60	80	88	85	551	79
Saja, J.	78	85	85	70	80	85	88	571	82
Stamos, G.	65	75	85	70	70	82	85	532	76
Whalem, W.	70	50	60	80	70	82	82	494	71
Yeh, T.	98	95	95	95	95	95	92	665	95

Fonte: Os autores.

do dividido por 7 (para as sete informações distintas que foram combinadas), dá um desempenho médio de 82. A média de cada aluno dá um indicativo da proporção de objetivos de estudos sociais que foi atingida durante o período de avaliação. Note que essa interpretação só será adequada se as diversas avaliações da Sra. Fogarty tiverem escores percentuais para indicar o domínio da matéria e se forem justas e representativas daquilo que foi ensinado. Agora, a Sra. Fogarty pode aplicar seus padrões de desempenho para atribuir notas aos alunos.

DUAS ABORDAGENS DE ATRIBUIÇÃO DE NOTAS

Aqui, voltamos à nossa distinção básica entre atribuição de notas referenciada a norma e a critério.

Um exemplo referenciado a critério

A Sra. Fogarty decidiu atribuir as notas com base em uma abordagem referenciada a critério porque achou que essa abordagem dava a cada aluno uma chance de tirar uma boa nota se dominasse o que havia sido ensinado. Os padrões de desempenho que a Sra. Fogarty adotou para suas notas de estudos sociais foram os seguintes:

A = 94 ou maior C = 74 a 76
A- = 90 a 93 C- = 70 a 73
B+ = 87 a 89 D+ = 67 a 69
B = 84 a 86 D = 64 a 66
B- = 80 a 83 D- = 60 a 63
C+ = 77 a 79 F = menos de 60

Olhando para as médias gerais do semestre apresentados na Tabela 9.6, a Sra.

Fogarty pode aplicar seus padrões de desempenho para atribuir notas. Neste momento, é provável que ela considere características não acadêmicas dos alunos. Por exemplo, ela pode dizer: "Esse aluno se esforçou tanto neste trimestre apesar da sua situação problemática em casa que é incrível que ele tenha conseguido se concentrar na escola", ou "Essa criança tem tão pouco reforço positivo atualmente". Em suma, a Sra. Fogarty, como a maioria dos professores, está ciente da sua responsabilidade de atribuir notas aos alunos baseando-se primariamente no seu desempenho acadêmico, mas ela se permite um espaço para ajustes individuais. Haverá sempre opiniões divergentes quando se trata da composição dos ajustes das notas, como demonstram os próximos excertos.

> Eu dou notas estritamente com base nos números. Calculo a média de cada aluno e atribuo as notas com base estritamente nessa média. Uma média de 79,4 não é uma média de 80, então leva C+. Essa é a única maneira de ser justa com todos os alunos.

> Calculo as médias com base nas provas e em trabalhos, exatamente como os livros dizem. Mas, quando chega a hora de atribuir uma nota, sei que não estou dando uma nota para uma média, estou dando uma nota para uma criança que conheço e com quem passo um tempo todos os dias. Sei como a criança se comportou, o quanto ela se esforçou na minha aula e que efeito uma nota baixa ou alta irá ter sobre ela. Sei da pressão que a criança sofre dos pais e que reação eles irão ter às notas. Se eu não soubesse essas coisas, dar as notas seria muito mais fácil.

Quando a Sra. Fogarty aplicou os seus padrões de desempenho às médias da turma, as notas dos alunos foram as seguintes:

Nome	Média	Nota
Avadis, P.	82	B-
Babcock, W.	84	B
Cannata, T.	71	C-
Farmer, P.	92	A-
Foster, C.	85	B
Gonzales, E.	72	C-
Grodsky, F.	65	D
Miarka, S.	81	B-
Picardi, O.	81	B-
Ross, O.	91	A-
Sachar, S.	79	C+
Saja, J.	82	B-
Stamos, G.	76	C
Whalem, W.	71	C-
Yeh, T.	95	A

Note que os alunos Sachar e Stamos estão a um ponto do padrão de desempenho para uma nota mais alta. É para alunos que estão perto de uma nota mais alta que os julgamentos do professor sobre características não acadêmicas entram em cena.

> Os julgamentos dos professores sobre características não acadêmicas frequentemente entram na atribuição de notas quando o aluno está perto de alcançar uma nota mais alta.

Resumindo, a Sra. Fogarty teve de tomar muitas decisões para chegar a essas notas. Ela teve de decidir se usaria uma abordagem de atribuição de notas referenciada a norma ou referenciada a critério. Tendo optado pela abordagem referenciada a critério, ela teve de decidir que padrões de desempenho usar para atribuir as notas. Depois, ela precisou decidir que tipos de informação de avaliação seriam incluídos em suas notas e que peso cada uma delas teria. A Sra. Fogarty, então, teve de decidir como colocar todos os escores de avaliação na mesma escala, já que algumas informações haviam sido expressas em escores por porcentagem, e outras por letras. Então, ela precisou decidir se seria necessário ajustar os escores devido a instrumentos problemáticos. Por fim, ela teve de decidir se basearia suas notas apenas no desempenho acadêmico médio dos alunos ou se as alteraria para acomodar características afetivas ou pessoais (BORICH, 2003; TOMBARI; BORICH, 1999). Professores com turmas diferentes e em escolas diferentes provavelmente teriam tomado decisões diferentes da Sra. Fogarty, mas todos teriam de confrontar as mesmas questões. A Tabela Ferramentas-Chave de Avaliação 9.1 resume os passos no processo de atribuição de notas.

Um exemplo referenciado a norma

Considere como a Sra. Fogarty teria atribuído notas se ela tivesse escolhido uma abordagem de atribuição de notas referenciada a norma. Nesse caso, ela teria decidido de antemão a curva de notas que identificava a porcentagem de alunos que ela queria que recebessem cada nota. Imagine que ela usasse uma curva referenciada a norma que desse nota A aos primeiros 20% dos alunos, nota B aos próximos 20%, nota C aos 40% seguintes, e nota D aos últimos 20%.

> Em uma atribuição de notas referenciada a norma, o professor decide de antemão a porcentagem de alunos que receberão cada nota.

Para atribuir notas usando essa curva referenciada a norma, a Sra. Fogarty deve, em primeiro lugar, organizar os alunos em ordem decrescente por escore médio. Essa ordem referenciada a norma, para a turma da Sra. Fogarty, fica assim:

Nome	Escore	Nome	Escore
Yeh, T.	95	Miarka, S.	81
Farmer, P.	92	Sachar, S.	79
Ross, O.	91	Stamos, G.	76
Foster, C.	85	Gonzales, E.	72
Babcock, W.	84	Cannata, T.	71
Avadis, P.	82	Whalem, W.	71
Saja, J.	82	Grodsky, F.	65
Picardi, O.	81		

> Na atribuição de notas referenciada a norma, dois alunos que alcançam o mesmo escore devem receber a mesma nota, independentemente da curva usada.

Como há 15 alunos na turma, 20% da turma corresponde a três alunos. Assim, Yeh, Farmer e Ross, os três alunos com nota mais alta, receberam nota A. Os próximos 20% dos alunos – Foster, Babcock e Avadis – receberam nota B. Os 40% seguintes da turma (seis alunos) receberam nota C. Por fim, os últimos 20% da turma – Cannata, Whalem e Grodsky – receberam nota D. Ao atribuir notas utilizando uma abordagem referenciada a

---

FERRAMENTAS-CHAVE DE AVALIAÇÃO 9.1
Passos no processo de atribuição de notas

1. Escolha um padrão de comparação (referenciado a norma ou referenciado a critério).
2. Escolha tipos de desempenhos (provas, projetos, etc.).
3. Atribua pesos para cada tipo de desempenho.
4. Registre o número de pontos conseguidos do total de pontos possíveis para *cada tipo de desempenho* considerado para a nota.
5. Calcule o número total de pontos conseguidos para *cada tipo de desempenho* e divida-o pelo número total de pontos possíveis. Esse cálculo lhe dará uma porcentagem para cada tipo de desempenho.
6. Multiplique cada uma dessas porcentagens pelos seus respectivos pesos.
7. Some os totais e aplique o padrão de comparação escolhido a eles.
8. Revise as notas e faça ajustes se necessário.

Fonte: Os autores.

norma, é importante ter em mente que dois alunos que tiveram o mesmo escore devem receber a mesma nota, independentemente da curva sendo usada. Note as diferenças na distribuição de notas, usando a abordagem referenciada a norma e a abordagem referenciada a critério. Lembre-se de que essas diferenças são, principalmente, o resultado de decisões tomadas sobre a curva de notas ou os padrões de desempenho usados. Independentemente do método de atribuição de notas adotado, é extremamente importante que o professor consiga explicar esse processo de atribuição aos alunos, aos pais e aos administradores. A Tabela Ferramentas-Chave de Avaliação 9.2 lista as orientações para a atribuição de notas.

> Programas de computador podem ajudar os professores a manter livros de notas, calculá-las e armazenar e organizar questões de prova.

OUTROS MÉTODOS DE REPORTAR O PROGRESSO DOS ALUNOS

> As notas são a ferramenta mais comum com que pais e alunos se mantêm informados sobre o andamento das coisas em sala de aula.

As notas dos boletins são a forma mais comum de os alunos e seus pais se manterem informados sobre o que está acontecendo em sala de aula. Mas a funcionalidade das notas é limitada, porque não costumam ser fornecidas com frequência, oferecem poucas informações *específicas* sobre como um aluno está se saindo e raramente incluem informações sobre as percepções do professor acerca do esforço, da motivação, da cooperação e do comportamento do aluno. Além disso, como as notas dos boletins normalmente refletem o desempenho dos alunos em diversas tarefas de avaliação, é bem possível que dois alunos recebam a mesma nota, mas tenham apresentado desempenhos muito diferentes nas avaliações usadas para determiná-la. Devido a essas limitações, outras abordagens para reportar o progresso escolar dos estudantes também são necessárias e usadas pelos professores. A Tabela Ferramentas-Chave de Avaliação 9.3, na página a seguir, lista muitas formas que os professores podem usar para se comunicar e para interagir com os pais. Cada uma dessas formas de comunicação pode fornecer informações suplementares importantes, que detalhem mais a vida dos alunos no colégio.

> Para ter uma ideia completa do desempenho escolar de seus filhos, os pais devem receber mais do que só o boletim.

FERRAMENTAS-CHAVE DE AVALIAÇÃO 9.2
Orientações para a atribuição de notas

- O sistema de atribuição de notas é consistente com o propósito de atribuir notas.
- Informações para a atribuição de notas são coletadas durante o período de avaliação.
- São coletados diversos tipos de informações (provas, projetos, *quizzes*, etc.).
- Os alunos são informados do sistema usado para lhes atribuir notas.
- O sistema de atribuição de notas separa aprendizagem da matéria de desempenho não acadêmico (esforço, motivação, etc.). Desempenho não acadêmico é avaliado independentemente do desempenho na matéria.
- A atribuição de notas se baseia em evidências de avaliação válidas e confiáveis.
- Evidências importantes da aprendizagem têm maior peso do que outras evidências de menor importância (p. ex., provas têm maior peso do que *quizzes*).
- O sistema de atribuição de notas é aplicado consistentemente a todos os estudantes.

Fonte: Os autores.

> **FERRAMENTAS-CHAVE DE AVALIAÇÃO 9.3**
> **Opções de comunicação entre pais-professor**
>
> - Boletins.
> - Relatórios semanais ou mensais.
> - Noites com os pais.
> - Dias de visita ao colégio.
> - Reuniões de pais e mestres.
> - Telefonemas.
> - Cartas.
> - Informativo da turma ou da escola.
> - Trabalhos para casa.
>
> Fonte: Os autores.

Reuniões de pais e mestres

Ao contrário dos boletins, que são comunicações unilaterais, as reuniões de pais e mestres são comunicações flexíveis e de mão dupla. As reuniões permitem discussão, elaboração e explicação sobre o desempenho dos alunos. Além de fornecer informações aos pais sobre o desempenho dos seus filhos na escola, o professor pode adquirir informações dos pais sobre suas preocupações e percepções acerca da experiência escolar dos seus filhos. Também é possível obter informações sobre problemas especiais que os alunos estejam tendo, desde problemas físicos e emocionais até problemas de ajuste em sala de aula. Os pais podem informar o professor sobre as suas preocupações e fazer perguntas sobre o comportamento dos seus filhos em sala de aula e sobre o currículo que eles estão aprendendo. Professores da educação infantil ou do último ano do ensino fundamental ou médio frequentemente têm de responder que tipo de escola, professor ou programa acadêmico é mais adequado para os seus filhos. Com certeza, uma reunião de pais e mestres pode tratar de uma gama de questões e preocupações muito mais ampla do que o boletim escolar.

> Ao contrário das notas, encontros entre os professores e os pais permitem uma comunicação mais flexível e de mão dupla.

Além disso, os pais aprendem muito mais sobre o desempenho dos seus filhos com as reuniões de pais e mestres. Um estudo realizado por Shepard e Bliem (1995) baseado em informações obtidas de uma amostragem de pais de filhos no ensino fundamental examinou a utilidade dos boletins, das discussões com os professores, das provas padronizadas e de exemplos de trabalhos escolares corrigidos de seus filhos para esclarecer o desempenho dos alunos para os pais. Noventa e quatro por cento dos pais indicaram que discussões com os professores foram úteis ou muito úteis para compreender o progresso dos seus filhos, e 90% também disseram que receber exemplos de trabalhos corrigidos dos seus filhos também foi útil ou muito útil. Apenas 76% dos pais acharam que os boletins foram úteis ou muito úteis para informá-los do progresso dos seus filhos. Trinta e seis por cento citaram as provas padronizadas como úteis ou muito úteis para informá-los sobre o progresso. Claramente, os pais valorizam outras informações além do boletim que indiquem como os seus filhos estão indo na escola.

> Os pais indicam que reuniões de pais e mestres são muito mais úteis do que boletins para compreender o progresso dos seus filhos na escola.

É natural que os professores se sintam um pouco desconfortáveis com a perspectiva de uma reunião com os pais. Eles irão querer ser respeitados pelos pais, não irão querer ter problemas de enfrentamento e podem ter de dizer algumas coisas desagradáveis sobre os filhos deles. Como há algumas coisas que os professores querem que os pais saibam, e como sempre há algum elemento de incerteza sobre os rumos da reunião, recomenda-se que os professores tragam um plano daquilo que eles queiram discutir. Os pais provavelmente também irão querer fazer isso. Por exemplo, a maioria dos professores irá querer dar uma descrição do desempenho acadêmico e social dos alunos em sala de aula. Eles também irão querer fazer perguntas aos pais, como: "O seu filho age assim em casa?" e "O que ele fala da carga de trabalhos na escola?". Certamente, os professores irão querer dar aos pais a oportunidade de fazer perguntas. Os pais provavelmente farão perguntas como: "Como o meu filho está se saindo em português e matemática?" ou "Por que o meu filho tirou C- em matemática?". Por fim, os professores, junto com os pais, podem querer planejar uma forma de ajudar o aluno. Eles podem decidir sobre ações que o professor, os pais e o aluno irão fazer. Os professores podem querer que um orientador ou administrador vá à reunião se houver possibilidade de confronto.

Planejar as reuniões é necessário para cumprir sua agenda. O professor pode coletar amostras de trabalhos dos alunos – talvez em um portfólio – e identificar (com exemplos) questões comportamentais ou atitudinais específicas que podem ser levantadas. Se houver algum grande problema existente ou potencial, o professor deve verificar o arquivo permanente do aluno no escritório do colégio para ver se o problema apareceu em outras séries. Todo esse preparo deve ser feito antes da reunião.

Por fim, o professor irá querer ter um espaço privado e confortável para realizar a reunião. Normalmente, isso significa antes ou depois das horas de aula na sala do professor, quando os alunos não estiverem presentes. Se for este o caso, forneça cadeiras de tamanho adulto para os pais. Nós mesmos já participamos de muitas reuniões em escolas primárias em que o professor se sentava confortavelmente atrás de sua mesa e ficávamos espremidos em uma cadeira pequena, feita para os alunos, com os joelhos batendo quase no queixo enquanto tentávamos ficar mais confortáveis para tornar a reunião produtiva. As reuniões funcionam melhor quando são privadas, quando não há interrupções e quando todos estão sentados confortavelmente.

> As reuniões devem ser privadas, bem planejadas e não devem ser interrompidas.

Dicas para realizar uma boa reunião

As dicas a seguir podem ajudar a reunião entre os pais e o professor a prosseguir com sucesso.

1. *Estabeleça um ambiente adequado.* Isso significa fazer os pais se sentirem bem-vindos, manter uma atitude positiva e lembrar que o aluno não é uma preocupação "deles" ou "sua", mas uma preocupação mútua. Se possível, descubra o que os pais querem saber antes da reunião para que você possa se preparar para as suas perguntas. Não seja o único a falar; seja um bom ouvinte e use a reunião para descobrir as percepções e as preocupações dos pais. Fale em termos que os pais compreendam; evite jargões educacionais, como "aprendizagem do descobrimento", "rubricas", "habilidades de raciocínio de ordem mais alta" ou "comportamento pró-social", que irão confundir em vez de tornar clara a reunião. Dar exemplos de comportamentos do aluno com portfólios, avaliações de desempenho e rubricas de escores pode ajudar os pais a compreenderem as expectativas da sala de aula e o desempenho dos alunos.
2. *Seja franco com os pais, mas transmita os pontos fortes e fracos do aluno.* Não deixe de passar informações desagradá-

veis só porque você acha que os pais irão confrontá-lo. O objetivo das reuniões entre os pais e o professor é que cada lado entenda e ajude o aluno. É responsabilidade do professor levantar questões com os pais que irão ajudar o aluno, mesmo que a discussão dessas questões possa ser desagradável. Se você não souber a resposta a uma pergunta, não blefe. Diga aos pais que você não sabe a resposta, então pesquise depois da reunião e lhes passe a resposta mais tarde.

> Os professores devem manter uma atitude profissional durante as reuniões de pais e mestres.

3. ***Não fale sobre os outros alunos ou colegas de trabalho por nome ou implicação.*** Nunca menospreze seus colegas de trabalho ou o diretor na frente dos pais, independentemente do que você sinta. Comentários como: "O professor do ano passado não preparou a Rosália bem em matemática" ou "O diretor não apoia muito as ideias dos professores aqui" são inadequados. Verdade ou mentira, não é profissional discutir essas questões com os pais. Não compare uma criança com outros alunos por nome ou mostre o trabalho, as provas ou as notas de outros alunos para os pais. Os professores são profissionais e têm a obrigação de agir profissionalmente. Isso significa falar a verdade para os pais, e não desprezar seus colegas na frente deles, concentrar as discussões apenas no filho daqueles pais, e não discutir informações sobre a reunião com outros professores. Esse aviso é apropriado a todas as formas de interação entre pais e professores.
4. ***Se uma ação corretiva para o aluno parecer adequada, planeje-a em conjunto com os pais.*** As duas partes têm de se responsabilizar por colocar o plano em prática: "Eu vou tentar fazer essas coisas com a Vanessa em aula, e vocês irão tentar fazer essas outras coisas com ela em casa".
5. ***Por fim, resuma a reunião antes de os pais saírem.*** Revise os pontos principais e quaisquer decisões ou ações que tiverem sido acordadas.

A Tabela Ferramentas-Chave de Avaliação 9.4 oferece outras sugestões úteis a essas orientações.

Reuniões de pais e mestres podem ser muito úteis tanto para os pais quanto para o professor, se forem planejadas e conduzidas com sucesso. Elas permitem que o professor colete informações suplementares sobre o aluno e que os pais adquiram uma compreensão mais ampla do desempenho do seu filho na escola. A principal desvantagem das reuniões de pais e mestres é que elas consomem muito tempo. Reconhecendo o valor das reuniões, assim como o tempo necessário para ter encontros produtivos, muitos distritos escolares separam um ou dois dias no calendário escolar especificamente para as reuniões de pais e mestres.

Métodos adicionais de reportar o progresso

Um método comum de informar aos pais sobre o desempenho escolar do seu filho é mandar exemplos de trabalhos para casa ou coletá-los em um portfólio para que os pais possam examiná-los em uma reunião de pais e mestres ou em dias em que a escola esteja aberta ao público[*]. Informativos periódicos, frequentemente escritos e montados pelos alunos, também podem ser mandados para casa. Se um professor tiver desenvolvido ou selecionado uma rubrica de escores, pode-se usar uma cópia da rubrica com o nível de desempenho do estudante assinalado para fornecer informações sobre uma área de aprendizagem do aluno.

Cartas e telefonemas para os pais são mais usados para informá-los de um proble-

---

[*] N. de R.T.: No Brasil, muitas escolas fazem uma reunião com os pais em que são exibidos os trabalhos dos alunos em murais, fotografias e vídeos, por exemplo.

> **FERRAMENTAS-CHAVE DE AVALIAÇÃO 9.4**
> **Reuniões de pais e mestres**
>
> 1. Prepare-se para a reunião coletando amostras de trabalho dos alunos e identificando questões para discutir com os pais; se possível, descubra o que os pais querem saber antes do encontro.
> 2. Arranje um local privado e confortável para a reunião.
> 3. Estabeleça o ambiente adequado:
>   a. Lembrando que o aluno é de interesse mútuo: seu e dos pais.
>   b. Ouvindo as perspectivas e as preocupações dos pais.
>   c. Evitando o jargão educacional e dando exemplos concretos.
>   d. Sendo franco com os pais ao transmitir os pontos fortes e fracos do aluno.
> 4. Admita que você não sabe a resposta a uma pergunta, e esteja disposto a descobrir; não tente blefar para os pais.
> 5. Não menospreze ou fale sobre os seus colegas ou outros alunos por nome ou implicação; não compare um aluno com outro pelo nome.
> 6. Se se chegar a um acordo de ação corretiva, planeje a ação juntamente com os pais, tornando ambas as partes responsáveis pelo plano.
> 7. Revise e resuma as decisões e as ações planejadas ao final do encontro.
> 8. Faça anotações para resumir o encontro.
>
> Fonte: Os autores.

ma especial que tenha ocorrido, e, portanto, não devem ser usados com frequência pelos professores. Comunicação escrita ou telefônica regular entre pais e professores é muito rara, e só ocorre se o pai especificamente requerer relatórios escritos frequentes e o professor concordar com isso.

Com o aumento do acesso nas escolas e nas casas, o *e-mail* está se tornando rapidamente uma ferramenta útil de comunicação com os pais. Apesar de escrever mensagens consumir mais tempo do que uma ligação, o *e-mail* tem diversas vantagens. Primeiro, ele dá tempo para que o professor e o pai reflitam sobre suas perguntas e comentários antes de responder. Segundo, o *e-mail* fornece oportunidades para o professor consultar outras pessoas na escola, sejam eles orientadores, psicólogos, colegas ou o diretor, antes de responder à pergunta de um pai. Terceiro, o *e-mail* fornece um registro completo do que foi dito e decidido. Por fim, o *e-mail* pode permitir que um professor muito atarefado durante o dia se conecte com um pai que também está muito atarefado durante o dia. Ao escrever aos pais, seja na forma de um *e-mail* ou carta tradicional, é extremamente importante que sua mensagem seja precisa, profissional e siga convenções de escrita adequadas (i.e., não contenha erros de gramática ou de ortografia e não use gírias). Um comunicado mal escrito pode levar o pai a ter uma impressão negativa do professor e deturpar a mensagem substancial que o professor estava tentando transmitir ao pai.

RESUMO DO CAPÍTULO

- O processo de julgar a qualidade do desempenho dos alunos é chamado de atribuição de notas. A característica mais importante desse processo é que a nota depende do julgamento do professor, que é sempre subjetivo, em maior ou menor grau.
- Atribuir notas é uma tarefa difícil para os professores, porque eles têm pouca instrução formal para isso; devem fazer julgamentos com base em evidências incompletas; têm papéis conflitantes em sala de aula; não podem deixar que as características pessoais e as circunstâncias dos alunos distorçam julgamentos acerca da matéria; e porque não existe uma estratégia de atribuição de notas que seja universalmente aceita.
- Ao atribuir notas, os objetivos principais do professor são ser justo com todos os alu-

nos e refletir a aprendizagem deles sobre a matéria.
- O propósito principal das notas do boletim é comunicar informações sobre a realização dos alunos. As notas servem a funções administrativas, informativas, motivacionais e orientadoras.
- Todas as notas representam uma comparação do desempenho do aluno com algum padrão de excelência ou qualidade.
- As notas referenciadas a norma comparam o desempenho de um aluno com os de outros alunos na turma. Os alunos com as notas mais altas recebem um número designado de notas altas, conforme definido pela curva de notas.
- As notas referenciadas a critério comparam o desempenho de um aluno com um padrão predefinido de domínio. Não há limite para o número de alunos que podem receber uma nota em particular.
- Não se recomenda basear as notas em comparações entre o desempenho de um aluno e sua habilidade percebida ou registro de progresso.
- Após escolher uma base comparativa para atribuir as notas, o professor deve decidir quais desempenhos dos alunos serão considerados para atribuir as notas. Para o que se refere ao entendimento da matéria, recomenda-se que os desempenhos dos alunos que demonstrem o seu grau de domínio dela sejam incluídos na nota. Esforço, motivação, participação e comportamento não devem ser os componentes principais das notas da matéria.
- Atribuir notas requer que os professores resumam muitos tipos diferentes de informação em um único escore. Tipos mais importantes de desempenho dos alunos, como provas e projetos, devem ter peso maior na nota final.
- Para resumir tipos variados de informação, cada tipo deve ser expresso da mesma forma e na mesma escala, normalmente uma escala percentual.
- Antes de combinar as informações em uma escala, deve-se revisar a qualidade de cada informação de avaliação e ajustá-las se forem descobertas informações inválidas. As notas serão tão válidas quanto as informações de avaliação em que elas se baseiam.
- As informações das notas devem ser expandidas e completadas por outros meios de comunicação entre os pais e o professor, como reuniões, dias em que a escola está aberta ao público, relatórios de progresso e trabalhos e projetos mandados para casa.

QUESTÕES PARA DISCUSSÃO

1. Quais são os propósitos de dar notas aos alunos? De que modo os diferentes formatos de atribuição de notas dão conta desses propósitos?
2. Quais são as responsabilidades do professor para com os alunos ao atribuir notas em um trabalho, prova ou projeto? Que responsabilidades adicionais os professores têm para com os alunos quando atribuem as notas de boletim?
3. A tarefa de atribuir notas nos boletins é a mesma para professores de ensino médio e fundamental? Como o processo de atribuir notas difere nos dois níveis?
4. Como as informações nos boletins podem ser suplementadas e ser mais informativas para pais e alunos?
5. Quais são os possíveis impactos, bons e ruins, das notas sobre os alunos? O que pode ser feito para diminuir o impacto das notas?

ATIVIDADES

A Tabela 9A contém informações que uma professora acumulou sobre seus alunos durante um período de avaliação. Use essas informações para atribuir notas ao boletim de cada aluno. Com base na tabela, responda às perguntas abaixo.

1. Você irá usar uma abordagem de atribuição de notas referenciada a norma ou a critério? Por quê?
2. Você irá levar em consideração todas as informações na tabela para determinar a

nota ou apenas algumas das informações? Defina o que você irá considerar e o que vai deixar de fora, e explique por quê.
3. Todas as informações que você decidiu considerar têm o mesmo peso, ou algumas têm mais peso do que outras?
4. Como você irá levar em conta as diferentes representações de desempenho dos alunos sobre diferentes informações (p. ex., porcentagens, notas com letras, excelente-bom-ruim, alto-médio-baixo)?
5. O que você irá fazer – ou não – a respeito da 3ª prova?
6. Como você irá resumir as diferentes informações em um único escore ou classificação?
7. Qual será a sua curva de notas (referenciada a norma) ou os seus padrões de desempenho (referenciado a critério) para dar as notas?
8. Que nota cada aluno receberia?
9. De que forma esse exercício é artificial? Isso é, haveria diferença entre a forma como você atribuiu notas a esses alunos e a forma que um professor que de fato lhes deu aula lhes daria notas?
10. Se você atribuiu notas aos alunos usando uma abordagem referenciada a norma, volte e refaça as notas usando uma abordagem referenciada a critério. Se você atribuiu notas aos alunos usando uma abordagem referenciada a critério, volte e refaça as notas usando uma abordagem referenciada a norma.
11. Quais são os pontos fortes e fracos do sistema de atribuição de notas que você desenvolveu?

QUESTÕES PARA REVISÃO

1. O que são notas, e por que elas são importantes? Por que as escolas e os professores dão notas?
2. Que questões o professor deve considerar para realizar o processo de atribuição de notas? Que julgamentos ele precisa fazer durante o processo? Por que não existe uma única forma que seja a melhor para atribuir notas aos alunos?
3. Por que toda atribuição de notas se baseia em comparação? Que métodos comuns

TABELA 9A Atividade de atribuição de notas

Aluno	Prova 1	2	3	4	Projeto	Participação em aula	Esforço geral	Quizzes e dever de casa	Comportamento	Habilidade dos alunos (estimativa)
Malcolm	40	60	55	100	A-	Bom	B	B	B	M
Tiffany	90	95	45	85	A	Excelente	Ex	Ex	Ex	A
Jason	70	65	20	30	C	Excelente	B	R	R	M
Thomas	85	80	50	85	B-	Ruim	R	B	R	A
Gretta	70	70	15	65	D	Bom	Ex	R	Ex	B
Susan	45	75	45	100	C	Excelente	Ex	B	B	M
Maya	75	80	45	75	B-	Bom	B	B	B	M
Maria	70	75	30	70	A	Excelente	B	B	B	M
Oscar	80	90	45	85	C	Ruim	R	R	R	M
Angelina	30	40	10	40	D-	Ruim	Ex	R	Ex	B
James	60	60	15	45	D	Ruim	R	R	R	A

A: alta; B: baixa; M: média.
Fonte: Os autores.

de comparação são usados para atribuir notas, e como eles diferem? Qual é a diferença entre a atribuição de notas referenciada a norma e a critério? Qual método você usaria, e por quê?
4. Quais são as vantagens e desvantagens da atribuição de notas referenciada a norma e a critério? Quais são as vantagens e desvantagens de acomodar as notas para alunos com deficiência?
5. Por que as notas devem ser definidas principalmente pelos desempenhos acadêmicos dos alunos, em vez de com base em outras informações que o professor tenha sobre eles?
6. Que informações o professor deve fornecer aos alunos sobre o processo de atribuição de notas?
7. Quais são os outros métodos existentes para reportar o progresso dos alunos?

REFERÊNCIAS

BORICH, G. D. *Effective teaching methods*: research-based practice. 5th ed. Englewood Cliffs: Prentice-Hall, 2003.

BROOKHART, S. M. Teachers' grading practices: meaning and values. *Journal of Educational Measurement*, v. 30, n. 2, p. 123-142, 1993.

BROOKHART, S. M. Teaching about communicating assessment results and grading. *Educational Measurement*: issues and practice, v. 18, n. 1, p. 5-13, 1999.

BURSUCK, W. D. et al. Report card grading and adaptations: a national survey of classroom practices. *Exceptional Children*, v. 62, n. 4, p. 301-318, 1996.

FRIEDMAN, S. J.; FRISBIE, D. A. The validity of report cards as indicators of student performance. In: National Council on Measurement in Education, 1993, Atlanta. *Proceedings*... Atlanta: NCME, 1993.

FRISBIE, D. A.; WALTMAN, K. K. Developing a personal grading plan. *Educational Measurement: issues and practice*, v. 11, n. 3, p. 35-42, 1992.

GARDNER, H. *Frames of mind*: the theory of multiple intelligences. New York: Basic Books, 1995.

GRISWOLD, P. A.; GRISWOLD, M. M. The grading contingency: graders' beliefs and expectations and the assessment ingredients. In: American Educational Research Association, 1992, San Francisco. *Proceedings*... San Francisco: AERA, 1992.

GUSKEY, T. R.; BAILEY, J. M. *Developing grading and reporting systems for student learning*. Thousand Oaks: Corwin, 2001.

HUBELBANK, J. H. *Meaning of elementary school teachers' grades*. 1994. Doctorate (Thesis) – Boston College, Chestnut Hill, 1994.

KUBISZYN, T.; BORICH, G. *Educational testing and measurement*. 7th ed. New York: Wiley, 2003.

MUNK, D. D.; BURSUCK, W. D. Grading students with disabilities. *Educational Leadership*, v. 61, n. 2, p. 38-43, 2003.

NAVA, F. J.; LOYD, B. The effect of student characteristics on the grading process. In: American Educational Research Association, 1992, San Francisco. *Proceedings*... San Francisco: AERA, 1992.

POLLOWAY, E. A. et al. Classroom grading: a national survey of policies. *Remedial and Special Education*, v. 15, n. 3, p. 162-170, 1994.

SALEND, S. J. *Creating inclusive classrooms*: effective and reflective practices. 4th ed. Upper Saddle River: Prentice-Hall, 2001.

SHEPARD, L.; BLIEM, C. Parents' thinking about standardized tests and performance assessment. *Educational Researcher*, v. 24, p. 25-32, 1995.

TOMBARI, M.; BORICH, G. *Authentic assessment in the classroom*. Upper Saddle River: Prentice-Hall, 1999.

VALDES, K. A.; WILLIAMSON, C. L.; WAGNER, M. M. *The national longitudinal transition study of special education students*. Menlo Park: SRI International, 1990. v. 1.

capítulo **10**

PROVAS PADRONIZADAS DE DESEMPENHO COMERCIALIZADAS

Tópicos-chave

- Como as provas de desempenho comercializadas são criadas
- Aplicando a prova
- Interpretando os escores
- Tipos de escores de provas padronizadas
- Três exemplos de interpretação da prova
- Validade de provas de desempenho comercializadas

OBJETIVOS DO CAPÍTULO

Após ler este capítulo, você poderá:

- Definir termos relacionados às provas padronizadas.
- Definir diferenças entre provas criadas pelo professor, comercializadas e estaduais em termos de objetivos, construção e atribuição de notas.
- Interpretar os resultados das provas de desempenho comercializadas.
- Identificar fatores que influenciam a validade e confiabilidade das provas de desempenho comercializadas estaduais.

PENSAR SOBRE ENSINAR

Como as informações das provas padronizadas comercializadas podem ser usadas para apoiar a instrução?

Professores não criam nem têm a liberdade de modificar todas as avaliações que os seus alunos precisam fazer. As **avaliações padronizadas** são feitas para serem aplicadas, corrigidas e interpretadas de maneira consistente em muitas salas de aulas e escolas. As avaliações estaduais (discutidas no Capítulo 3) são um exemplo.

> As provas de desempenho são criadas para serem aplicadas a muitas salas de aula e escolas diferentes e, portanto, são aplicadas, corrigidas e interpretadas da mesma forma, independentemente de onde ou quando sejam aplicadas.

As **provas de desempenho comercializadas** publicadas nos Estados Unidos, outro exemplo de avaliações padronizadas, são o foco deste capítulo. Companhias privadas elaboram e vendem provas para os sistemas escolares, e o professor não pode alterar o conteúdo ou a forma dessas provas[*]. Algumas das avaliações comercializadas mais utilizadas estão listadas abaixo:

California Achievement Tests
Comprehensive Tests of Basic Skills
TerraNova
Iowa Tests of Basic Skills
Metropolitan Achievement Tests
Sequential Tests of Educational Progress
SRA Achievement Series
Stanford Achievement Tests

> As provas de desempenho comercializadas são normalmente aplicadas uma vez por ano. Elas fornecem informações sobre o desempenho dos alunos ao longo do tempo e identificam seus pontos fortes e fracos.

Em geral, as provas de desempenho comercializadas têm três propósitos principais:

1. comparar o desempenho de alunos locais com o desempenho de outros alunos do país;
2. fornecer informações acerca do desenvolvimento da aprendizagem dos alunos ao longo do tempo e
3. identificar pontos fortes e fracos dos estudantes.

A Tabela 10.1 compara essas provas comercializadas com as criadas pelo profes-

---

[*] N. de R.T.: Embora, no Brasil, não haja a comercialização de testes, nos últimos anos, muitas empresas privadas têm desenvolvido sistemas instrucionais que, além de material didático, capacitação de professores e gerenciamento da instrução, incluem testes formativos ou somativos. São exemplos desses sistemas instrucionais o COC, o Objetivo e o Positivo. Esses sistemas, além de atuarem em instituições privadas de ensino fundamental e médio, têm se estendido às redes estaduais e municipais.

TABELA 10.1 Comparação entre provas criadas pelo professor, exigidas pelo Estado e de desempenho comercializadas

	Criada pelo professor	Exigida pelo Estado	De desempenho comercializada
Conteúdo e/ou objetivos	Específico à instrução da turma; escolhida ou desenvolvida pelo professor; conteúdo avaliado reduzido, normalmente uma unidade ou capítulo da instrução em uma matéria	Tópicos normalmente ensinados ou que se desejam ensinar nas escolas de um Estado ou distrito; ampla gama de conteúdos cobertos em uma matéria, normalmente cobrindo muitos anos de instrução em uma matéria	Tópicos comumente ensinados em muitas escolas do país; ampla gama de conteúdos cobrindo um ano de instrução em uma matéria
Criação de questões	Escritas ou escolhidas pelo professor	Elaboradores profissionais de questões	Elaboradores profissionais de questões
Tipos de questão	Vários	Múltipla escolha e tarefa de desempenho	Principalmente múltipla escolha
Escolha das questões	Professor escolhe ou redige as questões conforme necessário para a prova	Muitas questões são redigidas e avaliadas; melhores questões escolhidas para a prova	Muitas questões escritas e testadas em estudantes antes de as melhores serem escolhidas para a prova
Correção	Professor	Máquina e avaliadores	Máquina
Divulgação de escores	Número de questões corretas, percentual de acertos	Normalmente "aprovação--reprovação" para indivíduos; porcentagem ou proporção de domínio para grupos	Classificação de porcentagem, *stanine*[*], escores equivalentes a notas
Interpretação de escores	Referenciada a norma ou a critério, dependendo da preferência do professor	Referenciado a critério	Referenciada a norma e ao desenvolvimento

[*] N. de T.: Em inglês, *Statistical Standard Nine Normal Distribution*. É um método de dispor os escores em uma escala padronizada de 1 a 9, em que a média é 5 e o desvio padrão é 2.
Fonte: Os autores.

sor e as exigidas pelo Estado[*]. Devemos começar reconhecendo que muitos professores têm reações mistas às provas de desempenho. Os seguintes comentários dão uma noção das questões principais que os preocupam.

> As provas comercializadas são inadequadas para a minha turma, já que o nosso currículo não cobre uma parte do conteúdo da prova.

[*] N. de R.T.: Um exemplo de prova exigida pelo Estado é a Prova Brasil.

> Muitos pais confiam mais em uma prova padronizada comercializada de 50 questões do que no meu julgamento com base em meses de observação de seus filhos na escola. Essas provas são tratadas como um selo de qualidade do aprendizado de uma criança. Estão dando muita ênfase a provas curtas e gerais.

> O meu diretor dá muita ênfase ao desempenho da nossa escola nas provas comercializadas. Ele se preocupa muito em como nos saímos em compara-

ção com escolas vizinhas quando os resultados são publicados no jornal local.

É difícil saber o que fazer com os resultados das provas comercializadas. Elas dão uma noção de como os alunos estão se saindo, mas basicamente corroboram o que eu já sabia sobre eles. Às vezes, um aluno tem um desempenho muito diferente do que eu esperava, e isso me força a olhar com mais cuidado a minha impressão inicial dele. Mas, na maioria das vezes, não preciso que uma prova padronizada comercializada me diga como os alunos estão indo.

> As provas de desempenho comercializadas comparam o desempenho de alunos locais com o desempenho de alunos semelhantes de outros lugares dos EUA.

A realidade é que essas provas padronizadas não foram criadas para servir às necessidades imediatas do professor. Elas são mais para uso dos administradores e daqueles que planejam os currículos. Mas elas, de fato, contribuem para a qualidade do sistema escolar e, assim, indiretamente contribuem para a educação do aluno. Além disso, as informações fornecidas pelas provas sobre um aluno individual podem ser úteis para o próprio professor avaliar suas decisões quanto à aprendizagem dele com base na avaliação em sala de aula. Portanto, é importante que os professores e os alunos levem essas provas padronizadas a sério.

> A maioria dos professores não acha que as provas padronizadas são importantes para o funcionamento diário das suas salas de aula, mas os pais normalmente veem os resultados com grande seriedade.

Neste capítulo, iremos apresentar como essas provas são construídas e padronizadas, demonstrar como aplicá-las e interpretá-las para seu próprio conhecimento e para explicá-las para os pais. Também iremos discutir questões de validade.

COMO AS PROVAS DE DESEMPENHO COMERCIALIZADAS SÃO CRIADAS

Existem duas questões-chave das provas de desempenho comercializadas, a saber:

1. elas costumam ser referenciadas a norma;
2. sua função principal é comparar o desempenho de um estudante com um conjunto nacional de estudantes semelhantes.

As provas possibilitam afirmações como: "John tirou uma nota mais alta do que 87% dos alunos de 7ª série em matemática"; "Maria está na 3ª série, mas o seu escore na prova comercializada equivale a um aluno de 6ª série"; "Kerry ficou acima da média em ciências, se comparado com alunos de 8ª série"; e "Comparado com os alunos de 2ª série, Sam esteve entre os 25% mais baixos em leitura". Em cada caso, o desempenho do aluno na prova foi obtido comparando-o com um grupo de estudantes semelhantes no país. As provas de desempenho comercializadas são usadas nas escolas principalmente porque servem de comparação entre a aprendizagem para além da própria sala de aula. Essas comparações não seriam possíveis com provas criadas pelo professor.

> Provas de desempenho comercializadas costumam ser referenciadas a norma.

As provas de desempenho comercializadas mais usadas são publicadas na forma de baterias de provas. Uma **bateria de provas** é uma coleção de provas de muitas áreas de matérias diferentes que são aplicadas em conjunto. Em vez de criar uma prova para matemática, uma prova totalmente separada de leitura e ainda outra para ciências, a maioria das editoras de provas comercializadas cria uma única bateria de provas que contém muitas provas diferentes de cada matéria. Por exemplo, a bateria de provas do Iowa Tests of Basic Skills para a 5ª série é composta das 13 matérias a seguir – ou, como são mais comumente chamadas, **subprovas:**

- Vocabulário
- Compreensão de leitura
- Ortografia
- Uso de letras maiúsculas
- Pontuação
- Uso e expressão
- Mapas e diagramas
- Materiais de referência
- Conceitos matemáticos e estimativas
- Resolução de problemas matemáticos e interpretação de dados
- Cálculos matemáticos
- Estudos sociais
- Ciências

> Uma bateria de provas fornece um quadro geral do desempenho escolar de um aluno e compara o seu desempenho em diversas matérias.

O estudante recebe um escore separado para cada subprova. A bateria inteira consiste em 458 questões que levam 5 horas para serem completadas. As principais vantagens de uma bateria de provas são que

1. sua ampla cobertura do conteúdo oferece um quadro geral do desempenho escolar do estudante,
2. o escore do estudante em uma subprova pode ser comparado com o seu escore em outras subprovas, permitindo que os professores identifiquem áreas relativamente fortes ou fracas.

Construção da prova

Uma prova de desempenho comercializada bem construída tem três características:

1. é cuidadosamente construída, com testes-piloto, análises e revisão antes de a sua versão final ser completada;
2. tem orientações e procedimentos escritos sobre como aplicar e atribuir os escores da prova; e
3. a interpretação do escore se baseia na prova ter sido bem aplicada a uma amostra cuidadosamente selecionada de estudantes de todo o país.

O desempenho de estudantes locais é comparado com o desempenho da amostra nacional, ou **grupo norma.** A Figura 10.1 compara os passos na construção de provas de desempenho criadas pelo professor com os passos na construção de uma prova de desempenho comercializada.

Escolha de objetivos

Tanto as provas criadas pelo professor quanto as provas de desempenho padronizadas comercializadas começam com os objetivos educacionais. Na prova criada pelo professor, os objetivos que foram enfatizados durante a instrução são avaliados. O criador de provas comercializadas, por outro lado, busca avaliar apenas os objetivos que são comumente ensinados em praticamente todas as salas de aula em uma série específica. Esses objetivos são encontrados examinando livros didáticos amplamente utilizados e as diretrizes curriculares estaduais. Os objetivos e as habilidades que forem *comuns* em livros didáticos e nas diretrizes são selecionados para inclusão na prova. Isso significa que alguns dos objetivos que um professor em particular enfatiza em sua sala de aula podem não ser contemplados na prova de desempenho comercializada.

> As provas comercializadas tentam avaliar objetivos que são ensinados em nível nacional em uma série específica.

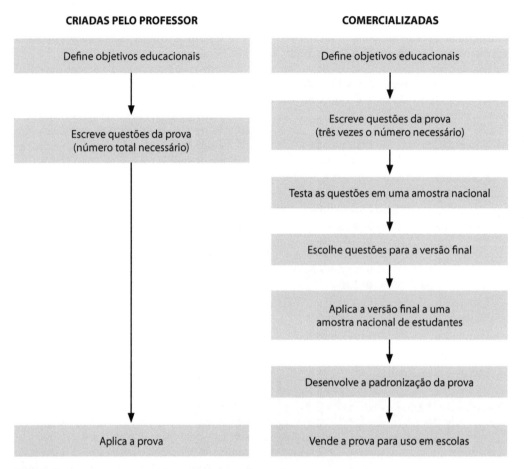

FIGURA 10.1 Passos na construção de provas criadas pelo professor e de provas comercializadas.
Fonte: Os autores.

Escrita e revisão das questões

Quando os objetivos tiverem sido identificados, a editora da prova comercializada, assim como o professor em sala de aula, deve construir ou selecionar as questões da prova. Ao contrário do professor, contudo, que cria apenas o número de questões necessário para a prova, a editora de provas comercializadas gera duas ou três vezes mais questões do que as necessárias para a prova final. Uma equipe de elaboradores profissionais de questões, em sua maioria professores experientes, pesquisa e escreve questões e passagens que servirão de piloto.

> As questões das provas comercializadas são editadas por conta de conteúdo, estilo e validade, assim como para viés étnico, cultural, racial e de gênero.

As questões selecionadas passam por vários ciclos de revisão e correção antes de serem aceitas para uso. Especialistas no currículo as estudam para se certificarem de que elas avaliam os objetivos pretendidos. Especialistas na criação de provas as revisam para se certificar de que elas estão bem escritas, livres de ambiguidades ou pistas para as respostas. Outros grupos as revisam para determinar se elas são tendenciosas a favor de um grupo específico de estudantes. Ao final dessa etapa da construção da prova, um conjunto grande de questões que foram revisadas por muitos grupos ficam à disposição da editora da prova. Cada questão e subprova é revisada e editada por conta de conteúdo, estilo e adequação para mensurar o objetivo, assim como para **viés** étnico, cultural, racial e de gênero (THE PSYCHOLOGICAL CORPORATION, 1984, p. 1)[*].

Questões-piloto

Já que nenhum criador de provas – seja o professor ou a editora de provas comercializadas – sabe o quão bem a questão irá funcionar até que ela seja efetivamente testada em um grupo de estudantes, a editora faz testes com questões-piloto em uma amostragem de estudantes semelhante ao público-alvo final da prova. As comunidades escolhidas para esses testes representam tamanhos, localizações geográficas e níveis socioeconômicos diferentes. O formato da prova-piloto se parece com o formato da prova final, e ela é administrada por professores para que a situação administrativa durante o teste seja o mais parecida possível com o modo como a prova publicada final será aplicada. Um conjunto de questões que fornece as informações mais válidas e confiáveis é selecionado para a versão final da prova.

> Após as provas-piloto terem sido testadas, as questões são analisadas estatisticamente para garantir que fornecem a variedade necessária de escores para uma prova referenciada a norma.

---

[*] N. de R.T.: No Brasil, esses procedimentos são também utilizados nas avaliações nacionais, como a Prova Brasil e o ENEM. Muitas questões são elaboradas e pré-testadas em amostras típicas de estudantes, os resultados estatísticos são analisados e as questões aprovadas são indexadas a um banco de itens.

Existem dois motivos para testar as questões antes de finalizar a prova. Primeiro, o criador da prova quer ter certeza de que todas as questões foram escritas de forma clara e compreensível para os estudantes. Ao examinar as respostas dos estudantes depois dos testes, podem-se identificar, revisar ou descartar questões confusas. Segundo, as questões que garantam a variedade de matérias e escores entre os estudantes devem ser selecionadas. Após os testes, as propriedades estatísticas de cada questão são analisadas para se ter certeza de que a prova final contém questões que diferenciam os estudantes que a estão respondendo. Essa diferenciação permite as comparações referenciadas a norma desejadas nas provas de desempenho comercializadas.

> A dificuldade da questão indica a proporção de estudantes que a respondeu corretamente. A discriminação de questões compara escores gerais da prova em uma questão específica.

Dois índices importantes para julgar as questões de prova são dificuldade e discriminação das questões. O **índice de dificuldade** de uma questão de prova indica a proporção de estudantes que a responderam corretamente. Assim, um índice de dificuldade de 90 significa que 90% dos estudantes responderam à questão corretamente, ao passo que uma questão com um índice de dificuldade de 15 foi respondida corretamente por apenas 15% dos estudantes. O **índice de discriminação** indica o quão bem os estudantes que tiraram um escore alto na prova como um todo se saíram em uma questão específica. Uma questão que discrimina bem entre os estudantes é aquela que os que tiveram escores altos costumam acertar, ao passo que os que tiveram escores baixos costumam errar. Isto é, a questão discrimina entre alunos da mesma forma que a prova como um todo faz.

Ao desenvolver uma prova referenciada a norma, o propósito do criador da prova é diferenciar os alunos de acordo com os seus níveis de desempenho. É improvável que o criador da prova escolha questões que todos os alunos acertaram ou erraram durante a prova-piloto, já que essas questões não ajudam a diferenciar alunos com alta aprendizagem de alunos com baixa aprendizagem. Para alcançar a referenciação a norma desejada entre os estudantes, a prova deve ser composta de itens que entre 30 e 70% dos alunos acertaram e que discriminem os estudantes da mesma forma que a prova como um todo o faz. É só assim que a prova diferencia estudantes ao longo da variação possível de escores e permite as comparações referenciadas a norma desejadas. A prova-piloto fornece informações necessárias para escolher que questões serão incluídas na versão final da prova.

> Para diferenciar os alunos, as provas comercializadas contêm muitas questões que aproximadamente metade dos estudantes acerta, e a outra metade erra.

Esses passos alcançam três objetivos importantes:
1. identificam os objetivos de prova que reflitam o que a maioria dos professores do país está ensinando;
2. produzem questões de prova que avaliam esses objetivos; e
3. identificam um grupo de questões que irá produzir as comparações referenciadas a norma desejadas entre os estudantes que fizeram a prova. A versão final da prova, incluindo as questões selecionadas, as orientações para sua aplicação, as folhas de respostas separadas e o tempo limite estabelecido, deve então ser normatizada.

Normatização da prova

Para fornecer informações que permitam a comparação entre o desempenho de um estudante individual com o de uma amostra nacional de estudantes semelhantes, a versão final da prova deve ser dada a uma amostra de alunos de todo o país. Esse processo é chamado de normatização da prova. As **normas da prova** descrevem como uma amostra nacional de estudantes que fizeram determinada prova se saiu nela.

> As normas da prova descrevem como uma amostra nacional de estudantes que é representativa da população geral se saiu nela.

Imagine que uma editora de provas comercializadas deseje normatizar a versão final de uma prova de desempenho para alunos de 5ª série. Para fazer isso, a editora precisa obter informações sobre como os alunos de 5ª série de todo o país se saem na prova. A editora

1. escolhe uma amostra representativa de alunos de 5ª série de todo o país,
2. aplica a prova a essa amostra,
3. atribui escores às provas e
4. usa os escores da amostra para representar o desempenho de todos os alunos de 5ª série do país.

Supondo que a amostra de alunos de 5ª série tenha sido bem escolhida, os escores da amostra são um bom indício de como todos os alunos de 5ª série se sairiam na prova.

Obviamente, a representatividade da amostra determina o quanto um professor pode confiar nas comparações feitas entre alunos individuais e a "média nacional". O desenvolvimento de normas é um aspecto crítico da construção dessas provas. A editora de provas comercializadas reconhece isso e busca selecionar amostras que sejam bem representativas do público-alvo da prova. Como uma editora comercial reportou:

> Uma prova é padronizada nacionalmente aplicando-a sob as mesmas condições a amostras nacionais de estudantes. Os estudantes testados tornam-se a norma, ou grupo de comparação, com a qual escores futuros dos indivíduos poderão ser comparados

[...] A amostra deve ser cuidadosamente selecionada para ser representativa da população nacional com relação a habilidade e aprendizagem. A amostra deve ser grande o bastante para representar os diversos elementos da população. (Riverside Publishing Company, 1986, p. 11)

As pessoas frequentemente descrevem o desempenho de um aluno em uma prova referenciada à norma com relação a outros estudantes do país. Na realidade, contudo, uma prova referenciada à norma não compara o desempenho de um aluno com o de todos os outros estudantes que fizeram a prova. Em vez disso, a comparação se dá com os alunos que formaram o grupo norma. Todo o ano em que a prova é aplicada, o desempenho de cada aluno é expresso em relação ao grupo norma. Por esse motivo, a formação de um grupo norma é absolutamente essencial para a criação de uma prova referenciada à norma que forneça escores válidos.

> É mais importante que a amostra de normatização seja representativa do grupo nacional do que ela contenha um número muito grande de estudantes.

Usam-se quatro critérios para julgar a adequação das normas da prova: tamanho da amostra, representatividade, atualidade e descrições de procedimentos (Popham, 2000). Em geral, é preferível uma amostra grande de estudantes no grupo norma do que uma amostra pequena; tudo o mais constante, é preferível que uma amostra de normatização seja composta de 10.000 alunos de 5ª série do que de 1.000 alunos de 5ª série. Mas tamanho não garante representatividade. Se os 10.000 estudantes na amostra de normatização viessem todos de escolas privadas do mesmo Estado, a amostra não forneceria uma boa representação do desempenho dos alunos do país. Se fosse necessário escolher entre tamanho e representatividade da amostra, é mais importante que haja mais evidências de que a amostra de normatização é representativa do público-alvo nacional do que ela contenha um número muito grande de estudantes.

Os currículos escolares mudam ao longo do tempo, conforme novos tópicos são adicionados e outros são abandonados. Por esse motivo, é importante renormatizar as provas referenciadas à norma comercializadas a cada sete ou nove anos para mantê-las atualizadas. É injusto comparar os estudantes de hoje com um grupo norma que estudou um currículo diferente.

O último critério para julgar a adequação das normas de provas padronizadas é a clareza dos procedimentos usados para produzi-las. Quanto mais clara e detalhada for a descrição dos procedimentos adotados na construção da prova, melhor o usuário dela poderá julgar a adequação da prova para suas necessidades. As editoras fornecem tipos diferentes de manuais que passam informações sobre suas provas. Um *manual técnico*, por exemplo, passa informações sobre a construção da prova, incluindo seleção de objetivos, desenvolvimento e revisão de questões, testagem das questões e normatização. O *manual do professor* fornece uma descrição das áreas testadas, assim como orientações para interpretar e usar os resultados da prova. Esses manuais devem ser usados pelos professores em sala de aula para ajudá-los a compreender e a usar os resultados da prova. Outra fonte de informação sobre as provas publicadas são os *Mental Measurement Yearbooks* (Plake; Impara; Spies, 2003), que fornecem revisões escritas por especialistas na área.

> Os manuais das provas comercializadas fornecem informações sobre a construção e a interpretação da prova.

APLICANDO A PROVA

Quando a prova tiver sido normatizada, ela estará pronta para ser vendida aos sistemas escolares. Nos Estados Unidos, os sistemas escolares normalmente baseiam sua escolha de uma prova específica no julgamento de um administrador distrital ou de um comitê conjunto de administradores e professores. Quando o programa de provas tiver sido escolhido, outras decisões precisarão ser tomadas. Em que séries as provas serão aplicadas? Todas as subprovas da bateria serão aplicadas? Que tipos de escores serão necessários? Os alunos devem fazer essas provas no início ou no final do ano letivo? Diferentes sistemas escolares respondem a essas questões de forma diferente. Qualquer que seja a decisão final, em geral é o professor da turma que tem a responsabilidade de aplicar as provas.

A necessidade de ser consistente na aplicação

Uma prova comercializada precisa ser aplicada a todos os alunos sob as mesmas condições de onde e quando for dada. O motivo de padronizar as condições de aplicação é permitir comparações válidas entre escores de estudantes locais com os escores do grupo norma nacional. Se um aluno fizer a prova sob condições diferentes das do grupo norma nacional, então as comparações entre o desempenho deste aluno com o do grupo norma serão enganosas. É enganoso comparar o desempenho de um aluno que teve 40 minutos para completar a prova com o de outros que só tiveram 30. É enganoso comparar um aluno que recebeu ajuda durante a prova com alunos que não receberam. Assim, cada prova comercializada nacional vem com orientações muito específicas e detalhadas a serem seguidas durante a sua aplicação.

> As provas comercializadas devem ser sempre aplicadas sob as mesmas condições para permitir comparações válidas entre os escores dos estudantes locais com os do grupo norma nacional.

As orientações definem detalhadamente como a sala de aula deve ser organizada, o que fazer enquanto os alunos estão fazendo a prova, como distribuir as provas e as folhas de resposta e quanto tempo eles têm para finalizá-la. Além disso, as orientações sugerem formas de preparar os alunos para fazer a prova. Por fim, as orientações fornecem um roteiro para o professor ler ao aplicá-la.

Espera-se que todo professor que aplica uma prova comercializada use o roteiro e não se desvie dele. Se as condições para aplicar a prova variarem das orientações fornecidas pela editora da prova, comparações com o grupo norma e interpretações dos desempenhos dos alunos podem ser inválidas.

Acomodações para deficiências

Apesar de a aplicação padrão ser a regra, as editoras de provas de desempenho comercializadas precisam garantir acomodações para estudantes com certas deficiências. O Americans with Disabilities Act (ADA) e as legislações federais semelhantes dos Estados Unidos exigem que acomodações razoáveis sejam feitas para alunos com deficiências que estejam fazendo prova, a menos que:

1. o aluno recuse a acomodação;
2. seja indicada uma acomodação que cause dificuldades indevidas ao agenciador da prova;
3. a área de deficiência é o que está sendo mensurado;
4. a acomodação fundamentalmente distorça a medida.

Razoabilidade implica que cada caso deve ser julgado individualmente, mas as editoras das provas fornecem orientações. Se o professor não tiver certeza se uma acomodação é permitida, ele deve ser orientado pelos administradores ou outras partes responsáveis.

Podem ser feitas acomodações para alunos deficientes do ensino médio que estejam fazendo o SAT ou o ACT como parte do processo de admissão em uma faculdade. As acomodações também são frequentemente permitidas para provas aplicadas em séries mais baixas. Contudo, a natureza e o grau da acomodação costumam ser cuidadosamente especificados, e os professores não estão livres para improvisar as orientações fornecidas pela autoridade da prova. Como acontece em algumas universidades, onde são feitas acomodações para alunos com deficiências cujo currículo escolar esteja sendo examinado, frequentemente é necessário pedir permissão para fazer uma acomodação e registrar os alunos para quem essa acomodação é garantida. A permissão para realizar a acomodação também pode depender do diagnóstico profissional de uma deficiência, da existência do Plano de Educação Individual (PEI) do aluno ou do reconhecimento oficial de que o aluno tem proficiência limitada em inglês (PLI, do inglês *Limited English Proficiency*, LEP).

Escores para alunos que genuinamente necessitam de acomodações são certamente mais válidos. No entanto, existe uma desvantagem. De modo geral, quando os escores dos alunos que recebem a acomodação são reportados, eles são sinalizados para mostrar que foi feita alguma acomodação, e a sinalização pode levar alguns avaliadores a descontarem o desempenho do estudante (HEANEY; PULLIN, 1998).

INTERPRETANDO OS ESCORES

De quatro a oito semanas depois da aplicação das provas, os resultados são devolvidos ao colégio. É importante lembrar que as provas normalmente são referenciadas a norma e comparam o desempenho de um aluno com o de um grupo de estudantes de referência. As comparações mais comuns são de um aluno com uma amostra nacional de estudantes na mesma série e de um aluno com o seu próprio desempenho em diferentes áreas das subprovas. Apesar de as normas nacionais serem as mais reportadas e usadas, a maioria das editoras de provas comercializadas pode fornecer normas de provas padronizadas mais específicas, de acordo com localização geográfica, tipo de comunidade (rural, suburbana, urbana), tipo de escola (pública, privada) e sistema escolar específico.

Por exemplo, imagine que um distrito escolar se situe em um setor urbano e sirva a uma grande população multirracial e multiétnica. É provável que as informações buscadas por essa escola se baseiem na comparação entre seus alunos com uma amostra nacional extraída de distritos escolares de setores urbanos semelhantes. Ou imagine que um distrito escolar se situe em uma área suburbana afluente. Experiências anteriores demonstraram que, quando os estudantes desse distrito são comparados com uma amostra nacional representativa, eles geralmente se saem muito bem. Aqui, é provável que as informações buscadas se baseiem em como os estudantes desse distrito se saem em comparação com estudantes semelhantes de outros distritos suburbanos afluentes. Algumas vezes, os distritos escolares estão interessados em comparar o desempenho dos seus alunos dentro desse distrito. Normas que comparam estudantes em um único distrito escolar são chamadas de **normas locais**.

> Os resultados da prova de um aluno podem ser muito diferentes, dependendo do grupo norma com o qual ele é comparado.

O desempenho de um estudante na prova pode ser muito diferente dependendo do grupo norma escolhido como critério de comparação: uma amostra nacional representativa, uma amostra de estudantes em escolas urbanas, uma amostra de estudantes em escolas suburbanas, ou uma amostra de estudantes do seu próprio distrito escolar.

TIPOS DE ESCORES DE PROVAS PADRONIZADAS

As provas de desempenho comercializadas disponibilizam para o professor muitos tipos diferentes de escores. Ao interpretar essas provas, o número de questões que um aluno acertou, chamado de **escore bruto**, não é útil por si só. O professor precisa saber como o escore bruto se compara com o grupo norma escolhido, e são tipos especiais de escores que fornecem essa informação. Como existem muitos tipos de escore à disposição, a discussão aqui se concentra nos três tipos mais comuns: escores de classificação por porcentagem, *stanine* e equivalentes a série. Se houver uma pergunta sobre o significado e a interpretação dos escores não discutida aqui, o manual do professor que acompanha a prova contém a explicação desejada.

> O escore bruto, que é o número de itens a que o estudante respondeu corretamente, não estabelece uma base de comparação entre os escores de provas comercializadas.

Escores de classificação por porcentagem

Provavelmente, o escore mais usado é a **classificação por porcentagem**. As classificações por porcentagem variam de 1 até 99, e indicam a qual porcentagem do grupo norma o escore do estudante foi superior. Se Mary, uma aluna de 7ª série, tem uma classificação por porcentagem de 91 em uma prova comercializada de ciência, isso quer dizer que o seu escore foi superior a 91% da amostra nacional de estudantes de 7ª série que compunham o grupo norma. Se Josh tem uma classificação por porcentagem de 23 em leitura, isso quer dizer que o seu escore em leitura foi superior a apenas 23% dos estudantes do grupo norma. As classificações por porcentagem não se referem à porcentagem de itens a que um aluno respondeu corretamente, mas sim à porcentagem dos estudantes no grupo norma cujo escore ficou *abaixo* de determinado aluno.

> O escore mais comum utilizado é o de classificação por porcentagem, que define qual a porcentagem do grupo norma o escore de um estudante foi maior.

A composição do grupo norma define a comparação que pode ser feita. Assim, a classificação por porcentagem de 91 de Mary baseada em normas nacionais significa que ela se saiu melhor do que 91% dos alunos de 7ª série no grupo norma nacional. Isso não significa necessariamente que ela teria uma classificação por porcentagem de 91 se fosse comparada com estudantes de 7ª série do seu próprio distrito escolar. A classificação por porcentagem de um aluno varia dependendo do grupo com o qual ele é comparado. Por esse motivo, é importante conhecer o grupo norma em que um escore de porcentagem se baseia.

Escores de *stanines*

A *stanine* é um segundo tipo de escore de provas padronizadas. *Stanines* são uma escala com 9 pontos, sendo que uma *stanine* de 1 representa o desempenho mais baixo, e uma *stanine* de 9, o mais alto. Esses nove números são os únicos escores de *stanines* possíveis que um estudante pode receber. Como na classificação por porcentagem, as *stanines* são feitas para indicar o desempenho de um aluno em comparação com uma amostragem maior de normatização. A Tabela 10.2 mostra a relação aproximada entre as classificações por porcentagem e as *stanines*.

> *Stanines* são uma escala com nove pontos, em que 1 representa a categoria mais baixa, e 9 a mais alta.

Apesar de ser possível estabelecer comparações entre escores de *stanines* e escores de classificação por porcentagem, a maioria dos professores usa *stanines* para representar categorias gerais de desempenho, sendo os escores de *stanines* 1, 2 e 3 considerados abaixo da média; 4, 5 e 6 considerados na média; e 7, 8 e 9 acima da média. Apesar de as *stanines* não serem tão precisas quanto as classificações por porcentagem, elas são mais fáceis de se trabalhar e interpretar. Assim como acontece com a classificação por porcentagem, o escore de *stanines* de um aluno em uma matéria pode ser comparado com o seu desempenho *stanine* em outra matéria na mesma bateria de provas para identificar áreas fortes e fracas de aprendizagem do aluno.

Escores equivalentes a série

Apesar de as *stanines* e as classificações por porcentagem fornecerem informações sobre o desempenho de um aluno comparado com o grupo norma, outros tipos de escores de provas padronizadas buscam identificar o desenvolvimento de um aluno por meio de níveis de séries. O seu objetivo é comparar o desempenho do aluno com uma série de grupos de referência que variam em nível de desenvolvimento. A escala de desenvolvimento mais comum é o **escore equivalente a série**, cujo propósito é representar a aprendizagem do aluno em termos de uma série e mês na escola. Um escore equivalente a série de 7,5 quer dizer 7ª série, quinto mês de aula. Um escore equivalente a série de 11,0 significa o início da 11ª série[*]. Em algumas provas, o marcador decimal é omitido em escores equivalentes a série, caso em que um escore equivalente a série de 43 significa 4ª série, terceiro mês, e um escore de 108 significa 10ª série[**], oitavo mês.

> Um escore equivalente a série é uma estimativa do nível de desenvolvimento de um estudante, mas não é um indicativo da série em que ele deveria ser colocado.

Escores equivalentes a série são facilmente mal interpretados. Uma escala de escores que se organiza em termos de série e mês de aula pode seduzir os usuários das provas a interpretar os escores incorretamente. Considere Luísa, que fez uma bateria de provas de desempenho comercializadas no início da 5ª série. Quando sua professora recebeu os resultados, ela viu que o escore equivalente a série da Luísa em matemática era de 7,5. O que esse escore indica sobre o conhecimento matemático dela?

Se pedíssemos para um grupo de professores explicar o que eles acreditam que o escore equivalente a série da Luísa em matemática significa, alguns deles dariam as seguintes interpretações *incorretas*:

- A Luísa se sai tão bem em matemática quanto um aluno de 7ª série no quinto mês de aula.
- A Luísa pode resolver os problemas matemáticos de um aluno de 7ª série.
- O escore de Luísa indica que ela teria sucesso em um currículo de matemática da 7ª série.

Exceto em condições muito específicas, cada uma dessas interpretações está incorreta ou incomprovada. Lembre-se: Luísa fez uma prova de matemática da *5ª série*, que contém questões de matemática normalmente ensinadas na 5ª série. Luísa não fez uma prova de matemática da 7ª série, então não há como

TABELA 10.2 Classificações por porcentagem aproximadas correspondendo a escores de *stanine*

Escore de *stanine*	Classificação por porcentagem aproximada
9	96 ou maior
8	89–95
7	77–88
6	60–76
5	40–59
4	23–39
3	11–22
2	4–10
1	abaixo de 4

Fonte: Os autores.

---

[*] N. de T.: Equivalente ao 3º ano do ensino médio.
[**] N. de T.: Equivalente ao 2º ano do ensino médio.

sabermos como ela se sairia com questões de 7ª série. Com certeza, ela não teria o benefício de saber a matéria de matemática que é normalmente ensinada na 6ª série. Tudo o que sabemos é como Luísa se saiu em uma prova de 5ª série, e isso não nos diz nada sobre como ela se sairia em provas de séries mais adiantadas.

Se todas essas interpretações estão equivocadas, qual é a interpretação correta do escore equivalente a série de 7,5 de Luísa? A interpretação mais adequada é que, *em comparação com outros alunos de 5ª série*, Luísa está bem acima da média nacional da matemática de 5ª série. Com relação ao desenvolvimento, ela está à frente da aprendizagem "típica" dos alunos de matemática da 5ª série. Deve-se ter cuidado ao interpretar os escores equivalentes a série que estão mais de uma série acima ou abaixo da série do estudante que fez a prova. As editoras de provas comercializadas fazem advertências sobre as más interpretações de escores equivalentes a série em seus manuais. Uma editora de provas inclui a seguinte advertência com relação aos escores equivalentes a série no manual do coordenador da prova:

> Equivalentes a série não são adequados para colocar estudantes nas séries correspondentes aos escores da prova. Um aluno de 2ª série cujo escore fica acima de 4,0 em leitura não deve ser deslocado para uma turma de leitura de 4ª série como resultado do escore da prova. Esse escore de 4,0 é um bom indício de que a habilidade de leitura do estudante é consideravelmente melhor do que a de um aluno regular de 2ª série. Porém, se esse aluno tivesse feito uma prova de leitura criada para a 4ª série, é possível que seu escore não tivesse sido 4,0. Como é muito possível chegar a essa má interpretação se não for dada uma explicação aprofundada do escore, recomenda-se fortemente que os equivalentes a série não sejam usados em boletins para pais ou outras pessoas que não tenham treinamento em provas. (CALIFORNIA, 1986a, p. 88)

Outro uso do escore equivalente a série é a avaliação do desenvolvimento acadêmico do aluno ao longo do tempo. Mudanças no escore equivalente a série ao longo do tempo são um indicativo de que o aluno está "progredindo normalmente" em sua aprendizagem. Por exemplo, se o escore equivalente a série de um aluno for de 8,2 ao fazer uma prova de 8ª série, espera-se que o seu escore equivalente a série seja por volta de 9,2 se ele fizer essa prova no mesmo período da 9ª série. Contudo, é importante reconhecer que o desenvolvimento é um processo irregular que pode progredir rapidamente em certos momentos, mas permanecer estático em outros. Assim, pequenos desvios do chamado crescimento normal de um equivalente a série por ano não devem ser interpretados como um problema.

A Tabela 10.3 compara as características dos escores de classificação por porcentagem, *stanine* e equivalente a série. Para mais discussões sobre os termos e conceitos desta seção, veja o Apêndice D, "Aplicações estatísticas para a avaliação em sala de aula".

TRÊS EXEMPLOS DE INTERPRETAÇÃO DA PROVA

Apesar de as editoras poderem fornecer muitos tipos de escores para as provas comercializadas, os utilizados com mais frequência são classificação por porcentagem, *stanine* e equivalente a série. Os próximos três exemplos mostram como as provas de desempenho comercializadas são reportadas para os professores.

> Provas comercializadas normalmente informam os escores de classificação por porcentagem, *stanine* e equivalentes a série.

Exemplo 1: Boletim de desempenho dos estudantes

A Figura 10.2 mostra os resultados da prova de Brian Elliott na Metropolitan Achievement

TABELA 10.3 Comparação dos três escores mais comumente usados em provas padronizadas

	Classificação por porcentagem	*Stanine*	Escore equivalente a série
Formato do escore	Porcentagem	Número inteiro	Série e mês de aula
Escores possíveis	1 a 99 em números inteiros	1 a 9 em números inteiros	Educação infantil até 12,9 em incrementos mensais
Interpretação	Porcentagem de estudantes que determinado aluno superou	1 a 3 abaixo da média; 4 a 6 na média; 7 a 9 acima da média	Acima da média, na média, abaixo da média, comparado com outros alunos na mesma série
Questões especiais	Pequenas diferenças são frequentemente exageradas	Índice geral de aprendizagem do aluno	Frequentemente mal interpretados ou incompreendidos

Fonte: Os autores.

Test Battery. No ponto mais alto do relatório, está escrito que Brian fez os Metropolitan Achievement Tests. No topo do formulário, também está escrito que o sobrenome do professor de Brian é Smith, seu colégio é o Lakeside Elementary School, e a escola é parte do distrito escolar de Newtown.

A porção intermediária do topo do formulário nos diz que Brian está na 4ª série, e que ele fez o Metropolitan Achievement Tests em maio de 2005. Isso é perto do final do ano letivo norte-americano, o que tem implicações importantes para o grupo de normatização nacional com o qual o desempenho de Brian será comparado.

Imagine que Brian fizesse a prova em outubro, no início do ano letivo norte-americano. Como este desempenho seria, se comparado ao seu desempenho em maio? Em outubro, Brian estava apenas começando a 4ª série e não havia recebido muita instrução acerca dos objetivos da 4ª série. Em maio, Brian já teve 9 meses de instrução nos objetivos da 4ª série, então são grandes as probabilidades de que o seu desempenho de maio seja melhor do que o de outubro. A época do ano em que o aluno faz a prova de desempenho comercializada faz uma diferença considerável no seu desempenho, e afeta o seu *status* perante o grupo norma. Assim, ao examinar o escore de um aluno em uma prova referenciada a norma, é importante conhecer a época do ano em que o aluno fez a prova e a época do ano em que o grupo norma fez a prova.

Os criadores de provas de desempenho comercializadas reconhecem esse fato e o levam em conta quando normatizam suas provas. Eles desenvolvem normas diferentes para provas no outono e na primavera, para que os alunos que façam a prova no outono possam ser comparados com o grupo norma do outono, e alunos que façam a prova na primavera sejam comparados com alunos do grupo norma da primavera. No alto do boletim do Brian, embaixo de "Normas" está a entrada "Primavera", que significa que Brian, que fez a prova em maio, foi comparado com uma amostra nacional de estudantes de 4ª série que fizeram a prova na primavera.

Por fim, o topo do boletim descreve o nível e o formato de prova que Brian fez. O **nível** de uma prova descreve a série para a qual

288 Russell & Airasian

METROPOLITAN ACHIEVEMENT TESTS
SÉTIMA EDIÇÃO

PROFESSOR: SMITH
ESCOLA: LAKESIDE ELEMENTARY
DISTRITO: NEWTOWN
SÉRIE: 04
DATA DA PROVA: 05/05
2004
NORMAS: PRIMAVERA
NÍVEL:
FORMA:
MAT/ NACIONAL ELEM 2 S
OLSAT NACIONAL E 2

BOLETIM INDIVIDUAL DE Brian Elliott
IDADE: 09 ANOS 10 MESES
SÉRIE NACIONAL FAIXAS PERCENTUAIS

PROVAS	Nº DE QUESTÕES	ESCORE BRUTO	ESCORE NA ESCALA	CP-S NACIONAL	CP-S POR IDADE	ECN NACIONAL	ECN POR IDADE	EQUIV. SÉRIE	DESEMPENHO CDH
Leitura total	85	66	632	68–6	77–7	59.9	65.6	5.9	INTERMEDIÁRIO
Vocabulário	30	27	667	90–8	81–7	77.0	68.5	8.4	ALTO
Compreensão de leitura	55	39	618	53–5	71–6	51.6	61.7	5.0	INTERMEDIÁRIO
Matemática total	64	43	602	55–5		52.6		5.1	INTERMEDIÁRIO
Conceitos e resolução de problemas	40	29	617	68–6		59.9		6.0	INTERMEDIÁRIO
Procedimentos	24	14	579	37–4		43.0		4.3	BAIXO
Língua	54	33	609	51–5		50.5		4.8	INTERMEDIÁRIO
Pré-escrita	15	10	606	47–5		48.4		4.7	INTERMEDIÁRIO
Composição	15	8	602	43–5		46.3		4.5	BAIXO
Edição	24	15	614	56–5		53.2		5.3	BAIXO
Ciências	35	25	628	65–6		58.1		5.9	INTERMEDIÁRIO
Estudos sociais	35	25	630	69–6		60.4		6.0	INTERMEDIÁRIO
Habilidades de pesquisa	36	29	635	73–6		62.9		6.5	INTERMEDIÁRIO
Habilidades de raciocínio	83	56	615	61–6		55.9		5.7	BAIXO
Bateria básica	203	142	617	60–6		55.3		5.4	INTERMEDIÁRIO
Bateria completa	273	192	619	62–6		56.4		5.5	INTERMEDIÁRIO

PROVA DE HABILIDADE ESCOLA OTIS-LENNON	ESCORE BRUTO	SAI	ESCORE NA ESCALA	CLAS. % NAC.	ECN NAC.
Total	72	49	112	632	81–7	68.5
Verbal	36	25	114	637	85–7	71.8
Não verbal	36	24	109	627	76–6	64.9

FIGURA 10.2 Relatório de prova padronizada de um estudante.
Fonte: Ballow, Farr e Hogan (1992).

a prova foi projetada. No Metropolitan Achievement Tests, o nível chamado "Elem 2" equivale à 4ª série. O **formato** da prova refere-se à versão da prova aplicada. Com frequência, os criadores de provas padronizadas produzem duas versões intercambiáveis da prova, para permitir que as escolas que querem fazer a prova mais de uma vez por ano possam usar uma versão equivalente, mas diferente, a cada vez.

Abaixo dessas informações gerais, encontram-se os resultados da prova do Brian. Primeiro, marcada com o *A* circulado, está uma lista de todas as subprovas que compõem a bateria Metropolitan Achievement Tests e o número de questões em cada uma. A lista de subprovas começa com o número total de leituras e termina com habilidades de raciocínio. Cada uma dessas provas avalia o desempenho em uma área distinta do currículo. Os resultados das subprovas podem ser agrupados para fornecer escores adicionais. Por exemplo, o escore total de 85 em leitura é composto do desempenho combinado nas subprovas de vocabulário e leitura. Quais são as três subprovas combinadas que dão o escore de língua? A bateria básica inclui todas as subprovas, exceto ciências e estudos sociais, ao passo que a bateria completa inclui essas duas subprovas.

Que tipo de informação se pode obter do desempenho de Brian nas subprovas do Metropolitan? A seção de seis colunas marcada com um *B* circulado lista os escores brutos; escores na escala (um escore usado para mensurar o crescimento ano a ano do desempenho do aluno); classificações por porcentagem nacionais e *stanines* nacionais (CP-S NACIONAL); equivalentes a curva normais nacionais (ECN NACIONAL), um escore semelhante à classificação por porcentagem; escores equivalentes a nota; e uma comparação entre desempenho-habilidade chamada de CDH. O escore bruto nos diz quantas questões Brian acertou em cada subprova. Ele acertou 27 das 30 questões na subprova de vocabulário e 29 das 40 questões na subprova de resolução de problemas. Como subprovas diferentes têm números diferentes de questões, os escores brutos *não* são úteis para interpretar ou comparar o desempenho dos alunos nas subprovas. Além disso, como os escores na escala são difíceis de interpretar e os equivalentes a curva normal são semelhantes às classificações por porcentagem, não iremos descrevê-los aqui. Informações mais detalhadas sobre esses e outros escores de provas padronizadas podem ser encontrados nos guias de interpretação para professores que estão à disposição para a maioria das provas de desempenho comercializadas.

A coluna de escore chamada de "CP-S NACIONAL" mostra a classificação nacional por porcentagem e o escore de *stanines* correspondente de Brian em cada subprova. Como se pode interpretar o desempenho de 56-5 de Brian naquela edição da subprova ? A classificação por porcentagem de 56 de Brian significa que seu escore foi maior do que 56% do grupo norma nacional de 4ª série naquela edição da subprova. Seu escore de *stanines* de 5 o coloca no meio dos escores de *stanines* e indica que o seu desempenho está na média, se comparado com os alunos de 4ª série dos Estados Unidos.

Compare o desempenho de Brian em compreensão de leitura e composição. Em termos de classificação por porcentagem, Brian se saiu melhor em compreensão de leitura (53ª classificação por porcentagem) do que em composição (43ª classificação por porcentagem), mas, em termos de *stanines*, o desempenho dele nas duas subprovas foi o mesmo (*stanine* 5). A diferença aparente na classificação por porcentagem e nos escores de *stanines* ilustra duas questões. Primeiro, o escore de *stanines* fornece um indicativo mais geral do desempenho do que a classificação por porcentagem. Segundo, e mais importante, diferenças muito grandes nas classificações por porcentagem, especialmente perto do meio da escala de classificação por porcentagem, não são diferentes quando expressas como *stanines*.

> Nunca se pode presumir que o escore de uma prova, nem mesmo o de uma prova comercializada, fornece uma avaliação precisa e sem erros do desempenho dos estudantes.

Muitos pais e professores esquecem que todos os escores de prova contêm algum fator de confiabilidade. Infelizmente, pessoas que ignoram esse fato erroneamente tratam pequenas diferenças nas classificações por porcentagem (até aproximadamente oito na classificação por porcentagem) como um indício de diferenças significativas no desempenho. Às vezes, responder a apenas uma ou duas questões corretamente pode mudar o escore do aluno em 8 ou 10 classificações por porcentagem, e mesmo assim não provocar alterações no escore de *stanines* deles. Com isso, o professor de Brian não deve se focar demais nas diferenças entre as classificações por porcentagem nessas duas áreas.

A comparação entre desempenho-habilidade (CDH) apresentada na Figura 10.2 é fornecida por muitas editoras de provas quando o programa de provas do colégio inclui tanto uma prova de desempenho comercializada quanto uma prova de habilidade comercializada. Essencialmente, a comparação fornece informações sobre como um estudante se saiu na prova de desempenho se comparado com uma amostra nacional de estudantes com um nível de habilidade semelhante. Problemas associados com a interpretação e o uso da comparação entre desempenho-habilidade de forma significativa são semelhantes aos levantados na discussão sobre atribuir notas a alunos com base em sua habilidade:

1. Há problemas na avaliação precisa da habilidade.
2. O erro nas duas provas usadas na comparação aumenta a imprecisão da decisão.
3. É difícil traduzir as informações sobre uma comparação entre habilidade-desempenho em práticas significativas e relacionadas à instrução.
4. As informações podem criar uma imagem ou expectativas para o estudante e para o seu professor.
5. Existem muitos tipos diferentes de habilidades que afetam a aprendizagem além das que podem ser mensuradas em uma prova escrita.

Por esses motivos, comparações entre desempenho-habilidade podem ser enganosas e devem ser interpretadas com cuidado.

A área marcada com um *C* circulado na Figura 10.2 mostra as faixas percentuais do desempenho de Brian em cada subprova. Apresentar o desempenho de Brian assim é bastante útil, não só porque fornece um contraste gráfico aos escores numéricos, mas também porque relembra o estudante que fez a prova de que todos os escores têm algum grau de confiabilidade. Em essência, as **faixas percentuais** nos dizem que nenhum escore está livre de erros, então é errado tratar um escore como se fosse preciso e infalível. É melhor pensar no escore não como um número único, mas como uma variação de números, sendo que qualquer um desses pode representar o verdadeiro escore do estudante, se a prova estivesse livre de erros. Assim, vendo as faixas percentuais, é mais apropriado dizer que o verdadeiro escore de Brian na subprova total de leitura se encontra em algum lugar entre a 62ª e a 80ª classificação por porcentagem, e não exatamente e precisamente na 68ª porcentagem. A melhor interpretação para o seu verdadeiro desempenho na subprova de procedimentos matemáticos está entre a 22ª e a 45ª classificação por porcentagem, em vez de exatamente na 37ª. Pensar no desempenho da prova em termos de uma variação de escores impede a superinterpretação dos resultados da prova com base em pequenas diferenças de escore. Mesmo que não sejam fornecidas faixas percentuais, é importante pensar em todos os tipos de escore de prova como uma representação de uma variação de desempenho, e não como um ponto único.

O que todas essas informações indicam sobre o desempenho de Brian na sua turma de

4ª série? Por si só, muito pouco. Contudo, junto com as observações e avaliações da própria professora, os resultados da prova de desempenho comercializada fornecem informações sobre

1. como um aluno se compara com uma amostra nacional de estudantes na mesma série,
2. o nível de desenvolvimento do aluno e
3. os pontos fortes e fracos do aluno em áreas importantes da matéria.

As provas não dizem como os estudantes se saem em atividades cotidianas em sala de aula. Os escores das provas de desempenho comercializadas não devem ser interpretados sem levar em conta as informações sobre o desempenho diário do aluno.

Às vezes, as editoras de provas comercializadas fornecem informações sobre o desempenho dos estudantes em habilidades específicas dentro de uma subprova. Por exemplo, a subprova de vocabulário pode ser dividida em habilidades menores, como sinônimos, antônimos e silabação; ou uma subprova de ciências pode ser dividida em ciência da saúde, ciência física, ciência da terra e habilidades de pesquisa. O professor pode usar essas informações para identificar áreas mais específicas em que o aluno ou a turma tenham dificuldade.

Contudo, deve-se ter cuidado com uma coisa ao usar essas informações sobre áreas de habilidade. Na maioria dos casos, uma área de habilidade será avaliada por um número pequeno de questões. Um número pequeno de questões não pode fornecer informações confiáveis o bastante para interferir no planejamento do currículo ou na tomada de decisões. Em vez disso, os professores devem dar prosseguimento a essas informações com informações adicionais coletadas por conta própria.

Exemplo 2: Boletim de desempenho da turma

A Figura 10.3 mostra o desempenho da turma de 4ª série da Sra. Ness nos Iowa Tests of Basic Skills. As subprovas dos Iowa Tests estão listadas na segunda linha da figura, começando com vocabulário e terminando com cálculos matemáticos. São reportados quatro tipos diferentes de vocabulário: o escore padrão (EP), o escore médio equivalente a série (ES), o equivalente a curva normal (ECN) e a classificação por porcentagem nacional média. A Sra. Ness pode obter uma ideia geral do desempenho da turma como um todo examinando as classificações nacionais por porcentagem.

As classificações por porcentagem indicam a média combinada da turma em cada uma das subprovas dos Iowa Tests. O escore composto à direita da Figura 10.3 (última coluna cinza) mostra que o desempenho da turma em todas as subprovas da bateria teve uma classificação por porcentagem de 82. Isso indica que, somando todas as subprovas, em média, a turma foi melhor do que 82% dos alunos semelhantes no país. Ao todo, as classificações por porcentagem nacionais médias indicam que a turma está um pouco acima da média nacional em várias subprovas. Na maioria dos casos, a turma se saiu melhor do que 70 a 80% de alunos de 4ª série semelhantes no país. Note, contudo, que o desempenho da turma representa a média de todos os estudantes da turma. Apesar de a turma, em média, ter tido desempenho superior à maioria dos estudantes do grupo norma, nem todos os alunos da turma podem ter tido um desempenho tão bom, e alguns podem ter se saído ainda melhor.

Os escores equivalentes a série nas diversas subprovas também são mais altos do que os 4,3 que se esperam de alunos de 4ª série testados no terceiro mês da 4ª série. Isso indica que os alunos dessa turma responderam a mais questões corretamente na prova de 4ª série do que os seus pares a nível nacional. Lembre-se: os escores equivalentes a série não indicam o nível da série que o aluno está alcançando ou que ele deva ser colocado nessa série. Pelo contrário, os escores equivalentes a série fornecem uma aproximação da idade dos estudantes cujo desempenho é semelhan-

Iowa Tests of Basic Skills

Serviço 9:
Boletim de Médias da Turma

Classe/Turma:	NESS		
Prédio:	WEBER		
Código do Prédio:	304	Série:	4
Sistema:	DALEN COMMUNITY	Forma:	K
Normas:	Primavera, 1992	Data da prova:	03/93
Ordem Nº	000-A33-76044-00-001	Página:	40

MÉDIAS ITBS:	LEITURA			LÍNGUA					MATEMÁTICA						FONTES DE INFO.				
	VOCA-BULÁRIO	COMPRE-ENSÃO	TOTAL	ORTO-GRAFIA	CAPITA-LIZAÇÃO	PONTU-AÇÃO	USO/ EXPRESSÃO	TOTAL	CON-CEITOS/ ESTIM.	PROBAB./ INTERPET. DADOS	TOTAL	TOTAL BÁSICO	ESTUDOS SOCIAIS	CIÊNCIAS	MAPAS E DIA-GRAMAS	MATS. REF	TOTAL	COM-POSTO	CÁLCULO MATE-MÁTICO
N	24	24	24	24	24	24	24	24	24	24	24	24	24	24	24	24	24	24	24
SS	203/0	224.3	213.6	214.5	255.7	249.2	227.8	236.9	214.5	21.64	21.55	221.9	221.3	228.5	219.0	227.0	223.0	223.0	213.9
MÉD. EP ES	5.0	6.5	5.8	5.9	9.3	8.7	6.9	7.6	6.1	6.0	6.0	6.4	6.2	6.9	6.1	6.8	6.3	6.4	5.9
ECN	54.2	67.1	62.5	62.8	78.7	76.6	65.4	75.4	65.5	61.8	63.8	68.8	66.4	69.2	61.8	71.2	67.1	69.8	66.0
MÉD. EP CP: NORMAS DOS ESTUD. NACION.	58	78	72	74	91	88	77	88	77	72	74	81	78	81	74	84	79	82	78
N TESTADOS= 27																			

EP = Escores padronizados, ES = Equivalente a série, ECN = Equivalente a curva normal, CP = Classificação por porcentagem

THE RIVERSIDE PUBLISHING COMPANY
a Houghton Mifflin Company

FIGURA 10.3 Boletim de prova padronizada para uma turma.

Fonte: The University of Iowa (1996).

te à média da turma. A Figura 10.3 também mostra que, comparando com a maioria das matérias, a turma é relativamente fraca em vocabulário. Isso é algo que a professora pode querer investigar no futuro.

Exemplo 3: Boletins resumidos para os pais

A Figura 10.4 mostra o boletim do California Achievement Tests que é mandado para os pais para ajudá-los a entender o desempenho dos seus filhos na prova. A seção marcada com um *A* oferece uma introdução geral à prova e aos seus propósitos. A seção marcada com um *B* mostra as classificações por porcentagem de Ken Allen nas provas de leitura total, língua total e matemática total, assim como seu desempenho na bateria inteira. As áreas chamadas de "abaixo da média", "na média" e "acima da média" dão aos pais uma indicação geral de como Ken se saiu em comparação com seus pares de 5ª série a nível nacional.

O terço direito da figura (marcado com *C* e *D*) fornece uma informação mais deta-

CAT/5 Boletim

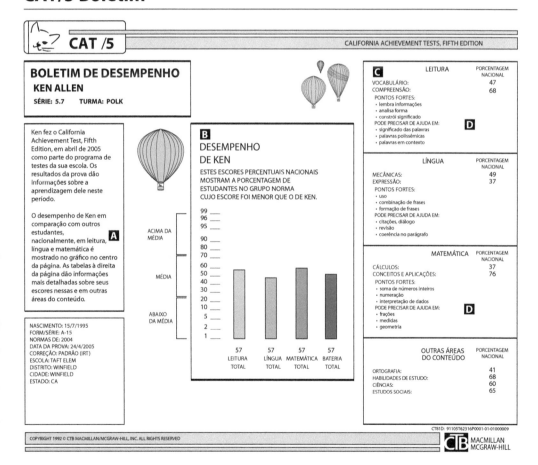

FIGURA 10.4 Boletim para os pais.
Fonte: California (1992).

lhada do desempenho do Ken. As quatro caixas contêm, respectivamente, as classificações por porcentagem das subprovas que compunham leitura total, língua total, matemática total e subprovas restantes da bateria. Assim, por exemplo, as classificações por porcentagem de Ken em vocabulário e compreensão, as duas subprovas que compõem leitura total, foram 47 e 68. Seu escore foi maior do que 47 e 68% dos estudantes de 5ª série, a nível nacional, em vocabulário e compreensão, respectivamente. As caixas também mostram áreas fortes e fracas de Ken nas habilidades que compõem as provas de leitura, língua e matemática. Essa informação é semelhante às informações da área de habilidade descrita na discussão do Metropolitan Achievement Tests (ver Figura 10.2) e deve ser tratada com o mesmo cuidado.

A Figura 10.5 mostra outro boletim para os pais, desta vez para Mary Brown, estudante da 6ª série. Suas porcentagens nacionais também estão grafadas, fornecendo informações concisas para diversas matérias e servindo de base para discussão entre a professora e os pais de Mary. Veja se você consegue interpretar o boletim.

1. Que matérias foram avaliadas?
2. Em suas próprias palavras, interprete o que o boletim está dizendo sobre o desempenho de Mary em cada matéria.
3. O que o padrão de escores sugere sobre Mary?

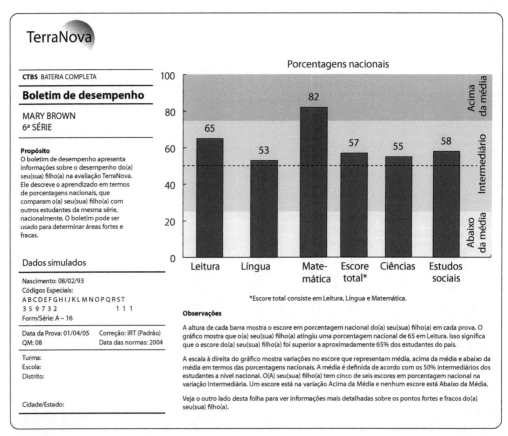

FIGURA 10.5 Exemplo de um boletim narrativo preparado por computador sobre o desempenho de um estudante em uma prova padronizada.
Fonte: Teacher's (1997).

As Figuras 10.2 a 10.5 mostram os tipos básicos de informação que são devolvidos para os professores a partir de uma prova padronizada referenciada a norma. Quando necessário, as editoras de provas comercializadas podem fornecer escores e informações além dos descritos nas seções precedentes.

Frequentemente, espera-se que professores forneçam informações aos pais sobre o desempenho dos alunos em provas padronizadas. Essas informações podem ser compartilhadas durante uma reunião de pais e mestres ou em uma descrição escrita enviada aos pais. É mais fácil explicar detalhes com uma cópia dos resultados da prova do aluno em mãos ou incluídas no que foi enviado. Algumas orientações úteis para as conversas com os pais são fornecidas na Tabela Ferramentas-Chave de Avaliação 10.1.

VALIDADE DE PROVAS DE DESEMPENHO COMERCIALIZADAS

Investe-se uma grande quantidade de tempo, técnica e dinheiro na construção das provas de desempenho comercializadas. As provas mais usadas são tecnicamente qualificadas, com questões bem escritas, formato bem projetado, normas estatisticamente sofisticadas e escores confiáveis e consistentes dos estudantes. Investe-se mais cuidado, preocupação e especialização na produção de um prova de desempenho comercializada padronizada do que normalmente se investe na construção de uma prova criada pelo professor ou trazida pelo livro didático.

Ainda é importante, contudo, levantar a questão de se a prova de desempenho comer-

---

FERRAMENTAS-CHAVE DE AVALIAÇÃO 10.1
Reportando os resultados das provas padronizadas para os pais

- Lembre-se de que o pai provavelmente não é um especialista em provas e, basicamente, só quer saber como o seu filho se saiu.
- Comece com algumas informações gerais sobre a prova e seu propósito.
- Estabeleça uma distinção entre as provas padronizadas comercializadas e as provas ou avaliações em sala de aula.
- Não diga aos pais tudo o que você sabe sobre as provas padronizadas; sua tarefa é transmitir sua mensagem em termos simples e compreensíveis.
- Torne sua interpretação breve, mas precisa; você não tem de interpretar cada informação no boletim da prova.
- Escolha uma ou duas matérias, como matemática e leitura, e um dos escores padronizados (*stanines* ou classificações por porcentagem, mas não os equivalentes a série, já que eles são difíceis de explicar), e explique como eles funcionam nas duas matérias.
- Identifique os pontos fortes e fracos do aluno com base nos resultados da prova; descreva o desempenho geral do aluno.
- Não seja condescendente com o pai; evite comentários como: "Você provavelmente não entende tudo isso" ou "Eu entendo que isso seja difícil para um pai".
- Tenha cuidado ao enfatizar termos como "erro na testagem", "falhas ou imprecisão nas provas" e "confiabilidade". Essas observações podem minar as informações da prova. É melhor dizer: "Nenhuma prova, sozinha, é capaz de indicar exatamente o desempenho do seu filho" ou "Apesar de essas provas geralmente serem precisas, elas podem variar de tempos em tempos".
- Lembre-se de que as provas padronizadas são avaliações em que o aluno "só tem uma chance" e, portanto, devem ser interpretadas no contexto do desempenho geral do aluno em sala de aula para que possam refletir com precisão a sua aprendizagem.

Fonte: Os autores.

cializada fornece as informações necessárias para tomar decisões válidas sobre o desempenho dos estudantes. As provas do professor ou do livro didático são julgadas principalmente em termos de se elas fornecem uma avaliação justa do quão bem os alunos aprenderam o que lhes foi ensinado. As provas de desempenho comercializadas também são julgadas com base nisso, assim como com base em outros fatores. Independentemente de qual prova esteja sendo usada, se ela não fornecer as informações desejadas sobre o desempenho dos alunos, seu uso irá levar a decisões com baixa validade. Ao considerar a validade de uma prova de desempenho comercializada, é importante, primeiro, considerar que decisões serão tomadas com base nos seus escores. Quando essa questão tiver sido resolvida, aí será possível considerar se as informações fornecidas pela prova ajudarão a informar essas decisões.

Para as provas de desempenho comercializadas, são quatro os fatores que influenciam a validade e a confiabilidade:

1. a adequação do conteúdo dos objetivos testados,
2. a representatividade da amostra de normatização,
3. as condições em que a prova é administrada, e
4. interpretações equivocadas dos resultados da prova.

Esta seção examina essas questões e seu efeito potencial na validade das provas de desempenho padronizadas.

Cobertura adequada

As provas padronizadas não são construídas para avaliar os objetivos instrucionais únicos de cada professor. Pelo contrário, elas são projetadas para avaliar os objetivos centrais que a *maioria* dos professores cobre em suas aulas. Ao selecionar um conjunto comum de objetivos, os criadores de provas comercializadas buscam garantir que a maioria dos alunos tenha sido exposta aos objetivos testados. É claro, isso não significa que toda prova comercializada é igualmente relevante para o currículo em determinada sala de aula onde alguns dos tópicos ensinados não são incluídos nas provas padronizadas.

> As provas comercializadas foram criadas para avaliar os objetivos centrais que a maioria dos professores daquela série cobre em suas aulas.

Apesar de a maioria dos professores achar que os objetivos testados nas provas de desempenho comercializadas refletem a sua própria instrução, poucos professores acham *todos* os tópicos ensinados por eles incluídos em uma prova comercializada. Professores cujas aulas se desviam muito do livro didático ou que consistentemente introduzem materiais e conceitos suplementares frequentemente acham que os tópicos cobertos nas provas nacionais são diferentes dos que eles vinham ensinando. A época do ano em que as provas ocorrem e a ordem em que o professor ensina a matéria também influenciam as oportunidades de aprender os objetivos avaliados.

> Uma prova comercial não pode ser válida para determinada turma se não equivaler às aulas dadas a essa turma.

Praticamente, todas as provas de desempenho comercializadas são muito dependentes das questões de múltipla escolha. Restringir questões a esse formato significa que alguns tópicos ou objetivos podem ser testados de maneira diferente da forma que eles foram ensinados ou testados em sala de aula. Por exemplo, para avaliar a ortografia, a maioria dos professores dá uma prova semanal de ortografia em que seus alunos têm de escrever todas as palavras corretamente. Nas provas de desempenho comercializadas, frequentemente se avalia a ortografia apresentando quatro ou cinco palavras aos estudantes e lhes pedindo para identificar aquela que foi escrita de maneira incorreta. A maioria dos alunos não aprende ortografia assim.

Este e outros fatores discutidos anteriormente podem reduzir a equivalência entre o conteúdo de uma prova de desempenho padronizada e o conteúdo das aulas, assim diminuindo a validade da prova. É responsabilidade de cada distrito escolar local determinar se o conteúdo de uma prova de desempenho comercializada é válido para estudantes naquele distrito. Se, depois de inspecionar as questões da prova e a descrição da editora do que está sendo testado, o conteúdo da prova parecer diferente do que foi ensinado aos alunos, julgamentos acerca do desempenho dos estudantes podem não ser válidos e devem ser feitos com cuidado.

> Cada escola ou distrito deve decidir se o conteúdo de uma prova de desempenho comercializada se adequa aos seus próprios objetivos.

Normas representativas

As editoras de provas comercializadas buscam obter amostras de normas que sejam representativas de grupos nacionais de estudantes. Contudo, diversos fatores podem minar a adequação das normas e, portanto, reduzir a validade da prova:

1. a data de validade das normas passa;
2. o currículo de uma matéria muda;
3. os livros didáticos são revisados e surgem novos materiais instrucionais; e
4. a mesma prova é frequentemente aplicada em um distrito escolar por vários anos, então os professores e os alunos se familiarizam com seu conteúdo e suas questões.

Normas inadequadas ou antigas reduzem a validade das comparações e das decisões tomadas a partir das provas de desempenho padronizadas. Apesar de não haver uma regra específica sobre quando as normas devem ser revisadas, um período de sete a nove anos costuma ser aceito pelas editoras das provas padronizadas mais utilizadas. Obviamente, quanto mais velhas forem as normas, menos representativas elas serão do conteúdo instrucional e do desempenho dos estudantes nacionais. Informações específicas sobre os procedimentos de normatização da prova e da idade das normas devem ser fornecidas no manual da prova.

> Quando as normas de provas comercializadas não estão de acordo com as características dos estudantes locais, não é possível tomar decisões válidas a partir dos resultados da prova.

Condições de aplicação

Já se enfatizou que interpretações válidas do desempenho dos estudantes em provas padronizadas dependem de os alunos fazerem a prova sob as condições recomendadas pela editora da prova. Desvios das suas orientações de aplicação – permitir que os alunos tenham mais tempo do que o especificado, ajudá-los durante a prova, orientá-los sobre questões específicas que serão feitas ou agir de outras formas que contrariem as orientações da prova – reduzem a validade dos resultados e das decisões baseadas nesses resultados.

> Desviar-se das orientações de aplicação das provas reduz a validade dos seus resultados.

É claro, estudantes que necessitam de acomodações na prova devem receber os recursos e as condições adequadas, como notado anteriormente neste capítulo.

Erros potenciais de interpretação

Dois problemas comuns ao interpretar os escores das provas padronizadas comercializadas são as interpretações equivocadas e as superinterpretações. Como os tipos de escores que são usados para descrever o desempenho dos estudantes nas provas de desempenho padronizadas são diferentes dos que os professores costumam usar, a probabilidade de haver erros de interpretação é maior. Os erros mais comuns de interpretação envolvem a classificação por porcentagem, que é confundida com a porcentagem de questões a que o aluno respondeu corretamente, e o escore equivalente a série, que é confundido com o nível curricular que se pensa que o aluno atingiu em determinada matéria. As classificações por porcentagem indicam a porcentagem de estudantes do grupo norma que o escore do aluno avaliado superou. Os escores equivalentes a série indicam o nível de desempenho de um aluno em objetivos da série ao ser comparado com outros alunos naquela série.

> O principal problema ao interpretar os escores das provas comercializadas é a superinterpretação.

O principal problema ao interpretar os escores das provas comercializadas é a *superinterpretação*, e não a má interpretação. Como as provas padronizadas comercializadas são construídas por profissionais e testadas em amostras nacionais de estudantes, além de fornecerem índices numéricos que descrevem o desempenho de um aluno comparado com outros estudantes em nível nacional, existe uma crença muito difundida de que elas dão descrições precisas e exatas do desempenho estudantil. Certamente, pais e o público em geral acreditam mais nos resultados das provas comercializadas do que nas avaliações feitas pelo professor, coletadas ao longo do tempo, diariamente, em sala de aula. Mas, apesar de as informações fornecidas pelas cerca de 40 questões de múltipla escolha das subprovas comercializadas típicas serem úteis, elas jamais poderão se comparar com as informações que o professor acumula por meio da instrução e da avaliação diária dos seus alunos. Como disse uma editora:

> [...] os escores das provas representam desempenho em áreas de habilidades básicas em um momento específico e devem ser revisadas junto dos trabalhos de aula dos estudantes e de outros fatores. Os pais também precisam entender que a prova mede conhecimento dos conteúdos básicos mais comuns aos currículos do país. Ela não tem como mensurar (nem deve tentar) todo o currículo de determinada sala de aula, escola ou distrito. (CALIFORNIA, 1986b, p. 100)

> Informações adquiridas a partir das provas comercializadas podem não ser tão reveladoras quanto as informações coletadas por meio da instrução e da avaliação diária realizadas pelo professor.

Mesmo quando não há problemas com o conteúdo, as normas e a aplicação das provas, os escores de provas padronizadas ainda são superinterpretados. Por exemplo, é comum que professores e pais tratem pequenas diferenças nos escores das provas comercializadas como se fossem significativos e indicassem diferenças reais de desempenho. Uma diferença entre alunos de 6 a 8 pontos na classificação por porcentagem, ou de 2 a 5 meses no escore equivalente a série raramente indica diferenças importantes ou significativas no seu desempenho ou desenvolvimento. Não existe confiabilidade suficiente em qualquer escore de prova, quer seja ela padronizada ou criada pelo professor, para que possamos tomar pequenas diferenças insignificantes como indicadores de diferenças reais entre alunos. Os criadores das provas padronizadas comercializadas tentam diminuir a superinterpretação de pequenas diferenças nos escores avisando sobre elas nos seus manuais e apresentando seus escores como faixas percentuais ou *stanines* (ver Figura 10.2), mas eles nem sempre são bem-sucedidos. Os professores devem evitar tratar pequenas diferenças nos escores como se fossem significativas.

> Os professores devem evitar tratar pequenas diferenças nos escores das provas comercializadas como se fossem indicadores confiáveis de diferenças reais entre os estudantes.

A superinterpretação também ocorre quando os professores confiam demais nas comparações entre desempenho-habilidade. Essas comparações fornecem, no máximo, uma indicação geral de como um estudante se compara com outro estudante de habilidade similar. Antes de o professor agir com base nas informações de uma prova padronizada deste tipo, ele deve refletir sobre o seu conhecimento pessoal dos hábitos de trabalho, da personalidade e do desempenho, do aluno, adquirido pela convivência diária com ele em sala de aula.

Por fim, quanto menor o número de questões que compõem uma prova, menos confiáveis serão seus resultados e menos fidedigno será seu escore. Isso pode ser um problema em particular nas provas padronizadas de desempenho comercializadas que incluem poucas questões abertas que se focam no desempenho. Apesar de questões focadas no desempenho poderem avaliar áreas não testadas pelas questões de múltipla escolha, devem-se interpretar as questões focadas em desempenho com cuidado, já que são relativamente poucas. Normalmente, os escores das subprovas nas baterias de provas padronizadas são bastante confiáveis e consistentes. Contudo, quando uma subprova é dividida em tópicos, habilidade ou objetivos específicos, com escores separados para cada um, deve-se ter cuidado ao interpretar estes escores. Com frequência, essas informações são usadas para diagnosticar os pontos fortes e fracos dos alunos e, apesar de essas informações fornecerem uma base para explorar ainda mais o desempenho deles, elas devem ser revisadas criticamente, devido ao número pequeno de questões em que elas costumam se basear.

> Informações das provas de desempenho comercializadas normalmente corroboram as percepções que o professor tem de seus alunos.

Apesar de as provas de desempenho comercializadas poderem dar informações úteis de avaliação que os professores não teriam como obter por conta própria, essas informações devem ser usadas em conjunto com as informações coletadas a partir de suas próprias avaliações. Em sua maioria, as informações obtidas das provas de desempenho comercializadas corroboram as percepções que o professor já formou sobre seus alunos. Quando os dois tipos de evidência não se confirmam, o professor deve olhar novamente para suas percepções para garantir que o aluno não está sendo mal julgado.

RESUMO DO CAPÍTULO

- As baterias de provas de desempenho comercializadas podem ser usadas para comparar o desempenho de um estudante com o de um grupo maior de estudantes, além da sala de aula ou do distrito, normalmente uma amostra nacional de estudantes na mesma série. Elas também fornecem informações sobre as áreas mais fortes e fracas dos estudantes.
- Devem-se aplicar, atribuir notas e interpretar os instrumentos de avaliação padronizados comercializados do mesmo modo, não importa onde ou quando eles sejam usados. Do contrário, será difícil realizar interpretações válidas dos seus escores.
- Apesar de os professores terem pouca influência na seleção e nos escores do tipo de prova comercializada, costuma-se exercer

pressão sobre eles para garantir que seus alunos se saiam bem nessas provas.
- Provas comercializadas referenciadas a norma são construídas e têm seus escores calculados de forma diferente das avaliações criadas pelo professor. Os passos de sua construção são
  1. a identificação de objetivos comuns à maioria das salas de aula em determinada série;
  2. o teste-piloto de muitas questões para encontrar quais irão diferenciar os escores dos estudantes na versão final da prova;
  3. a aplicação da versão final a um grupo norma amplo de estudantes de todo o país; e
  4. o uso do desempenho do grupo norma como base de comparação de desempenho para os estudantes que realizarem a prova posteriormente.
- Quatro critérios são usados para julgar a adequação das normas das provas padronizadas comercializadas: tamanho da amostra, representatividade, atualidade e descrição de procedimentos.
- As provas padronizadas de desempenho comercializadas normalmente vêm na forma de uma bateria de provas contendo subprovas de diversas matérias. Os escores são fornecidos para cada subprova, e um escore composto para a prova geral. Os escores de um estudante ou de uma turma podem ser comparados em cada subprova para identificar seus pontos fortes e fracos.
- Para fazer interpretações válidas a partir de uma prova de desempenho comercializada, você deve seguir suas orientações de forma estrita.
- O desempenho dos estudantes nas provas de desempenho comercializadas é descrito por meio de escores que indicam como um se compara com os outros. Os escores mais comumente usados são:
  1. classificação por porcentagem, que indica a porcentagem de estudantes nacionais similares cujo escore o aluno superou;
  2. a *stanine*, que usa os escores de 1 a 9 para indicar se um aluno está abaixo da média (*stanines* 1, 2 e 3), na média (*stanines* 4, 5 e 6) ou acima da média (*stanines* 7, 8 e 9) ao ser comparado com outros alunos de todo o país; e
  3. escore equivalente a série, que é um escore de desenvolvimento que indica se um aluno está acima, abaixo ou no nível de estudantes similares da sua série em todo o país.
- O desempenho de um estudante na prova pode ser muito diferente dependendo do grupo norma (p. ex., nacional, estadual, local) ao qual ele está sendo comparado.
- Deve-se ter cuidado ao interpretar pequenas diferenças nos escores de provas referenciadas a norma, especialmente com as classificações por porcentagem e os escores equivalentes a série. Como todas as provas têm algum grau de erro nelas, é melhor pensar em um escore não como um único número, mas como uma variação de números, sendo qualquer um deles um indicativo do desempenho verdadeiro do estudante. Pequenas diferenças nos escores costumam ser insignificantes.
- A interpretação e o uso de provas comercializadas referenciadas a norma devem ser orientados por uma série de preocupações: qual o grau de equivalência entre os conteúdos da prova e a instrução de sala de aula, se as informações concordam ou discordam das percepções do professor dos seus alunos, a atualidade das normas da prova, o grau em que as orientações de aplicação foram seguidas, e a compreensão de que nenhum escore é exato ou infalível.
- A incompatibilidade entre objetivos da prova e da sala de aula, normas antigas ou não representativas, ou deixar de seguir as condições prescritas de aplicação podem reduzir a validade das decisões baseadas nos resultados da prova.

- Usuários da prova devem ter cuidado ao presumir que os escores das provas comercializadas são livres de erros. Pequenas diferenças de escore não devem ser superinterpretadas, já que elas raramente indicam diferenças significativas de desempenho.
- As provas de desempenho comercializadas fornecem informações comparativas e de desenvolvimento úteis, que os professores não têm como obter por conta própria. Contudo, os professores devem sempre usar essas informações em conjunto com suas próprias avaliações ao tomar decisões sobre os alunos. Normalmente, os dois tipos de informação se corroboram.

QUESTÕES PARA DISCUSSÃO

1. As provas padronizadas são justas para todos os alunos? Por que sim, ou por que não? Que características pessoais podem influenciar como o aluno se sai em uma prova padronizada? Essas mesmas características influenciariam o desempenho desse aluno em uma prova preparada pelo professor? Por quê?
2. O que o professor pode fazer para ajudar a diminuir a ansiedade dos seus alunos com as provas padronizadas? As mesmas ações ajudariam os alunos quando eles fossem fazer provas preparadas pelo professor?
3. Se você só pudesse escolher um tipo de escore das provas padronizadas referenciadas a norma para explicar para os pais, qual você escolheria? Por quê? Quais são as limitações da sua escolha?
4. Que fatores devem influenciar o uso dos resultados das provas padronizadas comercializadas para a avaliação em sala de aula dos professores?
5. Quais são as diferenças de informações fornecidas por uma prova padronizada referenciada a norma e uma referenciada a critério?
6. Quais são algumas das questões de validade relacionadas às provas padronizadas comercializadas?
7. Como os resultados devem ser comunicados aos pais?

ATIVIDADES

Leia o boletim de desempenho de Ken Allen, aluno da 5ª série, na Figura 10.4. Sua tarefa é escrever uma carta de uma página para os pais de Ken explicando os resultados do seu desempenho nos California Achievement Tests. As seguintes sugestões devem orientar a sua carta.

- Os pais de Ken irão receber uma cópia do boletim de desempenho.
- Os pais de Ken não conhecem as provas padronizadas e, basicamente, querem saber como o seu filho se saiu.
- Você deve começar com algumas informações sobre a prova e o seu propósito.
- Você deve descrever as informações do boletim de desempenho.
- Você deve interpretar as informações sobre o desempenho de Ken.
- Você deve identificar os pontos fortes e fracos de Ken. Como os pais podem ver isso no boletim de desempenho?
- Você deve descrever o desempenho geral de Ken aos pais dele.
- Você deve indicar o que os pais devem fazer se tiverem perguntas.

A sua carta será julgada com relação à precisão das informações sobre o desempenho de Ken que você transmitir aos pais *e* o grau em que você tornar essas informações compreensíveis para eles. Você não precisa transmitir cada informação presente no boletim de desempenho. Você deve identificar as informações mais relevantes e transmiti-las de forma que os pais possam entender. Uma carta cheia de termos técnicos não irá resolver nada. Lembre-se: os pais sempre podem marcar um encontro com você na escola se desejarem mais informações.

QUESTÕES PARA REVISÃO

1. O que é uma prova padronizada comercializada? Que informações essa prova pode fornecer que uma prova criada pelo professor ou trazida pelo livro didático não pode? O que é uma bateria de provas? O que são subprovas? De que modo a construção de uma prova de desempenho padronizada difere de uma prova de desempenho criada pelo professor? Por que essas diferenças existem?
2. O que são as normas das provas? Que informações elas fornecem ao professor sobre o desempenho de um aluno? Como as seguintes normas são interpretadas: classificação por porcentagem, *stanine* e escore equivalente a série? Como as normas da prova diferem de escores brutos? Por que são usadas normas em vez de escores brutos?
3. O que são normas do outono e da primavera? Por que as provas padronizadas fornecem essa informação?
4. Que fatores os professores precisam considerar quando tentam interpretar os escores das provas padronizadas dos seus alunos? Isto é, que fatores influenciam os resultados das provas padronizadas e, portanto, devem ser levados em conta ao interpretar os escores?

REFERÊNCIAS

BALLOW, I. H.; FARR, R. C.; HOGAN, T. P. *Metropolitan achievement test*. 7th ed. San Antonio: Harcourt Brace, 1992.

CALIFORNIA achievement tests forms E and F: class management guide. Monterey: McGraw-Hill, 1986b.

CALIFORNIA achievement tests forms E and F: test coordinator's handbook. Monterey: McGraw-Hill, 1986a.

CALIFORNIA achievement tests. 5th ed. Monterey: McGraw-Hill, 1992.

HEANEY, K. J.; PULLIN, D. C. (1998). Accommodations and flags: admission testing and the rights of individuals with disabilities. *Educational Assessment*, v. 5, n. 2, p. 71-93, 1998.

PLAKE, B. S.; IMPARA, J. C.; SPIES, R. A. (Ed.). *The fifteenth mental measurements yearbook*. 15th ed. Lincoln: Buros Institute of Mental Measurements, 2003.

POPHAM, W. J. Assessing mastery of wish-list content standards. *The NASSP Bulletin*, v. 84, n. 620, p. 30-36, 2000.

RIVERSIDE PUBLISHING. *Iowa Tests of Basic Skills*: preliminary technical summary. Chicago: Riverside, 1986.

TEACHER'S guide to TerraNova. Monterey: McGraw-Hill, 1997.

THE PSYCHOLOGICAL CORPORATION. *Stanford achievement test technical review manual*. New York: The Psychological Corporation, 1984.

THE UNIVERSITY OF IOWA. *Iowa tests of basic skills interpretative guide for teachers and counselors*. Iowa: University of Iowa, 1996.

capítulo 11

TECNOLOGIA COMPUTACIONAL E A AVALIAÇÃO EM SALA DE AULA

Tópicos-chave

- Crescimento da tecnologia educacional
- Computadores e o processo instrucional
- Computadores são caixas de ferramentas
- Computadores e planejamento da instrução
- Avaliação inicial
- Computadores e avaliação durante a instrução
- Computadores e avaliação somativa
- Avaliação em sala de aula: resumo

OBJETIVOS DO CAPÍTULO

Após ler este capítulo, você poderá:

- Descrever a evolução do uso do computador em sala de aula.
- Fornecer exemplos de como os computadores são usados para auxiliar na instrução.
- Identificar diversos usos dos computadores durante a avaliação inicial.
- Descrever estratégias que os professores podem usar para coletar informações formativas sobre os alunos usando computadores.
- Descrever como os computadores podem ser usados para tornar a avaliação somativa mais eficiente.

PENSAR SOBRE ENSINAR

Como os computadores e a internet estão mudando o que os alunos conseguem fazer dentro e fora da sala de aula? Que novas oportunidades de ensino e de aprendizado são possibilitadas pela presença de computadores e da internet nas escolas?

CRESCIMENTO DA TECNOLOGIA EDUCACIONAL

A presença de tecnologias computacionais nas escolas aumentou dramaticamente nos últimos 20 anos. Nos Estados Unidos, em meados da década de 1980, as escolas tinham aproximadamente um computador para cada 100 alunos. Hoje, essa proporção aumentou para aproximadamente um computador para cada quatro alunos. Na última contagem, mais de 1.000 escolas haviam introduzido programas de *laptop* em que cada aluno e professor recebem um computador portátil. E quase todas as escolas públicas do país têm acesso à internet.*

A ampla disponibilidade dos computadores nas escolas cria oportunidades para professores aumentarem a eficiência, a precisão e o escopo das avaliações que realizam em todas as etapas do processo instrucional. Os computadores podem ser usados para ajudar os professores a conhecer os seus alunos, a coletar informações formativas durante a instrução, a avaliar os resultados da instrução e a se comunicar com os pais. Os computadores também facilitam o acesso às questões de prova aos alunos, a manter registros e a explorar dados. E a internet pode fornecer acesso a uma ampla variedade de planos de aula, recursos e instrumentos de avaliação.

> A disponibilidade cada vez maior dos computadores nas escolas cria oportunidades para os professores aumentarem a eficiência, a precisão e o escopo das avaliações que realizam em todas as etapas do processo instrucional.

Este capítulo apresenta uma introdução a muitas ferramentas e recursos computacionais atualmente disponíveis para os professores. Esta revisão não é exaustiva. Ao contrário, ela pretende fornecer exemplos de algumas das formas que os computadores podem ser usados para auxiliar o processo de avaliação durante cada fase da instrução. O capítulo acaba com uma breve revisão das principais ideias discutidas neste livro.

---

* N. de R.T.: Nas últimas décadas, também houve no Brasil um forte investimento na instalação de laboratórios de informática com acesso à internet nas escolas públicas e privadas.

COMPUTADORES E O PROCESSO INSTRUCIONAL

O conceito predominante de educação é o de um processo que ajuda a mudar os alunos de formas desejáveis. Para definir os modos que se espera que os professores ajudem os alunos a mudar, as escolas desenvolvem um currículo. O currículo descreve as habilidades e o conhecimento que se espera que os alunos aprendam na escola. Para ajudar os alunos a desenvolver as habilidades e o conhecimento descritos pelo currículo, os professores empregam diversas estratégias instrucionais.

Nesse modelo da educação, o ensino e a aprendizagem começam com um currículo que é passado por meio da instrução. Anteriormente, dividimos o processo instrucional em três componentes inter-relacionados: planejamento da instrução, execução da instrução e avaliação da aprendizagem dos alunos. Os professores referem-se ao currículo durante a fase de planejamento para determinar o que eles precisam ensinar, e então selecionam os métodos instrucionais que acreditam serem os que mais bem ajudam a estimular as mudanças desejadas nos alunos. Esses métodos são, então, aplicados durante a execução da instrução.

Durante e após a execução da instrução, os professores avaliam os alunos para determinar se estes dominaram os objetivos curriculares desejados. A Figura 11.1 descreve as relações entre o currículo e as três partes do processo instrucional.

Definindo os aspectos do currículo

Quando as escolas dos Estados Unidos passaram a adquirir computadores, seu primeiro impacto foi sentido no nível do currículo. Para preparar os alunos para empregos envolvidos com a computação, o currículo foi expandido para incluir resultados de aprendizagem relacionados à programação de computadores e ao desenvolvimento de habilidades de negócios, como digitação, uso de planilhas e bancos de dados e outras habilidades relacionadas com a produtividade no local de trabalho (FISHER; DWYER; YOCAM, 1996). Dessa forma, as ferramentas computacionais começam a entrar no processo instrucional em um nível curricular. Esses novos objetivos curriculares orientam a instrução. E, durante a instrução, os computadores são usados para ajudar os alunos a alcançar objetivos curriculares computacionais específicos.

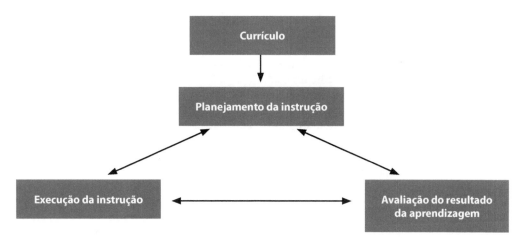

FIGURA 11.1 Modelo do processo instrucional.
Fonte: Os autores.

> No processo instrucional, as ferramentas computacionais exercem três papéis principais. Esses papéis incluem: (1) definir os aspectos do currículo, (2) fornecer ferramentas instrucionais e (3) auxiliar a produtividade e a comunicação.

Ferramentas instrucionais computacionais

Durante a última década, muitos observadores argumentaram que simplesmente tornar os computadores parte do currículo não é uma forma eficaz de capitalizar os seus poderes instrucionais. Como deGraaf, Ridout e Riehl (1993, p. 850) explicam:

> Em vez de termos computação e tecnologia como uma nova matéria que ficará ao lado de matemática, leitura, estudos sociais, inglês e ciência entre as matérias do currículo [...] alguns educadores acreditam que o computador deve ser visto como uma ferramenta que deve agir, invisível, em todas as áreas do currículo.

Desse ponto de vista, veem-se as ferramentas computacionais como ferramentas instrucionais e de avaliação que os professores usam para ajudar os alunos a alcançar objetivos curriculares em português, matemática, ciência, estudos sociais e outras matérias. No modelo do processo instrucional representado na Figura 11.1, esse conceito de ferramentas computacionais afeta o planejamento e a execução da instrução. Durante a instrução, os professores selecionam e usam ferramentas computacionais que acreditam que irão ajudar os alunos a desenvolver objetivos curriculares para as matérias.

Conforme esse conceito de computadores como ferramentas vai tomando conta das escolas, fica claro que a pedagogia, sozinha, não leva ao uso efetivo da tecnologia. A menos que os alunos tenham desenvolvido as habilidades computacionais essenciais que irão ajudá-los a usar a tecnologia instrucional para atingir objetivos curriculares específicos, o impacto das ferramentas instrucionais computacionais é limitado. Para ajudar os alunos a desenvolver essas habilidades, as habilidades tecnológicas estão voltando a se tornar parte do currículo. O reaparecimento da tecnologia no currículo se reflete nos padrões de tecnologia desenvolvidos pela International Society for Technology in Education (ISTE).

Ao contrário do currículo da década passada, em que a tecnologia era ensinada isoladamente, os padrões da ISTE conectam as habilidades tecnológicas com o conteúdo incluído no currículo mais amplo (WHEELER, 2000).

Recentemente, os professores também começaram a usar computadores para avaliar a aprendizagem dos alunos. Como descreveremos mais adiante, foram desenvolvidas diversas ferramentas computacionais para ajudar os professores a diagnosticar problemas que os alunos estejam tendo em uma área específica do currículo. As ferramentas computacionais também são usadas para coletar informações, de maneira eficiente, sobre o estado atual do conhecimento e da compreensão dos alunos acerca de uma área específica do conteúdo e fornecer *feedback* imediato que os professores podem usar para modificar a instrução. Nos Estados Unidos, cada vez mais programas de avaliação estaduais estão usando provas em computador para avaliar os resultados da instrução.

Produtividade e comunicação

Além de ter impacto sobre o currículo e a instrução, as ferramentas computacionais também são usadas por professores e administradores para auxiliar na comunicação e na produtividade. Ao planejar a instrução, os professores usam *web browsers* para acessar informações na internet e desenvolver folhas de exercícios ou outros materiais instrucionais usando um processador de texto. Para se comunicar com os pais, os professores usam *e-mails* e criam *newsletters* a partir de processadores de textos ou programas de leiaute gráfico. E, para desenvolver planos de educação individuais, os professores acessam os registros dos alunos por meio de um programa de base de dados e se correspondem com conselheiros via *e-mail*. Em vez de se enquadrar em um local específico do modelo educacional, o uso de ferramentas computacionais para auxiliar a comunicação e a produtividade envolve o modelo. As muitas formas em que as ferramentas computacionais se encaixam no modelo da instrução estão representadas na Figura 11.2.

COMPUTADORES SÃO CAIXAS DE FERRAMENTAS

Frequentemente, os computadores são referidos como uma ferramenta que pode aprimorar a instrução. Na realidade, um computador está mais para caixa de ferramentas do que para uma ferramenta única. Um computador é capaz de manter uma ampla variedade de aplicativos e programas. Os computadores também podem dar acesso a uma vasta gama de recursos e aplicativos disponíveis na internet. Quer estejam na internet ou no disco rí-

gido do computador, esses recursos e aplicativos são ferramentas que os professores podem usar para aprimorar a avaliação.

> Os computadores são frequentemente referidos como ferramentas que podem aprimorar a instrução. Na verdade, eles são mais como uma caixa de ferramentas do que como uma ferramenta só.

A maioria das ferramentas é projetada para atender a necessidades específicas. Por exemplo, um martelo é projetado para bater e remover pregos. Mas um martelo também pode ser usado para quebrar uma pedra, separar dois objetos, quebrar vidro ou moldar metal. O mesmo se dá com os aplicativos de computador. A maioria dos aplicativos é projetada para atender a uma quantidade específica de propósitos. Por exemplo, um processador de texto, que é projetado para auxiliar no registro e na edição de textos, pode ser usado para criar modelos de provas de múltipla escola, criar questionários eletrônicos, fornecer *feedback* para os textos dos alunos diretamente em

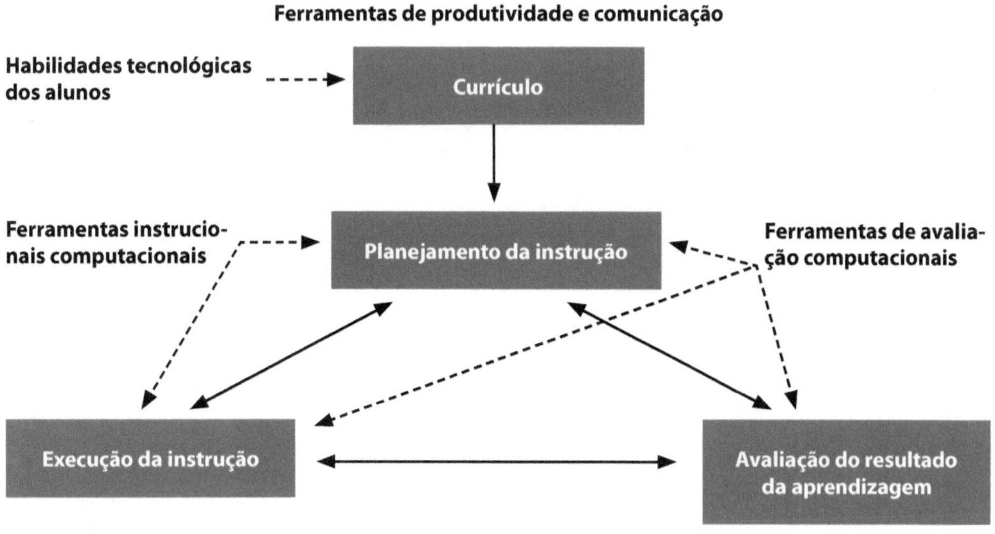

FIGURA 11.2 Como as ferramentas computacionais se encaixam no modelo da instrução.
Fonte: Os autores.

suas versões eletrônicas, inserir comentários muito usados no trabalho de um aluno ou verificar revisões e edições que os alunos fazem na medida em que eles refinam sua redação.

Desenvolvimento e treinamento profissional frequentemente se focam nos aspectos técnicos dos programas educacionais. Apesar de ser importante aprender a usar os *menus*, ícones e funcionalidades de um programa, é igualmente importante desenvolver a habilidade de pensar sobre a variedade de formas que esse programa pode ser usado para atender a múltiplas necessidades. Frequentemente, o programa que já está à disposição na sala de aula pode ser usado pelo professor para preencher uma necessidade específica de avaliação. Por exemplo, há diversos livros de notas eletrônicos à disposição. Alguns desses programas são caros e só podem ser adquiridos se uma escola inteira se comprometer a usá-los. Contudo, a maioria dos professores tem fácil acesso a um programa de planilhas (p. ex., Microsoft Excel). Com o mínimo esforço, uma planilha pode ser usada para criar um livro de notas eletrônico. Apesar de os computadores poderem intimidar algumas pessoas, com um pouco de tempo de experimentação e de criatividade, frequentemente podem-se encontrar soluções para as necessidades de avaliação do professor em ferramentas de fácil acesso.

As seções a seguir exploram maneiras específicas que as ferramentas computacionais podem ser usadas durante cada fase da avaliação. As fases examinadas incluem planejamento da instrução, avaliação durante a instrução e avaliação somativa.

COMPUTADORES E PLANEJAMENTO DA INSTRUÇÃO

O planejamento da instrução envolve três componentes importantes. Primeiro, os professores devem determinar quais conteúdos e habilidades eles querem ajudar seus alunos a dominar, expressando esses objetivos como resultados ou objetivos da aprendizagem. Segundo, assim que objetivos claros de aprendizagem tiverem sido estabelecidos, o professor deve desenvolver um plano que especifique as atividades de aprendizagem em que os alunos irão se envolver para desenvolver o conteúdo e as habilidades desejadas. Juntos, esses dois primeiros componentes formam o plano de aulas que examinamos no Capítulo 3. Contudo, antes que os objetivos de aprendizagem e os planos de aula possam ser definidos e desenvolvidos, é importante que os professores desenvolvam uma compreensão do estado atual de conhecimento e das habilidades dos seus alunos, seus estilos preferidos de aprendizagem, comportamentos típicos em sala de aula, interesses e desinteresses e relações de trabalho com seus colegas. Esse terceiro componente do planejamento da instrução, ao qual nos referimos como avaliação inicial, de maneira geral ocorre no início do ano.

Há diversas ferramentas computacionais que auxiliam os professores com cada um desses três componentes do planejamento da instrução. Nas seções a seguir, iremos dar uma olhada em alguns exemplos de como os computadores podem ser usados para cada componente.

Definindo resultados de aprendizagem

Como vimos no Capítulo 3, praticamente todos os Estados americanos desenvolveram padrões de conteúdo. Os padrões de conteúdo definem o conhecimento e as habilidades que se esperam que os alunos desenvolvam em cada série. Muitos Estados deixam os seus padrões de conteúdo à disposição na internet[*].

---

[*] N. de R.T.: O *site* do Instituto Nacional de Estudos e Pesquisas Educacionais Anísio Teixeira (INEP, http://www.inep.gov.br/) contém as matrizes de competências e habilidades e os resultados das avaliações nacionais, tais como a Prova Brasil/SAEB e o ENEM. Nele também se encontram as provas e os gabaritos das edições anteriores do ENEM, entre outros. As secretarias de educação de Estados e municípios brasileiros também costumam disponibilizar informações sobre suas matrizes de competências e habilidades em seus próprios *sites*.

Em muitos casos, os documentos à disposição na internet também contêm exemplos de questões de prova criados para mensurar os padrões de conteúdo. Como exemplo, o *website* do Departamento de Educação do Estado da Virgínia inclui uma seção que permite que os professores (ou qualquer um que queira) acessem os padrões estaduais para séries específicas. Uma seção separada dá acesso a todas as questões de prova usadas desde 2000 que foram disponibilizadas para o público. Esses documentos de questões exibem a questão da prova, mostram a resposta correta e definem que padrão de conteúdo a questão se propunha a mensurar.

Além de dar acesso aos padrões de conteúdo do Estado e exemplos de questões de prova usadas para mensurar o cumprimento desses padrões para os professores, alguns Estados criaram *websites* que permitem que os professores compartilhem objetivos específicos de aprendizagem que desenvolveram para determinado padrão de conteúdo. Considerando-se que os padrões de conteúdo frequentemente são definições gerais sobre o que os alunos deveriam saber e ser capazes de fazer, os objetivos de aprendizagem criados pelo professor fornecem exemplos de habilidades e conhecimentos discretos que os alunos devem desenvolver para atingir determinado padrão de conteúdo. Como exemplo, o Departamento de Educação do Estado de Massachusetts investiu vários anos no desenvolvimento e aprimoramento de um *site* chamado Virtual Education Space. Por meio desse *site*, os professores podem escolher determinado padrão do Estado e ganhar acesso a planos de aula que são criados para ajudar os alunos a atingir esse padrão. Ao examinar diversos planos de aula para determinado padrão, as várias habilidades secundárias ou objetivos de aprendizagem relacionados se revelam.

Apesar de os recursos disponíveis no *website* do departamento de educação americano diferirem para cada Estado, o *website* do seu Estado é um bom lugar para aprender mais sobre o que se espera que os seus alunos aprendam e como* essas expectativas são mensuradas pela prova estadual.

Além dos *websites* estaduais, muitos livros didáticos agora têm material de apoio na internet. Esses *websites* frequentemente contêm informações adicionais sobre os objetivos de aprendizagem cobertos em cada capítulo. De novo, apesar de os recursos disponíveis nos livros didáticos variarem, costuma ser útil explorar o *website* que acompanha o livro didático que você está usando.

Desenvolvendo planos de aula

A edição do professor da maioria dos livros didáticos inclui planos de aula que acompanham cada capítulo. Muitos livros didáticos atualmente fornecem planos de aula adicionais no seu *website*. Como notado anteriormente, alguns *websites* estaduais também fornecem exemplos de planos de aula que são projetados para ajudar os alunos a dominar um padrão de conteúdo específico. Mas esses dois recursos são só a ponta do *iceberg*.

Hoje, milhares de planos de aula estão à disposição na internet. Talvez um dos *websites* mais populares nos Estados Unidos para acessar planos de aula e outros recursos instrucionais seja um *website* originalmente desenvolvido por Kathy Schrock, chamado *Ka-*

O *website* para o departamento de educação do seu Estado é um bom lugar para aprender mais sobre o que se espera que os seus alunos aprendam e como essas expectativas são mensuradas pela prova estadual.

---

* N. de R.T.: As descrições e endereços dos *sites* que se seguem ao longo do capítulo servem como material de consulta para os leitores que quiserem se aprofundar no assunto. Mesmo que todo esse material esteja em inglês ou não haja *sites*, *softwares* ou *hardwares* equivalentes no Brasil, eles podem servir de referência e até mesmo de motivação para os educadores.

thy Schrock's Guide for Educators (SCHROCK, 2012). A Sra. Schrock começou a desenvolver esse *site* em 1995, enquanto trabalhava como especialista em mídia na biblioteca escolar. O *site* foi projetado para ajudar educadores a encontrar rapidamente recursos na internet. Ao longo da última década, o *site* se expandiu e passou a incluir uma grande coleção de *websites* que contém ampla variedade de planos de aula e outros recursos instrucionais. Os milhares de planos de aula disponíveis no *site* de Kathy Schrock são organizados por série (i.e., K-5[*], 6-8 e 9-12) e matéria.

Diversos outros *websites* também fornecem fácil acesso a planos de aula. O *website* TeacherSource, da Public Broadcasting Service (PBS), contém uma ampla coleção de planos de aula, muitos dos quais estão diretamente relacionados com programas de televisão produzidos pela PBS. Organizações nacionais como o National Council of Teachers of Mathematics e a National Science Teachers Association dão acesso a um número significativo de planos de aula que são organizados em tópicos específicos. Outros *sites*, como o Lesson Plans Page e o Lesson Plan Search, também contêm grandes coleções de planos de aula. A Tabela 11.1 lista diversos *sites* que dão acesso direto a planos de aula.

Apesar de a internet ajudar a encontrar rapidamente planos de aula interessantes e criativos para muitos padrões de conteúdo e objetivos de aprendizagem distintos, é importante examinar o plano de aula cuidadosamente antes de adotá-lo em sua sala de aula. Ao revisar os planos de aula, faça a si mesmo estas perguntas: O plano de aula se foca no conteúdo e nas habilidades que eu quero que os meus alunos desenvolvam? O plano de aula pressupõe que os alunos tenham determinados conhecimento e habilidades, e essa pressuposição é adequada aos meus alunos? O plano de aula requer materiais ou recursos que não estão à disposição na minha sala de aula? O plano de aula está no nível certo para os meus alunos? Como o plano de aula acrescenta ao que eu vinha fazendo recentemente com os meus alunos?. Com base nas suas respostas a essas perguntas, o plano de aulas pode ser muito adequado, pode precisar de alguns ajustes, ou você pode decidir que, apesar de ser interessante, ele não é adequado para o seu caso.

> Apesar de a internet ajudar a encontrar rapidamente planos de aula interessantes e criativos para muitos padrões de conteúdo e objetivos de aprendizagem diferentes, é importante examinar o plano de aulas com cuidado antes de adotá-lo em sua sala de aula.

AVALIAÇÃO INICIAL

Os professores conduzem as avaliações iniciais para aprender mais sobre os interesses, comportamentos e conhecimento prévio dos seus alunos. Existem diversas ferramentas computacionais que ajudam os professores a coletar informações de maneira eficiente sobre os interesses e o conhecimento que os seus alunos trazem para a sala de aula. Esses recursos incluem levantamentos eletrônicos, boletins *online* das provas estaduais, e provas e *quizzes online*. A seguir, está descrito como cada uma dessas ferramentas pode ser usada para coletar informações sobre os seus alunos.

> Existem diversas ferramentas computacionais que ajudam os professores a coletar, de maneira eficiente, informações sobre os interesses e o conhecimento que os seus alunos trazem para a sala de aula.

---

[*] N. de T.: Nos Estados Unidos, a designação K-5 refere-se ao período escolar compreendido entre a educação infantil e a 5ª série.

TABELA 11.1 Uma amostra de *websites* com planos de aula*

The Lesson Plan Page	www.lessonplanspage.com
Discovery Education	http://school.discovery.com/ lessonplans
The Educator's Reference Desk	www.eduref.org/Virtual/Lessons
Lesson Plan Search	www.lessonplansearch.com
Teachers.Net	http://teachers.net/lessons
PBS TeacherSource	www.pbs.org/teachersource
SmithsonianEducation	www.smithsonianeducation.org/educators/index.html
National Science Teachers Association	www.nsta.org
National Council of Teachers of Mathematics	http://illuminations.nctm.org
National Council of Teachers of English	www.ncte.org
National Council for the Social Studies	www.socialstudies.org/lessons

*N. de R.T.: No Brasil, o MEC também disponibiliza exemplos e sugestões de planos de aula em seu Portal do Professor (http://portaldoprofessor.mec.gov.br/), além de possibilitar o acesso a um banco internacional de objetos de aprendizagem, tais como vídeos, textos e imagens, para servirem de recurso para os professores (http://objetoseducacionais2.mec.gov.br/).
Fonte: Os autores.

Levantamentos eletrônicos

Um levantamento ou questionário bem construído é uma ferramenta eficiente para coletar informações sobre a história, experiências anteriores, interesses e crenças dos alunos. Apesar de ser possível criar uma versão em papel do levantamento ou do questionário, os levantamentos eletrônicos ajudam a economizar muito do tempo que seria gasto organizando e resumindo as respostas dos estudantes. Por exemplo, o Survey Monkey permite que você crie rapidamente um levantamento que pode conter diversos tipos de questão, incluindo questões de resposta curta ou de escolha forçada. Então os seus alunos completam o levantamento *online*. Suas respostas são registradas diretamente em uma base de dados, e um relatório resumido é gerado automaticamente. Dependendo da questão, o relatório apresenta a resposta média dos seus alunos e/ou a porcentagem de alunos que escolheu cada resposta. Se você está interessado em explorar ainda mais as respostas, também é possível fazer o *download* da base de dados diretamente para o seu computador como um arquivo do Microsoft Excel (uma descrição do Excel e diferentes usos aparecem adiante). A Tabela 11.2 lista diversas ferramentas de levantamento *online*.

Além de levantamentos *online*, o Microsoft Word e o Adobe Acrobat podem ser usados para criar levantamentos eletrônicos. Ambos os programas permitem que os professores criem campos em que os alunos precisam digitar suas respostas ou riscar "caixas" para registrar suas respostas para determinada pergunta. Os levantamentos eletrônicos criados com esses programas podem ser enviados por *e-mail* diretamente para os alunos (ou seus pais), ou podem ser postados em um *website* para que os alunos façam o *download* e o completem fora da sala de aula. Apesar de os levantamentos criados com o Word ou o Acrobat não poderem ser resumidos automaticamente, eles podem reduzir a carga de papel do professor, garantir que as respostas dos alunos sejam registradas de forma clara e que eles forneçam apenas uma resposta para cada questão.

TABELA 11.2 Ferramentas de levantamento *online**

Empresa	Website
Survey Monkey	www.surveymonkey.com
Zoomerang	http://info.zoomerang.com
Cool Surveys	www.coolsurveys.com
Poll Cat	www.pollcat.com

* N. de R.T.: Dentre os sites citados pelos autores, somente o Survey Monkey possui uma versão em português (http://pt.surveymonkey.com/).
Fonte: Os autores.

Provas e *quizzes*

Para saber mais sobre as habilidades cognitivas e o conhecimento dos alunos no início do ano letivo, os professores podem recorrer a duas fontes de informação. Ao revisar os escores de provas anteriores dos alunos – especialmente as avaliações estaduais de fim de ano –, pode-se aprender muito sobre os pontos fortes e fracos dos alunos. A maioria dos programas estaduais de avaliação padronizada esforça-se em corrigir as provas antes do início do próximo ano letivo, para que os professores possam usar essa informação para identificar áreas em que os alunos precisam de reforço. Além dos escores de provas formais, um *quiz* ou prova curta dada nas últimas semanas de aula também pode fornecer informações valiosas sobre o estado atual de conhecimento e de compreensão dos alunos. Os computadores também podem ser úteis para analisar escores anteriores ou aplicar provas ou *quizzes*.

Nos Estados Unidos, os sistemas informatizados de provas permitem que os professores acessem os escores dos alunos nas avaliações estaduais. Na maioria dos casos, o sistema também fornece informações sobre o desempenho dos alunos em áreas de subconteúdo. Por exemplo, para uma prova de matemática da 8ª série contendo álgebra, geometria, probabilidade e questões de medição, o escore total e o desempenho do aluno em cada um desses subconjuntos de questão ficam à disposição.

> O Test Analysis and Preparation System, desenvolvido pela Nimble Assessment Systems, permite que os professores acessem e vejam os escores dos seus alunos de diversas formas.

O programa Test Analysis and Preparation System, desenvolvido pela Nimble Assessment Systems[*], permite que os professores acessem e vejam os escores das provas dos seus alunos de diversas formas. Como é apresentado na Figura 11.3, os professores podem ver uma tabela que lista os nomes dos seus alunos, seu escore total na prova e seu desempenho em cada questão. Ao clicar no número da questão, os professores podem ver a questão da prova e a porcentagem de alunos que escolheram cada resposta. Informações semelhantes também podem ser vistas graficamente. Como mostrado na Figura 11.4, o professor pode escolher uma turma e, então, ver como os alunos se saíram na prova como um todo e em cada subárea do conteúdo.

Além disso, o professor pode escolher um aluno específico da turma e o seu desempenho será destacado nos gráficos. O sistema também permite que os professores vejam o escore médio da escola, do distrito e do Estado. Essa função permite que os professores comparem o desempenho de um aluno com a turma toda em cada subárea do conteúdo e identifiquem áreas de relativa força ou fraqueza para um aluno ou para toda a turma.

Nos Estados Unidos, além de permitir o acesso aos escores de provas anteriores, muitos Estados dão acesso também a ques-

---

* N. de R.T.: O *site* da empresa pode ser acessado por meio do seguinte endereço eletrônico: http://nimbletools.com/.

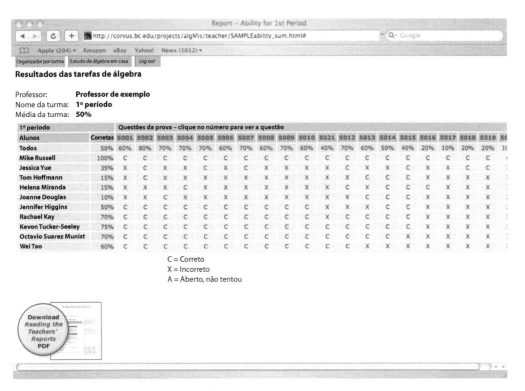

FIGURA 11.3 Boletim tabular do Test Analysis and Preparation System.
Fonte: Os autores.

tões de provas anteriores. Essas questões podem ser baixadas diretamente do *website* do departamento de educação do Estado, sendo frequentemente formatadas como provas. Em alguns casos, os alunos podem trabalhar em questões liberadas das provas diretamente no computador. Por exemplo, o FCAT (Florida Comprehensive Assessment Test) Explorer permite que os alunos pratiquem questões de prova *online* e então vejam como se saíram em uma amostra de itens. Indo um passo além, o Test Analysis and Preparation System, da Nimble Assessment Systems, permite que os professores selecionem uma prova anterior ou questões específicas de todas as provas anteriores, gerem uma nova prova, apliquem-na em aula e então vejam como os seus alunos se saíram nessas questões. Revisando os escores de provas anteriores dos seus alunos e fazendo-os trabalhar em questões específicas no início do ano, os professores podem identificar áreas que indivíduos ou grupos de alunos podem precisar desenvolver mais. Essa informação fornece uma base sólida para o desenvolvimento de planos de aula no início do ano letivo.

COMPUTADORES E AVALIAÇÃO DURANTE A INSTRUÇÃO

Os computadores são usados de diversas formas durante a instrução. Os professores usam computadores conectados a projetores para apresentar informações, demonstrar procedimentos e desenvolver conceitos. Os professores fazem seus alunos usarem computadores para encontrar informações na internet,

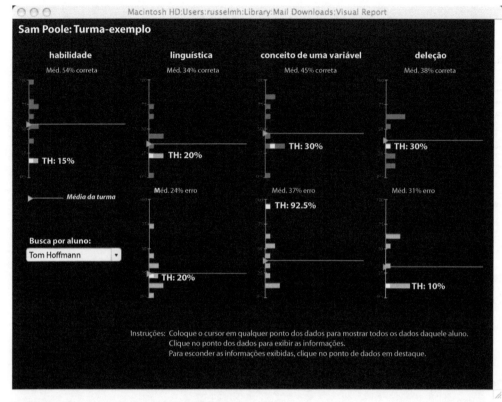

FIGURA 11.4 Boletim visual do Test Analysis and Preparation System.
Fonte: Os autores.

escrever resenhas, criar apresentações, trabalhar com simulações, aprender com tutoriais e resolver problemas matemáticos complexos. Esses usos de professores e alunos têm a intenção de ajudar os alunos a aprenderem conteúdo e habilidades. Mas os computadores também podem ajudar os professores a saberem mais sobre os seus alunos enquanto este aprendizado ocorre.

Existem pelo menos cinco modos em que os computadores podem ajudar os professores com a avaliação formativa durante a instrução. Esses usos incluem diagnosticar ideias equivocadas dos alunos, fazer um levantamento dos conhecimentos da turma, registrar o processo de escrita dos alunos, fornecer *feedback* formativo acerca dos produtos dos estudantes e observá-los enquanto eles realizam as tarefas. Cada uma dessas funções é descrita a seguir.

Diagnosticar ideias equivocadas dos alunos

Conforme os alunos aprendem novos conceitos, eles podem desenvolver ideias equivocadas, que interferem na sua habilidade de aplicá-los. As provas desenvolvidas pelo professor e as provas padronizadas fornecem uma boa medida para identificar se um aluno entende ou não determinado conceito. Contudo, para os alunos que apresentam mau desempenho, essas provas geralmente não fornecem muitas informações úteis sobre por que eles se saíram mal. Recentemente, diversas organizações começaram a desenvolver provas de computador que são feitas para ajudar os professores a diagnosticar a compreensão e as ideias equivocadas dos alunos. Essas ferramentas de avaliação são frequentemente referidas como avaliações diagnósticas.

> Recentemente, diversas organizações começaram a desenvolver provas em formato digital feitas para ajudar os professores a diagnosticar conhecimentos e mal-entendidos dos alunos.

Por exemplo, o Technology and Assessment Study Collaborative (inTASC), da Universidade de Boston, desenvolveu uma série de testes de álgebra (ver http://www.bc.edu/research/intasc/researchprojects/DiagnosticAlgebra/daa.shtml). A avaliação diagnóstica do inTASC começa com os alunos fazendo uma prova de álgebra que tem o objetivo de fornecer uma avaliação inicial da sua compreensão de diversos conceitos algébricos. A seguir, é apresentado um conjunto de questões para os alunos que é criado para testar a presença de equívocos algébricos específicos. Esses equívocos envolvem conceitos como a diferença entre constante e variável, igualdade e desigualdade, redistribuição e representação gráfica das funções. Após os alunos terem completado a prova diagnóstica para determinado equívoco, os professores recebem *feedback* imediato sobre o desempenho deles, e o sistema identifica alunos que apresentam maior probabilidade de cometer o equívoco.

Foram desenvolvidos sistemas semelhantes para outras matérias. Por exemplo, o Diagnoser ajuda os professores a identificarem equívocos na área da física (tutor.psych.washington.edu). O Interactive Multimedia Exercise (IMMEX) System fornece problemas complexos de química, biologia, física, geografia e matemática que são feitos para identificar as estratégias de resolução de problemas dos alunos e identificar estudantes que não tenham conhecimento ou que possam ter mal-entendidos relacionados a um conceito específico (www.immex.ucla). De modo semelhante, o Soliloquy Reading Assistant pode identificar o desenvolvimento das habilidades de fluência em leitura dos alunos (www.soliloqylearning.com). O sistema apresenta passagens de leitura que o aluno lê em voz alta em um microfone ligado ao computador. Usando tecnologia de reconhecimento de voz, o Reading Assistant é capaz de diagnosticar problemas que os alunos possam ter com pronúncia ou fluência. Essas e outras ferramentas diagnósticas permitem que os professores coletem informações sobre o estado atual de conhecimento dos alunos e intervenham antes de uma unidade ou lição ser completada.

Enquetes com os alunos

As ferramentas diagnósticas de avaliação descritas acima fornecem informações valiosas sobre a aprendizagem dos alunos de maneira conveniente, mas requerem que os professores cedam tempo de aula para que os alunos possam passar de 10 a 30 minutos realizando uma atividade. Há momentos, contudo, em que é necessário fazer uma avaliação rápida sobre o que os alunos compreenderam da instrução. Como discutido no Capítulo 4, uma estratégia para avaliar o quão bem os alunos estão entendendo um novo conceito ou adquirindo um novo conhecimento é fazer uma pergunta para a turma e escolher um ou dois alunos para responder. Apesar de essa estratégia ser usada com frequência, uma grande limitação é que ela depende que pequenas amostras de alunos representem uma turma toda. Seria muito melhor saber como a turma inteira responderia do que apenas os poucos alunos que foram escolhidos. As ferramentas eletrônicas de enquetes permitem que os professores façam justamente isso.

As ferramentas eletrônicas de enquetes consistem em um conjunto de *palmtops* ou pequenos aparelhos portáteis, semelhantes a um controle remoto de televisão, que se comunicam via *wireless* com o programa que está rodando no computador do professor. O professor faz uma pergunta e apresenta escolhas de respostas aos alunos, que respondem usando seus equipamentos portáteis. O programa tabula as respostas dos alunos e dá aos professores um resumo imediato. Sistemas eletrônicos de enquetes costumam ser usados com um projetor, que exibe a pergunta e as opções de resposta, apesar de o uso de um projetor não ser necessário.

Ferramentas eletrônicas de enquete são úteis para se ter uma ideia melhor do que os alunos sabem e estão entendendo. Ao usar alguns minutos para propor um problema que os alunos precisam resolver ou fazer uma série de perguntas sobre o livro ou evento histórico que a turma esteve discutindo, as ferramentas eletrônicas de enquetes permitem que os professores coletem informações de avaliação de todos os alunos rapidamente. Dependendo da preferência do professor, as informações podem ser coletadas de modo anônimo, ou a resposta de cada aluno pode ser registrada individualmente.

Além de avaliar as habilidades cognitivas dos alunos, as ferramentas eletrônicas de enquetes também podem ser usadas para saber mais sobre as crenças e opiniões dos alunos. Ao registrar e resumir sistematicamente as crenças dos alunos, o professor pode usar essa informação como um trampolim para discussões mais aprofundadas ou para decidir se há um nível suficientemente alto de interesse para continuar uma discussão. A Tabela 11.3 lista diversas companhias que criam ferramentas eletrônicas de enquetes.

Avaliação formativa da escrita

A escrita é um processo que envolve a geração de uma ideia, rascunho, revisão e edição. Pesquisas indicam que o uso de um processador de texto ao longo do processo de escrita leva à produção de textos de qualidade mais alta (Bangert-Drowns, 1993; Goldberg; Russell; Cook, 2003). O uso que os alunos fazem dos computadores durante o processo de escrita também permite que os professores utilizem três funcionalidades do Microsoft Word que facilitam a avaliação formativa durante o processo de escrita: Controlar Alterações, Comentários e AutoTexto.

Controlar alterações

Controlar Alterações é uma função que registra as alterações que os alunos fazem no seu texto enquanto trabalham em múltiplos rascunhos. Quando o recurso Controlar Alterações está ativado, os professores podem observar como os alunos desenvolvem ideias a partir do resumo e produzem o primeiro rascunho. À medida que os alunos revisam o primeiro rascunho, cada palavra ou frase que é deletada, substituída, adicionada ou movida é registrada pelo Word. Essas alterações podem, então, ser selecionadas na tela ou em um documento impresso. De modo semelhante, conforme novos rascunhos vão sendo desenvolvidos, controlam-se alterações adicionais. Ao examinar as alterações feitas entre os rascunhos, é possível observar os aspectos da escrita em que o aluno está se focando. Por exemplo, o professor pode ver se o aluno está se focando em corrigir a pontuação, a gramática e a ortografia durante os primeiros rascunhos ou se ele espera até a versão final para se concentrar nesses aspectos. De maneira semelhante, Controlar Alterações permite que os professores observem até onde os alunos adicionam detalhes ou reestruturam suas ideias durante cada estágio do processo de escrita. Apesar de grande parte dessas informações poder ser coletada exigindo que os alunos entreguem cada rascunho que produzirem e comparando cada versão, o recurso Controlar Alterações automaticamente as destaca, economizando tempo e esforço consideráveis.

TABELA 11.3 Sistemas de enquetes eletrônicas

Produto	Endereço eletrônico
ACTIVote	www.activboard.com
eInstruction Classroom Performance System	www.einstruction.com
InterWrite PRS	www.gtcocalcomp.com
iRespond	www.revealtechnologies.com
Qwizdom	www.quizdom.com
SmartTRAX	www.learnstar.com/smartTRAX.htm
Assessa	www.eyecues.com/assessa

Fonte: Os autores.

Comentários

Para ajudar os alunos a aprimorar a sua escrita, os professores escrevem comentários nos seus trabalhos. Os comentários podem se focar em diversos aspectos do trabalho, incluindo erros mecânicos, organização de ideias, precisão dos argumentos, necessidade de esclarecimento ou de detalhes adicionais, lógica de um argumento ou a coerência de um personagem. Na maioria das vezes, os comentários são registrados em uma versão escrita do trabalho dos alunos. Usando a função Inserir Comentários do Word, os comentários também podem ser dispostos diretamente na versão eletrônica do trabalho.

Registrar comentários eletronicamente tem diversas vantagens. Primeiro, para muitas pessoas, é mais rápido digitar comentários do que escrevê-los à mão. Segundo, seções inteiras de uma redação podem ser selecionadas e comentadas, permitindo que os professores foquem a atenção do aluno no bloco de texto específico que precisa ser revisado ou editado. Terceiro, os alunos costumam ter mais facilidade para ler textos digitados do que escritos à mão (frequentemente com letra cursiva). Quarto, e talvez mais importante, os comentários são preservados. Essa preservação permite que os professores retomem seus comentários anteriores conforme leem a versão nova, economizando tempo considerável que, de outro modo, seria gasto pulando de um rascunho para o outro.

AutoTexto

Ao registrar os comentários eletronicamente, os professores também podem economizar muito tempo usando a função de AutoTexto do Word. O AutoTexto permite que o professor crie uma lista de comentários usados com frequência. Esses comentários podem ser gerais e usados em uma ampla variedade de trabalhos, como "frase confusa", "frase incompleta", "poderia dar mais detalhes", ou "esta é uma questão importante". Ou eles podem ser específicos para o tópico sobre o qual os alunos estão escrevendo, como "Houve outros fatores que contribuíram para a Guerra no Iraque?", "Isso é uma metáfora, ou é um exemplo de símile?", ou "Há exemplos em outras peças de Shakespeare que sustentem o seu argumento?". Quando uma lista de comentários usados frequentemente for criada, pode-se gerar um *menu* customizado de comentários. Em vez de digitar determinado comentário, o professor pode selecioná-lo do *menu* para que ele seja inserido automaticamente. Ao fornecer *feedback* formativo para um grupo de trabalhos, combinar as ferramentas de comentários e AutoTexto do Word pode aumentar a eficiência com que os professores fornecem *feedback* sobre a escrita dos alunos.

Observar os alunos enquanto trabalham

Quando os alunos trabalham no computador, pode ser difícil de monitorar a sua atividade. Quer os alunos estejam trabalhando em computadores de mesa em um laboratório de informática ou em *laptops* na sala de aula, os monitores podem impedir o contato visual com os alunos e exigir que os professores deem uma olhada por cima do ombro deles para poder observar o seu trabalho. Diversos produtos, contudo, foram criados para ajudar os professores a ver os alunos trabalhando nos computadores sem ter de ficar olhando por cima dos ombros.

Ferramentas como o Apple Remote Desktop (http://www.apple.com/remotedesktop/), o SynchronEyes (http://www2.smarttech.com/st/enUS/Products/SynchronEyes1Classroom1Management1Software/) e o Vision (www.genevalogic.com) permitem que os professores monitorem o trabalho dos alunos fazendo com que a tela deles seja exibida no seu computador. Com essas ferramentas, o professor pode ver o conteúdo da tela e observar cada movimento do *mouse* ou do teclado. Essas ferramentas também permitem que o professor "se movimente" facilmente entre as telas dos alunos sem ter de sair da sua mesa.

> Ao usar ferramentas que permitem que os professores monitorem os alunos trabalhando em um computador, é importante informar os alunos de que o seu trabalho pode ser monitorado.

Os professores podem usar essas ferramentas para verificar se os alunos estão trabalhando na tarefa ou para observar alunos específicos e ver se eles estão tendo dificuldades com a tarefa. Se os alunos não estão trabalhando ou estão tendo dificuldades, o professor pode se dirigir fisicamente até o aluno e ajudá-lo. Ao pedir que os alunos registrem o que pensam sobre um tópico ou problema, essas ferramentas podem ser uma forma útil de ver as respostas dos alunos rapidamente e usá-las para propor uma discussão sobre o assunto.

Ao usar essas ferramentas que permitam que o professor monitore os alunos trabalhando no computador, contudo, é importante informá-los de que o seu trabalho pode ser monitorado. Apesar de se esperar que os alunos sigam as políticas de uso de computadores da escola e façam o trabalho, informá-los de que o seu trabalho pode ser observado cria confiança e ajuda a melhorar a dedicação deles ao trabalhar no computador durante a aula.

COMPUTADORES E AVALIAÇÃO SOMATIVA

Pela última contagem, pelo menos 24 Estados americanos estão ativamente testando ou aplicando provas em computador para o programa de avaliação estadual. Para esse programa de avaliação, as provas em computador oferecem uma série de vantagens. As provas por computador eliminam os custos de envio, recebimento e escaneamento das provas em papel. Elas permitem que os resultados sejam entregues para os professores mais rapidamente. Em alguns casos, as provas em computador também podem reduzir a quantidade de tempo necessário para testar e adaptar as questões apresentadas aos alunos para que não sejam nem muito difíceis nem muito fáceis. Na área da escrita, as provas por computador também permitem que os alunos usem a mesma ferramenta de escrita na prova que eles usam para fazer os trabalhos de aula, o processador de textos. Para um programa de avaliação, as provas por computador também abrem novas possibilidades, como permitir que o computador leia em voz alta as questões matemáticas para alunos que tenham dificuldade de leitura ou incluam simulações em uma prova de ciências.

Como descreve Bennett (2002), essas são algumas das muitas razões por que as provas por computador são inevitáveis para programas nacionais e estaduais de avaliação de desempenho.

> Além de criar e aplicar provas *online* usando as ferramentas descritas anteriormente, as ferramentas computacionais podem ser usadas para criar e gerenciar portfólios, encontrar avaliações de desempenho, gerar rubricas de escore, atribuir notas a redações e gerenciar as notas.

O uso de computadores para a avaliação somativa, contudo, não está limitado a programas nacionais ou estaduais de avaliação. Os computadores podem auxiliar a avaliação somativa dentro da sala de aula de diversas formas. Além de criar e aplicar provas *online* usando as ferramentas descritas anteriormente, as ferramentas computacionais podem ser usadas para criar e gerenciar portfólios, encontrar avaliações de desempenho, gerar rubricas de escore, atribuir notas a redações e gerenciar as notas. Cada um desses usos é descrito a seguir.

Portfólios eletrônicos

Os portfólios são uma ferramenta eficaz para documentar alterações na aprendizagem dos alunos ao longo do tempo. Eles também podem fornecer evidências de que os alunos adquiriram diversas habilidades ou objetivos de aprendizagem relacionados. Quando os alunos estão envolvidos com seleção de materiais que serão incluídos no portfólio, eles também estão desenvolvendo a habilidade de examinar criticamente e avaliar seu próprio trabalho. Além disso, os portfólios podem ser usados para se comunicar com os pais, fornecendo evidências concretas dos pontos fortes e das áreas em que o aluno precisa melhorar.

Os portfólios, no entanto, podem ser difíceis de manter, especialmente para um professor que tem muitas turmas. Para cada aluno, deve haver um lugar onde o seu trabalho é coletado durante o ano. Às vezes, o professor ou os alunos devem acessar essa coleção de trabalhos e selecionar amostras que eles queiram reter. Quando é hora de revisar os portfólios ou compartilhá-los com os pais, aqueles podem precisar ser transportados para outro local, e pode não haver espaço para ver a coleção de trabalhos.

Portfólios eletrônicos superam várias dessas limitações. Eles podem conter uma ampla variedade de material, incluindo redações, registros de áudio com amostras de leitura, vídeos de apresentações, fotografias tiradas pelo aluno ou de projetos e trabalhos de arte produzidos eletronicamente ou escaneados digitalmente. Armazenando-se amostras de trabalhos em formato digital, a necessidade de pastas físicas, armários ou outras formas de armazenamento é eliminada.

Apesar de ser importante ser seletivo quando se trata do que entra no portfólio, os portfólios eletrônicos podem armazenar uma amostra ampla de trabalhos dos alunos sem exigir mais espaço ou desarrumar a sala de aula. Com os arquivos digitais, o professor não precisa mais mover grandes pilhas de papel ou conjunto de pastas ao revisar um grupo de portfólios. Em vez disso, os portfólios podem ser acessados em qualquer lugar que tenha um computador à disposição.

Quando um portfólio eletrônico é armazenado na rede, pais e outros membros da família podem acessá-lo e ver o trabalho do aluno a qualquer momento. E, dependendo das políticas do professor, os pais e os alunos podem ver os portfólios de todos na turma. Ver todo um grupo de portfólios é uma forma eficiente de desenvolver um entendimento da variedade de desempenhos do aluno e de perceber como a qualidade do seu trabalho se compara com a de outros alunos. Para aprender mais sobre os portfólios eletrônicos, Helen Barrett criou um *website* que exibe diversos exemplos destes e fornece a resposta para muitas perguntas feitas com frequência (www.electronicportfolios.com). A Tabela 11.4 também lista diversos sistemas de portfólio eletrônico que estão à disposição para os professores usarem em sala de aula.

> Ver um conjunto inteiro de portfólios é uma maneira efetiva de compreender a variedade de desempenhos do aluno e como a qualidade do trabalho de um aluno se compara com a dos outros estudantes.

Apesar de exibir portfólios ou outras amostras de trabalho na rede seja uma forma eficiente de compartilhar o trabalho dos alunos e poder reforçar a confiança deles no seu trabalho, os professores devem ter cuidado quanto a revelar informações pessoais dos alunos. Muitas escolas desenvolveram políticas sobre a exibição de nomes e fotos dos alunos na internet. É importante seguir essas regras e pensar com cuidado no tipo de amostras de informação e de trabalho que são exibidas para que informações pessoais importantes dos alunos fiquem protegidas.

Avaliação de desempenho e rubricas de escore

Assim como a internet pode ser um recurso valioso para os planos de aula, muitos exemplos de avaliação de desempenho e rubricas estão à disposição na rede. Desenvolver avaliações e rubricas de desempenho consome muito tempo. Com frequência, na primeira vez que uma avaliação ou rubrica de desempenho é usada, vários problemas são revelados. As orientações para a avaliação de desempenho podem não estar claras, alguns alunos podem precisar acessar materiais ou recursos adicionais para completar a tarefa com sucesso, ou pode ser bom, para os alunos, ver exemplos de desempenhos anteriores para que possam desenvolver uma ideia melhor de como deve ser a forma final do produto ou quais são as expectativas do professor. De modo semelhante, uma rubrica pode precisar de detalhes adicionais para produzir escores confiáveis, ou uma categoria de escores adicionais pode ser necessária para refletir com precisão os desempenhos dos alunos. Ao adotar ou realizar pequenas modificações em uma avaliação ou rubrica de desempenho que foi usada anteriormente, os professores podem gastar menos tempo testando e revisando essas ferramentas.

TABELA 11.4 Portfólios eletrônicos

Produto	Endereço eletrônico
Chalk & Wire	www.chalkandwire.com
Talk Stream Electronic Portfolio	www.taskstream.com/pub/ electronicportfolio.asp
Grady Profile	www.aurbach.com/gp3/index.html
Toot!	www.aurbach.com/Toot/index.html
FolioLive	www.foliolive.com
Folio	www.eportaro.com
iWebfolio	www.nuventive.com/index.html
e-Portfolio	www.opeus.com/default_e-portfolios.php
MyPortfolio	www.myinternet.com.au/products/ myportfolio.html

Fonte: Os autores.

Diversos *sites* fornecem acesso gratuito a avaliações e rubricas de desempenho. Além disso, há ferramentas disponíveis para ajudar os professores a desenvolver suas próprias rubricas. Por exemplo, com financiamento da National Science Foundation, o Stanford Research International criou um *website* que fornece *links* para várias avaliações de desempenho em ciências (www.pals.sri.com). Esse *site* contém diversas rubricas que os professores podem usar para projetos de ciências.

A Tabela 11.5 lista diversos *sites* que fornecem amostras de avaliações e rubricas de desempenho. Do mesmo modo como ocorre com os planos de aula encontrados na internet, é importante revisar com atenção uma avaliação ou rubrica de desempenho para garantir que esteja alinhada com os seus objetivos de ensino e que seja adequada para os seus alunos antes de usá-la em sala de aula. Para a avaliação de desempenho, também é importante considerar se há fácil acesso aos materiais, equipamentos e recursos necessários para realizar a tarefa. Os alunos também devem ser capazes de usar o equipamento necessário para determinada tarefa. Quando os alunos não têm fácil acesso aos materiais ou operam equipamentos desconhecidos, a validade das decisões sobre a aprendizagem dos alunos fica enfraquecida.

> Quando os alunos não têm fácil acesso aos materiais ou operam equipamentos desconhecidos, a validade das decisões sobre a aprendizagem dos alunos fica enfraquecida.

Atribuindo notas às redações

Atribuir notas às redações dos alunos é uma tarefa demorada. Com frequência, a quantidade de tempo requerida para ler as redações resulta em atrasos substanciais na hora de dar *feedback* aos alunos acerca do seu trabalho. Quando se fornece *feedback*, seu valor pode ser diminuído porque os alunos já estão envolvidos com outras tarefas. Para aumentar a velocidade de correção dos trabalhos escritos dos alunos, foram desenvolvidos vários métodos de uso dos computadores para analisar suas respostas escritas.

Trabalhos em corretores de textos computadorizados datam do trabalho de Ellis Page, no final da década de 1960. A partir dos esforços pioneiros de Page, quatro abordagens de correção por computador evoluíram. Essas abordagens são o Project Essay Grading (PEG), o Latent Semantic Analysis (LSA), o e-Rater e o Bayesian Essay Test Scoring System (BETSY). As técnicas usadas por essas abordagens variam desde simples contagem de frequência das palavras, pontuação e erros até modelos estatísticos avançados. Apesar de muitos educadores terem calafrios só de pensar em computadores atribuindo notas a algo tão pessoal e qualitativo quanto a escrita, esses quatro sistemas já se mostraram confiáveis na correção de vários tipos de trabalhos escritos (Foltz; Gilliam; Kendall, 2000; Page, 1995; Rudner; Liang, 2002).

Pelo menos três Estados e vários outros programas de avaliação em larga escala dos Estados Unidos estão explorando o uso dessas abordagens para corrigir redações. Mas esses sistemas estão se provando valiosos nas salas de aula. Como Page (1995) e McCollum (1998) descrevem, análises por computador da escrita podem ser úteis em dois contextos. Primeiro, quando se trabalha com escritores jovens, sistemas como o PEG podem fornecer *feedback* sobre aspectos mecânicos da escrita do aluno. Para cursos de matérias específicas como história, os sistemas de escores do LSA, que baseiam os escores em como as palavras são combinadas para formar ideias, pode dar aos alunos *feedback* preliminar, incluindo identificar pedaços de informação que foram omitidos.

Está claro que a correção automatizada de redações tem o potencial de economizar tempo e dar aos alunos *feedback* mais imediato. Ainda assim, em sua forma atual, há algumas desvantagens dignas de nota. Primeiro, como a maioria dos sistemas requer que os professores primeiro treinem o siste-

TABELA 11.5 *Sites* de avaliações e rubricas de desempenho

Site	Endereço eletrônico
Performance Assessment Links in Science	www.pals.sri.com
Performance Assessment for Science Teachers	www.usoe.k12.ut.us/curr/science/ Perform/Past5.htm
Performance Assessment for Language Students	www.fcps.edu/DIS/OHSICS/forlang/PALS
Sample Assessment Tasks	www.educ.state.ak.us/tls/frameworks/ langarts/41task.htm
Performance Assessment for Reading	http://teacher.scholastic.com/professional/ assessment/readingassess.htm
SCORE History/Social Science	http://score.rims.k12.ca.us/standards/performanceassessment
Rubistar	http://rubistar.4teachers.org
Teachnology Rubric Maker	www.teach-nology.com/web_tools/rubrics/
MidLink Magazine Teacher Tools – Rubric and Evaluation Resources	www.ncsu.edu/midlink/ho.html
Rubric Builder	http://landmark-project.com/classweb/ tools/rubric_builder.php
Rubric Bank	http://intranet.cps.k12.il.us/Assessments/ Ideas_and_Rubrics/Rubric_Bank/ rubric_bank.html
Rubrics Activity Bank	www.sdcoe.k12.ca.us/score/actbank/ trubrics.htm

Fonte: Os autores.

ma corrigindo e atribuindo notas a diversas redações para só depois mandá-las para serem analisadas pelo sistema, o uso da correção por computador talvez só seja prática para tarefas que sejam dadas a um grupo grande de alunos ou que seja repetida todos os anos. Segundo, apesar de o *feedback* fornecido aos alunos ser muito confiável, ele também fica limitado a aspectos específicos da redação do aluno, e de forma alguma se aproxima dos comentários refletidos e meticulosos que o professor pode fazer. Terceiro, a correção por computador requer que passagens escritas sejam submetidas em formato eletrônico. Apesar dessas limitações, as correções por computador podem economizar quantidades substanciais de tempo, ao mesmo tempo em que fornecem *feedback* preliminar importante aos alunos.

A Tabela 11.6 lista algumas ferramentas de correção automatizada de redações que atualmente estão à disposição de uso nas escolas K-12[*].

Administrando notas

Dar notas de final de trimestre ou de ano é um importante componente da avaliação em sala de aula. As notas dão aos alunos e aos seus pais uma definição somativa do quão bem eles se saíram em um período de tempo. As notas também ajudam a formar um registro do progresso e do desempenho do aluno ao longo do tempo, o qual é usado para tomar decisões sobre o nível do aluno, graduação,

---

[*] N. de R.T.: No Brasil, corresponde aos nove anos do ensino fundamental e aos três anos do ensino médio.

TABELA 11.6 Ferramentas de correção automatizada de textos

Ferramenta de correção	Endereço eletrônico
Criterion Online Writing Evaluation	www.criterion.ets.org
SAGrader	www.ideaworks.com/sagrader/index.html
BETSY	www.edres.org/betsy/
Project Essay Grader	www.measinc.com/Default.aspx? Page5AutomatedEssayScoring
Quantum Assessment Advisors - Chemistry	www.quantumsimulations.com/ assessment.html

Fonte: Os autores.

emprego e aceitação em instituições de ensino superior.

Muitos professores mantêm um livro de notas no qual eles registram informações sobre a frequência, comportamento, trabalhos completos e desempenho em tarefas, *quizzes* e provas. Ao final do trimestre, os professores condensam essa informação em uma única nota. Para fazer isso, eles frequentemente desenvolvem fórmulas que dão um peso diferente a cada tipo de informação. Por exemplo, uma professora pode contar o dever de casa como 20% da nota do trimestre, redações como 30%, provas como 40% e frequência/participação como 10%. Administrar todas as informações usadas para informar as notas de final de trimestre e o processo de calcular as notas pode ser tedioso e muito demorado.

Para ajudar na administração e no cálculo das notas, há diversas ferramentas computacionais à disposição. Para professores que são bons em computação, o Microsoft Excel pode ser usado para criar um sistema customizado de administração de notas. Para aqueles que preferem um produto comercialmente desenvolvido, foram criados diversos pacotes de programas. Quer você esteja desenvolvendo seu próprio sistema de atribuição de notas ou usando um programa desenvolvido comercialmente, os computadores podem ser usados para criar um rol para cada turma e registrar informações sobre o desempenho individual.

> O Excel é um programa de planilhas que permite que o professor crie um livro de notas personalizado para listar todas as tarefas, *quizzes*, provas, redações e projetos do trimestre.

Por exemplo, o Excel é um programa de planilhas que permite que o professor crie um livro de notas personalizado que liste todas as tarefas, *quizzes*, provas, redações e projetos por trimestre. Uma seção separada da planilha também pode ter uma conta de presenças dos alunos e registrar informações sobre os deveres de casa. Para cada uma dessas categorias de informação, pode-se usar uma fórmula criada para calcular o desempenho médio durante o trimestre. Essas médias podem ser pesadas e combinadas para formar a nota do trimestre. Apesar de levar algum tempo para criar um livro de notas no Excel, quando ele estiver completo todos os cálculos serão realizados automaticamente e atualizados sempre que forem adicionadas novas informações. O cálculo automático das médias de cada categoria e da nota final economiza uma quantidade considerável de tempo, e permite que o professor atualize o aluno do seu estado atual na matéria com facilidade.

Livros de notas disponíveis comercialmente realizam funções semelhantes, mas geralmente oferecem menos flexibilidade do que o Excel. Os livros de notas comerciais, contudo, oferecem outras vantagens. Primeiro, eles costumam ser fáceis de usar e não requerem conhecimento de Excel. Segundo, alguns livros de notas comerciais têm boletins internos e podem ser integrados com o sistema de informações da escola. Essas funções de boletim e de integração podem economizar um tempo que seria dedicado a preencher relatórios ou submeter as notas. Terceiro, alguns livros de notas comerciais permitem que os alunos e seus pais acessem as notas dos alunos *online*. Fornecer dados precisos e de fácil acesso aos alunos e aos seus pais pode melhorar a comunicação e aumentar a consciência do quão bem um aluno está se saindo durante a época de provas. A Tabela 11.7 lista diversos livros de notas eletrônicos comercialmente disponíveis.

AVALIAÇÃO EM SALA DE AULA: RESUMO

Como uma forma de resumir este livro, vamos revisitar sua ideia central: a avaliação não tem um fim em si mesma. Pelo contrário, é um meio para um fim: a tomada de decisões em sala de aula. O próprio processo de tomada de decisões é composto de três passos:

1. coletar informações,
2. interpretar informações e
3. tomar uma decisão com base na interpretação.

A validade das decisões depende tanto da qualidade das informações coletadas quanto da qualidade da interpretação. Informação é o material puro da tomada de decisões em sala de aula, e adiciona-se significado a esse material puro quando o professor responde à pergunta: "O que essa informação está me dizendo?". Como as decisões que o professor toma podem afetar alunos e professores de maneiras importantes, os professores são responsáveis pela qualidade da informação de avaliação que coletam e pelas interpretações que fazem dessa informação.

Coletando informações de avaliação

Boas decisões se baseiam em boas informações, e três fatores determinam a qualidade das informações de avaliação:

1. As condições em que as informações são coletadas, incluindo o contexto físico e emocional durante a avaliação, a oportunidade dada aos alunos de mostrarem o seu comportamento típico e a qualidade da instrução oferecida antes de avaliar o desempenho.
2. A qualidade dos instrumentos usados para coletar as informações, incluindo fatores como a clareza das questões de prova ou dos critérios de desempenho, a relação de um procedimento de avaliação com a característica que está sendo avaliada, e a adequação do nível de linguagem para as questões.
3. A objetividade das informações, incluindo a atribuição de notas imparciais.

Se não forem feitos esforços para minimizar as armadilhas, as informações de avaliação em que os professores baseiam suas decisões terão sérios defeitos. Considere, por exemplo, os seguintes fatores que podem di-

TABELA 11.7 Livros de notas eletrônicos comercialmente disponíveis

Livro de notas eletrônico	Endereço eletrônico
Easy Grade Pro	www.easygradepro.com
Learner Profile	www.learnerprofile.com
GradeQuick	www.gradequick.com
GradeSpeed	www.gradespeed.com
E-Z Grader	www.ezgrader.com
MyGradeBook	www.mygradebook.com

Fonte: Os autores.

minuir a validade e a confiabilidade das notas de boletim atribuídas pelo professor:

- Porções das avaliações de desempenho do professor podem avaliar temas que não foram ensinados aos alunos (validade diminuída).
- As questões que o professor escreve podem ser ambíguas, mal escritas ou muito complexas para os alunos (validade diminuída).
- A amostra de comportamento observado pode ser muito pequena para fornecer informações sobre o comportamento típico dos alunos (confiabilidade diminuída).
- Os escores das informações de avaliação podem ser negligentes e subjetivos (validade e confiabilidade diminuídas).
- Informações informais sobre o interesse, a motivação e as atitudes dos alunos podem se basear em indicadores inadequados (validade diminuída).

A maioria dos professores interpreta qualquer informação que tenha como se fosse válida e confiável. Se não for, as decisões serão problemáticas, e as notas resultantes não serão um indicativo válido da aprendizagem dos alunos. O mesmo é verdade para todas as outras decisões dos professores.

Interpretando informações de avaliação: cinco diretrizes

O segundo passo na tomada de decisões é interpretar as informações de avaliação disponíveis. Só depois de as informações serem interpretadas é que decisões sobre a organização da sala de aula, disciplina, planejamento, ensino, aprendizagem e atribuição de notas são feitas. Apesar de não ser razoável esperar que os professores sempre interpretem as informações corretamente, é razoável esperar que eles melhorem suas interpretações como resultado de prática consciente.

As situações em que é mais provável que os professores interpretem mal as informações são o início do ano; quando o comportamento dos alunos muda abruptamente; ou quando novas informações sobre o aluno ficam disponíveis. Em geral, quanto menos o professor sabe sobre o aluno, mais interpretações são necessárias e maior a probabilidade de as interpretações subsequentes se basearem nas iniciais.

A Tabela Ferramentas-Chave de Avaliação 11.1 apresenta cinco princípios gerais que devem orientar a interpretação das informações de avaliação em sala de aula. Esses princípios perpassam todos os propósitos e tipos de avaliação que foram discutidos. Esses princípios estão descritos abaixo, em mais detalhes.

1. *As informações de avaliação descrevem os comportamentos aprendidos pelos alunos e seu estado atual.* Os comportamentos e desempenhos observados durante a avaliação representam o que os alunos aprenderam a fazer, pensar, sentir e dizer. Por diversos motivos (p. ex., culturais, sociais, econômicos, familiares), alguns alunos aprendem mais, retêm mais e têm mais oportunidades de aprender do que outros. Qualquer que seja a causa dessas diferenças de aprendizagem, as informações fornecidas pela avaliação em sala de aula informam apenas sobre o que os alunos aprenderam a fazer.

As avaliações descrevem o desempenho dos alunos atualmente, e não necessariamente como será no futuro. Os alunos podem mudar. Eles podem ter surtos repentinos de desenvolvimento, ficar mais interessados em algumas coisas e menos em outras, e chegar a um ponto em que "florescem" academicamente após muitos anos de mau desempenho ou "chegar ao seu limite" e apresentar um declínio no desempenho acadêmico. Assim, quando professores ou pais usam palavras como *potencial* e *capacidade* para descrever os alunos, eles estão fazendo suposições que nem sempre são sustentadas pelas avaliações. Discussões sobre a "capacidade" de um aluno sugerem uma quantidade fixa de habilidade, interesse ou motivação que impõe um limite ao seu desempenho. As avaliações não

> **FERRAMENTAS-CHAVE DE AVALIAÇÃO 11.1**
> **Princípios para interpretar informações de avaliação**
>
> 1. As informações de avaliação descrevem os comportamentos aprendidos pelos alunos e seu estado atual.
> 2. As informações de avaliação fornecem uma estimativa, e não uma indicação exata, do desempenho do aluno.
> 3. Avaliações únicas são uma base frágil para tomar decisões importantes sobre os alunos.
> 4. As avaliações nem sempre fornecem informações válidas.
> 5. As informações de avaliação descrevem desempenho; elas não explicam as razões por trás dele.
>
> Fonte: Os autores.

podem medir esses limites, e devem-se evitar interpretações que sigam por esse caminho. Interpretações focadas no "potencial" e na "capacidade" podem ser especialmente prejudiciais para alunos fracos ou com desvantagens, que podem ter tido menos oportunidades de aprender do que outros alunos, mas que frequentemente podem ter um desempenho muito bom se tiverem oportunidades e prática o bastante.

Mas as informações de avaliação não são usadas para prever o sucesso e o ajuste dos alunos? Os escores do SAT e do ACT não são usados pelos oficiais de admissão das faculdades para prever o desempenho dos alunos na faculdade? As notas que os alunos recebem em um ano de escola não são usadas para prever as notas que eles receberão em anos seguintes? Os alunos nos níveis mais baixos de leitura na 1ª série não costumam ficar nesse nível até o fim do ensino fundamental? Apesar de esses exemplos parecerem sugerir que as avaliações fornecem informações sobre o potencial e a capacidade dos alunos, essa conclusão está errada.

O principal motivo para esses alunos manterem as mesmas notas ou permanecerem no mesmo nível de leitura tem menos a ver com o seu "potencial" ou "capacidade" do que com a estabilidade da escola e do ambiente da sala de aula. Se pegarmos um aluno no início da 1ª série, colocarmos no grupo de nível mais baixo de leitura e dermos objetivos e instruções que são menos desafiadores do que para os outros grupos, não devemos ficar surpresos se esse aluno não conseguir sair desse grupo de leitura até o fim do ano. Esse é um exemplo de profecia autorrealizável, que foi descrita no Capítulo 2. Ele sugere que o motivo por que as avaliações costumam permanecer estáveis ao longo do tempo tem mais a ver com a natureza das expectativas e a instrução da turma do que com a nossa habilidade de avaliar o potencial e a capacidade dos alunos. Assim, as informações de avaliação devem ser interpretadas como um indicativo do nível de desempenho atual de um aluno, que pode mudar.

2. *As informações de avaliação fornecem uma estimativa, e não uma indicação exata, do desempenho do aluno.* Não se pode, em condição alguma, tratar as informações de avaliação como se fossem infalíveis ou exatas. Sempre há numerosas fontes de erro que podem influenciar os desempenhos dos alunos. Uma única observação ou resultado de prova tem significado limitado e fornece, no máximo, uma aproximação do desempenho do aluno. As editoras de provas de desempenho comercializadas reconhecem esse fato explicitamente e usam faixas de escore para indicar a variação de escores em que o verdadeiro escore do aluno deve se encontrar, se ele for testado muitas vezes. Em todas as avaliações, pequenas diferenças ou mudanças nos desempenhos dos alunos não devem ser interpretadas como reais ou significativas. Colocar Marcie no grupo de nível de

leitura mais alto e Jake no grupo de nível de leitura intermediário com base em diferenças de 3 a 4 pontos no escore da prova de leitura é uma superinterpretação da informação de avaliação.

Apesar de as avaliações informais raramente serem expressas numericamente, também é melhor tratá-las como estimativas do desempenho dos alunos. As avaliações individuais devem ser sempre interpretadas com esse cuidado em mente. Quanto maior for a amostra de comportamento obtida e mais variadas forem as avaliações usadas, mais confiante o professor ficará ao interpretar as informações. Em todos os casos, contudo, é melhor interpretá-las como se fornecessem uma estimativa do desempenho, e não uma indicação exata dele.

3. *Avaliações únicas são uma base frágil para tomar decisões importantes sobre os alunos.* Muitas decisões dos professores podem afetar substancialmente as vidas e oportunidades dos alunos. Consequentemente, tais decisões não devem se basear em uma única avaliação. Além disso, um subproduto de tomar decisões com base em uma única avaliação é a tendência a ignorar informações adicionais sobre os alunos que possam contribuir para aprimorar a validade de decisões importantes.

Infelizmente, em nosso mundo rápido e burocrático, há grande pressão para se usar apenas uma avaliação ao tomar decisões. Nos EUA, o uso cada vez maior de escores de avaliações estaduais para determinar quem será promovido, quem irá receber o diploma do ensino médio ou quem será reprovado é um exemplo dessa pressão. Usar um único escore ou sistema de classificação parece objetivo e justo para as pessoas que não compreendem as limitações das informações de avaliação. Apesar de o uso de apenas uma avaliação como fonte tornar as decisões mais rápidas e fáceis do que coletar informações mais amplas, isso também aumenta a probabilidade das decisões tomadas serem inválidas. A maioria dos professores é sensível a esse risco e coleta vários tipos de informação de avaliação antes de tomar decisões relacionadas a atribuição de notas, promoção ou nivelamento de um aluno.

4. *As avaliações nem sempre fornecem informações válidas.* Validade refere-se às interpretações feitas a partir das informações de avaliação. Ela lida com o fato de as informações coletadas serem ou não pertinentes às características que o professor deseja avaliar. Consequentemente, antes de interpretar as informações de avaliação, o professor deve entender precisamente que característica está sendo avaliada. É importante saber isso, porque os alunos são frequentemente descritos em termos das características gerais que os professores acham que avaliaram, e não em termos dos comportamentos que de fato foram observados. Assim, eles descrevem um aluno como "desmotivado" como resultado de terem recebido deveres de casa bagunçados daquele aluno; ou classificam o aluno como um "mau aprendiz" como resultado de ele ter se saído mal em uma prova de "desempenho" que foi mal construída e cobria conteúdos que não foram ensinados. Como o comportamento observado é rapidamente substituído por rótulos mais globais, como "desmotivado", "mau aprendiz", "desinteligente", "autoconfiante" e "esforçado", é muito importante que as informações de avaliação sejam um indicador válido da característica desejada do aluno. Se não for assim, interpretações impróprias e rótulos incorretos serão o resultado.

5. *As informações de avaliação descrevem desempenho; elas não explicam as razões por trás dele.* Uma avaliação descreve o desempenho dos alunos em um momento específico: Josué foi observado batendo no Paulo, Lisa se saiu mal na prova de matemática, o discurso oral do Bart não foi bem preparado, Edu se comportou mal o dia todo, o projeto de astronomia da Maria foi o melhor da turma. Quando os pro-

fessores observam os alunos, eles normalmente interpretam suas observações em termos de causas subjacentes que usam para explicar o que viram. Josué bateu no Paulo porque é agressivo. Lisa se saiu mal na prova de matemática porque é preguiçosa. Bart não tem interesse em falar em público. Edu se comportou mal porque é uma criança malcriada e desafiadora. Maria fez o melhor trabalho porque é a aluna mais motivada na aula de astronomia. Tais interpretações do comportamento dos alunos são típicas, mas frequentemente estão incorretas e incompletas.

Raramente é possível determinar com razoável certeza por que os alunos tiveram aquele desempenho examinando apenas a própria avaliação. Para explicar o desempenho dos alunos, os professores devem olhar além das informações de avaliação imediatas. Paulo provocou o Josué a ponto de levá-lo a bater nele? Paulo bateu primeiro? Eles só estavam brincando? Lisa ficou acordada a noite toda trabalhando em um trabalho para a escola? A avó dela morreu recentemente? As respostas para essas perguntas não podem ser encontradas nas informações de avaliação originais; informações novas devem ser coletadas para respondê-las. Os professores devem ter cuidado ao interpretar o desempenho dos alunos porque, na maioria das vezes, deixar de olhar além das informações de avaliação à mão leva a interpretações incorretas dos alunos e suas características.

Esse cuidado é especialmente adequado para alunos de minorias, que têm pouca fluência na língua estudada, oportunidades limitadas fora da sala de aula ou comportamentos culturais diferentes dos do grupo majoritário. Quando um aluno é confrontado por uma linguagem não familiar, novas situações ou expectativas que são estranhas à sua cultura, as causas subjacentes do seu desempenho podem ser muito diferentes das que subjazem ao desempenho dos alunos de grupos majoritários. Os professores devem ser sensíveis a essas diferenças ao interpretar os desempenhos dos alunos. A Tabela Ferramentas-Chave de Avaliação 11.2 lista algumas orientações específicas para interpretar informações de avaliação.

FERRAMENTAS-CHAVE DE AVALIAÇÃO 11.2
Orientações para interpretar as informações de avaliação

- **Baseie** suas interpretações em múltiplas fontes de evidência.
- **Reconheça** fatores culturais e educacionais que influenciam e explicam o desempenho dos alunos.
- **Determine** se as informações coletadas fornecem uma descrição válida das características dos alunos.
- **Reconheça** que qualquer avaliação fornece apenas uma estimativa do estado atual do aluno, que pode mudar com mudanças no ambiente.
- **Considere** fatores contextuais que podem fornecer explicações alternativas do comportamento ou do desempenho dos alunos.
- **Não use** resultados de avaliação para tirar conclusões sobre a capacidade ou o potencial de um aluno.
- **Não trate** pequenas diferenças de escore ou de classificação como se fossem significativas e importantes; escores e classificações que são similares, mas não idênticos, devem ser tratados da mesma forma.
- **Não dependa** de uma única avaliação para tomar decisões que tenham consequências importantes para os alunos.
- **Não confunda** informações fornecidas por uma avaliação com explicações do que causou o desempenho; devem-se buscar explicações além dos limites da informação de avaliação inicial.
- **Não presuma**, sem contestação, que um procedimento de avaliação fornece informações válidas sobre a característica desejada.

Fonte: Os autores.

Avaliação: uma ferramenta a ser usada com sabedoria

A avaliação é uma corrente de muitos elos que impõe diversas responsabilidades aos professores, já que se trata de uma parte integral do que acontece em sala de aula. Não se espera que os professores sempre avaliem corretamente, interpretem as informações adequadamente e decidam infalivelmente. Entretanto, o que se espera é que os professores reconheçam suas responsabilidades nessas áreas e busquem realizá-las da melhor forma possível. Lembre-se: a forma como os professores coletam, interpretam e usam as informações de avaliação tem muitas consequências importantes para os seus alunos.

Uma analogia é uma forma apropriada de concluir. O automóvel é uma ferramenta útil, que nos permite realizar muitas atividades importantes. Quando operado adequadamente e com compreensão dos seus perigos e limitações, ele economiza muito tempo e energia. Contudo, se operado sem cuidado e inadequadamente, o automóvel também tem o potencial de causar danos terríveis. Quando chegou a hora de você tirar a carteira de habilitação, seus pais estavam apreensivos com a perspectiva de você dirigir. Eles sabiam das vantagens de obter a habilitação, mas também estavam conscientes dos perigos. Eles não lhe negaram o privilégio de dirigir apesar dos riscos, mas provavelmente explicaram para você tanto os benefícios quanto os perigos. Sem dúvida, eles também lhe passaram a responsabilidade que acompanha estar no controle de um automóvel. Eles disseram: "Tire a sua carteira, dirija e tire proveito de todas as vantagens e benefícios de um automóvel. Mas também fique ciente das consequências de usá-lo mal e das suas responsabilidades como motorista". O mesmo conselho se aplica a usar a avaliação em sala de aula.

RESUMO DO CAPÍTULO

- O maior acesso a computadores nas escolas cria muitas oportunidades para os professores aumentarem a eficiência, a precisão e o escopo das avaliações em sala de aula conduzidas em todas as fases do processo instrucional.
- Os computadores fornecem ferramentas para o professor planejar a instrução, realizá-la, examinar os seus efeitos e se comunicar com colegas, administradores, pais e alunos.
- A internet dá aos professores acesso aos padrões curriculares e a uma série de planos de aula ligados a esses padrões.
- As ferramentas de provas e levantamentos *online* e em sala de aula coletam informações sobre os interesses, as opiniões e a compreensão conceitual dos alunos, que podem ser usadas para informar a administração e a instrução em aula.
- Programas de processamento de texto e de análise automatizada de textos podem ser ferramentas efetivas e eficientes para avaliar os processos de escrita dos alunos e fornecer *feedback* formativo rápido sobre a sua escrita.
- Os portfólios eletrônicos podem simplificar o processo de coleta, armazenamento e compartilhamento de amostras de trabalhos dos alunos coletados ao longo do tempo ou usados para documentar a realização de objetivos de aprendizagem específicos.
- Há uma grande coleção de tarefas de desempenho e rubricas de escore disponível na internet, que os professores podem adaptar e usar com suas turmas.
- Livros eletrônicos de notas aumentam a eficiência com que uma informação de avaliação é combinada para determinar as notas de trimestre e de fim de ano e ajudar professores e alunos a manter um registro do seu desempenho em sala de aula.
- A avaliação desempenha uma série de papéis importantes ao longo do processo instrucional e descreve os comportamentos cognitivos, sociais, afetivos e psicomotores aprendidos pelos alunos.
- As informações de avaliação fornecem uma estimativa, e não uma indicação precisa do desempenho dos alunos.

- Importantes decisões sobre os alunos devem se basear em múltiplas informações em vez de em uma única avaliação.
- Ao usar as informações de avaliação para tomar uma decisão, deve-se sempre considerar a validade da informação e a decisão resultante.

QUESTÕES PARA DISCUSSÃO

1. De que formas as ferramentas computacionais podem aprimorar a avaliação em sala de aula? De que formas o seu uso pode complicar o planejamento e a avaliação em sala de aula?
2. Que características dos alunos podem afetar a validade das ferramentas computacionais de avaliação? O que o professor pode fazer para diminuir o efeito desses fatores na validade da avaliação?
3. Quais são algumas áreas e habilidades que são mais bem avaliadas por meio de tarefas a papel e caneta? Que áreas e habilidades são mais bem avaliadas por meio de ferramentas computacionais?

ATIVIDADES

1. Acesse o *website* da secretaria de educação do seu Estado. Que tipos de informações de avaliação estão disponíveis? Você consegue encontrar os padrões estaduais ou as estruturas curriculares? Informações sobre a avaliação estadual? Amostras de questões de prova ou boletins? Há ferramentas *online* que os alunos podem usar para se preparar para a avaliação estadual? Quais são as políticas do seu Estado em relação ao uso de computadores durante a avaliação estadual?
2. Use a internet para encontrar um exemplo de prova *online*. Faça essa prova e tente identificar problemas que os seus alunos poderiam encontrar se a fizessem. É fácil passar de uma questão para a outra? É fácil acessar as orientações? É fácil registrar e mudar as respostas? Qual a dificuldade de ler as perguntas da prova e o material de apoio, como gráficos, tabelas e figuras? A prova foi criada de modo a fornecer acesso universal a todos os alunos?

QUESTÕES PARA REVISÃO

1. De que formas os alunos e os professores estão usando computadores para a instrução em sala de aula?
2. Como os computadores podem ser usados durante a avaliação inicial para ajudar os professores a tomar decisões sobre o foco da instrução ou a organização da sala de aula?
3. De que modos os computadores podem ser usados para avaliar a escrita dos alunos? Que habilidades você precisa desenvolver para utilizar esses métodos?
4. Como se podem usar as provas em computador e as ferramentas computacionais para fornecer informações diagnósticas ou formativas sobre os alunos?
5. Como as ferramentas computacionais podem ser usadas para preparar os alunos para avaliações nacionais, estaduais ou municipais?
6. O que os professores precisam considerar sobre os seus alunos e o propósito da avaliação para decidir usar ou não uma ferramenta computacional de avaliação?

REFERÊNCIAS

BANGERT-DROWNS, R. L. The word processor as an instructional tool: a meta-analysis of word processing in writing instruction. *Review of Educational Research*, v. 63, n. 1, p. 69-93, 1993.

BENNETT, R. E. Inexorable and inevitable: the continuing story of technology and assessment. *Journal of Technology, Learning, and Assessment*, v. 1, n. 1, 2002.

DEGRAAF, C.; RIDOUT, S.; RIEHL, J. Technology in education: creatively using computers in the language arts. In: ESTES, N.; THOMAS, M. (Ed.). *Rethinking the roles of technology in education*. Cambridge: Massachusetts Institute of Technology, 1993. v. 2.

FISHER, C.; DWYER, D.; YOCAM, K. *Education and technology*: reflections on computing in classrooms. San Francisco: Apple, 1996.

FOLTZ, P. GILLIAM, S.; KENDALL, S. Supporting content-based feedback in online writing evaluation with LSA. *Interactive Learning Environment*, v. 8, n. 2, p. 111-129, 2000.

GOLDBERG, A.; RUSSELL, M.; COOK, A. *Effects of computers on student writing*: a meta-analysis of research, 1992-2002. Boston: Boston College, 2002. Disponível em: < http://www.bc.edu/research/intasc/PDF/Meta_WritingComputers.pdf>. Acesso em: 08 maio 2013.

MCCOLLUM, K. How a computer program learns to grade essays. *The Chronicle of Higher Education*, 1998. Disponível em: <http://chronicle.com/article/How-a-Computer-Program-Learns/33373>. Acesso em: 08 maio 2013.

PAGE, E. Computer grading of essays: a different kind of testing? In: ANNUAL MEETINGS OF THE AMERICAN PSYCHOLOGICAL ASSOCIATION, 1995, San Diego. *Proceedings...* San Diego: APA, 1995. Session 3167.

RUDNER, L. M.; LIANG, T. Automated essay scoring using Bayes' theorem. *Journal of Technology, Learning, and Assessment*, v. 1, n. 2, 2002.

SCHROCK, K. *Classroom resources*. Silver Spring: Discovery Education, 2012. Disponível em: <http://school.discoveryeducation.com/schrockguide/>. Acesso em: 02 set. 2013.

WHEELER, M. et al. (Ed.). *National educational technology standards for students*: connecting curriculum and technology. Eugene: International Society for Technology in Education, 2000.

apêndice A

PADRÕES PARA A COMPETÊNCIA DOCENTE NA AVALIAÇÃO EDUCACIONAL DOS ALUNOS

As associações profissionais de educação americanas começaram a trabalhar em 1987 para desenvolver padrões para a competência dos professores na avaliação dos alunos, objetivando, com isso, a realização total dos benefícios educacionais potenciais das avaliações estudantis. O comitê[1] indicado para esse projeto completou o seu trabalho em 1990 seguindo revisões de minutas anteriores de membros das comunidades de mensuração, ensino e preparo e certificação de professores. Comitês paralelos de associações afetadas são encorajados a desenvolver definições semelhantes de qualificações para os administradores, orientadores psicológicos, diretores, supervisores e outros educadores escolares no futuro próximo. Essas definições têm como objetivo orientar o serviço relacionado à preparação de educadores, a acreditação de programas de preparação e a certificação futura de todos os educadores[2].

Um padrão é definido aqui como um princípio geralmente aceito pelas associações profissionais responsáveis por esse documento. A avaliação é definida como o processo de obter informações que são usadas para tomar decisões educacionais sobre os alunos; dar *feedback* aos estudantes sobre o seu progresso, pontos fortes e fracos; julgar a efetividade instrucional e a adequação curricular; e informar a política. As diversas técnicas de avaliação incluem, mas não se limitam a, observação formal e informal, análise quantitativa do desempenho e das produções dos alunos, provas a papel e caneta, questões orais e análise dos registros dos alunos. As competências de avaliação incluídas aqui são o conhecimento e as habilidades críticas ao papel do professor como educador. Entende-se que há muitas competências além das competências de avaliação que o professor deve possuir.

Ao estabelecer os padrões para a competência do professor na avaliação dos estudantes, as associações subscrevem-se à visão de que a avaliação dos estudantes é uma parte essencial do ensino, e que não pode haver bom ensino sem boa avaliação. Treinamentos para desenvolver as competências cobertas nos padrões devem ser uma parte integral do preparo dos professores. Além disso, esses treinamentos em avaliações devem estar amplamente disponíveis para professores em treinamento por meio de programas de desenvolvimento do distrito e nos níveis de ensino.

Os padrões devem ser usados como:

- Um guia para formadores dos professores, de modo que eles criem e aprovem programas de preparação para professores.

Padrões desenvolvidos pela American Federation of Teachers, pelo National Council on Measurement in Education e pela National Education Association. © 1990 do National Council on Measurement in Education. Reimpresso com permissão da editora.

- Um guia de autoavaliação para os professores identificarem suas necessidades de desenvolvimento profissional na avaliação dos alunos.
- Um guia para instrutores de *workshop* criarem experiências de desenvolvimento profissional para professores.
- Um incentivo para especialistas em mensuração educacional e para orientadores de professores conceituarem a avaliação dos alunos e o treinamento de professores na avaliação estudantil de modo mais amplo.

Os padrões devem ser incorporados em programas futuros de treinamento e certificação de professores. Professores que não tiverem o preparo que esses padrões determinam devem ter a oportunidade e o apoio para desenvolver essas competências antes dos padrões entrarem na sua avaliação.

Abordagem usada para desenvolver os padrões

Os membros das associações que apoiam esse trabalho são educadores profissionais envolvidos no ensino, na formação de professores e na avaliação de estudantes. Membros dessas associações estão preocupados com a inadequação com que os professores são preparados para avaliar o progresso educacional dos seus alunos, e assim buscaram tratar essa questão de forma efetiva. Um comitê nomeado pelas associações reuniu-se pela primeira vez em setembro de 1987 e afirmou o seu comprometimento com a definição de padrões para preparar os professores para a avaliação dos alunos. Então, o comitê empreendeu uma revisão da literatura de pesquisa para identificar necessidades na avaliação dos estudantes, níveis atuais do treinamento dos professores nessa avaliação, áreas de atividades dos professores que requerem competências no uso dessas avaliações e níveis atuais de competência dos professores nesse âmbito.

Os membros do comitê usaram sua experiência e especialidade coletivas para formular revisões e definições de competências importantes para a avaliação. Tratamentos preliminares dessas competências passaram por várias revisões do comitê antes de os padrões serem liberados para revisão pública. Comentários de revisores de cada uma das associações foram então usados para preparar uma definição final.

Escopo do papel profissional e das responsabilidades do professor na avaliação dos estudantes

Há sete padrões neste documento. Reconhecendo a necessidade crítica de revitalizar a avaliação em sala de aula, alguns padrões se focam nas competências de sala de aula. Devido ao crescimento do papel do professor nas decisões educacionais e políticas fora da sala de aula, outros padrões tratam das competências de avaliação que subjazem à participação do professor nas decisões relacionadas à avaliação na escola, no distrito, no Estado e em níveis nacionais.

O escopo do papel profissional e das responsabilidades do professor na avaliação estudantil pode ser descrito em termos das seguintes atividades. Essas atividades implicam que os professores necessitam de competência na avaliação dos alunos e tempo e recursos suficientes para completá-las de forma profissional.

- **Atividades que ocorrem antes da instrução.**
  a) Entender a cultura, os interesses, as habilidades e os talentos que os alunos aplicam ao longo de uma variedade de domínios de aprendizagem e/ou áreas da matéria;
  b) entender as motivações dos alunos e seus interesses em conteúdos específicos da aula;
  c) esclarecer e articular os desempenhos esperados dos alunos; e
  d) planejar a instrução para indivíduos ou grupos de alunos.

- **Atividades que ocorrem durante a instrução.**
   a) Monitorar o progresso dos alunos em objetivos instrucionais;
   b) identificar ganhos e dificuldades que os alunos estão tendo para aprender e realizar tarefas;
   c) ajustar a instrução;
   d) dar elogios e *feedback* contingentes, específicos e críveis;
   e) motivar os alunos a aprender; e
   f) julgar o grau da realização dos alunos nos resultados instrucionais.

- **Atividades que ocorrem após o segmento instrucional apropriado (p. ex., lição, aula, semestre, série).**
   a) Descrever o grau em que cada aluno atingiu tanto os objetivos instrucionais de curto prazo quanto os de longo prazo;
   b) comunicar os pontos fortes e fracos com base em resultados de avaliação para os alunos e seus pais;
   c) registrar e reverter resultados de avaliação para análises, avaliações e decisões da escola;
   d) analisar as informações de avaliação coletadas antes e durante a instrução para entender o progresso de cada aluno até o momento e informar planejamentos instrucionais futuros;
   e) analisar a efetividade da instrução; e
   f) analisar a efetividade do currículo e dos materiais usados.

- **Atividades associadas com o envolvimento do professor na escola e na tomada de decisões do distrito.**
   a) Servir no comitê escolar ou distrital, examinando os pontos fortes e fracos da escola e do distrito no desenvolvimento dos seus alunos;
   b) trabalhar no desenvolvimento ou na seleção de métodos de avaliação para uso na escola ou do distrito escolar;
   c) analisar o currículo do distrito escolar; e
   d) realizar outras atividades relacionadas.

- **Atividades associadas com o envolvimento do professor em uma comunidade mais ampla de educadores.**
   a) Servir em um comitê estadual que deve desenvolver objetivos de aprendizagem e métodos de avaliação associados;
   b) participar de revisões da adequação dos objetivos estudantis distritais, estaduais ou nacionais e métodos de avaliação associados; e
   c) interpretar os resultados dos programas estaduais e nacionais de avaliação estudantil.

Cada padrão a seguir é uma expectativa do conhecimento ou da habilidade de avaliação que o professor deve possuir para desempenhar as cinco áreas recém-descritas com competência. Como conjunto, os padrões exigem que os professores demonstrem habilidade de selecionar, desenvolver, aplicar, usar, comunicar e analisar as informações e as práticas de avaliação dos alunos. Uma breve explicação e exemplos de comportamentos seguem cada padrão.

Os padrões representam um quadro conceitual ou *scaffolding* a partir do qual se podem derivar habilidades específicas. Será necessário empenho para manter esses padrões em operação mesmo após terem sido publicados. Espera-se que a experiência na aplicação desses padrões ajude a aprimorá-los e a desenvolvê-los.

1. *Os professores devem saber escolher os métodos de avaliação adequados para as decisões instrucionais.* Saber escolher métodos de avaliação adequados, úteis, administrativamente convenientes, tecnicamente adequados e justos é um pré-requisito para o bom uso das informações de modo a sustentar as decisões instrucionais. Os professores precisam estar bem familiarizados com os tipos de informação fornecidos por uma ampla gama de alternativas de avaliação e com os seus pontos fortes e fracos. Em particular, eles devem se familiarizar com os critérios de análise e seleção dos métodos de avaliação à luz dos planos instrucionais.

Professores que cumprirem esse padrão terão as habilidades conceituais e de aplicação que se seguem. Eles serão capazes de usar os conceitos de erro de avaliação e validade ao desenvolver ou escolher suas abordagens de avaliação dos alunos. Eles irão entender como dados válidos de avaliação podem sustentar atividades instrucionais, como fornecer *feedback* adequado aos alunos, diagnosticar necessidades de aprendizagem da turma ou de alunos individuais, motivar os alunos e analisar procedimentos instrucionais; além de compreender como informações inválidas podem afetar decisões instrucionais sobre os alunos. Eles também serão capazes de usar e analisar as opções de avaliação à sua disposição, considerando, entre outros fatores, as origens culturais, sociais, econômicas e linguísticas dos alunos. Eles estarão conscientes de que diferentes abordagens de avaliação podem ser incompatíveis com certos objetivos instrucionais e podem impactar o seu ensino de modo bastante diverso.

Os professores saberão, para cada abordagem de avaliação que usarem, sua adequação para a tomada de decisões sobre os alunos. Além disso, saberão onde encontrar informações e/ou revisões acerca dos vários métodos de avaliação. As opções de avaliação são diversas e incluem questões e provas do texto ou do currículo, provas padronizadas referenciadas a critério ou a norma, questões orais, avaliações de desempenho espontâneas ou estruturadas, portfólios, exposições, demonstrações, escalas de classificação, amostras de escrita, provas a papel e caneta, trabalho em sala de aula e dever de casa, autoavaliações, avaliações dos pares, registros estudantis, observações, questionários, entrevistas, projetos, produtos e opiniões dos outros.

2. ***Os professores devem saber desenvolver métodos de avaliação adequados para decisões instrucionais.*** Apesar de os professores frequentemente usarem ferramentas de avaliação publicadas, ou outras de origem externa, o grosso das informações de avaliação que eles usam para tomar decisões vem de abordagens que eles próprios criam e implementam. De fato, as exigências de avaliação em sala de aula vão além dos instrumentos prontamente à mão.

Professores que cumprirem esse padrão terão as habilidades conceituais e de aplicação que se seguem. Eles saberão planejar a coleta de informações que facilitarão as decisões que eles devem tomar; saberão quais são e seguirão os princípios para desenvolver e usar os métodos de avaliação no seu ensino, evitando armadilhas comuns na avaliação dos alunos. Essas técnicas podem incluir diversas das opções listadas ao final do primeiro padrão. O professor irá escolher as técnicas que sejam adequadas para o propósito da sua instrução.

Professores que cumprirem esse padrão também saberão usar os dados dos alunos para analisar a qualidade de cada técnica de avaliação que eles usam. Como a maioria dos professores não tem acesso a especialistas em avaliações, eles devem estar preparados para fazer essas análises por conta própria.

3. ***Os professores devem saber aplicar, atribuir notas e interpretar os resultados tanto dos métodos produzidos externamente quanto dos métodos de avaliação produzidos por eles.*** Não basta que os professores saibam selecionar e desenvolver bons métodos de avaliação; eles também devem saber aplicá-los adequadamente. Eles devem saber aplicar, atribuir notas e interpretar os resultados de diversos métodos de avaliação.

Professores que cumprirem esse padrão terão as habilidades conceituais e de aplicação que se seguem. Eles saberão interpretar resultados de avaliações informais e formais produzidas pelo professor, incluindo desempenhos dos alunos em sala de aula e em tarefas para casa; saberão usar guias para dar notas a questões dissertativas e projetos, modelos para dar notas a questões de múltipla escolha e escalas para classificar avaliações de desempenho. Eles saberão usar esses instrumentos de modo que produzam resultados consistentes.

Poderão aplicar provas padronizadas de desempenho e saberão interpretar os escores mais comuns: classificações por porcentagem, escores de faixas percentuais, escores padrão e equivalentes a série. Eles terão compreensão conceitual dos índices resumidos comumente informados junto dos resultados de avaliação: mensurações de tendência central, dispersão, relacionamentos, confiabilidade e erros de mensuração.

Saberão aplicar esses conceitos a índices de escore e índices resumidos, de forma que aumentem o uso das avaliações que eles desenvolverem. Se eles tiverem resultados inconsistentes, irão buscar outras explicações para a discrepância ou outros dados para tentar resolver a incerteza antes de chegar à sua decisão. Eles saberão usar os métodos de avaliação de modos que encorajem o desenvolvimento educacional dos alunos e que não aumentem inadequadamente os seus níveis de ansiedade.

4. *Os professores devem saber usar os resultados de avaliação ao tomar decisões sobre alunos específicos, planos de aula, desenvolvimento do currículo e melhorias para a escola.* Os resultados de avaliação são usados para tomar decisões educacionais em diversos níveis: na sala de aula sobre os alunos, na comunidade sobre a escola e sobre o distrito escolar, e na sociedade em geral sobre os propósitos e os resultados dos esforços educacionais. Os professores exercem um papel vital quando participam na tomada de decisões de cada um desses níveis, e devem saber usar os resultados de avaliação de maneira eficiente.

Professores que cumprirem esse padrão terão as habilidades conceituais e de aplicação que se seguem. Eles poderão usar informações acumuladas de avaliação para organizar um plano instrucional sólido para facilitar o desenvolvimento educacional dos alunos. Ao usar os resultados de avaliação para planejar e/ou analisar a instrução e o currículo, os professores irão interpretar os resultados corretamente e evitar erros comuns de interpretação, como basear decisões em escores que não têm validade. Eles serão informados dos resultados de avaliações locais, regionais, estaduais e nacionais, e sobre o seu uso apropriado para o aprimoramento educacional de alunos, sala de aula, escola, distrito, Estado e país.

5. *Os professores devem saber desenvolver procedimentos de atribuição de notas válidos que usam as avaliações dos alunos.* Dar notas aos alunos é uma parte importante da prática profissional dos professores. A atribuição de notas é definida como uma forma de indicar tanto o nível de desempenho de um aluno quanto a valoração daquele desempenho por parte do professor. Os princípios de usar avaliações para obter notas válidas são conhecidos e os professores devem empregá-los.

Professores que cumprirem esse padrão terão as habilidades conceituais e de aplicação que se seguem. Eles poderão criar, implementar e explicar um procedimento para desenvolver notas compostas de escores de vários trabalhos, projetos, atividades em sala de aula, *quizzes*, provas e/ou outras avaliações que eles possam usar. Irão entender e saberão articular por que as notas que eles atribuem são racionais, justificadas e justas, reconhecendo que essas notas refletem suas preferências e julgamentos; serão capazes de reconhecer e evitar procedimentos problemáticos da atribuição de notas, como o uso das notas como punição. Eles poderão ainda analisar e modificar seus procedimentos de atribuição de notas para aprimorar a validade das interpretações feitas a partir deles sobre os desempenhos dos alunos.

6. *Os professores devem saber comunicar resultados de avaliação aos alunos, aos pais, a outros públicos leigos e a outros educadores.* Os professores devem relatar resultados de avaliação rotineiramente aos alunos e aos seus pais. Além disso,

eles frequentemente precisam reportar ou discutir os resultados de avaliação com outros educadores e com públicos leigos diversos. Se os resultados não forem comunicados efetivamente, eles podem ser mal usados, ou não serem usados. Para comunicarem efetivamente aos outros as questões da avaliação dos alunos, os professores devem ser capazes de usar a terminologia da avaliação adequadamente, e devem saber articular o significado, as limitações e as implicações dos resultados da avaliação. Além disso, às vezes os professores estarão em uma posição que irá exigir que defendam seus próprios procedimentos de avaliação e suas interpretações. Em outros momentos, eles podem precisar ajudar o público a interpretar os resultados de avaliação adequadamente.

Professores que cumprirem esse padrão terão as habilidades conceituais e de aplicação que se seguem. Eles irão entender e serão capazes de dar explicações adequadas de como a interpretação das avaliações dos alunos devem ser moderadas pela cultura, língua, origem socioeconômica e outros fatores. Serão capazes, ainda, de explicar que os resultados de avaliação não implicam que esses fatores limitam o desenvolvimento educacional do aluno. Estarão aptos a comunicar aos alunos e aos seus pais como eles podem avaliar o progresso educacional dos alunos; irão entender e ser capazes de explicar a importância de levar erros de mensuração em conta quando usam avaliações para tomar decisões sobre alunos individuais; e saberão explicar as limitações de diferentes métodos de avaliação formal e informal, além dos boletins com os resultados dos alunos nas avaliações em sala de aula, nas avaliações distritais, estaduais e nacionais.

7. *Os professores devem saber reconhecer métodos de avaliação e usos da informação de avaliação que sejam antiéticos, ilegais ou, de alguma outra forma, inadequados.* A equidade, os direitos de todos os envolvidos e o comportamento profissional ético são todos preceitos que devem reforçar as atividades de avaliação dos alunos, desde o planejamento inicial e a coleta de informações até a interpretação, o uso e a comunicação dos resultados. Os professores devem ser muito bem versados em suas próprias responsabilidades legais e éticas na avaliação. Além disso, eles também devem tentar que as práticas de avaliação inadequadas dos outros sejam descontinuadas onde quer que sejam encontradas. Participar da comunidade educacional mais ampla para definir os limites do comportamento profissional adequado na avaliação também é crucial.

Professores que cumprirem esse padrão terão as habilidades conceituais e de aplicação que se seguem. Eles conhecerão as leis e as jurisprudências que afetam a sua sala de aula, seu distrito escolar e as práticas de avaliação do Estado. Esses profissionais terão consciência de que diversos procedimentos de avaliação podem ser mal usados ou usados excessivamente, resultando em consequências danosas, como envergonhar os alunos, violar o seu direito à confidencialidade e utilizar os seus escores nas provas padronizadas de maneira inadequada para mensurar a efetividade do ensino.

NOTAS

1. O comitê que desenvolveu essa definição foi apontado pelas associações de colaboração profissional. James R. Sanders (Western Michigan University) presidiu o comitê e representou o NCME junto de John R. Hills (Florida State University) e Anthony J. Nitki (University of Pittsburgh). Jack C. Merwin (University of Minnesota) representou a American Association of Colleges for Teacher Education, Carolyn Trice representou a American Federation of Teachers, e Marce-

lla Dianda e Jeffrey Schneider representaram a National Education Association.

2. As associações estão abertas a comentários que possam ser usados para aprimorar esse documento. Os comentários podem ser enviados para: Teacher Standards in Student Assessment, American Federation of Teachers, 555 New Jersey Avenue NW, Washington, DC 20001; Teacher Standards in Student Assessment, National Council on Measurement in Education, 1230 Seventeenth Street NW, Washington, DC 20036; ou Teacher Standards in Student Assessment, Instruction and Professional Development, National Education Association, 1201 Sixteenth Street NW, Washington, DC 20036. Note que esse documento não é material protegido por *copyright* e que sua reprodução e disseminação são encorajadas.

apêndice **B**

TAXONOMIA DOS OBJETIVOS EDUCACIONAIS: PRINCIPAIS CATEGORIAS

TABELA B.1

Principais categorias do domínio cognitivo[1]	Principais categorias do domínio afetivo[2]	Principais categorias do domínio psicomotor[3]
1. Conhecimento	1. Recepção	1. Percepção
2. Compreensão	2. Reação	2. Estabelecimento
3. Aplicação	3. Valoração	3. Resposta guiada
4. Análise	4. Organização	4. Mecanismo
5. Síntese	5. Caracterização por um valor ou complexo de valores	5. Resposta aberta complexa
6. Avaliação		6. Adaptação
		7. Originação

Fonte: Os autores.

---

[1] BLOOM, B. S. (Ed.). *Taxonomy of educational objectives*: handbook I: cognitive domain. Boston: Allyn & Bacon, 1999.
[2] KRATHWOHL, D. R.; BLOOM, B. S.; MASIA, B. B. *Taxonomy of educational objectives*: handbook II: affective domain. Boston: Allyn & Bacon, 1984.
[3] SIMPSON, E. J. *The classification of educational objectives in the psychomotor domain*. Washington: Gryphon House, 1972.

apêndice C

EXEMPLO DE PLANO DE EDUCAÇÃO INDIVIDUAL

Este é um exemplo de formulário de um plano de educação individual (PEI), usado por uma equipe de educadores e um pai para planejar o ensino de um aluno individual com uma deficiência.

I. INFORMAÇÃO DEMOGRÁFICA

	Data (DD/MM/AA)	
Nome do Aluno (Sobrenome) (Nome) (M.I.)	Aluno ID N.º	

Endereço	Telefone	Data de nascimento
Nome da escola de origem	Nome da escola designada (Completar após seção X)	

II. INFORMAÇÕES DA REUNIÃO

Data da reunião: _____ ☐ Data da revisão provisória: _____
(DD/MM/AA) (DD/MM/AA)

Tipo de reunião: ☐ Inicial   ☐ Revisão anual   ☐ Serviço temporário   ☐ Reavaliação

(Marque todas que se apliquem.)

☐ Consideração para/de programa de educação alternativa   ☐ Alocação regional   ☐ Comitê de colocação distrital

Notificação aos pais: Tipo	Data (DD/MM/AA)	Resposta
*Requerido *(1) Escrito (anexar o PEI) *(2)		
Modelo/Língua de comunicação do pai/guardião _____		

III. ASSINATURAS E POSIÇÕES DOS PARTICIPANTES DA REUNIÃO

☐ Salvaguardas procedimentais disponíveis aos pais de estudantes foram recebidas e explicadas ao(s) pai(s) ou guardião(ões) do aluno.
☐ Pais não participaram.

_____ (Representante LEA)	(	)
_____ (Pai)	(	)
_____ (Mãe)	(	)
_____ (Especialista para avaliação)	(	)
_____ (Professor)	(	)
_____ (Aluno)	(	)

IV. ELEGIBILIDADE PARA O PROGRAMA DE EDUCAÇÃO DE ESTUDANTES EXCEPCIONAIS (EEE)

O estudante foi considerado elegível para os seguintes programas EEE: _____

V. NÍVEIS ATUAIS DE DESEMPENHO/NARRATIVA
(Não completar se for tratado no excerto do plano de transição individual.)

Área avaliada	Data (MM/AA)	Instrumento	Nível/Habilidade

Narrativa:
_____
_____
_____

VI. OPÇÃO DE DIPLOMA (Apenas para Séries 8-12)

☐ Diploma regular   ☐ Diploma especial

VII. PROGRAMAS PARA ESTUDANTES EXCEPCIONAIS COM PROFICIÊNCIA LIMITADA EM INGLÊS (PLE)
(Completar esta seção apenas se o aluno tiver PLE.)

Língua nativa do estudante _____

Domínio da Língua/Avaliação de Proficiência: _____
(DD/MM/AA) (Prova usada) (NÍVEL ESOL*)

Data de entrada ESOL _____ Prova usada _____ Escore bruto _____
(DD/MM/AA)

Data de saída ESOL _____ Prova usada _____ Escore bruto _____
(DD/MM/AA)

Resultados da prova padronizada de desempenho mais recente (se aplicável): _____

Tipo e localização dos serviços PLE: (Marque todas que se aplicarem aos níveis de desempenho atuais, observações de comportamento e domínio da língua/avaliação de proficiência.)

	Programa Regular*	Programa EEE**
☐ English for Speakers of Other Languages (ESOL)*	☐	☐
☐ Conteúdo curricular em inglês usando estratégias ESOL	☐	☐
☐ Conteúdo curricular na língua nativa (escolas de ensino fundamental)	☐	☐
☐ Conteúdo curricular bilíngue (escolas de ensino médio)	☐	☐
☐ Aulas da língua nativa ou ☐ Estratégias da língua nativa	☐	☐

*Plano PLE requerido   **Anexar objetivos e metas

Postar monitoramento de reclassificação (para estudantes que saíram e que continuam participando de um programa EEE).
Favor notar: procedimentos de monitoramento não requerem notificação ou assinatura dos pais.

Para uso exclusivo do comitê de PEI:

1. Data: _____ ☐ Sem mudança no *status* ☐ Encaminhar ao comitê de PEI
(DD/MM/AA)
Assinatura: _____
☐ reclassificar
Data: _____
(DD/MM/AA)

2. Data: _____ ☐ Sem mudança no *status* ☐ Encaminhar ao comitê de PEI
(DD/MM/AA)
Assinatura: _____
☐ reclassificar
Data: _____
(DD/MM/AA)

3. Data: _____ ☐ Sem mudança no *status* ☐ Encaminhar ao comitê de PEI
(DD/MM/AA)
Assinatura: _____
☐ reclassificar
Data: _____
(DD/MM/AA)

---

* N. de T.: Teste de proficiência de Cambridge.

VIII. SERVIÇOS EDUCACIONAIS E RELACIONADOS

1. O comitê determinou que os objetivos anuais e os objetivos de curto prazo (K-8) anexados, ou o plano de transição individual (9-12 ou antes, se apropriado), são necessários para fornecer educação adequada.

2. O comitê determinou que o aluno deve se matricular em:

   ☐ Educação física regular ☐ Educação física EEE ☐ Não se aplica
   (Anexar objetivos e metas)

3. O comitê determina que o aluno requer os seguintes serviços relacionados para acessar um programa educacional:

   ☐ Requisição médica para acompanhamento médico e/ou terapia respiratória diretamente na escola. Implementação pendente de revisão pelo Escritório de Educação de Estudantes Excepcionais.

   ☐ Autorizado ☐ Não autorizado ☐ Data _____ ☐ Inicial: _____

   ☐ Transporte especial: (especificar) ☐ Transporte individual ☐ Ônibus da escola ☐ Colete de segurança

   ☐ Outro: _____

   ☐ Sem serviços relacionados neste momento.

IX. OUTRAS INFORMAÇÕES PERTINENTES

☐ Medicamento(s): _____

☐ Outros (p. ex., alergias, restrições): _____

☐ Procedimentos de restrição física aprovados pelo comitê podem ser usados se o estudante representar risco para si e/ou para outros ou para propriedade alheia.

☐ Estudante irá participar de programas estaduais de avaliação (p. ex., Florida Writes, High School Competency Test). Modificações podem incluir:

☐ Agendamento flexível ☐ Ambiente flexível ☐ Registro de respostas ☐ Formato revisado ☐ Auxílios auditivos

☐ Estudante irá participar de outros programas de avaliação (p. ex., Stanford Achievement Test, Scholastic Aptitude Test). Modificações podem ser solicitadas antes de ser aplicada a prova.

Apêndice C **345**

X. COLOCAÇÃO EM AMBIENTE MENOS RESTRITIVO (AMR)

Considerações: Alguns dos fatores considerados na colocação do estudante e para garantir que ele esteja no ambiente menos restritivo possível incluem o seguinte: (Marcar todos que se aplicam.)

- ☐ Frustração e estresse do estudante
- ☐ Autoestima e valorização do estudante
- ☐ Perturbação do estudante em aulas regulares
- ☐ Perturbação dos estudantes em aulas de educação especial
- ☐ Distração
- ☐ Necessidade de salas de aula com menos alunos
- ☐ Tempo necessário para dominar objetivos educacionais
- ☐ Necessidade de tecnologia instrucional

- ☐ Problemas de mobilidade em ambiente muito grande
- ☐ Questões de segurança devido a condições físicas
- ☐ Questões de saúde e segurança requerem equipamento adaptativo
- ☐ Controle emocional que não cause danos para os outros ou para si mesmo
- ☐ Habilidades sociais que causam maior isolamento
- ☐ Dificuldade de completar tarefas
- ☐ Outro(s): _____

Colocação: A seguinte decisão de colocação se baseia em uma revisão e consideração das colocações anteriores, níveis de desempenho atuais, comentários dos pais, observações de comportamento, metas e objetivos, modificações educacionais prévias, o grau em que o estudante pode participar do programa de educação regular e/ou outras informações delineadas neste PEI. O comitê acredita que, para cada programa listado abaixo, o estudante requer educação especial de um professor EEE para a quantidade especificada de horas/períodos por semana.

Programa*	Horas/Períodos por semana
_____	_____
_____	_____
_____	_____
_____	_____

* Para fala, língua, terapia ocupacional e terapia física, pode-se expressar o tempo como um período dentro de blocos de 30 minutos (p. ex., 30-60 min./sem.).

(Marque se aplicável.) ☐ O aluno será removido do programa de educação regular por mais de 50% do dia letivo, porque esse é o ambiente menos restritivo.

Localização do programa:
O estudante terá aulas na escola onde estudaria se não tivesse deficiência?   Sim ☐   Não ☐

Os objetivos e as metas do PEI podem ser adequadamente cumpridos em: _____
(Nome da escola)

XI. PARTICIPAÇÃO NA EDUCAÇÃO REGULAR

(Professor(es) de educação regular/vocacional deve(m) ser
incluído(s) ou informados dos resultados do desenvolvimento do PEI.)

Descrição de participação (p. ex., matérias específicas, arte, assembleias, anuário, almoço, saídas de campo, arrecadação, recesso, etc.): _____

_____

Modificação requerida:
(Selecione conforme adequado)

- ☐ Aumentar/diminuir tempo de aula
- ☐ Variação da metodologia instrucional
- ☐ Consulta
- ☐ Uso de sistema especial de comunicação
- ☐ Modificação de provas
- ☐ Outro(s): especificar abaixo

Principal fator de custo (especificar):
(1) Serviços, auxílios e/ou equipamento   (2) Matérias aplicáveis   (3) Quantidade de tempo por semana

_____

_____

XII. IMPLEMENTAÇÃO DO PEI

Pessoas responsáveis pela implementação deste PEI incluem:

- ☐ Professor EEE
- ☐ Terapeuta ocupacional
- ☐ Terapeuta físico
- ☐ Especialista em orientação e mobilidade
- ☐ Patologista em língua/discurso

☐ Outro(s): _____

XIII. DATAS DE INÍCIO/DURAÇÃO

Serviços delineados no PEI, a menos que expressamente especificado:

• Irão iniciar em _____
(DD/MM/AA)

• e têm duração prevista até _____
(DD/MM/AA)

XIV. COMENTÁRIOS DE PAI(S)/GUARDIÃO(ÕES)

Pai(s)/Guardião(ões), se presente(s), favor indicar: ☐ Concordo   ou   ☐ Discordo

Comentários: _____

_____

_____

_____

_____

Notas: _____

_____

_____

_____

_____

_____

_____

_____

Fonte: Vaughn, Bos e Schumm (2000).

apêndice D

APLICAÇÕES ESTATÍSTICAS PARA A AVALIAÇÃO EM SALA DE AULA

Este apêndice descreve algumas das informações estatísticas básicas que os professores podem usar quando atribuem escores e interpretam o desempenho dos alunos. Ele contém uma introdução básica para quatro áreas:

1. Escores brutos e distribuições de escore.
2. Desvio médio e desvio padrão.
3. Dificuldade e discriminação da questão.
4. Distribuição normal e escores das provas padronizadas.

Escores brutos e distribuições de escore

Um **escore bruto** indica o número de pontos que um aluno alcançou em determinada prova. Por exemplo, João fez uma prova de múltipla escolha com 70 itens, dos quais ele acertou 42. Se dermos 1 ponto para cada resposta correta, seu escore bruto será de 42. Julia fez uma prova com itens de respostas curtas com 20 questões, sendo que cada questão valia 5 pontos. Ela acertou 17 questões e, assim, tirou um escore bruto de 85 (17 questões x 5 pontos cada). Mais frequentemente, os escores brutos são transformados em escores em porcentagem usando esta fórmula: escore bruto/escore mais alto possível x 100 = escore em porcentagem. Logo, o escore em porcentagem de João é 60 (42/70 x 100 = 60), e o escore em porcentagem de Julia é 85 (85/100 x 100 = 85).

Tanto os escores brutos quanto os escores em porcentagem podem ser arranjados em uma **distribuição de escores de prova**, que mostra como a turma se saiu como um todo. Na Tabela D.1, aparecem os escores brutos e em porcentagem para uma turma de 15 alunos que fez uma prova de matemática com 10 questões valendo 5 pontos cada.

O desempenho dessa turma pode ser representado em uma distribuição de escores de prova listando os escores em ordem decrescente. As distribuições de escore podem se basear tanto em escores brutos quanto em escores em porcentagem. Para montar uma distribuição, comece listando os possíveis escores que os alunos poderiam ter tirado. Por

TABELA D.1

Nome do aluno	Escore bruto (número de acertos x 5)	Escore em porcentagem (escore bruto /50 x 100)
Lloyd	25	50
Chris	35	70
Jennifer	50	100
Kristen	40	80
Gail	25	50
Marta	35	70
Marita	40	80
David	40	80
Juan	45	90
Mike	20	40
Ted	30	60
Charles	50	100
Christina	35	70
Heather	40	80
Sara	50	100

Fonte: Os autores.

exemplo, a turma descrita fez uma prova de 10 questões em que cada item contava 5 pontos. Assim, os únicos escores brutos possíveis variavam de 50 a 0 em incrementos de 5 pontos (i.e., 50, 45, 40, 35, ..., 15, 10, 5, 0). De modo semelhante, como os escores em porcentagem se baseiam em uma escala de 100 pontos, os únicos escores em porcentagem possíveis na prova de 10 questões variam de 100 a 0 em incrementos de 10 pontos (i.e., 100, 90, 80, ..., 20, 10, 0). As distribuições de escores de prova na Tabela D.2 mostram como a turma se saiu. "Número" indica o número de alunos que obtiveram um escore específico; por exemplo, três alunos obtiveram um escore bruto de 50, quatro obtiveram 40, e nenhum obteve 10.

As duas distribuições de escores de prova apresentam a mesma informação em duas escalas diferentes. A escala de escores brutos se baseia no número total de pontos na prova, 50, ao passo que a escala de escores em porcentagem se baseia em uma prova com um total de 100 pontos. Os professores frequentemente transformam distribuições de escores brutos em uma distribuição de escores em porcentagem para manter todas as suas provas em uma escala de 100 pontos. Lembre-se do Capítulo 9, em que a Sra. Fogarty fez isso com os escores de prova, *quizzes* e projetos para que pudesse haver comparabilidade entre eles.

Note também que o exemplo da tabela abaixo tem a intenção de ser matematicamente simples para passar as ideias básicas das distribuições de escores de prova. Para praticar, refaça esse exemplo presumindo que os escores brutos dos seus alunos permaneceram os mesmos, mas que a prova tivesse 12 questões valendo 5 pontos cada.

Resumindo os escores de prova

Média

As distribuições de escores de prova são úteis, mas os professores frequentemente querem resumir as informações que elas fornecem em um único escore, que represente o desempenho da turma. Há muitas formas de resumir escores, mas a mais comum é a **média**. A média é calculada somando-se os escores dos alunos e dividindo o número total pelo número de alunos. Pode-se calcular a média de escores brutos ou de escores em porcentagem.

Os escores brutos e em porcentagem originais para nossa turma hipotética aparecem na Tabela D.3, na página a seguir. As somas dos escores brutos e em porcentagem aparecem na parte de baixo da tabela. Se essas somas forem divididas pelo número total de alunos, 15, as médias de escore bruto e em porcentagem se-

TABELA D.2

Distribuição de escore bruto		Distribuição de escores em porcentagem	
Escore bruto	Número	Escores em porcentagem	Número
50	3	100	3
45	1	90	1
40	4	80	4
35	3	70	3
30	1	60	1
25	2	50	2
20	1	40	1
15	0	30	0
10	0	20	0
5	0	10	0
0	0	0	0

Fonte: Os autores.

rão 37,33 e 74,67, respectivamente. Essas médias fornecem uma descrição de toda a turma com um só número. O escore bruto médio da turma equivale a 37,33 de 50, e o escore em porcentagem médio, a 74,67 de 100.

Dois indícios adicionais do desempenho médio da turma – que são usados com menor frequência – são a mediana e a moda. A **mediana** é o escore do meio da distribuição de escores de prova, depois de os escores terem sido organizados em ordem, do mais alto ao mais baixo. A **moda** é o escore mais frequente entre todos os obtidos. As medianas e as modas são mais bem determinadas depois de se montar uma distribuição de escores de prova. Por exemplo, considere a distribuição de escores na Tabela D.4.

A mediana é o escore do meio na distribuição. Como 15 alunos fizeram a prova, o escore do meio é o oitavo a partir do topo. Três alunos tiveram escores brutos de 50, um teve um escore bruto de 45, e quatro tiveram um escore de 40. Assim, o oitavo escore a partir do topo é 40, e essa é a mediana. Note que, se houver um número par de escores na distribuição, a mediana seria determinada calculando-se a média dos dois escores do meio. A moda é o escore (ou escores, visto que pode haver mais de uma moda) que o maior número de alunos tirou. A distribuição mostra que o escore que o maior número de alunos tirou foi 40, então a moda é 40. Neste caso, a mediana e a moda são as mesmas, apesar de nem sempre ser esse o caso.

Desvio padrão

Imagine que duas turmas tivessem feito a mesma prova, e o escore médio de cada turma fosse 74. Poderíamos concluir que o desempenho das duas turmas foi idêntico? Não, não poderíamos, porque a média não nos mostra como os escores estão distribuídos, do mais alto ao mais baixo. A Tabela D.5 compara os escores dos alunos nas duas turmas, tendo cada uma delas a média de 74. Monte as duas distribuições de escores para comparar as turmas. Você diria que o desempenho nas duas turmas foi idêntico?

Uma comparação do desempenho das duas turmas indica que os alunos da turma A tiveram um desempenho muito mais parecido do que os alunos da turma B. A **variação**, ou a diferença entre o escore mais alto e o mais baixo, foi de 6 (77–71) na turma A, e de 48 (98–50) na turma B. Em outras palavras, os alunos da turma A foram muito mais homogêneos no seu desempenho do que os alunos

TABELA D.3

Nome do aluno	Escore bruto	Escore em porcentagem
Lloyd	25	50
Chris	35	70
Jennifer	50	100
Kristen	40	80
Gail	25	50
Marta	35	70
Marita	40	80
David	40	80
Juan	45	90
Mike	20	40
Ted	30	60
Charles	50	100
Christina	35	70
Heather	40	80
Sara	50	100
Soma dos escores	560	1120

Fonte: Os autores.

TABELA D.4

Escore bruto	Número
50	3
45	1
40	4
35	3
30	1
25	2
20	1
15	0
10	0
5	0
0	0

Fonte: Os autores.

na turma B, que foram bastante heterogêneos. O escore médio de cada turma, apesar de ser o mesmo, não indica o quão parecidos ou diferentes foram os escores dentro de cada turma. Note como se pode obter uma ideia da variação dos alunos examinando-se a distribuição de escores de cada turma.

Quando descrevemos uma distribuição de escores de prova, também precisamos considerar o grau em que os escores variam em torno da média. Para descobrir essa característica dos escores, usamos outra estatística, chamada de **desvio padrão**. O desvio padrão fornece informações sobre a variação dos escores – isto é, quão semelhantes ou diferentes são os escores da turma. Em geral, os escores das provas são descritos tanto por sua média quanto pelo desvio padrão. A média nos diz mais sobre o desempenho médio da turma, e o desvio padrão nos diz o quão homogêneos ou heterogêneos foram os escores.

Matematicamente, o(s) desvio(s) padrão é(são) representado(s) como:

$$\sigma \text{ (desvio padrão)} = \sqrt{\frac{\text{soma de } (x^2)}{n}}$$

onde *x* é a diferença do escore de um aluno e a média (escore menos a média), e *n* é o número de alunos que fizeram a prova. O cálculo do desvio padrão para os escores da turma A seria feito conforme a Tabela D.6, dado que o escore médio dessa turma era 74. A soma da raiz da diferença do escore de cada aluno e o escore médio da média é igual a 36. Assim, de acordo com a fórmula, o desvio padrão dos escores da turma A é igual à raiz quadrada de 36 dividido por 10 (o número de alunos que fizeram a prova), ou 3,6. A raiz quadrada de 3,6 é igual a 1,89, que é o desvio padrão da turma A. Calcule por conta própria o desvio padrão da turma B, que também tem uma média de 74. Você deve encontrar um desvio padrão de 14,81 [raiz quadrada de (2194/10) = 14,81]. Note que, quanto maior o desvio padrão, maior a distância entre os escores em torno da média. Apesar de a turma A e a turma B terem tido o mesmo escore médio, o desvio padrão da turma B foi muito maior do que o da turma A, indicando maior heterogeneidade na turma B.

Dificuldade e discriminação da questão

Como notamos no Capítulo 11, o índice de dificuldade de uma questão de prova é indicado pela proporção ou porcentagem de alunos que a acertaram. Assim, se 20 de 25 alunos em uma turma responderam a uma questão corretamente, a dificuldade dessa questão seria (20/25) x 100 = 80%. Assim, apesar de parecer um tanto confuso, quanto maior a "dificuldade", mais fácil a questão.

TABELA D.5

Aluno	Turma A	Turma B
1	72	74
2	76	64
3	74	84
4	75	50
5	73	98
6	74	60
7	77	88
8	71	59
9	72	89
10	76	74
Soma	740	740
Média	74	74

Fonte: Os autores.

TABELA D.6

Aluno	Turma A	(Escore do aluno – escore médio)^2
1	72	$(72 - 74)^2 = 4$
2	76	$(76 - 74)^2 = 4$
3	74	$(74 - 74)^2 = 0$
4	75	$(75 - 74)^2 = 1$
5	73	$(73 - 74)^2 = 1$
6	74	$(74 - 74)^2 = 0$
7	77	$(77 - 74)^2 = 9$
8	71	$(71 - 74)^2 = 9$
9	72	$(72 - 74)^2 = 4$
10	76	$(76 - 74)^2 = 4$

Fonte: Os autores.

A dificuldade das questões de prova está relacionada à distância entre os escores. Se todas as questões de uma prova fossem fáceis, a maioria dos alunos tiraria escores altos e haveria poucas diferenças entre os alunos. O mesmo se daria se todas as questões da prova fossem muito difíceis, mas aqui a maioria dos alunos tiraria escores baixos. Quando a dificuldade de uma questão de prova fica em torno de 50%, significando que metade dos alunos acerta e metade dos alunos erra cada questão, os escores de prova resultantes terão a maior variação possível, do mais alto ao mais baixo. Esse é um resultado importante para a construção de provas padronizadas comercializadas em que a *atribuição de notas é referenciada a norma*, que têm como objetivo comparar a aprendizagem relativa dos alunos. Quanto mais os escores dos alunos diferirem, melhor será para fazer comparações e distinções entre eles. Assim, na construção de provas padronizadas referenciadas a norma, é necessário ter questões que tenham dificuldades na variação média (35 a 65%) para garantir uma variação de escores.

Na avaliação em sala de aula, na qual geralmente a *atribuição de notas é referenciada a critério* e foca o domínio individual da matéria (e não a diferenciação entre alunos), a dificuldade das questões não é uma grande preocupação. As questões de avaliação em sala de aula normalmente têm dificuldades mais altas (i.e., são mais fáceis) do que as questões de provas padronizadas, referenciadas a norma. Isso já seria esperarado, contanto que as provas reflitam a instrução em aula.

Como também notamos no Capítulo 7, o índice de discriminação de uma questão de prova compara a diferença entre desempenhos de escores altos e baixos em uma questão. Diz-se que uma questão tem **discriminação positiva** se mais alunos que se saíram bem na prova acertam a questão do que alunos que se saíram mal na prova. Assim, se 85% dos alunos da turma que tiveram os escores mais altos acertaram uma questão, em comparação com apenas 55% dos que tiraram os escores mais baixos, a discriminação da questão seria de 85% – 55% = 30%. Ao determinar a discriminação da questão, a porcentagem do grupo de mais baixo desempenho é sempre subtraída da do grupo de mais alto desempenho. Quanto maior a discriminação, maior a diferença entre os alunos que tiraram escores altos e baixos na questão. Note que é possível haver **discriminações negativas**. Por exemplo, se 40% dos alunos com notas mais altas e 60% dos alunos com notas mais baixas acertassem a questão, o índice de discriminação seria de 40% – 60% = -20%. Nesse caso, pode-se verificar o gabarito ou ver as alternativas trazidas pela questão para tentar identificar qual dos grupos está marcando a opção errada.

A discriminação de questões, bem como a dificuldade das questões, é importante na construção de provas padronizadas comercializadas. É necessário que cada questão nessas provas tenha discriminação positiva alta. Apesar de também ser desejável que as provas de sala de aula tenham questões com discriminação positiva, é menos importante do que para as provas comercializadas, pois as provas de sala de aula normalmente são corrigidas de forma referenciada a critério, e suas dificuldades mais altas reduzem as diferenças entre alunos que tiram escores altos e baixos.

Distribuições normais

A *distribuição normal* é a curva "em forma de sino" familiar, mostrada na Figura D.1. Essa curva é extremamente importante em provas de desempenho comercializadas, já que normas como classificação por porcentagem e *stanine* são extraídas dela.

Distribuições normais podem ser usadas para descrever escores quando um grupo grande de pessoas tem de fazer uma prova padronizada bem construída. Como indicado embaixo da curva, os escores mais baixos possíveis correspondem à porção bem à esquerda desta, ao passo que os escores mais altos possíveis correspondem à porção bem à direita. Outros escores se distribuem em incrementos regulares entre as duas extremidades. A altura da distribuição em determinado ponto representa o número de alunos que obtiveram o escore correspondente a esse ponto. Note que a distribuição é mais alta no meio e mais baixa nas duas extremidades, indicando que a maioria dos alunos tira notas próximas do meio, e muito poucos tiram notas próximas das extremidades.

Como notamos, quando uma prova bem construída e com muitas questões é aplicada a um número amplo de alunos, os escores resultantes tendem a se distribuir de acordo com esse padrão "normal". Como mostra a Figura D.1, a distribuição normal tem três propriedades importantes:

- O escore médio fica exatamente no meio da distribuição, metade de todos os escores ficam acima dele, a outra metade fica abaixo.
- Os escores da mediana e da moda são os mesmos da média.
- O desvio padrão divide a distribuição normal em seções, conforme segue:
    1. Cerca de 68% dos escores de todos os alunos ficam entre um desvio padrão abaixo e 1 desvio padrão acima da média.
    2. Cerca de 95% dos escores de todos os alunos ficam entre 2 desvios padrão abaixo da média e 2 desvios padrão acima da média.
    3. Quase 100% dos escores dos alunos ficam entre 3 desvios padrão abaixo da média e 3 desvios padrão acima da média.

A seguir, está uma ilustração concreta dessas propriedades e de como elas são usadas para obter escores referenciados a norma em provas padronizadas de desempenho. Imagine que você está planejando uma prova de desempenho, tendo criado uma prova de matemática referenciada a norma, composta de 30 questões para uma turma de 7ª série. Para fazer isso, você seguiu os passos descritos no Capítulo 11: escolha de objetivos comuns, escrever questões que avaliem esses objetivos e testar as questões em muitos alunos de 7ª série para identificar as questões com dificuldade moderada e discriminação alta para incluir na versão final da prova. Você identificou as 30 questões para sua prova e tem só mais um passo adicional para completar: administrar a prova para uma amostra representativa de 10.000 alunos de 7ª série de todo o país pa-

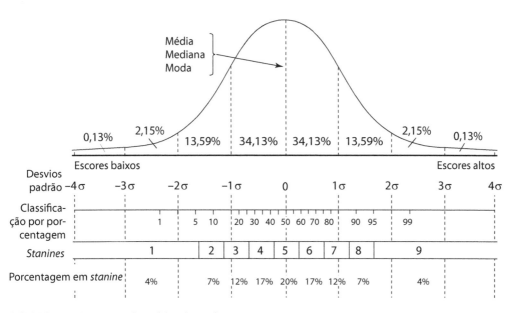

FIGURA D.1 Distribuição normal e medidas relacionadas.
Fonte: Os autores.

ra desenvolver as normas da prova. Essas normas serão os escores comparativos usados para interpretar o desempenho dos futuros alunos que fizerem essa prova.

Você aplica a prova para 10.000 alunos de 7ª série que irão representar todos os alunos de 7ª série do país, e atribui um escore à prova de cada um deles. Agora, você tem 10.000 escores. Como você selecionou itens de dificuldade moderada e alta discriminação, e como testou a versão final da prova em um número grande de alunos de 7ª série, a distribuição dos escores na sua prova será semelhante à curva normal; muitos alunos irão obter escores próximo do meio da variação de escore, e poucos irão ter escores muito altos ou muito baixos. Como 10.000 escores individuais é um número grande com o qual lidar, você decide resumi-lo calculando a média e o desvio padrão, usando os procedimentos descritos anteriormente. Vamos supor que, quando o seu computador terminar esses cálculos, o escore médio seja 13 e o desvio padrão seja 3. Você tem uma distribuição normal com um escore médio de 13 e um desvio padrão de 3. Essa distribuição aparece na Figura D.2.

Note que o escore de 13, que é o escore médio do grupo, está no centro da distribuição. Note também como o desvio padrão foi usado para limitar outros escores na distribuição. Os escores que correspondem a 1 desvio padrão abaixo da média, 10 (13 - 3 = 10) e até 1 desvio padrão acima da média, 16 (13 + 3 = 16), são mostrados, junto com os escores correspondentes a 2 desvios padrão abaixo (13 - 6 = 7) e acima (13 + 6 = 19) da média e 3 desvios padrão abaixo (13 - 9 = 4) e acima (13 + 9 = 22) da média.

Imagine que uma aluna obteve um escore bruto de 13 questões corretas na sua prova. O seu desempenho foi superior em relação a que porcentagem dos 10.000 alunos que representam todos os alunos de 7ª série? (*Dica:* Compare a Figura D.2 com a Figura D.1.) Se o seu escore foi 13, então ela esteve exatamente na média do grupo norma e, de acordo com a primeira propriedade da curva normal, a média divide essa curva em duas metades iguais. Logo, seu desempenho foi superior a cerca de 50% dos estudantes de 7ª série no grupo norma. Note como usar a curva normal permite que se transforme um escore bruto (13) em uma classificação por porcentagem (50°) (ver Capítulo 11).

Imagine que outro aluno teve um escore bruto de 16 questões corretas. Qual é a classificação por porcentagem daquele aluno? Veja novamente a Figura D.2 para ter uma pista. Lembre-se de que 68% de todos os alunos estão entre o escore correspondente à média menos 1 desvio padrão (10) e o escore correspondente à média mais 1 desvio padrão (16). Visto que a média (13) divide a curva normal ao meio, 34% dos alunos estão

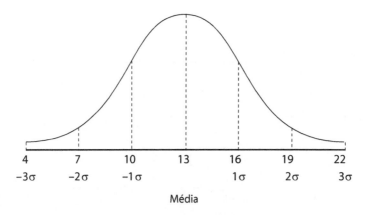

FIGURA D.2 Distribuição normal dos escores com média de 13 e desvio padrão de 3.
Fonte: Os autores.

entre a média (13) e 1 desvio padrão abaixo dela (10), e 34% estão entre a média (13) e 1 desvio padrão acima dela (16). Logo, se um aluno tirar um escore de 16, ele terá se saído melhor do que todos os 50% dos estudantes que foram abaixo da média, e também melhor do que praticamente todos os 34% que foram entre a média (13) e 1 desvio padrão acima dela (16). Logo, um escore bruto de 16 na prova de matemática corresponde a uma classificação por porcentagem de 84 (50 + 34 = 84). O aluno citado, então, teve um escore na prova maior do que 84% do grupo norma. Agora, veja se você consegue encontrar as classificações por porcentagem que correspondem a um escore bruto de 10 e a um escore bruto de 19.

O exemplo acima foi criado para ilustrar como a curva normal pode ser usada para transformar escores brutos em escores comparativos que podem dar significado aos desempenhos nas provas padronizadas referenciadas a norma. O exemplo não indica como transformar escores que não estão exatamente 1, 2 ou 3 desvios padrão acima ou abaixo da média em classificações por porcentagem. A maioria dos livros introdutórios de estatística fornece exemplos sobre como fazer isso, e é aconselhável consultar um deles se você desejar mais informações.

apêndice **E**

ALGUNS RECURSOS PARA IDENTIFICAR NECESSIDADES ESPECIAIS

CURY, C. Universal design accessibility for all learners. *Educational Leadership*, v. 61, n. 2, p. 55-60, 2003.

FRIEND, M.; BURSUCK, W. D. *Including students with special needs*: a practical guide for classroom teachers. 4th ed. Boston: Allyn & Bacon, 2005.

HALLAHAN, D. P. et al. *Learning disabilities*: foundations, characteristics, and effective teaching. 3rd ed. Boston: Allyn & Bacon, 2004.

MCLOUGHLIN, J. A.; LEWIS, R. B. *Assessing students with special needs*. 6th ed. Upper Saddle River: Pearson, 2004.

SPINELLI, C. G. *Classroom assessment for students with special needs in inclusive settings*. Upper Saddle River: Prentice Hall, 2001.

SWANSON, H. L.; HARRIS, K. R.; GRAHAM, S. *Handbook of learning disabilities*. New York: Guilford, 2005.

VENN, J. J. *Assessing students with special needs*. 4th ed. Upper Saddle River: Pearson Education, 2006.

YSSELDYKE, J. E.; ALGOZZINE, B. *Effective assessment for students with special needs*: a practical guide for every teacher. Thousand Oaks: Corwin, 2006.

Recursos para *design* universal

Softwares

Acessibilidade interna de sistemas operacionais
Apple Special Needs www.apple.com (procure pela palavra-chave "necessidades especiais")
Microsoft Enable www.microsoft.com/enable

Programas de transformação de texto em fala
CAST eReader www.cast.org
Kurzwell 3000 www.kurzweiledu.com
ReadPlease 2003 www.readplease.com
TextHELP! www.texthelp.com
Write: OutLoud www.donjohnston.com
WYNN www.freedomscientific.com

Programas de transformação de fala em texto
Dragon Naturally Speaking www.scansoft.com
IBM ViaVoice www.306.ibm.com

Multimídia acessível
HiSoftware www.hisoftware.com

Hardwares

Processadores de textos portáteis
AlphaSmart www.alphasmart.com
CalcuScribe www.calcuscribe.com
DreamWriter www.brainium.com
LaserPC6 www.perfectsolutions.com
QuickPad www.quickpad.com

Tecnologias de reconhecimento de caligrafia
InkLink www.siibusinessproducts.com
Inkwel www.apple.com/macosx/features/inkwell
Logitech io Personal Digital Pen www.logitech.com
PenReader www.smarttech.com

Quadros negros eletrônicos
Mimio www.mimio.com
SMARTBoard www.smarttech.com

Recursos online

Texto digital
American Library Association Great Sites for Children www.ala.org/parentspage/greatsites/lit.html
Berkeley Digital Library SunSite http://sunsite.berkeley.edu
The Children's Literature Web Guide www.ucalgary.ca/%7Edkbrown
Internet Public Library www.ipl.org
Project Gutenberg www.gutenberg.org[*]
University of Virginia Library Electronic Text Center http://etext.lib.virginia.edu/ebooks

Organizações

Tecnologia na educação
Association for the Advancement of Computing in Education (AACE) www.aace.org
Association for Educational Communications and Technology (AECT) www.aect.org
International Society for Technology in Education (STE) www.iste.org
Network of Regional Technology in Education Consortia www.rtec.org
U.S. Department of Education Office of Educational Technology www.ed.gov/Technology

Acessibilidade
CPB/WGBH National Center for Accessible Media http://ncam.wgbh.org

---

Fonte: Curry (2003).
[*] N. de R.T: A versão em português do *site* do Project Gutenberg está disponível em: http://www.gutenberg.org/wiki/PT_Principal.

GLOSSÁRIO

Análise Processo de julgar a qualidade ou o valor de um desempenho ou ação.

Aptidão Capacidade de realizar uma tarefa ou habilidade específica; normalmente envolve uma capacidade mais específica do que a habilidade (p. ex., aptidão matemática ou aptidão em língua estrangeira).

Atribuição de notas Processo de julgar a qualidade do desempenho dos alunos.

Atribuição de notas referenciada a critério Determinação da qualidade do desempenho de um aluno comparando-o a padrões pré-estabelecidos de domínio.

Atribuição de notas referenciada a norma Determinar a qualidade do desempenho de um aluno comparando-o com o desempenho de outros alunos.

Avaliação Amplo processo de coletar, sintetizar e interpretar informações para ajudar na tomada de decisões em sala de aula; inclui informações coletadas sobre os alunos, a instrução e o clima de aula.

Avaliação analítica Método de atribuir escores a dissertações em que se atribuem escores separados para diferentes aspectos da dissertação (p. ex., organização, precisão factual e ortografia).

Avaliação de desempenho Observação e julgamento da habilidade do aluno ao realizar uma atividade física (p. ex., fazer uma apresentação) ou criar um produto (p. ex., construir uma maquete).

Avaliação em sala de aula Processo de coletar, sintetizar e interpretar informações para ajudar na tomada de decisões em sala de aula.

Avaliação formativa Processo de coletar, sintetizar e interpretar informações com o propósito de aprimorar o aprendizado dos alunos durante a instrução; avaliação para aprimoramento, e não para atribuição de notas.

Avaliação holística Método de atribuir escore a textos dissertativos em que se dá um único escore, que representa a qualidade geral da dissertação, em todas as suas dimensões.

Avaliação instrucional Coleta, síntese e interpretação de informações necessárias para tomar decisões sobre o planejamento ou o resultado da instrução.

Avaliação não padronizada Abordagem de avaliação planejada para avaliar um grupo único de alunos, como uma turma.

Avaliação padronizada Avaliação que é aplicada, corrigida e interpretada da mesma forma para todos os alunos que estão fazendo a prova, independentemente de onde e quando seja usada.

Avaliação somativa Processo de coletar, sintetizar e interpretar informações para os propósitos de determinar a aprendizagem dos alunos e atribuir notas; avaliações feitas no final da instrução ou do ensino.

Avaliação inicial Avaliações usadas por professores nas primeiras semanas de aula para começar a conhecer os alunos organizá-los em uma sociedade com regras, comunicação e controle.

Avaliações oficiais Avaliações, como a atribuição de notas, agrupamento, nivelamento e promoção de estudantes, que os professores precisam fazer como parte de suas responsabilidades oficiais.

Bateria de provas Grupo de subprovas, cada uma avaliando uma área diferente, mas todas normatizadas pela mesma amostra; criadas para serem aplicadas ao mesmo grupo de alunos.

Chave Lista das respostas corretas da prova.

Checklist Lista escrita de critérios de desempenho associados a uma atividade ou produto em particular, em que o observador marca o desempenho do aluno em cada critério usando uma escala com apenas duas escolhas.

Classificação por porcentagem Escore de provas padronizadas que descreve a porcentagem do grupo norma que o escore de um aluno específico superou (p. ex., uma classificação por porcentagem de 89º significa que o escore do aluno foi superior a 89% do grupo norma).

Comportamento cognitivo de nível mais alto Comportamentos cognitivos que envolvem mais do que a memorização repetitiva e a recordação.

Comportamento cognitivo de nível mais baixo Memorização e recordação.

Confiabilidade Grau em que uma avaliação avalia consistentemente o que quer que ela esteja avaliando; se uma avaliação é confiável, ela irá fornecer a mesma informação – ou praticamente a mesma – em outra testagem.

Conhecimento conceitual Conhecimento que demonstra compreensão de conceitos gerais.

Conhecimento prático Crenças, experiências anteriores e estratégias que permitem que o professor realize deveres e atividades em sala de aula.

Critérios de desempenho Aspectos de um desempenho ou produto que são observados e julgados na avaliação de desempenho.

Currículo Habilidades, desempenhos, atitudes e valores que se esperam que os alunos aprendam na escola; inclui padrões desejados dos resultados dos estudantes, descrições de materiais e a sequência planejada que será usada para ensinar os alunos.

Curva de notas Na atribuição de notas referenciada a norma, o sistema que estabelece cotas para cada série.

Desempenho Evidência do que se aprendeu por meio da instrução formal, normalmente na escola.

Desvio padrão Mensuração da variabilidade ou diferença dos escores para um grupo de alunos.

Determinantes específicos Palavras que dão pistas para questões de verdadeiro ou falso; *todos, sempre, nunca* e *nenhum* indicam afirmações falsas, ao passo que *alguns, às vezes* e *talvez* indicam afirmações verdadeiras.

Discriminação negativa Quando uma prova é respondida incorretamente com maior frequência por alunos que tiram notas altas do que por alunos que tiram notas baixas, o item discrimina em uma direção diferente do escore total da prova.

Discriminação positiva Quando uma questão de prova é respondida corretamente com maior frequência por alunos que tiram notas altas do que por alunos que tiram notas baixas, o item discrimina na mesma direção do escore total da prova.

Distrator Escolha errada em uma questão de seleção.

Distribuição de escores de prova Listagem dos escores de prova do mais baixo ao mais alto; a variação dos escores dos alunos.

Domínio afetivo Envolve comportamentos relacionados aos sentimentos, emoções, valores, atitudes, interesses e personalidade; comportamentos não intelectuais.

Domínio cognitivo Abarca atividades intelectuais como memorização, interpretação, aplicação de conhecimento, resolução de problemas e pensamento crítico.

Domínio psicomotor Atividades físicas e manipulativas como segurar um lápis, jogar uma bola, tocar piano e recortar algo.

Educar Modificar o comportamento dos alunos; ensiná-los a fazer coisas que eles não conseguiam antes.

Enunciado Parte de uma questão de múltipla escolha que defina a pergunta a ser respondida.

Erro lógico Uso de informações de avaliação inválidas ou irrelevantes para julgar o estado ou desempenho dos alunos.

Escala de classificação Lista escrita de critérios de desempenho associados com uma atividade ou produto específico em que um observador marca o desempenho do aluno em cada critério em termos de sua qualidade usando uma escala com mais de duas escolhas.

Escore bruto Número de questões corretas ou o escore total que um aluno obteve em uma avaliação.

Escore equivalente a série Escore de prova padronizada que descreve o desempenho dos alunos em uma escala baseada no mês e na série em que estão, indica o nível de desempenho do aluno relativo à sua própria série. É o escore confundido com maior frequência

Exercício interpretativo Situação de prova que contém uma tabela, passagem, poema ou outro material que o aluno deve interpretar para responder à questão.

Faixas percentuais Variação de classificações por porcentagem em que se espera que o aluno caia em provas repetidas; uma forma de indicar o erro em escores para evitar a superinterpretação de resultados.

Formato Versão específica de uma prova comercializada que tem mais de uma versão equivalente.

Grupo norma Grupo de alunos que foram testados para produzir as normas de uma prova.

Habilidade O que se aprendeu ao longo de um período de tempo a partir tanto de fontes escolares quanto de não escolares; a capacidade geral de realizar tarefas.

Habilidades de prova Habilidade do aluno de identificar falhas nas questões de prova que entregam as respostas corretas; usadas durante provas para superar questões mal elaboradas.

Indicadores diretos Informações ou perspectivas fornecidas por um observador ou fonte em primeira mão.

Índice de dificuldade Indica a proporção de porcentagem dos alunos que responderam a uma questão de prova corretamente.

Índice de discriminação Indica a probabilidade que os alunos que acertaram uma questão têm de terem tirado uma nota alta na prova.

Instrução Métodos e processos pelos quais os comportamentos dos alunos são modificados.

Itens Questões ou problemas de um instrumento de avaliação.

Média Número derivado somando-se todos os escores de prova e dividindo o total pelo número de alunos que fizeram a avaliação. A média de um conjunto de escores.

Mediana Escore do meio quando todos os escores são listados, do mais baixo ao mais alto.

Mensuração Processo de atribuir números ou categorias de desempenho de acordo com regras e padrões (p. ex., atribuir notas a uma prova).

Moda Escore que o maior número de estudantes de um grupo obtém; pode haver mais de uma moda em um grupo de escores.

Níveis de tolerância Grau em que o professor pode tolerar diferentes níveis de ruído, atividades e comportamento dos alunos.

Nível Nível da(s) série(s) em que a prova de desempenho comercializada deve ser aplicada aos estudantes.

Normas Conjunto de escores que descreve o desempenho de um grupo específico de estudantes, normalmente uma amostra nacional em uma série específica, em uma tarefa ou prova; esses escores são usados para interpretar os escores de outros alunos que realizam a mesma tarefa ou fazem a mesma prova.

Normas de prova Conjunto de escores que descrevem como uma amostra nacional de estudantes, que são representativos da população geral, se sairia em uma prova.

Normas locais Normas que estão restritas a estudantes de um distrito escolar específico.

Nota Símbolo ou número usado por professores para representar o desempenho de um aluno em uma matéria.

Objetivo Acordo entre juízes, avaliadores ou observadores independentes.

Objetivos educacionais Definições que descrevem a aprendizagem de um aluno que irá resultar da instrução – especificamente, o comportamento que o estudante irá aprender a realizar e o conteúdo no qual ele se baseará.

Objetivos globais Definições muito amplas dos objetivos de ensino, requerem muitos anos para se concretizarem.

Objetivos instrucionais Objetivos específicos usados para planejar lições diariamente.

Observação Observar e ouvir alunos realizarem atividades específicas ou responderem a determinadas situações.

Opções Escolhas disponíveis ao se responder a questões de múltipla escolha.

Oportunidade de aprender padrões Foco na qualidade dos professores, disponibilidade dos recursos e condições das instalações.

Padrões de conteúdo Usados para definir o conhecimento e as habilidades que se esperam que os alunos desenvolvam em determinada matéria e série.

Padrões de desempenho Níveis de desempenho que os estudantes devem atingir para receber notas específicas em um sistema referenciado a critério (p. ex., maior do que 90 recebe A, entre 80 e 90 recebe B, etc.).

Padrões educacionais Usados para estabelecer objetivos comuns para a instrução e critérios de desempenho que devem valer para todas as escolas.

Parcialidade Situação em que as informações de avaliação produzem resultados que dão vantagem a um grupo e desvantagem para outros grupos devido a problemas no conteúdo, nos procedimentos ou nas interpretações da informação de avaliação; uma distorção ou descrição enganosa do desempenho.

Pergunta convergente Pergunta que tem uma resposta certa.

Pergunta divergente Pergunta que tem mais de uma resposta aceitável.

Plano de educação individual (PEI) Plano de educação especial desenvolvido para um estudante após extensa avaliação das suas necessidades especiais.

Portfólio Coleção bem definida de produtos ou desempenhos dos alunos que mostram o seu desenvolvimento em uma habilidade específica ao longo de um período de tempo.

Pré-julgamento Incapacidade de realizar uma avaliação justa e objetiva de outra pessoa devido a interferência de conhecimento anterior, primeira impressão ou estereótipos.

Premissa Enunciado ou pergunta de uma questão de associação.

Profecia autorrealizável Processo em que os professores formam percepções sobre as características dos alunos como se estas fossem corretas, e os alunos reagem como se realmente tivessem essas características, apesar de não necessariamente terem-nas originalmente; uma expectativa se torna realidade.

Prova Procedimento formal, sistemático, normalmente a papel e caneta, para se obter uma amostra do comportamento dos alunos. Seus resultados são usados para fazer generalizações sobre como os alunos se sairiam em comportamentos semelhantes, mas que não foram testados.

Prova baseada em padrões Prova usada para mensurar padrões de desempenho.

Prova de desempenho comercializada De modo geral, uma prova referenciada a norma que compara o escore de um aluno com o de um grupo nacional de estudantes semelhantes.

Questão de seleção Questão de prova à qual o aluno responde selecionando a resposta a partir das escolhas fornecidas; múltipla escolha, verdadeiro ou falso e questões de associação.

Questão ou item de resposta construída pelo aluno Questão de prova à qual o aluno responde escrevendo sua própria resposta; resposta curta, de completar e dissertativa.

Registro anedótico Registro curto escrito sobre o comportamento de um indivíduo em uma situação ou circunstância específica.

Resposta Opções de resposta em uma questão de associação.

Resumo numérico Uso de números para descrever o desempenho em uma avaliação.

Rubrica de escores Escala de classificação baseada em descrições escritas de níveis variados de desempenho em uma avaliação de desempenho; também chamada de escala de classificação.

Sistema de atribuição de notas Processo pelo qual o professor chega ao símbolo ou número que é usado para representar o desempenho dos alunos em uma matéria.

Stanine Escore de provas padronizadas que descreve o desempenho dos alunos em uma escala de 1 a 9. Escores de 1, 2 e 3 costumam ser interpretados como abaixo da média; 4, 5 e 6 como na média; e 7, 8 e 9 como acima da média.

Subjetivo Falta de acordo entre juízes, avaliadores ou observadores.

Subprovas Conjuntos de questões aplicadas e corrigidas como uma porção separada de uma prova mais longa e abrangente.

Tarefas de desempenho Incluem resenhas de livros, entradas de jornal, portfólios, experimentos de ciência e projetos de aula.

Validade Grau em que as informações de avaliação são apropriadas para que se possam tomar as decisões desejadas sobre os alunos, a instrução ou o clima em sala de aula; o grau em que as informações de avaliação permitem interpretações corretas do tipo desejado; a característica mais importante das informações de avaliação.

Variação Diferença entre os escores mais altos e mais baixos em uma prova em um grupo; obtida subtraindo-se o escore mais alto do mais baixo na prova.

ÍNDICE ONOMÁSTICO

A

Anderson, L. W., 72-73
Anderson-Robinson, S., 187

B

Bailey, J. M., 247
Bangert-Drowns, R. L., 316
Barrett, H., 320
Bartz, D., 186-187
Bates, P., 154-155
Behrens, J. T., 167-168
Bennett, R. E., 167-168, 318-319
Ben-Yosef, E., 30-31
Berdine, W. H., 113
Bliem, C., 266-267
Bloom, B. S., 71, 73-74, 339
Borich, G. D., 160, 243, 264
Bos, C., 51
Boundy, K. B., 49-50
Brennan, R. L., 226
Brookhart, S. M., 234, 252
Brophy, J. E., 42-44
Bursuck, W. D., 248

C

Cartwright, C. A., 114
Cartwright, P. G., 114
Cegelka, P. T., 113
Chappuis, S., 109-110
Christensen, C. R., 106-107, 111
Cook, A., 316

D

Daniels, H., 84
deGraaf, C., 305-306
Delpit, L., 36, 45-46
Demark, S. F., 167-168
Dianda, M., 338
Donovan, S., 152-153
Doyle, W., 99-100

Dwyer, D., 305

E

Ebel, R. L., 133

F

Fain, M., 155
Ferguson, D. L., 48-49
Fisher, C., 305-306
Foltz, P., 321-322
Frezzo, D. C., 167-168
Friedman, S. J., 248-249
Frisbie, D. A., 133, 141, 249, 261
Frye, R. L., 55

G

Garcia, E., 36
Gardner, H., 81, 244
Gilliam, S., 321-322
Goldberg, A., 316-317
Good, T. L., 36, 42-44
Goodrich, H., 202
Grant, M., 285-286
Gregg, N., 48-49
Griswold, M. M., 252
Griswold, P. A., 252
Guskey, T. R., 247

H

Hannah, L. S., 74
Hanover, S., 235-236
Harrow, A. H., 74-75
Heaney, K. J., 283
Hillman, L., 186-187
Hills, J. R., 337
Hollinger, R. C., 153-154
Holloway, J. H., 30-31
Hoy, C., 48-49
Hubelbank, J. H., 234
Hunter, M., 81

I

Impara, J. C., 281

K

Kendall, S., 321
Krathwohl, D. R., 69-70, 73-74, 339
Kubiszyn, T., 160, 243

L

Ladson-Billings, G., 36, 46
Lanza-Kaduce, L., 153-154
Lee, K., 101-102
Levine, M., 131
Levy, R., 167-168
Liang, T., 321-322
Linn, R. L., 26-27
Loyd, B., 252

M

Madaus, G. F., 189
Marso, R. N., 147-148
Marzano, R. C., 73
Masia, B. B., 73-74, 339
McCaslin, M., 36
McCollum, K., 321
McConeghy, J. L., 247-249
McGuigan, G., 153-154
McMillan, J. H., 30-31
McTighe, J., 62, 73, 81, 111
Mehrens, W. A., 220-221
Merwin, J. C., 337
Meyer, A., 169-170
Michaels, J. U., 74
Mislevy, R. J., 168
Miyasaka, J., 189
Morgan, N., 106-107
Moss, P. A., 27-28, 218
Munk, D. D., 248

N

Nava, F. J., 252
Nelson, K. L., 114-115
News, D., 122-123
Nissman, B., 114-115
Nitki, A. J., 337

O

O'Dwyer, L. M., 189
Oakley, F., 189-190
Ordover, E. L., 49-50
Overton, T., 50

P

Page, E., 321
Payne, D. A., 69-70
Pickering, D., 73
Pigge, F. L., 147-148
Plake, B. S., 226, 281-282
Plante, L., 248-249
Polloway, E. A., 247
Popham, W. J., 220-221
Price, K. M., 114-115
Pullin, D. C., 283

R

Ridout, S., 305-306
Riehl, J., 305-306
Roach, V., 48-49
Robinson, D. H., 167-168
Roderique, T. W., 247-249
Rose, D. H., 169
Rothstein, L. F., 49-50
Rudner, L. M., 321-322
Russell, M., 316-317
Rutstein, D. W., 167-168
Ryan, J. M., 189

S

Salend, S. J., 248
Sanders, J. R., 337
Saxton, J., 106-107
Schneider, J., 338
Schrock, K., 309-310
Schumm, J., 51
Shepard, L., 266
Simpson, E. J., 339
Slavin, R., 80-81
Spies, R. A., 281-282

Stanley, K., 167-168
Stiggins, R. J., 109-110

T

Tombari, M., 264
Trice, C., 337

V

Valdes, K. A., 247
Vaughn, S., 51

W

Wagner, M. M., 247
Waltman, K. K., 261
Ward, M., 114
Wiggins, G., 62, 81, 111, 186
Williamson, C. L., 247

Y

Yocam, K., 305

Z

Zemelman, S., 84

ÍNDICE REMISSIVO

A

Abordagens instrucionais, 80
Acessibilidade dos construtos, 166-170
Aclimação social, 190-191
Ações corretivas, 268-269
Acomodações
  no *design* universal da aprendizagem, 168-170, 179-182
  para aplicação de provas comercializadas, 282-283
  para necessidades especiais, 90-92, 113-115
ACTEL Proficiency Levels, 206-207
Acuidade auditiva, 190-191
Acuidade verbal, 190-191
Administradores, 12, 14-15, 18-19
Adobe Acrobat, 311-312
Agendando a prova, 134-135
Ajuste e interpretação de notas, 240-243
Alunos com baixa habilidade, 243
Alunos com grande habilidade, 243
Alunos de minorias, 327-329
Ambiente da sala de aula
  impacto no planejamento instrucional, 63-65
  menos restritivo, 49-50, 52
  que apoie a aprendizagem, 15, 36-39
Ambiente psicológico para as provas, 178-179
Ambientes
  para a aplicação de provas comercializadas, 282, 297
  para a prova em sala de aula, 177-179
  para avaliações de desempenho, 197-199
  para peças do portfólio, 216-217
Ambientes educacionais, salas de aula como, 36-37
Ambientes menos restritivos, 49-50, 52
Ambientes para avaliação, 177-179, 197-199. *Ver também* Ambientes
Ambientes sociais, salas de aula como, 35-36
Ameaças, 55
Ameaças vazias, 55
American College Testing Program Test (ACT), 22-23
Americans with Disabilities Act (1990), 51
Amostras
  de normas de provas comercializadas, 280-282, 297
  defeitos em potencial, 47-48
  na avaliação informal, 104-105
  provas como, 25-27
Anedóticos, registros, 198-200
Aparelhos portáteis, 316
Aplicação de provas, 23-24, 177-179, 281-283, 297
Aplicações estatísticas para a avaliação, 348-355
Apple Remote Desktop, 317-318
Aprendizagem
  ambientes de sala de aula que promovam a, 15, 36-39
  como foco dos objetivos, 75-76
  dos pares, 109
  indicadores informais da, 104-105
  questionar para avaliar a, 110
  questionar para promover a, 109
Aprendizagem cooperativa, 245-246
Apresentação das questões de prova, 167-168, 180-181
Aptidão, 62
Atenção, 109, 114-115
Atividades de aprendizagem, 100, 187-189, 308
Atividades diárias em sala de aula, 12-15
Atribuição de escores. *Ver também* Atribuição de notas; Rubricas
  abordagens das provas comercializadas, 283-287, 326-327
  aplicações estatísticas e, 348-355
  avaliações de desempenho, 198-199, 220-221
  checklists, 199-202, 204-205, 216-219
  como mensuração, 19-20
  competências esperadas dos professores na, 335-336
  escalas de classificação e, 199-205
  escores-limite, 240-241
  portfólios para a, 217, 219-220
  prova a papel e caneta, 154-158, 320-323
  registros anedóticos, 198-200
  rubricas para, 202, 205-213
Atribuição de notas. *Ver também* Atribuição de escores, critérios de desempenho

baseada na habilidade,
    242-245
baseada no nível, 248-250
baseada no PEI, 248
baseada no progresso,
    244-246
coleta de informações na,
    253-258
combinação de múltiplas
    formas de avaliação,
    253-262
como julgamento, 233,
    235-237
como narrativa, 248-250
competências esperadas dos
    professores na, 336-337
desafios da, 234-236
elementos da, 228-229
escolhida para desempenho,
    249-253, 257-258
lógica da, 229-234
métodos de pesagem para a,
    257-258, 260-262
na aprendizagem
    cooperativa, 245-247
orientações para a, 265-266
passos no processo da,
    264-265
referenciada a critério,
    239-243, 247, 252, 256,
    262-264
referenciada a norma,
    237-239, 242-243, 252,
    263-265
uso de computadores na,
    318-319
validade da, 251-252, 259-261
Atribuição de notas subjetiva,
    154-156
Audição, 113-115
Autoavaliações, 108-109,
    246-247
AutoTexto, 317
Auxiliares, 67-68, 91-92
Avaliação. *Ver também*
    Avaliação em sala de aula;
    Provas
    acomodações em, 91-92
    aplicações estatísticas na,
        348-355
    atividades atléticas, 189
    definida como, 18-20

habilidades de comunicação,
    189-190
importância crescente da,
    12, 14-15
métodos de coleta de
    informações na, 20-23
no processo instrucional, 18,
    62-63, 98-103
nos planos de aula, 80-83,
    91-94, 98-99
padrões de competência
    para professores, 332-337
padrões de conteúdo e,
    23-25, 86-91, 308-310
para necessidades especiais,
    49-50, 52-53
princípios de validade e
    confiabilidade, 24-30
questões éticas na, 29-32
recursos dos livros didáticos
    para a, 85-87
Avaliação analítica, 157, 209
Avaliação anônima, 158
Avaliação em sala de aula.
    Ver também Avaliação;
    Avaliação formativa;
    Avaliações instrucionais
    como avaliações não
        padronizadas, 23-24
    de desempenho, 185-192
    elementos da, 12-15, 324-329
    fases da, 17-19
    métodos informais da, 98-103
    no domínio afetivo, 73-74
    no domínio psicomotor,
        73-75
    propósitos da, 13-17, 19-20
    validade e confiabilidade da,
        103-106, 327-329
Avaliação formativa
    avaliação somativa *versus*,
        119-122
    avaliações de desempenho e,
        192-193
    definida como, 16
    métodos formais para a,
        105-113
    nos planos de aula, 81-83
    padrões de competência
        para professores e, 333-335
    planejar avaliação *versus*,
        98-99

uso de computador em,
    313-318
Avaliação holística, 157, 209
Avaliação não discriminatória,
    52
Avaliação somativa. *Ver também*
    Provas
    avaliação formativa *versus*,
        119-122
    avaliações de desempenho e,
        192-193
    definida como, 17-18
    nos planos de aula, 81-82
    padrões para a competência
        dos professores, 333-335
    planejamento da, 122-130
    preparando os alunos para a,
        130-136
    propósito da, 122-123
    uso de computadores para,
        319
Avaliações alternativas, 186.
    Ver também Avaliações de
    desempenho
Avaliações autênticas, 186. *Ver
    também* Avaliações de
    desempenho
Avaliações de álgebra, 313-315
Avaliações de aquisição de
    conceito, 188-189
Avaliações de ciências, 315,
    320-321
Avaliações de desempenho
    checklists, 185, 199-202, 204-
        205, 216, 219
    definidas como, 185
    desenvolvimento de, 191-199
    escalas de classificação e,
        201-205, 217, 219
    métodos de sala de aula,
        188-192
    na segunda infância,
        190-192
    online, 320-322
    portfólios, 213-220
    propósitos das, 185-189
    registros anedóticos,
        198-200
    rubricas para, 202, 205-213,
        217, 219
    validade e confiabilidade
        nas, 219-224

Avaliações de leitura, 315
Avaliações diagnósticas,
    313-315
Avaliações físicas, 315
Avaliações informais
    de grupos, 23-24
    métodos de, 98-103
    suplementação com
        avaliações formais, 93-94
    validade e confiabilidade
        das, 103-106, 327-329
Avaliações iniciais
    aprimoramento das, 54-57
    descrições dos alunos a
        partir das, 41-43
    fontes de informação para,
        39-42
    identificação de necessidades
        especiais nas, 48-54
    padrões para a competência
        dos professores, 333-335
    para aprimorar o
        planejamento, 91-93
    principais funções das,
        17-18, 35-39, 43
    uso de computador para,
        310-314
    validade e confiabilidade
        nas, 41-49
Avaliações instrucionais
    elementos das, 18, 62-63
    métodos formais das,
        105-113
    métodos informais das,
        98-103
    padrões de competência dos
        professores, 333-335
    validade e confiabilidade
        nas, 103-106, 327-329
Avaliações não padronizadas,
    23-24
Avaliações oficiais, 119-122,
    130-136. *Ver também*
    Provas de desempenho
    comercializadas; Avaliações
    padronizadas
Avaliações padronizadas.
    Ver também Provas
    de desempenho
    comercializadas
    crescente importância das,
        12, 14-15

foco cognitivo das, 71
preparando os alunos para
    as, 130-136
principais funções das,
    22-23, 274
propósitos anteriores das,
    12, 14
Avaliações por pares, 108-109,
    246-247

B

Baterias de provas, 276-277
Bayesian Essay Test Scoring
    System, 321-322
Boletim de educação infantil,
    232
Boletim de desempenho,
    294-295
Boletins. *Ver também*
    Atribuição de notas
    análise dos pais, 266-267
    como julgamentos sumários,
        233, 253-255
    exemplos de, 230-232
Brevidade nas questões de
    prova, 171-173

C

California Achievement Tests,
    22-23, 321-322
Características dos alunos
    fontes de informação acerca
        das, 39-42
    formação de descrições, 41-43
    impacto no planejamento
        instrucional, 64-67
    importância da coleta de
        informações acerca das,
        36-39
Cartas para os pais, 268
Chave de respostas, 154-156
Checklists
    para avaliações de portfólio,
        217, 219
Clareza. *Ver* Precisão
Códigos de honra, 152-153
Cola nas provas, 151-155
Coleta de informações,
    20-23, 253-258. *Ver também*
    Atribuição de notas;
    Atribuição de escores

Comentários, 108
Comparações de habilidade
    de desempenho, 289-291,
    298-299
Comportamento cognitivo de
    nível mais baixo, 73, 79-80
Comportamento cognitivo de
    nível mais baixo, 73, 79-80
Comportamentos
    como indicadores diretos da
        habilidade dos alunos,
        54-56
    de nível mais baixo *versus* de
        nível mais alto, 73, 79-80
    definição de objetivos em
        termos de, 77-78
    escolher a que atribuir notas,
        249-253, 257-258
    normal *versus* anormal,
        102-103
    procurar por padrões nos,
        56-57
    rótulos, 46-47, 55
Comportamentos anormais,
    102-103
Comportamentos normais,
    102-103
Computadores
    como ferramentas
        instrucionais, 305-308,
        313-318
    importância crescente dos,
        304
    planejamentos da instrução
        com, 307-311
    usos na avaliação inicial,
        310-314
    usos na avaliação somativa,
        318-324
Comunicação com os pais,
    265-269, 336-337
Comunicação com os pais via
    e-mail, 269
Conferências de avaliação, 50,
    52-53
Confiabilidade
    avaliações de desempenho e,
        219-224
    avaliações instrucionais e,
        104-106
    das avaliações iniciais, 41-42,
        47-49

das provas comercializadas, 289-291, 298-299
elementos da, 27-30
importância para a atribuição de notas, 251-252
Consistência, 28-29, 55, 282. *Ver também* Confiabilidade
Construções negativas, 183
Construtos, 165-169
Construtos não pretendidos, 167-169
Construtos pretendidos, 167-169
Conteúdo sequencial, 65-66, 127-128
Criação de questões de prova, 147-150, 169-178, 278-279
Criadores de políticas, uso de avaliações, 18-19
Critério de desempenho, expressão vocal, 196
Critérios de desempenho
  atribuição de notas baseadas em, 240-241, 247, 252, 262-264
  checklists, 185, 199-202, 204-205, 216-219
  compartilhamento com os alunos, 210-213, 220-224
  desafios ao desenvolvimento de, 195-197
  expressão verbal, 196-197
  identificação de, 192-195, 209
  orientações para o desenvolvimento de, 196-198
  para portfólios, 216-217, 219
Culturas, estereótipos de, 45-46
Currículos
  definidos como, 61-62
  estruturas dos, 87-88
  habilidades computacionais nos, 305-306
  padrões de conteúdo nos, 23-25, 86-91
  planejamento instrucional com, 63-64, 305
  renormatização de provas comercializadas para os, 281-282

Curvas, atribuição de notas, 238-239

D

Datando itens dos portfólios, 215
Decisões de classificação, 16
Decisões de ensino, 16
Decisões diagnósticas, 17
Decisões instrucionais, 15-16
Deficiências. *Ver também* Necessidades especiais
  atribuição de notas a alunos com, 246-250
  avaliação de, 17
  estereótipos baseados em, 45-46
  provas comercializadas para alunos com, 282-283
Deficiências auditivas, 50, 114
Deficiências cognitivas, 50, 114
Deficiências de aprendizagem, 246-247
Deficiências de compreensão, 114
Deficiências de visão, 114
Definição de objetivos, 74-79
Definindo educação, 61
Departamento de Educação do Estado da Virgínia, 308-309
Departamento de Educação do Estado de Massachusetts, 308-309
Descrição dos alunos individuais, 41-43
Desculpas, 55
Desempenho, 62, 250-252
Desempenho acadêmico, 62, 250-252
Desempenho de mergulho, 191-192
Desenvolvimento motor fino, 191
Desenvolvimento motor grosso, 191
Desenvolvimento visual, 191
Design universal e avaliação, 168-170, 179-182
Desvio padrão, 350-352
Determinantes específicos, 176-177

Dever de casa, 257-258
Devido processo legal, 52
Diagnoser, 315
Dificuldades organizacionais, 114-115
Discernimento ao atribuir notas, 252-253, 262-263
Discriminação negativa, 352
Discriminação positiva, 352
Discussões, 99-100
Distração, 115, 156
Distratores, 176
Distribuição de escores de prova, 348-350
Distribuição de escores de provas, 348-350, 352-355
Distribuições normais, 352-355
Domínio afetivo
  atribuição de notas ao desempenho no, 250-252
  avaliação de habilidades no, 188-189
  principais funções do, 15
  taxonomia de Bloom e, 73-74, 339
Domínio cognitivo, 15, 71-75, 339
Domínio psicomotor
  avaliações de habilidades, 188-190
  principais funções, 15
  taxonomia de Bloom, 71-76
Domínios, 71-75

E

Edições dos professores, 82-84
Educação pública gratuita e adequada, 49-50, 52
Education for All Handicapped Children Act (1975), 49-51
Education of the Handicapped Act Amendments (1986), 51
Educational Amendments Act of 1974, 51
Efeito de transferência, 158
Elogio, 55
Ensino efetivo, 122
Ensino fundamental
  ambientes típicos de sala de aula no, 37-38
  amostras de boletins do, 230

duração sugerida das provas no, 127-128
planejamento de desafios no, 65-66
Ensino intencional, 68-69
Ensino médio, 37-38, 231
Ensino normativo, 68-69
Ensino para a prova, 130-132
Enunciados, 140
Equidade
  expectativas dos professores e, 337
  na atribuição de notas, 234, 242-243
  questões básicas da, 29-32
Equivalentes a curva normal nacionais, 289-290
Erro lógico, 45-47
Erros de compreensão, diagnosticar, 313-315
Erros de ortografia, 156
Escalas, combinação, 258-260
Escalas de classificação, 201-205, 217, 219
Escalas de classificação da apresentação oral, 203-204
Escalas de classificação descritivas, 202-203. *Ver também* Rubricas
Escalas gráficas de classificação, 202-203
Escalas numéricas de classificação, 202-204
Escores brutos, 283-284, 289-290, 348-349
Escores de classificação por porcentagem, 283-284, 286-287, 298
Escores de provas, importância para as escolas, 12, 14-15. *Ver também* Atribuição de escores
Escores de *stanine*, 283-287, 289-290
Escores equivalentes a nota, 284-287, 321, 298
Escores-limite, 240-241
Escores somativos, 217, 219
Escrita à mão, 156-157
Estereotipar os alunos, 30-31, 45-46
Estereótipos raciais, 45-46

Estimativas, avaliações como, 326-327
Estratégias
  nos planos de aula, 80-81, 92-93
  para responder à prova, 133-134
  questionamento, 112-113
Estratégias de ensino, 80-81, 92-93
Estruturas, 87-88
Estudo como punição, 55
Excel, 311-312, 323-324
Exercícios interpretativos, 144, 146-147
Expectativas, autorrealização de, 43-44
Expressão física, 196

F

Faixas de escore, 326-327
Faixas percentuais, 290-291
Fases da avaliação em sala de aula, 17-19
FCAT Explorer, 312-314
Feedback, 16, 105-108
Feedback formal, 108
Ferramentas de comunicação, 306-307
Ferramentas de enquete, 315-317
Ferramentas de produtividade, 306-307
Ferramentas eletrônicas de enquete, 315-317
Ferramentas para comentários, 316-318
Foco em questões dissertativas, 174-175
Formas de provas comercializadas, 287, 289
Formas representativas das questões de prova, 167-168
Formatos de questão. *Ver também* Questões de prova
  agrupados na prova, 149-151
  de nível mais alto, 143-147
  familiarizar os alunos com, 133-135
  orientações para criação de, 149-150

para avaliações de desempenho, 186-187
para provas comercializadas, 296
tipos básicos de, 20-21, 140-143
Função Controlar alterações, 316-317
Função de orientação das notas, 233-234

G

Generalização das avaliações de desempenho, 222-223
Google, 152-153
Grupos norma, 277

H

Habilidade
  definida como, 62
  notas baseadas em, 242-245
  prova comercializada de, 289-291
Habilidades
  como o foco dos objetivos, 75-76
  de nível mais baixo *versus* nível mais alto, 73, 79-80
  uso de tecnologia e, 305-306
Habilidades de escrita
  critérios de desempenho, 194-195, 212
  exemplo de avaliação somativa, 122-129
  exemplo de portfólio, 218
  feedback do professor sobre, 108
  Modelo dos Padrões de Conteúdo do Colorado, 89-90
  uso de computadores na avaliação de, 316-318, 320-323
Habilidades de prova, 133-134
Habilidades de raciocínio, 89, 142, 144
Habilidades interpretativas, 335-336

I

Impressões iniciais
  aprimoramento, 54

estabilidade, 43-46
impacto sobre os alunos, 43-45
Inclusão, 48-49, 246-247
Indicadores, 87-88, 104-105
Índices de dificuldade, 159-160, 279-280, 351-352
Índices de discriminação, 159-160, 279-280, 351-352
Individuals with Disabilities Education Act (1990), 49-54, 179
Individuals with Disabilities Education Act (1997), 51
Informações prévias, 44-45
Instrução
definida como, 61-62
importância para a atribuição de notas, 251-252
panorama geral do processo, 62-63, 305
planejamento da, 63-69, 308-311
uso de computadores na, 305-308, 313-318
Inteligência, modelo de Gardner, 80-82
Inteligências múltiplas, 80-82, 243-244
Interação com questões de prova, 167-168
Interactive Multimedia Exercise System, 315
Interesse, efetividade *versus*, 101-102
International Society for Technology in Education, 305-306
Internet
acesso amplo nas escolas, 304
avaliações de desempenho com o auxílio da, 320-321
padrões estaduais na, 308-309
recursos instrucionais sobre a, 67-68, 307-311
Interpretação dos escores das provas comercializadas, 283, 286-295, 297-299
Interpretação e ajuste de notas, 240-243

Interpretação equivocada dos resultados de provas, 285-286, 297-299
Interrupções à prova, 177-179
Iowa Tests of Basic Skills, 22-23, 276-277, 291-321

J
Julgamento, atribuição de notas como, 233, 235-237

K
Kathy Schrock's Guide for Educators, 309-310

L
Latent Semantic Analysis, 321-322
Levantamentos eletrônicos, 310-312, 315-317
Ligações para os pais, 269
Língua, estereótipos baseados na, 45-46
Linguagem corporal, 107-108
Livros de notas
comercializados, 323-324
cópias de segurança dos, 253-255
exemplo de 5ª série, 254
opções eletrônicas para os, 307-308, 323-324
Livros de notas, 256-257

M
Manuais dos professores, 281-282
Manuais técnicos, 281-282
Manuscrito, 156-157
Marco, 87
Matérias orientadas por desempenho, 189-191
Mau comportamento, 55
Média de avaliação, 253-255
Mediana, 350, 353
Mensuração. *Ver também* Atribuição de notas; Atribuição de escores
aplicações estatísticas da, 348-355
definida como, 19-20, 154-155
Mental Measurement Yearbooks, 281-282

Métodos de coleta de dados, 20-23
Métodos de pesagem, 257-258, 260-262
Métodos de resposta, 140-142, 167-168, 180-181
Métodos formais de avaliação, 105-113
Metropolitan Achievement Test, 22-23, 286-287, 289
Microsoft Excel, 311-312, 323-324
Microsoft Word, 311-312, 316-318
Modas, 350, 353
Modelo de Marzano, 73
Modelo dos padrões de conteúdo do Colorado, 89-90
Motivação, a partir das notas, 233-234, 250-252
Múltipla atribuição de notas, 248

N
Necessidades especiais
acomodações da prova em casos de, 179-182
atribuição de notas para alunos com, 246-250
avaliações de desempenho em casos de, 190-192
equidade na acomodação, 30-31
identificação de, 48-54
planejamento para, 90-92
provas comercializadas para alunos com, 282-283
requerimentos de acomodação para, 90-92, 113-115
New England Aquarium, 168-169
Nimble Assessment Systems, 312-314
Níveis das provas comercializadas, 287, 289
Níveis de desempenho, 208-211
Níveis de tolerância, 102-103
Nível de análise, 19-20, 72, 75-76, 111-112
Nível de aplicação, 72, 75-76, 111-112

Nível de compreensão, 72, 75-76, 111-112
Nível de conhecimento, 72, 75-76, 111-112
Nível de síntese, 72, 75-76, 111-112
No Child Left Behind Act, 22-23
Normas locais, 283
Normatização de provas comercializadas, 280-283, 287, 289, 297
NorthWest Regional Labs, 73
Notas como letras. *Ver* Atribuição de notas
Notas por contrato, 240, 248

O

Objetividade
 das observações informais, 103-105, 327-329
 na correção de provas, 154-158
Objetivos
 basear tipos de questão nos, 126-128
 criação de, 75-80
 domínios dos, 71-75
 em livros didáticos, 83-86
 em tabelas de especificações, 123-125
 níveis de, 68-71, 73, 79-80, 92-93
 para provas comercializadas, 277, 296
 perguntas ligadas aos, 112-113, 147-149
 recursos *online*, 308-310
Objetivos de aprendizagem. *Ver* Objetivos
Objetivos de nível mais alto, 79-80, 92-94, 125
Objetivos de nível mais baixo, 79, 92-93, 125
Objetivos educacionais. *Ver também* Objetivos
 alinhar estratégias com, 92-93
 definidos como, 69-71
 nos planos de aula, 80-81
 para provas comercializadas, 277, 296
Objetivos estendidos, 78-79
Objetivos globais, 69-71

Objetivos instrucionais. *Ver também* Objetivos
 bons exemplos de, 78-79
 das provas dos livros didáticos, 85-86
 definidos como, 69-71
 importância da precisão nos, 76-78
 nos PEIs, 53
 perguntas comuns sobre, 79-80
Objetivos nos PEIs, 53
Observações
 avaliações iniciais via, 40-43, 54-57
 do uso de computadores, 317-318
 para avaliações de desempenho, 193-194, 196-199
 técnicas para, 21-22
Observações formais, 21-22, 54-57
Observações informais
 avaliações iniciais via, 40-43
 como técnica de coleta de informações, 21-22
 suplementação com avaliações formais, 54-56
Opções, nas questões de múltipla escolha, 140
Oportunidade de aprender padrões, 24-25
Orientações de interpretação para as avaliações, 325-329
Orientações nas provas, 149, 151

P

Padrões
 competência dos professores na avaliação, 332-337
 éticos, 29-31
 para avaliação de desempenho, 201-202
 para o conteúdo instrucional, 23-25, 86-91, 308-309
 uso de tecnologia, 305-306
Padrões de álgebra, 90-91
Padrões de comportamento, 56-57
Padrões de conteúdo, 23-25, 86-91, 308-310

Padrões de desempenho, 24-25, 239-243
Padrões de leitura, 89-90
Padrões do Estado de Tennessee, 88
Padrões do Estado de West Virginia, 90-91
Padrões educacionais, 23-25. *Ver também* Padrões
Padrões éticos da National Education Association, 30-31
Padrões matemáticos, 90-91
Pais
 direitos para a IDEA, 50, 52-53
 relatar os resultados da prova para os, 294-295, 336-337
 uso de avaliações pelos, 18-19
Parcialidade
 evitar em sala de aula, 30-31
 na atribuição de notas de textos dissertativos, 156-157
 na avaliação de desempenho, 220-222
 na avaliação informal, 103-105, 327-329
Participação, efetividade *versus*, 101-102
Perguntas de ação, 111
Perguntas de desafio, 111
Perguntas de extensão, 111
Perguntas de generalização, 111
Perguntas de informação, 111
Perguntas de nível mais alto, 111-113, 143-147
Perguntas de nível mais baixo, 110-113, 147-148
Perguntas de previsão, 111
Perguntas de sequência, 111
Perguntas diagnósticas, 111
Perguntas divergentes, 111-113
Perguntas globais, 112
Perguntas orais, 22, 75
Perguntas subsequentes, 113
Pistas para as respostas corretas, 175-177
Plágio, 152-153
Planejamento
 aprimoramento do, 91-94
 de avaliações somativas, 122-130

impacto nos padrões de conteúdo no, 86-91
instrucional, 62-69, 307-311
papel dos objetivos no, 68-80
para conferências de pais e mestres, 266-267
para necessidades especiais, 90-92
planos de aula, 80-83
recursos de livros didáticos e, 83-86
uso de computadores no, 307-311
Planejamento de avaliações, 98-99
Planejamento de decisões, 16
Planejamento instrucional de estudos sociais, 65-66
Planilhas, 307-308, 323-324
Planos de aula. *Ver também* Planejamento
aprimoramento dos, 91-94
com livros didáticos, 84-86
criação de, 80-83, 124-125
na internet, 67-68, 308-311
Planos de educação individual (PEIs)
acomodações nos, 90-92
atribuir notas a alunos com, 247-249
elementos dos, 52-54
exemplos de, 341-347
Política de colas da Huntington Middle School, 153-154
Porcentagens
como critério de atribuição de notas, 240-241
conversão de escores brutos em, 348-349
na avaliação de desempenho, 201-202
Portfólios
atribuição de escores para, 217-220
compartilhamento com os pais, 268
critérios para, 216
eletrônicos, 318-320
logística de coleta de, 216-217

principais características dos, 213-215
propósitos dos, 215-216
uso na avaliação inicial, 56-57
Portfólios com um único foco, 213-214, 217
Portfólios de leitura, 213-214
Portfólios eletrônicos, 319-320
Portfólios multifocados, 213-214, 217
Práticas de provas do tipo "que não causem danos", 132
Precisão
na criação de questões, 170-178
na definição de objetivos, 76-78
no questionamento, 112-113
nos critérios de desempenho, 194-198
Pré-julgamento de alunos, 44-47
Premissas, 140-141
Preparação dos alunos para a avaliação de desempenho, 210-213, 220-222
Primeiras impressões. *Ver* Impressões iniciais
Privacidade, 52, 319-320
Problemas, avaliação de, 17
Problemas da memória de curto prazo, 114-115
Processadores de texto, 307-308, 316-318
Processamento profundo, 109
Produtos dos estudantes, 20-21
Profecias autorrealizáveis, 43-44, 325-327
Professores
características individuais de, 66-67, 92-94
importância dos escores das provas para os, 12, 14-15
obrigações éticas dos, 29-32
opiniões sobre as provas comercializadas, 275-276
padrões de competência de avaliação, 332-337
responsabilidades dos, 63-64
uso de avaliação em sala de aula, 13-19

Professores substitutos, 134
Programa de Avaliação da Califórnia – guia de avaliação de história-ciências sociais, 211
Programas de atribuição de notas computacionais, 253-256
Programas *pull out*, 48-49
Progresso. *Ver também* Atribuição de notas
métodos alternativos para relatar, 265-269
mostrar nos portfólios, 214-215
Project Essay Grading, 321-322
Propósito administrativo da atribuição de notas, 233-234
Propósito informacional da atribuição de notas, 233-234
Provas. *Ver também* Provas de desempenho comercializadas; Avaliações padronizadas
aplicação de, 23-24, 177-179, 281-283, 297
aplicações estatísticas para, 348-355
avaliações de desempenho como, 187-188
baseadas em padrões, 24-25
cola, 151-155
com livros didáticos, 85-87, 128-129, 147-148
computacionais, 318-319
correção de, 154-158
definidas como, 22-23
design universal de, 169-170, 179-182
discussão dos resultados com os alunos, 161
ferramentas computacionais para, 311-314
montagem de, 149-152
padronizadas *versus* não padronizadas, 22-24
planejamento de, 125-129
preparação dos alunos para as, 130-136

princípios de validade e
confiabilidade em, 24-30
regras de criação de, 147-150
visões comuns dos
professores acerca de,
120-121
Provas a papel e caneta,
atribuição de escores em,
154-158
Provas de alto nível, 12, 14-15.
Ver também Avaliações
oficiais
Provas de desempenho. *Ver*
Provas de desempenho
comercializadas; Avaliações
somativas; Provas
Provas de desempenho
comercializadas
abordagens de atribuição de
notas nas, 283-287,
326-327
aplicação das, 281-283
criação das, 276-282, 352
interpretação de escores,
283, 286-295, 297-299
principais funções das ,
274-276
relatar o desempenho da
turma, 291-321
relatar o desempenho
individual, 286-291
relatar os resultados aos pais,
321-295
validade e confiabilidade
nas, 295-299
Provas de habilitação de
motorista, 239
Provas didáticas
impacto no planejamento
instrucional, 67-68
objetivos e avaliações
baseadas nas, 82-87,
128-129, 147-148
superdependência das, 92-93
websites para, 309-310
Provas em computador, 318-319
Provas exigidas pelos Estados,
275. *Ver também*
Provas de desempenho
comercializadas; Avaliações

oficiais; Avaliações
padronizadas
Public Broadcasting Service,
309-310
Punição, estudo como, 55

Q

Qualidade da avaliação,
251-252. *Ver também*
Confiabilidade; Validade
Qualidade das avaliações,
251-252, 324-325. *Ver
também* Confiabilidade;
Validade
Questionários, 310-312
Questões
estratégias, 112-113
propósitos e tipos de, 109-113
técnicas, 21-22, 106-108
Questões ambíguas, 170-178
Questões convergentes, 110-113
Questões de associação
características básicas das,
140-142
pontos fortes e fracos das,
147
regras para criação de,
149-150, 172-173, 176-177
Questões de conclusão
atribuição de nota às, 154-156
características básicas das,
141-142
regras de escrita das, 183-173
Questões de memorização,
147-148
Questões de múltipla escolha
análise da validade de,
159-161
características básicas das,
140-141
como exercícios
interpretativos, 144,
146-147
das provas comercializadas,
296
habilidades de prova para,
133-134
pontos fortes e fracos das,
147
regras de criação de,
149-150, 172-173, 175-177

Questões de prova
agrupamento nas provas,
149-151
análise da validade nas,
158-161
com base nos objetivos,
126-128
criação para as provas
comercializadas, 278-279
de nível mais alto, 143-147
dificuldade e discriminação
em, 159-160, 279-280,
351-352
disponíveis *online*, 308-309,
312-314
familiarização dos alunos
com as, 133-135
funções das, 165-169
orientações para criação de,
149-150, 169-178
para as avaliações de
desempenho, 186-187
questões-piloto para provas
comercializadas, 279-281
tipos básicos de, 20-21,
140-143
Questões de recordação, 147-148
Questões de resposta construída
pelo aluno
definidas como, 20-21, 140
localização nas provas, 149,
151
pontos fortes e fracos das,
142-144
quando usar, 126-127
tipos básicos de, 141-143
Questões de resposta curta
avaliação do desempenho
com, 186-187
características básicas das,
141-142
correção de, 154-156
pontos fortes e fracos das,
147
regras de escrita de, 149-150,
171-173
Questões de seleção
correção de, 154-156
definidas como, 20-21, 140
localização nas provas, 149,
151

pontos fortes e fracos das,
142-144
quando usar, 126-127
tipos básicos de, 140-142
Questões de verdadeiro ou falso
características básicas de,
140-141
pontos fortes e fracos das,
147
regras para criação de,
149-150, 171-172, 176-177
Questões dissertativas
atribuição de notas com,
154-158, 320-323
avaliando o desempenho
com, 186-187
características básicas das,
142-143
pontos fortes e fracos das,
147
regras de criação das,
149-150, 174-175
Questões do tipo "pega ratão",
122-123
Questões éticas
cola na prova e, 151-155
competências esperadas dos
professores quanto a, 337
ensino para a prova e,
130-131
equidade básica das, 29-32
na atribuição de notas, 234,
242-243
uso de informações de
avaliação e, 30-31
Questões excessivamente
complicadas, 177
Questões legais nos EUA, 49-54
Questões-piloto, 279-281
Quizzes
com livros didáticos, 85-87
ferramentas computacionais
para, 311-312
propósitos dos, 12, 14,
257-258

R

Race to the Top Assessment,
12, 15
Recursos
com livros didáticos, 82-87

impacto no planejamento
instrucional, 66-69
nos planos de aula, 80-81
Reforço, 110
Reforma, 23-25, 86-87
Reforma educacional, 23-25,
86-87
Regras na sala de aula, 36, 55
Relatórios de desempenho da
turma, 291-321
Resenhas de livros, 194,
206-208
Respeito, tratando da falta de,
114
Responsabilidades dos
professores, 63-64
Resumo dos escores das provas,
349-350
Resumo numérico, 204-205
Retenção, 132
Reuniões de pais e mestres,
266-269
Revisão
da taxonomia de Bloom, 73
das normas de provas
comercializadas, 297
das questões de prova,
171-172, 174-177
das questões de provas
comercializadas, 278-279
dos critérios de
desempenho, 195-196
dos documentos eletrônicos,
316-317
Revisão de provas, 148-150
Revisões, 65-66, 132-133
Revisões pós-prova, 159-161
Rotinas, 15, 36
Rotular os alunos, 30-31, 46-47
Rubrica de desempenho do
discurso oral, 240
Rubrica de escrita persuasiva,
212
Rubrica de pontuação para
questões dissertativas,
207-209
Rubricas
características básicas das,
205-206
compartilhamento com os
alunos, 210-213

compartilhamento com os
pais, 268
desempenho de
apresentação oral, 240
desenvolvimento de, 206-209
exemplos de, 206-212
online, 320-322
para avaliações de portfólio,
217, 219
Rubricas analíticas, 206, 209-210
Rubricas de avaliações
holísticas, 206

S

Scholastic Avaliação Test (SAT),
22-23
Seção 504, 49-50
Serviços relacionados, 52-53
Sistemas de atribuição de notas,
234-237, 240-250, 265
Soliloquy Reading Assistant,
315
SRA Achievement Test, 22-23
Stanford Achievement Test,
22-23
Stanford Research
International, 320-321
Subprovas
áreas de habilidade em, 291
definidas como, 277
interpretação dos escores
nas, 287, 289-291
Superinterpretação dos
resultados, 290
Survey Monkey, 311-312
SynchronEyes, 317-318

T

Tabelas de especificações,
123-126
Tarefas, 12, 14
Tarefas de desempenho, 21
Taxonomia cognitiva revisada,
73
Taxonomia de Bloom
definição de objetivos com a,
75-77
domínio afetivo, 73-74, 339
domínio cognitivo, 71-73, 339
domínio psicomotor, 74-75,
339

em tabelas de especificações, 123-124
exemplos de perguntas para os níveis da, 111-112
Taxonomia de Objetivos Educacionais (Bloom et al.), 71-73, 339
TeacherSource, *website*, 309-310
Technology and Assessment Study Collaborative, 313-315
Tecnologia. *Ver* Computadores
Telefonema para os pais, 268
Temperamento, controle, 55
Tempo
    impacto no planejamento instrucional, 67-69
    para as provas, 126-128, 179-181
Tempo de espera, 107-108, 112-113
Tempo para perguntas privadas, 113
Teorias e crenças pessoais, 45-46
Test Analysis and Preparation System, 312-314
Tocando piano, 194
Trabalhando em grupo, 194

V

Validade
    análise, 158-161
    avaliações de desempenho e, 219-224
    avaliações instrucionais e, 103-106
    das avaliações em geral, 327-329
    das avaliações iniciais, 41-49
    das avaliações somativas, 125-127
    das provas comercializadas, 295-299
    das provas de livro didático, 85-86, 128-129, 147-148
    elementos da, 26-28
    entendimento esperado dos professores sobre a, 334-335
    importância para a atribuição de notas, 251-252, 259-261
    relação com a confiabilidade, 28-30
Variações de escores, 350
Verbos para definir objetivos, 75-77
Viajando, 101
Virtual Education Space, 308-309
Vision software, 317-318
Vocabulário das questões de prova, 171-172
Vocational Rehabilitation Act of 1973, 49-51
Voluntários, 67-68

W

Websites. *Ver* Internet